PARAMAHANSA YOGANANDA
(5 de enero de 1893 – 7 de marzo de 1952)

LA SEGUNDA VENIDA DE CRISTO

La resurrección del Cristo que mora en tu interior

Un revelador comentario sobre las enseñanzas originales de Jesús

Paramahansa Yogananda

Volumen I

Self-Realization Fellowship
FOUNDED 1920
Paramahansa Yogananda

Título de la obra original en inglés publicada por
Self-Realization Fellowship, Los Ángeles (California):
The Second Coming of Christ
ISBN 978-0-87612-555-7

Traducción al español: *Self-Realization Fellowship*
Copyright © 2011 *Self-Realization Fellowship*

Los textos bíblicos han sido tomados de la edición española de la BIBLIA DE JERUSALÉN editada por Desclée De Brouwer S.A., Bilbao (España) —salvo unas pocas citas señaladas a lo largo de la obra (véase la nota de la página VIII).

La sección de agradecimientos aparece en la página 678.

 Esta edición ha sido autorizada
por el Consejo de Publicaciones Internácionales
de *Self-Realization Fellowship*

Self-Realization Fellowship fue fundada en 1920 por Paramahansa Yogananda, como el órgano difusor de sus enseñanzas en el mundo entero. En todos los libros, grabaciones y demás publicaciones de SRF aparecen el nombre y el emblema de *Self-Realization Fellowship* (tal como se muestran en esta página), los cuales garantizan a las personas interesadas que una determinada obra procede de la sociedad establecida por Paramahansa Yogananda y refleja fielmente sus enseñanzas.

Primera edición en español de la editorial
Self-Realization Fellowship: 2011 (volumen I)

Segunda impresión en rústica: 2011 (volumen I)

ISBN-13: 978-0-87612-135-1
ISBN-10: 0-87612-135-0

Impreso en Estados Unidos de América
1437-J2134

Dedicado a mi reverenciado gurú,
Swami Sri Yukteswar Giri,
cuya sabiduría universal esclareció por vez primera ante mi mirada
la unidad de la verdad eterna
que subyace en las enseñanzas de Jesucristo
y la antigua ciencia de la religión de la India;

y a las almas devotas de todas partes,
a quienes convoco a penetrar
en la luz interior de la percepción divina que revela
la infinita Conciencia Crística
que busca resucitar en el interior de cada ser.

EL LEGADO ESPIRITUAL DE PARAMAHANSA YOGANANDA
Sus obras completas, conferencias y charlas informales

Paramahansa Yogananda fundó *Self-Realization Fellowship* en 1920 con la finalidad de difundir mundialmente sus enseñanzas y preservar su pureza e integridad para las generaciones futuras. Desde sus primeros años en América, fue un prolífico escritor y conferenciante, y creó un renombrado y vasto volumen de obras sobre la ciencia de la meditación del yoga, el arte de llevar una vida equilibrada y la unidad que constituye el fundamento de todas las grandes religiones. En la actualidad, este extraordinario y trascendente legado espiritual sigue vivo y es fuente de inspiración para millones de buscadores de la verdad en el mundo entero.

De conformidad con el deseo expreso del gran maestro, *Self-Realization Fellowship* continúa llevando a cabo la incesante tarea de publicar permanentemente *Las obras completas de Paramahansa Yogananda*. Éstas incluyen no sólo las ediciones finales de todos los libros que él publicó durante su vida, sino también numerosos títulos nuevos: obras que todavía permanecían inéditas en el momento de su deceso, en 1952, o que a lo largo de los años habían aparecido en series de artículos, de manera incompleta, en la revista de *Self-Realization Fellowship*, así como cientos de charlas informales y conferencias profundamente inspiradoras que se hallaban grabadas o transcritas pero que no se imprimieron antes de su fallecimiento.

Paramahansa Yogananda escogió y entrenó personalmente para este propósito a varios de sus discípulos más cercanos que dirigen el Consejo de Publicaciones de *Self-Realization Fellowship*, dándoles pautas específicas para la preparación y publicación de sus enseñanzas. Los miembros del Consejo de Publicaciones de SRF (monjes y monjas que han profesado votos perpetuos de renunciación y de servicio desinteresado) se atienen al cumplimiento de tales directrices como un deber sagrado, a fin de que el mensaje universal de este amado maestro mundial perdure con su fuerza y autenticidad originales.

El emblema de *Self-Realization Fellowship* (que se muestra en la parte superior) fue diseñado por Paramahansa Yogananda para identificar la organización sin fines de lucro que él fundó como la fuente autorizada para difundir sus enseñanzas. En todas las publicaciones y grabaciones de SRF aparecen el nombre y el emblema de *Self-Realization Fellowship*, los cuales aseguran al lector que una determinada obra procede de la sociedad fundada por Paramahansa Yogananda y expresa fielmente sus enseñanzas, tal como él deseaba que se impartiesen.

SELF-REALIZATION FELLOWSHIP

IV

Índice del volumen I

Índice de ilustraciones

Nota del editor:

La Biblia de referencia utilizada —con el permiso correspondiente de su editor— a lo largo de toda esta obra es la edición en español de la *Biblia de Jerusalén* (Ed. Desclée De Brouwer, Bilbao), excepto en el caso de unos pocos versículos cuya transcripción responde al texto de la *King James Bible* —la versión inglesa de la Biblia preferida por Paramahansa Yogananda—, cuando se ha considerado que el contenido literal de la citada Biblia en inglés era el más pertinente en el contexto de las enseñanzas de Paramahansa Yogananda. A fin de evitar cualquier confusión sobre la autoría de tales versiones en español de la *King James Bible,* éstas siempre se señalizan con un asterisco volado (*).

En medio de unas pocas citas bíblicas, se pueden encontrar incisos entre corchetes: éstos siempre indican la traducción al español de alguna palabra o expresión homóloga contenida en la *King James Bible,* o bien una aclaración complementaria, y el editor los ha incluido con el fin de facilitar la comprensión del comentario de Paramahansa Yogananda.

Los incisos entre paréntesis que aparecen en varias citas bíblicas a lo largo del comentario son siempre glosas de Paramahansa Yogananda.

Prefacio

Sri Daya Mata

*Sucesora espiritual de Paramahansa Yogananda
y presidenta de la sociedad mundial que él fundó,
Self-Realization Fellowship/Yogoda Satsanga Society of India,
desde 1955 hasta su fallecimiento, en 2010*

Con un gozoso sentimiento de plenitud, presento la publicación de estos volúmenes, que contienen las reveladoras explicaciones de Paramahansa Yogananda sobre las palabras del bendito Señor Jesús. En recuerdos que llevo grabados en forma tan intensa y nítida como si los hechos hubieran sucedido ayer, contemplo interiormente al gran Gurú, con su rostro radiante de éxtasis, dar voz para el mundo a la inspirada exposición de las enseñanzas del Evangelio que le habían sido impartidas a través de su comunión directa y personal con Jesús de Nazaret. Todavía viven en mi conciencia las sagradas vibraciones que nos envolvían cuando, a lo largo de los años, Paramahansaji quedaba absorto en meditación extática en una de sus muchas visiones de Cristo, y cuando mi pluma estenográfica parecía cobrar vida propia, en sintonía con la voz del Gurú, mientras anotaba yo sus palabras durante sus clases y conferencias, así como en cada oportunidad en que me hallaba en su presencia —palabras que fluían de su unidad con la infinita sabiduría crística *(Kutastha)* del universo.

Mi primer encuentro con Paramahansa Yogananda tuvo lugar en 1931, cuando él llegó a mi ciudad natal, Salt Lake City, para dar un ciclo de clases y conferencias. De manera instantánea, sentí que mi alma saltaba de gozo con el reconocimiento de haber hallado por fin a alguien que verdaderamente conocía a Dios, alguien que podía conducirme al logro de la realización divina que era tan evidente en el poder transformador que emanaba de su persona. Poco tiempo después, en noviembre de ese mismo año, ingresé al *ashram* monástico de Paramahansaji, en la sede internacional de su sociedad, situada en la cima de Mount Washington, en Los Ángeles (California), para consagrar mi vida a buscar y servir a Dios bajo su guía.

Habiéndome sentido totalmente maravillada por la iluminadora profundidad de las enseñanzas del Gurú sobre el yoga y la meditación, me resultó en cierto modo una sorpresa que este consumado exponente del antiguo legado espiritual de la India hiciera también hincapié en la vida y el mensaje de Jesús descritos en el Nuevo Testamento. En verdad, no sólo iba yo a ser testigo de que Paramahansaji era un ejemplo viviente de la sabiduría de las escrituras, sino que yo misma iba a registrar personalmente numerosas conferencias, oficios religiosos, charlas informales y escritos en los cuales él explicaba las enseñanzas de Jesús.

El alcance y contenido de *La Segunda Venida de Cristo* quedan claramente expuestos en la Introducción del autor y en los discursos subsiguientes. Sin embargo, tal vez el lector pueda apreciar mejor esta obra si sabe más acerca de su génesis, algo sobre lo que puedo hablar de primera mano —desde los comienzos mismos hasta el punto culminante, la presentación de estas páginas.

Paramahansaji arribó a Estados Unidos en 1920 —como delegado al Congreso Internacional de Religiosos Liberales celebrado en Boston— para asumir la misión que le había sido encomendada por una sucesión de maestros iluminados de la India[1]: difundir en todo el mundo la antigua ciencia espiritual de la meditación yóguica y (como señaló en las Metas e ideales de *Self-Realization Fellowship*) «revelar la completa armonía, la unidad básica existente entre las enseñanzas del cristianismo y las del yoga, tal como fueran expresadas originalmente por Jesucristo y por Bhagavan Krishna respectivamente; y demostrar que las verdades contenidas en dichas enseñanzas constituyen los fundamentos científicos comunes a toda religión verdadera». El cumplimiento de esta sagrada responsabilidad fue el empeño de toda su vida —comenzando con el dictado de clases en Boston durante los primeros años que pasó en este país y siguiendo con inspiraciones expresadas en forma siempre renovada hasta pocos días antes de su fallecimiento, más de treinta años después.

Tras algunos años de estancia en Boston, Paramahansaji emprendió un programa de conferencias y ciclos de clases que le llevaron, en el transcurso de la siguiente década, a lo largo y ancho de

---

[1] Mahavatar Babaji, Lahiri Mahasaya y Swami Sri Yukteswar. (Véase el Glosario).

Estados Unidos. Enseñó en la mayoría de las principales ciudades; el público, que desbordaba los más grandes auditorios, quedaba cautivado por su inmensa sabiduría y amor a Dios —y por su personalidad dinámica, que era, en sí misma, un testimonio explícito de la practicidad de la ciencia espiritual aplicada que él enseñaba—. La presentación de su singular exposición sobre las enseñanzas de Jesucristo disolvió las fronteras teológicas que existían entre la liberadora senda hacia el reino de Dios revelada por el Señor Jesús y la ciencia yóguica de la unión con Dios enseñada por Bhagavan Krishna en el *Bhagavad Guita,* la sagrada escritura de la India. Los estudiantes estadounidenses de Paramahansaji, que en su mayoría eran personas que habían crecido dentro de la tradición judeocristiana, anhelaban algo más: contar, sobre todo, con la posibilidad de estudiar estas explicaciones a partir de un texto escrito y así absorber mejor los insospechados tesoros espirituales que, escondidos en las escrituras que les eran familiares, les habían sido revelados por este hombre de Dios proveniente de la India.

Sus peticiones no fueron desoídas. En 1932, poco después de que yo ingresara en el *ashram* de Mount Washington, el Gurú halló tiempo —entre las exigencias de la organización y los viajes a los que se había comprometido a fin de impartir conferencias— para comenzar a incluir comentarios acerca de los Evangelios y del *Bhagavad Guita* en la revista que había fundado unos años antes. Cada entrega constaba de algunos versículos de ambas escrituras junto con las explicaciones de Paramahansaji. «Estas interpretaciones espirituales son el resultado de una promesa que hice a los estudiantes de *Yogoda* y que durante largo tiempo permaneció incumplida», anunció en la revista[2]. No era infrecuente que el manuscrito fuera enviado por correo al personal de la revista desde cualquier ciudad lejana en la que se encontrara dando conferencias en esa época —incluso durante su extenso viaje a la India, vía Europa y Palestina, en 1935-1936.

De las numerosas experiencias notables que Paramahansaji tuvo durante ese viaje a la India, es de destacar, en conexión con este libro, su visita a Tierra Santa. En una carta enviada desde Jerusalén a

---

2 Revista *East-West,* fundada por Paramahansa Yogananda en 1925; con posterioridad, la llamó *Self-Realization* (que es el nombre con el que continúa hasta el día de hoy), para identificarla claramente como la publicación oficial de su organización, *Self-Realization Fellowship,* que había sido conocida en los primeros años como *Yogoda Satsanga Society of India.*

Rajarsi Janakananda[3] —un elevado discípulo que residía en Estados Unidos—, el Gurú le escribió acerca de sus experiencias con Cristo: «No existen palabras que sean suficientemente adecuadas para expresarte el gozo, la visión y la bienaventuranza que he percibido aquí. Toda la atmósfera primitiva y el entorno antiguo se encuentran todavía presentes, alterados únicamente por unos pocos edificios y hoteles modernos. Su nombre se halla tan vivo como antes; sólo que al Jesús que vivió, caminó y sufrió en las calles de Jerusalén pocas personas le ven. Él ha estado conmigo en todas partes, y tuve una comunión muy especial en Belén, donde él nació bajo la forma del pequeño cuerpo del niño Jesús. Me tocó cuando entré en el antiguo cobertizo donde María le trajo al mundo —en un pequeño y humilde establo situado debajo de una posada—. Este sitio es absolutamente auténtico. Lo sé por el Ser Divino. Sin embargo, hay otros lugares en que diferentes grupos de personas han señalado que Jesús hizo esto y aquello, pero esas referencias tienen errores. Cada lugar fue verificado desde mi interior. La mayor parte de los sitios son auténticos».

Al regresar a Estados Unidos a fines de 1936, Paramahansaji fue recibido con un regalo sorpresa de «bienvenida al hogar»: una apartada ermita con vistas al Océano Pacífico, en Encinitas (California). Fue en este sitio ideal, alejado de las exigencias de las conferencias y del trabajo organizativo, donde el Gurú pudo dedicarse más enteramente a sus escritos y permanecer más tiempo recogido y en profunda comunión con Dios.

De estos períodos de intensa comunión divina en la ermita de Encinitas, el Gurú hizo nacer, además de sus profundos comentarios acerca de las escrituras, su largamente proyectada *Autobiografía de un yogui*. Fue una gran bendición para mí, así como también para mi hermana[4], registrar con una máquina de escribir lo que el Gurú dictaba. Él solía trabajar todo el día y, por lo general, hasta bien avanzada la noche. Las palabras que de él brotaban nos estremecían con un embriagador sentimiento de emoción, ¡un maravilloso y bienaventurado

---

[3] Primer sucesor de Paramahansa Yogananda como presidente y líder espiritual de *Self-Realization Fellowship/Yogoda Satsanga Society of India* (hasta su fallecimiento el 20 de febrero de 1955). (Véase el Glosario).

[4] Ananda Mata, fiel discípula de Paramahansa Yogananda desde 1931. Ingresó en la orden monástica del Gurú en 1933, a la edad de 17 años. Sirvió en cargos de gran responsabilidad y fue miembro del Consejo Directivo de *Self-Realization Fellowship/Yogoda Satsanga Society of India* hasta su fallecimiento, en 2005.

estado de conciencia! A raíz de sus interpretaciones de las palabras de Cristo, en mis notas personales escribí lo siguiente: «He observado el rostro del Maestro mientras dicta sus inspiradas palabras. En él se expresan el gozo y la sabiduría de otro mundo. Sus ojos están encendidos con la llama del amor por Cristo y su voz se halla impregnada de ternura. Su semblante evoca en nosotros imágenes del modo en que Cristo debió de haber hablado siglos atrás».

A partir de su propia experiencia, el Gurú señaló durante ese período: «Estoy reverenciando al Padre en el mayor gozo y gloria que jamás me hayan sido dados. Nunca había imaginado antes cuán profundas son las enseñanzas de Jesús. A través de la interpretación que ahora estoy recibiendo, veo expresadas las mismas verdades que en los aforismos de Patanjali, la esencia condensada del Yoga de la India. Entendidas bajo esta luz, las enseñanzas de Jesús pueden forjar una nueva era».

Tara Mata, una discípula cercana de Gurudeva a quien él había confiado la tarea de revisar sus escritos, le envió a uno de sus conocidos del mundo de las letras una descripción de los comentarios del Gurú sobre las palabras de Cristo: «Llega a un pasaje que es tan oscuro que desafía toda posibilidad de interpretación clara. Durante un lapso, nos mira de manera inexpresiva a mí o a otra de sus secretarias, cierra los ojos, y hete aquí que a continuación aparece el significado de forma clara y completa. Lo obtiene enteramente por inspiración; de hecho, es sólo gracias a él que sé lo que significa en realidad la expresión "un libro inspirado"»[5].

Los lectores de los artículos sobre *La Segunda Venida*, publicados por entregas en la revista de *Self-Realization Fellowship*, también se sintieron espiritualmente elevados. El pastor de una Iglesia Congregacional de Inglaterra, el reverendo Arthur Porter, Doctor en Teología que años antes había asistido a las clases impartidas por el Gurú en Nueva York, escribió, en referencia a la interpretación de Paramahansaji, que era «una obra maestra de entendimiento divino».

«Uno se da cuenta de que las complejidades, las aparentes incongruencias y contradicciones del Nuevo Testamento han sido finalmente resueltas bajo la transparente luz de un sentido entendimiento —continuó diciendo en su testimonio—. [Éste] no es el producto de una comparación o estudio académico de comentarios bíblicos ya existentes,

[5] Tara Mata (Laurie V. Pratt) trabajó como jefa de redacción de las publicaciones de *Self-Realization Fellowship* y como vicepresidenta y miembro del Consejo Directivo hasta su muerte, acaecida en 1971.

sino que ha surgido, con imponente originalidad, de las profundidades de un juicio intuitivo y espiritual infalible. Perdurará cuando ya hayan sido olvidadas las bibliotecas colmadas de teorizaciones intelectuales acerca de Cristo y constituye la clarificación más importante de sus enseñanzas que jamás haya sido ofrecida al mundo cristiano».

Durante este período de trabajo en Encinitas con los comentarios de los Evangelios, Paramahansaji comenzó a planificar que el material estuviera disponible en forma de libro. Un caballero que estaba interesado y tenía contactos de negocios con el exterior se ofreció a buscar una editorial para publicarlo. Sin embargo, estos intentos no tuvieron éxito; y la organización de Paramahansaji, *Self-Realization Fellowship*, no contaba en ese momento ni con una imprenta ni con los fondos necesarios para publicar y dar a conocer un libro de esa envergadura. Paramahansaji aceptó la consiguiente evaluación que señalaba que, para lograr una distribución pública de ámbito mundial como la que él visualizaba, el manuscrito requeriría que se le dedicara mayor atención. «Continúen imprimiendo en la revista los artículos para nuestros lectores —fueron sus instrucciones—. Más adelante deberé trabajar más en ellos». Entretanto, ya había dirigido su atención, y la de sus discípulos ayudantes, hacia su *Autobiografía de un yogui*, que fue completada y publicada en las postrimerías de 1946.

Gurudeva dedicó los años finales de su vida, desde 1948 hasta 1952, a largos períodos de intensa concentración en sus escritos, su legado espiritual para las generaciones futuras. Sabiendo que su tiempo en la tierra estaba llegando a su fin, halló refugio para esa tarea en un apartado retiro del desierto de Mojave, en compañía de un puñado de discípulos cercanos que se encontraban colaborando con él, entre los que se hallaba su editora Tara Mata y la joven editora que él estaba capacitando, Mrinalini Mata[6]. Él se concentró en completar

---

[6] Previendo que Tara Mata no viviría lo suficiente para completar la tarea de revisión de todos sus escritos, Paramahansaji designó a Mrinalini Mata como sucesora de Tara Mata y la preparó personalmente en la edición de sus enseñanzas para ser publicadas y distribuidas en todo el mundo. Ella había conocido al Gurú en 1945 e ingresó en su *ashram* como monja poco tiempo después; observé cómo, desde el inicio, el Gurú la guió y entrenó con firmeza en el sendero, preparándola para que asumiera esa responsabilidad. Hasta el día de hoy, Mrinalini Mata continúa dedicándose a la tarea editorial confiada por su Gurú, además de ocupar el cargo de vicepresidenta de *Self-Realization Fellowship*. [*Nota del editor:* Después del fallecimiento de Sri Daya Mata, acaecido en 2010, Sri Mrinalini Mata se convirtió en el cuarto presidente de *Self-Realization Fellowship/Yogoda Satsanga Society of India*].

las publicaciones de mayor envergadura, que darían permanencia a las enseñanzas que se le había encomendado traer al mundo. Gran parte de su tiempo estuvo dedicado a traducir el *Bhagavad Guita* y elaborar un voluminoso comentario sobre éste: *God Talks With Arjuna* [Dios habla con Arjuna]. También emprendió una concienzuda revisión de muchas de sus otras obras. Sus instrucciones para la realización del presente libro fueron hacer uso de todo el material que él había aportado sobre la vida y las enseñanzas de Jesús, a fin de ofrecer a los lectores del mundo entero la presentación completa de las verdaderas enseñanzas del bendito Cristo, que Gurudeva había recibido por medios divinos.

En las charlas que brindó a lo largo de los años, entre las cuales se encontraban los sermones semanales de los templos de *Self-Realization Fellowship,* él incluía a menudo algún comentario acerca de uno o más versículos de los Evangelios o que hacía referencia a alguno de ellos. A partir de estos comentarios, surgieron preciadas realizaciones sobre la vida y las palabras de Cristo: conceptos expresados de una forma nueva, la clarificación y el desarrollo en detalle de argumentos que Paramahansaji había presentado en las entregas publicadas en la revista y, también, nuevas explicaciones de importantes pasajes del Evangelio que no habían sido incluidos en la revista. Estas y otras percepciones de la verdad por parte de Paramahansaji, que fueron apareciendo en el transcurso de toda una vida dedicada al servicio y desarrollo de su organización —*Self-Realization Fellowship/Yogoda Satsanga*—, se han integrado en un conjunto armonioso para configurar esta edición definitiva de *La Segunda Venida de Cristo*.

El proceso de preparación de este manuscrito para su publicación en forma de libro implicó además minimizar la duplicación de conceptos básicos que habían sido necesarios cuando los comentarios fueron presentados por entregas en la revista a lo largo de dos décadas y, también, condensar el material que había sido incluido en los primeros artículos de la revista, principalmente para los estudiantes y seguidores de Paramahansaji, y que más tarde fue incorporado en la versión impresa de las *Lecciones de Self-Realization Fellowship* o en cualquier otro sitio donde él lo requiriera. Hubo de realizarse un trabajo adicional como resultado de que, en las primeras etapas de la composición de sus comentarios del Evangelio, Paramahansaji empleó un libro que le había sido obsequiado, *The Walks and Words of Jesus* [Los hechos y las palabras de Jesús], del reverendo M. N. Olmsted, en el cual el autor había compilado en una sola narración cronológica los acontecimientos y dichos relatados en los cuatro Evangelios (según la versión de la *King James Bible*). Si bien el resultado era un relato muy ameno de la vida y las palabras de Jesús, inevitablemente se omitían o minimizaban algunas frases o puntos significativos cuando las narraciones no concordantes de dos o más de los Evangelios se hacían converger en una sola. A causa de estas diferencias, Paramahansaji dejó de utilizar el libro del reverendo Olmsted, después de que se hubieran publicado parte de las entregas en la revista, y comenzó a emplear las citas directas de la *King James Bible,* que es la que siempre había usado cuando explicaba pasajes de la Biblia en sus clases y en los oficios del templo. En consonancia con este cambio, en la preparación de este libro [en inglés] se han empleado los términos de los versículos de la *King James Bible*[7] a lo largo de todo el texto y se han citado las referencias paralelas de todos los Evangelios a fin de asegurar una presentación minuciosa de las palabras de Jesús.

En los cincuenta años transcurridos desde que Paramahansaji dejó su cuerpo, los avances en la física, la medicina, la biología y otros campos de la ciencia —así como las investigaciones arqueológicas e históricas que han arrojado mucha luz sobre el movimiento cristiano primitivo— han aportado información adicional, científica e histórica, a propósito de la clarividencia y la comprensión espirituales de Paramahansaji acerca de la vida y la misión mundial de Jesús. En notas del editor, hemos citado algunos de los descubrimientos más recientes.

Este tratado sobre las escrituras, publicado en tres volúmenes, representa la culminación integradora de la divina misión que le fue encomendada a Paramahansa Yogananda: poner de manifiesto en el mundo la esencia de «las enseñanzas del cristianismo [...] tal como fueran expresadas originalmente por Jesucristo».

Al exponer en los párrafos previos los antecedentes de cómo se gestó el presente libro, tengo la esperanza de poder transmitirle también al lector alguna vislumbre al menos del estado de conciencia del autor. Verdaderamente, sus percepciones provenían de Dios. La relación de Paramahansaji con Cristo trascendía ampliamente la apreciación filosófica o moral del mensaje de los Evangelios. Él conocía a Jesucristo de un modo personal. Lo conocía porque bebía directamente

---

[7] Véase la nota de la página VIII.

de la infinita Conciencia Crística, la conciencia de Dios omnipresente en la creación, que el Maestro de Galilea había manifestado: la conciencia mediante la cual Jesús realizó no sólo sus milagros de curación y otras hazañas «sobrenaturales», sino los milagros mucho más grandiosos del amor incondicional, el perdón y la transformación espiritual de la vida de innumerables personas. Durante sus treinta años de enseñanza en Occidente, Paramahansaji se esforzó por despertar esa conciencia en todo aquel que quisiera conocer verdaderamente a Cristo.

Había transcurrido cerca de un mes desde mi llegada a Mount Washington cuando el Gurú dirigió la primera meditación de Navidad de todo el día. En el transcurso de esa jornada, durante más de ocho horas, él meditó con un grupo de miembros y amigos de *Self-Realization Fellowship* y permaneció en comunión constante con Dios y Cristo. Mientras me hallaba sentada disfrutando del resplandor crepuscular de ese memorable día, recuerdo haber pensado: «He aquí un hombre de Oriente, de origen hindú, y sin embargo es tanto su amor por Cristo que le ha visto y ha comulgado con él. Es él quien ha mostrado a Occidente cómo celebrar de verdad el nacimiento y la vida de Jesús».

Durante los más de veinte años de discipulado en que serví como secretaria privada y asistente de Paramahansaji, ni una sola vez le vi descender del elevado plano del comportamiento crístico. Llegué a comprender que su sintonía con Jesús estaba basada no sólo en la profundidad inconmensurable de su gozosa comunión interna con la infinita Conciencia Crística percibida en el estado de *samadhi* durante la meditación, sino también en su propia realización y manifestación de los ideales de amor incondicional, perdón, compasión y adhesión a las más elevadas verdades divinas que caracterizaron la encarnación de Jesús en la tierra. Por eso, los comentarios de Paramahansaji, cuyas verdades él recibió por medios divinos y experimentó personalmente, nos proporcionan una auténtica vislumbre del espíritu de aquellos días en que el Señor Jesús caminaba con sus bienamados discípulos por las costas del Mar de Galilea y predicaba en las aldeas y en los campos, y en las calles y en el templo de Jerusalén, ofreciendo al mundo sus enseñanzas del «nuevo testamento». Paramahansaji nos lleva junto a Jesús en el viaje que emprendió esa vida divina, desde su nacimiento hasta su muerte y resurrección, e invita al lector al círculo íntimo de los discípulos de Jesús para conocer el amor y la sabiduría del Cristo al que ellos conocieron y siguieron. A medida que se van desplegando los discursos, los preceptos universales de Jesús vuelven a la vida para el presente. La verdad no cambia con el tiempo, ni tampoco cambia la potencialidad básica e irrevocable de elección que tiene la humanidad: o permanecer como víctimas desventuradas de la defectuosa naturaleza humana, o ascender para alcanzar la gloriosa realización de nuestra bienaventurada e inmortal naturaleza divina.

Es mi esperanza y mi oración que, en este nuevo milenio, la publicación de esta obra tan esperada de mi Gurú, *La Segunda Venida de Cristo*, encienda la llama del amor divino en los corazones de todos cuantos lean estas páginas. El mensaje contenido en ellas ilumina el sendero universal, que da la bienvenida y abarca a las personas de todas las razas, nacionalidades y religiones. Pueda la incomparable verdad e inspiración expuesta en estos volúmenes conducir el mundo hacia una iluminada época de paz, unidad, hermandad mundial y comunión con nuestro único Padre-Madre-Amigo-Bienamado Dios.

Los Ángeles
Febrero de 2004

Introducción

Al titular esta obra *La Segunda Venida de Cristo,* no me refiero en forma literal al retorno de Jesús a la tierra. Jesús vino hace dos mil años y, después de revelarnos un sendero universal hacia el reino de Dios, fue crucificado y resucitó. Su reaparición ante las masas en la actualidad no es necesaria para que se dé cumplimiento a sus enseñanzas. Lo que *verdaderamente* se requiere es que la sabiduría cósmica y la percepción divina presentes en Jesús hablen de nuevo a cada persona a través de su propio entendimiento y experiencia de la infinita Conciencia Crística encarnada en Jesús. Ésa será, realmente, su Segunda Venida.

Hay una distintiva diferencia de significado entre *Jesús* y *Cristo.* Jesús fue el nombre que recibió al nacer, en tanto que «Cristo» era su título honorífico. En el pequeño cuerpo humano llamado Jesús se produjo el nacimiento de la vasta Conciencia Crística, la omnisciente Inteligencia de Dios que está presente en cada elemento y partícula de la creación. Esta Conciencia es el «hijo unigénito de Dios», llamado así porque, dentro de la creación, constituye el único reflejo perfecto del Absoluto Trascendental, el Espíritu o Dios Padre.

La diferencia de significado entre «Jesús» y «Cristo»

Fue a esa Conciencia Infinita, saturada del amor y la dicha de Dios, a la que se refirió San Juan cuando dijo: *«Pero a todos los que la recibieron [la Conciencia Crística] les dio poder de hacerse hijos de Dios»*[1]. Así pues, de acuerdo con las enseñanzas mismas de Jesús tal como fueron registradas por Juan —el más avanzado de sus apóstoles—, todas las almas que alcanzan la unión con la Conciencia Crística mediante la intuitiva realización del Ser[2] merecen, con justicia, ser

---

[1] En el discurso 1 se ofrece un comentario detallado sobre este versículo.

[2] En el término «Ser», la mayúscula se utiliza para denotar el alma —que es la verdadera identidad del hombre— a fin de distinguirla del ego o pseudoalma —que es, en contraposición, el ser inferior con el cual el hombre se identifica temporalmente al ignorar su verdadera naturaleza.

XIX

llamados *hijos de Dios*.

Una copa pequeña no puede contener en su interior el océano. Del mismo modo, la copa de la conciencia humana, al hallarse limitada por la mediación física y mental de las percepciones materiales, no se encuentra en condiciones de captar la Conciencia Crística universal, por muy deseosa que esté de hacerlo. Mediante el uso de la precisa ciencia de la meditación —conocida durante milenios por los sabios y yoguis de la India y, también, por Jesús—, todo buscador de Dios puede expandir la capacidad de su conciencia hasta hacerla omnisciente y recibir dentro de sí la Inteligencia Universal de Dios.

Son muy pocas las personas que comprenden aquello que Jesús impartió y que se relata en el Nuevo Testamento de la Biblia. Simplemente leen lo que él dijo y lo repiten, y por el hecho de que se encuentra incluido en la escritura bíblica creen en ello a ciegas, sin esforzarse demasiado por lograr, a través de la experiencia personal, la realización de la sabiduría allí presente. La realización consiste en sintonizar la propia conciencia con Cristo; entonces llega la comprensión correcta.

La comprensión verdadera de las enseñanzas de Jesús llega a través de la comunión con la Conciencia Crística

Cuando la gente procura deducir el significado de las palabras de Jesús sólo mediante el análisis intelectual, o desde la perspectiva de un dogma determinado, inevitablemente distorsiona tales palabras para adecuarlas a sus propios fines —por buenos que éstos sean— o para acomodarlas de manera conveniente a su propio nivel de entendimiento. La sabiduría crística debe ser asimilada por medio de la comunión y no de la racionalización.

El único estándar confiable para interpretar las escrituras es el testimonio de la percepción verdadera: entrar en ese estado de conciencia en el que los profetas percibían las verdades que más tarde expusieron y, de ese modo, constatar el significado que se proponían dar a esas verdades. Las palabras de Jesús despliegan toda su sabiduría sólo ante aquellos que meditan profundamente sobre la Conciencia Crística que él poseía. Entonces, se puede comprender a Jesús a la luz

---

La realización del Ser consiste en saber —física, mental y espiritualmente— que somos uno con la omnipresencia de Dios; que no necesitamos orar para que ésta venga a nosotros, que no solamente estamos próximos a ella en todo momento, sino que la omnipresencia de Dios es nuestra propia omnipresencia, y nuestro ser es y será invariablemente siempre parte de la Divinidad. Lo único que necesitamos hacer es tomar mayor conciencia de ello.

de su experiencia espiritual de la Conciencia Cósmica del Padre Celestial, alcanzada a través del reflejo de dicha Conciencia, la Inteligencia Crística del Padre, presente en toda la creación.

El conocimiento detallado de los cielos al que llegaron los grandes astrónomos mediante el estudio y el empleo de telescopios no podría haber sido adquirido por personas legas desprovistas de dicho entrenamiento y equipo. De igual modo, lo que los sabios iluminados sabían acerca de la Verdad y del Espíritu a través del esclarecedor telescopio de su intuición sólo podrá ser conocido por la gente común cuando ésta haya ampliado su visión mediante el uso de su telescópica intuición interior, que se halla escondida en la profundidad de sus almas.

Cristo no atravesó el sublime drama que fue su vida con el único fin de proporcionar material para los sermones de generaciones de predicadores y sus auditorios dominicales. Él vivió, murió y resucitó gloriosamente con el objeto de inspirar a otros a vivir una vida divina y a lograr en su propio ser la experiencia que él tuvo de Dios y de la vida más allá de la muerte.

Jesucristo fue crucificado una vez, pero sus enseñanzas son crucificadas diariamente a manos de la superstición, el dogmatismo y las interpretaciones teológicas equivocadas y cargadas de pedantería. Mi propósito al ofrecerle al mundo esta interpretación espiritual de sus palabras es mostrar cómo la Conciencia Crística de Jesús, libre de tal crucifixión, puede venir nuevamente, por segunda vez, a las almas de todos aquellos que hagan el esfuerzo de recibirla. Con el alborear de esta época de mayor entendimiento, sin duda ha llegado el momento de poner fin a la crucifixión de las enseñanzas crísticas impartidas por Jesús. Su prístino mensaje debe ser resucitado del sepulcro por medio de la realización del Ser, la esclarecedora experiencia interior de la verdad.

En estas páginas, ofrezco al mundo una interpretación espiritual, percibida a través de la intuición, de las palabras de Jesús; estas verdades las he recibido mediante la comunión real con la Conciencia Crística. Si se estudian a conciencia y se medita sobre ellas con la percepción intuitiva del alma despierta, se comprobará que son universalmente ciertas y que muestran la perfecta unidad existente entre las revelaciones de la Biblia cristiana, el *Bhagavad Guita* de la India y todas las demás escrituras auténticas que han desafiado el paso del tiempo.

Los salvadores del mundo no vienen con el propósito de fomentar divisiones doctrinales hostiles; sus enseñanzas no deben ser utilizadas para tal fin. Incluso referirse al Nuevo Testamento como la Biblia «cristiana» es, en cierto modo, impropio, dado que no se trata del patrimonio exclusivo de ninguna confesión religiosa en particular. La Verdad se halla destinada a beneficiar y elevar a la raza humana en su conjunto. Así como la Conciencia Crística es universal, así también Jesucristo pertenece a todos.

Si bien enfatizo el mensaje del Señor Jesús, contenido en el Nuevo Testamento, y la ciencia yóguica de la unión con Dios, delineada por Bhagavan Krishna en el *Bhagavad Guita*, como el *summum bonum* del camino a la realización de Dios, reverencio por igual las variadas expresiones de la verdad que fluyen del Dios Único a través de las escrituras de sus diversos emisarios. Todas ellas tienen un significado triple —material, mental y espiritual—. Se trata de manantiales divinos de «aguas vivas» que pueden saciar la sed que sufre la humanidad en el ámbito del cuerpo, de la mente y del alma. Las eternas revelaciones enviadas por Dios a través de los profetas iluminados son de utilidad para los seres humanos en los tres niveles de su naturaleza.

El triple significado de las escrituras es idéntico en las biblias cristiana e hindú

El significado material de las enseñanzas de Cristo enfatiza su valor en lo que respecta al bienestar físico y social: las leyes eternas del correcto vivir correspondientes a los deberes personales, familiares, laborales, comunitarios, nacionales e internacionales del hombre como miembro de la divina familia humana mundial.

La interpretación mental explica cómo aplicar las enseñanzas de Cristo para mejorar la mente y el entendimiento del hombre, es decir, desarrollar sus facultades intelectuales y psicológicas, sus pensamientos y sus valores morales.

Si se las interpreta en relación con el aspecto espiritual del ser humano, las enseñanzas de Jesús señalan el camino hacia el reino de Dios: la realización personal de los infinitos potenciales divinos de cada alma como hija inmortal de Dios, a través de la ferviente comunión y unión final con el Padre Celestial y Creador de todo.

Si bien tanto la interpretación material como la psicológica de las escrituras son necesarias para saber cómo comportarse correctamente y llevar una vida equilibrada y centrada en Dios, la interpretación a la que los divinos emisarios del mensaje de las escrituras daban suprema importancia es la espiritual. Incluso el individuo que haya alcanzado los mayores logros materiales o intelectuales puede fracasar en sus intentos de conseguir el verdadero éxito en la vida. Son más bien las personas que han alcanzado el logro espiritual las que obtienen de manera científica el éxito en todos los aspectos, y ese éxito significa ser felices, estar saludables, ser inteligentes, sentirse satisfechos, ser realmente prósperos y poseer, mediante la comunión con Dios, una bienaventurada sabiduría que colma todos los anhelos.

La Biblia y el *Bhagavad Guita* son obras que responden satisfactoriamente a todas las cuestiones esenciales, ya que contienen la ciencia de la vida, los principios eternos de la verdad y la filosofía de vivir que hacen que la vida sea bella y armoniosa. La filosofía es el amor por la sabiduría; asimismo, la religión, tal como fue enseñada por los profetas de las escrituras, es la devoción por la verdad más elevada. La experiencia personal de la verdad es la ciencia que se encuentra en el fondo de todas las ciencias. Sin embargo, para la mayoría de las personas la religión se ha transformado en una mera cuestión de creencia. Hay quienes creen en el catolicismo, hay otros que creen en alguna doctrina protestante, mientras que algunos afirman creer que la religión judía o la hindú o la musulmana o la budista es el camino verdadero. La ciencia de la religión identifica aquellas verdades universales que son comunes a todas —la base de la religión— y enseña cómo, mediante su aplicación práctica, una persona puede edificar su vida de acuerdo con el Plan Divino. Las enseñanzas del *Raja Yoga* (la ciencia «regia» del alma, originaria de la India) son superiores a la ortodoxia de la religión, pues exponen de forma sistemática la práctica de métodos universalmente necesarios para el perfeccionamiento de todo individuo, sea cual sea su raza o credo.

Existe una enorme diferencia entre el aspecto teórico de la religión y de la filosofía y su aplicación real. En la práctica, la filosofía puede dividirse en tres partes: la ética, la psicología y la metafísica. Tanto la Biblia cristiana como la hindú incluyen estas tres ramas.

La ética —la verdad de las escrituras aplicada a la vida material— expone la ciencia del deber humano, las leyes morales, el modo correcto de comportarse.

La psicología —la verdad aplicada al bienestar mental— le enseña al ser humano la manera de analizarse a sí mismo, dado que no hay progreso espiritual posible sin la introspección y el autoestudio, mediante los cuales uno procura descubrir lo que es para poder corregirse a sí mismo y convertirse en aquello que debería ser.

La metafísica —las verdades correspondientes a la dimensión espiritual de la vida— explica la naturaleza de Dios y la ciencia por medio de la cual es posible conocerle.

Estas tres ramas, tomadas en conjunto y puestas en práctica, constituyen la religión. Los principios éticos y morales aconsejados en el Nuevo Testamento son idénticos a los del *Guita*. La psicología y la metafísica que se exponen en ambas escrituras, si se las interpreta correctamente, coinciden asimismo en todos los sentidos. La diferencia superficial consiste en que las escrituras hindúes —de las cuales el *Guita* es un sublime resumen— fueron escritas en una época más elevada de la civilización, en el marco de un mayor entendimiento de la población en general. Aun cuando Jesús encarnaba en su propio ser la sabiduría más excelsa, él expresaba la verdad en un lenguaje simple y conciso; las escrituras de la India, en cambio, fueron compuestas en terminología sánscrita de una profundidad y una precisión científica extraordinarias. He comparado, punto por punto, el mensaje esencial de la Biblia y el de las escrituras hindúes, y entre ellos sólo he hallado una armoniosa unidad. Es a la luz de ese entendimiento como fueron escritas estas explicaciones de las palabras de Cristo. He citado, a modo de ejemplo, algunos versos paralelos o complementarios del *Bhagavad Guita*. He brindado una explicación detallada de estos versos y de la totalidad del *Guita* en una obra aparte[3], a la que invito a los lectores a remitirse con el fin de esclarecer aún más las verdades que se hallan implícitas —pero no explicadas al detalle— en las palabras de Jesús que han llegado hasta nosotros en los cuatro Evangelios canónicos. De hecho, si Jesús mismo hubiera escrito sus enseñanzas, éstas podrían haber quedado expresadas de manera más profunda que la utilizada en las generalidades de una conversación con sus discípulos o de un discurso ante las multitudes. Ciertamente que en el libro del Apocalipsis de San Juan se nos guía, a través de la metáfora, a las profundas visiones de la ciencia del yoga en la que Jesús inició a su avanzado discípulo Juan —y a otros—, cuya conciencia se elevó, a

---

[3] *God Talks With Arjuna: The Bhagavad Gita—Royal Science of God-Realization* [Dios habla con Arjuna: El Bhagavad Guita —la ciencia suprema de la unión con Dios] (publicado, en inglés, por *Self-Realization Fellowship*). Una concisa introducción a este libro, que incluye la traducción completa, verso a verso, del *Guita*, ha sido publicada en español por *Self-Realization Fellowship* con el título de *El Yoga del Bhagavad Guita: Una introducción a la ciencia universal de la unión con Dios originaria de la India.*

consecuencia de ello, hasta alcanzar el sublime estado de la realización del Ser inherente al reino de Dios que está dentro de nosotros.

L as escrituras son mudos testimonios de la verdad espiritual; un personaje divino es, en verdad, una escritura viviente. Al igual que la diminuta semilla que da origen a un árbol gigantesco, las verdades de las escrituras demuestran, del modo más provechoso e inspirador, su poder y su capacidad de prodigar sabiduría cuando se manifiestan en la vida de las almas que conocen a Dios.

Jesús encarnaba las verdades eternas, y él lo declaró al decir de su Conciencia Crística: «*Yo soy el Camino, la Verdad y la Vida*»[4]. Divino y humano a la vez, Jesús vivió entre los hijos de Dios como un «hermano mayor» que es el sostén de sus hermanos menores, como el hijo bienamado del Padre de todos, enviado a la tierra para redimir a sus hermanos y hermanas engañados por el deseo, instándolos a volverse semejantes a él. Según los registros de los Evangelios acerca de su vida, Jesús enseñaba el sendero hacia el reino de Dios no sólo por medio de preceptos sino mediante el ejemplo[5].

Muchos toman con escepticismo, en la era moderna, la veracidad

---

[4] *Juan* 14:6. (Véase el comentario del discurso 70 en el volumen III).

[5] Los miles de libros y artículos acerca de la moderna búsqueda científica del «Jesús histórico», llevada a cabo por arqueólogos, lingüistas, historiadores, antropólogos y otros expertos, han resultado valiosos para ilustrar el contexto cultural en que vivió Jesús y —lo que es más importante— en qué forma fue cambiando y evolucionando la interpretación que los diversos grupos de seguidores hicieron de sus enseñanzas en los siglos posteriores a su muerte. No obstante, ninguno de estos trabajos ha reemplazado a los Evangelios del Nuevo Testamento como la más abundante y completa fuente disponible para conocer las verdaderas palabras y hechos de Jesús.

El profesor Luke Timothy Johnson, de la Universidad de Emory, escribió en su libro *The Real Jesus* [El auténtico Jesús] (Harper, San Francisco, 1996): «¿No es cierto, acaso, que los descubrimientos arqueológicos de los últimos cuarenta años han abierto nuevas y fascinantes fuentes para el análisis histórico del cristianismo primitivo? [...] El descubrimiento de los Rollos del Mar Muerto, ocurrido en 1947, fue revolucionario porque produjo revelaciones valiosas y antes desconocidas acerca de las diferentes clases de judaísmo existentes en la Palestina del siglo I, así como de las actividades de un grupo sectario dentro del judaísmo que predicaba una doctrina similar a la de los cristianos. Sin embargo, la cauta conclusión a la que llegaron los especialistas [...] es que los Rollos del Mar Muerto no arrojan ninguna luz directa sobre Jesús ni sobre el desarrollo del cristianismo». Con referencia a la colección de manuscritos del gnosticismo cristiano, descubiertos en Nag Hammadi (Egipto) en 1945, el profesor Johnson escribe: «Los estudiosos están de acuerdo en que el material de la biblioteca no proviene de un período anterior a la mitad del segundo siglo. [...] [Por lo tanto] resulta que los escritos canónicos del Nuevo Testamento siguen siendo nuestro mejor testigo histórico del movimiento cristiano en su primera etapa». *(Nota del editor)*.

de las historias bíblicas relacionadas con Jesús. Hay quienes se mofan de cualquier aptitud extraordinaria que desafíe los prejuicios habituales acerca de lo que es humanamente posible y niegan de manera categórica que el Dios-hombre del que hablan los Evangelios haya vivido realmente. Otros conceden cierto grado de historicidad a Jesús, pero le retratan como un simple maestro carismático que se dedicaba a dar enseñanzas morales y espirituales; sin embargo, yo sumo humildemente mi propio testimonio a los relatos del Nuevo Testamento sobre el Cristo de Galilea. Sé, por experiencia personal, que su vida y sus milagros son reales, porque le he visto muchísimas veces y he comulgado con él, y he recibido de su persona una confirmación directa acerca de estos temas.

Jesús es real; yo le he visto

Él ha venido a mí a menudo como el niño Jesús y como el joven Cristo. Le he visto como era antes de su crucifixión, con el rostro velado por la tristeza, y le he visto en la forma gloriosa en la que apareció después de su resurrección.

Jesús no tenía la tez clara, los ojos azules y el cabello rubio, que es la manera en que ha sido retratado en las obras de muchos pintores occidentales. Sus ojos eran de color castaño oscuro, y el tono de su tez era oliváceo debido a su herencia asiática. Su nariz estaba levemente achatada en la punta. Su bigote, barba rala y largos cabellos eran negros. Su rostro y su cuerpo estaban bellamente moldeados. De todas las imágenes que he visto de él en Occidente, la versión de Hofmann es la que más se aproxima a la representación de los rasgos exactos del Jesús encarnado[6].

Es una suposición errónea de mentes limitadas el creer que los grandes seres como Jesús, Krishna y otras encarnaciones divinas han abandonado esta tierra porque ya no son visibles a la mirada humana. Esto no es así. Cuando un maestro liberado ha disuelto su cuerpo en el Espíritu y, aun así, se manifiesta en forma visible ante los devotos receptivos (como lo ha hecho Jesús a lo largo de los siglos a partir de su muerte, por ejemplo, ante San Francisco, Santa Teresa y muchos otros de Oriente y Occidente), eso significa que continúa desempeñando un papel en el destino del mundo. Aun cuando los maestros hayan cumplido la

El deseo de Jesús de restituir sus enseñanzas originales al mundo

---

[6] Heinrich Hofmann (1824-1911).
Este artista realizó numerosas pinturas y dibujos que ilustran la vida de Jesús. Algunos de ellos pueden verse en este libro. (*Nota del editor*).

función específica por la cual asumieron una encarnación física, a algunos de ellos Dios les encomienda la tarea de velar por el bienestar de la humanidad y ayudar a guiar su desarrollo.

En la actualidad, Jesucristo está plenamente vivo y activo. Ya sea en Espíritu o asumiendo a veces una forma de carne y hueso, se encuentra trabajando, invisible a los ojos de las multitudes, para ayudar a reformar el mundo. Dado que su amor abarca a todos sin excepción, Jesús no se contenta tan sólo con permanecer en el Cielo disfrutando de su conciencia bienaventurada. Él se halla profundamente preocupado por la humanidad y desea proporcionar a sus seguidores los medios para alcanzar la divina libertad que les permita entrar en el Reino Infinito de Dios. Se siente desilusionado porque, si bien los templos y las iglesias fundados en su nombre son numerosos y, muchas veces, prósperos y poderosos, ¿dónde está la comunión que él enfatizaba —el contacto verdadero con Dios—? Jesús desea que se establezcan templos, ante todo, en las almas humanas; y luego, externamente, en lugares físicos de adoración. Hay, en cambio, enormes e incontables edificios cuyas inmensas congregaciones reciben adoctrinamiento en el eclesianismo, pero son pocas las almas que se encuentran realmente en contacto con Cristo a través de la oración y la meditación profundas.

Restablecer a Dios en el templo de las almas mediante el renacimiento de las enseñanzas originales sobre la comunión con Dios tal como fueron expuestas por Cristo y por Krishna es la razón de que yo fuese enviado a Occidente por Mahavatar Babaji, el eterno Yogui-Cristo de la India moderna, cuya existencia le fue revelada al mundo en general por primera vez en 1946, en *Autobiografía de un yogui*:

«El Mahavatar se encuentra en comunión constante con Cristo; ambos unidos irradian vibraciones redentoras y han planeado la técnica espiritual de salvación para esta era. La obra de estos dos grandes e iluminados maestros, uno con cuerpo y el otro sin él, es la de inspirar a las naciones a desterrar las guerras, los odios raciales, los sectarismos religiosos y los males del materialismo. Babaji está perfectamente enterado de las tendencias de los tiempos modernos, especialmente de las influencias y complejidades de la civilización occidental, y comprende la necesidad de difundir las liberadoras técnicas del yoga tanto en Occidente como en Oriente»[7].

Fue Mahavatar Babaji quien, en consonancia con los deseos de

---

[7] *Autobiografía de un yogui*, capítulo 33.

Cristo, delegó en mí la enorme tarea de interpretar apropiadamente para el mundo el significado profundo de las palabras de Jesús. En 1894, Babaji encomendó a mi gurú, Swami Sri Yukteswar, escribir un estudio comparativo acerca de la armonía existente entre las escrituras cristianas e hindúes desde el punto de vista del *Sanatana Dharma* de la India, la verdad eterna[8]. Babaji le dijo además a mi gurú que yo le sería enviado con el fin de que me entrenara para la misión que habría de cumplir en Occidente: explicar, en paralelo, las enseñanzas del cristianismo y las del yoga, tal como fueran expresadas originalmente por Jesucristo y por Bhagavan Krishna respectivamente.

Durante incontables milenios, la India ha sido la tierra de la luz espiritual en este mundo. Fue en la India donde se conservó la divina ciencia del alma, el yoga —la unión con Dios a través de la comunión directa y personal con Él—. Por esa razón, Jesús fue a la India cuando era joven, y allí regresó para deliberar con Babaji acerca de la evolución espiritual del mundo[9]. El tiempo dará testimonio de esta verdad, del hecho de que ellos han dado al mundo, a través de las enseñanzas del *Kriya Yoga* impartidas por *Self-Realization Fellowship (Yogoda Satsanga Society of India)*, las técnicas de meditación que le permiten a cada alma unirse nuevamente con Dios mediante la experiencia interior de la Conciencia universal de Cristo-Krishna.

Pocas personas en el mundo cristiano han comprendido la promesa

---

[8] El libro que escribió Sri Yukteswar a petición de Babaji es *La ciencia sagrada,* publicado por *Self-Realization Fellowship.* (Véase también el discurso 2, páginas 44 s.).

[9] Véase también el discurso 5.

En su libro *In Search of the Cradle of Civilization: New Light on Ancient India* [En busca de la cuna de la civilización: Una nueva luz sobre la India antigua] (Quest Books, Wheaton, Illinois, 1995), los Doctores Georg Feuerstein y Subhash Kak, junto a David Frawley, Doctor en Medicina Oriental, presentan abundantes pruebas sobre la primacía de la cultura espiritual de la India en el mundo antiguo: «El viejo adagio *ex oriente lux* (la luz viene de Oriente) no es una mera trivialidad, dado que la antorcha de la civilización —sobre todo, la sagrada tradición esencial de la sabiduría perenne— nos fue legada desde el hemisferio oriental. [...] El judaísmo y el cristianismo, creados en Oriente Medio, que en gran medida le han dado a nuestra civilización su actual forma, se vieron influidos por ideas provenientes de países que se hallaban más hacia el Este, principalmente de la India. De todas estas tradiciones orientales, el hinduismo es, sin lugar a dudas, el patrimonio religioso más antiguo que continúa hasta el presente. [...]

»En apariencia, ninguna de las tradiciones existentes es tan antigua y amplia como la tradición védica hindú. Es tan extensa que parece contener la totalidad de métodos para acercarse a la Divinidad, o Realidad última, que se encuentran en las otras tradiciones. Todos los medios espirituales —desde la simple entrega devocional, pasando por las visualizaciones complejas, hasta las diferentes posturas físicas— han sido sistemáticamente explorados dentro de esta inmensa tradición». *(Nota del editor).*

que hizo Jesús de enviar al Espíritu Santo después de su partida[10]. El Espíritu Santo es el sagrado poder vibratorio invisible de Dios que sostiene activamente el universo: la Palabra u *Om,* la Vibración Cósmica, el Gran Confortador, el Salvador que libera de todo sufrimiento. Dentro de la Vibración Cósmica del Espíritu Santo se encuentra el Cristo omnipresente, el Hijo o Conciencia de Dios inmanente en la creación. El método para establecer contacto con esta Vibración Cósmica, o Espíritu Santo, se está difundiendo por primera vez en todo el mundo a través de técnicas definidas de meditación que forman parte de la ciencia del *Kriya Yoga.* Mediante la bendición que proviene de la comunión con el Espíritu Santo, se expande la copa de la conciencia humana a fin de recibir el océano de la Conciencia Crística. El practicante avezado de la ciencia del *Kriya Yoga* que experimenta de forma consciente la presencia del Espíritu Santo, el Confortador, y se funde en el Hijo, la inmanente Conciencia Crística, alcanza de ese modo su unidad con Dios Padre y entra al reino infinito de Dios.

Así pues, Cristo vendrá por segunda vez a la conciencia de cada devoto ferviente y experimentado que domine la técnica para establecer contacto con el Espíritu Santo, que otorga un indescriptible y bienaventurado consuelo en el Espíritu. Quienes tengan oídos espirituales para oír, que oigan que se está cumpliendo la promesa de Jesucristo de enviar el Espíritu Santo, el Confortador. Estas enseñanzas han sido enviadas para explicar la verdad tal como Jesús quería que fuera conocida por el mundo; no tienen el propósito de iniciar un nuevo cristianismo, sino el de dar a conocer lo que Cristo realmente enseñó: cómo llegar a ser un Cristo, cómo hacer resucitar al Cristo Eterno en el interior de nuestro propio Ser.

Para interpretar las palabras de Jesús sin dejarse llevar por el capricho, ni por el emocionalismo dogmático, ni por las racionalizaciones teológicas, sino otorgándoles el significado que él deseaba darles, es preciso hallarse en sintonía con él. Se debe tener un conocimiento acerca de lo que Cristo era y es; y eso sólo se puede comprender compenetrándose con su estado de Conciencia Crística.

Al identificarme con la conciencia de Jesús, pude sentir lo que él sintió al hablar a sus discípulos y a las multitudes, como se encuentra

---

10 «*Y yo pediré al Padre y os dará otro Paráclito [Confortador], para que esté siempre con vosotros. [...] Pero el Paráclito, el Espíritu Santo, que el Padre enviará en mi nombre, os lo enseñará todo y os recordará todo lo que yo os he dicho*» (*Juan* 14:16, 26).

recogido en los Evangelios. Lo que he procurado transmitir son los pensamientos y la conciencia de Jesús que subyacían a las palabras que él pronunció. Comulgo con Cristo y le pido lo siguiente: «No deseo interpretar la Biblia de acuerdo con mi propio punto de vista. ¿Podrías tú interpretarla?». Entonces, él viene a mí.

Estas interpretaciones han sido inspiradas por Dios y Cristo

En sintonía con Cristo en éxtasis y en espíritu, he tomado nota de sus explicaciones con el máximo cuidado conforme llegaban a través de mí; esas revelaciones se encuentran escritas en el presente tratado. No elaboro explicaciones; percibo. No digo lo que yo pienso, sino aquello que la realización interior me indica que exprese.

Muchos de los dichos y parábolas de Jesús, que sufrieron transformaciones debido a la traducción errónea a partir del arameo[11], me resultaron incomprensibles al leerlos por primera vez; pero cuando oré y me puse en sintonía con Jesús, recibí su significado directamente de él. Me han sido proporcionadas revelaciones que jamás habría imaginado; lejos estaba yo de sospechar la riqueza de la verdad que se hallaba oculta. Creo que los lectores de este libro verán aquí expuestos, por primera vez, esos significados que permanecieron escondidos durante veinte siglos, la interpretación de las palabras de Jesús tal como él las expresaría en la actualidad —las verdades que él transmitió a sus discípulos y que él quiere que sean comprendidas por los devotos de todo el mundo y de todas las épocas—. Aquellos que sean receptivos sentirán, a través de la percepción directa, el mensaje que Cristo les está impartiendo; porque lo único que yo he hecho es recibir sus pensamientos y su conciencia y transmitirlos exhaustivamente.

El singular deseo que había en mi corazón de discernir correctamente el verdadero significado de las palabras de Cristo me fue confirmado de una manera maravillosa cierta noche, durante un período en que me hallaba trabajando en estas interpretaciones. Ocurrió en la ermita de Encinitas (California). Me encontraba sentado en meditación en la penumbra de mi cuarto, orando con intensidad desde el

---

[11] El arameo era la lengua de uso cotidiano en la tierra natal de Jesús. (Él también había recibido, por supuesto, educación en hebreo, lengua en la que se hallaban redactadas las escrituras judías). Los primeros registros conocidos de los Evangelios no fueron escritos en arameo ni en hebreo, sino en griego, la lengua franca utilizada en aquella época en la región oriental del Imperio Romano. Por lo tanto, la traducción de las palabras de Jesús comenzó ya al adoptar su primera forma escrita. *(Nota del editor)*.

fondo de mi alma, cuando repentinamente la oscuridad se desvaneció y una opalina luz celestial inundó la habitación. El cuarto entero se asemejaba a una llama opalescente. En esa luz, apareció ante mí la radiante figura del bendito Señor Jesús.

En su rostro se reflejaba la divinidad. Tenía la apariencia de un hombre joven, de unos veinticinco años, con barba y bigote ralos. Su larga cabellera negra, partida en medio, estaba circundada por un resplandeciente halo dorado. Sus pies no tocaban el suelo. Sus ojos eran los más bellos, los más amorosos que yo haya contemplado jamás. El universo entero brillaba en esos ojos, que cambiaban constantemente ante mi mirada. Y comprendí, intuitivamente, la sabiduría que emanaba de ellos con cada divina transición de su expresión. Aquellos ojos gloriosos me hicieron sentir el poder que sustenta y dirige los incontables mundos.

Mientras me miraba desde lo alto, un Santo Grial apareció ante su boca y bajó hasta mis labios, para retornar luego a él. Al cabo de unos instantes de silenciosa comunión extática, me dijo: «Bebes de la misma copa de la que yo bebo».

Cuando pronunció estas palabras, me incliné ante él. Al recibir el testimonio de sus bendiciones y de su presencia, sentí un inmenso gozo más allá de lo imaginable. Las palabras con las que él se expresó en esta visión son las mismas que le dijo a Tomás, las cuales yo nunca antes leí[12]. Lo que él quiso decir con estas palabras es que yo estaba bebiendo de su sabiduría mediante el Santo Grial de sus percepciones,

---

[12] Las palabras de Jesús se hallan recogidas en una escritura no canónica, el *Evangelio de Tomás*, versículo 13:

«"Hacedme una comparación y decidme: ¿a quién me asemejo?". Simón Pedro le dijo: "Te asemejas a un ángel justo". Mateo le dijo: "Te asemejas a un filósofo sabio". Tomás le dijo: "Maestro, mi boca no será capaz en absoluto de que yo diga a quién te asemejas". Jesús dijo: "Yo no soy tu maestro, puesto que has bebido y te has embriagado del pozo que bulle, que yo mismo he excavado"».

En otra parte del *Evangelio de Tomás* (versículo 108), Jesús declara: «El que beba de mi boca llegará a ser como yo. Yo también llegaré a ser como él y las cosas ocultas le serán reveladas» —citado de la obra de Antonio Piñero y col., *Textos gnósticos: Biblioteca de Nag Hammadi* Vol. II (Trotta, Madrid, 1999).

Hacia fines del siglo XIX se descubrieron fragmentos de este evangelio, pero el evangelio completo, que incluye el pasaje aquí citado, no se conoció hasta 1945. Formaba parte de una colección de manuscritos coptos del siglo II descubiertos en Nag Hammadi (Egipto) y no fue traducido al inglés hasta 1955. (Paramahansa Yogananda abandonó su cuerpo en 1952). Sin embargo, fue en 1937 cuando Paramahansaji hizo la anterior aseveración de que las palabras que Jesús le dijo expresaban el mismo mensaje que las que le dirigió a Tomás. *(Nota del editor)*.

que él había depositado en mi conciencia, y que se sentía complacido por ello. Expresó su aprobación muy tiernamente y me bendijo por escribir estas interpretaciones. Puedo decir esto sin soberbia, porque la interpretación de las palabras de Cristo que aquí se incluye no me pertenece, sino que me ha sido confiada. Me siento feliz de que este libro esté llegando a través de mi persona, pero no soy yo su autor, sino Cristo. Sólo soy el vehículo a través del cual se expone esta interpretación.

Oigo a Cristo en la tierra de mi inspiración. Mientras le contemplo, Cristo me revela toda la sabiduría eterna que deseaba transmitir por medio de sus palabras preñadas de significado. Aun cuando así me lo recomendaron en mi juventud algunos profesores británicos bienintencionados, jamás leí entonces el Nuevo Testamento, a excepción de unos pocos pasajes. Si lo hubiese hecho, la teología aprendida bajo su tutela habría cegado mi visión y predispuesto negativamente mi capacidad de percepción, y no me habría sido posible oír la voz de Cristo ni verle hablar. Ahora me regocijo —y siempre anhelaré hacerlo— al oír a Cristo hablarme con palabras de vida, verdad y liberación eterna para todos.

Jesús dijo: «*Nosotros hablamos de lo que sabemos*»[13], y tengo la certeza de que, a través de esta nueva interpretación, la gente podrá comprender ese conocimiento verdadero, el entendimiento nacido de la sabiduría, que él quería ofrecer al mundo. Por eso, a pesar de las numerosas interpretaciones de sus palabras que otros ya han escrito, tengo la convicción de que Cristo me ha inspirado a levantar el velo de la comprensión equivocada y la interpretación incorrecta de sus enseñanzas, a fin de expresarlas nuevamente en su pureza original, libres de conceptos errados, y enfatizar su aplicabilidad en la vida y condiciones de la civilización moderna, que tanto han cambiado desde los tiempos de Jesús. La gente de hoy debe traspasar el oscuro cristal de la teología —el conocimiento intelectual acerca de Dios— y percibir a Dios de forma directa[14]. Ésa es mi convicción al escribir el primer estudio minucioso realizado por un oriental sobre las palabras de Cristo, quien también nació en Oriente y pasó muchos años de su vida en la India.

---

[13] *Juan* 3:11. (Véase el comentario del discurso 14).

[14] «*Ahora vemos como en un espejo, de forma borrosa; pero entonces veremos cara a cara. Ahora conozco de un modo parcial, pero entonces conoceré tal como soy conocido*» (*I Corintios* 13:12).

«Cristo a los 33 años»

«Estad seguros que yo estaré con vosotros día tras día, hasta el fin del mundo».

Mateo 28:20

Aun cuando los maestros hayan cumplido la función específica por la cual asumieron una encarnación física, a algunos de ellos Dios les encomienda la tarea de velar por el bienestar de la humanidad y ayudar a guiar su desarrollo.

En la actualidad, Jesucristo está plenamente vivo y activo. Ya sea en Espíritu o asumiendo a veces una forma de carne y hueso, se encuentra trabajando, invisible a los ojos de las multitudes, para ayudar a reformar el mundo. Dado que su amor abarca a todos sin excepción, Jesús no se contenta tan sólo con permanecer en el Cielo disfrutando de su conciencia bienaventurada. Él se halla profundamente preocupado por la humanidad y desea proporcionar a sus seguidores los medios para alcanzar la divina libertad que les permita entrar en el Reino Infinito de Dios.

Paramahansa Yogananda

Retrato utilizado en los altares de *Self-Realization Fellowship*

La Conciencia Crística Universal se expresó a través de Jesús y ahora, por medio de las técnicas de meditación del *Kriya Yoga* que enseña *Self-Realization* y de estas interpretaciones de las escrituras que he recibido intuitivamente, la Conciencia Crística llega por segunda vez para manifestarse en la conciencia de los verdaderos buscadores de Dios.

A medida que leas las páginas de *La Segunda Venida,* verás disiparse para siempre, después de un lapso de veinte siglos, la niebla de las dificultades, la comprensión equivocada y el misterio acerca de las palabras de Cristo. ¡Tantos grupos, tantas confesiones, tantas creencias, tantas persecuciones, tantos conflictos y revueltas han tenido su origen en las interpretaciones erradas! Ahora, Cristo revela el mensaje exacto que contienen las sencillas palabras con las que se dirigió a un pueblo de la antigüedad en una época menos avanzada de la civilización. Lee, comprende y siente que Cristo te está hablando a través de esta biblia de la «Segunda Venida» y te insta a hallar la redención mediante la experiencia de la verdadera «Segunda Venida», la resurrección en tu interior de la Infinita Conciencia Crística.

Las encarnaciones divinas: emisarios de Dios

La misión de amor divino que Jesús vino a cumplir a la tierra

❖

La naturaleza de la conciencia de un avatar

❖

El Único Espíritu: la fuente de toda la creación

❖

El verdadero significado de la Santísima Trinidad

❖

La Palabra Cósmica o Espíritu Santo:
la vibración creativa e inteligente de *Om*

❖

«Hijo unigénito» no es una referencia al cuerpo de Jesús,
sino a su Conciencia Crística

❖

Cómo las tinieblas de la ilusión impiden al hombre ver
la luz de la presencia de Dios en la creación

❖

Todas las almas son hijos de Dios, hechos a su imagen

«A los versículos iniciales del Evangelio de San Juan en el Nuevo Testamento se les podría denominar, con justicia, el Génesis según San Juan. [...] Deberían ser considerados en primer lugar cuando se busca el verdadero significado de la vida y enseñanzas de Jesús».

Ven a mí, ¡oh Cristo!, como el Buen Pastor

¡Oh Cristo, bienamado Hijo de Dios!, te embarcaste en un mar agitado por una tempestad de mentes prejuiciosas. Las despiadadas olas de sus pensamientos laceraron tu tierno corazón.

Tu pasión en la cruz fue una victoria inmortal de la humildad sobre la fuerza, del alma sobre el cuerpo. Que tu ejemplo inefable nos aliente a soportar con valor nuestras pequeñas cruces.

¡Oh Gran Amante de la humanidad desgarrada por el error! En miríadas de corazones se ha levantado un invisible monumento al supremo milagro de amor que fueron tus palabras: «Perdónalos, Señor, porque no saben lo que hacen».

Elimina de nuestros ojos las cataratas de la ignorancia, para que podamos ver la belleza de tu mensaje: «Ama incluso a tus enemigos como a ti mismo, pues aunque tengan la mente enferma, o estén adormecidos en el error, son igualmente tus hermanos».

¡Oh Cristo Cósmico!, haz que también nosotros podamos vencer al Satanás del egoísmo, que divide a los seres humanos y les impide unirse, en apacible acuerdo, con el único lazo del Espíritu.

Tú que eres la Perfección misma y sin embargo fuiste crucificado, enséñanos a no resentirnos con las inevitables pruebas de la vida, ese diario desafío que ha de afrontar nuestra fortaleza ante la adversidad, nuestro autodominio ante las tentaciones y nuestra buena voluntad ante la incomprensión.

Innumerables creyentes, purificados por tu contemplación, perfuman su vida con la fragancia que exhala la flor de tu alma. ¡Oh Buen Pastor!, tú conduces a tu inmenso rebaño a los pastos siempre verdes de las Dehesas de la Paz.

Nuestra máxima aspiración es ver al Padre Celestial, con los ojos abiertos de la sabiduría, como tú lo ves, y saber, como tú lo sabes, que en verdad somos sus hijos. Amén[1].

---

[1] Citado del libro de Paramahansa Yogananda *Susurros de la Eternidad* (publicado por *Self-Realization Fellowship*).

Las encarnaciones divinas: emisarios de Dios

«*Padre, perdónalos, porque no saben lo que hacen*».

Con estas palabras, Jesús puso su sello a una vida extraordinaria que le entronizó para toda la eternidad en el altar de los corazones devotos como la encarnación de la amorosa compasión de Dios. El Buen Pastor de almas abrió sus brazos para recibir a todos, sin excluir a nadie, y mediante la atracción del amor universal impulsó al mundo a seguirle en el sendero hacia la liberación, a través del ejemplo de su espíritu de sacrificio, renunciamiento, capacidad de perdón, amor por igual para amigos y enemigos y, sobre todas las cosas, amor supremo por Dios. Ya fuera como el pequeño bebé en el pesebre de Belén, o como el salvador que sanaba a los enfermos, resucitaba a los muertos y aplicaba el bálsamo del amor sobre las heridas de los errores, el Cristo presente en Jesús vivió entre los seres humanos como uno más, para que también ellos pudieran aprender a vivir como dioses.

El desafío de enfrentar una vida llena de misterios irresueltos e irresolubles en un universo enigmático sería abrumador para los simples mortales, si no fuera por los emisarios divinos que vienen a la tierra para hablar con la voz y autoridad de Dios a fin de guiar al ser humano.

Hace milenios, en eras pretéritas más elevadas de la India, los *rishis* describieron la manifestación de la Benevolencia Divina, de «*Dios con nosotros*», en forma de encarnaciones divinas o avatares: seres

3

iluminados a través de los cuales Dios se encarna sobre la tierra. El eterno, omnipresente e inmutable Espíritu no posee una forma corpórea ni celestial llamada «Dios». Tampoco modela para Sí, en su aspecto de Señor Dios Creador, una forma en la cual condescienda a residir entre sus criaturas. En cambio, se da a conocer a través de la divinidad de quienes son dignos de ser sus instrumentos. Muchas son las voces que han mediado entre Dios y el hombre; se trata de los *khanda avatares* o encarnaciones parciales de Dios en almas que poseen conocimiento divino. Son menos frecuentes, en cambio, los *purna avatares* o seres liberados que están completamente unidos a Dios y cuyo regreso a la tierra tiene por objeto el cumplimiento de una misión encomendada por mandato divino.

En el *Bhagavad Guita* —la sagrada Biblia de los hindúes—, el Señor declara: «Cuandoquiera que la virtud declina y el vicio prevalece, Yo me encarno como un avatar. Era tras era, aparezco en forma visible para proteger al justo y destruir la maldad, a fin de restablecer la virtud» (IV:7-8). La misma y única conciencia gloriosa e infinita de Dios —la Conciencia Crística Universal o *Kutastha Chaitanya*— adquiere una apariencia familiar al ataviarse con la individualidad de un alma iluminada, provista de una personalidad singular y una naturaleza espiritual adecuadas para la época y el propósito de esa encarnación.

Si no fuese por esta intercesión del amor de Dios que se manifiesta en la tierra a través del ejemplo, el mensaje y la mano rectora de sus avatares, sería prácticamente imposible que la desorientada humanidad hallara el sendero hacia el reino de Dios en medio del tenebroso miasma de la ilusión mundana —la sustancia cósmica en la que habita el hombre—. Con el fin de evitar que sus hijos sumidos en la oscuridad de la ignorancia permanezcan por siempre perdidos en los engañosos laberintos de la creación, el Señor acude una y otra vez, bajo la forma de los profetas iluminados, para alumbrar el camino. La gloria de Cristo manifestado en la forma de Jesús hizo visible la Luz Invisible que conduce a Dios.

Dado que la reaparición periódica de encarnaciones divinas es parte del designio creativo de Dios, los signos de tales nacimientos se hallan impresos en el Gran Plan Maestro. Por medio de la activa intuición del alma, los sabios pueden leer esos mensajes celestiales y, si la difusión de tales acontecimientos futuros concuerda con la voluntad de Dios, entonces hacen revelaciones proféticas, ya sea en forma velada o explícita. Ésta es una de las muchas maneras en que Dios les asegura a sus hijos que Él percibe cuánto necesitan de su divina presencia entre ellos. En el Antiguo Testamento hay varias referencias a la venida del Señor Jesús, citadas por devotos cristianos y por estudiosos de la Biblia. Las que siguen proceden del libro del profeta Isaías:

> *«Pues bien, el Señor mismo va a daros una señal: Mirad, una doncella está encinta y va a dar a luz un hijo, al que pondrá por nombre Emmanuel»*[2] (7:14).
>
> *«Veréis a mi Siervo prosperar; será enaltecido, levantado y ensalzado sobremanera. […] así se admirarán muchas naciones; ante él cerrarán los reyes la boca, pues verán lo que nunca les contaron y descubrirán lo que nunca oyeron»* (52:13, 15).
>
> *«Todos errábamos como ovejas, cada uno marchaba por su camino, y Yahvé descargó sobre él la culpa de todos nosotros. […] Detenido, sin defensor y sin juicio, ¿quién se ocupó de su generación? Fue arrancado de la tierra de los vivos, herido por las rebeldías de su pueblo; […] él soportó la culpa de muchos e intercedió por los rebeldes»* (53:6, 8, 12).

La intercesión divina, cuyo fin es mitigar los efectos de la ley cósmica de causa y efecto por la cual el ser humano sufre a consecuencia de sus errores, estaba presente en el corazón mismo de la misión de amor que Jesús hubo de cumplir en la tierra. Moisés trajo a los hombres la ley de Dios e hizo hincapié en el terrible peso de la justicia que se abate sobre quienes voluntariamente hacen caso omiso de la ley. Jesús vino a

La misión de amor divino que Jesús vino a cumplir a la tierra

mostrar la misericordia y la compasión de Dios, cuyo amor es un refugio que nos protege, incluso, del rigor de la ley. Asimismo, Jesús fue precedido por Gautama Buda, «el Iluminado», cuya encarnación le recordó a una generación desmemoriada el *Dharma Chakra*, la rueda del karma, cuyo constante giro implica que las acciones puestas en marcha por el ser humano, así como sus correspondientes efectos, determinan que cada hombre —y no un Dictador Cósmico— sea el responsable de su propio estado actual. Buda devolvió el espíritu compasivo a la árida teología y a los rituales mecánicos

---

[2] *«Que traducido significa: "Dios con nosotros"»* (Mateo 1:23).

en que había caído la antigua religión védica tras el final de una era más elevada en la cual Bhagavan Krishna, el más amado de los avatares de la India, predicó el sendero del amor divino y de la realización de Dios mediante la práctica de la suprema ciencia espiritual del yoga, la unión con Dios.

«Nadie tiene mayor amor que el que da su vida por sus amigos»[3]. Tal fue la excepcional misión que Jesús hubo de asumir. La intercesión de quienes se hallan próximos a Dios es el elixir paliativo que otorga a los debilitados mortales el poder necesario para levantarse y vencer las fuerzas de la ley cósmica que ellos mismos han lanzado en su propia contra a causa de su comportamiento desobediente. El intercesor se mantiene firme junto al devoto y le brinda su protección en la forma de invulnerable sabiduría, desviando, en ocasiones, hacia sí mismo parte de la devastadora embestida.

Jesús vino en una época de oscuridad que apenas si estaba en condiciones de apreciarle; sin embargo, su mensaje sobre el amor y la intercesión de Dios a favor de la sufriente humanidad era no sólo para aquellos tiempos sino para todas las épocas venideras: el mensaje de que Dios está junto al hombre tanto en sus momentos más oscuros como en los más luminosos. Jesús le recordó a un mundo temeroso de su Creador —temeroso del juicio airado de Dios— que, aun cuando *«Dios es espíritu, y los que adoran deben adorar en espíritu y verdad»*[4], el Absoluto también es un Dios personal a quien se puede acudir en la oración y que responde como un cariñoso Padre Celestial.

Para llegar a comprender la magnitud de una encarnación divina, es preciso entender el origen y la naturaleza de la conciencia que se halla encarnada en un avatar. Jesús se refirió a dicha conciencia al declarar: *«Yo y el Padre somos uno»* (*Juan* 10:30) y *«Yo estoy en el Padre y el Padre está en mí»* (*Juan* 14:11). Aquellos que unen su conciencia a Dios conocen tanto la naturaleza trascendente del Espíritu como su naturaleza inmanente: la singularidad de la siempre existente, siempre consciente y eternamente renovada Dicha del Absoluto No Creado, así como también la miríada de manifestaciones de su Ser en la infinitud de formas en las cuales Él se diversifica para dar lugar al variado panorama de la creación.

La naturaleza de la conciencia de un avatar

---

[3] *Juan* 15:13. (Véase el discurso 71, en el volumen III).

[4] *Juan* 4:24. (Véase el discurso 18).

$\mathcal{E}$n el principio existía la Palabra, la Palabra estaba junto a Dios, y la Palabra era Dios.

Ella estaba en el principio junto a Dios.

Todo se hizo por ella, y sin ella nada se hizo.

Lo que se hizo en ella era la vida, y la vida era la luz de los hombres; y la luz brilla en las tinieblas, y las tinieblas no la comprendieron*. [...]

La Palabra era la luz verdadera que ilumina a todo hombre, cuando viene a este mundo.

En el mundo estaba, y el mundo fue hecho por ella, pero el mundo no la conoció.

Vino a los suyos, mas los suyos no la recibieron.

Pero a todos los que la recibieron les dio poder de hacerse hijos de Dios, a los que creen en su nombre; éstos no nacieron de sangre, ni de deseo de carne, ni de deseo de hombre, sino que nacieron de Dios.

Y la Palabra se hizo carne y puso su Morada entre nosotros; y hemos contemplado su gloria, gloria que recibe del Padre como Unigénito, lleno de gracia y de verdad.

Juan daba testimonio de él, proclamando: «Éste era del que yo dije: El que viene detrás de mí se ha puesto delante de mí, porque existía antes que yo».

De su plenitud hemos recibido todos gracia por gracia.

Porque la Ley fue dada por medio de Moisés; la gracia y la verdad nos han llegado por Jesucristo.

A Dios nadie le ha visto jamás: lo ha contado el Hijo Unigénito, que está en el seno del Padre.

Juan 1:1-5, 9-18[5]

---

[5] Se omiten aquí los versículos 6-8; éstos se comentan en el discurso 6. En la primera parte del Evangelio de San Juan, él compendia profundas verdades acerca de la creación universal. Resulta una elección acertada para esta revelación que estos versículos del original griego se encuentren escritos en verso. En los versículos 6-8 y 15, sin embargo, San Juan hace una breve digresión con el objeto de anticipar su narrativa histórica de la vida y las actividades de Jesús, y se refiere al precursor de Cristo, Juan el Bautista. Estos versículos, escritos en prosa, se apartan del estilo poético del resto de este pasaje inicial. En relación con estos dieciocho versículos del capítulo 1 del Evangelio de San Juan, los estudiosos del tema observan lo siguiente: «Con excepción de los versículos 6-8 y 15, que parecen interrupciones, este prólogo se encuentra escrito en el estilo de la poesía semítica» —Robert J. Miller, ed., *The Complete Gospels: Annotated Scholars Version* [Los Evangelios completos: Versión anotada para especialistas] (Harper, San Francisco, 1994)—. *(Nota del editor).*

La evolución científica de la creación cósmica que surge de Dios el Creador se esboza, en terminología arcana, en el libro del Génesis del Antiguo Testamento. A los versículos iniciales del Evangelio de San Juan en el Nuevo Testamento se les podría denominar, con justicia, el Génesis según San Juan. Estos dos profundos relatos bíblicos, cuando se comprenden claramente por medio de la percepción intuitiva, se corresponden de forma exacta con la cosmogonía espiritual delineada en las escrituras de la India, legado de los *rishis* que allí vivieron y que habían alcanzado el conocimiento de Dios en la Edad de Oro.

San Juan fue, probablemente, el más avanzado de los discípulos de Jesús. Así como un maestro de escuela tiene entre sus alumnos uno cuya comprensión aventajada lo coloca en el primer lugar de su clase, mientras que otros pertenecen a un nivel inferior, así también los discípulos de Jesús el Cristo poseían diferentes grados de capacidad para apreciar y absorber la profundidad y amplitud de sus enseñanzas. De los diversos libros del Nuevo Testamento, los escritos procedentes de San Juan evidencian el más elevado grado de realización divina, ya que dan a conocer las profundas verdades esotéricas experimentadas por Jesús y luego transferidas a Juan. No sólo en su evangelio, sino también en sus epístolas y, sobre todo, en la descripción simbólica de las profundas experiencias metafísicas que se encuentra en el libro del Apocalipsis, Juan presenta las verdades enseñadas por Jesús desde el punto de vista de la percepción intuitiva interior. En las palabras de Juan hallamos precisión, y por eso su evangelio, aun cuando es el último de los cuatro que se incluyen en el Nuevo Testamento, debería ser considerado en primer lugar cuando se busca el verdadero significado de la vida y enseñanzas de Jesús.

«*En el principio...*». Con estas palabras comienzan las cosmogonías tanto del Antiguo como del Nuevo Testamento. «Principio» se refiere al nacimiento de la creación finita, porque en el Eterno Absoluto —el Espíritu— no existen ni el principio ni el final.

Cuando ninguna espectral nebulosa había comenzado aún a latir y a flotar en el cuerpo del espacio, cuando los planetas nacientes de ojos llameantes no habían abierto aún sus ojos en la cuna del espacio, cuando los ríos de estrellas no surcaban aún los territorios del espacio infinito, cuando el océano del espacio se hallaba despoblado y todavía no era habitado por islas flotantes de universos, cuando el Sol, la Luna y las familias de planetas aún no nadaban en el espacio, cuando no existía esta pequeña esfera que es la Tierra, con sus casas de muñecas y sus diminutos seres humanos, cuando todavía no existía ningún objeto de ninguna clase, el Espíritu ya existía. El Absoluto Inmanifestado no puede ser descrito, excepto diciendo que en Eso el Conocedor, el Conocimiento y lo Conocido existían como Uno Solo. En Eso, tanto el ser como su conciencia cósmica y su omnipotencia

El Único Espíritu: la fuente de toda la creación

se hallaban todos indiferenciados: constituían el Espíritu, que es siempre existente y siempre consciente, y cuyo gozo es siempre nuevo.

En esa Bienaventuranza Eternamente Renovada no existía ni el espacio ni el tiempo, ni la dualidad ni la ley de la relatividad; todo lo que fue, es o será existía como el Único Espíritu Indiferenciado. El espacio, el tiempo y la relatividad son categorías de objetos; tan pronto como los seres humanos ven un planeta en el cielo, imaginan que ocupa un espacio dimensional y que tiene una existencia en el tiempo, que son relativos a su ubicación en el universo. En cambio, cuando los objetos finitos aún no habían sido creados, no existían tampoco las dimensiones existenciales que los definen; únicamente existía el Espíritu Bienaventurado.

¿Cuándo, a partir de dónde y por qué surgió la creación? ¿Quién podría atreverse a leer la Mente del Infinito buscando hallar las causas de lo Sin Causa, los orígenes de lo Siempre Existente o las más ínfimas razones de la Omnisciencia?[6] Los audaces mortales siguen a la caza de respuestas a sus interrogantes, en tanto que los sabios se sumergen en esa Mente y regresan para afirmar, con lisa y llana simplicidad, que el Uno abrigó el desinteresado deseo de disfrutar de su Bienaventuranza a través de la multiplicidad, y así nacieron el cosmos y sus criaturas. El Espíritu Inmanifestado sintió: «Estoy solo. Soy Bienaventuranza consciente, pero no hay nadie que pueda saborear la dulzura de mi Néctar de Gozo». Y así soñando, se convirtió en muchos.

En alas de la fantasía poética, describí con mi pluma estas cavilaciones cósmicas:

«El Espíritu era invisible; sólo Él existía en el hogar de la Infinitud. Entonaba para Sí mismo la melodía siempre nueva, siempre entretenida, de la perfecta y beatífica Bienaventuranza. Mientras

---

[6] «*Porque mis pensamientos no son vuestros pensamientos, ni vuestros proyectos son mis proyectos —oráculo de Yahvé—. Pues cuanto se elevan los cielos sobre la tierra, del mismo modo se elevan mis proyectos sobre los vuestros y mis pensamientos sobre los vuestros*» (Isaías 55:8-9).

cantaba para Sí con su voz de Eternidad, se preguntó si alguien además de Él mismo estaría escuchando y disfrutando de su canción. Para su asombro —un asombro que Él se impuso a sabiendas—, percibió que se encontraba solo: Él era tanto la Canción Cósmica como el Cantar, y nadie más que Él existía para disfrutar de ese canto. En el preciso instante en que así pensó, he aquí que se convirtió en dos: Espíritu y Naturaleza, Hombre y Mujer, Positivo y Negativo, Estambre y Pistilo de las flores, Pavo Real y Pava Real, Gema Masculina y Gema Femenina».

El Espíritu, al ser la única Sustancia existente, no contaba con nada más que Consigo mismo a partir de lo cual crear. El Espíritu y su creación universal no podrían ser diferentes en esencia, porque cada una de esas dos Fuerzas Infinitas y eternamente existentes sería, en consecuencia, absoluta, lo cual es imposible por definición. Una creación coherente requiere de la dualidad: el Creador y lo creado. Así pues, el Espíritu hizo surgir, en primer lugar, el hechizo de la Ilusión, *Maya,* la Mágica Medidora Cósmica[7], que crea el espejismo de dividir una porción del Infinito Indivisible en objetos finitos separados, de la misma manera que la superficie del mar en calma se distorsiona y se transforma en olas individuales mediante la acción de una tormenta. La creación no es sino el Espíritu que, en apariencia y sólo temporalmente, se ha diversificado por obra de la actividad creativa y vibratoria del Espíritu.

～

«*En el principio existía la Palabra, la Palabra estaba junto a Dios, y la Palabra era Dios.*
»*Ella estaba en el principio junto a Dios.*
»*Todo se hizo por ella, y sin ella nada se hizo.*
»*Lo que se hizo en ella era la vida, y la vida era la luz de los hombres*» (*Juan 1:1-4*).

«Palabra» significa «vibración inteligente», «energía inteligente», que proviene de Dios. La pronunciación de cualquier palabra —tal como «flor»—, por parte de un ser inteligente, consta de la energía sonora, o vibración, unida al pensamiento, el cual impregna

---

[7] Véase también el discurso 7, página 162.

de significado inteligente a dicha vibración. Del mismo modo, la Palabra que constituye el principio y la fuente de todas las sustancias creadas es la Vibración Cósmica imbuida de Inteligencia Cósmica[8].

El pensamiento manifestado en la materia, la energía de la cual la materia está compuesta y la materia en sí —es decir, todo lo creado— no son sino los pensamientos del Espíritu que vibran de manera diversa, al igual que el hombre crea en sueños un mundo con nubes y relámpagos, gente que nace o muere, ama o lucha, experimenta calor o frío, placer o dolor. En un sueño, los nacimientos y las muertes, los

---

[8] Aun cuando la doctrina oficial de la Iglesia ha interpretado durante siglos que «la Palabra» (*Logos* en el original griego) es una referencia a Jesús mismo, no fue ése el significado que pretendía darle San Juan en este pasaje. De acuerdo con los eruditos, el concepto que expresaba Juan puede comprenderse mejor no a través de la exégesis de la ortodoxia eclesiástica (que es muy posterior), sino de los escritos bíblicos y las enseñanzas de los filósofos judíos que vivieron en la misma época que Juan (por ejemplo, el libro de los Proverbios, con el cual tanto Juan como cualquier otro judío de su tiempo se hallaban seguramente familiarizados). En *Una historia de Dios: 4.000 años de búsqueda en el judaísmo, el cristianismo y el islam* (Paidós, Barcelona, 2006), Karen Armstrong escribe lo siguiente: «El autor del libro de los Proverbios, que escribió en el siglo III a. C., [...] personifica la Sabiduría, que parece un ser personal:

»*"Yahvé me creó [la Sabiduría], primicia de su actividad, antes de sus obras antiguas. Desde la eternidad fui formada, desde el principio, antes del origen de la tierra. [...] cuando asentaba los cimientos de la tierra, yo estaba junto a Él, como aprendiz, yo era su alegría cotidiana, jugando todo el tiempo en su presencia, jugando con la esfera de la tierra; y compartiendo mi alegría con los humanos"* (Proverbios 8:22-23, 29-31; *Biblia de Jerusalén*). [...]

»En las versiones arameas de las Escrituras hebreas conocidas como *targumim*, que se redactaron en aquella época [es decir, cuando se escribió el Evangelio de Juan], el término *Memra* (palabra) se emplea para describir la actividad de Dios en el mundo. Cumple la misma función que otros términos técnicos como "gloria", "Espíritu Santo" y "Shekinah", que ponían de relieve la distinción entre la presencia de Dios en el mundo y la realidad incomprensible de Dios en sí mismo. Como la sabiduría divina, la "Palabra" simbolizaba el proyecto divino original para la creación».

Los escritos de los primeros Padres de la Iglesia también indican que éste era el significado que deseaba San Juan. En *Clement of Alexandria* (William Blackwood and Sons, Edimburgo, 1914), John Patrick señala: «En forma reiterada, Clemente identifica la Palabra con la Sabiduría de Dios». La Dra. Anne Pasquier, profesora de Teología en la Universidad Laval (Quebec), en su libro *The Nag Hammadi Library After Fifty Years* [La biblioteca de Nag Hammadi cincuenta años después] (publicado por John D. Turner y Anne McGuire, Brill, Nueva York, 1997) escribe: «Filón, Clemente de Alejandría y Orígenes [...] todos asocian el *Logos* con la palabra de Dios en los relatos del Antiguo Testamento sobre la creación cuando "Dijo Dios y así fue". Lo mismo sucede con los valentinianos. [...] De acuerdo con estos últimos, en el prólogo del Evangelio de Juan se describe un génesis espiritual que sería el modelo del génesis material. Se considera que este prólogo constituye una interpretación espiritual de los relatos del Antiguo Testamento acerca de la creación». *(Nota del editor).*

males y las enfermedades, los sólidos, los líquidos y los gases, no son otra cosa que pensamientos del soñador que vibran de manera diferente. Este universo es una película cinematográfica onírica y vibratoria, en la que los pensamientos de Dios se proyectan sobre la pantalla del tiempo, del espacio y de la conciencia humana.

«La Palabra estaba junto a Dios, y la Palabra era Dios»: antes de la creación, sólo existía el Espíritu indiferenciado. Al manifestar la creación, el Espíritu se convirtió en Dios Padre, Hijo y Espíritu Santo.

El verdadero significado de la Santísima Trinidad: Dios Padre, Hijo y Espíritu Santo

Tan pronto como el Espíritu proyectó un pensamiento cósmico vibratorio mediante el mágico poder divisor de *maya* (la ilusión cósmica), el Espíritu Inmanifestado se transformó en Dios Padre, el Creador de toda vibración creativa. En las escrituras hindúes, Dios Padre recibe el nombre de *Ishvara* (el Soberano Cósmico) o *Sat* (la pura esencia suprema de la Conciencia Cósmica) —la Inteligencia Trascendental—. Es decir, Dios Padre existe en forma trascendental sin hallarse afectado por ninguno de los movimientos de la creación vibratoria; es una Conciencia Cósmica independiente y consciente.

La fuerza vibratoria que emana del Espíritu, dotada del ilusorio poder creativo de *maya,* es el Espíritu Santo: la Vibración Cósmica, la Palabra, *Om* o Amén. Todos los objetos, todos los planetas y seres vivientes creados en el Espíritu Santo o Vibración Sagrada no son otra cosa que la cristalización de lo imaginado por Dios. En las escrituras hindúes, al Espíritu Santo se le denomina *Om* o Maha Prakriti (la Gran Naturaleza, la Madre Cósmica que da origen a toda la creación); para los científicos, la estructura de la materia, su trama o sustancia, es conocida también, en menor grado, como vibración cósmica. *«Así habla el Amén [la Palabra, Om], el Testigo fiel y veraz, el Principio de la creación de Dios»*[9]. El sagrado Sonido Cósmico de *Om* o Amén es el testigo de la Divina Presencia manifestada en toda la creación.

Una vibración cósmica que se hallara activa en el espacio entero no podría, por sí sola, crear o sostener un cosmos tan maravillosamente complejo como éste. El universo no es el simple resultado de la unión azarosa de fuerzas vibratorias y partículas subatómicas, tal como sostienen los científicos materialistas, es decir, una combinación

---

[9] *Apocalipsis* 3:14. El *Om* de los Vedas se convirtió en el sagrado *Hum* de los tibetanos, en el *Amín* de los musulmanes, y en el *Amén* de los egipcios, griegos, romanos, judíos y cristianos. En hebreo, el significado de *Amén* es «seguro, fiel».

casual de sólidos, líquidos y gases que da origen a la tierra, los océanos, la atmósfera y las plantas, todos ellos armoniosamente interrelacionados para proporcionar un hogar habitable a los seres humanos. Las fuerzas ciegas no pueden organizarse por sí solas para producir objetos inteligentemente estructurados. Así como se necesita de la inteligencia humana para verter agua en los pequeños compartimentos de un recipiente adecuado y, luego, congelarla con el fin de obtener cubitos de hielo, así también podemos reconocer las manifestaciones de una oculta Inteligencia Inmanente que opera en la fusión de las vibraciones para dar lugar a formas cada vez más evolucionadas en todo el universo.

La conciencia trascendente de Dios el Padre se manifestó dentro de la vibración del Espíritu Santo como el Hijo —la Conciencia Crística, la Inteligencia Divina presente en toda la creación vibratoria—. Este reflejo puro de Dios que se encuentra en el Espíritu Santo guía a este último, de modo indirecto, a fin de que pueda crear, recrear, conservar y moldear la creación de acuerdo con el propósito divino.

Así como el esposo vuelve a nacer en la esposa en la forma del hijo, el trascendental Dios Padre manifestado en el Espíritu Santo —la Virgen María Cósmica (la Creación Virgen)— se convirtió en la única inteligencia reflejada de Dios, el Hijo unigénito o Conciencia Crística.

Tal vez una analogía sirva para ilustrar el modo en que el Único Espíritu Eterno se convierte en la Santísima Trinidad: Dios Padre, Hijo y Espíritu Santo, también reconocidos en las escrituras hindúes como *Sat, Tat* y *Om*. Imaginemos que el sol existe por sí solo, sin que nada lo rodee, como una brillante masa de luz dotada de inmenso poder y calor, cuyos rayos se proyectan hacia el espacio ilimitado. Coloquemos una esfera de cristal azul en el campo de esta radiación. El sol existe, ahora, en relación con la esfera de cristal azul. La luz solar queda dividida entre la inactiva y trascendental luz blanca, que está más allá y alrededor de la esfera de cristal, y la luz esencialmente inalterada que adquiere la apariencia de luz azul al reflejarse en la esfera de cristal azul. Esta división de la luz solar en luz blanca y luz azul se debe al efecto divisorio del tercer objeto, la esfera de cristal azul.

Así como el sol es un objeto brillante, solitario y puro que esparce sus rayos en forma esférica por el espacio cuando no hay otros objetos a su alrededor, de igual modo el Espíritu, cuando no existe la creación vibratoria, es el Absoluto Inmanifestado. Pero si introducimos la «esfera de cristal azul» de un universo manifestado, el Espíritu queda entonces diferenciado en los siguientes aspectos: la sustancia vibratoria de todas las manifestaciones emanadas del *Om* o Espíritu Santo; la Inteligencia pura de Dios reflejada como la Conciencia Crística omnipresente en cada objeto y poro del espacio en el reino vibratorio; y la suprema Esencia de todo, la Conciencia Cósmica, el Dios trascendental, el Padre de toda la creación. (La mayoría de las analogías empleadas para definir absolutos son, cuando mucho, aproximaciones imperfectas, dado que por su limitada naturaleza material no pueden representar las sutilezas de las verdades espirituales. En el ejemplo del sol y la esfera de cristal, el sol no crea la esfera de cristal, mientras que el Espíritu, como Dios Padre, es el que da origen al Espíritu Santo, el cual está dotado de poder vibratorio creativo para manifestar todo cuanto surge de la imaginación universal de Dios).

De ese modo, metafóricamente hablando, tan pronto como el Espíritu cósmico «soltero» se pone en movimiento para crear el universo, se convierte en «esposo», Dios Padre. Su esposa es la Virgen María Cósmica, o Vibración Cósmica, y da nacimiento a su reflejo, el Hijo unigénito[10]. La Conciencia Crística, presente en todas las partículas de la creación, es el único reflejo puro e indiferenciado del Absoluto, Dios el Padre. Por lo tanto, esta Inteligencia Crística, el Hijo unigénito, conserva una influyente trascendencia inmanente. El elemento activo de la creación no es la Conciencia Crística, sino el Espíritu Santo —la inteligencia consciente, singular, activa y diferenciada que hace que se manifiesten todas las partículas de la creación vibratoria—, que está imbuido del Hijo unigénito. La inactivamente activa Conciencia Crística (o Hijo) es la Presencia consciente del divino e inteligente plan de Dios en la creación y el Testigo Eterno de la obra del Espíritu Santo —al que se llama «Santo» porque actúa de acuerdo con la voluntad de Dios manifestada en la inmanente Conciencia Crística.

El Espíritu, en su aspecto de inteligente Espíritu Santo, o Vibración creativa de *Om,* se convierte en materia cambiando las frecuencias de la vibración cósmica creativa. La Inteligencia Cósmica se transforma en movimiento cósmico inteligente, o vibración de la conciencia, la cual se convierte en energía cósmica. La energía cósmica inteligente se transforma en electrones y átomos. Los electrones y los átomos se convierten, a su vez, en moléculas de gas, como en el caso de las

---

[10] «Mi matriz es la Gran Prakriti en la cual deposito Yo la semilla (de mi Inteligencia); y ésta es la causa del nacimiento de todos los seres» (*God Talks With Arjuna: The Bhagavad Gita* XIV:3. Véase *El Yoga del Bhagavad Guita*).

nebulosas cósmicas. Las nebulosas, que son masas de materia gaseosa difusa, pasan a formar agua y materia sólida. Como Vibración Cósmica, todas las cosas son una; pero cuando la Vibración Cósmica se condensa y conforma la materia, se convierte en muchas —incluido el cuerpo humano, que es una parte de esta materia que se ha dividido y diversificado[11].

Esta metamorfosis que el Espíritu experimenta a través de la vibración creativa del Espíritu Santo (y que tiene lugar dentro de una esfera relativamente minúscula del Infinito) produce una creación de

---

[11] Los recientes avances en lo que los físicos teóricos denominan «la teoría de las supercuerdas» están llevando la ciencia hacia una comprensión de la naturaleza vibratoria de la creación. El Dr. Brian Greene, profesor de Física de las Universidades de Cornell y Columbia, escribe en su obra *El universo elegante: Supercuerdas, dimensiones ocultas y la búsqueda de una teoría final* (Crítica, Barcelona, 2007):

«Durante los últimos treinta años de su vida, Albert Einstein buscó incesantemente lo que se llamaría una teoría del campo unificado, es decir, una teoría capaz de describir las fuerzas de la naturaleza dentro de un marco único, coherente y que lo abarcase todo. [...] Ahora, iniciado el nuevo milenio, los partidarios de la teoría de cuerdas anuncian que finalmente han salido a la luz los hilos de este escurridizo tapiz unificado. [...]

»Esta teoría sugiere que el paisaje microscópico está cubierto de diminutas cuerdas cuyos modelos de vibración orquestan la evolución del cosmos —escribe el profesor Greene—. La longitud de uno de estos bucles de cuerda normales es [...] alrededor de cien trillones de veces (10^{20}) menor que el núcleo de un átomo».

El profesor Greene explica que a finales del siglo XX la ciencia había determinado que el universo físico estaba conformado por un número muy reducido de partículas fundamentales, tales como los electrones, los quarks (que son los componentes básicos de los protones y neutrones) y los neutrinos. «Aunque cada partícula se consideraba elemental —escribe él—, se pensaba que era diferente el tipo de "material" de cada una. El "material" del electrón, por ejemplo, poseía carga eléctrica negativa, mientras que el "material" del neutrino no tenía carga eléctrica. La teoría de cuerdas altera esta imagen radicalmente cuando afirma que el "material" de toda la materia y de todas las fuerzas es el *mismo*.

«Según la teoría de cuerdas, hay sólo *un* ingrediente fundamental —la cuerda—», escribe Greene en *El tejido del cosmos: Espacio, tiempo y la textura de la realidad* (Crítica, Barcelona, 2006). «Igual que una cuerda de violín puede vibrar con pautas diferentes, cada una de las cuales produce un tono musical diferente —explica él—, los filamentos de la teoría de supercuerdas también pueden vibrar con pautas diferentes. [...] Una cuerda minúscula que vibra con una pauta tendría la masa y la carga eléctrica de un electrón; según la teoría, semejante cuerda vibrante podría *ser* lo que tradicionalmente hemos llamado un electrón. Una cuerda minúscula que vibra con una pauta diferente tendría las propiedades exigidas para identificarla como un quark, un neutrino o cualquier otro tipo de partícula. [...] Cada una aparece de una pauta vibratoria diferente ejecutada por la misma entidad subyacente. [...] En el nivel ultramicroscópico, el universo sería parecido a una sinfonía de cuerdas que da existencia a la materia». *(Nota del editor)*.

naturaleza triple: el mundo ideacional o causal, que es el mundo de las vibraciones más refinadas de la conciencia —los pensamientos

o ideas de Dios que son la causa de todas las for-

Los planos causal, mas y fuerzas—; el mundo astral de luz y fuerza
astral y material de vital, de energía vibratoria, que es la primera con-
la creación de Dios densación que envuelve los conceptos ideacionales originales; y el mundo material, constituido por las burdas vibraciones atómicas de la materia. Estos mundos se encuentran superpuestos entre sí; los más densos dependen de los más sutiles, y los tres dependen, por último, del sostén exclusivo de la voluntad y conciencia de Dios.

Al igual que en el macrocosmos del universo, en el microcosmos del hombre existen tres cuerpos interdependientes. El alma del hombre se cubre con estas tres envolturas que sirven de instrumentos a través de los cuales el espíritu encarnado puede percibir y comprender la creación de Dios e interactuar con ella. La primera envoltura del alma, sumamente sutil, que individualiza al alma en relación con el Espíritu, es una envoltura de conciencia pura; está conformada por los pensamientos o ideas de Dios que dan origen a las otras dos cubiertas. Por ese motivo, recibe el nombre de «cuerpo causal». Estas ideas causales emiten una fuerza magnética de luz y de energía inteligente, que he denominado «vitatrones», los cuales constituyen el cuerpo astral del hombre. El cuerpo astral de vitatrones es en sí mismo la energía vital que anima todos los sentidos y funciones del cuerpo físico. El cuerpo físico es simplemente una burda materialización de las ideas causales activadas por la vida y energía del cuerpo astral, y dotadas de conciencia, autopercepción e inteligencia gracias al cuerpo causal. Todas estas manifestaciones vibratorias del macrocosmos y del microcosmos derivan de la Vibración del Espíritu Santo y de la conciencia trascendente de Dios.

Así pues, Juan dice a modo de resumen: «*[...] en ella [la Palabra] era la vida, y la vida era la luz de los hombres*» (*Juan 1:4*)[12].

---

[12] En la mayoría de las traducciones al inglés de este versículo y de los precedentes, es manifiesta la introducción de un cambio sutil, pero de vastas implicaciones, con respecto al significado que San Juan tenía la intención de darles. En griego, todos los sustantivos son de género masculino, femenino o neutro. El sustantivo *logos* (en inglés, *word*, «palabra») es masculino, lo cual aparentemente llevó a los traductores ingleses a utilizar el pronombre *him* («él») cuando se refieren a «la Palabra». De todos modos, dado que el idioma inglés no diferencia el género de sustantivos tales como «palabra», el pronombre correcto para la traducción sería *it* («ello») —salvo que se refiera a una

Los autores de la Biblia, que no estaban versados en la terminología con que se expresan los conocimientos de la era moderna, emplearon muy acertadamente los términos «Espíritu Santo» y «Palabra» para expresar la naturaleza de la Vibración Cósmica Inteligente. «Palabra» implica un sonido vibratorio que posee poder de materialización. «Espíritu» implica una fuerza inteligente, invisible y consciente. «Santo» califica esta Vibración, porque se trata de la manifestación del Espíritu y porque procura crear el universo de acuerdo con el modelo perfecto de Dios[13].

El nombre con que se designa al «Espíritu Santo» en las escrituras hindúes, *Aum [Om],* indica su papel en el plan creativo de Dios: esta

persona, en cuyo caso el pronombre personal *him* («él») sería apropiado—. De esta forma, el uso de *him* refleja una interpretación teológica por parte del traductor de que «la Palabra» se refiere, en realidad, a una persona: Jesús.

Esta interpretación comenzó a ser aceptada como parte de la ortodoxia de la iglesia sobre todo a través de los esfuerzos de Ireneo, obispo de Lyon en el siglo II y autor del influyente libro *Contra las herejías.* La Dra. Elaine Pagels, profesora de Religión en la Universidad de Princeton, escribe en *Más allá de la fe* (Crítica, Barcelona, 2004): «San Ireneo nos dice que Ptolomeo, discípulo de Valentín, al leer estas palabras [*Juan* 1:1-3] tuvo la visión de Dios, el *Verbo* [la Palabra] y finalmente Jesucristo como, por decirlo así, olas de energía divina fluyendo hacia abajo desde lo alto; en consecuencia, sugiere que la infinita Fuente divina que está en lo alto se revela a sí misma en forma reducida en el *Verbo* divino, que a su vez se revela a sí mismo en la forma aún más limitada que es el Jesús humano. [...] san Ireneo impugna la interpretación que hacía Ptolomeo del prólogo de san Juan y argumentaba en contra diciendo que "Dios Padre" es equivalente al *Verbo,* y el *Verbo* es equivalente a "Jesucristo". [...] Lo que los sucesores de san Ireneo dedujeron de todo esto fue una especie de ecuación sencilla y casi matemática, en la cual Dios = Verbo = Jesucristo. El hecho de que actualmente muchos cristianos consideren que alguna de las versiones de esta ecuación constituye la esencia de la fe cristiana es un logro excepcional cuyo mérito hay que reconocer a san Ireneo: todo un éxito. [...] Debido a que la enérgica interpretación de san Ireneo fue la que llegó prácticamente a definir la ortodoxia, los que lean hoy en día el evangelio de san Juan en cualquier idioma, salvo en la versión griega original, se encontrarán con que las traducciones hacen que la conclusión de san Ireneo parezca obvia».

Sin embargo, la «Palabra» (así como también «el Hijo unigénito») pasó con el tiempo a representar a la *persona* de Jesús únicamente, debido a una gradual evolución producida por complejas influencias teológicas y políticas. No fue sino hasta el siglo IV —según escribe la historiadora Karen Armstrong en *Una historia de Dios* (Paidós, Barcelona, 2006)— cuando la Iglesia llegó a adoptar «una noción exclusiva de la verdad religiosa: Jesús era la primera y la última Palabra de Dios a la raza humana». *(Nota del editor).*

[13] Véase el discurso 7, en el que se explica la naturaleza dual asumida por la Vibración Cósmica Creativa: por un lado, el puro Espíritu Santo en sintonía con la voluntad de Dios y, por el otro, el obstructivo Satán Cósmico, causante de todo el mal, que trata de separar a todas las criaturas de su Creador.

palabra está formada por la A de *akara,* la vibración creativa; la *u* de *ukara,* la vibración preservadora, y la *m* de *makara,* la fuerza vibra-

La Palabra Cósmica o Espíritu Santo: la vibración creativa e inteligente de Om

toria de la disolución. La tormenta que se abate sobre el océano produce olas, tanto grandes como pequeñas, las conserva durante cierto tiempo y, una vez que se aquieta, las disuelve. De manera semejante, el *Om* o Espíritu Santo crea todas las cosas, las preserva en miríadas de formas y, finalmente, las disuelve en el seno oceánico de Dios con objeto de ser creadas de nuevo, lo cual constituye un proceso continuo de renovación de la vida y las formas en el incesante sueño cósmico de Dios.

De este modo, la Palabra o Vibración Cósmica constituye el origen de «todo»: «*y sin ella nada se hizo*». La Palabra existió desde el comienzo mismo de la creación: fue la primera manifestación de Dios al dar origen al universo. «*La Palabra estaba junto a Dios*», se hallaba imbuida del reflejo de la inteligencia de Dios —la Conciencia Crística—, «*y la Palabra era Dios*», en la forma de vibraciones de su propio Ser único.

La afirmación de San Juan se hace eco de una verdad eterna que resuena en diversos pasajes de los antiguos Vedas: la Palabra cósmica vibratoria *(Vak)* estaba junto a Dios el Padre Creador *(Prajapati)* en el principio de la creación, cuando nada existía; a partir de *Vak* todo fue creado, y *Vak* es, en sí misma, Brahman (Dios). En el *Bhagavad Guita,* el Señor afirma: «Entre las palabras, soy la sílaba *Om*» (X:25). «De todas las manifestaciones, Yo soy el principio, el medio y el fin» (X:32). «Yo, el Inmutable y Eterno, sostengo y penetro el cosmos entero con un solo fragmento de mi Ser» (X:42).

Cuando comprendemos esta verdad, comprendemos también la ciencia fundamental del universo y contamos con una base adecuada para apreciar estos versículos de San Juan en el contexto de su alusión a la vida de Jesucristo.

En los versículos iniciales de su evangelio, en un lenguaje bíblico de características semejantes al utilizado por los sabios de la India, San Juan postula, en una referencia de doble sentido a la encarnación de Jesús, que la divinidad del estado crístico de Jesús es análoga a la manifestación de Dios como el Cristo Universal que se proyecta en forma de Inteligencia y Vibración Creativa al nacer la creación. Los devotos de la India no establecen ninguna diferencia entre la divinidad de Dios en el microcosmos de la conciencia encarnada de un avatar —el Señor Krishna, por ejemplo— y la divinidad de Dios en el macrocosmos de la expresión universal. Asimismo, San Juan se refiere alegóricamente al Cristo presente en Jesús como idéntico al Cristo manifestado en la Infinitud (la presencia de Dios en la creación), siendo este último el principal propósito de su exposición en esos versículos.

La relación entre la Santísima Trinidad del cristianismo —Padre, Hijo y Espíritu Santo— y el concepto que habitualmente se tiene acerca de la encarnación de Jesús resulta totalmente inexplicable si no se establece una diferencia entre el cuerpo de Jesús y Jesús como vehículo en el cual se manifestó el Hijo unigénito, la Conciencia Crística. Jesús mismo hace dicha distinción cuando se refiere a su cuerpo como el «hijo del hombre» y a su alma (que no estaba limitada por el cuerpo, sino que era una con la unigénita Conciencia Crística presente en cada partícula vibratoria) como el «hijo de Dios».

> *«Hijo unigénito» no es una referencia al cuerpo de Jesús, sino a su Conciencia Crística*

«Porque tanto amó Dios al mundo que entregó a su Hijo unigénito»[14] para redimirlo; es decir, Dios Padre permanecía oculto más allá del reino vibratorio que surgió de su Ser, pero luego se manifestó como la Inteligencia Crística que se halla presente en toda la materia y en todos los seres vivientes, con el propósito de hacer regresar todas las cosas a su hogar de Eterna Bienaventuranza, a través de los hermosos llamados de la evolución. De no ser por esta presencia de Dios que impregna por completo la creación, el ser humano se encontraría privado del Auxilio Divino. ¡Con cuánta dulzura —y a veces de un modo casi imperceptible— ese Divino Amparo acude en ayuda del hombre cuando éste se postra de rodillas en actitud suplicante! Nuestro Creador y Supremo Benefactor jamás se encuentra a una distancia mayor que la de un pensamiento amoroso.

Dijo San Juan: *«Pero a todos los que la recibieron les dio poder de hacerse hijos de Dios»*[15]. El plural utilizado en la expresión «hijos de Dios» muestra con toda claridad que, según las enseñanzas impartidas por Jesús y recibidas por Juan, el Hijo unigénito no era el cuerpo de Jesús, sino su estado de Conciencia Crística, y que todos aquellos que fuesen capaces de purificar su conciencia y recibir (o reflejar sin impedimentos) el poder de Dios estarían en condiciones de hacerse

---

[14] *Juan* 3:16, comentado en el discurso 15.

[15] *Juan* 1:12 (explicado en detalle en las páginas 27 ss.).

hijos de Dios, es decir, podrían —al igual que Jesús— hacerse uno con el reflejo unigénito de Dios en toda la materia y, a través del Hijo (la Conciencia Crística), ascender al Padre, la suprema Conciencia Cósmica[16].

Antes de la venida de Jesús, también el sabio Vyasa, autor del *Bhagavad Guita,* fue un hijo de Dios, uno con el reflejo unigénito de Dios, la Conciencia Crística o *Kutastha Chaitanya.* Asimismo, Swami Shankara (fundador de la Orden de los Swamis —orden monástica de renunciantes— hacia el año 700 d. C.), Mahavatar Babaji, Lahiri Mahasaya y mi gurú Swami Sri Yukteswar[17], y otros que habían alcanzado la Conciencia Crística, llegaron a ser de ese modo hijos de Dios. El Espíritu no podía ser parcial al crear a Jesús como un Cristo y a todos los demás como seres mortales sin poder espiritual. Dios podría crear y enviar miles de «Jesuses» que, por estar predestinados, naturalmente se comportarían en la tierra como Cristos —marionetas espirituales de Dios—. Tales Cristos estarían lejos de convertirse en el ideal de aquellos mortales que deben luchar para superar cada una de sus flaquezas. Sin embargo, cuando alguien se convierte en un Cristo mediante su esfuerzo personal para vencer las tentaciones y mediante el buen uso del libre albedrío que Dios le ha otorgado y el poder de la comunión divina alcanzada como resultado de una profunda adoración a Dios o de la práctica de técnicas científicas de meditación, entonces tal ejemplo despierta la esperanza de salvación en el frágil y temeroso corazón humano, comúnmente atormentado por la materia.

La invaluable contribución de la India al mundo, descubierta en la antigüedad por sus *rishis,* es la ciencia de la religión (el yoga o «unión divina») mediante la cual es posible conocer a Dios, no como un concepto teológico sino como una experiencia personal verdadera. De todos los conocimientos científicos, la ciencia yóguica de

---

[16] «*Yo soy el Camino, la Verdad y la Vida. Nadie va al Padre sino por mí*» (*Juan* 14:6). Esto significa que ninguna persona puede alcanzar al Padre trascendental más allá de la creación sin primero sintonizarse con el «Hijo», o sea, la Conciencia Crística dentro de la creación. (Véase el discurso 70, en el volumen III).

[17] En la sagrada tradición de la India relativa a la sucesión espiritual *(guru-parampara),* el linaje directo de gurús de Paramahansa Yogananda es el siguiente: Mahavatar Babaji, Lahiri Mahasaya y Swami Sri Yukteswar. Cada uno de estos maestros es reconocido por su destacada estatura espiritual, acerca de la cual escribió Paramahansaji en su libro *Autobiografía de un yogui* (publicado por *Self-Realization Fellowship*). Véanse también las entradas correspondientes a cada uno de ellos en el Glosario. *(Nota del editor).*

la realización divina es el más valioso para el ser humano, porque erradica la causa de todos los males que le aquejan: la ignorancia, esa engañosa ilusión que envuelve y nubla el entendimiento del hombre. Cuando nos afianzamos firmemente en la realización divina, trascendemos la ilusión, y la sojuzgada conciencia mortal se eleva hasta alcanzar una altura crística.

∽

> *«Y la luz brilla en las tinieblas, y las tinieblas no la comprendieron»** (Juan 1:5).*

«Tinieblas» significa «ilusión», «ignorancia». Los conceptos vertidos en los versículos esotéricos del Evangelio de San Juan se explican detalladamente en las escrituras sánscritas. Cuando se interpretan con la claridad espiritual proporcionada por los maestros de la India, se puede ver que estas verdades son científicas y universales. Las leyes espirituales que determinan el modo en que funciona el universo y el lugar del hombre en dicho universo constituyen la ciencia suprema, que apuntala todos los descubrimientos científicos. No obstante, dado que los científicos confían más en los efectos que en las causas fundamentales, suelen descartar, en su mayoría, los pronunciamientos espirituales de los sabios como si fuesen fruto de la superstición. Sin embargo, como resultado de la progresiva expansión del entendimiento, la ciencia espiritual y la material acaban descubriendo que ambas se apoyan en la misma base.

Cómo las tinieblas de la ilusión impiden al hombre ver la luz de la presencia de Dios en la creación

Las tinieblas de la ilusión se manifiestan de dos formas: una es *maya*, la ilusión cósmica, «la que mide el Infinito»; y la otra es *avidya*, que significa ignorancia (ilusión individual).

Si una persona ve un elefante volando por los aires, se podría decir que lo que está viendo es una ilusión o alucinación, pero para esa persona la percepción es real. *Maya* es la hipnosis colectiva de Dios mediante la cual Él hace que todos los seres humanos crean en la misma «realidad» ilusoria de la creación tal como la perciben los sentidos; y *avidya* confiere al hombre individualidad en la forma, la experiencia y la expresión (sustenta al ego o conciencia de yoidad).

La luz que *«brilla en las tinieblas»* de la ilusión de la creación es la luz de Dios. Dios es luz. En la *Primera Epístola de San Juan* (1:5), leemos: «*Y éste es el mensaje que hemos oído de él y que os anunciamos: Dios es Luz, y en Él no hay tiniebla alguna*».

En la creativa e inteligente Vibración Cósmica que emanó de la conciencia cósmica de Dios, se hallaban presentes las dos primeras expresiones divinas en la creación manifestada: el sonido (el sagrado *Om* o Amén) y la luz («*En el principio [...] dijo Dios: "Haya luz"*» —*Génesis* 1:1, 3—). Las unidades de luz divina, más refinadas que los electrones y otras partículas subatómicas, son los ladrillos de los que está compuesta la materia. Todas las cosas que se ven sobre la pantalla del universo son corrientes diferenciadas de la luz cósmica y las sombras o «tinieblas» de la ilusión.

La luz de Dios brilla en las tinieblas de la ilusión cósmica, pero el hombre, el observador, padece dos enfermedades que, juntas, le causan ceguera: la limitación de los sentidos o ilusoria ignorancia individual y la ilusión cósmica.

Debido a la limitación de los sentidos, el ser humano no llega a percibir siquiera el abanico completo de las manifestaciones materiales. Si fuese posible aumentar la capacidad visual, uno podría ver toda clase de luces —átomos, electrones, fotones, auras vibratorias— danzando a su alrededor. Si la capacidad auditiva se incrementara lo suficiente, el hombre podría oír el zumbido de los átomos, los planetas girando alrededor del sol, el estruendo formidable que la explosión de las estrellas produce en todo el universo. Sería capaz de sentir cómo palpita el universo entero. Sin embargo, no es posible percibir ninguna de las vibraciones más refinadas y elevadas, salvo hasta cierto punto y con la ayuda de delicados instrumentos de mayor sensibilidad que los sentidos. Las «tinieblas» denotan esta limitación, ya que crean la ilusión de que la conciencia se encuentra en un estado de confinamiento.

Incluso la luz del sol se puede considerar oscuridad o tinieblas, porque forma parte de este mundo físico de la dualidad; la densidad de dicha luz oculta, además, el brillo aún mayor de la luz de Dios. Sólo en los estados trascendentes de éxtasis espiritual desaparece la dualidad del día y de la noche, de la luz y de las tinieblas, y existe únicamente la luz de Dios. Detrás mismo de la oscuridad de los ojos cerrados en la meditación se halla ese brillo resplandeciente de Dios.

El hombre está cegado por las relatividades de la vida. Sin el auxilio de la luz física, ve sólo tinieblas; pero más allá de esa oscuridad existe otra luz que inunda el mundo. Oculta detrás del éter del espacio, se encuentra la formidable luz del mundo astral, que proporciona la vida y la energía que sustentan el universo entero[18]. Los

---

[18] Véase *éter* en el Glosario.

La palabra sánscrita *akasa*, traducida generalmente como «éter» o «espacio», se refiere de manera específica al elemento vibratorio más sutil que existe en el mundo material. «El espacio saturado de éter constituye la línea divisoria entre el cielo, o el mundo astral, y la tierra —dijo Paramahansaji—. Todas las fuerzas más sutiles que Dios ha creado están compuestas de luz, o formas hechas de pensamiento, y simplemente se hallan ocultas en el fondo de una vibración particular que se manifiesta como éter».

El Dr. Frank Wilczek, profesor de Física del Massachusetts Institute of Technology, escribe en *Physics Today* (enero de 1999): «Existe un mito, que se repite en muchas conocidas presentaciones y libros de texto, acerca de que Albert Einstein barrió [el éter] y lo arrojó al cubo de basura de la historia. [...] La verdad se acerca más a lo opuesto: Einstein primero depuró y luego consagró el concepto de éter. Con el transcurso del siglo XX, el papel del éter en la Física Elemental no hizo otra cosa que expandirse. En la actualidad, rebautizado y ligeramente disimulado, domina las leyes establecidas de la Física».

Los físicos que investigaban el éter —también llamado actualmente «vacío cuántico», «campo cuántico» y «campo de punto cero»— se dieron cuenta de que «los cimientos mismos de nuestro universo [son] un mar pulsante de energía: un vasto campo cuántico», escribe Lynne McTaggart en su obra *El campo: En busca de la fuerza secreta que mueve el universo* (Sirio, Málaga, 2007). «Lo que creemos que es nuestro universo estable y estático —explica ella— es, en realidad, un remolino hirviente de partículas subatómicas estallando efímeramente a la existencia y desvaneciéndose. [...] Debido en gran medida a las teorías de Einstein y a su famosa ecuación $E = mc^2$, que relaciona la energía con la masa, todas las partículas subatómicas interactúan unas con otras intercambiando energía a través de otras partículas cuánticas, de las que se cree que aparecen de la nada, se combinan y se aniquilan mutuamente en menos de un instante [...]. Las evanescentes partículas generadas durante este breve lapso también se conocen con el nombre de "partículas virtuales". [...] Cada intercambio de cada partícula virtual irradia energía. La energía [de] punto cero en cualquier transacción particular dentro de un campo electromagnético es inimaginablemente diminuta: equivale a la mitad de un fotón. Pero si agregas todas las partículas de todas las variedades existentes en el universo que vienen a ser y dejan de ser constantemente, acabas con una fuente de energía vasta, inagotable [...] toda ella situada en el fondo del espacio vacío que nos rodea, como un trasfondo omnipenetrante y supercargado».

«En efecto, los cálculos acerca de lo que se conoce como la energía de punto cero sugieren que un solo centímetro cúbico de espacio vacío contiene más energía que la totalidad de la materia del universo conocido», afirma el Dr. Will Keepin en «Lifework of David Bohm: River of Truth» [La obra de David Bohm: Un río de la verdad] (revista *ReVision*, verano de 1993). Escribe Keepin que, para Bohm, conceptuado como uno de los físicos más grandes del siglo XX, «esta inmensa energía inherente al espacio "vacío" puede ser considerada como una evidencia teórica de la existencia de un reino vasto y, sin embargo, oculto. [...] El extenso universo físico que experimentamos no es otra cosa que una serie de "ondulaciones" en la superficie del orden implicado. Los objetos manifestados que, según nuestra consideración, conforman la realidad ordinaria son sólo las proyecciones que se despliegan de un orden dimensional implicado, mucho más profundo y elevado, que constituye la realidad fundamental». *(Nota del editor).*

esplendorosos rayos de los vitatrones astrales son el ectoplasma espiritual que rodea el cosmos entero. A partir de la luz astral, Dios crea los planetas y los universos. Yo permanezco todo el tiempo en esa luz; veo resplandecer todas las cosas con esa esencia celestial —todas las manifestaciones físicas emanan de esa luz astral, y esa luz emana, a su vez, de la manifestación creativa de Dios como Luz.

Si pudieras ver a Dios ahora mismo, le verías como una masa de luz refulgente que inunda la totalidad del universo. Cuando cierro los ojos para entrar en el estado de éxtasis, todo se disuelve en esa gran Luz. No es un producto de la imaginación; se trata, por el contrario, de la percepción de la Única Realidad de la existencia. Todo lo que se ve mientras uno se halla en ese estado sucederá; ésa es la prueba de la realidad de esa Luz Omnipresente que todo lo origina.

El hombre se encuentra tan embriagado con la ilusión que ésta destruye su percepción verdadera, por lo que las tinieblas de su ignorancia no pueden captar la luz de Dios, que vibra por doquier. La ilusión cósmica *(maya)* y la ilusión individual o ignorancia *(avidya)* operan conjuntamente para oscurecer y confundir, de esta manera, la innata percepción intuitiva que el alma tiene de la omnipresencia de Dios. Durante la meditación, se desvanecen las tinieblas de la dependencia sensorial y prevalece la intuición, revelándole al hombre que su ser se encuentra constituido de luz e inmerso en la vastedad de todo un universo de luz.

~

«La Palabra era la luz verdadera que ilumina a todo hombre, cuando viene a este mundo» (Juan 1:9).

En el cuarto versículo se decía y se explicaba lo siguiente: *«[...] en ella era la vida, y la vida era la luz de los hombres»*. Este noveno versículo es, entonces, una reformulación del mismo concepto.

La luz de la Energía Cósmica es la vida de todos los seres

En la literatura práctica o de entretenimiento se considera que la redundancia es aburrida, incluso irritante, y que dificulta el fluir del pensamiento. Por el contrario, la repetición de la verdad, como lo evidencian los escritos bíblicos, es algo bueno e incluso necesario para la percepción moral y la asimilación espiritual, y permite poner de manifiesto claramente el significado. La verdad es una entidad viviente; el conocimiento de sus principios mediante el contacto asiduo la convierte en una compañía fiel y fortalecedora.

La luz de la energía cósmica que emana de la conciencia cósmica de Dios es la vida que anima a todos los seres e ilumina su conciencia, a semejanza de una dinamo que envía electricidad a las bombillas de luz de una ciudad. Es la omnipresencia de esa luz de Dios la que sustenta la grandiosa ilusión constituida por las innumerables formas, cada una de ellas dotada de una maravillosa individualidad. Esa luz es la luz verdadera, porque es infinita y eterna, en tanto que el hombre sólo toma prestada de ella su transitoria existencia mortal de una vida a otra. El yoga enseña cómo unirse a los inmortales estableciendo contacto con dicha luz y experimentando la unidad de la conciencia humana con «*la luz verdadera que ilumina a todo hombre*».

≈

«*En el mundo estaba, y el mundo fue hecho por ella, pero el mundo no la conoció*» (*Juan* 1:10).

Las palabras «ella» y «la» [en la versión en inglés de dicho versículo, «he» y «him», es decir «él» y «lo», por lo que resultan ambiguas a primera vista en ese idioma] se refieren, en continuidad con los versículos precedentes, a la Luz, la manifestación creativa omnipresente de Dios «*en el mundo*»[19]. El «mundo» significa no sólo esta diminuta tierra sino el cosmos entero. (Se debería matizar o cambiar esta traducción, como así también la de muchas otras palabras de la

---

[19] Muchos eruditos han tratado de dilucidar por qué, en el original griego del Evangelio, se utilizan los pronombres masculinos «él» y «lo» para referirse al sustantivo neutro «luz» *(phos)* —a pesar de que, gramaticalmente, el pronombre masculino no concuerda con este sustantivo neutro—. El historiador bíblico y lingüista Charles H. Dodd escribe en *Interpretación del cuarto evangelio* (Cristiandad, Madrid, 1978): «Parecen existir dos posibilidades: o a) las proposiciones en cuestión se refieren realmente a *logos,* que es masculino, considerado aquí en su aspecto de luz; o b) la idea de la encarnación está ya en la mente del evangelista, y las proposiciones de los versículos 9-12 se refieren a Cristo encarnado». Con la evolución de la doctrina de la Iglesia a lo largo de los siglos, se volvió habitual suponer esto último. Sin embargo, el dilema se resuelve a favor de la primera de estas posibilidades cuando uno comprende (como se puede ver claramente en el comentario de Paramahansa Yogananda) la relación entre «luz» y «palabra» *(logos)* en este contexto —las primitivas manifestaciones de la energía cósmica vibratoria de Dios en la creación—. (Véase también la nota al pie de la página 11). *(Nota del editor).*

Biblia que han sido malinterpretadas)[20].

«*El mundo fue hecho por ella*» significa que a partir de esa luz cósmica se desarrolló el cosmos entero y no sólo este pequeño planeta, que no es sino un grano de arena sobre las playas del tiempo.

«*Pero el mundo no la conoció*»: esa «*luz verdadera*» se mantuvo oculta a causa de la ilusión, invisible a la mirada de los seres sensibles.

∼

«*Vino a los suyos, mas los suyos no la recibieron*» (*Juan* 1:11).

Era inmanente en la creación, de manera omnipresente, y todas las cosas *(«los suyos»)* habían sido hechas o materializadas a partir de la luz cósmica emanada de la conciencia cósmica de Dios, su propio Ser.

Dios se exteriorizó como materia, vida y mente. Por ello, su espíritu se refleja en «*los suyos*», debido a que la materia, la vida y la mente son manifestaciones directas del Espíritu, así como el alma del hombre se manifiesta en un cuerpo y una mente imbuidos de vida. Aun cuando estos instrumentos físicos pertenecen al alma y son, en verdad, manifestaciones del alma, las limitaciones impuestas al cuerpo y a la mente por la ilusión impiden al hombre conocer su alma siempre bienaventurada y perfecta, su verdadero Ser. Más bien, se considera a sí mismo como una forma, con un nombre y con características específicas sujetas a los problemas, las preocupaciones y otros pesares de la ilusión.

Debido a la ilusión, la materia, la vida y la mente no reflejan el Espíritu en su plenitud

Por eso se dice en este versículo que el espíritu de Dios vino a «*los suyos*», es decir, se exteriorizó en la materia y en la vida, y sus procesos conscientes se manifestaron en los seres humanos; pero «*los suyos no la recibieron*», lo cual significa que —a causa de la intervención de la ilusión cósmica— la materia, la vida y la mente no reflejan ni expresan («*reciben*») en forma completa y verdadera la Inmanencia Divina.

∼

---

[20] En el griego original en el cual fue compuesto este Evangelio, se utilizó la palabra *kosmos*, cuyo sentido más amplio sería «el orden universal».

«Pero a todos los que la recibieron les dio poder de hacerse hijos de Dios, a los que creen en su nombre; éstos no nacieron de sangre, ni de deseo de carne, ni de deseo de hombre, sino que nacieron de Dios» (Juan 1:12-13).

L a luz de Dios resplandece en todos por igual, pero a causa de la ilusoria ignorancia no todos la reciben ni la reflejan del mismo modo. Los rayos del sol inciden por igual sobre un trozo de carbón y sobre un diamante, pero sólo el diamante recibe y refleja la luz con brillo esplendoroso. El carbono que forma el trozo de carbón tiene la capacidad de convertirse en diamante. Lo único que se requiere para lograr esta metamorfosis es someterlo a alta presión. Por eso aquí se afirma

Todos aquellos que despejen su conciencia para recibir la luz de Cristo pueden ser como Jesús

que todos pueden ser como Cristo: todos aquellos que despejen su conciencia a través de una vida moral y espiritual y, especialmente, mediante la purificación que brinda la meditación, en la cual la rudimentaria mortalidad se sublima hasta transformarse en la perfección inmortal del alma.

La condición de hijo de Dios no es algo que deba adquirirse: más bien, se trata solamente de recibir la luz de Dios y tomar conciencia de que Él ya nos ha conferido ese estado bienaventurado desde el momento mismo en que fuimos creados.

«A los que creen en su nombre»: cuando el solo Nombre de Dios despierta en nosotros la devoción y hace que anclemos en Él nuestros pensamientos, se convierte en una puerta hacia la salvación. Cuando la mera mención de su Nombre encienda en el alma la llama del amor por Dios, se iniciará la marcha del devoto en el camino hacia la liberación.

El significado más profundo de «nombre» hace referencia a la Vibración Cósmica (la Palabra, *Om* o Amén). Dios como Espíritu no posee un nombre que lo circunscriba. Ya sea que nos refiramos al Absoluto como Dios, Yahvé, Brahman o Alá, estos nombres no le describen fielmente. Dios el Creador y Padre de todas las cosas vibra en la naturaleza entera como vida eterna, y esa vida posee el sonido del majestuoso Amén u *Om.* Este nombre es el que define a Dios con mayor exactitud. *«Los que creen en su nombre»* significa «aquellos que comulgan con el sonido de *Om,* la voz de Dios que se halla en la vibración del Espíritu Santo».

«Creer en su nombre»: la comunión con la sagrada Vibración Cósmica

Cuando oímos ese nombre de Dios, esa Vibración Cósmica, nos encontramos en camino de hacernos hijos de Dios, porque en ese sonido la conciencia está en contacto con la inmanente Conciencia Crística, la cual nos conducirá hasta Dios como Conciencia Cósmica.

El sabio Patanjali[21], el más elevado exponente de la India en la ciencia del yoga, describe a Dios el Creador como *Ishvara*, el Señor o Soberano Cósmico. «Su símbolo es el *Pranava* (la Palabra o Sonido Sagrado, *Om*). Al cantar *Om* de forma reverente y reiterada, y meditar sobre su significado, los obstáculos desaparecen y la conciencia se dirige al interior (apartándose de la identificación sensorial externa)» (*Yoga Sutras* I:27-29).

En el estado habitual de los seres humanos, la conciencia se encuentra atada al cuerpo. El cuerpo del hombre, al ser una expresión vibratoria delimitada, que existe dentro de la Vibración Cósmica pero que se encuentra separada de ella, también circunscribe a la conciencia. El yoga enseña que el aspirante espiritual debe volver a recorrer los diversos estados vibratorios superiores con el objeto de elevar la conciencia para llevarla desde las cautivas vibraciones del aliento, del corazón y de la circulación hasta la vibración más sutil inherente al sonido que emana de la fuerza vital y de los átomos del cuerpo. Mediante una técnica especial de meditación en *Om*, conocida por los estudiantes de las *Lecciones de Self-Realization Fellowship*, el devoto se da cuenta de que su conciencia se halla limitada por las constricciones de la carne, lo cual se evidencia por el sonido del aliento, del corazón y de la circulación. Más tarde, cuando profundiza en la meditación, le es posible oír la voz del gran *Om* o Amén, el sonido cósmico que emana de todos los átomos y chispas de energía cósmica. Escuchando este omnipresente sonido y sumergiéndose en su sagrada corriente, la conciencia del alma, que se halla cautiva del cuerpo, comienza gradualmente a escapar de las limitaciones del cuerpo y se encamina hacia la omnipresencia. Las facultades mentales renuncian a sus límites y, por medio de la intuición —la facultad omnisciente del alma—, se sintonizan con la Mente Cósmica, la Inteligencia inmanente en la

---

[21] No se conoce con exactitud en qué período vivió Patanjali, aunque muchos eruditos lo sitúan en el siglo II a. C. Sus célebres *Yoga Sutras* presentan, en una serie de breves aforismos, la esencia condensada de la sumamente vasta y compleja ciencia de la unión con Dios. Allí formula de manera tan bella, clara y concisa el método para unir el alma con el Espíritu indiferenciado, que generaciones de sabios y eruditos han reconocido los *Yoga Sutras* como el más importante de los tratados antiguos acerca del yoga.

Vibración Cósmica que todo lo penetra.

Una vez que el devoto escucha en la meditación el sonido cósmico del Espíritu Santo, que emana de cada porción y cada partícula de las esferas de la existencia creadas por Dios —la esfera material, la esfera celestial y la esfera ideacional—, y siente su unidad con dicho sonido, su conciencia vibra en la creación entera como si se tratase de su propio cuerpo cósmico. Cuando la conciencia expandida se establece firmemente en toda la creación vibratoria, el devoto experimenta la presencia de la inmanente Conciencia Crística. Se vuelve entonces semejante a Cristo y su conciencia experimenta, en los vehículos de su Ser expandido, la «segunda venida de Cristo»: la presencia, en su interior, de la Conciencia Crística, del mismo modo en que Jesús percibía en su cuerpo la manifestación del Cristo Universal y enseñaba a sus discípulos a hacer otro tanto[22].

Cuando el devoto siente que su conciencia es una con el Cristo Universal, comprende que esa Conciencia Crística es el reflejo, en su alma y en toda la creación, de la Conciencia Cósmica de Dios Padre. La Conciencia Cósmica (Dios Padre), que existe en forma trascendental más allá de toda la creación vibratoria (el Espíritu Santo), y la Conciencia Crística (la Inteligencia Universal, *Kutastha Chaitanya*), que se halla en toda manifestación vibratoria, son una y la misma para ese devoto. Él se regocija con el gozo definitivo, tal como proclamó Jesús: *«Yo* (la Conciencia Crística presente en la creación) *y el Padre* (la Conciencia Cósmica que está más allá de la creación) *somos uno»*.

«Éstos no nacieron de sangre, ni de deseo de carne, ni de deseo de hombre, sino que nacieron de Dios»: el hijo del hombre es el cuerpo físico, que se gesta en el interior de otro cuerpo humano como resultado del deseo y la unión sexual de los seres humanos, y nace del protoplasma y de la herencia consanguínea familiar o racial. El hijo de Dios, en cambio, es el alma, la conciencia divina

Todas las almas son hijos de Dios, hechos a su imagen

inherente al hombre, nacida no del deseo, ni de la carne, el sexo, la sangre o el linaje familiar del hombre, sino de Dios. Por consiguiente, todos los seres humanos son, en realidad, hijos de Dios, criaturas nacidas de Dios, hechas a su imagen.

---

[22] El hecho de que Jesús conoció y enseñó la ciencia de la meditación a sus discípulos más cercanos se puede inferir a partir del libro del Apocalipsis de San Juan —que es sumamente metafórico— y de otras referencias de los Evangelios, como se podrá observar en los diversos discursos de este libro.

Los seres humanos son en esencia hijos de Dios, reflejos inmaculados del Padre que no han sido manchados por la ilusión, los cuales se han convertido en «hijos del hombre» al identificarse con el cuerpo y olvidar su origen en el Espíritu. Quien está cautivo de la ilusión es simplemente un mendigo en las calles del tiempo; pero así como Jesús recibió y reflejó —a través de su conciencia purificada— la divina filiación de la Conciencia Crística, así también todo ser humano, por medio de los métodos de meditación del yoga, puede purificar su mente y convertirse en una mentalidad diamantina apta para recibir y reflejar la luz de Dios.

Recibir a Cristo no es un logro que se pueda conseguir por el simple hecho de pertenecer a una congregación religiosa, o por medio del ritual externo de aceptar a Jesús como nuestro salvador pero sin llegar jamás a conocerle en verdad mediante el contacto con él en la meditación. Conocer a Cristo significa cerrar los ojos, expandir la conciencia y hacer tan profunda nuestra concentración que, a través de la luz interior de la intuición del alma, participemos de la misma conciencia que poseía Jesús. San Juan y otros discípulos avanzados que realmente le «recibieron» percibían a Jesús como la Conciencia Crística que está presente en cada partícula del espacio. Un verdadero cristiano —un ser crístico— es aquel que libera su alma de la conciencia del cuerpo y la unifica con la Inteligencia Crística que satura la creación entera.

~

«Y la Palabra se hizo carne y puso su Morada entre nosotros; y hemos contemplado su gloria, gloria que recibe del Padre como Unigénito, lleno de gracia y de verdad» (Juan 1:14).

La Palabra —la energía y el sonido creativos de la Vibración Cósmica— emanó del Creador para manifestar el universo, del mismo modo en que se expanden las ondas de sonido producidas por un terremoto inconcebiblemente poderoso. Esta Vibración Cósmica, impregnada de Inteligencia Cósmica, se condensó en elementos sutiles —rayos térmicos, eléctricos, magnéticos y de todo tipo— y, a partir de éstos, en átomos de vapor (gases), de líquidos y de sólidos. «La Palabra se hizo carne» significa que la energía vibratoria causante

«La Palabra se hizo carne»: la Energía Divina manifestada como materia

María visita a la madre de Juan el Bautista

En cuanto oyó Isabel el saludo de María, saltó de gozo el niño en su seno; Isabel quedó llena de Espíritu Santo y exclamó a gritos: «Bendita tú entre las mujeres y bendito el fruto de tu seno; ¿cómo así viene a visitarme la madre de mi Señor? Porque apenas llegó a mis oídos la voz de tu saludo, saltó de gozo el niño en mi seno».

Lucas 1:41-44

[La relación entre Jesús y Juan el Bautista] fue la reanudación del viaje conjunto que estas dos almas divinas habían iniciado en vidas anteriores. [...] El plan de Dios se hizo patente desde el momento de la concepción de estas dos almas en el seno de sus madres terrenales, cuando Juan y Jesús se manifestaron en forma física en esta encarnación. Incluso al hallarse en el seno materno, sus espíritus se reconocieron mutuamente y se comunicaron su lealtad y amor eternos.

Paramahansa Yogananda

Pintura: Carl Bloch

de ese sonido cósmico se condensó en materia[23].

---

[23] «En casi todas las culturas, los mitos de la creación muestran que el sonido es el mecanismo por medio del cual el Espíritu da nacimiento al mundo físico —escriben Robert Gass y Kathleen Brehony en *Chanting: Discovering Spirit in Sound* [El canto sagrado: Cómo descubrir al Espíritu en el sonido] (Broadway Books, Nueva York, 1999)—. El Nuevo Testamento nos dice: "En el principio existía la Palabra, la Palabra estaba junto a Dios, y la Palabra era Dios". Dado que el término original en griego *logos* (traducido aquí como "palabra") significa asimismo "sonido", también resultaría apropiado que en este conocido pasaje se leyera lo siguiente: "En el principio existía el Sonido, el Sonido estaba junto a Dios, y el Sonido era Dios"».

Gass y Brehony citan estas palabras atribuidas al filósofo griego Pitágoras: «Una piedra es música congelada, sonido congelado». La información reunida en los últimos tiempos por los astrofísicos coincide notablemente con lo que percibían los antiguos profetas. En el libro *Mind Over Matter: Conversations With the Cosmos* [La mente sobre la materia: Conversaciones con el cosmos] (Harcourt, Nueva York, 2003), K. C. Cole señala que en el año 2000 un equipo de astrónomos dirigidos por Andrew Lange, del California Institute of Technology, «publicó el análisis más detallado, hasta ahora, de la canción primordial del cosmos: un zumbido bajo y profundo de la garganta del cosmos, que precedió tanto a los átomos como a las estrellas. Se trata de un sonido simple, semejante al mantra "Om". Sin embargo, oculto entre sus armónicos, se encuentran detalles de la forma, la composición y el nacimiento del universo».

Dichas «notas» armónicas —informó el diario *The Independent* de Londres, en su edición del 30 de abril de 2001— «resonaron como una campana en las primeras fracciones de segundo después de ocurrido el Big Bang. Los cosmólogos creen que estas diminutas ondas de sonido se convirtieron en las "semillas" de la materia, lo cual, con el transcurso del tiempo, llevó a la formación de las estrellas, las galaxias y los planetas como la Tierra».

Cole relata en su libro que Lange y sus colegas elaboraron, mediante un cuidadoso análisis informático, «representaciones gráficas del sonido» producido por el universo durante los primeros cientos de miles de años posteriores a su creación en el Big Bang. Según muestran los datos, en ese período primordial «no existía nada salvo la luz pura, salpicada de poquísimas partículas subatómicas. Tampoco sucedía nada excepto que ese fluido de luz y materia —como lo denominan los físicos— entraba y salía de los pozos de gravedad, lo cual provocaba que el líquido quedara comprimido en algunos puntos y se expandiera en otros. Al igual que cuando se golpea reiteradamente el parche de un tambor, la compresión de la "luz líquida" que caía en los pozos de gravedad dio origen a las "ondas de sonido" que el cosmólogo Charles Lineweaver llama "la música más antigua del universo"».

La revista *Scientific American,* en su ejemplar de julio de 2000, señala que a medida que el universo fue envejeciendo esas ondas de sonido «se desarrollaron cada vez a mayor escala y llenaron los cielos de un estruendo cada vez más profundo». Alrededor de 300.000 años después del Big Bang, el universo se enfrió hasta el punto de que los electrones y los protones se condensaron en átomos de hidrógeno —y se separaron de la luz vibrante (los fotones)—. «Los fotones se dispersaron y el universo quedó abruptamente en silencio».

«El resto —concluye K. C. Cole— es la historia del universo: las partículas se unieron entre sí para formar los átomos, las estrellas y todo lo demás, incluidas las personas». *(Nota del editor).*

Toda la materia es «carne» porque toda materia tiene vida —incluso las piedras—. El profesor Jagadis Chandra Bose, fundador del Bose Research Institute de Calcuta (India), realizó notables experimentos en los cuales demostró que incluso un trozo de hojalata responde de forma favorable a estímulos placenteros y de manera contraria a otros que le resultan desagradables, y que sus vibraciones vitales también pueden sufrir el envenenamiento y la muerte[24].

«Y puso su Morada entre nosotros»: la Vibración Cósmica, que se materializó como creación física (la cual incluye el cuerpo del ser humano), proporcionó a las almas sensibles un universo circundante observable.

El ser humano posee una triple naturaleza: física, mental y espiritual; constituye una combinación única de fuerzas y conciencia, capaz de conocer plenamente la Divinidad dentro de sí y en el universo creado perceptible por él. Su naturaleza es el alma, el Ser, hecha a imagen de Dios (un reflejo individual de la Divinidad), que se expresa en el universo manifestado a través de un cuerpo y una mente. El instrumento corporal es la vibración conjunta de densos e inquietos átomos, ondas electromagnéticas y fuerza vital inteligente (la sutil energía vital, más refinada que los electrones). Las facultades mentales comprenden tanto los instrumentos sensoriales (de percepción y de acción) como la inteligencia discernidora (la cual interpreta la información que proporcionan los sentidos y toma decisiones en lo concerniente al conocimiento y la acción). Durante su residencia en el cuerpo, el alma se identifica con sus experiencias físicas y mentales, olvida su naturaleza divina y actúa, en cambio, como el ego circunscrito al cuerpo, la pseudoalma. Las técnicas científicas de meditación del yoga le permiten al alma recobrar el recuerdo de su unidad con el omnipresente y omnisciente Espíritu.

«Nosotros [...] hemos contemplado su gloria, gloria que recibe del Padre como Unigénito». «Nosotros» significa las almas avanzadas que han reclamado su filiación divina y que experimentan la Vibración Cósmica del Espíritu Santo y la innata Inteligencia Crística cósmica —el unigénito de Dios Padre, presente en toda la creación—. La Palabra, imbuida del Cristo y asimismo llena *«de gracia y de verdad»,* es la depositaria absoluta de los principios y leyes universales

---

[24] La obra de este gran físico y fisiólogo vegetal de la India (1858-1937) se comenta en el capítulo 8 de *Autobiografía de un yogui.*

de la justicia natural, la «verdad» que sostiene el orden del mundo y gobierna los deberes del hombre hacia Dios, hacia la naturaleza y hacia sus semejantes.

El glorioso esplendor de la Luz de la Vibración Cósmica es como un gran cometa de vida que proviene de Dios, envuelve la materia y permanece oculto detrás de su densidad. *«Hemos contemplado [la] gloria»* de la Luz Cósmica y de la Inteligencia «unigénita» de Dios que guía dicha Luz o Vibración Cósmica y otorga gracia, belleza y verdadera sustancia a toda la materia. Sin la *«gloria que recibe del Padre como Unigénito»*, no podría existir la materia en absoluto.

Toda la creación material, el Espíritu Santo o Energía Santa, y el reflejo único (unigénito) de la inteligencia de Dios en la materia reciben su gracia y su verdad, la gloria de su manifestación, de Dios, que es el Padre Creador de todo.

∼

«Juan daba testimonio de él, proclamando: "Éste era del que yo dije: El que viene detrás de mí se ha puesto delante de mí, porque existía antes que yo"» (Juan 1:15).

La conciencia del profeta Juan el Bautista se hallaba en sintonía con la Inteligencia Crística universal y podía «dar testimonio» o declarar, a partir de su propia realización intuitiva, que la gloria de la Conciencia Crística se encontraba manifestada en la omnipresente Luz creativa del Espíritu Santo y también en la conciencia divina que vio encarnada en Jesús. Esa Conciencia «se puso delante» en Jesús porque él había venido a cumplir con un designio especial[25].

∼

«De su plenitud hemos recibido todos gracia por gracia. Porque la Ley fue dada por medio de Moisés; la gracia y la verdad nos han llegado por Jesucristo» (Juan 1:16-17).

---

[25] El contenido de *Juan* 1:15 se repite en los versículos 27 y 30 y se explica con mayor detalle, en ese contexto más completo, en el discurso 6.

Todos los profetas han recibido la plenitud de la Conciencia Crística que impregna la creación —todos aquellos que se encuentran en sintonía reciben esa conciencia en forma ilimitada—. Los hombres de menor estatura espiritual también la reciben, de acuerdo con su capacidad. Cada una de sus bondades, como si de una boca se tratase, bebe de la gracia eterna de la Conciencia Crística. *«De su plenitud»*: esto quiere decir que pueden recibir la omnipresente Conciencia Crística todos aquellos que purifiquen su mente. *«Gracia por gracia»* significa que, por cada una de sus bondades, el hombre recibe la bondad eterna de Dios.

La plenitud del Espíritu se refleja de manera homogénea en todas las almas. Pero quienes son hijos de Dios —aquellos que han cambiado su mentalidad de carbón por una de diamante— reciben y reflejan la plenitud de la Presencia Divina. En los hijos de Dios se halla la «plenitud» de la omnipresente omnisciencia de la Bienaventuranza del Espíritu, la percepción completa de la gloria de Dios que se encuentra dentro de ellos.

La plenitud del Espíritu se refleja en todas las almas

«Gracia por gracia»: cada bondad es una puerta abierta a través de la cual brilla la luz de Dios. Cada expresión de una mentalidad sombría obtura la resplandeciente Presencia Divina. Cada vez que las personas practican la bondad, reciben una dimensión especial de la gracia de Dios.

«Porque la Ley fue dada por medio de Moisés; la gracia y la verdad nos han llegado por Jesucristo»: he aquí un versículo conflictivo de la Biblia que causa discrepancias entre judíos y cristianos. Sin embargo, este versículo no tiene como finalidad determinar diferencias entre Jesús y Moisés en lo que respecta a su nivel de espiritualidad. Lo importante es que cada profeta tiene un propósito especial que cumplir en la tierra. Esta afirmación de San Juan reconoce, simplemente, el regalo que Moisés recibió de parte de Dios para los hombres, en la forma de los Diez Mandamientos. Estos mandamientos son verdades eternas, leyes universales de la vida que hacen que la existencia del hombre sea moralmente adecuada y espiritualmente plena. La palabra «mandamiento», sin embargo, no brinda la mejor de las connotaciones, porque da la impresión de que Dios es un dictador y el hombre, su servil ayudante. Estos aforismos deberían ser considerados, más bien, como un código de justicia natural. Si el hombre no sigue esas leyes que ponen de manifiesto la imagen divina que mora en su interior,

pierde su sintonía con Dios y cae en el sufrimiento ilusorio que él mismo ha causado.

«La gracia y la verdad nos han llegado por Jesucristo»: esto significa que toda la verdad, el poder en el que se basan todas las leyes espirituales, fluye de la Conciencia Crística, y dicho poder se hallaba manifestado en Jesús, al igual que en todos los grandes profetas. Las leyes eternas se sostienen, de hecho, debido a la omnipresencia de la Inteligencia Crística. Jesús vino a demostrar, a través de la conciencia del Cristo Universal que moraba en él, que la gracia, la verdad y la bondad fluyen de esa Fuente divina.

~

«A Dios nadie le ha visto jamás: lo ha contado el Hijo Unigénito, que está en el seno del Padre» (Juan 1:18).

Mucha gente ha llegado a conclusiones erróneas como resultado de la interpretación incorrecta de estas palabras. Si Dios fuera imperceptible, conocerle también sería imposible. ¡Cuán frustrantes parecerían nuestros esfuerzos en la meditación o en las oraciones que se le ofrecieran a un Dios tan dado a recluirse! El significado de este versículo es el que se explica a continuación.

«A Dios nadie le ha visto jamás (ningún mortal, bajo la influencia del "tiempo" o las relatividades de *maya*, puede percibir al Infinito): *lo ha contado* (manifestado o dado forma) *el Hijo Unigénito, que está en el seno del Padre* (la Conciencia Crística, el reflejo del Padre, o la Inteligencia Perfecta que, proveniente del "seno" o las profundidades de la Divinidad increada, se proyecta hacia el exterior para expresar

Ningún mortal puede ver a Dios, excepto si eleva su conciencia a la altura de la Conciencia Crística

la variedad dentro de la Unidad y guiar todos los procesos estructurales del mundo fenoménico mediante la vibración de *Om*)».

Quien ha manifestado al invisible y trascendente Dios Padre —que se encuentra más allá de la creación— es la Inteligencia Crística, presente en toda la creación. No nos habría sido posible contemplar la belleza de las flores ni responder con amor a la dulzura de la vida de un niño si esa Inteligencia Crística no se hubiera hallado presente en ellos. No habríamos tenido atisbos de Dios Padre, oculto en su trascendente morada no vibratoria —más allá de la vastedad etérea de la creación—, si esa Inteligencia «unigénita» reflejada en la materia no hubiese «contado» su existencia.

La palabra «visto» tiene una connotación condicional. Aquel que se encuentra atado al cuerpo, cuya conciencia está limitada a las percepciones sensoriales y al pensamiento de que es un ser mortal, no puede ver a Dios. En cambio, para Jesús, que se hallaba en sintonía con la Infinita Inteligencia Crística, Dios no constituía ya un enigma ininteligible. Merced a la percepción intuitiva de su alma, que todo lo veía, él podía contemplar a Dios materializado en cualquiera de sus aspectos a partir de la Luz Vibratoria o, en unidad divina, podía abrazar a su Padre como el Absoluto Sin Forma. Cuando el hombre eleva su conciencia por encima del estado sensorial ordinario para recibir esa Conciencia Crística unigénita, también puede ver a Dios, no con la mirada de un ser mortal sino mediante la percepción divina.

Cuando la conciencia se encuentra impregnada de la Inteligencia Crística, se puede ver que dicha Inteligencia es el reflejo de Dios manifestado en todas las cosas; por el contrario, cuando la Vibración Creativa de la exteriorización de la conciencia de Dios se halla envuelta en *maya*, la verdadera Esencia de lo manifestado permanece oculta. Son la inteligencia pura del Espíritu Santo y su innato reflejo no distorsionado de Dios, la Conciencia Crística, los que proclaman la ubicuidad de la Presencia Divina y ejercen una atracción magnética y estabilizadora sobre la materia para mantener las formas creadas vinculadas a su Divina Fuente y llevarlas, finalmente, de regreso a Dios. La esencia de este magnetismo crístico es el Amor de Dios: su eterno cuidado y desvelo por todas las manifestaciones, desde las gigantescas hasta las diminutas, sin permitir jamás que deambulen más allá de su protectora presencia.

Este Omnipresente Amor de Dios es la razón por la cual considero a Bhagavan Krishna y a Jesucristo, avatares de Oriente y Occidente, como las expresiones supremas de la Conciencia de Cristo-Krishna (el *Kutastha Chaitanya* Universal), porque en ellos se evidenció, en grado máximo, la encarnación de la compasión y el amor de Dios. El amor de Krishna le dio al mundo el yoga —que libera del océano del sufrimiento a través de la meditación científica y la acción correcta— y el enfoque devocional, en que el devoto se arroja a los pies de la Compasión Divina. Jesús demostró, en cada acto de ayuda a los enfermos y los desamparados, y en el absoluto sacrificio de su cuerpo para aliviar los pecados de muchos, el incomparable amor de Dios, infinitamente misericordioso y compasivo. El significado supremo del nacimiento de Jesús es el del perdón de Dios. Aun cuando el hombre se lance a los más oscuros abismos del olvido de Dios, despreciando al Señor y prefiriendo, en cambio, la búsqueda desenfrenada de gratificaciones materiales, aun así será finalmente rescatado por la atracción del amor de Dios en su interior y a su alrededor, que le ayudará en su proceso natural de evolución ascendente de regreso a Dios. Éste es el mensaje universal que Jesús el Cristo vino a proclamar, movido por el oculto amor de Dios que se manifestó en la divinidad de su vida.

La inmaculada concepción de Jesús y la relación de Jesús con Juan el Bautista

---

El principio cósmico de la reencarnación:
el viaje de las almas a lo largo de muchas vidas

❖

Jesús y Juan a la luz de la reencarnación

❖

Elías como el gurú de Jesús en su vida anterior

❖

La misión y los milagros de Jesús,
anunciados en su encarnación anterior

❖

La verdad metafísica acerca de la concepción inmaculada

❖

La reproducción sexual de los seres humanos comenzó
con la caída de Adán y Eva

❖

Buda y otros avatares también nacieron de forma inmaculada

«El plan de Dios se hizo patente desde el momento de la concepción de estas dos almas en el seno de sus madres terrenales, cuando Juan y Jesús se manifestaron en forma física en esta encarnación».

*H*ubo en los días de Herodes, rey de Judea, un sacerdote llamado Zacarías, del grupo de Abías, casado con una mujer descendiente de Aarón, que se llamaba Isabel. Los dos eran justos ante Dios y cumplían fielmente todos los mandamientos y preceptos del Señor. No tenían hijos, porque Isabel era estéril, y los dos de avanzada edad.

En cierta ocasión, mientras oficiaba delante de Dios, en el grupo de su turno, le tocó en suerte, según el uso del servicio sacerdotal, entrar en el Santuario del Señor para quemar el incienso. Toda la multitud de fieles estaba fuera en oración, a la hora del incienso.

Se le apareció el ángel del Señor, de pie, a la derecha del altar del incienso. Al verlo Zacarías, se sobresaltó, y el temor se apoderó de él. El ángel le dijo: «No temas, Zacarías, porque tu petición ha sido escuchada; Isabel, tu mujer, te dará un hijo, a quien pondrás por nombre Juan[1]. Te llenará de gozo y alegría, y muchos se alegrarán de su nacimiento, porque será grande ante el Señor. No beberá vino ni licor; estará lleno de Espíritu Santo ya desde el seno de su madre; convertirá al Señor su Dios a muchos de los hijos de Israel e irá delante de él con el espíritu y el poder de Elías, para que los corazones de los padres se vuelvan a los hijos, y los rebeldes, a la prudencia de los justos; para preparar al Señor un pueblo bien dispuesto». Zacarías preguntó al ángel: «¿En qué lo conoceré? Porque yo soy viejo, y mi mujer de avanzada edad». El ángel le respondió: «Yo soy Gabriel, el que está al servicio de Dios, y he sido enviado para hablarte y anunciarte esta buena noticia. Mira, por no haber creído mis palabras, que se cumplirán a su tiempo, vas a quedar mudo, y no podrás hablar hasta el día en que sucedan estas cosas». La gente, que estaba esperando a Zacarías, se extrañaba de que se demorara tanto en el Santuario. Cuando salió no podía hablarles, y comprendieron que había tenido una visión en el Santuario. Les hablaba por señas y permaneció mudo.

---

[1] «Regalo de Dios». En el *Smith's Bible Dictionary* [Diccionario Bíblico de Smith] se dice que «John», la forma inglesa de «Juan» [«Ioannes», en griego; «Yohanan», en arameo], es «el mismo nombre que Johanan, contracción de Jehohanan, "regalo de Jehová"».

Una vez cumplidos los días de su servicio, volvió a su casa. Días después, concibió su mujer Isabel y estuvo durante cinco meses recluida. Entre tanto, pensaba: «El Señor ha hecho esto por mí cuando ha tenido a bien quitar mi oprobio entre la gente».

Lucas 1:5-25

DISCURSO 2

La inmaculada concepción de Jesús y la relación de Jesús con Juan el Bautista

«*Voy a enviaros al profeta Elías antes de que llegue el Día de Yahvé, grande y terrible*»[2]. Estas palabras, en el final mismo del Antiguo Testamento, profetizan la venida de Cristo Jesús y el renacimiento de Elías como su precursor. Juan el Bautista, designado por Dios para «preparar el camino del Señor» e «ir delante de él con el espíritu y el poder de Elías», fue quien dio cumplimiento a la profecía.

Si observamos la narración bíblica acerca de la relación entre Jesús y Juan el Bautista a la luz de la sagrada tradición del vínculo entre gurú y discípulo —entre aquel que conoce a Dios y quien busca conocerle—, esta relación adquiere una nueva dimensión de santidad: fue la reanudación del viaje conjunto que estas dos almas divinas habían iniciado en vidas anteriores.

El principio cósmico de la reencarnación: el viaje de las almas a lo largo de muchas vidas

El principio cósmico de la reencarnación (con el dinamismo que le impone la ley del karma: causa y efecto, siembra y cosecha) es una doctrina clásica a la que se adhieren los hindúes y los budistas, los antiguos sacerdotes druidas, los esenios, los gnósticos y muchos de los teólogos cristianos primitivos, así como también filósofos eminentes de Oriente y Occidente. Durante

---

[2] *Malaquías* 3:23.

42

siglos, la influencia de la ortodoxia de la Iglesia ha hecho que la doctrina de la reencarnación haya estado separada de lo que comúnmente se comprende acerca de la vida y enseñanzas de Jesús. No obstante, en numerosos pasajes tanto del Antiguo como del Nuevo Testamento hay referencias evidentes a dicha doctrina, y éstas incluyen declaraciones inequívocas de Jesús mismo[3]. Un ejemplo es el siguiente versículo del libro del Apocalipsis (3:12): «*Al vencedor le pondré de columna en el Santuario de mi Dios, y ya no saldrá de allí*». Aquí Jesús se refiere con claridad a la doctrina de la reencarnación al afirmar que cuando, mediante la disciplina espiritual, un alma supera los deseos mortales acumulados a través del contacto con la materia, dicha alma se convierte en columna inmortal en la mansión imperecedera de la Conciencia Cósmica y, habiendo satisfecho todos sus deseos en el Espíritu, no debe ya renacer en la tierra por causa del poder de los deseos insatisfechos (los cuales la obligarían a reencarnar como resultado de la ley del karma)[4].

Todas las almas —rayos individualizados del Espíritu puro— provienen de Dios y evolucionan hasta alcanzar su innata perfección mediante el ejercicio del libre albedrío que Dios les ha otorgado. Para llevar a término esta búsqueda, tanto el ignorante como el sabio requieren igualdad de oportunidades por parte de un Dios justo

---

[3] Citadas más adelante en este discurso y los subsiguientes. (Véase *reencarnación* en el Índice alfabético, volumen III).

[4] «La comprensión de la ley del karma y su corolario, la reencarnación, es evidente en numerosos pasajes bíblicos, como por ejemplo: *"Quien vertiere sangre de hombre, por otro hombre será su sangre vertida"* (*Génesis 9:6*). Obviamente, si cada asesino debe morir a manos de otro hombre, este proceso de acción y reacción requerirá, en muchos casos, más de una vida. ¡La policía moderna simplemente no es lo suficientemente veloz!

»La Iglesia cristiana primitiva aceptaba la doctrina de la reencarnación, la cual fue divulgada por los gnósticos y por numerosos padres de la Iglesia entre quienes se cuentan Clemente de Alejandría, el célebre Orígenes (ambos del siglo III) y San Jerónimo (siglo V). La doctrina de la reencarnación fue declarada por primera vez herejía en el año 553 d. C., por el Segundo Concilio de Constantinopla. En aquella época, muchos cristianos pensaban que dicha doctrina concedía al hombre un ámbito demasiado amplio de espacio y tiempo como para incentivarle a luchar por su inmediata salvación. Sin embargo, sorprendentemente, la abolición de estas verdades trajo aparejada una multitud de errores. Millones de personas no han utilizado su "única vida" para buscar a Dios, sino para disfrutar de este mundo, ganado en forma tan singular y que en un plazo tan breve perdemos para siempre. La verdad es que el hombre reencarna en la tierra hasta que logra recuperar conscientemente su condición de hijo de Dios» (*Autobiografía de un yogui*).

y amoroso. Un bebé que muere de modo prematuro, por ejemplo, no ha tenido la posibilidad de utilizar su libre albedrío con el fin de volverse lo suficientemente virtuoso para ser digno de la salvación, ni lo suficientemente malvado para que merezca ser condenado. La naturaleza debe traer a esa alma de regreso a la tierra para darle la oportunidad de utilizar su libre albedrío, de manera que ésta pueda expiar las acciones del pasado (karma) que fueron la causa legítima de la muerte prematura y llevar a cabo, además, las buenas acciones necesarias para alcanzar la liberación.

Las almas comunes se ven obligadas a reencarnar a causa de sus deseos terrenales y del efecto de sus acciones pasadas. Las grandes almas —aventajadas en sabiduría como resultado de las lecciones aprendidas a lo largo de numerosas vidas— vienen a la tierra, en parte, con el objeto de agotar su karma, pero sobre todo para obrar como hijos magnánimos de Dios cuyo ejemplo sirva de inspiración a los hijos perdidos y los guíe por el camino hacia el hogar del Padre Celestial, pleno de bienaventuranza. Los maestros y los profetas, que ya se han graduado en la escuela de la vida mortal y han ingresado en la inmortalidad de la Conciencia Cósmica, se encarnan voluntariamente con el fin de servir, por orden de Dios, como agentes plenipotenciarios de su milenario plan para guiar a todas las almas de regreso a su eterna morada en el Espíritu[5].

Recibí de mi gurú, Swami Sri Yukteswar, maestro de la sabiduría védica y poseedor de un entendimiento espiritual universal, una
renovada apreciación de la Biblia cristiana —por

Jesús y Juan a la luz de la reencarnación

la que, debo confesar, sólo profesé un interés superficial en mi juventud, exasperado por la ortodoxia irracional de algunos misioneros cuya meta era obtener mi conversión—. Al escuchar a mi maestro disertar sobre las escrituras cristianas con la misma naturalidad con la que explicaba las profundidades esotéricas de su herencia natal hindú, fui experimentando una maravillosa expansión en lo que concierne al reino de la verdad, que carece de límites o fronteras religiosas. Sri Yukteswar había escrito, a petición de su paramgurú, Mahavatar Babaji, un análisis asombrosamente conciso sobre la unidad entre las escrituras hindúes

---

[5] El hecho de que los santos liberados o casi liberados reencarnen para cumplir con una misión divina está implícito en la declaración que Dios le hizo a Jeremías: «*Antes de haberte formado Yo en el vientre, te conocía; antes que nacieses, te había consagrado Yo profeta; te tenía destinado a las naciones*» (*Jeremías 1:5*).

y cristianas: *La ciencia sagrada*[6]. Ese encargo fue la simiente de mi futura misión: demostrar la armonía existente entre la ciencia original del yoga impartida por Bhagavan Krishna y las enseñanzas originales del Señor Jesús. Así pues, ya desde un período temprano, mi mente se mantuvo a menudo ocupada con reflexiones acerca de la vida de Cristo: su presencia se convirtió en una experiencia muy real para mí.

Puesto que todo ser humano ha pasado por numerosas vidas para llegar a conformar su naturaleza y estado presentes, yo sentía con frecuencia una peculiar curiosidad por conocer las encarnaciones que Jesús debió atravesar para alcanzar el estado de Cristo. La conciencia de un hombre común de mentalidad materialista se halla circunscrita a saciar el hambre, la sed y las necesidades menores del cuerpo, incluyendo la satisfacción de los deseos. Un hombre intelectual expande su conciencia con el propósito de explorar las estrellas o las regiones más profundas de las cuevas secretas de la sabiduría relacionada con la mente, la vida o el entorno de la existencia humana. Un hombre espiritual, como resultado de muchas vidas dedicadas a la meditación y a expandir su amor hasta abarcar a todos, unifica su conciencia con la omnipresente Conciencia Crística. Por lo tanto, Jesús el hombre debió de haber tenido otras encarnaciones de meditación y entrenamiento en la escuela de la vida humana antes de haber alcanzado el estado de expansión y elevación espiritual de Jesús el Cristo.

A lo largo de los años, había yo investigado profundamente en el Espíritu con la intención de indagar acerca de las anteriores encarnaciones destacadas de Jesús, aunque con escasos resultados. (Dios mantiene herméticamente cerrada la misteriosa puerta que guarda las vidas pasadas de las almas, a fin de que la atención no se concentre de manera indebida e impertinente en las antiguas glorias o los funestos errores de los hombres en lugar de concentrarse en los méritos del aquí y ahora. No obstante, Él concede vislumbres de ese pasado cuando el propósito es beneficioso). Cierto día en que me hallaba absorto en la contemplación, con la Biblia cristiana entre las manos, oré profundamente: «Padre, dime quién fue Jesucristo antes de venir a la tierra en esta encarnación». Con inesperada inmediatez, la silenciosa voz omnipresente del Padre se manifestó en palabras audibles: «¡Abre la Biblia!».

Obedecí el Mandato Divino, y el primer versículo sobre el que se posaron mis ojos fue *I Reyes* 19:19:

---

[6] Publicado por *Self-Realization Fellowship.*

«*Partió de allí y encontró a Eliseo, hijo de Safat, que estaba arando. Tenía frente a él doce yuntas y él estaba con la duodécima. Elías pasó a su lado y le echó su manto encima*».

Entonces recordé lo que Jesús había dicho acerca de Juan el Bautista: «*"Os digo, sin embargo, que Elías vino ya, pero no le reconocieron [...]". Entonces los discípulos entendieron que se refería a Juan el Bautista*» (Mateo 17:12-13). Fue Eliseo (encarnado como Jesús) quien pudo reconocer en Juan el Bautista a su maestro, debido al vínculo que habían tenido en el pasado como Elías y Eliseo. En numerosas oportunidades, como se señalará en estos discursos, Jesús hace importantes alusiones a Juan el Bautista y le muestra su deferencia: cuando Jesús pidió ser bautizado por Juan; cuando ensalzó a Juan como el más grande de los profetas nacidos de mujer (incluido él mismo); cuando Jesús se transfiguró en el monte y Moisés y Elías aparecieron ante él y, posteriormente, identificó a Elías como Juan el Bautista.

Tanto Juan el Bautista como Jesús habían alcanzado la completa liberación en su encarnación anterior, en la que habían sido Elías y Eliseo respectivamente. No es importante saber quién fue Jesús antes de nacer como Eliseo, pues fue en esa encarnación cuando alcanzó la meta suprema. Por mandato divino, Eliseo se perfeccionó a través de Elías, quien colocó sobre él su manto de realización espiritual.

«*La mano de Yahvé estaba sobre Elías*» (I Reyes 18:46).

Y Dios encomendó a Elías que iniciara a Eliseo:

«*Yahvé le dijo: "Desanda tu camino en dirección al desierto de Damasco. Cuando llegues, unge [...] profeta sucesor tuyo a Eliseo, hijo de Safat, de Abel Mejolá"*» (I Reyes 19:15-16).

De este modo, Dios designó claramente a Elías como gurú de Eliseo. El Gurú de Gurús, el Preceptor Supremo, es siempre quien elige el canal a través del cual el discípulo ha de recibir entrenamiento y liberación. El hecho de que Elías encontrara a Eliseo arando con las doce yuntas es altamente simbólico, dado que Eliseo (más tarde como Jesús) habría de arar el duro suelo de la conciencia humana con sus doce discípulos a fin de producir, en muchas

Elías como el gurú de Jesús en su vida anterior

almas, la cosecha de la sabiduría divina y de la salvación. Con este hecho, Dios le mostró a Elías la notable misión mundial que iba a desempeñar Eliseo en el futuro, y que le había elegido para este designio divino por tratarse de un discípulo extraordinario.

El acto de colocar un manto de tela sobre otra persona no tiene por sí solo un poder transformador; sin embargo, si un maestro coloca su manto de la realización del Ser sobre la conciencia de un discípulo avanzado, tal acción constituye el bautismo por el Espíritu Santo. Eliseo recibió dicha iniciación de parte de Elías y, sin que mediara discusión, persuasión o palabra alguna, siguió desde entonces fielmente a su gurú.

Cuando llegó el momento en que el Señor dio por concluida la encarnación terrenal de Elías, el gran profeta le dijo a Eliseo:

«*"Pídeme lo que quieras que haga por ti antes de que sea arrebatado de tu lado"*. *Eliseo respondió: "Que pasen a mí dos tercios de tu espíritu"*. *Replicó: "Pides algo difícil. Si alcanzas a verme cuando sea arrebatado de tu lado, entonces pasará a ti; si no, no pasará"*. *Iban hablando mientras caminaban, cuando de pronto un carro de fuego con caballos de fuego los separó a uno del otro. Elías subió al cielo en el torbellino. Eliseo lo veía y clamaba: "¡Padre mío, padre mío! ¡Carros y caballería de Israel!"*. *Cuando dejó de verlo, agarró sus vestidos y los desgarró en dos. Recogió el manto que había caído de las espaldas de Elías, volvió al Jordán y se detuvo a la orilla.*

»*Tomó el manto que había caído de las espaldas de Elías y golpeó las aguas, pero éstas no se separaron. Dijo entonces: "¿Dónde está Yahvé, el Dios de Elías?"*. *Golpeó otra vez las aguas, que se separaron a un lado y a otro, y Eliseo pasó sobre terreno seco. Cuando los discípulos de los profetas lo vieron venir hacia ellos, dijeron: "El espíritu de Elías se ha posado sobre Eliseo"*. *Fueron a su encuentro, se postraron en tierra ante él*» (*II Reyes* 2:9-15).

Así fue que Eliseo, en la forma de Jesús, vino con «dos tercios de espíritu» para traer la salvación a muchos discípulos y también para triunfar, por medio del amor divino que todo lo perdona, cuando tuvo que afrontar la prueba suprema de la crucifixión. Tanto Elías como Eliseo habían realizado numerosos milagros, y a ambos les era posible curar a los enfermos, crear abundancia a partir de una pequeña cantidad de alimentos y resucitar a los muertos. Por consiguiente, de acuerdo con la ley del karma, Jesús poseía grandes poderes incluso durante la niñez: un don natural que provenía de su encarnación como Eliseo. Al igual que Jesús infundió vida a esa envoltura que era su cuerpo muerto, espiritualizándolo e inmortalizándolo, también los huesos en descomposición de Eliseo, aun después de su muerte, retuvieron el poder de hacer resurgir la vida:

> «*Eliseo murió y fue enterrado. Bandas de moabitas penetraban en el país al inicio de cada año. En una ocasión estaban unos enterrando a un hombre y, al avistar la banda, lo arrojaron en la tumba de Eliseo y huyeron. El hombre entró en contacto con los huesos de Eliseo, cobró vida y se puso en pie*» (*II Reyes* 13:20-21).

El alma de Elías, después de transformar su cuerpo físico en luminosa energía astral y ascender a los cielos «en un carro de fuego en la tempestad»[7], permaneció en el reino astral hasta reencarnar, en el momento adecuado, como Juan el Bautista para dar testimonio de la misión divina que su discípulo Eliseo, reencarnado como Jesús, venía a cumplir por mandato divino[8]. Elías y Eliseo, que eran uno en Espíritu, poseían la misma estatura espiritual. Sin embargo, Elías, al retornar como Juan el Bautista, asumió humildemente un papel insignificante en esa encarnación, con el único objeto de ver y apoyar a Jesús, su discípulo reencar-

La misión y los milagros de Jesús, anunciados en su encarnación anterior

[7] «El yogui ya experimentado transmuta sus células en energía pura. Elías, Jesús, Kabir y otros profetas fueron maestros en el uso del *Kriya Yoga*, o de una técnica semejante, por medio de la cual ellos hacían que sus cuerpos se materializaran y desmaterializaran a voluntad» (*Autobiografía de un yogui*, capítulo 26).

[8] Jesús y Juan el Bautista reflejaron sus encarnaciones previas tanto en sus papeles externos como en su espiritualidad interior. De acuerdo con el *Smith's Bible Dictionary*: «En casi todos los aspectos, Eliseo presenta el más absoluto contraste con respecto a Elías. [...] Elías era un verdadero beduino, hijo del desierto. Si entraba a una ciudad, sólo era para comunicar su encendido mensaje y luego retirarse. Eliseo, por el contrario, era un hombre civilizado, un habitante de las ciudades. Y así como eran sus modales, también era su apariencia. Las crónicas no nos brindan gran detalle, pero podemos inferir que su ropa era la vestimenta común de un israelita, [...] que llevaba el cabello arreglado hacia atrás, en contraste con los desordenados cabellos de Elías». (*Nota del editor*).

nado, que venía «con dos tercios de espíritu» para cumplir el deseo de Dios de que desempeñara un papel destacado en el proceso de revolucionar el destino espiritual del ser humano. Tanto Jesús como Juan estaban cumpliendo con la voluntad de Dios. Es natural que Elías, por ser el maestro, quisiera estar presente y ser quien preparase el camino para que su discípulo cumpliera su designio divino y fuera glorificado como un salvador en la tierra. Un padre noble jamás siente celos de la gloria de su hijo; por el contrario, se enorgullece si su hijo sobrepasa su propia fama a los ojos del mundo. Y aun cuando Juan desempeñó un papel de menor importancia, la terrible prueba que debió afrontar al ser aprisionado y decapitado injustamente por amor a la verdad no fue menor que las tribulaciones de Jesús en la cruz.

El plan de Dios se hizo patente desde el momento de la concepción de estas dos almas en el seno de sus madres terrenales, cuando Juan y Jesús se manifestaron en forma física en esta encarnación. Incluso al hallarse en el seno materno, sus espíritus se reconocieron mutuamente y se comunicaron su lealtad y amor eternos. Las almas avanzadas que se han liberado de los ciclos de las encarnaciones compulsivas no se ven obligadas a atravesar la experiencia habitual del olvido que desconecta una vida de la siguiente. Si así lo eligen, sus almas siempre despiertas pueden retener la continuidad de la conciencia a lo largo de la secuencia de la muerte, de la vida más allá de la muerte y del renacimiento —incluso en el seno materno.

L a concepción y el nacimiento de Jesús han sido objeto de considerable controversia. ¿Fue Jesús concebido de manera natural o sobrenatural? ¿Fue su nacimiento, en verdad, el resultado de una concepción inmaculada? ¿Se trata de un mito, de un hecho o de una cuestión de fe? Tan absorto está el hombre en tratar de descifrar las fórmulas codificadas de las acciones de Dios que se pierde el gozo de admirar la mano de Dios

La verdad metafísica acerca de la concepción inmaculada

en los asuntos del hombre. ¿Es preciso comprender en profundidad la biología molecular del trigo para saber que con una hogaza de pan se sacia el hambre? ¿Acaso debe uno ser astrónomo para recibir la luz del sol que le proporciona vida y calor? El conocimiento final de cada uno de los misterios de Dios no le está vedado a nadie que se encuentre preparado para leer el Libro de la Vida, cuandoquiera y comoquiera que el Señor abra sus páginas para él.

*A*l sexto mes envió Dios el ángel Gabriel a un pueblo de Galilea, llamado Nazaret, a una virgen desposada con un hombre llamado José, de la casa de David. La virgen se llamaba María. Cuando entró, le dijo: «Alégrate, llena de gracia, el Señor está contigo». Ella se conturbó por estas palabras y se preguntaba qué significaría aquel saludo. El ángel le dijo: «No temas, María, porque has hallado gracia delante de Dios; vas a concebir en tu seno y a dar a luz un hijo, a quien pondrás por nombre Jesús. Él será grande, le llamarán Hijo del Altísimo y el Señor Dios le dará el trono de David, su padre; reinará sobre la casa de Jacob por los siglos y su reino no tendrá fin». María respondió al ángel: «¿Cómo será esto posible, si no conozco varón?». El ángel le respondió: «El Espíritu Santo vendrá sobre ti y el poder del Altísimo te cubrirá con su sombra; por eso, el que va a nacer será santo y le llamarán Hijo de Dios. Mira, también Isabel, tu pariente, ha concebido un hijo en su vejez y ya está en el sexto mes la que era considerada estéril, porque no hay nada imposible para Dios». Dijo María: «He aquí la esclava del Señor; hágase en mí según tu palabra». Y el ángel la dejó y se fue.

En aquellos días, se puso en camino María y se dirigió con prontitud a la región montañosa, a una población de Judá. Entró en casa de Zacarías y saludó a Isabel. En cuanto oyó Isabel el saludo de María, saltó de gozo el niño en su seno; Isabel quedó llena de Espíritu Santo y exclamó a gritos: «Bendita tú entre las mujeres y bendito el fruto de tu seno; ¿cómo así viene a visitarme la madre de mi Señor? Porque apenas llegó a mis oídos la voz de tu saludo, saltó de gozo el niño en mi seno». [...]

María se quedó con ella unos tres meses, y luego regresó a su casa.

Lucas 1:26-44, 56

El origen de Jesucristo fue de la siguiente manera. Su madre, María, estaba desposada con José; pero, antes de empezar a estar juntos, se encontró encinta por obra del Espíritu Santo. Su marido José, que era justo, pero no quería infamarla, resolvió repudiarla en privado. Así lo tenía planeado, cuando el ángel del Señor se le apareció en sueños y le dijo: «José, hijo de David, no temas tomar contigo a María tu mujer, porque lo engendrado en ella es del Espíritu Santo. Dará a luz un hijo, a quien pondrás por nombre Jesús, porque él salvará a su pueblo de sus pecados». Todo esto sucedió para que se cumpliese lo dicho por el Señor por medio del profeta: 'La virgen concebirá y dará a luz un hijo, y le pondrán por nombre Emmanuel'[9], que traducido significa: «Dios con nosotros».

Mateo 1:18-23

---

[9] Esta profecía se encuentra en *Isaías* 7:14.

Dios es el Gran Organizador Cósmico. El cónclave más selecto de mentes mortales no podría haber establecido, con mayor cuidado y meticulosidad, leyes universales que resistieran como éstas los embates del tiempo y los presuntuosos rechazos del cambio cultural. Dios, sin embargo, no es inflexible. Él otorga al hombre la libertad de inducir variaciones caleidoscópicas por medio de la manipulación —tanto para bien como para mal— de las leyes conocidas. De hecho, esta manipulación simplemente activa otras leyes que entonces vuelven a ser «descubiertas». Él mismo se deleita sorprendiendo a sus hijos, de tanto en tanto, con una divina innovación que confunde el sentido común de éstos. Consternado, el hombre da un paso hacia atrás y se mofa de aquello que le parece inverosímil o, reverentemente, une sus manos en oración y acepta que se trata de un milagro.

Incluso en la naturaleza, Dios juega con los métodos formales. Hay algunas plantas cuyo cultivo y reproducción sólo son posibles mediante la polinización cruzada entre el estambre (parte masculina de la flor) y el pistilo (parte femenina), en tanto que otras (como el geranio común) pueden multiplicarse vigorosamente a partir de un pequeño esqueje. El reino animal ha evolucionado asimismo mediante la reproducción sexual; sin embargo, existe cierta especie de caracol que produce su propia descendencia en forma totalmente independiente de la unión entre macho y hembra. También se ha inducido la reproducción de ranas en condiciones de laboratorio mediante la estimulación del óvulo femenino, sin la introducción de esperma masculino[10].

---

[10] El caracol *(Potamopyrgus antipodarum)* se encuentra en los lagos de agua dulce de Nueva Zelanda. La reproducción asexual de las ranas mediante la inserción de núcleos de células embrionarias en óvulos no fecundados se logró por primera vez en 1951. Sin embargo, se continuó con el experimento únicamente hasta que las ranas recién nacidas llegaron a la fase de renacuajo.

El 26 de septiembre de 2002, *National Geographic News* publicó lo siguiente: «Un tiburón hembra de la especie pintarroja colilarga de manchas blancas, del Acuario Belle Isle de Detroit, sorprendió a los cuidadores del zoológico al dar a luz, en el mes de julio, a dos crías. ¿El motivo de la sorpresa? Se trató de un nacimiento virginal, ya que la hembra no había estado en contacto con ningún macho por espacio de seis años. [...] Estos nacimientos han despertado interrogantes entre los científicos en cuanto a la posibilidad de que los tiburones puedan reproducirse por partenogénesis —una forma de reproducción en la cual el óvulo no es fecundado—. Estos nacimientos presuntamente virginales son comunes en invertebrados tales como los caracoles, pero son inusuales entre los vertebrados superiores. "Se han registrado casos de partenogénesis en muchos reptiles —señaló Doug Sweet, conservador de peces del Acuario Belle Isle—. Puede darse en al menos cinco o seis especies de serpientes y se ha observado también en salamandras, lagartos e incluso en una raza de pavos"». *(Nota del editor).*

La creación es justamente eso: crear o formar algo nuevo. Es siempre «inmaculada», en el sentido de que trae algo a la existencia por medio del poder creativo de Dios, ya sea por su divino mandato o por el uso que hace el hombre de las leyes naturales de Dios. La primera y verdadera concepción inmaculada, en su forma más elevada, ocurrió cuando Dios materializó a Adán y Eva, los padres simbólicos de todos los seres humanos. Dios no creó al hombre y a la mujer originales por medio de la unión sexual. (¿Qué vino primero: el árbol o la semilla? El árbol, por supuesto, que después fue dotado de la capacidad para reproducirse). Aun cuando el cuerpo físico del hombre se modeló, en líneas generales, a partir de los instrumentos fisiológicos y anatómicos resultantes del largo proceso evolutivo de las especies animales, los seres humanos fueron creados por Dios con una cualidad especial que las formas inferiores no poseían: activos centros espirituales de vida y conciencia situados en la espina dorsal y en el cerebro, que les proporcionaban la capacidad de expresar por completo la conciencia y los poderes divinos del alma. De este modo, a través de un acto de creación especial, Dios creó los cuerpos de Adán y Eva mediante el inmaculado método de materialización directa y les confirió a estos primeros seres un poder similar para reproducir su propia especie. En las escrituras hindúes, también se menciona la verdadera concepción inmaculada en la cual los primeros seres, dotados de cualidades divinas, podían tener descendencia por medio del poder mental[11]. El

---

11 «Mientras que en el libro bíblico del Génesis el relato gira en torno a la caída del hombre original, las escrituras hindúes consideran a los primeros seres humanos de la tierra como seres divinos que podían asumir forma física y tener descendencia por el divino mandato de su voluntad. En uno de dichos relatos de la venerable escritura *purana* del *Srimad Bhagavata*, se narra que el primer hombre y la primera mujer dotados de forma física, la versión hindú de "Adán y Eva", se llamaban Svayambhuva Manu ("hombre nacido del Creador") y su esposa Shatarupa ("que posee cien aspectos o formas"). Sus hijos se casaron con los Prajapatis, perfectos seres celestiales que tomaron forma física para convertirse en los progenitores de la humanidad. De ese modo, en las singulares formas humanas originales creadas por Dios, moraban almas que habían atravesado el proceso ascendente de evolución de la creación mientras Prakriti preparaba la tierra para la llegada del hombre, o bien almas prístinas que habían descendido a la tierra con el propósito específico de dar inicio a la población humana del mundo. En cualquiera de los casos, el hombre original se hallaba especialmente dotado para expresar la perfección del alma. Aquellos "Adanes y Evas" —y sus descendientes— que conservaron la conciencia divina en el "Edén" del ojo espiritual retornaron al Espíritu o a las regiones celestiales después de un bienaventurado paso por la tierra. Los seres humanos "caídos" y su "caída" descendencia quedaron atrapados en los ciclos de la reencarnación, que son el destino de los mortales colmados de

hombre y la mujer, proyectando desde sus almas asexuadas una vibración positiva o negativa, podían generar por materialización a otros seres masculinos o femeninos, respectivamente, del mismo modo en que Dios había creado al Adán y la Eva bíblicos.

En el principio, los órganos sexuales no eran evidentes en absoluto en el Adán y la Eva simbólicos. Dios les advirtió a ambos que no comieran del fruto que se hallaba «*en medio del*

La reproducción sexual de los seres humanos comenzó con la caída de Adán y Eva

jardín» (*Génesis* 3:3). Dicho fruto era el contacto sensual con los órganos sexuales ubicados en medio del jardín corporal. Cuando Adán y Eva sucumbieron a la tentación y comieron de ese fruto —juntaron sus cuerpos movidos por la concupiscencia—, fueron «expulsados» del Edén de la conciencia espiritual. En su «caída», habiendo descendido hasta la baja condición de identificación con el cuerpo, perdieron el estado en que el alma es consciente de las divinas percepciones y capacidades de los sutiles centros cerebroespinales —incluido el poder para crear de manera inmaculada—[12]. Se desarrollaron sus órganos sexuales, tal como en las formas menos evolucionadas del reino animal. En la forma humana más dinámica o de polaridad positiva, se desarrolló un órgano masculino externo; y en el cuerpo más pasivo o de polaridad negativa, se desarrollaron los órganos femeninos, que son internos[13].

La divinidad y el poder de creación que Dios otorgó a Adán y Eva antes de su caída aún se encuentran potencialmente presentes en todas las almas humanas y les serán devueltos cuando entren de nuevo en el Edén de la santidad. Los *rishis* de las antiguas épocas más elevadas de la India tenían el poder de crear por medio de la mente. Con el poder de la voluntad, es posible materializar cualquier cosa en este mundo. Lo que anima la materia es, en todos los casos, la Vibración Cósmica (Prakriti, el Espíritu Santo). Esta vibración puede ser dirigida conscientemente por el poder de voluntad de los seres crísticos que se unen a la Inteligencia Directriz de la voluntad de Dios presente en la Vibración Sagrada. Por otra parte, Dios mismo, ya sea directamente o

---

deseos e identificados con los sentidos» (*God Talks With Arjuna: The Bhagavad Gita*, comentario sobre la estrofa XV:1).

[12] «*A la mujer [Dios] le dijo: "Tantas haré tus fatigas cuantos sean tus embarazos: con dolor parirás los hijos"*» (*Génesis* 3:16).

[13] El significado espiritual de la historia de Adán y Eva en el Génesis se explica con mayor detalle en el discurso 7.

a través de su jerarquía de intermediarios angélicos, puede transmitir este poder del Espíritu Santo a fin de cumplir con su propósito.

Cuando en la Biblia se narra que Dios tomó una costilla de Adán para dar forma a Eva (*Génesis* 2:21-22), la «costilla» es una referencia a la vibración: la creación del hombre (la manifestación positiva o masculina de la vibración creativa) se basó en la conciencia de Dios con preponderancia de la razón y el sentimiento parcialmente oculto; con el mismo poder vibratorio, Él creó luego a la mujer (la manifestación negativa o femenina de la vibración creativa) con preponderancia del sentimiento y la razón menos pronunciada. A partir del predominio de esas cualidades, Dios introdujo diferencias en los cuerpos que albergaban a sus almas asexuadas. El plan del Señor —dado que la creación depende de la interacción entre fuerzas positivas y negativas— contempla que tanto la naturaleza del hombre como la de la mujer, ambas otorgadas por Dios, se equilibren una con la otra. Cuando esta vibración se iguala en el ser humano, éste (ya sea hombre o mujer) manifiesta el perfecto equilibrio brindado por Dios que es inherente a la divina naturaleza de su alma.

Muchos santos han nacido de manera natural; pero algunos otros, en cambio, lo han hecho de manera inmaculada. Las grandes almas que han alcanzado la liberación retienen su individualidad en el Espíritu; y cuando Dios les pide que regresen al mundo como salvadores, pueden adoptar un cuerpo físico, ya sea por concepción inmaculada o por nacimiento natural. (En las eras más elevadas del mundo, pueden hacerlo incluso por materialización directa, pero este método queda fuera del alcance de visión de las épocas no iluminadas). El modo de nacer no importa y tampoco indica necesariamente el grado de divinidad.

La creación sexual lleva implícitos los instintos sexuales egoístas de los padres. Por esa razón, algunos santos eligen ser concebidos de forma inmaculada, mediante el método de concepción puro. Así pues, es un hecho que Jesús fue creado mediante concepción inmaculada. Su madre María, que había «*hallado gracia delante de Dios*», fue colmada de la Vibración Cósmica del Espíritu

Buda y otros avatares también nacieron de forma inmaculada

Santo: «*El Espíritu Santo vendrá sobre ti y el poder del Altísimo te cubrirá con su sombra*». Esta sagrada Vibración creativa, imbuida del reflejo de Dios como Conciencia Crística, se introdujo en el óvulo que llevaba María en su seno y creó inmaculadamente la célula germinal en la que entró el alma de Jesús, la Conciencia Crística individualizada.

A partir de esta prístina célula, de acuerdo con el modelo inherente al alma de Jesús, se desarrolló el cuerpo en que nació Jesús el Cristo. No se trata de un mito. Gautama Buda (al igual que otros avatares) nació de la misma forma. Su madre vio que el Espíritu se introducía en su cuerpo. Así se halla relatado, con el estilo alegórico tradicional de la India, en el *Jataka* (antigua escritura budista):

«Y recostándose en el lecho real, se quedó dormida y soñó lo siguiente:

»Llegaron los cuatro ángeles guardianes, la alzaron junto con el lecho y la transportaron hasta el Himalaya. [...] Después de ataviarla con vestimentas divinas, la ungieron con perfumes y la engalanaron con flores divinas. No muy lejos del lugar se encontraba la Colina de Plata y, en ella, una mansión dorada. Allí prepararon un lecho divino cuya cabecera estaba orientada hacia el Este y la acostaron en él.

»El futuro Buda se había convertido en un magnífico elefante blanco[14] y se encontraba deambulando a corta distancia, en la Colina de Oro. Tras descender de ella, ascendió a la Colina de Plata y, acercándose desde el norte, arrancó con su plateada trompa un loto blanco y, barritando con fuerza, entró en la mansión dorada. Con el flanco derecho hacia el lado donde se hallaba el lecho de su madre, dio tres vueltas alrededor y, golpeándola en el lado derecho, pareció entrar en su seno. De ese modo, la concepción tuvo lugar durante el festival del solsticio de verano.

»Al día siguiente, la reina despertó y le contó su sueño al rey. Éste convocó a sesenta y cuatro eminentes brahmines, [...] les relató el sueño y les preguntó cuál podía ser su significado.

»Los brahmines le respondieron: "¡No estéis ansioso, gran rey! Un niño se ha implantado en el vientre de tu reina [...]. Tendrás un hijo. Si continúa llevando una vida de hogar, se convertirá en un

---

[14] Simboliza la pura sabiduría y realeza divinas. En el *Bhagavad Guita*, el Señor Krishna dice: «Has de saber que entre los corceles, Yo soy Uchchaihshravas, el que surgió del néctar; entre los elefantes, soy Airavata, el elefante blanco de Indra; y entre los hombres, soy el emperador» *(God Talks With Arjuna: The Bhagavad Gita* X:27. Véase *El Yoga del Bhagavad Guita).* El elefante es símbolo de la sabiduría. Es un dato significativo que se haga referencia a Airavata como el guardián o sostén «de la región oriental» (en el cuerpo del hombre, el «este» o centro de la sabiduría situado en la frente). La palabra *Indra* [«rey de los dioses»] denota a aquel que triunfa sobre los sentidos *(indriya).* La sabiduría es el vehículo del yogui que ha dominado sus sentidos. Dios ciertamente se manifiesta de manera destacada en la colosal sabiduría del conquistador de los sentidos.

Monarca Universal; en cambio, si abandona la vida familiar y se retira del mundo, se convertirá en un Buda y barrerá de este mundo las nubes del pecado y de la insensatez"»[15].

Existe un metafísico simbolismo cósmico en la maravillosa concepción y nacimiento de Jesús. La Conciencia Crística encarnada en él llegó de forma inmaculada a través de la Virgen María. De manera similar, la Inteligencia Crística universal nació o se reflejó en el cuerpo cósmico de la creación vibratoria pura (la «Virgen María» Cósmica) por intermediación de Dios Padre. La Vibración Cósmica del Espíritu Santo, el *Om,* Maha Prakriti, es análoga a la Virgen María Cósmica porque es, de ese modo, la madre de la inmanente Inteligencia Crística Universal (el Hijo de Dios) y de todos los objetos creados.

---

[15] *The Harvard Classics* [Los clásicos de Harvard], Volumen 45, Parte 3: *Buddhist Writings* [Escritos budistas], traducción de Henry Clarke Warren (Collier, Nueva York, 1909).

*S*e le cumplió a Isabel el tiempo de dar a luz y tuvo un hijo. Sus vecinos y parientes, al oír que el Señor le había mostrado tanta misericordia, se congratulaban con ella.

Al octavo día fueron a circuncidar al niño y querían ponerle el nombre de su padre, Zacarías; pero su madre intervino y dijo: «No; se ha de llamar Juan». La gente le decía: «No hay nadie en tu parentela que tenga ese nombre», y preguntaban por señas a su padre cómo quería que se le llamase. Él pidió una tablilla y escribió: «Se llama Juan»; y todos quedaron admirados. Al punto se abrió su boca y se desató su lengua, y hablaba alabando a Dios. El temor se apoderó de todos sus vecinos, y en toda la montaña de Judea se comentaba lo sucedido. Todos cuantos lo oían quedaban impresionados y se decían: «¿Qué será este niño?». Porque, en efecto, la mano del Señor estaba con él.

Zacarías, su padre, quedó lleno de Espíritu Santo y profetizó con estas palabras: «Bendito el Señor Dios de Israel, porque ha visitado y redimido a su pueblo [...]. Y tú, niño, serás llamado profeta del Altísimo, pues irás delante del Señor para preparar sus caminos y hacer que su pueblo conozca la salvación mediante el perdón de sus pecados, por las entrañas de misericordia de nuestro Dios, que harán que nos visite una Luz de lo alto, a fin de iluminar a los que habitan en tinieblas y sombras de muerte, y de guiar nuestros pasos por el camino de la paz».

El niño crecía y su espíritu se fortalecía, y vivió en lugares inhóspitos hasta el día de su manifestación a Israel.

Lucas 1:57-68, 76-80

El nacimiento de Jesús y la adoración de los tres sabios de Oriente

La celebración espiritual del nacimiento de Jesús: la comunión con el Cristo Infinito en la meditación

❖

La conexión de Jesús con la India a través de los «sabios de Oriente»

❖

El ojo espiritual: la verdadera «estrella de Oriente»

❖

El poder infinito manifestado en el niño Jesús

«No temáis, pues os anuncio una gran alegría, que lo será para todo el pueblo: os ha nacido hoy, en la ciudad de David, un salvador, que es el Cristo Señor».

*P*or aquel entonces se publicó un edicto de César Augusto, por el que se ordenaba que se empadronase todo el mundo. Este primer empadronamiento tuvo lugar siendo Cirino gobernador de Siria. Todos fueron a empadronarse, cada cual a su ciudad. También José subió desde Galilea, de la ciudad de Nazaret, a Judea, a la ciudad de David, llamada Belén, por ser él de la casa y familia de David, para empadronarse con María, su esposa, que estaba encinta. Mientras estaban allí, se le cumplieron los días del alumbramiento y dio a luz a su hijo primogénito. Lo envolvió en pañales y lo acostó en un pesebre, porque no tenían sitio en el albergue.

Había en la misma comarca unos pastores, que dormían al raso y vigilaban por turno durante la noche su rebaño. Se les presentó el ángel del Señor; la gloria del Señor los envolvió en su luz y se llenaron de temor. El ángel les dijo: «No temáis, pues os anuncio una gran alegría, que lo será para todo el pueblo: os ha nacido hoy, en la ciudad de David, un salvador, que es el Cristo Señor. Esto os servirá de señal: encontraréis un niño envuelto en pañales y acostado en un pesebre». De pronto se juntó con el ángel una multitud del ejército celestial que alababa a Dios diciendo:

«Gloria a Dios en las alturas y en la tierra paz a los hombres en quienes Él se complace».

Lucas 2:1-14

Jesús nació en Belén de Judea, en tiempo del rey Herodes[1]. Unos magos [sabios] que venían del Oriente se presentaron en Jerusalén, diciendo: «¿Dónde está el rey de los judíos que ha nacido? Es que vimos su estrella en el Oriente y hemos venido a adorarlo». El rey Herodes, al oírlo, se sobresaltó, y con él toda Jerusalén. Así que convocó a todos los sumos sacerdotes y escribas del pueblo, y les preguntó dónde

---

[1] De acuerdo con fuentes históricas no bíblicas, Herodes murió en el año 4 a. C. La mayoría de los estudiosos modernos acerca del tema piensan, por consiguiente, que el nacimiento de Jesús tuvo lugar en algún momento entre los años 7 y 4 a. C. *(Nota del editor).*

había de nacer el Cristo. Ellos le respondieron: «En Belén de Judea, porque así lo dejó escrito el profeta: 'Y tú, Belén, tierra de Judá, no eres, no, la menor entre los principales clanes de Judá; porque de ti saldrá un caudillo que apacentará a mi pueblo Israel'»[2].

Entonces Herodes llamó aparte a los magos [sabios] y, gracias a sus datos, pudo precisar el tiempo de la aparición de la estrella. Después los envió a Belén con este encargo: «Id e indagad cuidadosamente sobre ese niño; y cuando lo encontréis, comunicádmelo, para ir también yo a adorarlo». Ellos, después de oír al rey, se pusieron en camino. La estrella que habían visto en el Oriente iba delante de ellos, hasta que llegó y se detuvo encima del lugar donde estaba el niño. Al ver la estrella, se llenaron de inmensa alegría. Al entrar en la casa, vieron al niño con María, su madre. Entonces se postraron y lo adoraron; abrieron luego sus cofres y le ofrecieron dones de oro, incienso y mirra. Pero, avisados en sueños que no volvieran a Herodes, regresaron a su país por otro camino.

Mateo 2:1-12

---

[2] La profecía a que se hace referencia se encuentra en *Miqueas* 5:1.

El nacimiento de Jesús y la adoración de los tres sabios de Oriente

En ocasiones, a personas sencillas y puras de corazón, Dios les revela mensajes o hechos que son de importancia para las masas. Tales revelaciones han quedado confirmadas y bien documentadas; por ejemplo, las visiones de Santa Bernardita, las cuales dieron como resultado las milagrosas aguas curativas de Lourdes (que han beneficiado a muchas generaciones desde entonces), y las profecías de Fátima, que les fueron comunicadas a tres niños campesinos y quedaron ratificadas por un fenómeno presenciado por miles de personas, donde los cielos parecieron abrirse y el sol aparentó precipitarse sobre la tierra. Y un hecho de cuya autenticidad fui personalmente testigo es el caso de la santa campesina de Baviera, Teresa Neumann, que revive en visiones la vida de Cristo y manifiesta las marcas de la crucifixión en su propio cuerpo. Tal vez el Señor, sabiamente, juzga que las noticias asombrosas son mejor recibidas por el hombre común si quien se las transmite es uno (o varios) de los suyos. Los oradores con ambiciones mesiánicas y con tendencia a elogiarse a sí mismos resultarían muy poco fidedignos a la hora de transmitir mensajes. Hasta donde alcanza mi conocimiento, las palabras que Dios ha dirigido a los seres humanos jamás se las ha confiado a un egotista, aun cuando algunos afirmen lo contrario.

Según cuenta la Biblia, en la primera noche de «Navidad», unos

La visita de los tres sabios de Oriente

Unos magos [sabios] que venían del Oriente
se presentaron en Jerusalén, diciendo: «¿Dónde
está el rey de los judíos que ha nacido? Es que
vimos su estrella en el Oriente y hemos venido a
adorarlo». [...]
  Al entrar en la casa, vieron al niño con María, su madre. Entonces se postraron y lo adoraron; abrieron luego sus cofres y le ofrecieron dones de oro, incienso y mirra.

Mateo 2:1-2, 11

*Existe en la India un sólido legado tradicional, considerado fidedigno
por notables metafísicos y compuesto por conocidos relatos que figuran
en manuscritos antiguos, donde se narra que los magos de Oriente que
viajaron a Belén con el propósito de ver al niño Jesús eran, en realidad,
grandes sabios de la India. [...]*

*Pensamos que el niño Jesús era un bebé indefenso en su cuna, depen-
diente de la leche y los cuidados de su madre; pero dentro de esa forma
diminuta se hallaba presente el Cristo Infinito, la Luz del universo en la
que todos danzamos como las sombras de una película. Durante una de
nuestras meditaciones de Navidad de todo el día, cuando pedí en oración
ver al niño Jesús, [...] pude contemplar a Jesús como un pequeño bebé. Él
apareció ante mí colmado de la belleza y el poder de Dios. Todas las
fuerzas de la naturaleza se solazaban en ese rostro infantil. En la luz de
aquellos ojos vibraba el universo, a la espera de las órdenes de su mirada.
Tal era el bebé que contemplaron los sabios de Oriente [...].*

Paramahansa Yogananda

humildes pastores tuvieron la bendición de presenciar la proclamación del nacimiento de Jesús. Dios y su ejército celestial celebran las encarnaciones terrenales de los grandes maestros cuyas vidas, por mandato divino, tienen el propósito de influir en el destino del hombre. Lo que los pastores vieron fue el júbilo celestial ante la llegada del nacimiento de Jesús. La percepción de las dimensiones vibratorias más sutiles pasa desapercibida a los burdos instrumentos sensoriales del cuerpo; sin embargo, mediante el toque de la gracia de Dios, el velo de la materia se descorre y con la visión divina del ojo espiritual del alma —que percibe por medio de la intuición— se revelan ante la mirada vislumbres de las esferas y los seres celestiales.

La ceremonia de la venida de Jesús a la tierra no estuvo exenta de detalles cargados de significado simbólico. Al igual que los pastores que se hallaban en la ladera de la colina, los pastores de la fe, de la devoción y de la meditación del hombre serán bañados por la luz de la realización y guiarán a los devotos de espíritu humilde para que puedan contemplar, en el interior de su propio ser, la infinita presencia del Cristo recién nacido.

Celebrar la encarnación de los seres divinos por parte de Dios y de su jerarquía de ángeles no ocurre únicamente con ocasión de ese nacimiento, sino también durante las futuras conmemoraciones de los natalicios. Cada año, en la época de la Navidad, las vibraciones del amor y gozo de Cristo que emanan hacia la tierra desde los reinos celestiales son más intensas de lo habitual. El éter se inunda de la Luz Infinita que brilló sobre la tierra con motivo del nacimiento de Jesús. Aquellas personas que se encuentran en sintonía mediante la devoción y la profunda meditación sienten de un modo maravillosamente tangible las transformadoras vibraciones de la conciencia omnipresente que moraba en Cristo Jesús.

La celebración espiritual del nacimiento de Jesús: la comunión con el Cristo Infinito en la meditación

Celebrar el nacimiento de Jesús únicamente de manera materialista es una profanación del significado de su sagrada vida y del inmortal mensaje de amor divino y de unión con Dios que él predicó. Al ver el modo superficial, y a menudo irreverente, con que se conmemora en Occidente el aniversario del nacimiento de este gran avatar, inicié en *Self-Realization Fellowship* la tradición de celebrar la Navidad de forma espiritual —en una fecha anterior a las festividades del día de Navidad—, dedicando a Cristo un oficio de meditación de todo el día. El ideal es honrar en espíritu a Cristo, a través de la meditación, desde la mañana hasta la noche, absortos en percibir en nuestra propia conciencia al Cristo Infinito que nació en Jesús. Es una experiencia de profunda paz y gozo, que supera lo que cualquier corazón humano haya conocido jamás y que se expande hasta transformarse en una conciencia que todo lo abarca. En muchas ocasiones, durante esos oficios de meditación, la forma de Jesús se apareció ante mí —¡cuánto amor irradiaban sus ojos!—. Oro para que se establezca en todo el mundo (y tengo la convicción de que así será) la tradición de celebrar, con prácticas similares, el verdadero significado de la Navidad.

El mensaje del *«ejército celestial»* a los pastores de la campiña de Belén fue: *«en la tierra paz a los hombres en quienes Él se complace»*. La paz del mundo comienza con la paz del corazón de cada individuo. *«La paz de Dios, que sobrepasa todo entendimiento»* *[3] es la paz que Jesús vino a traer a los hombres; se trata del único basamento firme para alcanzar la concordia mundial. Es posible hallar esta paz durante la meditación, en el estado interior de comunión con Dios. Desde allí, como un embalse siempre colmado, la paz se derrama libremente sobre nuestra familia, nuestros amigos, nuestra comunidad, nuestra nación y el mundo entero. Si todas las personas vivieran según los ideales ejemplificados en la vida de Jesús e incorporasen dichas cualidades en su propio ser por medio de la meditación, llegaría a la tierra una era de paz y hermandad.

La persona que se encuentra imbuida de la paz de Dios no puede albergar otra cosa que buena voluntad hacia todos. El diminuto pesebre de la conciencia ordinaria es muy pequeño y está repleto de amor egoísta. La cuna de buena voluntad del amor crístico alberga la Conciencia Infinita, que incluye a todos los seres, naciones, razas y credos como a uno solo.

Son muchas las historias legendarias que circulan con respecto a la adoración del niño Jesús por parte de los «sabios de Oriente». Según uno de los relatos tradicionales, se trataba de magos (en hebreo, *chartumim;* en griego, *magoi*), una clase sacerdotal de místicos que existía entre los antiguos medos y persas, a los cuales se les atribuían poderes y conocimientos esotéricos con los que podían interpretar los significados ocultos de las escrituras, leer los secretos del pasado

---

[3] *Filipenses* 4:7.

y adivinar el futuro. La Iglesia Romana honró a estos sabios con el título de reyes, basándose en la referencia que se hace en *Salmos* 72:10 a la futura venida del Mesías: «*Los reyes de Tarsis y las islas traerán consigo tributo. Los reyes de Sabá y de Seba todos pagarán impuestos*». Estos reyes están santificados por la Iglesia y fueron identificados como Gaspar, Melchor y Baltasar; en un santuario de Colonia se conservan algunas reliquias de estos reyes. Se presume que los sabios eran tres, lo cual se corresponde con la narración del Nuevo Testamento en la que se mencionan tres ofrendas: oro, incienso y mirra.

La adoración de los sabios de Oriente tiene un grado de significación mucho mayor que el de constituir meramente otra escena de gran magnificencia en reconocimiento al sagrado nacimiento. Fue el sello distintivo que Dios colocó en la vida de Jesús y que en el futuro caracterizaría su misión y su mensaje —un recordatorio de que Jesús había nacido en Oriente, como un Cristo oriental, y que sus enseñanzas llevaban la influencia de la cultura y de las costumbres orientales—.

La conexión de Jesús con la India a través de los «sabios de Oriente»

Existe en la India un sólido legado tradicional, considerado fidedigno por notables metafísicos y compuesto por conocidos relatos que figuran en manuscritos antiguos, donde se narra que los magos de Oriente que viajaron a Belén con el propósito de ver al niño Jesús eran, en realidad, grandes sabios de la India. Y no sólo los maestros de la India visitaron a Jesús, sino que él, a su vez, les devolvió la visita. Durante los años de la vida de Jesús sobre los cuales no se tiene ninguna información (las escrituras guardan silencio en lo que respecta al período comprendido aproximadamente entre los catorce y los treinta años de edad), él viajó a la India recorriendo, probablemente, la transitada ruta comercial que unía el Mediterráneo con China y la India[4].

---

[4] Véase también el discurso 5.

«La tradición describe el mundo de Jesús como un lugar pacífico y pastoril, gobernado por los antiguos ritmos del campo y de la granja. Pero las evidencias arqueológicas recientemente descubiertas han revelado que el entorno era diferente», informa el documento televisivo *From Jesus to Christ* [De Jesús a Cristo] (Frontline, 1998) del canal estadounidense PBS. A principios de la década de 1970, los arqueólogos comenzaron a excavar las ruinas de la antigua ciudad de Séforis, capital de Galilea, ubicada a menos de seis kilómetros de Nazaret, el pueblo donde Jesús pasó su infancia (distancia que, a pie, se cubre en una hora). Dice el profesor Holland L. Hendrix, presidente del Union Theological Seminary: «Lo que sugiere la excavación realizada en Séforis es que Jesús se encontraba muy próximo a un floreciente y complejo entorno urbano que habría traído consigo toda la diversidad del Imperio Romano».

La realización divina con que ya contaba Jesús, nuevamente despierta y fortalecida por la compañía de los maestros de la India y el entorno espiritual allí imperante, brindó el cimiento de universalidad de la verdad en el que Jesús se basó para predicar un mensaje sencillo y asequible que las masas de su país natal podrían comprender, pero que, al mismo tiempo, se hallaba colmado de significados subyacentes que serían apreciados por las generaciones futuras, a medida que la mente humana progresara desde su etapa infantil hasta alcanzar la madurez del entendimiento.

Conforme la civilización da pasos agigantados hacia la proliferación de conocimientos materiales, el hombre verá resquebrajarse y hacerse pedazos el andamiaje que sostiene muchos de los viejos dogmas religiosos que le son familiares. Es preciso reunificar la ciencia de la religión con lo que constituye su espíritu o inspiración: lo esotérico con lo exotérico. La ciencia del yoga expuesta por el Señor Krishna —la cual proporciona métodos prácticos para experimentar verdaderamente a Dios en nuestro interior y reemplazar así la corta expectativa de vida de las creencias— y el espíritu de hermandad y amor crístico predicado por Jesús (la única panacea segura para evitar que el mundo quede destrozado a causa de diferencias irreconciliables) son, en conjunto, una sola verdad universal que enseñaron dos Cristos, uno de Oriente y otro de Occidente; la discrepancia radica

---

El profesor D. P. Singhal escribe en su obra *India and World Civilization* [La India y la civilización mundial] (Michigan State University Press, 1969, Vol. I): «El relato tradicional de los orígenes del cristianismo se concentra casi con exclusividad en los incidentes relacionados con el surgimiento de esta religión, y se da así la impresión de que, en aquel momento, no sucedía nada más en aquella zona. En realidad, la situación era muy diferente. Se trataba de un período de intensa actividad política, en la cual convivían diversas prácticas religiosas; no sería exagerado sugerir que en cada ciudad y aldea del Imperio Romano existían actividades, costumbres y rituales que terminaron por desempeñar un papel en la conformación del cristianismo. [...]

»Si bien el hinduismo no era una religión proselitista, también había llegado a la zona occidental de Asia. En el Cantón de Taron (Armenia) se estableció un asentamiento hindú en el siglo II a. C. bajo la protección del rey Valarsaces, de la dinastía Arsácida. Estos hindúes construyeron bellas ciudades y templos, pero estos edificios fueron destruidos a principios del siglo IV por San Gregorio el Iluminador». El Dr. Singhal cita al escritor sirio Zenob, quien dijo: «A principios del siglo IV a. C. había unos cinco mil seguidores de Krishna en Armenia».

El Dr. Singhal afirma, además: «Sin duda, lo que hizo Jesús fue, sobre todo, ampliar y transformar las concepciones judías, pero lo hizo a la luz de experiencias personales y en una zona cosmopolita donde se habían mezclado diversas culturas, incluida la de la India, y esa mezcla había dado como resultado un entorno religioso singular». *(Nota del editor).*

únicamente en el énfasis externo de su expresión, acorde con la época y las condiciones de sus respectivas encarnaciones.

Desde las páginas de este libro, invito al lector a remontarse, con las enseñanzas de Jesús, a la cuna de la religión, mecida por la Madre India a lo largo de incontables eras, y arribar, desde allí, a la universalidad de la religión implícita en la realización de Dios. En palabras de Jesús: «*No penséis que he venido a abolir la Ley y los Profetas. No he venido a abolirlos, sino a darles cumplimiento*»[5]. Los grandes maestros vienen con el propósito de preservar y restablecer no el dogma y las costumbres de conveniencia de la religión, sino los principios eternos de la verdad enunciados, de tiempo en tiempo, por los profetas conocedores de Dios. Así, la continuidad de la palabra de Dios a través de sus avatares quedó bellamente simbolizada por el intercambio espiritual que se produjo entre Jesús y los magos [sabios] de Oriente, procedentes de la India, que acudieron a honrarle con ocasión de su nacimiento[6].

---

[5] *Mateo* 5:17. (Véase el discurso 17).

[6] Las palabras del Evangelio no dan información específica acerca del origen de los magos (ni siquiera indican cuántos eran); las opiniones sobre cuál podría ser su tierra natal varían entre Babilonia, Arabia, Caldea o Persia —esta última posibilidad surge del hecho de que los sacerdotes zoroastristas de la religión persa eran conocidos como «magos»—. Sin embargo, en *The Story of the Magi* [La historia de los magos de Oriente] (Society of Saint Paul, Bombay, 1954), el sacerdote jesuita Henry Heras, director del Indian Historical Research Institute del Saint Xavier's College (Bombay), presenta una extensa colección de datos históricos que sustentan la teoría de que los magos eran, en realidad, *rishis* hindúes de la India. (La obra del padre Heras goza de gran reputación; en 1981 fue honrado por el gobierno de la India con una estampilla postal conmemorativa por su sobresaliente contribución a la arqueología y la investigación histórica).

Según el padre Heras, en el Evangelio no se utiliza la palabra *magoi* para identificar a los sabios de Oriente como sacerdotes zoroastristas, «pues si fuese así, toda la tradición patrística habría reconocido a Persia como el país de los magos de Oriente, y no sucedió de ese modo. [...] San Mateo emplea este nombre con referencia al don de la sabiduría en general, es decir, al hecho de poseer el don de la sabiduría —ser un sabio—. La traducción de este pasaje al inglés como "sabios" parece ofrecer, precisamente, el significado propuesto por el autor. Pero ¿de qué país eran oriundos los sabios? [...] Todo parece indicar que provenían de la India, que se trataba de *rishis;* aquellos que, desde tiempos inmemoriales, emprendieron la búsqueda de la Verdad, aliento eterno de esta antiquísima nación».

Mucho antes de la época de Cristo, la India había tenido relaciones comerciales con Palestina; la mayor parte del comercio producido entre Oriente y las civilizaciones del Mediterráneo (incluidas Egipto, Grecia y Roma) pasaba a través de Jerusalén, que era el extremo occidental de la antigua Ruta de la Seda y de otras importantes rutas de caravanas que se dirigían hacia China y la India. El comercio que tenía lugar entre

Así como los profetas del Antiguo Testamento predijeron la venida de un Cristo que nacería en Belén, los sabios con los cuales la vida y la misión de Cristo iban a estar relacionados conocieron con antelación este importante acontecimiento en el que Dios extendió su mano para auxiliar a los hombres. A menudo, los avatares eligen que su nacimiento se produzca cuando son auspiciosas las configuraciones astronómicas y astrológicas de los cuerpos celestes —todos los cuales emiten sus propias vibraciones características que interactúan entre sí para producir efectos beneficiosos o perjudiciales—. Estos signos de los astros pueden ser leídos por los hombres de Dios mediante la visión

---

Oriente y Occidente también se menciona en la Biblia (*II Crónicas 9:21, 10*), donde se registra que la «*flota de Tarsis*» llevaba al rey Salomón «*oro y plata, marfil, monos y pavos reales*» y «*madera de algummim [sándalo] y piedras preciosas*» desde Ofir (Sopara, en la costa de Bombay). Además, los eruditos y la tradición cristiana concuerdan en que el cristianismo llegó a la costa occidental de la India poco tiempo después de la época de Jesús, según se cree, llevado en persona por medio de uno de los doce apóstoles de Cristo, Tomás, que pasó los últimos años de su vida en la India. El padre Heras cita un antiguo texto llamado el *Opus Imperfectum in Mattheum*, que «ubica la prédica del apóstol Santo Tomás en la tierra de los magos de Oriente. Los antiguos escritores orientales sabían muy bien que la India era el territorio donde este apóstol desarrolló su ministerio. Según escritos de San Jerónimo, Santo Tomás predicó el evangelio a los magos de Oriente y finalmente se durmió —es decir, murió— en la India».

El padre Heras señala: «Si, efectivamente, los magos eran *rishis* de la India, la tierra tradicional de la sabiduría, no debe sorprender que hubieran ofrendado oro, incienso y mirra al niño y a su madre, dado que éstos eran, precisamente, los presentes que desde los tiempos más remotos se ofrecían en la India a los padres de los recién nacidos. [...] La costumbre de ofrecer estos tres regalos a los padres de un recién nacido no existe actualmente en Persia; los eruditos tampoco reconocen que esa costumbre haya existido alguna vez en dicho país».

Tradiciones centenarias de la propia India hacen referencia a que los sabios provenían de esa tierra. Fernao do Queyroz, sacerdote jesuita portugués del siglo XVII que vivió en Goa (colonia portuguesa situada en la costa oeste de la India), citó la obra de historiadores anteriores (Manuel dos Anjos y Jerónimo Osorio, ambos del siglo XVI), quienes escribieron que cuando el famoso explorador portugués Vasco da Gama llegó a la India en mayo de 1498, encontró en Calicut, en la costa occidental, un templo hindú dedicado a la Virgen María. De acuerdo con estos historiadores portugueses, da Gama tuvo conocimiento de que las crónicas del Reino de Malabar relataban que el templo había sido fundado por Chery Perimale («Chera Perumal»), un antiguo emperador de Malabar que también fundó la ciudad de Calicut. Se le informó a da Gama de que Perimale «era un *brahmin*, de los más sabios de la India, y uno de los tres magos de Oriente que habían ido a Belén» a adorar al niño Jesús; cuando regresó a Calicut, hizo erigir el templo.

Otro relato se encuentra en los escritos de Joao De Barros, historiador portugués del siglo XVI, que hace mención a la tradición malabar acerca de que un rey procedente del sur de la India, llamado «Pirimal», había ido a Mascate y desde allí, junto con otros, a Belén para adorar al niño Jesús. *(Nota del editor).*

espiritual, aunque a ese grado de percepción no pueden aproximarse, ni remotamente, las intrincadas cartas que procuran elaborar los modernos hacedores de horóscopos. Cualquiera que fuese la estrella del cielo que pudiera haberles indicado a los sabios de Oriente el nacimiento de Jesús, ellos supieron acerca de la venida de Cristo Jesús a la tierra por medio de una «estrella de Oriente»

El ojo espiritual: la verdadera «estrella de Oriente»

más poderosa: la omnisciente luz del ojo espiritual, que manifiesta la divina percepción intuitiva del alma y se encuentra al «Este» del cuerpo —en un sutil centro espiritual de Conciencia Crística situado en la frente, entre ambos ojos físicos[7].

El hombre es, en verdad, una expresión microcósmica del universo macrocósmico. Su conciencia finita es potencialmente infinita. Aun cuando sus órganos sensoriales físicos le confinen al mundo de la materia, su alma se halla dotada de instrumentos omnipotentes de percepción, mediante los cuales Dios mismo puede ser conocido. Jesús dijo: *«Mirad, el Reino de Dios está dentro de vosotros»*[*8]. Todas las manifestaciones provienen de la Vibración del Espíritu Santo, imbuida de la Inteligencia y del Poder de la trascendente Conciencia Cósmica de Dios Padre (que se refleja dentro de la creación vibratoria como

---

[7] En las escrituras de la India, a la frente del hombre se le llama la parte «oriental» de su cuerpo. Del mismo modo que la dirección de las agujas de la brújula terrestre está dada por los polos magnéticos Norte y Sur, y la rotación de la Tierra sobre su eje hace parecer que el sol sale por el Este y se pone por el Oeste, así también la fisiología del yoga habla simbólicamente del Norte, Sur, Este y Oeste en relación con el microcosmos del cuerpo humano. «Norte» y «Sur» son los polos positivo y negativo del eje cerebroespinal. La energía vital y la conciencia son atraídas magnéticamente ya sea hacia arriba, hacia los centros espirituales más elevados situados en el cerebro («Norte»), o hacia abajo, hacia los centros espinales inferiores, asociados con la conciencia material («Sur»). «Este» y «Oeste» se refieren a la orientación de la vida y conciencia del hombre, ya sea hacia el interior («Este»), por medio del ojo espiritual intuitivo, hacia la percepción de los sutiles reinos divinos, o hacia el exterior («Oeste»), por medio de los sentidos, hacia la interacción con la densa creación material. La «estrella de Oriente» simboliza, de este modo, el ojo espiritual situado en la frente —el sol de la vida en el cuerpo humano y el portal hacia el reino interior de Dios.

Ezequiel dijo: *«Me condujo luego hacia el pórtico que miraba a oriente. En aquel momento la gloria del Dios de Israel llegaba por la parte de oriente; emitía un ruido como de aguas caudalosas, y la tierra resplandecía de su gloria»* (Ezequiel 43:1-2). A través del ojo divino ubicado en la frente («el oriente»), el yogui remonta su conciencia hasta la omnipresencia, escuchando la Palabra u *Om*, el divino sonido de «aguas caudalosas»: las vibraciones de luz que constituyen la única realidad de la creación.

[8] *Lucas* 17:21. (Véase el discurso 61, en el volumen III).

la Conciencia Crística). Esta trinidad de Dios se manifiesta en el ser humano, en forma microcósmica, como el ojo espiritual. Al igual que el universo es una creación del Poder e Inteligencia de la Trinidad, el hombre se halla sustentado por el microcósmico y trino poder y conciencia del ojo espiritual.

Cuando uno se concentra, durante la meditación, en el punto medio del entrecejo, puede contemplar el ojo espiritual: en el centro, una brillante estrella blanca, dentro de una esfera de luz de color azul zafiro, rodeada por un aura resplandeciente de luz dorada. La luz dorada es la expresión de la esfera vibratoria del Espíritu Santo; la luz azul es la Inteligencia omnipresente de la Conciencia Crística; y la estrella es la puerta mística que conduce a la Conciencia Cósmica de Dios Padre.

Dijo Jesús: «*Si tu ojo es único, todo tu cuerpo estará iluminado*»*[9]. Todo devoto que, mediante la práctica de la meditación yóguica, aprenda a concentrar la mirada interior en el entrecejo comprobará que la luz que viaja por los nervios ópticos hasta los ojos físicos, en vez de centrarse en ellos, se enfoca en el único y visible ojo espiritual. Los ojos físicos perciben sólo porciones limitadas del mundo de la relatividad; la visión del ojo espiritual es esférica y permite contemplar la omnipresencia.

Por medio de la meditación profunda, el devoto hace que su conciencia y su fuerza vital penetren a través de la luz tricolor del ojo espiritual hasta alcanzar la manifestación macrocósmica de la Trinidad.

Cuando los sabios de Oriente vieron la estrella que les indicaba el nacimiento de Cristo, estaban contemplando, a través de la estrella de la sabiduría de su ojo espiritual, que les brindaba percepción infinita, el lugar donde recientemente la Conciencia Crística se había manifestado en el cuerpo del niño Jesús[10].

---

[9] *Mateo* 6:22. (Véase el discurso 28). El término «único» *(single)* en este versículo de la Biblia, y también en *Lucas* 11:34, ha sido traducido como «sano» o «bueno» en diversas versiones españolas de la misma. Sin embargo, ciñéndonos a la versión inglesa de la Biblia preferida por Paramahansa Yogananda —*King James Bible*—, hemos traducido el término como «único», pues éste refleja más fielmente su significado en el contexto de las enseñanzas de Paramahansa Yogananda. *(Nota del editor)*.

[10] San Juan Crisóstomo (c. 347-407, obispo de Constantinopla, Doctor de la Iglesia, el más grande de los Padres de la Iglesia Griega) escribió en su «Sexta Homilía sobre el Evangelio de San Mateo»: «Me parece no sólo que no era una estrella más, sino que no se trataba de una estrella en absoluto; más bien era, según creo, cierto poder invisible que parecía una estrella. [...] Esta estrella no sólo aparecía de noche, sino

Pensamos que el niño Jesús era un bebé indefenso en su cuna, dependiente de la leche y los cuidados de su madre; pero dentro de esa forma diminuta se hallaba presente el Cristo Infi-

nito, la Luz del universo en la que todos danzamos como las sombras de una película. Durante una de nuestras meditaciones de Navidad de todo el día, cuando pedí en oración ver al niño Jesús, la luz del

El poder infinito manifestado en el niño Jesús

ojo espiritual situado en mi frente desplegó sus rayos y pude contemplar a Jesús como un pequeño bebé. Él apareció ante mí colmado de la belleza y el poder de Dios. Todas las fuerzas de la naturaleza se solazaban en ese rostro infantil. En la luz de aquellos ojos vibraba el universo, a la espera de las órdenes de su mirada. Tal era el bebé que contemplaron los sabios de Oriente: un pequeño niño junto al cual velaban los ángeles y en el que se hallaba plenamente manifestada la conciencia universal.

En el cuerpo y el rostro de las almas que han alcanzado la realización divina, aparecen señales espirituales; tales señales permanecen ocultas y sólo unos pocos pueden leerlas. Gracias a estas señales, a los sabios de Oriente les fue posible saber, mediante su visión divina, que habían hallado al Cristo que estaban buscando, al bebé que era uno con el Señor del Universo. Se arrodillaron ante él y le ofrendaron sus simbólicos presentes. Estos presentes eran las ofrendas tradicionales que se dan en la India a los recién nacidos; sin embargo, poseían un significado adicional por el hecho de que los sabios de Oriente se los brindaban a Jesús: el oro (un tesoro material) le es ofrendado a quien es dador de sabiduría, como símbolo de aprecio por el inmenso valor de la verdad liberadora otorgada por el maestro espiritual; el incienso simboliza la devoción, la fragancia del amor del corazón que se le ofrenda al maestro, el canal por el que fluyen la guía y las bendiciones de Dios; y la mirra le fue ofrecida a Jesús en reconocimiento por las amargas pruebas y el sacrificio que le serían requeridos en el cumplimiento de su misión divina.

En un nivel trascendente de conciencia propio de la comunión de las almas, del cual los demás no podían ser partícipes ni testigos, se produjo un intercambio espiritual relacionado con el destino de

---

también durante el día, cuando el sol brillaba en los cielos. [...] Si hubiese estado en lo alto de los cielos, difícilmente habría guiado a los viajeros [...] dado que es imposible que una estrella pueda mostrar el sitio donde se halla una cabaña y mucho menos el lugar donde se encontraba el Niño».

Jesús, un destino que significaría un beneficio universal para los seres humanos —porque Jesús estaba destinado a ser uno de los supremos mensajeros de la Verdad enviados por Dios a la tierra[11].

---

[11] Entre los occidentales que coinciden con la teoría de que los sabios de Oriente provenían de la India se encuentra Teresa Neumann, de Konnersreuth (Alemania), la gran mística estigmatizada del siglo XX que cada semana experimentaba la pasión y crucifixión de Jesús, las «estaciones de la cruz». (Véase *Autobiografía de un yogui*, capítulo 39). En *Therese of Konnersreuth: A New Chronicle* [Teresa de Konnersreuth: Una nueva crónica], de Friedrich Ritter von Lama (Bruce Publishing Company, Milwaukee, 1935), se relata el siguiente episodio:

«La visita que realizaron Su Excelencia el obispo Alexander Chulaparambil de Kottayam (India) y el reverendo padre Theccanat, rector del seminario del obispado, a Konnersreuth en septiembre de 1932 proporcionó interesantes evidencias de la capacidad de Teresa, en el estado de éxtasis y de ceguera corporal, para reconocer lo que le era desconocido en el estado normal. El acompañante de Su Excelencia me escribió lo siguiente: "Ni Teresa ni el pastor sabían de nuestra llegada. [...] Teresa había acabado de presenciar la estación en la que aparece Simón de Cirene y, en un período de descanso, habló de lo que había visto y oído; [...] y repetía en lengua siríaca (es decir, en arameo) las palabras: '*¡Slanlak Malka de Judae!*' ('¡Salve, Rey de los judíos!'). Por supuesto, quedamos asombrados al escuchar estas palabras. El obispo, perteneciente al rito siro-malabar, las repitió, pero Teresa corrigió su pronunciación, diciéndole: 'Tal vez usted pronuncia las palabras como están escritas, pero yo las oigo de esta forma', y volvió a decirlas. Enseguida reconocimos el error que habíamos cometido. Habíamos usado una *a* breve en la última sílaba de la primera palabra, en lugar de una *a* prolongada, como la había utilizado Teresa. [...] Después de unos minutos, el padre Naber le indicó a Su Excelencia que se aproximara a la cama. Cuando el obispo tocó la mano izquierda de Teresa, ella tomó con firmeza la de él [y dijo:] 'Éste es un pastor de elevado rango que proviene de la tierra de donde vinieron los Reyes a adorar al Niño Cristo'"». *(Nota del editor).*

La infancia y juventud de Jesús

Voces alternativas de la antigüedad:
¿hechos bíblicos o ficción herética?

❖

La influencia de una era de oscuridad
sobre el canon oficial de las Escrituras

❖

Las cualidades tanto humanas como divinas
evidenciadas en las vidas de los avatares

❖

Los milagros atribuidos al niño Jesús

❖

Los genios espirituales se valen
de la omnisciente facultad intuitiva del alma

❖

«Yo debía estar en la casa de mi Padre»:
el ideal de renunciación de Jesús

❖

Los deberes espirituales y los materiales deberían complementarse mutuamente

---

«Al tomar en consideración el ámbito más extenso de las narraciones sobre la vida de Jesús que están disponibles en los antiguos registros, mi propósito no es pronunciarme sobre su autenticidad ni opinar acerca de su veracidad, sino sugerir su posible verosimilitud a la luz de la vasta tradición espiritual de los santos, rishis y avatares de la India».

uando ellos [los sabios de Oriente] se fueron, el ángel del Señor se apareció en sueños a José y le dijo: «Prepárate, toma contigo al niño y a su madre y huye a Egipto; y estate allí hasta que yo te diga. Porque Herodes va a buscar al niño para matarlo». Él se preparó, tomó de noche al niño y a su madre, y se retiró a Egipto. Y estuvo allí hasta la muerte de Herodes, para que se cumpliera lo dicho por el Señor por medio del profeta: 'De Egipto llamé a mi hijo'.

Entonces Herodes, al ver que había sido burlado por los magos [sabios], se enfureció terriblemente y mandó matar todos los niños de Belén y de toda su comarca, menores de dos años, según el tiempo que había precisado por los magos. Entonces se cumplió lo dicho por el profeta Jeremías: 'Un clamor se ha oído en Ramá, mucho llanto y lamento: es Raquel que llora a sus hijos, y no quiere consolarse, porque ya no existen'.

Muerto Herodes, el ángel del Señor se apareció en sueños a José en Egipto y le dijo: «Prepárate, toma contigo al niño y a su madre, y vete a la tierra de Israel, pues ya han muerto los que querían atentar contra la vida del niño». Él se preparó, tomó consigo al niño y a su madre, y entró en tierra de Israel. Pero, al enterarse de que Arquelao reinaba en Judea en lugar de su padre Herodes, tuvo miedo de ir allí. Así que, avisado en sueños, se retiró a la región de Galilea, y fue a residir en una ciudad llamada Nazaret, para que se cumpliese lo dicho por los profetas: 'Será llamado Nazoreo [Nazareno]'.

Mateo 2:13-23

El niño crecía, se fortalecía y se iba llenando de sabiduría; y la gracia de Dios estaba sobre él.

Sus padres iban todos los años a Jerusalén a la fiesta de la Pascua. Cuando cumplió los doce años, subieron como de costumbre a la fiesta. Pasados aquellos días, ellos regresaron, pero el niño Jesús se quedó en Jerusalén, sin que sus padres lo advirtieran. Creyendo que estaría en la caravana, y tras hacer un día de camino, lo buscaron entre los parientes y conocidos. Pero, al no encontrarlo, se volvieron a Jerusalén en su busca.

Al cabo de tres días, lo encontraron en el Templo sentado en medio de los maestros, escuchándoles y haciéndoles preguntas. Todos cuantos le oían estaban estupefactos, por su inteligencia y sus respuestas. Cuando lo vieron, quedaron sorprendidos; su madre le dijo: «Hijo, ¿por qué nos has hecho esto? Tu padre y yo te hemos andado buscando, llenos de angustia». Él les dijo: «Y ¿por qué me buscabais? ¿No sabíais que yo debía estar en la casa [ocuparme de los asuntos] de mi Padre?». Pero ellos no comprendieron la respuesta que les dio.

Jesús volvió con ellos a Nazaret y vivió sujeto a ellos. Su madre conservaba cuidadosamente todas las cosas en su corazón.

Lucas 2:40-51

DISCURSO 4

La infancia y juventud de Jesús

*«El niño crecía, se fortalecía y se iba llenando de sabiduría;
y la gracia de Dios estaba sobre él» (Lucas 2:40).*

Los Evangelios del Nuevo Testamento muestran una inusitada pobreza de información en lo que respecta a los primeros años de la vida de Jesús. Los versículos guardan silencio sobre el período completo de la infancia de Jesús en Egipto y de su juventud en Israel, con excepción del relato de Lucas acerca del niño de doce años que debatió sabiamente con los eruditos en el templo de Jerusalén. La mayor parte de la feligresía cristiana desconoce o repudia los antiguos manuscritos que supuestamente relatan anécdotas sobre el niño Jesús. Con el sencillo título de «Los evangelios de la infancia de Jesús» (uno de los cuales se atribuye a Tomás, discípulo de Jesús), estos manuscritos fueron de uso común y considerados sagrados por algunos grupos cristianos (entre ellos, los gnósticos) ya en el siglo II, así como también por otras sectas de épocas posteriores[1].

---

[1] Los textos a los que se refiere Paramahansaji eran parte de *The Apocryphal New Testament* [El Nuevo Testamento apócrifo], editado y comentado por William Hone (cuarta edición, publicada en Londres en 1821). En la portada del libro se aclara que contiene «todos los evangelios, epístolas y otros fragmentos existentes en la actualidad, atribuidos en los cuatro primeros siglos a Jesucristo, sus apóstoles y los compañeros de éstos, y que los compiladores no incluyeron en el Nuevo Testamento».

En el volumen de Hone se incluyen dos «evangelios de la infancia». El primero, llamado actualmente *Evangelio árabe de la infancia*, fue traducido al inglés en 1697

76

El tiempo actúa sobre la mente de los hombres, especialmente en
la de aquellos que están más alejados del momento en que ocurrieron los hechos, haciéndoles realzar o desvirtuar el
carácter de los personajes notables y los aconteci-   *Voces alternativas*
mientos asociados a sus vidas. Si estos hechos y per-   *de la antigüedad:*
sonajes tienen importancia en el sentido religioso,   *¿hechos bíblicos o*
la transformación de estos hechos en leyendas pa-   *ficción herética?*
rece acelerarse aún más. Sin embargo, es innegable
que la fascinación y el misterio que encierra el extraer las hebras de
la verdad de la urdimbre de los relatos legendarios proporcionan una
particular inspiración y un respeto reverencial de los que carecen los
hechos prosaicos de la vida. La India comprendía muy bien esta circunstancia y, por ello, protegió sus riquezas espirituales más sagradas
y a los divinos proveedores de dichos tesoros mediante la simbología
y una profusa mitología plena de significado que han salvaguardado
las leyes y los códigos de las escrituras a lo largo de generaciones de
dominación e influencia extranjeras. Tal vez no debamos acallar por
completo las voces que nos llegan desde las épocas antiguas ni descar-
tarlas irreflexivamente antes de someterlas a la debida consideración.
Por el contrario, merecen que las examinemos de manera cuidadosa,
empleando el discernimiento. Tanto la tergiversación inocente como la
falsedad totalmente deliberada resultan inevitables cuando se somete
la verdad a las interpretaciones de sucesivas generaciones o, incluso,
de diferentes individuos de una misma generación, cada uno de los

---

por Henry Sike, profesor de Lenguas Orientales en la Universidad de Cambridge, a
partir de un manuscrito árabe que, según piensan en la actualidad los especialistas,
provenía de una versión anterior en lengua siríaca (un dialecto del arameo). Algunas
de las narraciones que allí aparecen se encuentran también en el Corán.

El segundo evangelio de la infancia incluido en el libro de Hone es un breve fragmento del *Evangelio de la infancia según Tomás*. Con posterioridad se descubrió un
manuscrito de este evangelio que es más completo que el reproducido por Hone y que
puede conseguirse fácilmente en obras de especialistas posteriores; en realidad, ahora
se cree que la mayor parte del material de que consta el *Evangelio árabe de la infancia*
proviene del *Evangelio de la infancia según Tomás*, anterior al evangelio árabe. Los
orígenes sumamente tempranos del material del texto de Tomás han sido confirmados
debido a la referencia que se hace a ellos en escritos de Ireneo, uno de los Padres de la
Iglesia, en el año 185 d. C.

Es interesante destacar que Hone menciona el hecho de que en 1599 se descubrió
que el *Evangelio árabe de la infancia* era utilizado por una congregación de cristianos
nestorianos que vivía en las montañas de Malabar, en la costa de la India. Tradicionalmente, esta zona está asociada con la labor misionera del apóstol Tomás. (Véase la
nota al pie de la página 68). *(Nota del editor)*.

cuales considera oportuno hacer que «se entienda claramente» de acuerdo con lo que mejor se ajusta a ese momento o a algún propósito particular.

La intención de los primeros Padres de la Iglesia fue, sin duda, separar los hechos de la ficción con el objeto de preservar la integridad de la Iglesia y de la doctrina cristiana. Los veintisiete libros del Nuevo Testamento que hoy constituyen el relato bíblico de la vida y las enseñanzas de Jesús fueron escogidos —por la Iglesia de los primeros siglos— de un conjunto de textos mucho mayor[2]. Se reunieron concilios de supuestos eruditos con el fin de debatir la doctrina sagrada y diferenciarla de la herejía. Entre quienes presentaban las propuestas, aquellos que eran juzgados como herejes podían ser condenados a la hoguera junto con sus escritos. Cabe preguntarse cuán sincera podía ser la opinión de un miembro de estos concilios, teniendo en cuenta que no sólo su reputación sino su vida misma dependían del beneplácito de la jerarquía política y religiosa.

William Hone, en *The Apocryphal New Testament,* cita una anécdota legendaria —ante la cual uno no puede menos que asombrarse— sobre lo sucedido en el Concilio de Nicea, convocado por el emperador Constantino en el año 325 d. C., en el que, según se relata, unos trescientos obispos, habiendo «colocado promiscuamente bajo la mesa del altar de una iglesia todos los libros que se habían sometido a la consideración del Concilio para decidir acerca de ellos, rogaron al Señor que hiciera que los escritos inspirados se elevasen hasta quedar sobre la mesa, en tanto que aquellos que fueran espurios

---

[2] *«Hay además otras muchas cosas que hizo Jesús. Si se pusieran por escrito una por una, pienso que ni todo el mundo bastaría para contener los libros que se escribieran»* (*Juan* 21:25).

Andrew Bernhard, autor de *Jesus of Nazareth in Early Christian Gospels* [Jesús de Nazaret en los primeros evangelios cristianos], escribe: «Comentarios tales como la conclusión del Evangelio de Juan (21:25) dejan claro que los primeros cristianos tenían un amplio repertorio de narraciones acerca de Jesús. Sin duda, hablaban con frecuencia del maestro recientemente desaparecido y compartían entre ellos, y con los que quisieran escuchar, los recuerdos que de él tenían. Cuando fue evidente que el recuerdo de Jesús no podría ser preservado para siempre mediante la tradición oral, que dependía de testigos de primera mano, algunos de sus seguidores decidieron escribir para la posteridad lo que creían acerca de él. De acuerdo con el Evangelio de Lucas (1:1-4), "muchos" escritores de la antigüedad procuraron "narrar ordenadamente" las actividades de Jesús. Aun cuando muchos de estos relatos finalmente no formaron parte de los Evangelios del Nuevo Testamento, se encuentran identificados y descritos en las obras de numerosos autores cristianos primitivos, como Orígenes (*Homilía sobre Lucas* 1:1)». (*Nota del editor).*

permanecieran debajo, y eso fue lo que sucedió». En cuanto a los obispos reunidos en este Concilio, el comentarista Hone señala: «Según las declaraciones del emperador Constantino, lo aprobado por estos obispos no podía ser otra cosa que la resolución de Dios mismo, dado que el Espíritu Santo que residía en tales grandes y nobles almas había desplegado ante ellos la voluntad divina. Sin embargo, Sabino, obispo de Heraclea, afirmó que "a excepción del propio Constantino y de Eusebio Pánfilo, se trataba de un grupo de criaturas simples e iletradas que nada comprendían"». Es difícil no sentir, como mínimo, un cierto atisbo de hermanamiento mental con el comentarista John Jortin (1698-1770, arcediano de Londres) que, según nos dice Hone, al analizar la competencia de estos concilios generales, concluyó con ironía: «El Concilio celebrado en Jerusalén por los Apóstoles [*Hechos* 1] fue el primero y el último del que puede afirmarse sin duda que fue presidido por el Espíritu Santo»[3].

Bien puede adjudicársele a la influencia de la era de oscuridad en la que Jesús se encarnó —y que continuó a lo largo de varios siglos— el haber proporcionado un desconcertante marco de ignorancia y superstición que llevó a los Padres de la Iglesia a excluir determinados textos del canon oficial de las escrituras. No resulta en absoluto sorprendente que, al intentar definir y preservar el recuerdo y el mensaje de Jesús, los creyentes solieran pecar por exceso y autenticasen únicamente aquellas doctrinas y textos que mejor defendieran la nueva fe contra fuerzas antagónicas o debilitantes y que asegurasen el poder de los miembros de la jerarquía eclesiástica como los supremos guardianes de la fe. Sobre todo, el concepto doctrinario que se tenía acerca de cuáles debían ser la naturaleza y los actos de Jesús como el único y perfecto Hijo de Dios venido a la tierra, con todo lo que ello implicaba para el entendimiento de la época, no debía quedar comprometido de ningún modo[4].

La influencia de una era de oscuridad sobre el canon oficial de las Escrituras

---

[3] John Jortin, *Remarks on Ecclesiastical History* [Comentarios sobre la historia eclesiástica], Vol. II.

[4] La primera aparición de la compilación específica de libros que hoy conocemos como el Nuevo Testamento data del año 367 d. C.

Durante siglos, la existencia de muchos de los textos que fueron suprimidos y destruidos era prácticamente desconocida tanto para los especialistas como para los creyentes. Algunos de estos textos salieron a la luz en el famoso descubrimiento de Nag Hammadi (Egipto), en 1945. Según escribe la Dra. Elaine Pagels, profesora de Religión en la Universidad de Princeton y renombrada experta en el cristianismo de los primeros

Para probar la Verdad de manera absoluta se requiere más que el análisis razonado de los pedantes, las oraciones de fe de los clérigos o las pruebas científicas de los investigadores aplicados. La validación definitiva de una doctrina se halla en la verdadera experiencia personal de aquellos que toman contacto con la Realidad Única. La diversidad de opiniones que existe en temas religiosos seguramente persistirá mientras que las masas carezcan todavía de dicha experiencia. No obstante, Dios debe de disfrutar del heterogéneo popurrí que constituye su familia humana, ya que no se ha molestado en escribir instrucciones claras en los cielos para que todos por igual las vean y las sigan de manera uniforme.

Al tomar en consideración el ámbito más extenso de las narraciones sobre la vida de Jesús que están disponibles en los antiguos registros, mi propósito no es pronunciarme sobre su autenticidad ni opinar acerca de su veracidad, sino sugerir su posible verosimilitud a la luz de la vasta tradición espiritual de los santos, *rishis* y avatares de la India. Los hechos espiritualmente excepcionales constituyen la norma en las almas encarnadas que pueden rasgar los velos de la engañosa *maya* y contemplar la creación de Dios desde la perspectiva del Creador. ¿De qué otro modo podrían el devoto y el buscador espiritual reconocer y apreciar la divinidad interior de una persona santa, excepto por el hecho de que dicha divinidad se manifiesta en los inusuales y encomiables rasgos y acciones característicos de esa vida? Una vida «milagrosa» puede constituir una influencia vibratoria sutil dotada del poder de elevar a otros de la ignorancia, o bien ser un despliegue

---

tiempos, como resultado de los descubrimientos de Nag Hammadi «ahora empezamos a ver que lo que denominamos cristianismo —y lo que identificamos como tradición cristiana— en realidad representa sólo una pequeña selección de fuentes específicas, elegidas entre docenas de otras fuentes. [...]

»Para el año 200 d. C. [...] el Cristianismo se había convertido en una institución encabezada por una jerarquía de tres rangos —obispos, sacerdotes y diáconos— que entendían su cometido propio como el de guardianes de la única "fe verdadera". [...] Los esfuerzos que hizo la mayoría por destruir todo vestigio de "blasfemia" herética tuvieron tanto éxito que, hasta los descubrimientos de Nag Hammadi, casi toda nuestra información sobre formas alternativas de cristianismo primitivo procedía de los tremendos ataques que contra ellas lanzaban los ortodoxos. [...] De haber sido descubiertos 1.000 años antes, es casi seguro que [estos] textos hubiesen sido quemados por su herejía. [...] Hoy los leemos con ojos diferentes, no sólo como "locura y blasfemia", sino como los experimentaron los cristianos de los primeros siglos: una alternativa poderosa a lo que conocemos como tradición cristiana ortodoxa» —Elaine Pagels, *Los evangelios gnósticos* (Crítica, Barcelona, 2006)—. *(Nota del editor).*

de manifestaciones espectaculares como las empleadas por Jesús con el objeto de despertar la fe en el poder y la palabra de Dios.

Una de las dificultades que presenta la manera occidental de percibir lo divino es la postura según la cual un individuo sólo puede ser humano o divino. Si es humano, está hecho a imagen del hombre y se encuentra sujeto a todos los defectos inherentes a tal estado; si es divino, está hecho a imagen de Dios y, por consiguiente, no debe mostrar rastro alguno de imperfección. A diferencia de esta postura, la sabiduría védica de la India, en especial la ciencia del yoga de Bhagavan Krishna expuesta en el *Bhagavad Guita,* concilia perfectamente los atributos humanos y la divinidad en aquellos cuya conciencia trasciende lo común y experimenta la unidad con Dios. Puesto que la existencia misma de lo manifestado es el producto de una compleja fórmula en la que se combinan leyes y fuerzas sobre las que actúa el efecto catalizador de *maya* —el factor ilusorio que divide y diferencia la conciencia única del Espíritu en las formas diversas—, un ser divino no podría siquiera asumir y conservar una forma corpórea sin quedar sujeto a los principios que crean y mantienen lo manifestado. Así pues, este ser divino atraviesa las experiencias naturales asociadas con las limitaciones del instrumento corporal y con los efectos de su entorno, en tanto que, al mismo tiempo, su alma permanece libre de la confusión provocada por la hipnosis cósmica de *maya* que aliena al hombre común.

Las cualidades tanto humanas como divinas evidenciadas en las vidas de los avatares

Las historias relatadas en los evangelios de la infancia acerca de las actividades de Jesús no serían consideradas en absoluto sorprendentes ni inesperadas por la mente oriental. Refiriéndose a estos textos, William Hone señala, en el prefacio de la segunda edición de *The Apocryphal New Testament*: «Las leyendas del Corán y de la mitología hindú se encuentran notablemente conectadas con los textos contenidos en este volumen. Muchos de los actos y milagros adjudicados a Crishna [Krishna], el dios de la India, en su encarnación, son precisamente los mismos que se atribuyen a Cristo en su infancia según los evangelios apócrifos y se hallan detallados, en su mayor parte, por el reverendo Thomas Maurice en su erudita obra *History of Hindostan* [Historia del Indostán]»[5].

---

[5] W. Bulmer and Co., Londres, 1795.

Los «milagros» realizados según la voluntad de Dios surgen de sus divinos emisarios, ya sea por acción consciente o porque se expresan de manera espontánea a través del instrumento físico, como resultado de la motivación supraconsciente del alma que reside en ese cuerpo y que se encuentra en sintonía con Dios. Así es que, incluso durante la niñez, Jesús poseía grandes poderes —semejantes a los que había manifestado en su encarnación anterior como Eliseo—, que presagiaban los milagros de su ministerio como adulto, milagros que mostraron claramente su dominio sobre la vida y la muerte, así como sobre las leyes naturales, que no dejan de ser inamovibles excepto ante una orden divina. En los evangelios de la infancia, se dice que Jesús habló con su madre desde la cuna misma y le anunció su origen divino y su misión universal. Cuando el niño fue presentado ante Dios en el templo de Jerusalén (cuarenta días después de su nacimiento, como era la costumbre), «los ángeles estaban a su alrededor, adorándole, como guardias que rodean a un rey». Cuando los sabios de Oriente le rindieron homenaje, María les entregó uno de los pañales que envolvían a Jesús. «En ese momento apareció ante ellos un ángel bajo la forma de la estrella que los había guiado en su viaje». Al regresar a su país de origen, «los reyes y los príncipes acudieron a ellos, para averiguar lo que habían visto y hecho». Ellos les mostraron el pañal y, según era la tradición, prepararon una hoguera, reverenciaron la tela y la arrojaron al fuego sagrado. «Y cuando el fuego se hubo extinguido, sacaron el pañal intacto, como si el fuego no lo hubiese tocado».

Cuando el rey Herodes, temiendo que se cumpliera la profecía que anunciaba el nacimiento de un rey omnipotente en Belén, ordenó

Los milagros atribuidos al niño Jesús

matar a todos los bebés, y Dios advirtió a José que huyera a Egipto con María y con Jesús, sucedió que, en el período en que permanecieron en su tierra de exilio, se produjeron varios milagros en presencia del santo niño. Los evangelios de la infancia de Jesús relatan cómo el hijo de un sumo sacerdote egipcio fue sanado de posesión demoníaca, y el famoso ídolo venerado por su padre cayó y se hizo pedazos ante el terror de quienes se encontraban adorándolo. Una mujer fue librada de un demonio; una novia que había enmudecido a causa de un hechizo fue sanada al alzar amorosamente en sus brazos al niño Jesús. Otros fueron asimismo curados de sus dolencias, incluso de la lepra y otras enfermedades, a veces como resultado de verter sobre su cuerpo el agua utilizada para bañar al niño Jesús.

Según los textos apócrifos, Jesús, María y José vivieron en Egipto durante tres años[6]. A su regreso a Israel, continúa la serie de milagros de similares características atribuidos al niño Jesús. Cuando el niño deja la infancia, comienza a emplear sus poderes divinos de manera más consciente. Los relatos legendarios bien podrían ser malinterpretados y dar la impresión de que están describiendo a un niño dotado de poderes —sobre la materia, la vida y la muerte misma— que posee un carácter caprichoso e incluso petulante, y a cuyo mandato obedecen los elementos. Ciertamente, la aceptación literal de los relatos implicaría de por sí condenarlos, con toda justicia, a terminar en la pila de cenizas de la herejía. Cualesquiera que sean los vestigios de autenticidad que puedan existir en estas leyendas, se los debe mirar a la luz del propósito singular con el que los salvadores vienen a la tierra. Las acciones de tales seres no están motivadas por intenciones vengativas ni arrogantes. Si, en verdad, de acuerdo con los relatos, algunas personas quedaron lastimadas o ciegas o cayeron fulminadas en presencia del niño Jesús, ello fue debido a que por mandato de Jesús se vio así mitigada alguna consecuencia de sus malas acciones de vidas pasadas. Análogamente, un grupo de niños que se burlaron de Eliseo fue destruido por osos que el profeta convocó desde los bosques, no como un acto de ira, sino en reconocimiento de una causa presente que proporcionaba la oportunidad de reparación y expiación de acciones malvadas realizadas mucho tiempo antes —consecuencia de la ley del karma, de causa y efecto, la ley de la justicia de Dios—[7]. En

---

[6] En una nota incluida en su edición de *The Apocryphal New Testament* (1821), William Hone escribe acerca de una tradición que se le atribuye a Pedro, obispo de Alejandría del siglo III, quien presuntamente sostuvo «que el lugar de Egipto donde se hallaba oculto Cristo se llama actualmente Matarea y se encuentra a unos dieciséis kilómetros más allá de El Cairo; que sus habitantes mantienen constantemente encendida una lámpara en recuerdo de ese exilio; y que hay un huerto con árboles que producen cierto bálsamo y que fueron plantados por Jesús cuando era niño». (El evangelio de la infancia se refiere también a los árboles que producen el bálsamo, diciendo que crecieron en ese sitio después de que María lavara allí las ropas de Jesús, en un manantial que brotó por mandato del divino niño).

[7] «Está escrito en la Biblia (*II Reyes* 2:24) que unos cuantos chicuelos se burlaron del profeta Eliseo. Él *"los maldijo en el nombre de Yahvé. Dos osos salieron entonces del bosque y despedazaron a cuarenta y dos de aquellos chicuelos"*. Como profeta de Dios, Eliseo estaba actuando como su instrumento. La maldición fue kármicamente ordenada por la ley de Dios; por consiguiente, Eliseo no puede ser acusado de causar la mutilación de los niños. Éstos sufrieron debido a su propia maldad —la acumulación de pensamientos y acciones equivocadas de vidas anteriores—. La actitud aparentemente infantil de burla que ellos mostraron constituía la oportuna maduración

efecto, en las escrituras de la India se señala que la justicia kármica administrada por la mano de un emisario de Dios es una bendición privilegiada que conduce a la liberación de esa alma que ha recibido el escarmiento. Por lo tanto, fue únicamente con un propósito divino que el rey dios Krishna mató a quienes hacían el mal. Asimismo, la justa ley de Dios se manifestó a través del niño Jesús no para mutilar, sino para liberar. (No se aplica semejante privilegio a las acciones destructivas del déspota o egotista que padece un complejo autoinducido de salvador. ¡No es posible burlar las leyes de Dios!).

El niño Jesús percibía la vida y la muerte, la materia animada e inanimada, como vibraciones manipulables de la conciencia de Dios. Se cuenta que Jesús moldeaba gorriones con el barro que sacaba de los charcos después de la lluvia, y cuando se le castigaba por hacerlo durante el sábado, infundía en las aves el aliento de la vida y las echaba a volar. En la mayoría de los casos, por su mandato devolvía la vida y la salud a quienes habían sufrido la muerte o la aflicción, así como más adelante, durante su ministerio, quitó la vida a una higuera y la hizo secarse, y devolvió la vida a Lázaro y lo levantó de entre los muertos. Las leyes de la naturaleza son activadas de manera espontánea, sin cálculo malicioso, por aquel que conoce su unidad con la omnipresente Conciencia Universal, a través de la cual se crea, conserva y destruye todo lo existente.

Se relata en los evangelios de la infancia que el padre de Jesús, José, descubrió que el extraordinario talento de su hijo le era de increíble ayuda en su trabajo de carpintero, no como artesano con el martillo y el cincel, sino cuando, por haber cometido un error, «José debía alargar o acortar, ensanchar o angostar alguna cosa, el Señor Jesús extendía su mano hacia el objeto y al instante quedaba como José quería que fuera». Después de trabajar durante dos años en la fabricación de un trono que le habían encargado para el gobernador de Jerusalén, se halló que le faltaban «dos palmos de cada lado con

---

de los actos malignos del pasado, lo cual precipitó su inevitable consecuencia. La "maldición" que emanó del instrumento, Eliseo, era el "alto voltaje" de su vibración espiritual, que operaba sin ninguna intención egoísta de causar daño.

»Si una persona desatiende la advertencia de no tocar un cable electrificado y muere electrocutada, quien es responsable de esa muerte no es el cable, sino la necedad de esa persona. La misma verdad se aplica en el caso de los niños malvados que se mofaron de Eliseo. Es la historia de toda oposición del mal a la justa voluntad de Dios: el mal finalmente provoca su propia destrucción» *(God Talks With Arjuna: The Bhagavad Gita).*

respecto a la medida que le habían pedido». El rey estaba furioso y José se sentía atemorizado, por lo que Jesús indicó a su padre que tirara de uno de los costados mientras él tiraba del otro[8]. Y cuando «cada uno hubo tironeado con fuerza de su lado, el trono obedeció y quedó del tamaño adecuado para el lugar, milagro por el cual quedaron asombrados cuantos se hallaban cerca, y alabaron a Dios». (Un acto de este tipo era tan elemental para Jesús como lo fue después convertir el agua en vino o multiplicar los panes y los peces)[9].

Un muchacho que estaba a punto de morir a causa del veneno de una serpiente recuperó la salud «y cuando comenzó a llorar, el Señor Jesús le dijo: "Deja de llorar, porque de aquí en adelante serás mi discípulo". Y éste era Simón el Cananeo, a quien se menciona en el Evangelio».

Satanás fue expulsado de un joven que mordía a la gente o se mordía a sí mismo cuando no había ninguna otra persona cerca. Se señala que ese mismo joven sería más tarde el pérfido Judas Iscariote.

Cuando Jesús y su hermano Santiago se hallaban recogiendo leña, Santiago fue mordido por una venenosa víbora; entonces, Jesús sopló sobre la herida y ésta quedó instantáneamente curada. En el transcurso de un juego, un niño se cayó de un tejado y murió; Jesús le volvió a la vida.

El calificativo de «precoz» resultaría insuficiente para describir al niño Jesús. Los intentos de algunos maestros competentes por educarle no les produjeron a estos eruditos más que frustración e, incluso, humillación. Al comenzar con el alfabeto, el maestro no pudo

---

[8] La palabra «rey» probablemente se refiera a Arquelao, que gobernó hasta el año 6 d. C. (*Nota del editor*).

[9] Una historia acerca del niño Krishna cuenta, de modo similar, su habilidad para alterar la forma de los objetos materiales. Él era idolatrado por todas las lecheras del pueblo, que se mostraban indulgentes respecto de sus simpáticas travesuras, sobre todo cuando se abastecía por su cuenta de la provisión de cuajada fresca que ellas guardaban. Sin embargo, un día fue demasiado lejos. A fin de llegar hasta donde se encontraba la cuajada, rompió el recipiente en que su madre Yasoda había batido leche fresca para hacer mantequilla. Con la idea de amarrarle a un mortero de piedra y así detener por un tiempo sus travesuras, tomó una soga para sujetarle por la cintura. Cuando intentó hacer el nudo, se sorprendió al darse cuenta de que la cuerda era muy corta. Buscó una más larga y lo intentó nuevamente, pero volvió a descubrir que ésta también era corta. Trajeron todas las sogas que había en la vivienda, ¡pero resultaron insuficientes para atar al divino niño! Luego de que se reuniera una multitud y se divirtiese a costa de lo que le había sucedido a la pobre Yasoda, Krishna se apiadó de su madre y le permitió atarle al mortero.

avanzar más allá de la primera letra, debido a la insistencia de Jesús en que el maestro le explicara el significado completo de la letra. Al no recibir dicha explicación, el niño comenzó a exponer el alfabeto entero, su proceso de formación y la representación gráfica de cada letra —acerca de lo cual el maestro nada había oído ni leído en libro alguno—. Los padres de Jesús acudieron entonces a un maestro más ilustrado, que sufrió una derrota similar y quedó, además, con una mano atrofiada cuando intentó alzarla para golpear a quien tomó por un niño insolente.

～

«Sus padres iban todos los años a Jerusalén a la fiesta de la Pascua. Cuando cumplió los doce años, subieron como de costumbre a la fiesta. Pasados aquellos días, ellos regresaron, pero el niño Jesús se quedó en Jerusalén, sin que sus padres lo advirtieran. Creyendo que estaría en la caravana, y tras hacer un día de camino, lo buscaron entre los parientes y conocidos. Pero, al no encontrarlo, se volvieron a Jerusalén en su busca.

»Al cabo de tres días, lo encontraron en el Templo sentado en medio de los maestros, escuchándoles y haciéndoles preguntas. Todos cuantos le oían estaban estupefactos, por su inteligencia y sus respuestas. Cuando lo vieron, quedaron sorprendidos; su madre le dijo: "Hijo, ¿por qué nos has hecho esto? Tu padre y yo te hemos andado buscando, llenos de angustia". Él les dijo: "Y ¿por qué me buscabais? ¿No sabíais que yo debía estar en la casa [ocuparme de los asuntos] de mi Padre?". Pero ellos no comprendieron la respuesta que les dio.

»Jesús volvió con ellos a Nazaret y vivió sujeto a ellos. Su madre conservaba cuidadosamente todas las cosas en su corazón» (Lucas 2:41-51).

Hemos oído hablar de mentes geniales, individuos cuyo cerebro absorbe el conocimiento a una velocidad asombrosa. Han adquirido el conocimiento y la capacidad de aprendizaje en vidas pasadas, lo cual los predispone a desarrollar el cerebro de manera extraordinariamente eficiente. Los genios espirituales poseen, además, la capacidad supraconsciente de acceder a los

Los genios espirituales se valen de la omnisciente facultad intuitiva del alma

archivos de sabiduría que se revelan con la realización del alma —la omnisciente facultad intuitiva del alma que manifiesta su unidad con la infinita Inteligencia Divina.

En la tradición espiritual de la India, abundan los relatos acerca de jóvenes sabios divinos. Es ampliamente aceptado el hecho de que quienes vienen a la tierra para cumplir un propósito encomendado por Dios han sido agraciados con la intervención divina, la cual los bendice con una sabiduría que trasciende el crecimiento natural del intelecto.

Shukadeva era el santo hijo del *rishi* Vyasa (compilador de los Vedas y autor del *Mahabharata,* relato épico del cual forma parte el *Bhagavad Guita*). Este joven había sido extraordinario desde que nació. Dotado de una gran velocidad para absorber todo conocimiento, se dice que recitaba de memoria la totalidad de los Vedas (por haberlos oído de Vyasa, su padre), así como también las más de cien mil estrofas del *Mahabharata.*

De excepcional renombre es también el bendito Swami Shankara, ensalzado a menudo como el más grande de los filósofos de la India. En los registros que existen acerca de él se relata que, antes de cumplir su primer año de edad, ya era diestro en idiomas; a los dos años, ya sabía leer; una vez que oía algo, podía recordarlo y captar intuitivamente su significado. Al cumplir los ocho años, ya tenía dominio de los Vedas y había completado su educación formal, habiéndose convertido en un experto en la sabiduría de todas las escrituras sagradas, de todos los textos religiosos y de los seis sistemas de filosofía hindú. Predicó por toda la India su filosofía *advaita* (no dualista). Los mejores de entre los sabios no podían igualársele en el debate. Al llegar a los dieciséis años, había terminado de escribir sus extensos comentarios, que hasta el día de hoy son sumamente reverenciados por los eruditos. Reorganizó la Orden de los Swamis, dentro de la cual es conocido como Adi («el primer») Shankaracharya, líder de esta sagrada tradición de *sanyasines*. Tras haber completado su obra, murió a los treinta y dos años de edad.

Como narra el Evangelio de Lucas, a los doce años y después de haber estado ausente durante tres días, Jesús es finalmente hallado en el templo de Jerusalén, debatiendo con los maestros y ancianos ilustrados. Podría señalarse un último agregado a esta escena del templo, extraído de los apócrifos evangelios de la infancia; el que este episodio fuera relatado por los cristianos primitivos parecería indicar que deseaban expresar la reverencia y la admiración que sentían por el hecho de que Jesús se hallaba investido no sólo de la sabiduría celestial, sino también de un conocimiento profundo acerca de lo terrenal.

«Cierto rabino principal le preguntó: "¿Has leído libros?", a lo cual Jesús respondió que había leído libros y también aquellas cosas que estaban contenidas en ellos. Y les explicó los libros de la ley, los preceptos, las reglas y los misterios que estaban contenidos en los libros de los profetas, cosas a las que la mente de ninguna criatura podía acceder. [...]

»Cuando cierto astrónomo que se hallaba presente le preguntó al Señor Jesús si había estudiado astronomía, el Señor Jesús respondió y le dijo cuántas eran las esferas y los cuerpos celestes; también les habló acerca de sus aspectos de trígono, cuadratura y sextil; su movimiento progresivo y retrógrado; su tamaño y sus diversas predicciones, y otras cosas que la razón del hombre no había descubierto.

»Había también entre ellos un filósofo muy avezado en filosofía física y natural que le preguntó al Señor Jesús si había estudiado física».

En este punto, la respuesta atribuida a Jesús transforma al jovencito en lo que podría ser visto como un venerable *rishi* que recitara la filosofía del yoga extraída de los Upanishads y del *Bhagavad Guita:*

«Él respondió, y le explicó la física y la metafísica y, además, aquellas cosas que se encontraban por encima y por debajo del poder de la naturaleza; también, los poderes del cuerpo, sus humores y los efectos de estos humores; la cantidad de sus miembros, huesos, venas, arterias y nervios; los diversos tipos constitucionales del cuerpo —caliente y seco, frío y húmedo— y sus tendencias. Cómo el alma operaba sobre el cuerpo; cuáles eran sus diferentes sensaciones y facultades; la facultad del habla, la ira y el deseo. Y, por último, el modo de su composición y disolución; y otras cosas que el entendimiento de ninguna criatura había alcanzado jamás».

Cuando María encuentra y reprende al niño por la preocupación que había causado con su desaparición, él, en efecto, dio ante quienes estaban reunidos su primer y conciso sermón, que habría de caracterizar su futuro ministerio: su sencillo mensaje de renuncia a los lazos materiales en aras del amor mayor de Dios. «*Y ¿por qué me buscabais? ¿No sabíais que yo debía estar en la casa [ocuparme de los asuntos] de mi Padre?*».

Al colocar a Jesús en un sitial de privilegio como a quien debe venerarse, pero cuya perfección no puede ser emulada, la mayoría de sus seguidores sólo presta una atención simbólica al ejemplo de renunciación que él vivió y predicó: «Buscad primero el Reino de Dios»; «vende todo lo que tienes y dáselo a los pobres; luego sígueme»; «no andéis preocupados por vuestra vida, qué comeréis o qué beberéis, ni por vuestro cuerpo, con qué os vestiréis»; «quién es mi madre y mis hermanos, sino todo el que cumpla la voluntad de Dios»; «sígueme y deja que los muertos entierren a los muertos»; «las zorras tienen guaridas, y las aves del cielo tienen nidos; pero el Hijo del Hombre no tiene dónde reclinar la cabeza»; «quienquiera que no renuncie a todos sus bienes no puede ser discípulo mío». ¡Sublimes consejos! Pero todos aquellos que han permanecido puros ante la omnipresencia de Dios saben que sin abandonar los apegos corporales en la propia conciencia —para lo cual la renunciación externa representa una ayuda, cuando no una condición absoluta— no hay posibilidad alguna de poseer el Infinito. Aunque Jesús enfatizaba la renunciación completa, también decía: «Ama a tu prójimo», lo cual significa trabajar para todos —y, al mismo tiempo, «Ama al Señor tu Dios con todo tu corazón».

«Yo debía estar en la casa de mi Padre»: el ideal de renunciación de Jesús

La perfecta vida de Jesús, incluso desde tan tierna edad, es una expresión perfecta de cómo se comporta un niño divino consagrado al servicio de la humanidad. Sabiéndose un hijo de Dios, declara abiertamente que su deber más elevado es cuidar de los divinos asuntos relativos a difundir el reino de su Padre Celestial. Sus angustiados padres no tenían razones para preocuparse por él, que se hallaba protegido por el Rey de reyes. Fue la primera indicación pública que Jesús dio a sus padres acerca de lo que debían esperar con respecto a lo que iba a ser su vida.

Jesús sabía que el amor y el afecto paternales, al ser ciegamente compulsivos, demandarían de él mayor atención hacia la ocupación de su padre terrenal que hacia la obra de su Padre Celestial, para la cual había venido a la tierra. Con la inocencia de la audacia divina, Jesús les reprocha a sus padres que ellos deberían saber esto y desear que él se ocupara de la obra de Dios. Al igual que los padres de Jesús en este pasaje, el mundo, enfrascado en todas sus ocupaciones, poco comprende el foco de atención supremo de quien sabe que no existe mayor deber que nuestro deber hacia Dios. En el *Mahabharata* se señala que si un deber está en contraposición a otro, entonces no se trata de un deber, sino de algo que hay que evitar. Los deberes espirituales y los materiales no deberían contradecirse, sino, más bien, complementarse mutuamente.

Los deberes espirituales y los materiales deberían complementarse mutuamente

Si se produce una contradicción, dichos deberes son incompletos y han de ser modificados, de modo que, en vez de competir entre sí, trabajen juntos como dos corceles, tirando del carro de la vida en forma armoniosa y uniforme hacia una meta feliz.

El hombre común piensa que el mundo, la familia y el trabajo son sus asuntos; en cambio, el hombre espiritual sabe que los deberes para con los padres, hijos, lazos de familia, el mundo de los negocios y todo lo demás han de llevarse a cabo como un servicio a Dios. Todos tendrían que ayudar a mantener el bienestar del mundo por medio de una conciencia universal de amor y de servicio, en lugar de actuar como hombres egoístas cuyas acciones están motivadas e impulsadas por los lazos instintivos de sangre y por la codicia.

Los negocios se deben espiritualizar; todo ha de hacerse con la conciencia centrada en Dios, que mora en nuestro interior. Al realizar sus tareas, el hombre se debe esforzar por complacer a Dios mediante la armonización de todas las cosas con los ideales divinos. Una actividad comercial que se ajuste a las leyes divinas constituirá un beneficio perdurable para la humanidad. Las empresas que sólo persiguen el lucro y alimentan la afición del hombre por el lujo y las tendencias falsas o negativas están destinadas a ser destruidas por la acción de la ley divina de supervivencia de lo más valioso. Toda empresa comercial que dañe el auténtico bienestar espiritual de la gente no brinda un verdadero servicio y terminará encontrando la destrucción, debido a la naturaleza misma de sus actividades.

Una vida exitosa debe comenzar con el desarrollo espiritual, porque todas las acciones materiales y morales se hallan gobernadas por leyes espirituales. Los padres nobles, que aman a Dios, deberían desear que el principal interés de sus hijos fuera ocuparse de los asuntos de Dios. Ellos han de iniciar a sus hijos en la senda correcta de la vida mostrándoles el camino para ser expertos en establecer contacto con el Señor y en realizar todas sus actividades con la conciencia centrada en Él. Una vida puede ser exitosa, saludable y completa —equilibrada gracias a la sabiduría y la felicidad— cuando la actividad se halla orientada por la intuitiva guía interior de Dios.

Al expresar la actitud adecuada hacia sus padres —dado que, si bien el deber hacia los padres es importante, es secundario en relación con nuestro deber primordial para con el Padre Celestial—, Jesús habló no solamente acerca de su propio designio divino, sino sobre la verdad que todo ser humano debería recordar: «Dios primero».

Los años desconocidos de la vida de Jesús: su viaje a la India

Antiguos registros de un monasterio tibetano

❖

El viaje de Jesús a la India, madre de la religión

❖

Los ciclos de avance y retroceso
en la expresión externa de la religión

❖

Todas las crónicas sobre la vida de Jesús
se hallan influidas por la perspectiva cultural de sus autores

❖

Las enseñanzas del Jesús oriental
han sido excesivamente occidentalizadas

❖

El cristianismo oriental y el occidental:
las enseñanzas internas y las externas

❖

La verdad es la religión fundamental:
la afiliación confesional posee escasa importancia

«Jesús conocía su destino divino y partió hacia la India con el propósito de prepararse para cumplirlo [...] porque la India se ha especializado en la religión desde tiempos inmemoriales».

Los años desconocidos de la vida de Jesús: su viaje a la India

En el Nuevo Testamento, la cortina del silencio desciende sobre la vida de Jesús después de los doce años y no vuelve a alzarse hasta dieciocho años más tarde, cuando recibe el bautismo de Juan y comienza a predicar ante las multitudes. Únicamente se nos dice:

> *«Jesús crecía en sabiduría, en estatura y en gracia ante Dios y ante los hombres».*
>
> *Lucas* 2:52

El hecho de que los contemporáneos de un personaje tan excepcional como Jesús no hayan encontrado nada digno de ser mencionado por escrito desde la niñez hasta el trigésimo año de su vida es, en sí mismo, extraordinario.

Sin embargo, existen efectivamente relatos notables acerca de Jesús, pero no en su país de origen, sino más hacia Oriente, en aquellos lugares donde pasó la mayor parte del período sobre el cual se carece de datos. Ocultos en un remoto monasterio tibetano se encuentran documentos de incalculable valor que hacen referencia a un tal San Issa, proveniente de Israel, «en quien se hallaba manifestada el alma del universo» y que desde los catorce a los veintiocho años permaneció en la India y zonas de la cordillera del Himalaya —entre santos,

El niño Jesús con María y José

Quien conoce a Dios recuerda en todo momento que el Celestial Padre-Madre-Creador es el verdadero Padre y Madre de las almas y cuerpos de todos los seres. [...] Se debe reverenciar el espíritu maternal como una expresión del amor incondicional de Dios, así como también es preciso honrar al padre como un representante de la sabia protección del Padre Celestial. Por consiguiente, la devoción hacia los padres es parte de la devoción a Dios, la cual es, ante todo, amor filial hacia el Padre Divino, Aquel que se halla detrás de quienes nos cuidan en el seno de la familia, el Padre-Madre divino que ha delegado en los padres terrenales la responsabilidad de criar al niño. Cuando el corazón ha alcanzado un estado de sintonía divina, las relaciones que establecemos con quienes se encuentran próximos a nosotros se convierten en oportunidades de beber el amor infinito de Dios en los cálices de numerosos corazones.

Paramahansa Yogananda

monjes y pándits—, predicó su mensaje por toda la región y luego, con el propósito de enseñar, retornó a su tierra natal, donde fue cruelmente maltratado, condenado a muerte y crucificado. A excepción de los registros que aparecen en estos antiguos manuscritos, nada se ha publicado acerca de los años desconocidos de la vida de Jesús.

De modo providencial, el viajero ruso Nicolás Notovitch descubrió y transcribió estos documentos. Durante sus viajes por la India en 1887, Notovitch se deleitó con las maravillas de los estimulantes y acentuados contrastes de la antigua civilización de este país. Fue en medio de la grandiosidad natural de Cachemira donde escuchó historias acerca de San Issa, cuyos pormenores no *Antiguos registros de un monasterio tibetano* le dejaron ninguna duda acerca de que Issa y Jesucristo eran una sola y misma persona. Se enteró de que en unos antiguos manuscritos conservados en varios monasterios tibetanos se tenía registro de los años en que Issa viajó por la India, Nepal y el Tíbet. Sin amilanarse ante los peligros ni los obstáculos, se dirigió hacia el norte y llegó, finalmente, al monasterio de Himis, situado en las afueras de Leh, capital de Ladakh, donde según le dijeron había un ejemplar de los libros sagrados referidos a Issa. Aun cuando fue recibido amablemente, no pudo acceder a los manuscritos. Desilusionado, Notovitch emprendió el regreso hacia la India; sin embargo, en un accidente casi fatal que tuvo lugar en un traicionero paso de montaña, se rompió una pierna como resultado de la caída. Tomando esta circunstancia como una oportunidad para realizar un segundo intento por ver los libros sagrados, pidió ser conducido nuevamente a Himis con el objeto de recibir los cuidados necesarios. Esa vez, después de reiteradas peticiones, le permitieron examinar los libros. Quizás entonces los lamas se sintieran obligados a tratar a su maltrecho huésped del modo más hospitalario posible, lo cual es una tradición oriental que ha perdurado a lo largo de los tiempos. Con la ayuda de un intérprete, copió meticulosamente el contenido de las páginas relativas a Jesús, conforme el lama principal se las iba leyendo.

Al regresar a Europa, Notovitch descubrió que su entusiasmo ante el descubrimiento no era compartido por la ortodoxia cristiana occidental, la cual era reacia a respaldar una revelación tan radical. Por consiguiente, él mismo publicó sus notas en 1894 bajo el título *The Unknown Life of Jesus Christ* [La vida desconocida de Jesucristo]. En su publicación, recomendaba enviar un equipo de investigación cualificado para que viera y juzgase por sí mismo el valor de esos documentos, que habían permanecido ocultos hasta entonces. A pesar de que las afirmaciones de Notovitch fueron cuestionadas por críticos tanto estadounidenses como europeos, la exactitud de su relato fue confirmada por al menos otras dos personas de probada credibilidad que viajaron al Tíbet con el fin de buscar los manuscritos y corroborar su autenticidad.

En 1922, Swami Abhedananda, discípulo directo de Ramakrishna Paramahansa, visitó el monasterio de Himis y confirmó todos los detalles sobresalientes publicados acerca de Issa en el libro de Notovitch[1].

En una expedición a la India y al Tíbet realizada a mediados de la década de los veinte, Nicolás Roerich[2] tuvo ocasión de ver y copiar versos de antiguos manuscritos que eran idénticos a aquellos publicados por Notovitch (o cuyo contenido, al menos, era el mismo). Roerich quedó además profundamente impresionado con las tradiciones orales de la región: «En Srinagar nos enteramos por primera vez de la curiosa leyenda sobre la visita de Cristo a estos parajes. Más tarde, pudimos comprobar cuán difundida se halla en la India, en Ladakh y en Asia Central la leyenda de la visita de Cristo a estas regiones durante su larga ausencia mencionada en el Evangelio»[3].

En respuesta a los críticos que afirmaban que la historia de Notovitch era una invención, Roerich escribió: «Siempre existirán aquellos que se complacen en expresar una desdeñosa negativa cuando algo difícil entra en su conciencia [...]. [Sin embargo,] ¿de qué modo sería posible que una falsificación reciente penetrara en la conciencia de todo Oriente?»[4].

Roerich señala en su informe: «La gente del lugar no sabe nada

---

[1] Swami Abhedananda (1866-1939) fue vicepresidente del Ramakrishna Math and Mission desde 1921 hasta 1924. Había viajado por Estados Unidos enseñando el Vedanta desde 1897 hasta 1921. Mientras se encontraba allí, leyó el libro de Notovitch; y posteriormente, en 1922, visitó el monasterio de Himis. Con la ayuda de uno de los lamas, hizo su propia traducción de algunos de los versos tibetanos sobre Issa y los publicó en bengalí en 1929. La traducción al inglés, *Journey into Kashmir and Tibet* [Viaje a Cachemira y al Tíbet], fue publicada por el Ramakrishna Vedanta Math (Calcuta), en 1987. *(Nota del editor).*

[2] Nicolás Roerich (1874-1947), afamado artista, explorador y arqueólogo nacido en San Petersburgo (Rusia). Desde 1923 hasta 1928, dirigió la Expedición del Asia Central a través de la India, el Tíbet, Sikkim, el Turkestán chino y el Altai mongol. Los informes acerca de la expedición, en los que se mencionaba el relato de Roerich acerca de la evidencia del viaje de Jesús a la India, fueron publicados en *The New York Times*, el 27 de mayo de 1926, y también en otros periódicos y revistas.

[3] Roerich, *Heart of Asia* [El corazón de Asia] (Roerich Museum Press, Nueva York, 1929).

[4] Roerich, *Altai-Himalaya* (Frederick A. Stokes Co., Nueva York, 1929).

acerca de la publicación de libro alguno [es decir, el de Notovitch], pero conoce la leyenda y habla de Issa con profunda reverencia»[5].

El relato que se encuentra en el Evangelio acerca de los primeros años de la vida de Jesús concluye a los doce años, con su plática con los sacerdotes en el templo de Jerusalén. Según los manuscritos tibetanos, fue poco después de este hecho cuando Jesús dejó el hogar, con el objeto de evitar los planes que se harían para que contrajera matrimonio al llegar a la madurez, lo cual, para un

El viaje de Jesús a la India, madre de la religión

muchacho israelita de aquellos tiempos, ocurría a los trece años. Ciertamente, Jesús se hallaba por encima del común de la gente en lo que se refiere al matrimonio. ¿Qué necesidad tenía de amor humano y de lazos familiares quien poseía un fervor supremo por Dios y un amor universal que incluía a toda la humanidad? El mundo incita a actuar conforme a su prosaica línea de conducta y poco tiene en cuenta a quienes se labran un sendero más elevado en respuesta a la voluntad de Dios. Jesús conocía su destino divino y partió hacia la India con el propósito de prepararse para cumplirlo.

La India es la madre de la religión. Se reconoce que su cultura es mucho más antigua que la legendaria civilización egipcia. Si investigamos estas cuestiones, podremos comprobar que las antiquísimas escrituras de la India preceden a todas las demás revelaciones y han influido sobre el Libro Egipcio de los Muertos y el Antiguo y Nuevo Testamento de la Biblia, así como también sobre otras religiones que estuvieron en contacto con la religión de la India y se inspiraron en ella, porque la India se ha especializado en la religión desde tiempos inmemoriales[6]. Por esa razón, el propio Jesús viajó a la India; el

---

[5] Roerich, *Altai-Himalaya*.

[6] Véase también la nota al pie de la página XXVIII. «Basándose en la arqueología, la fotografía tomada por satélite, la metalurgia y la matemática antigua, queda claro ahora que existió una gran civilización —tal vez, una civilización principalmente espiritual— anterior al surgimiento de Egipto, Sumeria y el valle del Indo. El centro de este mundo antiguo era la región situada entre el Indo y el Ganges, la tierra de los arios védicos», sostienen N. S. Rajaram y David Frawley, Doctor en Medicina Oriental, en *Vedic Aryans and the Origins of Civilization* [Los arios védicos y los orígenes de la civilización] (Voice of India, Nueva Delhi, 1997).

En las escrituras de la India «se encuentran la filosofía y la psicología más antiguas que aún existen de nuestra raza», señala el renombrado historiador Will Durant en su libro *Our Oriental Heritage (The Story of Civilization, Part I)* [Nuestra herencia oriental (La historia de la civilización, Parte 1)]. Robert C. Priddy, profesor de Historia de la Filosofía en la Universidad de Oslo, escribe en *On India's Ancient Past* [Sobre

manuscrito de Notovitch nos lo cuenta así: «Issa se ausentó secretamente de la casa de su padre, abandonó Jerusalén y viajó hacia Sind

---

la historia antigua de la India] (1999): «El pasado de la India es tan antiguo y ha
ejercido tal influencia en los orígenes de la civilización y la religión —al menos sobre
prácticamente todo el Viejo Mundo—, que la gran mayoría de la gente podría afirmar
que se trata, en efecto, de la etapa más temprana de nuestra propia odisea. [...] Las enseñanzas de la tradición védica —la primera de las enseñanzas espirituales del mundo
y madre de la religión— contienen la más sublime e incluyente de las filosofías».

En su obra *India and World Civilization* (Michigan State University Press, 1969),
publicada en dos tomos, el historiador D. P. Singhal reúne abundantes datos acerca
de la formación espiritual del mundo antiguo por parte de la India. Singhal describe
el hallazgo, en las proximidades de Bagdad, de una vasija que ha llevado a los investigadores a la conclusión de que «para mediados del tercer milenio antes de Cristo,
ya se practicaba en Mesopotamia un culto originado en la India. [...] La arqueología
ha demostrado así que, dos mil años antes de que las primeras referencias halladas en
textos cuneiformes mencionaran las relaciones con la India, desde allí ya se enviaban
productos manufacturados hacia la tierra donde se encuentran las raíces de la civilización occidental».

La influencia espiritual de la India se extendió no sólo hacia Occidente, sino también hacia Oriente. «La India conquistó y dominó China durante veinte siglos, sin
haber tenido que enviar ni un solo soldado a través de la frontera», señaló el Dr. Hu
Shih, ex rector de la Universidad de Pekín y embajador chino ante Estados Unidos. El
profesor Lin Yutang, famoso filólogo y escritor chino, sostiene en *The Wisdom of India*
[La sabiduría de la India] (Random House, Nueva York, 1942): «La India fue la maestra de China en religión y en literatura inspirada, y la maestra del mundo en filosofía.
[...] La India es una tierra desbordante de religión y de espíritu religioso. Un arroyuelo
de ese espíritu religioso desbordó hacia China e inundó la totalidad de Asia Oriental».

Las avanzadas civilizaciones del Continente Americano muestran asimismo claros
indicios de la influencia de la India: «En la antigüedad, ninguna civilización se expan-
dió tanto hacia otros países como la de la India —escribe el profesor Singhal—. Y de
este modo, al ocupar una posición central entre las culturas del mundo, la India ha
contribuido enormemente a la civilización humana. Los contactos de la India con el
mundo occidental datan de tiempos prehistóricos». A continuación cita al ilustre científico y explorador Barón Alexander von Humboldt, iniciador del estudio sistemático
de las antiguas culturas americanas, quien estaba convencido del origen asiático de las
avanzadas culturas precolombinas del Nuevo Mundo: «Si bien los idiomas no proporcionan más que una débil evidencia de la antigua comunicación entre los dos mundos,
su conexión se encuentra absolutamente probada por la cosmogonía, los monumentos,
los caracteres jeroglíficos y las instituciones de los pueblos de América y de Asia».

«Los rastros de la influencia hindú-budista hallados en México [...] corresponden
de manera precisa a la clase de elementos culturales que fueron introducidos por los
monjes budistas y los sacerdotes hindúes en el sudeste asiático», observa el Dr. Singhal,
y cita la conclusión que extrae el profesor Robert Heine-Geldern en *The Civilizations
of the Americas* [Las civilizaciones de las Américas]: «Nos caben pocas dudas de que
la realización de un análisis comparativo serio e imparcial de las religiones mexicanas
revelará muchos vestigios de influencias anteriores, ya sea del hinduismo, del budismo o
de ambos, [...] de magnitud tal, tanto en general como en detalles específicos, que la suposición de que exista una relación histórica resulta casi inevitable». *(Nota del editor).*

en una caravana de mercaderes, con el objeto de perfeccionarse en el conocimiento de la Palabra de Dios y en el estudio de las leyes de los grandes Budas»[7].

En los antiguos manuscritos se relata que Jesús pasó seis años en diversas ciudades santas y se asentó durante algún tiempo en Jagannath, un sagrado lugar de peregrinaje ubicado en Puri (Orissa)[8]. Su

---

[7] Compárese con la traducción realizada por Swami Abhedananda de este verso, escrito originalmente en lengua tibetana: «En esa época, su gran deseo era alcanzar la completa percepción de la divinidad y aprender religión a los pies de aquellos que se habían perfeccionado a través de la meditación» *(Journey into Kashmir and Tibet)*.

En *The Lost Years of Jesus Revealed* [Los años perdidos de Jesús, develados], el Rev. Dr. Charles Francis Potter (Fawcett, Greenwich, Conn., 1962) observa: «Muchos hindúes creen que los "años perdidos" de Jesús transcurrieron, al menos en parte, en la India, y que él obtuvo de los Vedas gran parte de sus mejores enseñanzas. ¿Acaso no dijo: "Tomad sobre vosotros mi yoga, y aprended de mí, porque mi yoga es suave"? Tanto *yoga* como *yugo* [...] son la misma palabra, *zeugos*, en griego». [Y en sánscrito, dado que el significado genérico de *yoga* en sánscrito es «yugo». —*El editor*].

Continúa el Dr. Potter: «Por muy fantasioso que pueda parecerle a un estadounidense, la idea de que tal vez exista alguna conexión entre las enseñanzas de Jesús y la India se convierte en algo menos fantástico no sólo por los rollos de las cavernas de Qumran [que fueron llamados los «Rollos del Mar Muerto»], sino, sobre todo, por el nuevo hallazgo [en el poblado de Nag Hammadi] en Egipto de numerosos libros del gnosticismo cristiano. [...] La primera parte (y varias de las otras) del Evangelio de Juan —"En el principio existía la Palabra, la Palabra estaba junto a Dios, y la Palabra era Dios [...]"— es gnosticismo puro. El misticismo gnóstico había llegado hasta los judíos desde Oriente, desde la India, Persia y Babilonia; les había atraído durante su cautiverio en Babilonia, y se habían llevado mucho de él en el retorno a su tierra. [...]

»Para que no subestimemos el gnosticismo por el hecho de que sus términos, símbolos y vocabulario difieren tanto de los nuestros, debe señalarse que el gnosticismo representó el cristianismo egipcio durante los doscientos años en que los líderes de la nueva fe elaboraron su teología. Fue gradualmente desplazado por el cristianismo católico ortodoxo y sus libros fueron incinerados. De modo similar, el esenismo consistió en la forma temprana del cristianismo palestino. [...] En Qumran y en Chenoboskion [Nag Hammadi], ocultas durante siglos, se encontraban las grandes bibliotecas de estas formas tempranas del cristianismo, las cuales nos han sido ahora restituidas de modo tan repentino y espectacular. El esenismo y el gnosticismo se parecían bastante: si se tienen dudas al respecto, puede leerse el Evangelio canónico de Juan, sobre todo el primer capítulo, donde se encontrará tanto el esenismo como el gnosticismo entremezclados y purificados para constituir este cristianismo con el que estamos más familiarizados». *(Nota del editor)*.

[8] Los registros de los años que Jesús pasó en la India fueron preservados en Puri, según Su Santidad Sri Jagadgurú Shankaracharya Bharati Krishna Tirtha, líder espiritual del antiguo Gowardhan Math de dicha ciudad y —hasta su muerte, acaecida en 1962— el más anciano de los contemporáneos Shankaracharyas (líderes eclesiásticos del hinduismo ortodoxo; sucesores apostólicos de Swami Shankara, antiguo reorganizador de la venerable Orden de los Swamis). Su Santidad visitó Estados Unidos en 1958, durante una gira de conferencias por las universidades más importantes; su

famoso templo, que ha existido de una u otra forma desde tiempos pretéritos, está dedicado a Jagannath, «Señor del Universo» —un título relacionado con la conciencia universal de Bhagavan Krishna—. El nombre por el cual se identifica a Jesús en los manuscritos tibetanos es Isa («Señor»), traducido por Notovitch como Issa[9]. *Isa (Isha)*, o su ampliación, *Ishvara,* define a Dios como el Señor o Creador Supremo que es, a la vez, inmanente y trascendente a su creación[10]. Éste es el verdadero carácter de la conciencia universal de Cristo y Krishna, *Kutastha Chaitanya,* encarnada en Jesús, en Krishna y en otras almas unidas a Dios que han alcanzado la unidad con la omnipresencia del Señor. Tengo el convencimiento de que el título de *Isa* le fue dado a Jesús, al nacer, por los sabios de la India que acudieron a honrar su venida a la tierra. En el Nuevo Testamento, los discípulos de Jesús se refieren a él, por lo general, como «Señor»[11].

_____

histórica gira —la primera vez en que un Shankaracharya viajaba a Occidente— fue patrocinada por *Self-Realization Fellowship.* Sri Daya Mata, anterior presidenta y líder espiritual de *Self-Realization Fellowship,* escribió: «En las conversaciones que mantuve con Su Santidad en la India, él me comentó que existía una prueba cierta —a la cual él tenía acceso— de que, tal como lo había señalado Paramahansaji, Jesucristo estuvo en la India en su juventud y recibió enseñanzas en los monasterios del lugar. Además, el Shankaracharya me contó que, Dios mediante, esperaba poder traducir esos documentos y escribir un libro acerca de ese período de la vida de Jesús. Desafortunadamente, esto no pudo materializarse debido a la avanzada edad y frágil salud de este santo Shankaracharya». *(Nota del editor).*

[9] Notovitch consignó que los manuscritos que vio en el monasterio de Himis, en Ladakh, eran una traducción a la lengua tibetana del original guardado en un monasterio cerca de Lhasa, escrito en la lengua pali. En pali (y en sánscrito), *Isa* (la «s» se pronuncia como el sonido silbante que se utiliza para pedir silencio) significa «señor, dueño, gobernante» —al igual que la palabra relacionada *Issara* (que es la versión en pali del término sánscrito *Ishvara*)—. Por otro lado, *Issa* significa «celos, ira, mala voluntad» en pali; obviamente no era éste el significado propuesto por los escribas budistas que redactaron los manuscritos. *(Nota del editor).*

[10] Véase también la nota al pie de la página 405 en el discurso 21.

[11] El nombre de Jesús se pronuncia y se escribe de diversas formas en diferentes idiomas, pero tiene el mismo significado. En el Corán (escrito en árabe), el nombre utilizado para Jesús es *Isa* o *Issa* —el mismo que en los textos tibetanos descubiertos por Notovitch—. Fue únicamente debido a los cambios efectuados por los hablantes de diferentes regiones que su nombre terminó pronunciándose «Jesús». Este nombre es relativamente nuevo en inglés y en español; antes del siglo XVI no se escribía con «J» sino con «I», como en latín y en griego *(Iesous).*

En los relatos bíblicos de los Evangelios de Lucas y de Mateo (véase el discurso 2) se dice que tanto María como José recibieron instrucciones de un ángel acerca de que el niño divino debía llamarse *Yeshua,* «salvador» (en griego, *Iesous;* en español, «Jesús»): «... *a quien pondrás por nombre Jesús, porque él salvará a su pueblo de sus*

El antiguo relato cuenta que Jesús se hizo docto en todos los Vedas y *shastras*. Sin embargo, estaba en desacuerdo con algunos preceptos de la ortodoxia brahmínica. Denunció abiertamente sus prácticas sustentadoras de los prejuicios de casta, muchos de los rituales sacerdotales y el énfasis puesto en la adoración idolátrica de numerosos dioses en vez de la sola reverencia al único Espíritu Supremo, la esencia monoteísta pura del hinduismo que había quedado oscurecida por los conceptos ritualistas externos.

Para tomar distancia de estas disputas, Jesús abandonó Puri. Pasó los seis años siguientes con la secta budista Sakya, asentada en las regiones montañosas del Himalaya en Nepal y el Tíbet. Esta secta budista era monoteísta y se había escindido del hinduismo distorsionado que prevalecía durante la oscura edad de *Kali Yuga*[12].

Aun cuando en la India han surgido, en todas las épocas, maestros verdaderos dotados de realización divina que han preservado de generación en generación las eternas verdades del Espíritu *(Sanatana Dharma)*, las prácticas religiosas externas de las masas han atravesado ciclos de avance y retroceso, tal como ha sucedido con las religiones de otras tierras y culturas. Según mi gurú, Swami Sri Yukteswar, las Edades Oscuras *(Kali Yuga)* descendente y ascendente más recientes se extendieron desde aproximadamente el año 700 a. C. hasta el 1700 d. C. En dicho período, en la India se produjo la degradación y la pérdida graduales de la sublime ciencia espiritual de los Vedas y de los Upanishads, lo cual tuvo como consecuencia la adhesión de los sacerdotes a una cierta cantidad de preceptos erróneos que, según se afirmaba falsamente, eran enseñados en las escrituras. Fue durante esa época de oscuridad espiritual cuando se encarnó en la India el avatar Gautama Buda (c. 563 a. C.), con el objeto de corregir algunos de los flagrantes abusos contra la verdad

Los ciclos de avance y retroceso en la expresión externa de la religión

---

pecados» (Mateo 1:21). La palabra hebrea *Yeshua* es una contracción de *Yehoshua*, «Yahvé (Jehová, el Creador) es salvación». Sin embargo, el lenguaje cotidiano de Jesús y sus conciudadanos galileos no era el hebreo, sino el dialecto arameo, emparentado con aquél, en el que su nombre se habría pronunciado «Eshu». Así, curiosamente, el nombre vaticinado por el ángel para Jesús y que le impuso su familia era notablemente semejante al antiguo nombre sánscrito que le dieron los sabios de Oriente. Además de las similitudes fonéticas, hay una unidad subyacente en el significado de las palabras *Isha* y *Yeshua* —los dos nombres otorgados a quien millones de personas reverencian como «Señor y Salvador»—. *(Nota del editor)*.

[12] Las *yugas* o ciclos de la civilización se explican en el discurso 39, en el volumen II.

perpetrados por los pándits de la clase sacerdotal. Su mensaje de compasión por todas las criaturas y su Noble Sendero Óctuple enseñaban el modo de escapar del sufrimiento y liberarse de la rueda kármica de nacimiento y muerte[13].

Los manuscritos tibetanos relatan que, durante su estancia con los budistas, Jesús se dedicó al estudio de los libros sagrados y que podía disertar perfectamente acerca de ellos. Aparentemente, a la edad aproximada de veintiséis o veintiocho años, predicó su mensaje en el extranjero mientras encaminaba sus pasos de regreso a Israel a través de Persia y países vecinos; en este trayecto, halló fama entre las multitudes y animosidad de parte de los zoroástricos y otras clases sacerdotales.

Esto no significa que Jesús aprendiera de sus mentores y compañeros espirituales de la India y regiones circundantes todo cuanto luego enseñó. Los avatares vienen provistos de su propio caudal de sabiduría. Durante el período en que permaneció con los pándits hindúes, los monjes budistas y, en especial, los grandes maestros de yoga —de quienes recibió iniciación en la ciencia esotérica de la unión con Dios a través de la meditación—, la realización divina que Jesús ya poseía tan sólo despertó y se amoldó a la singular misión que iba a desarrollar. A partir del conocimiento que había acumulado y de la sabiduría que brotaba de su alma cuando se hallaba en profunda meditación, concibió para las masas parábolas simples sobre los principios ideales mediante los que ha de gobernarse la vida humana ante Dios. En cambio, a aquellos discípulos que estaban preparados para recibirlo, les impartió el conocimiento acerca de los más insondables misterios, como lo demuestra el libro del Apocalipsis de San Juan —que forma parte del Nuevo Testamento—, cuya simbología concuerda de manera precisa con la ciencia yóguica de la comunión con Dios.

---

[13] Con el paso del tiempo, las doctrinas de Buda fueron víctimas del entendimiento limitado que prevalecía en el período de *Kali Yuga;* sus enseñanzas se degradaron hasta convertirse en una filosofía nihilista: el estado de *nirvana* —la cesación de la existencia dualista— fue malinterpretado como la extinción del ser. Buda se refería, sin embargo, a la extinción del ego engañado o pseudoser; el ser inferior debe ser vencido con el objeto de que el verdadero y eterno Ser pueda liberarse de la encarnación humana. Esta perversión de la doctrina de Buda que enfatiza un estado negativo de no existencia (extinción) fue reemplazada más tarde, en la India, por la doctrina de Swami Shankara, fundador de la venerable orden monástica de los Swamis, que enseñaba que el propósito de la vida es alcanzar el estado de bienaventuranza siempre consciente, siempre existente y eternamente renovado de unión con el Espíritu.

Lo más relevante de las crónicas descubiertas por Notovitch es que proporcionan pruebas convincentes de que los años perdidos de la vida de Jesús transcurrieron en la India. Sin embargo, como era de esperarse, llevan también *Todas las crónicas* el sello distintivo de sus autores. Los documentos *sobre la vida de Jesús* originales supuestamente fueron escritos en lengua *se hallan influidas por* pali pocos años después de la muerte de Jesús. Ésa *la perspectiva cultural* era la lengua utilizada por los budistas en aquella *de sus autores* época. Cuando, a través de mercaderes procedentes de Jerusalén, llegaron a la India las noticias acerca de la ignominiosa muerte de Isa —el santo que había sido tenido en tan reverente estima por los miembros de estas comunidades durante el tiempo que pasó con ellos—, éstos emprendieron la tarea de registrar su historia como parte de sus anales sagrados. La perspectiva budista, por supuesto, resulta muy evidente en sus relatos.

Si Jesús mismo hubiese escrito la historia de su vida y la esencia de sus enseñanzas, es muy probable que éstas habrían sido expresadas de una forma significativamente diferente de la que nos ha llegado a la actualidad. Aun con los mejores esfuerzos de aquellos que relataron y registraron los hechos de la vida de Jesús, el punto de vista de cada narrador no podía menos que verse influido, en alguna medida, por su propio entorno, ya fuera judío, gnóstico, griego, romano, budista, zoroástrico o de cualquier otro credo religioso o tendencia cultural, sin mencionar las tergiversaciones adicionales generadas por las sucesivas traducciones de un idioma a otro, que en ocasiones fueron numerosas.

Los manuscritos publicados por Notovitch, por ejemplo, fueron escritos originalmente en pali. Se trataba de una colección de relatos de testigos presenciales y de rumores difundidos por personas de diversos contextos lingüísticos y regionales, traducidos luego al pali. Posteriormente, los manuscritos viajaron de la India a Nepal y desde allí a Lhasa, en el Tíbet, donde fueron traducidos al tibetano y, por último, copiados para varios monasterios importantes. Notovitch, de origen ruso, copió las páginas que estaban en tibetano con la ayuda de un traductor, las publicó en francés, y esa edición fue luego traducida y publicada en inglés.

De todos modos, el valor general de estos registros es inestimable en la búsqueda del Jesús histórico. Existen dos formas de conocer a un avatar. La primera consiste en vislumbrar su esencia, que se trasluce en la mezcla de hechos, leyendas y distorsiones —ya sean inocentes o deliberadas—, y separar, haciendo uso del discernimiento, lo significativo de lo secundario, del mismo modo en que se puede reconocer a una persona independientemente de la vestimenta que lleve. La segunda consiste en tener conocimiento directo de un gran maestro por medio de la divina comunión intuitiva con esa alma, de la misma manera que muchos han conocido a Jesucristo a lo largo de los siglos. Tal es el caso de San Francisco de Asís, ante quien Jesús se aparecía cada noche en carne y hueso, Santa Teresa de Ávila y muchos otros devotos de religión cristiana; e igual le sucedió a Sri Ramakrishna, de religión hindú, y a mí mismo, que he estado en numerosas ocasiones en la presencia manifestada de Jesús. Jamás habría emprendido la tarea de escribir este libro si no hubiese contado con la certeza del conocimiento personal de ese Cristo.

Los documentos descubiertos por Notovitch aportan una corroboración histórica a lo que he sostenido durante largo tiempo, como resultado de la información recogida en mis años juveniles en la India, en el sentido de que Jesús se hallaba vinculado a los *rishis* de la India a través de los sabios de Oriente, quienes peregrinaron hasta su lugar de nacimiento y por cuya razón viajó él a la India con el fin de recibir sus bendiciones y deliberar con ellos sobre la misión mundial que había de llevar a cabo. En las páginas de este libro me propongo demostrar que las enseñanzas de Jesús, nacidas internamente de su comunión con Dios y alimentadas externamente por los estudios que realizó con los grandes maestros, expresan la universalidad de la Conciencia Crística, la cual no conoce límites de raza o de credo.

Al igual que el sol, que se eleva por el Este y se desplaza hacia el Oeste difundiendo sus rayos, así también Cristo surgió en Oriente y viajó hacia Occidente, para quedar allí entronizado en el altar de una vasta cristiandad cuyos miembros le consideran su gurú y salvador. No es casual que Jesús eligiera nacer en Palestina como un Cristo oriental. Este escenario era el centro de confluencia que vinculaba Oriente con Europa. Jesús viajó a la India para honrar los lazos que le unían con los *rishis*, predicó por aquellas regiones su mensaje y, luego, regresó a su tierra natal con el propósito de difundir allí sus enseñanzas, pues, en su gran sabiduría, reconoció Palestina como la vía de acceso a través de la cual su espíritu y sus palabras hallarían una ruta hacia Europa y el

Las enseñanzas del Jesús oriental han sido excesivamente occidentalizadas

resto del mundo. Este grandioso Cristo, que irradia sobre Occidente la fortaleza y el poder espiritual de Oriente, constituye un divino lazo de unión entre los pueblos de Oriente y Occidente que aman a Dios.

La verdad no es monopolio ni de Oriente ni de Occidente. Los puros rayos dorados y plateados de la luz solar aparentan ser rojos o azules si se observan a través de un cristal rojo o azul. De igual modo, la verdad parece diferente si adquiere los matices de una civilización oriental u occidental. Al examinar la sencilla esencia de la verdad que han expresado las grandes almas en distintas épocas y latitudes, se puede observar que hay muy pocas diferencias entre sus mensajes. He comprobado que aquello que recibí de mi gurú y de los venerados maestros de la India es idéntico a lo que he recibido de las enseñanzas de Jesús el Cristo.

Me resulta divertido que mis hermanos occidentales me pregunten: «¿Cree usted en Cristo?». Yo siempre señalo: «Jesús el Cristo» —Jesús, el hijo divino del hombre, en quien se hallaba manifestada la Conciencia Crística, el Hijo de Dios—. *Conocerle* es mucho más importante que el simple hecho de creer en él.

Cristo ha sido muy malinterpretado por el mundo. Incluso los principios más elementales de sus enseñanzas han sido profanados —crucificados a manos del dogma, los prejuicios y la falta de entendimiento— y la profundidad esotérica de esos principios ha quedado en el olvido. Bajo la supuesta autoridad de doctrinas del cristianismo forjadas por el hombre, se han librado guerras genocidas y se ha quemado a gente en la hoguera bajo la acusación de brujería o herejía. ¿Cómo podemos rescatar estas inmortales enseñanzas de las garras de la ignorancia? Es preciso conocer a Jesús como un Cristo oriental, como un yogui supremo que manifestó completo dominio sobre la ciencia universal de la unión con Dios y, por lo tanto, pudo hablar y actuar como un salvador que contaba con la voz y la autoridad de Dios. Jesús ha sido occidentalizado en exceso[14].

---

[14] A raíz del notable descubrimiento de textos gnósticos del cristianismo primitivo en Nag Hammadi (Egipto), en 1945, se puede vislumbrar parte de lo que perdió el cristianismo convencional durante el proceso de «occidentalización». En su libro *Los evangelios gnósticos* (Crítica, Barcelona, 2006), la Dra. Elaine Pagels escribe lo siguiente: «Los textos de Nag Hammadi, y otros como ellos que circulaban en los comienzos de la era cristiana, fueron denunciados como heréticos por los cristianos ortodoxos en la mitad del siglo II. [...] Pero los que escribieron e hicieron circular estos textos no se consideraban *a sí mismos* como "herejes". La mayoría de los escritos utilizan una terminología cristiana, claramente relacionada con una herencia judía. Muchos afirman

Jesús era oriental, tanto por nacimiento como por lazos de sangre y por la instrucción recibida. Disociar a un maestro espiritual de sus orígenes y entorno es empañar el entendimiento a través del cual se le debe percibir. Con independencia de lo que Jesús el Cristo era por sí mismo —en lo relativo a su propia alma—, por el hecho de nacer y haber alcanzado la madurez en Oriente, él tuvo que utilizar la civilización oriental, sus costumbres, peculiaridades, lenguaje y parábolas como instrumento para divulgar su mensaje. Por lo tanto, con el fin de entender a Jesucristo y sus enseñanzas debemos estar receptivos y bien predispuestos hacia el punto de vista oriental —en especial, hacia la civilización antigua y moderna de la India, sus escrituras religiosas, tradiciones, filosofías, creencias espirituales y experiencias metafísicas intuitivas—. Si bien las enseñanzas de Jesús, desde la perspectiva esotérica, son universales, están impregnadas de la esencia de la cultura oriental y se encuentran arraigadas en influencias orientales que se han adaptado al ambiente occidental.

Podemos comprender correctamente los Evangelios a la luz de

---

ofrecer tradiciones secretas acerca de Jesús, unas tradiciones ocultas a ojos de "los muchos" que constituyen lo que, en el siglo II, dio en llamarse la "iglesia católica". Actualmente a estos cristianos se los llama "gnósticos", del griego *gnosis*, palabra que suele traducirse por "conocimiento". Porque del mismo modo que a aquellos que dicen no conocer nada sobre la realidad última se los denomina "agnósticos" (literalmente: "que no conocen"), a la persona que sí afirma conocer tales cosas se la llama "gnóstica" ("conocedora"). Pero *gnosis* no significa principalmente conocimiento racional. [...] Tal como la utilizan los gnósticos, podríamos traducirla por "intuición", porque *gnosis* entraña un proceso intuitivo de conocerse a uno mismo. [...] [Según los maestros gnósticos,] conocerse a uno mismo, en el nivel más profundo, es al mismo tiempo conocer a Dios; éste es el secreto de la *gnosis*. [...]

»El "Jesús vivo" de estos textos habla de ilusión y de iluminación, no de pecado y arrepentimiento, como el Jesús del Nuevo Testamento. En lugar de venir a salvarnos del pecado, viene como guía para abrir el acceso a la comprensión espiritual. [...]

»Los cristianos ortodoxos creen que Jesús es el Señor y el Hijo de Dios de una manera única: permanece para siempre distinto del resto de la humanidad a la que vino a salvar. Sin embargo, el *Evangelio de Tomás* de los gnósticos relata que tan pronto como Tomás le reconoce, Jesús le dice que ambos han recibido su ser de la misma fuente: "Jesús dijo: 'Yo no soy tu amo. Porque has bebido, te has emborrachado del arroyo burbujeante que yo he medido. [...] Aquel que beba de mi boca se volverá como yo: yo mismo me volveré él y las cosas que están escondidas le serán reveladas'".

»Esta enseñanza —la identidad de lo divino y lo humano, la preocupación por la ilusión y la iluminación, el fundador que se nos presenta no como Señor, sino como guía espiritual—, ¿no parece más oriental que occidental? [...] ¿Pudo la tradición hindú o budista influir en el gnosticismo? [...] Ideas que asociamos con las religiones orientales surgieron en el siglo I a través del movimiento gnóstico en Occidente, pero fueron suprimidas y condenadas por polemistas como Ireneo». *(Nota del editor).*

las enseñanzas de la India: no de interpretaciones distorsionadas del hinduismo, con su opresivo sistema de castas o la práctica de adorar piedras, sino de la sabiduría filosófica de los *rishis* cuyo objeto es la salvación del alma, es decir, aquellas enseñanzas que constituyen no la cáscara sino el meollo de los Vedas, los Upanishads y el *Bhagavad Guita*. Esta esencia de la Verdad (el *Sanatana Dharma* o los eternos principios de la rectitud que sostienen al hombre y al universo) le fue conferida al mundo miles de años antes de la era cristiana y se conservó en la India con una vitalidad espiritual que ha convertido la búsqueda de Dios en el único propósito de la vida y no en un simple pasatiempo de salón.

A pesar de las supersticiones sin sentido y del lamentable provincianismo que se han ido incrustando en el pensamiento religioso tanto del hinduismo como del cristianismo a lo largo del tiempo, las dos religiones le han hecho un inconmensurable bien a la humanidad: ambas han llevado paz, felicidad y consuelo a millones de almas sufrientes; ambas han inspirado a la gente a realizar un mayor esfuerzo espiritual y han proporcionado a muchos la salvación.

Mi empeño es restablecer un enfoque correcto del cristianismo como la suma de las enseñanzas de Jesús, distinguiendo éstas —de manera imparcial y sin prejuicios— de las adaptaciones occidentales del dogma y los credos sectarios, que podrían ser llamados, con mayor exactitud, eclesianismo, con sus variados defectos y también sus méritos. Para comprender el cristianismo —es decir, las enseñanzas puras de Jesús— es preciso quitarle primero su envoltorio occidental y luego su envoltorio oriental. Detrás de estos dos opacos envoltorios se encuentra la universalidad del verdadero cristianismo.

El cristianismo oriental y el occidental: las enseñanzas internas y las externas

El cristianismo occidental es el envoltorio externo, y el oriental, el interno. El Cristo oriental siempre enfatizaba: «No andéis preocupados por vuestro cuerpo, qué comeréis, con qué os vestiréis. Por el pan se afanan los gentiles; buscad el reino de Dios, y todas esas cosas se os darán por añadidura». Lo que propone el cristiano occidental es, en cambio: «Prestad atención al cuerpo en primer lugar para que, en un templo corporal saludable, podáis hallar a Dios. El pan, gentiles, buscadlo primero; y después, buscad el reino de Dios».

En el cálido clima oriental, en épocas pretéritas, «el pan», la vestimenta y el cobijo eran más simples y se podían obtener sin mucho esfuerzo. Había, por lo tanto, más tiempo libre y mayor libertad para retirarse a meditar en Dios. En Occidente, en cambio, con su estándar de vida artificialmente elevado, uno debe pensar en estas necesidades materiales y trabajar ardua, rápida y exitosamente para cubrirlas, o no tendrá tiempo ni fuerzas para buscar el reino de Dios.

Las enseñanzas universales de Jesucristo deberían ser juiciosamente adaptadas según las respectivas necesidades de orientales y occidentales, enfatizando los principios de la religión cristiana y omitiendo las formas no esenciales que le son incorporadas de tiempo en tiempo. Debe ponerse especial cuidado, sin embargo, en conservar la vitalidad y esencia del cristianismo cuando se lo trasplanta al medio occidental desde la atmósfera oriental. De lo contrario, podría suceder que, como dicen algunos médicos, «la operación fue exitosa», ¡pero el paciente murió pacíficamente en la mesa de operaciones! No deben hacerse diferencias entre los métodos religiosos de salvación que se predican en Occidente y la técnica de salvación oriental. La única distinción que se ha de hacer es entre los verdaderos principios crísticos y las creencias dogmáticas.

El cristianismo oriental consideraría como tareas espirituales propias de la etapa del jardín de infancia ciertas prácticas exotéricas como ir a la iglesia, dar sermones o el estudio teológico de las escrituras. El propósito de dichas prácticas sería confirmar y recalcar la necesidad de corroborar «a nivel universitario» las creencias religiosas en el laboratorio de la meditación esotérica y científica, bajo la dirección de un guía que haya alcanzado la realización del Ser —alguien que, mediante un profundo esfuerzo espiritual, ha hallado a Dios a la luz de su propia percepción intuitiva del alma—. Si bien el cristianismo occidental ha salvado a la civilización de Occidente de una caída generalizada en el ateísmo y la inmoralidad, ha logrado relativamente poco en cuanto a despertar el anhelo por alcanzar una experiencia metafísica y personal de Dios —y la fe de que esto es posible— a partir del propio esfuerzo en la práctica de la meditación científica.

Los oficios religiosos comunitarios de Occidente son maravillosos cuando dirigen la mente hacia Dios y hacia la verdad, pero no bastan si están desprovistos de la meditación y del conocimiento de los métodos de comunión verdadera con Dios. Por otra parte, Oriente hace hincapié en la realización directa y personal de Dios, pero tiene muchas carencias de organización y de trabajo filantrópico en pos del bienestar social. Con el fin de comprender la doctrina de Jesucristo, es necesario combinar la eficiencia organizativa y las obras filantrópicas en favor del bienestar social con la verificación personal de las enseñanzas de Cristo mediante el estudio metafísico y el contacto real con Dios en el templo de la meditación. Entonces, cada persona podrá, por sí misma, experimentar lo que fue y es Jesucristo, a través de la verificación intuitiva y personal de sus enseñanzas.

La verdad es, en sí misma y por sí misma, la «religión» fundamental. Aun cuando pueda expresarse de diferentes maneras por los «ismos» de los distintos credos religiosos, éstos jamás podrán agotarla. La verdad tiene infinitas expresiones y ramificaciones, pero sólo se consuma en la experiencia directa de Dios, la Única Realidad.

La verdad es la religión fundamental: la afiliación confesional posee escasa importancia

El sello humano de la afiliación confesional posee escasa importancia. No es la confesión religiosa a la que pertenecemos ni la cultura o el credo dentro del cual hemos nacido lo que nos otorga la salvación: la esencia de la verdad trasciende todas las formas externas. Es dicha esencia la que reviste una importancia fundamental para comprender a Jesús y su llamamiento universal a las almas para que entren en el reino de Dios, que se halla «dentro de vosotros».

El gran mensaje de Jesucristo está vivo y continúa floreciendo tanto en Oriente como en Occidente. Occidente se ha concentrado en perfeccionar las condiciones físicas del hombre, y Oriente, en desarrollar los potenciales espirituales de éste. Tanto Oriente como Occidente son unilaterales. Por supuesto, Oriente no es lo suficientemente práctico, pero Occidente es ¡demasiado práctico para ser espiritualmente práctico! Por eso soy partidario de una armoniosa unión entre ambos: los dos se necesitan mutuamente. Sin el idealismo espiritual, la practicidad material es la precursora del egoísmo, del pecado, de la rivalidad y de las guerras. Ésta es una lección que Occidente debe aprender. Y a no ser que el idealismo se vea atemperado por la practicidad, habrá confusión y sufrimiento, así como también ausencia de progreso natural. Ésta es la lección que Oriente debe aprender.

Oriente puede aprender de Occidente, y Occidente, de Oriente. ¿No es acaso extraño —tal vez debido al plan secreto de Dios, dado que Oriente necesita desarrollo material— que éste haya sido invadido por la civilización material de Occidente? Y dado que Occidente necesita equilibrio espiritual, éste ha sido «invadido» —en forma silenciosa pero cierta— por la filosofía hindú, no con el fin de conquistar tierras, sino para conquistar almas con la liberación que proporciona la comunión con Dios[15].

Todos somos hijos de Dios, desde el comienzo hasta la eternidad. Las controversias surgen de los prejuicios, y el prejuicio es fruto de la ignorancia. No debemos sentirnos orgullosamente identificados con el hecho de ser estadounidenses o indios o italianos o de cualquier otra nacionalidad, pues ésta es sólo un accidente de nacimiento. Deberíamos estar orgullosos, sobre todas las cosas, de ser hijos de Dios, hechos a su imagen. ¿No es ése, acaso, el mensaje de Cristo?

Jesús el Cristo constituye un excelente modelo que pueden seguir tanto Oriente como Occidente. La impronta divina que nos identifica como «hijos de Dios» se halla oculta dentro de cada alma. Jesús ratificó lo que dicen las escrituras: *«dioses sois»*[16]. ¡Desecha las máscaras! Revélate abiertamente como un hijo de Dios, no mediante vanas proclamas y oraciones aprendidas de memoria, ni por medio de los fuegos artificiales de eruditos sermones concebidos con el propósito de loar a Dios y reunir adeptos, ¡sino a través de la *realización*! Identifícate no con el estrecho fanatismo disimulado bajo el disfraz de la sabiduría, sino con la Conciencia Crística. Identifícate con el Amor Universal, que se expresa al servir a los demás tanto material como espiritualmente. Entonces sabrás quién fue Jesucristo y podrás decir, desde el alma, que todos formamos parte de la misma familia, que todos somos hijos del Único Dios.

---

[15] Los siguientes párrafos fueron escritos en 1932 por el Dr. W. Y. Evans-Wentz, renombrado escritor y especialista en religiones comparadas de la Universidad de Oxford:

«Gloriosos son los legados espirituales de Egipto, Grecia y Roma, pero aún más glorioso es el legado espiritual que ofrece la India a los habitantes de Europa y de Estados Unidos por medio de sus sabios de Oriente, de los cuales Swami Yogananda, el ilustre creador del sistema *Yogoda [Self-Realization]*, es solamente uno de una larga dinastía que se prolonga de manera ininterrumpida desde los oscuros tiempos prehistóricos hasta nuestra época. El Swami ha venido a los países de Occidente para exponer la suprema ciencia de la vida, la cual ha sido expuesta, de siglo en siglo, por cada uno de los predecesores de dicha dinastía.

»A los hijos iluminados de la India de esta generación les cabe la tarea de liberar al Cristo nacido en Oriente de la prisión en que las teologías de Occidente lo han mantenido cautivo a lo largo de los siglos; y proclamar una vez más, como él lo hizo, el antiguo pero siempre renovado mensaje de renunciación al mundo y de generosidad, y revelar el Sendero Único que conduce a la realización del Ser, a la liberación y a la conquista del mundo, que todos los fundadores de las grandes religiones históricas de la humanidad han transitado y revelado». *(Nota del editor).*

[16] *Juan* 10:34.

DISCURSO 6

El bautismo de Jesús

Juan el Bautista: el precursor del Cristo encarnado

❖

La relación gurú-discípulo: el camino para cumplir «toda justicia»

❖

Diferentes clases de bautismo

❖

El bautismo por el Espíritu Santo

❖

El significado de «el Espíritu de Dios
que bajaba como una paloma»

❖

El Cordero de Dios: un salvador universal

❖

Los tres aspectos de la iniciación espiritual

❖

La vía hacia la Conciencia Crística: «El camino recto del Señor»

«El bautismo supremo, ensalzado por Juan el Bautista y por todos los maestros que poseen la realización divina, consiste en ser bautizados "con Espíritu Santo y fuego": es decir, quedar henchidos de la presencia de Dios en la sagrada Vibración Creativa».

Por aquellos días se presentó Juan el Bautista, proclamando en el desierto de Judea: «Convertíos porque ha llegado el Reino de los Cielos». Éste es de quien habló el profeta Isaías, cuando dice: 'Voz del que clama en el desierto: Preparad el camino del Señor, enderezad sus sendas'.

Juan llevaba un vestido hecho de pelos de camello, con un cinturón de cuero a su cintura, y se alimentaba de langostas y miel silvestre. Acudía entonces a él gente de Jerusalén, de toda Judea y de toda la región del Jordán, y eran bautizados por él en el río Jordán, tras confesar sus pecados. Pero, cuando vio venir a muchos fariseos y saduceos a su bautismo, les dijo: «¡Raza de víboras!, ¿quién os ha enseñado a huir de la ira inminente? Dad, más bien, fruto digno de conversión, y no creáis que basta con decir en vuestro interior: "Tenemos por padre a Abrahán", pues os digo que Dios puede de estas piedras suscitar hijos a Abrahán. Ya está el hacha puesta a la raíz de los árboles; y todo árbol que no dé buen fruto será cortado y arrojado al fuego. Yo os bautizo con agua en señal de conversión, pero el que viene detrás de mí es más fuerte que yo, y no soy digno de llevarle las sandalias. Él os bautizará con Espíritu Santo y fuego. En su mano tiene el bieldo y va a aventar su parva: recogerá su trigo en el granero, pero la paja la quemará con fuego que no se apaga».

Por entonces se presentó Jesús, que venía de Galilea al Jordán, a donde Juan, para ser bautizado por él. Pero Juan trataba de impedírselo y le decía: «Soy yo el que necesita ser bautizado por ti, ¿y vienes tú donde mí?». Jesús le respondió: «Deja ahora, pues conviene que así cumplamos toda justicia». Entonces le dejó.

Una vez bautizado Jesús, salió del agua. En esto se abrieron los cielos y vio al Espíritu de Dios que bajaba como una paloma y venía sobre él. Y una voz que salía de los cielos decía: «Éste es mi Hijo amado, en quien me complazco».

Mateo 3:1-17

Hubo un hombre, enviado por Dios: se llamaba Juan. Éste vino para un testimonio, para dar testimonio de la luz, para que todos creyeran por él. No era él la luz, sino quien debía dar testimonio de la luz. La Palabra era la luz verdadera que ilumina a todo hombre, cuando viene a este mundo. [...]

Éste fue el testimonio de Juan, cuando los judíos enviaron desde Jerusalén sacerdotes y levitas a preguntarle: «¿Quién eres tú?». Él lo confesó, sin negarlo: «Yo no soy el Cristo». Entonces le preguntaron: «¿Quién, pues?; ¿eres tú Elías?». Él contestó: «No lo soy». — «¿Eres tú el profeta?». Respondió: «No». Ellos insistieron: «¿Quién eres, entonces? Tenemos que dar una respuesta a los que nos han enviado. ¿Qué dices de ti mismo?». Respondió: «Yo soy la voz del que clama en el desierto: Rectificad el camino del Señor, como dijo el profeta Isaías». Habían sido enviados por los fariseos. Le preguntaron: «¿Por qué bautizas entonces, si no eres el Cristo, ni Elías ni el profeta?». Juan les respondió: «Yo bautizo con agua, pero entre vosotros hay uno a quien no conocéis, que viene detrás de mí, a quien yo no soy digno de desatarle la correa de su sandalia». Esto ocurrió en Bethabara, al otro lado del Jordán, donde estaba Juan bautizando.

Al día siguiente, al ver a Jesús venir hacia él, dijo: «He ahí el cordero de Dios, que quita el pecado del mundo. Éste es de quien yo dije: "Detrás de mí viene un hombre, que se ha puesto delante de mí, porque existía antes que yo". Yo no le conocía, pero he venido a bautizar con agua para que él sea manifestado a Israel».

Y Juan dio testimonio diciendo: «He visto al Espíritu que bajaba como una paloma del cielo y se quedaba sobre él. Yo no le conocía, pero el que me envió a bautizar con agua me dijo: "Aquel sobre quien veas que baja el Espíritu y se queda sobre él, ése es el que bautiza con Espíritu Santo". Yo le he visto y doy testimonio de que ése es el Elegido [Hijo] de Dios"».

Juan 1:6-9, 19-34

D I S C U R S O   6

El bautismo de Jesús

«Por aquellos días se presentó Juan el Bautista, proclamando en el desierto de Judea: "Convertíos porque ha llegado el Reino de los Cielos". Éste es de quien habló el profeta Isaías, cuando dice: 'Voz del que clama en el desierto: Preparad el camino del Señor, enderezad sus sendas'.

»Juan llevaba un vestido hecho de pelos de camello, con un cinturón de cuero a su cintura, y se alimentaba de langostas y miel silvestre. Acudía entonces a él gente de Jerusalén, de toda Judea y de toda la región del Jordán, y eran bautizados por él en el río Jordán, tras confesar sus pecados. Pero, cuando vio venir a muchos fariseos y saduceos a su bautismo, les dijo: "¡Raza de víboras!, ¿quién os ha enseñado a huir de la ira inminente? Dad, más bien, fruto digno de conversión, y no creáis que basta con decir en vuestro interior: 'Tenemos por padre a Abrahán', pues os digo que Dios puede de estas piedras suscitar hijos a Abrahán[1]*. Ya está el hacha puesta a la raíz de los árboles; y todo árbol que no dé buen fruto será cortado y arrojado al fuego*[2]*. Yo os bautizo con agua en señal de conversión, pero el que viene detrás de mí es más fuerte que yo, y no soy digno de llevarle las sandalias. Él os bautizará con Espíritu Santo y fuego. En su mano tiene el bieldo y va a aventar su parva: recogerá su trigo en el granero, pero la paja la quemará con fuego que no se apaga"» (Mateo 3:1-12)*[3]*.*

---

[1] Para leer el comentario sobre estos versículos (*Mateo* 3:7-9), véase el discurso 64, en el volumen III.

[2] Este versículo es análogo a *Mateo* 7:19 y se comenta en ese contexto en el discurso 30.

[3] Con relación a este grupo de versículos, compárense las referencias paralelas que se

ue de suma importancia el papel que desempeñó Juan el Bautista
como el precursor profetizado por las escrituras y enviado por
Dios para preparar el camino de Jesús y dar testimonio del Cristo encarnado en él y evidenciado en la autoridad de sus enseñanzas.

Juan era un santo de las soledades desérticas que se alimentaba
de miel silvestre y algarrobas[4]. Él se dedicaba al estudio de los misterios y a las meditaciones propias de un anacoreta
y aguardaba el momento en que Jesús manifestara   *Juan el Bautista:*
estar preparado para iniciar su ministerio. Muchos   *el precursor del*
creen que Juan se hallaba vinculado a los esenios   *Cristo encarnado*
y a sus prácticas ascéticas y esotéricas, entre cuyas
ceremonias se incluía el bautismo para la purificación del cuerpo y del
espíritu[5]. Cuando Juan se dio a conocer en los alrededores de Judea,

---

encuentran en *Marcos* 1:1-8 y *Lucas* 3:1-18. Para leer el comentario sobre el versículo
12, véase el discurso 56, en el volumen II.

[4] En el pasaje correspondiente de la *King James Bible*, se utiliza el término *locust* que
en inglés significa «langosta» y, también, «algarroba». Al hilo de esta polisemia, Paramahansa Yogananda usa en su comentario la acepción botánica del término (*the fruit
of the locust tree*: literalmente, «el fruto del algarrobo»), haciéndose eco de una antigua tradición, relativamente extendida, según la cual uno de los alimentos principales
de Juan el Bautista fueron las algarrobas. En algunos países, esta tradición se refleja en
la denominación con que se conoce dicho fruto: «pan de San Juan». *(Nota del editor).*

[5] Véase *Lucas* 1:80, en el discurso 2: «*El niño crecía y su espíritu se fortalecía, y vivió
en lugares inhóspitos hasta el día de su manifestación a Israel*». La Biblia no aporta
mayor información sobre la niñez y juventud de Juan el Bautista. Los esenios constituían una secta judía ascética que existió desde el año 150 a. C. hasta fines del siglo I
d. C., aproximadamente. El historiador judío Flavio Josefo (alrededor de 37-100 d. C.)
describe a los esenios en su obra *Antigüedades de los judíos* (libro 18, capítulo 1, n.º 2).
El erudito romano Plinio el Viejo (23-79 d. C.) escribió que los esenios vivieron en las
cercanías del Mar Muerto, en las colinas que se encuentran sobre Ein Gedi (donde, en
1998, un grupo de arqueólogos israelíes excavó en lo que, según se cree, son las ruinas
de una comunidad esenia). Existen numerosas similitudes entre lo que los historiadores
conocen acerca del modo de vida de los esenios y el de Juan el Bautista según se describe
en los Evangelios. Además del bautismo de purificación por el agua, existen evidencias
de que seguían una dieta vegetariana. Vivían en el desierto, en comunidades de tipo
monástico, para mantenerse apartados de lo que consideraban las prácticas corruptas
y mundanas de los sacerdotes y del pueblo.

«El esenio, al igual que el yogui de la India, buscaba obtener la unión con Dios y
los "dones del Espíritu" permaneciendo en contemplación en la soledad de los sitios
apartados», señaló el arqueólogo Arthur Lillie en *India in Primitive Christianity* [La
India en el cristianismo primitivo] (K. Paul, Trench, Trubner, Londres, 1909). El historiador D. P. Shingal escribió en *India and World Civilization* (Michigan State University Press, 1969): «Numerosos eruditos, como Hilgenfeld y Renan, sostienen que el
budismo influyó en las doctrinas de los esenios. Y fue a través de esta secta judía como

las multitudes le seguían como a un santo y profeta. Su renombre le permitió cumplir meritoriamente su papel en el destino de Jesús, un designio establecido en la relación que ambos habían mantenido en una vida anterior como Elías y Eliseo[6].

Una de las grandes ilusiones creadas por Dios consiste en ocultar una reencarnación de la siguiente. Si no existiera esta división entre una encarnación y otra, ninguno de los actores que se encuentran en el escenario de la vida podría hacer frente a su caleidoscópica identidad ni a su relación con las demás personas, ni sería capaz de sobrellevar su situación en medio de los acontecimientos kármicos de causa y efecto que giran como un torbellino a su alrededor —un vertiginoso conflicto de incontables encarnaciones, cada una con sus propias relaciones interpersonales que se ramifican en una infinidad de existencias y experiencias previas—. Al borrar por completo la pizarra de los recuerdos de cada nueva vida, se crea algo diferente y se mantiene cierto nivel de orden progresivo en el drama cósmico.

Las escrituras hindúes se refieren a la creación como la *lila* de Dios, una ilusoria fantasmagoría para entretener al ser humano mediante la interacción con las obras del Creador Cósmico. Si el papel de cada uno de los actores no pareciera verosímil, el drama perdería rápidamente su encanto y llegaría a su fin. De ese modo, aun aquellos que poseen un nivel espiritual elevado aceptan la «realidad» de la situación que les corresponde en el presente y se mantienen externamente disociados de la identidad vinculada con sus papeles anteriores para que éstos no ejerzan una influencia indebida sobre su nueva representación dramática ni le impriman ciertos rasgos característicos. Las almas liberadas —aquellas que han alcanzado la unión con Dios— pueden recordar a la perfección sus actuaciones anteriores, si lo desean; pero a fin de que esta representación terrenal sea efectiva se someten totalmente a las directrices de Dios cuando desempeñan su papel en cada nueva escena que se desarrolla. Esta conducta se evidencia en los versículos siguientes, que hacen referencia a las palabras de Juan el Bautista acerca de su identidad:

---

las influencias budistas llegaron a Palestina y se difundieron más tarde al cristianismo. [...] La vida que llevaban los esenios» —dice (citando al historiador Sir Charles Eliot en *Hinduism and Buddhism: An Historical Sketch* [Hinduismo y budismo, un esbozo histórico])— «era "exactamente como la hubiesen desarrollado los buscadores de la verdad que intentaran poner en práctica en otro país los ideales religiosos de la India"». *(Nota del editor).*

[6] Véase el discurso 2.

> *«Éste fue el testimonio de Juan, cuando los judíos enviaron desde Jerusalén sacerdotes y levitas a preguntarle: "¿Quién eres tú?". Él lo confesó, sin negarlo: "Yo no soy el Cristo". Entonces le preguntaron: "¿Quién, pues?; ¿eres tú Elías?". Él contestó: "No lo soy". "¿Eres tú el profeta?". Respondió: "No". Ellos insistieron: "¿Quién eres, entonces? Tenemos que dar una respuesta a los que nos han enviado. ¿Qué dices de ti mismo?". Respondió: "Yo soy la voz del que clama en el desierto: Rectificad el camino del Señor, como dijo el profeta Isaías". Habían sido enviados por los fariseos. Le preguntaron: "¿Por qué bautizas entonces, si no eres el Cristo, ni Elías ni el profeta?". Juan les respondió: "Yo bautizo con agua, pero entre vosotros hay uno a quien no conocéis, que viene detrás de mí, a quien yo no soy digno de desatarle la correa de su sandalia"»* (Juan 1:19-27).

os sacerdotes y levitas, que sólo contaban con un nivel ordinario de percepción, eran incapaces de concebir las cualidades de un Cristo. Una persona sabia no tendría necesidad de interrogar a alguien semejante a Cristo, ya que de inmediato reconocería su aura espiritual. Al preguntarle a Juan si él era el Cristo que esperaban, los fariseos dejaron al descubierto su ignorancia espiritual.

Juan negó que él fuese el Cristo de la profecía que ellos buscaban. A pesar de su grandeza, él no se veía a sí mismo como una persona que hubiera manifestado la Conciencia Crística. Él había alcanzado dicha conciencia cuando era Elías; sin embargo, debido a que aceptó el papel que le correspondió desempeñar y a su identificación ilusoria con tal papel —en el que representaba un personaje de menor importancia—, él expresó la verdad relativa a su vida actual al indicar que el Cristo potencial que se hallaba en él no se encontraba manifestado en su conciencia humana externa. Por eso, Juan afirmó: *«Yo no soy el Cristo»*.

Por qué Juan negó que fuese Elías

Juan también negó que él fuese Elías porque prefirió no recordar su elevada encarnación anterior como dicho profeta. No era parte del papel de Juan ensalzarse, sino, más bien, ejerciendo completo dominio sobre el ego, representar un estado espiritual un tanto «inferior» en el que pudiera declarar con justicia: *«No soy Elías»*.

Por consiguiente, Juan dio una respuesta evasiva cuando se le preguntó: *«¿Quién eres, entonces? Tenemos que dar una respuesta a los que nos han enviado»*. El significado de su respuesta era: «Yo soy la voz, o Sonido Cósmico, que clama o vibra en el desierto del silencio»[7]. El «desierto» es la conciencia de un santo, en la cual no puede crecer el verdor de nuevos deseos materiales. El santo hace de sí mismo un territorio árido en el que puede florecer la presencia de Dios sin que sea obstaculizada por la proliferación de las intrusiones materialistas.

Quienes habían sido enviados para interpelar al Bautista, incapaces de comprender la profundidad de las declaraciones de Juan, le preguntaron entonces: *«¿Por qué bautizas entonces, si no eres el Cristo, ni Elías ni el profeta?»*. Juan respondió que él administraba el bautismo físico con agua a fin de purificar la conciencia por medio del arrepentimiento, lo cual tendría una influencia espiritual temporal. Agregó que el ser elevado que vendría más adelante le mostraría a la gente la senda de la redención a través del bautismo con Espíritu; proclamaba así que era el papel de Jesús, con su aura crística, bautizar a las almas con la flamígera sabiduría y poder de las sagradas emanaciones vibratorias cósmicas del Espíritu Santo. Con sus palabras, Juan reorientó las mentes de las multitudes para que no se concentrasen en él, sino en el Cristo Salvador, cuyo designio especial el Bautista había venido a anunciar, y a dar testimonio de él, y a brindarle apoyo.

≈

«Hubo un hombre, enviado por Dios: se llamaba Juan. Éste vino para un testimonio, para dar testimonio de la luz, para que todos creyeran por él. No era él la luz, sino quien debía dar testimonio de la luz. La Palabra era la luz verdadera que ilumina a todo hombre, cuando viene a este mundo» (Juan 1:6-9).

«*Dar testimonio de la luz*» significa que Juan se hallaba en sintonía con la luz creativa cósmica del Espíritu Santo, que inunda el universo entero. Del mismo modo que la corriente eléctrica de una dinamo pasa por las bombillas de luz de una ciudad, la Luz Cósmica se manifiesta en las piedras, en la hierba, en los animales, en el aire, en las corrientes térmicas y eléctricas, y vivifica a todos los seres humanos. Juan experimentaba esa luz y daba testimonio de ella. Él no manifestaba activamente, en su conciencia encarnada, su unidad

---

[7] Este concepto se amplía en las páginas 134 ss.

con toda la Luz Cósmica, sino que se reconocía a sí mismo como una expresión individualizada de dicha Luz. Vino a dar testimonio de esa Omnipresente Luz y del radiante poder inmanente de la Conciencia Crística, que se pondría de manifiesto en el Señor Jesús[8].

∾

«Por entonces se presentó Jesús, que venía de Galilea al Jordán, a donde Juan, para ser bautizado por él. Pero Juan trataba de impedírselo y le decía: "Soy yo el que necesita ser bautizado por ti, ¿y vienes tú donde mí?". Jesús le respondió: "Deja ahora, pues conviene que así cumplamos toda justicia". Entonces le dejó» (Mateo 3:13-15).

Cuando Jesús se acercó a Juan y le pidió ser bautizado, Juan afirmó su posición inferior: la de haberse encarnado para desempeñar un papel de menor importancia en el drama cósmico. Con qué sencilla humildad —el sello de la santidad— había dejado Juan de lado su prominente papel anterior, ¡hasta el punto de declarar que se consideraba indigno de bautizar a Jesús y que más bien era él mismo quien debería ser bautizado! Jesús, que era un maestro, se hallaba ciertamente muy por encima de la necesidad del ritual del bautismo, sobre todo si lo impartiese alguien de estatura espiritual muy inferior a la suya. Un doctor en filosofía no toma lecciones de un niño que cursa estudios elementales. Jesús, al reconocer la mediación divina de quien había sido su gurú en la vida anterior, no prestó oídos a las aseveraciones de Juan; por el contrario, le dijo: *«Deja ahora, pues conviene que así cumplamos toda justicia»*. Estas palabras muestran profusamente el reverente respeto que Jesús sentía por Juan, de quien más tarde proclamaría: *«Os aseguro que, entre los nacidos de mujer, no ha aparecido uno mayor que Juan el Bautista»*[9].

La relación gurú-discípulo: el camino para cumplir «toda justicia»

---

[8] Esta referencia, en que el apóstol Juan menciona a Juan el Bautista, ha servido como un registro fáctico del papel desempeñado por el Bautista y también como medio metafórico para expresar esotéricamente, en el contexto de los versículos iniciales del Evangelio según San Juan, la inherente naturaleza espiritual del surgimiento y continuidad de la creación de Dios. (Véase una explicación más amplia en el discurso 1).

[9] *Mateo* 11:11. (Véase el discurso 34, en el volumen II).

Al recibir el bautismo impartido por Juan, Jesús no sólo honró, ante la mirada de las masas, la antigua costumbre hindú (previa al cristianismo) de bautizar con agua bendita, sino también la tradición de la iniciación, que caracteriza singularmente la relación gurú-discípulo —la ley divina por la cual le es concedida al discípulo *«toda justicia»* (la verdad y la salvación) por parte de un maestro designado por Dios—. Jesús acudió a Juan para recibir esa unción espiritual en señal de reverencia hacia su gurú, de quien había recibido «dos tercios de su Espíritu» en su encarnación anterior, en la que habían desempeñado los papeles de Elías y Eliseo.

La relación gurú-discípulo no se limita a una sola encarnación. Dado que el gurú es el instrumento de salvación designado por Dios, aquél debe conducir al discípulo a lo largo de sucesivas encarnaciones, si fuese necesario, hasta que el discípulo alcance la completa liberación. En un pasado remoto, en vidas anteriores en las que Juan había sido enviado por primera vez por Dios como gurú de Jesús en respuesta a las oraciones de éste, las almas de Juan el Bautista y de Jesús quedaron eternamente enlazadas por la ley de la incondicional amistad divina; en ese primer encuentro como gurú y discípulo, que ocurrió en un pasado muy lejano, ambos resolvieron: «Seremos amigos divinos por siempre, hasta que nuestras almas, gracias a la ayuda mutua y a la constante buena voluntad de muchas encarnaciones, rompan las aprisionantes burbujas de los deseos que nos mantienen confinados y dejen libre nuestra cautiva omnipresencia para que pueda unirse al océano de la Infinitud».

Jesús vino a la tierra como un salvador universal. Su papel era de mayor rango que el de Juan el Bautista, pero reconoció, sin embargo, a Juan como su gurú de encarnaciones anteriores —el instrumento enviado por Dios para establecer por designio divino esta alianza de amistad—. Por eso, Jesús manifestó: *«Deja ahora, pues conviene que así cumplamos toda justicia»*. Aunque tanto Juan como Jesús sabían que Jesús había trascendido ampliamente la necesidad de someterse a ese ritual externo, ambos llevaron a cabo con toda sinceridad las formalidades necesarias a fin de dejar establecido el ejemplo correcto para el mundo[10]. Las palabras pueden olvidarse o distorsionarse con facilidad; en cambio, la sabiduría que

---

[10] «Todo cuanto hace un ser superior lo imitan las personas imperfectas. Sus actos establecen una norma para el resto del mundo» (*God Talks With Arjuna: The Bhagavad Gita* III:21. Véase *El Yoga del Bhagavad Guita*).

encierran los hechos produce una impresión indeleble.

La declaración que Juan ofreció a los sacerdotes y levitas, «*Yo os bautizo con agua en señal de conversión, pero el que viene detrás de mí [...] os bautizará con Espíritu Santo y fuego*», introduce una doctrina que es crucial para lograr la salvación: el verdadero bautismo consiste en la iniciación espiritual impartida por un verdadero gurú. Si bien Juan señaló que él bautizaba a la muchedumbre con agua, no dijo que fuese incapaz de bautizar con Espíritu; pero tal iniciación era prerrogativa del Cristo, quien por designio especial vendría para ser el salvador o gurú de esas multitudes. De hecho, fue el verdadero bautismo con Espíritu el que le fue conferido a Jesús cuando, después de su inmersión en el río Jordán —la purificación con agua—, «*se abrieron los cielos*». Como atestiguó Juan mismo: «*He visto al Espíritu que bajaba como una paloma del cielo y se quedaba sobre él*» (*Juan* 1:32). Si Juan hubiese sido un hombre común, no habría visto al Espíritu bajar sobre Jesús. Él mismo se hallaba en sintonía con el Espíritu, pero con sincera humildad desvió la atención de sí mismo para concederle un lugar preeminente a Jesús.

Por medio de la gracia del gurú, la conciencia celestial se despliega ante el discípulo iniciado y revela la luz del ojo espiritual omnisciente, simbolizada por la paloma: ésta es la vía por la cual se asciende desde el cuerpo al Espíritu a través del Espíritu Santo, de la Conciencia Crística (o «Hijo Unigénito») y de la Conciencia Cósmica (o Dios Padre).

Es preciso explicar los diversos procedimientos de bautismo y los efectos o estados espirituales correspondientes.

El ritual del bautismo por inmersión en agua se originó en la India y hacía hincapié en la purificación del cuerpo como paso previo a la purificación de la mente. Los estudiantes que buscaban instrucción en la vida espiritual por parte de un santo debían primero purificar su cuerpo mediante el baño (acto que, en sí mismo, constituía el comienzo de la purificación de la mente), así como también mediante la demostración de un apropiado respeto por el maestro y el recogimiento interior de los pensamientos en expectativa de las bendiciones e inestimables lecciones que habrían de recibirse. «La limpieza se halla próxima a la santidad»: ésta es una valiosa lección inicial. La inmersión en agua abre los poros de la piel, lo cual permite que salgan los perturbadores venenos corporales y que se calme y armonice el sistema

Diferentes clases de bautismo

circulatorio. El agua refresca las terminaciones nerviosas y transmite sensaciones de paz hacia todos los centros vitales del cuerpo, y así se equilibran de manera uniforme todas las energías vitales.

La vida se originó, en primer lugar, a partir de la energía; luego, de las nebulosas y, finalmente, del agua. Toda simiente de vida se encuentra indefectiblemente relacionada con el agua. Sin ella, la vida en el plano físico no podría existir. Quien se bañe todos los días y medite inmediatamente después sentirá el poder del «bautismo» por el agua. Considerado como un acto de purificación, el baño en un río o un lago sagrados, o en otras fuentes naturales de agua rodeadas por la grandiosidad del paisaje de Dios, es una experiencia que proporciona vibrante inspiración.

Si bien el bautismo por el agua como rito sagrado tiene aspectos positivos —entre los cuales se halla la limpieza temporal de la mente—, a fin de que la ceremonia tenga valor perdurable debe estar seguida de lecciones continuas acerca de la vida espiritual y del contacto con Dios. De lo contrario, la mente vuelve a sus viejos hábitos; la negatividad de tales hábitos hace que se desvanezcan los efectos saludables del ritual del bautismo. A no ser que la maldad sea depurada por medio de la meditación, de la constante vigilancia y del comportamiento espiritual, el iniciado seguirá sencillamente bajo el influjo de estos demonios inclinados al mal comportamiento. Un relato proveniente de la India ilustra metafóricamente este punto. Un santo le dijo a un aspirante a discípulo: «Hijo mío, es preciso que te bañes en el Ganges para purificar tu mente del pecado. Los pecados se alejarán mientras te bañas, ya que no toleran las aguas sagradas. Sin embargo, sé cauteloso, pues te estarán aguardando en los árboles que crecen a la orilla y, en cuanto salgas de la bendita influencia de las aguas sagradas, esos pecados intentarán saltar nuevamente sobre ti».

La actitud mental de fe y devoción con la que se recibe el bautismo ceremonial —ya sea por inmersión o en la forma simbólica modificada de rociar la cabeza con agua— es la que determina las bendiciones que se reciben; y es la continuidad de la acción y del pensamiento correctos lo que asegura un beneficio perdurable. El iniciado, en lo sucesivo, debe bautizarse periódicamente con Espíritu mediante la inmersión de su conciencia en la sabiduría, el magnetismo y la irradiación del Espíritu Santo en la meditación.

Dado que el propósito del bautismo es producir un cambio edificante en la conciencia por medio de alguna forma de inmersión simbólica, conviene tener presente que podemos ser «bautizados», sin saberlo, por las personas con quienes nos relacionamos. Por lo tanto, el aspirante a «iniciado» debería ser consciente, por medio del discernimiento, de las aguas en que sumerge su conciencia.

Las vibraciones de los demás pueden recibirse a través del intercambio de magnetismo. Quien se aproxime a un santo se verá beneficiado; se trata de un bautismo con magnetismo espiritual. Los pensamientos y el aura magnética del santo emiten un resplandor vibratorio que modifica la conciencia y las células cerebrales de quienes se hallan en las cercanías. Todos aquellos que visitan o habitan la misma zona en que vive o ha vivido un maestro se sentirán transformados de manera automática si se hallan en sintonía. Si esta sintonía es lo suficientemente profunda, se pueden recibir las inspiradoras vibraciones de un santo incluso desde una distancia de miles de kilómetros.

Si amamos la poesía y frecuentamos la compañía de un poeta dotado de nobles ideales, seremos bautizados con sentimientos saludables y elevados, así como con la capacidad de apreciar la bondad y la belleza presente en todas las cosas. El bautismo con tales sentimientos hará que se desarrolle nuestra imaginación y sensibilidad estética.

Si nos relacionamos durante un largo tiempo con personas que poseen valores morales elevados y autocontrol, nuestra propia vida recibirá un refuerzo positivo de conciencia moral y de autocontrol.

Si deliberada y atentamente nos relacionamos con personas dotadas de mentalidad creativa y exitosa para los negocios, nuestra conciencia será bautizada con una aptitud creativa para los negocios.

El bautismo supremo, ensalzado por Juan el Bautista y por todos los maestros que poseen la realización divina, consiste en ser bautizados *«con Espíritu Santo y fuego»*: es decir, quedar henchidos de la presencia de Dios en la sagrada Vibración Creativa, cuya omnipresente omnisciencia no sólo eleva y expande la conciencia, sino que su fuego de energía vital cósmica cauteriza de manera efectiva los pecados resultantes de los malos hábitos del presente y los efectos kármicos de las acciones erróneas del pasado.

El bautismo por el Espíritu Santo

El macrocosmos del universo con sus variadas criaturas está conformado por la vibración divina, o energía cósmica, del Espíritu Santo, saturada de la Inteligencia Crística, la cual es a su vez un reflejo de la Conciencia Cósmica de Dios. El hombre es un modelo microcósmico del universo: una combinación de cuerpo, fuerza vital y conciencia. La conciencia del hombre es un reflejo de la Conciencia Crística; su alma se distingue por su propio ego personalizado. La fuerza vital del ser humano es energía cósmica individualizada. Su cuerpo es energía cósmica condensada, a la que insufla dinamismo una energía vital especializada[11]. La fuerza vital cuya vibración es más densa se transforma en electrones, átomos, moléculas y cuerpo físico; la fuerza vital que vibra de manera cada vez más refinada se transforma en conciencia. En el ser humano, el cuerpo, la fuerza vital y la conciencia —que constituyen tres diferentes niveles de vibración— se mantienen unidos gracias al núcleo del ego y a su naturaleza pura, el alma. Para que el alma —el Cristo que se encuentra en el hombre— se libere de las tres vibraciones limitadas (el cuerpo físico, la fuerza vital y la conciencia), la conciencia divina del hombre debe bautizarse primero o unirse con el Espíritu Santo, la vibración cósmica original de *Om*, la Palabra, la manifestación primigenia de Dios. A partir de ahí, la conciencia se funde en el Cristo Omnipresente, inmanente en la creación, y asciende hacia la trascendente Conciencia Cósmica, el Padre. Nadie puede llegar a Dios Padre si no es a través del Espíritu Santo y de la Conciencia Crística.

El camino de la ascensión quedó de manifiesto en el bautismo de Jesús. Como se relata en el Evangelio según San Mateo:

> *«Una vez bautizado Jesús, salió del agua. En esto se abrieron los cielos y vio al Espíritu de Dios que bajaba como una paloma y venía sobre él. Y una voz que salía de los cielos decía: "Éste es mi Hijo amado, en quien me complazco"»* (Mateo 3:16-17)[12].

El «Espíritu» es el Absoluto Inmanifestado. Cuando el Espíritu desciende al plano de la manifestación, se convierte en tres, en la Trinidad: Dios Padre, Hijo y Espíritu Santo. En el sentido cósmico, si uno contemplara el universo entero, lo vería como una inmensa masa de luz radiante, como una bruma de la aurora. Ésa es la gran vibración

---

[11] La energía cósmica del cuerpo opera en forma de cinco corrientes especializadas, que activan las funciones corporales de cristalización *(prana)*, asimilación *(samana)*, eliminación *(apana)*, metabolización *(udana)* y circulación *(vyana)*.

[12] Compárese con las referencias paralelas que aparecen en *Marcos* 1:9-11 y *Lucas* 3:21-22.

del Espíritu Santo, el *Om*. La omnipresente inteligencia de Dios que envuelve toda manifestación —el Hijo o Conciencia Crística— se refleja como una maravillosa luz de color azul opalescente que cubre y satura toda partícula de la creación; sin embargo, permanece eternamente inalterada y sin que la modifique el entorno siempre cambiante. Más allá de la manifestación creativa, a través de una radiante luz blanca, se encuentra

El significado de «el Espíritu de Dios que bajaba como una paloma»

Dios Padre en el cielo no vibratorio de la Dicha siempre existente, siempre consciente y eternamente renovada. Esa manifestación trina es el aspecto cósmico del Espíritu, que desciende en tres formas: como Vibración Cósmica, como Conciencia Crística y como Dios Padre. Esta Trinidad se manifiesta en el microcosmos del hombre como la triple luz del ojo espiritual.

Entre todas las criaturas, el ser humano es el único cuyo cuerpo posee centros espirituales, en el cerebro y la médula espinal, que están dotados de conciencia divina y en los cuales tiene su templo el Espíritu que ha descendido. Los yoguis conocen estos centros, y también San Juan los conocía y los describió en el libro del Apocalipsis como los siete sellos, y como siete estrellas y siete iglesias, con sus siete ángeles y siete candeleros de oro[13]. Cuando se recibe el bautismo por inmersión

---

[13] *«Escribe, pues, lo que has visto: lo que ya es y lo que va a suceder más tarde. Ésta es la explicación del misterio de las siete estrellas que has visto en mi mano derecha y de los siete candeleros de oro: las siete estrellas son los ángeles de las siete iglesias, y los siete candeleros son las siete iglesias»* (Apocalipsis 1:19-20). *«Vi también que el que estaba sentado en el trono sujetaba con su mano derecha un libro, escrito por el anverso y el reverso, y sellado con siete sellos. Y vi a un ángel poderoso que proclamaba con voz potente: "¿Quién es digno de abrir el libro y arrancar sus sellos?"»* (Apocalipsis 5:1-2). Los tratados de yoga identifican estos centros (en orden ascendente) del siguiente modo: *muladhara* (el centro coccígeo, ubicado en la base de la espina dorsal); *svadhisthana* (el centro sacro, unos cinco centímetros por encima del *muladhara*); *manipura* (el centro lumbar, en el área opuesta al ombligo); *anahata* (el centro dorsal, en el área opuesta al corazón); *vishuddha* (el centro cervical, en la base del cuello); *ajna* (asiento del ojo espiritual, tradicionalmente localizado a nivel del entrecejo y, en realidad, directamente conectado por polaridad con el bulbo raquídeo); *sahasrara* («el loto de mil pétalos», en la parte superior del cerebro). Los siete centros son salidas o «puertas disimuladas», divinamente planificadas, atravesando las cuales el alma ha descendido al cuerpo y, a través de las cuales, deberá pasar nuevamente cuando ascienda mediante un proceso de meditación. El alma escapa hacia la Conciencia Cósmica subiendo siete peldaños sucesivos. Generalmente, los tratados de yoga consideran sólo a los seis centros inferiores como *chakras* («ruedas», porque la energía concentrada en cada uno de ellos es similar al cubo de una rueda del cual parten rayos de luz y energía vitales), y se refieren por separado al *sahasrara* como el séptimo

en la luz del Espíritu, se puede entender la relación que guarda el ojo espiritual microcósmico del cuerpo con la luz del Espíritu que desciende como la Trinidad Cósmica.

En el bautismo de Jesús, este descenso se describe metafóricamente: «el Espíritu que bajaba como una paloma y venía sobre él». La paloma simboliza el ojo espiritual, y el devoto que medita con profundidad lo ve en el centro crístico, situado en la frente, entre los dos ojos físicos. Este ojo de luz y conciencia aparece como un halo dorado (la Vibración del Espíritu Santo) que rodea una esfera de luz azul opalescente (la Conciencia Crística) en cuyo centro se encuentra una estrella de luz blanca y brillante de cinco puntas (el portal que conduce a la Conciencia Cósmica del Espíritu). La luz trina de Dios del ojo espiritual está simbolizada por una paloma porque brinda paz eterna. Además, mirar el ojo espiritual produce, en la conciencia del hombre, la pureza significada por la paloma.

El pico de la paloma simbólica representa la estrella del ojo espiritual, el pasaje secreto hacia la Conciencia Cósmica. Las dos alas representan las dos esferas de conciencia que emanan de la Conciencia Cósmica: la luz azul del ojo espiritual es el microcosmos de la Inteligencia Crística subjetiva presente en toda la creación, y el anillo dorado de luz es el microcosmos de la energía cósmica objetiva (la Vibración Cósmica o Espíritu Santo)[14].

Toda manifestación es producto de la vibración —que pertenece al Espíritu Santo— y está sustentada por la inherente conciencia de Dios. De ese modo, la luz del ojo espiritual está compuesta por vitatrones vibratorios, que son la unidad esencial y más refinada de energía inteligente que emana del Espíritu Santo (la sutileza de los vitatrones la superan únicamente las vibraciones de la conciencia pura). Los vitatrones constituyen el sostén fundamental de los electrones y de los átomos estructurales, elementos más densos de los cuales se compone toda la materia. Cada microscópico vitatrón contiene, en miniatura,

---

centro. A los siete centros, sin embargo, a menudo se les llama «lotos» (flores de loto), cuyos pétalos se abren —es decir, se vuelven hacia arriba— en el despertar espiritual, a medida que la vida y la conciencia ascienden por la espina dorsal.

[14] El emblema que identifica a *Self-Realization Fellowship/Yogoda Satsanga Society of India* representa el ojo espiritual y muestra la estrella blanca, así como los anillos de luz azul y dorada que la rodean, ubicados en el entrecejo y dentro de un loto dorado. Este emblema simboliza la meta del devoto que practica la meditación, es decir, abrir el ojo espiritual de percepción divina, pues el loto abierto es un antiguo símbolo del despertar de la conciencia espiritual.

El bautismo de Jesús

Una vez bautizado Jesús, salió del agua. En esto se abrieron los cielos y vio al Espíritu de Dios que bajaba como una paloma y venía sobre él. Y una voz que salía de los cielos decía: «Éste es mi Hijo amado, en quien me complazco».

Mateo 3:16-17

La paloma simboliza el ojo espiritual, y el devoto que medita con profundidad lo ve en el centro crístico, situado en la frente, entre los dos ojos físicos. [...] Jesús vio que el Espíritu bajaba desde la morada de la Bienaventuranza Celestial en la forma de un microcósmico ojo espiritual y que permanecía sobre su conciencia. El ojo espiritual de Jesús se abrió y, a través de esta inmersión en el Espíritu, él percibió la fusión de su conciencia individualizada con las manifestaciones macrocósmicas de la Conciencia Cósmica, de la Conciencia Crística y de la Energía Cósmica. [...]

Él vio que la luz del ojo espiritual descendía de la Luz Divina macrocósmica; y de allí provenía la voz de Om, el sonido celestial inteligente y creador de todas las cosas, que vibraba como voz inteligible: «Tú eres mi Hijo, ya que has elevado tu conciencia por encima de las limitaciones del cuerpo y de toda la materia con el objeto de percibirte a ti mismo en unidad con mi perfecto reflejo, mi imagen unigénita, inmanente en todo lo manifestado. Yo soy la Bienaventuranza, y expreso mi gozo en el regocijo que sientes al sintonizarte con mi Omnipresencia».

Paramahansa Yogananda

Pintura: Carl Bloch

la esencia de toda la creación macroscópica.

La conciencia que se halla presente microcósmicamente en el ojo espiritual del hombre está compuesta de los elementos consustanciales a Dios Padre, Hijo y Espíritu Santo —Conciencia Cósmica trascendental, Conciencia Crística inma- *El Espíritu trino se* nente y Energía Cósmica—. Jesús vio que el Espí- *manifiesta a través* ritu bajaba desde la morada de la Bienaventuranza *del ojo espiritual* Celestial en la forma de un microcósmico ojo espi- *del hombre* ritual y que permanecía sobre su conciencia. El ojo espiritual de Jesús se abrió y, a través de esta inmersión en el Espíritu, él percibió la fusión de su conciencia individualizada con las manifestaciones macrocósmicas de la Conciencia Cósmica, de la Conciencia Crística y de la Energía Cósmica.

La sagrada Vibración Cósmica, la manifestación primigenia del trascendental Dios Padre, exhibe no sólo las propiedades de la luz —la grandiosa refulgencia de la divina luz de Dios y de sus vitatrones estructurales, y del microcósmico ojo espiritual de conciencia celestial—, sino también el maravilloso sonido de *Om*, la Palabra, el gran Amén, que es el testigo o prueba de la Sagrada Presencia. Durante el bautismo por el Espíritu en la forma de Espíritu Santo tal como lo experimentó Jesús, él vio que la luz del ojo espiritual descendía de la Luz Divina macrocósmica; y de allí provenía la voz de *Om*, el sonido celestial inteligente y creador de todas las cosas, que vibraba como voz inteligible: «Tú eres mi Hijo, ya que has elevado tu conciencia por encima de las limitaciones del cuerpo y de toda la materia con el objeto de percibirte a ti mismo en unidad con mi perfecto reflejo, mi imagen unigénita, inmanente en todo lo manifestado. Yo soy la Bienaventuranza, y expreso mi gozo en el regocijo que sientes al sintonizarte con mi Omnipresencia». Jesús experimentó la sintonía de su conciencia con la Conciencia Crística, el reflejo «unigénito» de la Inteligencia de Dios Padre presente en la Sagrada Vibración: primero, sintió su cuerpo como la totalidad de la creación vibratoria, en la cual su pequeño cuerpo estaba incluido; luego, dentro de su cuerpo cósmico constituido por la creación entera, percibió su unidad con la innata Presencia de Dios en el aspecto de Cristo Infinito o Inteligencia Universal —un aura magnética de bienaventurado Amor Divino en la cual la presencia de Dios sostiene a todos los seres.

≈

San Juan, el bienamado discípulo de Cristo, registró con las siguientes palabras el testimonio de Juan el Bautista, el gurú a través del cual Jesús recibió su bautismo en el Espíritu:

> *«Al día siguiente, al ver a Jesús venir hacia él, dijo: "He ahí el cordero de Dios, que quita el pecado del mundo. Éste es de quien yo dije: 'Detrás de mí viene un hombre, que se ha puesto delante de mí, porque existía antes que yo'. Yo no le conocía, pero he venido a bautizar con agua para que él sea manifestado a Israel".*
>
> *»Y Juan dio testimonio diciendo: "He visto al Espíritu que bajaba como una paloma del cielo y se quedaba sobre él. Yo no le conocía, pero el que me envió a bautizar con agua me dijo: 'Aquel sobre quien veas que baja el Espíritu y se queda sobre él, ése es el que bautiza con Espíritu Santo'. Yo le he visto y doy testimonio de que ése es el Elegido [Hijo] de Dios"»* (Juan 1:29-34).

Todos los maestros que han alcanzado la realización suprema y la unión con la Divinidad son iguales a los ojos de Dios. Sin embargo,

El Cordero de Dios: un salvador universal

durante ciertos ciclos, el Padre del Universo «pone delante» o «prefiere» —es decir, elige— un alma en particular con el fin de que venga a la tierra como profeta universal para dar ímpetu espiritual a sus hijos. En ocasiones, pueden encontrarse presentes en el mundo varios maestros, pero sólo a uno de ellos Dios le encarga la misión de cumplir un designio divino supremo. Este hecho no disminuye en grado alguno la grandeza de los demás maestros, que son uno en Espíritu. Juan vino para bautizar con agua, en la forma ritual tradicional, con el propósito de dar a conocer la venida de Jesús a las almas sinceras de Israel. Al haber despertado la receptividad de tales almas, le fue posible cumplir humildemente su propio designio: poner de manifiesto, con su testimonio, las aptitudes divinas de Jesús, que era el «preferido» —el elegido de Dios— para realizar la grandiosa misión de reformar a la humanidad. Jesús llevaría a cabo esta misión al inspirar al mundo con una nueva conciencia, por medio del resurgimiento del verdadero rito del bautismo por el Espíritu: la transformación de la conciencia por inmersión en la sagrada vibración del Espíritu Santo.

La expresión *«no le conocía»* puede dar lugar a interpretaciones erróneas. No significa que Juan no reconociera a Jesús, sino que señalaba que nadie en el estado ordinario de conciencia del ego (es decir, de identificación con el cuerpo) —ni siquiera Juan mismo, si sólo hacía uso de la percepción sensorial— podía captar la conciencia espiritual del Cristo que moraba en Jesús. Fue durante el bautismo de Jesús, al experimentar tanto él como Juan una transfiguración en la luz del Espíritu Santo, cuando Juan dio testimonio de que Jesús era, en verdad, un «Hijo de Dios» plenamente manifestado. Tal reconocimiento no puede revelarse a una mente común; en cambio, mediante la transparencia de una conciencia elevada, se puede experimentar que la plena divinidad de la conciencia de Jesús se halla en completa unión con la Conciencia Crística.

El hecho de que Juan hiciera referencia a Jesús diciendo: *«se ha puesto delante de mí»* demuestra, una vez más, la humildad de Juan al reconocer, en sus encarnaciones como Juan y Jesús, la inversión de sus anteriores papeles como Elías y Eliseo: fue Jesús en el drama presente quien manifestó la Conciencia Crística ante Juan (*«delante de mí»*).

Juan presentó a Jesús el Salvador con el epíteto *«Cordero de Dios, que quita el pecado del mundo»*. El cordero simboliza la inocencia, la mansedumbre y la lealtad. Jesús era inocente, puro, dócil y leal a Dios en todo sentido. Su poder no era el poder arrogante de un cruzado tirano que se abalanza a destruir el mal por la fuerza. Por el contrario, él vino para ofrecerse en sacrificio (así como se sacrifican los corderos en Oriente) con el fin de ejemplificar el poder supremo del amor. Si Dios empleara su omnipotencia para castigar al hombre, sería imposible que los simples mortales ejercieran su raciocinio independiente para así aprender y crecer a través de sus propios errores. La ley kármica funciona de manera tal que el hombre se castiga a sí mismo en grado proporcional a la magnitud de sus malas acciones, en tanto que, al mismo tiempo, Dios emplea el amor para estimular en él un comportamiento correcto guiado por el discernimiento y, también, para despertar en el espíritu humano las cualidades más elevadas del alma, las cuales son inherentes a la imagen divina que mora en el verdadero Ser.

Jesús ejemplificó el amor de Dios mediante una singular expresión de magnanimidad espiritual: la oblación voluntaria de su propia vida. Al sacrificarse por el bienestar espiritual de los demás, un salvador que ha recibido de Dios el poder para proceder de tal manera puede expiar los pecados de los demás. Jesús —un salvador universal—, al permitir que lo crucificaran, tomó sobre sí no sólo la deuda kármica de sus discípulos, sino también el pecado de las multitudes.

Sería insensato pretender que alguien, incluso de la magnitud de Jesús, pudiera quitar el pecado de una persona si el pecador mismo no cooperase para erradicar esa consecuencia kármica. Un maestro puede tomar sobre sí mismo parte de la carga de un discípulo si ese devoto hace un esfuerzo espiritual meritorio por superarse. Pero, sobre todo, un maestro sirve del modo más elevado mediante el ejemplo y las enseñanzas que inspiren a los hijos descarriados de Dios a liberarse de sus malos hábitos y de su negligencia espiritual.

Con el propósito de mostrar la compasión divina, Jesús vino al mundo como el cordero de la espiritualidad, dispuesto a ofrecerse en sacrificio ante el templo de la verdad —a fin de ejemplificar el poder perfecto del amor sobre el mal, de la sabiduría sobre la ignorancia, del perdón sobre el afán de venganza, de la luz sobre la oscuridad.

El sacrificio de Jesús tuvo como objeto, en primer lugar, ejemplificar por toda la eternidad el poder de la fuerza espiritual sobre la ignorancia y la fuerza bruta. Él demostró que el poder del amor sería capaz de conquistar el Imperio Romano, el cual, pese a su dominio hegemónico, no pudo suprimir su filosofía. Su reino ha perdurado más que el de todos los conquistadores bélicos, sobre la base del siguiente decreto divino: «Ama a tus enemigos».

Al señalar a Jesús como el enviado de Dios que salvaría a las multitudes, Juan proclama: «Contemplad la dulzura de la compasión y la humilde pero omnipotente fuerza del amor personificadas en Jesús, las cuales aniquilarán la ignorancia y el mal en las vidas de quienes reciban en su interior al Cristo que se halla encarnado en él. El amor crístico actuará en el corazón y en el cerebro como una poderosa corriente que destruirá el pecado del mal».

La palabra «iniciación» (en sánscrito, *diksha*), según se utiliza en la India, tiene el mismo significado que el término «bautismo» que se adopta en Occidente. La iniciación conferida por un gurú consiste en la consagración interior del discípulo al sendero espiritual, que le conduce de la región de la conciencia material hacia el reino del Espíritu.

Los tres aspectos de la iniciación espiritual

Como ya se ha señalado, la verdadera iniciación es el bautismo por el Espíritu: ponerse en contacto con una persona santa que, mediante una mirada o un simple toque, puede proyectar la vibrante luz del Espíritu sobre el devoto para transformar y elevar su conciencia. Este bautismo verdadero purifica la conciencia del iniciado por medio de la Luz Divina del ojo espiritual y el sagrado sonido de *Om*. A quien bautiza con el Espíritu Santo le es posible ver que la corriente vital del ojo espiritual transforma y espiritualiza las células cerebrales, así como la composición misma de la mente del iniciado; ve la luz del ojo espiritual y envía esa luz del Espíritu hacia la conciencia del devoto. Cuando ese poder vibratorio pasa a través del iniciado, cauteriza los malos hábitos del presente y las semillas kármicas del pasado que se alojan en el cerebro del devoto. Gracias a la conciencia de Dios que mora en su interior, un alma de elevada estatura espiritual puede transferir una parte de su propia conciencia divina a quienes se muestren receptivos.

El bautismo espiritual tiene tres aspectos. Primero: cuando el maestro imparte la iniciación, él mismo contempla la Luz al bautizar al discípulo. Segundo: cuando el maestro envía esa Luz al iniciado —quien puede que la vea o no—, ésta permanece en el devoto por unos breves instantes con todo su poder vibratorio con el fin de operar en él un cambio espiritual; sin embargo, su efecto es temporal. Las bendiciones de un maestro pueden mantener por algún tiempo esa Luz en el discípulo, pero éste también debe esforzarse por retenerla. Tercero: para retener la Luz en forma permanente, el devoto ha de realizar un esfuerzo consciente en la meditación y seguir la guía y las prácticas espirituales (el *sadhana*) prescritas por el maestro.

El camino más seguro para hallar a Dios consiste en aprender a conocerle a través de alguien que le *conozca*. Seguir a un maestro cuyo sendero le haya conducido a la unión con Dios es alcanzar, con toda certeza, la misma Meta.

Las escrituras de la India se refieren a la liberación del alma en términos de una fórmula que, providencialmente, parece favorecer el síndrome de que en el hombre «el espíritu es débil». Del total requerido para alcanzar la salvación, se dice que el 25 % radica en el esfuerzo espiritual del discípulo, otro 25 % está representado por la bendición del gurú y el 50 % restante proviene de la gracia de Dios. El aspirante no debería, sin embargo, ceder a la tentación de abandonarse a una actitud de complacencia y esperar que las bendiciones y la gracia le impulsen, ya que el catalizador que hace actuar la fórmula es el esfuerzo del devoto.

La necesidad de seguir a un verdadero gurú en el sendero espiritual

Dado que el esfuerzo del devoto y las bendiciones del gurú son igualmente necesarios para el progreso del discípulo, en la India se enseña que en el sendero espiritual es de fundamental importancia seguir fielmente al gurú. El gurú asume un interés personal en el bienestar del alma del devoto y coloca ante él un sendero de disciplina espiritual que le conduce tan lejos como el buscador de Dios esté dispuesto a ir.

En los primeros años de mi búsqueda espiritual tuve la bendición de frecuentar la compañía de almas santas cuya conciencia divina transportaba mi conciencia a los reinos celestiales. Sin embargo, no fue sino hasta que encontré a mi propio gurú enviado por Dios, Swami Sri Yukteswar, y recibí de él la iniciación, cuando comprendí cabalmente el poder transformador que encierra la sagrada tradición de la relación gurú-discípulo. Bautizado en un resplandor semejante al de mil soles, mi ser entero quedó gozosamente envuelto en el amor de Dios, protegido bajo los cuidados de la sabiduría de mi gurú. El *sadhana* del *Kriya Yoga* que me impartió en esa *diksha* constituyó la «perla de gran valor» con la cual se me abrirían todas las puertas hacia la Divina Presencia.

Un gurú no es un instructor espiritual común. Se pueden tener muchos instructores, pero sólo un gurú, que es el instrumento de salvación asignado por Dios en respuesta a las peticiones del devoto para ser liberado de las ataduras materiales.

Con frecuencia, los ministros de las iglesias y los sacerdotes de los templos son elegidos según una norma establecida que juzga cuán a fondo conocen las escrituras, o en virtud de la autoridad sacerdotal que en una ceremonia les es conferida por quien oficialmente posee mayor jerarquía eclesiástica. Ningún gurú puede alcanzar el desarrollo necesario sólo por el número de años que ha dedicado al estudio en la factoría intelectual de un seminario teológico cuyas autoridades suponen haber alcanzado su objetivo cuando otorgan títulos de licenciado o de doctor en teología. Tales títulos los obtienen las personas dotadas de buena memoria; mas el carácter, el autocontrol y la sabiduría procedentes de la intuición del alma pueden sólo cultivarse mediante el conocimiento y la aplicación diaria de métodos avanzados de meditación profunda que proporcionen la realización del Ser y la experiencia verdadera de la unión con Dios.

Tampoco puede alguien convertirse en un gurú por elección propia, sino que debe ser designado por un verdadero gurú para servir y salvar a otros, o bien deberá oír realmente la voz de Dios que le pide redimir a otros. Como se ha señalado, incluso Jesús respetó esta ley y recibió la bendición de su gurú antes de dar comienzo a su ministerio —simplemente para establecer el ejemplo correcto—. Quienes se autonombran gurús cometen el error de prestarle oídos a la voz de su imaginativo ego que les habla desde la mente subconsciente. Aquellos que, de este modo, se autoproclaman falsamente gurús, o que se solazan en la veneración que les profesan sus seguidores —que han sido alentados a honrar a tales instructores como si fuesen gurús—, no reciben de Dios ni de sus propios logros espirituales el poder de otorgar la salvación a nadie. Quien dicta conferencias y enseña buenos principios es digno de admiración; pero si un instructor no se halla capacitado para ser un verdadero gurú, no puede redimir almas y no debería tomarse la atribución de aceptar a otros como sus discípulos hasta que él mismo haya avanzado considerablemente en el logro de la realización del Ser.

Un gurú verdadero entrena primero su ser interior en la escuela teológicamente avanzada de la intuición y de la comunión con Dios que se experimenta en la meditación. Él se bautiza en el Espíritu antes de pretender iniciar a otros. No enseña con el objeto de obtener beneficios ni gloria mundana, sino con el único propósito de conducir almas a Dios. Un gurú jamás busca para sí mismo la devoción y obediencia de sus discípulos, sino que ofrece esa reverencia a Dios.

No es necesario que el discípulo se encuentre en compañía del gurú para recibir sus bendiciones. Lo más importante es hallarse espiritualmente sintonizado con el gurú, porque la ayuda de éste se transfiere al discípulo ante todo en el plano espiritual interno, y no a través de medios materiales. Si el discípulo no expresa crítica alguna, si muestra una reverencia y un amor incondicionales hacia su maestro y sigue fielmente sus preceptos, su receptividad facilita la tarea del gurú. La sintonía conecta la ayuda del gurú a los sinceros esfuerzos del discípulo, incluso si el gurú ya no se encuentra encarnado en la tierra. Mi gurú, Swami Sri Yukteswar, escribió: «El cultivar la compañía del gurú es no sólo encontrarse en su presencia física (ya que esto es a veces imposible), sino que significa principalmente mantenerle en nuestros corazones y sintonizarnos e identificarnos con él en principio, [...] manteniendo siempre en la mente la apariencia y atributos del gurú, reflexionando acerca de éstos, y siguiendo afectuosamente sus instrucciones con la docilidad de un cordero»[15].

---

[15] *La ciencia sagrada*, publicado por *Self-Realization Fellowship*.

Gran número de personas que nacieron siglos después de Cristo han alcanzado la unión con Dios a través de su devoción a Jesús, el Buen Pastor, al que siguieron como su gurú o salvador. Dijo Jesús: «¿*Por qué me decís "Señor, Señor" y no hacéis lo que digo?*»[16]. El secreto de los santos consiste en que ellos practicaban lo que Jesús enseñó y ejemplificó; y por medio de su sincera devoción les fue posible alcanzar un estado de recogimiento extático, como hacen los yoguis consumados, lo cual es necesario para lograr la comunión con Cristo.

~

Oculta en los versículos de la Biblia donde Juan el Bautista se describe a sí mismo, hay una hermosa revelación acerca del camino que conduce a ese divino contacto:

> «*Yo soy la voz del que clama en el desierto: Rectificad el camino del Señor, como dijo el profeta Isaías*» (*Juan* 1:23).

Juan preparó el camino para el brevísimo ministerio de Jesús, bautizando y predicando a la muchedumbre con el fin de capacitar espiritualmente, de la mejor manera posible, a esa generación no muy instruida. El hecho de que, por su parte, citara la velada profecía de Isaías, que se menciona en el Antiguo Testamento[17], no fue únicamente una confirmación de que era él mismo quien, según la profecía, anunciaría a Jesús, sino una declaración acerca de la verdadera preparación necesaria para recibir a Cristo —durante la venida de Jesús en aquella época y en todas las épocas futuras.

La vía hacia la Conciencia Crística: «El camino recto del Señor»

Cuando los sentidos se encuentran ocupados con lo externo, el ser humano se halla absorto en el ajetreado «mercado» de las complejidades de la materia, que interactúan constantemente dentro de la creación. Incluso cuando mantiene los ojos cerrados en la oración o está concentrado en otros pensamientos, el hombre permanece en el ámbito de la actividad. El verdadero desierto, donde ningún pensamiento

---

[16] *Lucas* 6:46.

[17] *Isaías* 40:3: «*Una voz clama: "Abrid en el desierto un camino a Yahvé, trazad en la estepa una calzada recta a nuestro Dios"*».

mortal, deseo humano o inquietud puede importunarnos, se encuentra al trascender la mente sensorial, la mente subconsciente y la mente supraconsciente, es decir, al alcanzar la conciencia cósmica del Espíritu, el «desierto» increado e inexplorado de la Bienaventuranza Infinita.

Juan el Bautista habló desde su propio estado espiritual interior al haber experimentado la Vibración Cósmica omnipresente: «Me encuentro en sintonía con el Sonido de la Creación que vibra en el desierto, donde no existen los deseos ni la inquietud. La expresión humana de mi voz que clama —es decir, que intenta enseñar a la gente desde mi estado de conciencia cósmica— emana de la Voz o Palabra de la Vibración Cósmica que proviene del Espíritu. Con el divino poder de esa Voz, he venido a anunciar la conciencia que se encuentra presente en Jesús».

Cuando Juan oyó dentro de sí, en el desierto del silencio, el omnisciente Sonido Cósmico, la sabiduría intuitiva le ordenó calladamente: *«Rectificad el camino del Señor»;* manifestad dentro de vosotros al Señor —la Conciencia Crística subjetiva presente en toda la creación cósmica vibratoria— mediante el sentimiento intuitivo que surge cuando, en el estado de éxtasis trascendente, se abren los divinos centros metafísicos de la vida y la conciencia en el camino recto de la espina dorsal.

Los tratados de yoga explican el despertar de los centros espinales no como algún tipo de aberración mística sino como un hecho puramente natural, común a todos los devotos que encuentran el camino hacia la presencia de Dios. Los principios del yoga no reconocen los límites artificiales de los «ismos» religiosos. El yoga es la ciencia universal para lograr la divina unión del alma con el Espíritu, del hombre con su Hacedor. El yoga describe el modo preciso en que el Espíritu desciende de la Conciencia Cósmica a la materia y se expresa de forma individualizada en todos los seres, y cómo, en sentido inverso, la conciencia individualizada debe finalmente ascender de nuevo hacia el Espíritu.

Muchos son los senderos religiosos y las maneras de acercarse a Dios, pero todos conducen, en última instancia, a una única autopista que constituye el ascenso final hacia la unión con Él. El camino para liberar el alma de los lazos que la atan a la conciencia mortal del cuerpo es idéntico para todos: se trata de la misma vía «recta» de la espina dorsal por la cual el alma descendió del Espíritu al cuerpo y la materia[18].

---

[18] *«Habrá allí una senda purificada, que la llamarán Vía Sacra; no pasará el impuro por ella, ni los necios por ella vagarán. [...] los rescatados la recorrerán. Los redimidos de Yahvé volverán, entrarán en Sión entre aclamaciones: precedidos por alegría eterna, seguidos de regocijo y alegría. ¡Adiós, penas y suspiros!»* (Isaías 35:8-10).

La verdadera naturaleza del ser humano es el alma, un rayo del Espíritu. Así como Dios es la Dicha siempre existente, siempre consciente y eternamente renovada, así también el alma, al hallarse encerrada en el cuerpo, es la Dicha individualizada siempre existente, siempre consciente y eternamente renovada. La envoltura corporal del alma tiene una triple esencia. El cuerpo físico, con el cual el hombre se encuentra tan tenaz y afectuosamente identificado, es poco más que materia inerte, un terrón de minerales y sustancias químicas terrestres que están formados por toscos átomos. Toda la energía y fuerza que anima el cuerpo físico la recibe de un radiante cuerpo astral interno constituido por vitatrones. El cuerpo astral, a su vez, recibe sus poderes de un cuerpo causal de conciencia pura, que se encuentra formado por todos los principios ideacionales que estructuran y sostienen los instrumentos corporales físicos y astrales utilizados por el alma para interactuar con la creación de Dios[19].

Los tres cuerpos están vinculados entre sí y trabajan como uno solo debido a la ligazón entre la fuerza vital y la conciencia en los siete centros espirituales cerebroespinales: un instrumento físico, impulsado por la fuerza vital del cuerpo astral y por la conciencia que proviene de la forma causal. Al residir en el cuerpo trino, el alma adopta las limitaciones del confinamiento y se convierte en la pseudoalma o ego.

La fuerza vital y la conciencia descienden primero al cuerpo causal de conciencia a través de los centros ideacionales de la espina causal (constituida por conciencia magnetizada) y, desde allí, a los maravillosos centros espinales de luz y energía localizados en el cuerpo astral; luego, descienden al cuerpo físico a través del cerebro y la espina dorsal y se dirigen hacia el exterior por el sistema nervioso, los órganos y los sentidos, permitiendo así que el ser humano perciba el mundo e interactúe con su entorno material[20].

---

[19] El cuerpo causal, la idea matriz de los cuerpos astral y físico, está compuesto de 35 elementos ideacionales: 19 de ellos constituyen el cuerpo astral; y los 16 restantes corresponden a los elementos químicos del cuerpo físico. En las escrituras hindúes se identifican los 19 elementos astrales del cuerpo como sigue: inteligencia; ego; sentimiento; mente (conciencia sensorial); cinco instrumentos de conocimiento (las facultades sensoriales que operan dentro de los órganos físicos de la vista, el oído, el olfato, el gusto y el tacto); cinco instrumentos de acción (las facultades ejecutivas dentro de los instrumentos físicos de procreación, excreción, habla, locomoción y ejercicio de la habilidad manual); y cinco instrumentos de la fuerza vital, que realizan las funciones de circulación, metabolismo, asimilación, cristalización y eliminación.

[20] En el libro *Vibrational Medicine* [Medicina vibracional] (Bear and Company,

El flujo de la fuerza vital y la conciencia que se orienta hacia el exterior a través de la médula espinal y los nervios provoca que el hombre perciba y aprecie únicamente los fenómenos sensoriales. Dado que

---

Rochester, Vermont, 2001), el Dr. Richard Gerber detalla el descubrimiento científico de la energía electromagnética que forma un patrón organizador para el cuerpo físico: «Harold S. Burr, neuroanatomista de la Universidad de Yale en la década de 1940, estudiaba la configuración de los campos de energía» —que él denominó «campos de la vida» o campos L [de *life*, «vida»]— «existentes en torno a los organismos vivos, tanto vegetales como animales. Parte del trabajo de Burr consistió en estudiar la configuración de los campos eléctricos que rodean a las salamandras. Descubrió que éstas poseen un campo de energía cuyo aspecto se asemeja a la del animal adulto. Comprobó además que este campo contenía un eje eléctrico alineado con el cerebro y la médula espinal. El objetivo de Burr era descubrir en qué momento preciso del desarrollo del animal se originaba este eje eléctrico. Comenzó a trazar el mapa de los campos eléctricos en etapas cada vez más tempranas de la embriogenia de las salamandras y encontró que el eje se originaba en el óvulo sin fecundar. [...] Burr experimentó también con los campos eléctricos existentes en torno a plántulas muy pequeñas. De acuerdo con sus investigaciones, el campo eléctrico que rodeaba a un brote no poseía la forma de la semilla original, sino que se asemejaba al de la planta adulta».

En *Blueprint for Immortality: The Electric Patterns of Life* [El sello de la inmortalidad: Los patrones eléctricos de la vida] (Saffron Walden, Essex, Inglaterra, 1972), el profesor Burr narra los pormenores de su investigación: «La mayoría de las personas que hayan cursado Ciencias Naturales en la escuela secundaria recordarán que si se esparcen limaduras de hierro sobre una cartulina debajo de la cual se coloca un imán, éstas se distribuirán adoptando la forma de las "líneas de fuerza" del campo magnético, y que si estas limaduras se desechan y se reemplazan por otras, las nuevas limaduras se distribuirán de la misma manera que las anteriores.

»Algo similar —aunque infinitamente más complejo— ocurre en el cuerpo humano. Las moléculas y células del cuerpo se destruyen y reconstituyen de modo permanente con material nuevo proveniente de los alimentos que ingerimos, pero gracias al efecto coordinador del campo L, las nuevas moléculas y células se reconstruyen y distribuyen siguiendo el mismo patrón que las anteriores.

»Las investigaciones modernas con elementos "marcados" han revelado que los materiales que componen nuestro cuerpo y nuestro cerebro se renuevan mucho más a menudo de lo que se creía anteriormente. Por ejemplo, la totalidad de las proteínas del cuerpo es reemplazada por completo cada seis meses y, en algunos órganos como el hígado, la proteína se renueva con una frecuencia mucho mayor. Cuando nos encontramos con un amigo al que no hemos visto durante seis meses, ni una sola de las moléculas de su rostro estaba allí cuando le vimos por última vez. Sin embargo, gracias a su campo L de coordinación, las nuevas moléculas adoptan la disposición del antiguo patrón con el que estamos familiarizados y nos resulta posible reconocer su cara. Antes de que los instrumentos modernos revelaran la existencia de los campos L de coordinación, los biólogos no lograban explicarse cómo nuestros cuerpos "se mantienen en forma" después de atravesar incesantes procesos metabólicos y cambios de sustancias. Ahora el misterio ha sido desvelado; el campo electrodinámico del cuerpo hace las veces de matriz o molde, que conserva la "forma" u ordenamiento de cualquier material que se vierta en él, independientemente de la frecuencia con que se efectúe el reemplazo». *(Nota del editor).*

la atención es lo que dirige las corrientes vitales y la conciencia, en las personas que se entregan en exceso a los sentidos del tacto, olfato, gusto, oído y vista, los «reflectores» de la fuerza vital y la conciencia se hallan enfocados sobre la materia. Si, en cambio,

La inversión del flujo de la fuerza vital y la conciencia para despertar el ojo espiritual

por medio del autodominio al meditar, la atención se concentra firmemente en el centro de la percepción divina situado en el entrecejo, los faros de la fuerza vital y de la conciencia invierten su orientación y, al retirarse de los sentidos, revelan la luz del ojo espiritual.

Así como los faros delanteros de un automóvil se encienden por medio de un interruptor, así también el centro astral de la supraconciencia, ubicado en el bulbo raquídeo, envía una corriente de energía hacia los dos ojos físicos, los cuales ven el mundo de la dualidad. Pero si nos concentramos profundamente en el entrecejo, podemos hacer converger en el ojo espiritual único, situado en la frente, la luz que fluye hacia ambos ojos desde el bulbo raquídeo. Dijo Jesús: *«Si tu ojo es único, todo tu cuerpo estará iluminado»**. A través de este ojo de omnipresencia, el devoto se adentra en los dominios de la conciencia divina.

Los yoguis de la India (aquellos que buscan la unión con Dios por medio de los métodos formales de la ciencia del yoga) otorgan suprema importancia al hecho de mantener erguida la espina dorsal durante la meditación y concentrarse en el entrecejo. Una columna vertebral que permanece encorvada durante la meditación ofrece verdadera resistencia al proceso por el cual se invierte el curso de las corrientes vitales, e impide que éstas asciendan con fluidez hacia el ojo espiritual. Una espina dorsal que no esté erguida desalinea las vértebras y ocasiona el pinzamiento de los nervios, de modo que deja atrapada la fuerza vital en su acostumbrado estado de conciencia corporal e inquietud mental.

El pueblo de Israel buscaba al Cristo en un cuerpo físico; por eso, Juan el Bautista les aseguró que vendría alguien en quien el Cristo se hallaría manifestado, pero también les dijo sutilmente que todo aquel que quisiera en verdad conocer a Cristo debía recibirlo elevando su conciencia a través de la espina dorsal en la meditación *(«el camino del Señor»)*. Juan señalaba que el mero hecho de adorar el cuerpo de Cristo Jesús no era la vía para conocerle. La Conciencia Crística encarnada en Jesús sólo podía experimentarse mediante el despertar de los centros astrales de la espina dorsal, el camino recto de ascenso a través del cual era posible percibir de forma intuitiva la metafísica

Conciencia Crística presente en el cuerpo de Jesús.

Las palabras del profeta Isaías, reiteradas por Juan el Bautista, muestran que ambos sabían que el Señor subjetivo de la Creación Vibratoria Finita, o Conciencia Crística, podía recibirse en la conciencia de todo ser humano sólo a través del camino recto de la espina dorsal que ha «despertado» como consecuencia de la meditación. Isaías, Juan, los yoguis: todos ellos saben que para recibir la Conciencia Crística no basta el simple contacto físico con una persona que se halle en estado crístico. Es preciso saber cómo meditar, cómo desconectar la atención de las distracciones causadas por los sentidos y mantener la conciencia enfocada en el altar del ojo espiritual, donde la Conciencia Crística puede recibirse en toda su gloria.

Jesús mismo y sus discípulos fueron el fruto de la omnisciencia intuitiva que se desarrolla a través de la meditación y la devoción extáticas, mas no de la formación intelectual que se imparte en seminarios teológicos.

En la actualidad, las iglesias se han apartado del sendero de la realización del Ser, es decir, de la experiencia personal de Dios y de Cristo. Por lo general, las congregaciones se sienten satisfechas con los sermones, las ceremonias, las organizaciones y las festividades sociales. Sólo podrá lograrse la total revitalización y recuperación del cristianismo si se hace menos hincapié en los sermones teóricos —plagados de tópicos— y en las ceremonias psicofísicas que incitan emociones

La meditación científica eleva la práctica de la religión más allá de la teoría intelectual

superficiales, y si se instaura, en cambio, la meditación silenciosa y la verdadera comunión interior. En lugar de participar en las actividades de una iglesia como miembros pasivos, que se satisfacen con el mero hecho de escuchar sermones, los fieles deberían dedicar un mayor esfuerzo a cultivar la perfecta quietud, tanto del cuerpo como de la mente. La paz que proporciona la quietud física y mental absolutas es el verdadero templo en el que Dios visita con mayor frecuencia a sus devotos. «*Aquietaos y sabed que Yo soy Dios*»*[21].

Las palabras «enderezad» y «rectificad» significan también seguir el camino recto de la verdad, el único a través del cual el alma puede llegar a Dios. No resulta fácil elegir el rumbo correcto entre las variadas opiniones religiosas. Juan anunció a las multitudes el camino recto

---

[21] *Salmos* 46:11.

que las haría salir de su ignorancia y las exhortó a seguirlo para recibir las enseñanzas de Jesús sobre el modo de alcanzar la Conciencia Crística. La gente que deambula de iglesia en iglesia buscando satisfacción intelectual rara vez encuentra a Dios, porque el alimento intelectual sólo es necesario para inspirar a las personas a «beber» de Dios. Si el intelecto se olvida de saborear realmente a Dios, nos alejamos de la realización. La verdad y la sabiduría espirituales no se hallan en las palabras de algún sacerdote o predicador, sino en el «desierto» del silencio interior. Las escrituras sánscritas dicen: «Sabios hay muchos, cada uno con su propia interpretación de lo espiritual y de las escrituras, que aparentemente contradice la de los demás; pero el verdadero secreto de la religión se encuentra oculto en una cueva»[22]. La verdadera religión mora en nuestro interior, en la cueva de la quietud, en la cueva de la serena sabiduría intuitiva, en la cueva del ojo espiritual. Cuando nos concentramos en el entrecejo y ahondamos en las calmadas profundidades del luminoso ojo espiritual, podemos hallar respuesta a todos los interrogantes de índole religiosa que albergamos en el corazón. *«Pero el Paráclito, el Espíritu Santo, [...] os lo enseñará todo»* (*Juan* 14:26).

A través del método correcto de meditación en el Espíritu Santo en su aspecto de la luz del ojo espiritual y del sagrado sonido de la vibración cósmica de *Om*, todo devoto que persevere y sea constante en su práctica puede experimentar las bendiciones de la presencia vibratoria de Dios que se ha hecho manifiesta. Al hallarse imbuida del reflejo de la conciencia universal de Dios, la Sagrada Vibración (el Gran Confortador) contiene dentro de sí la bienaventuranza de Dios, que todo lo abarca. En el día de Pentecostés, los discípulos de Jesús se llenaron con el vino nuevo de este Gozo que provenía del contacto con el *Om* —la consoladora Vibración Sagrada— y pudieron hablar *«en diversas lenguas»*. El *Om*, la Palabra, el Sonido Vibratorio cósmico inteligente, es el origen de todos los sonidos y de todas las lenguas. Quien se encuentre lleno del Espíritu Santo —quien pueda oír, sentir y expandir su conciencia en el *Om*— será capaz de comprender las diversas lenguas de las inspiraciones de los hombres, de los animales y de los átomos, y podrá comunicarse a través de ellas. Comulgará realmente con la naturaleza, no como una experiencia propia de los sentidos, sino como quien se ha unificado con la Voz de Dios a través de la cual el Creador guía la simbiosis de sus criaturas sobre la base de la armonía.

---

[22] El *Mahabharata*, Vana Parva (312.117).

Todos los seres humanos surgen de la Vibración Creativa del Espíritu Santo, pero son hijos pródigos que han abandonado el hogar de su Divina Conciencia paterna y se han identificado con el limitado territorio finito del cuerpo humano. El alma siente que se encuentra confinada en los cuerpos físico, astral e ideacional. Al inicio del despertar espiritual, este Ser comienza a reivindicar su innato deseo de liberarse de las restricciones que impone el engaño. A la mente consciente se le debe enseñar, por lo tanto, cómo lograr que la conciencia del alma suspenda su identificación con estos tres cuerpos y pueda, entonces, retornar a su origen: el Espíritu omnipresente.

Por medio de una técnica de meditación en *Om* impartida por el gurú, tal como la que he enseñado a los estudiantes de *Self-Realization Fellowship*[23], puede oírse en la meditación la sagrada vibración del Espíritu Santo, el *Om,* por medio del instrumento suprasensorial de la intuición. Primero, el devoto experimenta el *Om* como la energía cósmica que se manifiesta en toda la materia. Los sonidos terrenales de todo el movimiento atómico, incluyendo los sonidos del cuerpo —el corazón, los pulmones, la circulación, la actividad celular—, provienen del sonido cósmico de la vibratoria actividad creativa del *Om.* Los sonidos de las nueve octavas perceptibles al oído humano, así como todas las vibraciones cósmicas de baja o alta frecuencia que no puede captar el oído humano, tienen su origen en el *Om.* De igual modo, todas las formas de la luz —el fuego, la luz solar, la electricidad, la luz astral— son expresiones de la primigenia energía cósmica del *Om.*

La meditación en Om confiere el bautismo en el Espíritu Santo y en la Conciencia Crística

Esta Sagrada Vibración, que opera en los sutiles centros espinales del cuerpo astral y que envía fuerza vital y conciencia al cuerpo físico, se manifiesta en la forma de maravillosos sonidos astrales, cada uno de los cuales es característico de un centro específico de actividad. Estos sonidos astrales se asemejan a los melodiosos sones del zumbido de un abejorro, a los acordes de una flauta, a las notas de un instrumento de cuerda como el arpa, al tañido de un gong o de una campana, al tranquilizador murmullo de un mar distante y a la sinfonía cósmica de todos los sonidos vibratorios. La técnica de meditación en *Om* de *Self-Realization Fellowship* enseña cómo oír y localizar estos sonidos astrales. Con ello se facilita el despertar de la conciencia

---

[23] Disponible en las *Lecciones de Self-Realization Fellowship.* (Véase la página 655).

divina encerrada en los centros espinales, ya que abre dichos centros para «rectificar» el camino de ascensión hacia la unión con Dios.

Cuando el devoto se concentra en el *Om* —primero, mediante el canto mental de *Om* y, luego, al escuchar realmente ese sonido—, aparta su mente de los sonidos físicos de la materia que se hallan fuera del cuerpo y se concentra en el sonido de la circulación y en otros sonidos provenientes de la vibración del cuerpo. Más tarde, su conciencia se aparta de las vibraciones del cuerpo físico para enfocarse en las vibraciones musicales de los centros espinales del cuerpo astral. Y esa conciencia se expande luego desde las vibraciones del cuerpo astral hasta percibir las vibraciones de la conciencia que mora en el cuerpo causal y en la omnipresencia del Espíritu Santo. Cuando la conciencia del devoto puede no sólo oír el sonido cósmico de *Om*, sino también percibir realmente su presencia en cada unidad del espacio, en toda la vibrante materia finita, el alma del devoto se unifica entonces con el Espíritu Santo; su conciencia vibra simultáneamente en el cuerpo, en el ámbito de la tierra, en los planetas y en los universos, así como en cada partícula de materia, del espacio y de la manifestación astral. Mediante el poder de expansión que posee el Espíritu Santo —el vibrante sonido de *Om* que se oye en la meditación y que se difunde en todas direcciones—, la conciencia se sumerge (se bautiza) en el río sagrado de la Conciencia Crística.

Estos estados cada vez más elevados de unión divina se alcanzan al meditar de modo más profundo y prolongado, de acuerdo con las instrucciones del gurú. Sin embargo, desde el comienzo mismo se manifiestan de manera creciente las bendiciones que proporciona el contacto con el *Om*.

Las edificantes vibraciones del Confortador brindan profunda paz interior y gozo. La Vibración Creativa tonifica la fuerza vital específica del cuerpo (lo que conduce a la salud y el bienestar) y puede enviarse de forma consciente como poder curativo hacia aquellos que necesitan ayuda divina[24]. Por ser la fuente de la inteligencia creativa, la vibración

---

[24] Paramahansa Yogananda oraba a diario y enviaba energía curativa a todos aquellos que solicitaban su ayuda. Además, enseñó a sus discípulos una técnica especial para enviar el poder curativo de *Om,* con la finalidad de ayudar a otros a superar dificultades de orden físico, mental o espiritual. Actualmente, se continúa prestando este servicio a través del «Consejo de oración» de la sede internacional de *Self-Realization Fellowship,* al que se unen miles de miembros del «Círculo mundial de oraciones» de SRF que oran por las personas necesitadas y por la paz mundial. (Véase la nota al pie de la página 488). *(Nota del editor).*

de *Om* inspira la iniciativa, el ingenio y la voluntad personales. El bautismo en la vibración del Espíritu Santo permite que se liberen las ataduras de los malos hábitos y de los deseos erróneos, y ayuda a establecer hábitos y deseos beneficiosos; así se transmutan finalmente los deseos en una sincera atracción por el gozoso contacto con Dios. Conocer a Dios no significa la negación de los deseos, sino, más bien, su total satisfacción. Así como alimentar a otra persona no nos ayuda a saciar nuestra propia hambre, tampoco el alma podrá sentirse satisfecha jamás si sólo se alimentan los sentidos. Los sentidos ansían que la autoindulgencia, la gula y las tentaciones los exciten y los entretengan; el alma, por el contrario, se satisface únicamente a través de la calma, la paz y la bienaventuranza que se obtienen por medio de la meditación y el uso moderado de los instrumentos sensoriales.

Debería estimularse la ambición por las cosas buenas, por los nobles objetivos, por el trabajo espiritual y por el servicio a los demás, con el objeto de desplazar el egoísmo, la codicia y el limitante confinamiento de ocuparse sólo de uno mismo y de los familiares cercanos. En todas las nobles obras y logros, encontramos una fuente de gran gozo cuando las emprendemos con la mente centrada en Dios.

Mediante el contacto con Dios en el mundo y en la meditación, todos los deseos del corazón se ven colmados, porque nada es más valioso, placentero o atractivo que el siempre renovado gozo de Dios, que todo lo satisface.

El deseo limita la conciencia al objeto deseado. El amor por todas las cosas buenas, considerándolas expresiones de Dios, expande la conciencia del hombre. Quien baña su conciencia en el Espíritu Santo pierde el apego por los deseos y objetos personales, a la vez que disfruta de todas las cosas con la dicha de Dios en su interior.

En la meditación más profunda, tal como la practican quienes se hallan avanzados en la técnica de *Kriya Yoga*[25], el devoto experimenta

---

[25] *Kriya Yoga* es una sagrada ciencia espiritual que comprende técnicas destinadas a retirar la vida y la conciencia que se hallan en los sentidos, a fin de conducir ambas en dirección ascendente y hacerlas pasar a través de los portales de luz situados en los centros cerebroespinales sutiles. El objetivo es fundir la conciencia material en la energía vital, la energía vital en la mente, la mente en el alma y el alma en el Espíritu. El *Kriya Yoga* —un antiguo tipo de *Raja Yoga* (el «rey» de los sistemas del yoga o sistema «completo»)— ha sido ensalzado por Krishna en el *Bhagavad Guita* y Patanjali en los *Yoga Sutras*. Como se relata en *Autobiografía de un yogui*, el *Kriya* fue restablecido en esta era por Mahavatar Babaji, quien dispuso que yo difundiera esta liberadora ciencia en el mundo entero. El *Kriya Yoga* se enseña a los estudiantes de las *Lecciones*

no sólo una expansión de la vibración de *Om* («la voz que salía de los cielos»), sino que comprueba además que le es posible seguir la luz

Cómo transitar el «camino recto» para lograr la máxima ascensión en el Espíritu

microcósmica del Espíritu por el «camino recto» de la espina dorsal hacia la luz del ojo espiritual («la paloma que baja desde los cielos»).

En primer lugar, la fuerza vital y la conciencia han de retirarse de los sentidos y de la inquietud del cuerpo y, luego, cruzar los portales de la Energía Cósmica, representada por el anillo de luz dorada del ojo espiritual. Después, la conciencia del devoto debe sumergirse en la luz azul, que representa la Conciencia Crística, y posteriormente tendrá que penetrar en el Espíritu, en la región ilimitada del Infinito, a través de la abertura de la estrella plateada. Esta luz dorada, azul y plateada contiene todas las divisiones formadas por los rayos —electrónicos, atómicos y vitatrónicos— de la Vibración Cósmica, a través de las cuales se debe penetrar para llegar al cielo.

En estos estados sumamente elevados de meditación, el cuerpo mismo se espiritualiza, suelta su tenaz atadura atómica y pone de manifiesto así su estructura astral subyacente constituida por fuerza vital. El halo con el que frecuentemente se representa a los santos no es fruto de la imaginación, sino que se trata de la divina luz interior que inunda el ser entero. Cuando se medita con una profundidad aún mayor, el cuerpo astral se transforma en el cuerpo ideacional de conciencia. Entonces, en forma de sabiduría pura, la conciencia ideacional trasciende las vibraciones del Espíritu Santo y se sumerge en la Conciencia Crística, a través de la cual asciende hacia la Conciencia Cósmica —el seno de Dios Padre.

Ésta es, pues, la verdadera enseñanza de Jesucristo, que vino a bautizar con el Espíritu Santo. Sólo aquel que es capaz de ver el ojo espiritual, no de manera temporal, sino permanente, y que puede percibir a través de él al Espíritu Omnipresente está capacitado para bautizar a otros con el magnetismo cósmico del Espíritu Santo. No es suficiente ver la luz o poder mostrar a otras personas la luz del ojo espiritual. Es preciso percibir al Espíritu a través del ojo espiritual. Éste es el bautismo que Juan confirió a Jesús, la *diksha* impartida por un verdadero gurú que puede hacer venir al Espíritu Todopoderoso para

---

de *Self-Realization Fellowship* que cumplen con ciertos requisitos espirituales preliminares. (Véase la página 655).

que envuelva al discípulo en el Magnetismo Cósmico. El discípulo, a su vez, debe hallarse en un estado espiritual avanzado y ser merecedor de la iniciación, a fin de recibir tal bautismo en la Omnisciencia por parte de su elevado gurú, que es uno con la Conciencia Cósmica y, por lo tanto, actúa como canal del Espíritu.

A través de los ojos físicos, el ser humano ve únicamente su cuerpo y una pequeña porción del mundo. Sin embargo, la conciencia se expande al recibir el bautismo o iniciación espiritual de un verdadero gurú. Todo aquel que, a semejanza de Jesús, pueda ver la paloma espiritual posarse sobre él —es decir, que pueda contemplar el ojo espiritual de omnisciencia omnipresente— y, como resultado de perseverar en la meditación cada vez más profunda, logre adentrarse en su luz, percibirá la totalidad del reino de la Energía Cósmica y la conciencia de Dios existente en dicho reino y más allá, en la Infinita Bienaventuranza del Espíritu.

El papel de Satanás
en la creación de Dios

La naturaleza y origen del mal

❖

Por qué el mal tiene un lugar en el plan de Dios

❖

El origen de Satanás, el poder creativo que se rebeló contra Dios

❖

El conflicto entre la Conciencia Crística y Satanás dentro de la creación

❖

Cómo provocó Satanás que el hombre descendiera de la conciencia divina

❖

El lugar que ocupa el hombre en el conflicto
entre la bondad de Dios y las tentaciones de Satanás

❖

El Espíritu Inmaculado se percibe
al trascender las dualidades del engaño

«Satanás se originó como consecuencia natural del deseo desinteresado de Dios de dividir su Océano de Unidad para dar lugar a las olas de la creación finita. [...] La Fuerza Adversaria mantiene su esfera de influencia mediante el denso oscurecimiento de la verdadera naturaleza divina de todos los seres creados».

*J*esús, lleno de Espíritu Santo, se volvió del Jordán y fue conducido por el Espíritu al desierto. Allí estuvo durante cuarenta días, y fue tentado por el diablo.

Lucas 4:1-2

Dícele entonces Jesús: «Apártate, Satanás»[1].

Mateo 4:10

---

[1] Los detalles de la tentación de Jesús por parte de Satanás se exponen en el discurso 8.

El papel de Satanás en la creación de Dios

La conciencia de Jesús el hombre, que se había convertido en Jesús el Cristo, se hallaba saturada de la omnipresencia del Espíritu Santo —percibía su unidad con la sagrada Esencia Vibratoria de Dios, que sustenta todo lo manifestado—. Su cuerpo abarcaba la universalidad de la creación, en la cual vivía y se movía la pequeña forma denominada «Jesús».

Para comprender con exactitud qué quiere decir que Jesús estaba «lleno de Espíritu Santo» es preciso refutar científica y metafísicamente la superstición, mediante la verdadera comprensión del significado de este hecho a la luz de las acciones y las palabras del propio Jesús. Cuando dijo: «*¿No se venden dos pajarillos por un as? Pues bien, ni uno de ellos caerá en tierra sin el consentimiento [conocimiento] de vuestro Padre*»[2], se refería a la omnipresencia crística del Espíritu Santo. Jesús —al igual que los yoguis de la India que han alcanzado la unión con Dios— no sólo podía profetizar las acciones de la gente y el curso de acontecimientos distantes, valiéndose de las vibraciones telepáticas del pensamiento, sino también conocer, a través de la percepción de su omnipresencia crística, todos los sucesos que ocurrían dentro de la creación vibratoria.

La conciencia de una hormiga se limita a las sensaciones que

Qué significa realmente estar «lleno de Espíritu Santo»

---

2 *Mateo* 10:29. (Véase el discurso 41, en el volumen II).

experimenta en su pequeño cuerpo. La conciencia de un elefante abarca por completo su imponente figura: si diez personas tocaran diez partes diferentes del cuerpo del voluminoso animal, éste percibiría simultáneamente las sensaciones provenientes de cada uno de esos puntos. La Conciencia Crística, que se experimenta en la unidad con el Espíritu Santo, se extiende hasta los confines de todas las regiones vibratorias.

La totalidad de la creación vibratoria es una exteriorización del Espíritu. El Espíritu Omnipresente se halla escondido en la materia vibratoria, del mismo modo que el aceite está oculto dentro de la aceituna. Al prensar el fruto, aparecen en la superficie minúsculas gotas de aceite; de igual manera, el Espíritu, manifestado individualmente en cada alma, emerge de la materia en forma gradual mediante el proceso de evolución. El Espíritu se expresa en los minerales y las piedras preciosas como belleza y fuerza química y magnética; en las plantas, como belleza y vitalidad; en los animales, como belleza, vida, poder, movimiento y conciencia; en el hombre, como entendimiento y poder en expansión; y en el superhombre, el Espíritu retorna a la Omnipresencia[3].

En cada fase evolutiva, por consiguiente, el Espíritu se expresa en mayor medida. El animal se ha liberado de la inercia de los minerales y de la fijeza de las plantas, para experimentar, por medio del movimiento y de la conciencia de los sentidos, una porción aún mayor de la creación de Dios. El hombre, gracias a su capacidad de autoconciencia, puede además comprender los pensamientos de sus semejantes y proyectar la mente sensorial —al menos mediante el poder de la imaginación— hacia el espacio tachonado de estrellas.

El superhombre expande su energía vital y su conciencia desde el cuerpo hasta abarcar el espacio entero, y siente como parte de su propio ser la presencia de todos los universos del vasto cosmos, así como también cada minúsculo átomo de la tierra. En el superhombre se recupera la omnipresencia perdida del Espíritu, que se hallaba implícita en el alma como Espíritu individualizado.

El superhombre alcanza este supremo estado evolutivo después del «bautismo» o inmersión en la Vibración Cósmica del Espíritu

---

[3] En la filosofía del yoga, estas cinco etapas evolutivas reciben el nombre de *koshas,* «envolturas» que se van abriendo progresivamente a medida que la creación evoluciona desde la materia inerte hasta convertirse de nuevo en Espíritu puro. (Véase el comentario sobre las estrofas I:4-6 del *Bhagavad Guita* en *God Talks With Arjuna*). *(Nota del editor).*

Santo [como se explica detalladamente en el discurso 6], al avanzar desde la conciencia corporal hasta experimentar los estados sucesivos de supraconciencia, Conciencia Crística y Conciencia Cósmica.

En el primer estado que alcanzó el alma de Jesús en su exitoso intento de elevarse por encima del hábito del apego corporal —arraigado durante encarnaciones e inducido por la Naturaleza Cósmica—, Jesús el hombre sintió, dentro de los límites de su cuerpo, la presencia vibratoria del Espíritu Santo: la Vibración Cósmica inteligente que se oye intuitivamente en el estado meditativo de comunión interior. En ese estado de desarrollo

Dos etapas de comunión con la Vibración Cósmica del Espíritu Santo

metafísico, la percepción divina del Espíritu como el Confortador —el Espíritu Santo— y el poder de atracción del amor y de la inteligencia de Dios en la Conciencia Crística se experimentan como si se hallasen confinados dentro de los límites del cuerpo, el cual ocupa una pequeña partícula de la región vibratoria de la tierra.

En el segundo de los estados más elevados, Jesús sumergió su conciencia en la vibración del Espíritu Santo y su inherente Inteligencia Crística. De ese modo, la conciencia de Jesús traspasó los límites de su cuerpo hasta abarcar toda la creación finita que se encuentra en la región vibratoria de lo manifestado: la esfera de tiempo y espacio que incluye los universos planetarios, las estrellas, la Vía Láctea y la familia de nuestro pequeño sistema solar, del cual forma parte la Tierra, donde el cuerpo de Jesús era tan sólo una partícula. Jesús el hombre —un diminuto punto sobre la Tierra— se convirtió en Jesús el Cristo, cuya conciencia, unida a la Conciencia Crística del Espíritu Santo, era omnipresente.

Dicho estado se puede cultivar externamente al experimentar el amor de Dios en su reflejo, la Conciencia Crística —que atrae la materia y la conciencia hacia la Divinidad—, y expandir luego ese sentimiento de amor incondicional a la familia, a la sociedad, a la nación, a todas las naciones y a todas las criaturas. También se puede lograr internamente si expandimos la conciencia al meditar en el Sonido Cósmico de *Om,* a fin de trascender la semisubconciencia, la semisupraconciencia, la conciencia del alma y la semi Conciencia Crística hasta alcanzar el estado culminante de la Conciencia Crística omnipresente.

Un ser crístico ama a todos y percibe realmente cada una de las porciones de la tierra y del espacio vibratorio como si fuesen las células vivientes de su propio cuerpo.

En cierta ocasión, Lahiri Mahasaya, el gurú de mi maestro, se encontraba exponiendo sus enseñanzas sobre el *Bhagavad Guita* (una de las escrituras de la India) a un grupo de estudiantes de Benarés[4]. En medio de una explicación sobre el significado de *Kutastha Chaitanya* (la Conciencia Crística universal o Conciencia de Krishna), súbitamente exclamó, jadeante: «¡Me estoy ahogando en los cuerpos de muchas almas, cerca de las costas de Japón!». A la mañana siguiente, sus discípulos leyeron en los periódicos que un barco había zozobrado cerca de las costas de Japón, a consecuencia de lo cual murieron varias personas; este hecho fatal ocurrió exactamente a la hora en que Lahiri Mahasaya, en su omnipresencia, experimentó el naufragio.

Lo mismo ocurrió con Jesús. Él había logrado conducir exitosamente su conciencia a través de niveles ascendentes de expansión de la conciencia hasta alcanzar ese segundo estado de inmersión en el Espíritu Santo: el estado crístico de omnipresencia. Esto es lo que significa que Jesús se encontraba *«lleno de Espíritu Santo»*.

El estado crístico o de percepción del Espíritu Santo —la unión con la presencia de Dios en la creación manifestada— es el estado habitual de los seres divinos que nacen con el propósito de servir e inspirar a la humanidad que se encuentra atrapada en el engaño. Así como el Señor mismo, en su aspecto de almas individuales, se halla cautivo en las multitudinarias formas que existen en el reino de la creación —un reino abrumado por pruebas y tribulaciones, conflictos y sufrimiento—, así también los redentores enviados por Dios aceptan compartir los desafíos y aflicciones de los seres a quienes vienen a liberar. Incluso para un maestro completamente liberado, descender una vez más a una mente y un cuerpo nuevos implica asumir cierto grado de engaño. La bienaventuranza de la unión profunda con el trascendente Dios Padre —el Espíritu que se encuentra más allá de todo artificio de la ilusión— es un estado que un Cristo abraza en los períodos de trascendencia, durante el *samadhi* que experimenta en la meditación; pero desde dicho estado retorna a la esfera de la manifestación y sus restrictivos principios creativos, que hacen posible este drama cósmico de fuerzas y

Incluso los salvadores enviados por Dios aceptan cierto grado de engaño

---

[4] Desde que la India logró su independencia, se restableció la forma de escritura original de muchos términos que habían sido adaptados a la forma inglesa durante el dominio británico. Por ello, en la actualidad, Benarés es más conocida como «Varanasi» o bien recibe su nombre más antiguo, Kashi. *(Nota del editor)*.

formas delimitadas que interactúan entre sí. La naturaleza del mundo manifestado es tal que un estado prolongado o permanente de unión con la Trascendencia sería sumamente improbable —e incluso imposible— para aquellos cuyo servicio a la humanidad se lleva a cabo en contacto reiterado con la gente.

A veces, ciertas almas excepcionales sirven al género humano permaneciendo, sobre todo, en meditación trascendente, estado en el cual envían poderosas vibraciones espirituales para contrarrestar los males que aquejan al mundo; pero estas almas permanecen apartadas en lugares remotos y en raras ocasiones —o quizá nunca— aparecen ante los hombres comunes. En *Autobiografía de un yogui* hago referencia a uno de tales avatares, Mahavatar Babaji: la Naturaleza misma permanece impotente ante él y sobrecogida de admiración. El ser humano que avanza dando traspiés no sólo necesita las silenciosas bendiciones procedentes de estos elevados benefactores espirituales; precisa también del ejemplo tangible de un ser mortal que le infunda valentía, fe y anhelo por Dios, y que le muestre el camino a la redención. Por eso es imprescindible la presencia de los seres divinos que optan por servir en el escenario de las contiendas humanas.

En la unión con el Ser Absoluto, existe un elevado estado de trascendencia interior que en el yoga se denomina *nirvikalpa samadhi* y en el cual el alma se mantiene conscientemente unida a Dios en su aspecto trascendente, incluso cuando el cuerpo físico y la mente continúan expresándose y ocupándose de las actividades que exigen su atención. Ésta es la meta de la ascensión, que sólo alcanzan los seres celestiales. El *nirvikalpa samadhi* puede experimentarse durante breves períodos, o bien durante meses por almas sumamente avanzadas, o incluso durante algunos años en el caso de aquellos que han alcanzado lo que en el yoga se conoce como *Brahmasthiti* o estado de unión permanente con Dios. Vivir en el mundo del engaño a la vez que se experimenta la indescriptible bienaventuranza de la Única Realidad Inmanifestada hace que el vínculo con el cuerpo se vuelva muy débil. Finalmente, se torna difícil el simple hecho de mantener la cohesión atómica de la engañosa forma material y de evitar que la individualidad del alma se disuelva en el Espíritu. Por consiguiente, incluso en los estados más elevados de unión divina, la naturaleza externa de quienes se encuentran unidos a Dios retiene cierto grado de identidad con el ego y el engaño, lo suficiente como para mantener juntos el cuerpo y el alma.

Para desempeñar su papel especial en el drama de Dios, Jesús el hombre, transformado en Jesús el Cristo, se preparó para los tres

El tercer estado de trascendencia espiritual: la unión total con el Absoluto

años culminantes de su ministerio, en los que se enfrentaría a los más poderosos enemigos: el mal y la ignorancia, productos del ilusorio engaño. A fin de poder sobrellevar la carga impuesta por esta misión que le había sido encomendada, era necesario forjar y fortalecer sus facultades físicas y mentales en las llamas de las pruebas y de la tentación, para lo cual centró su conciencia externa en la unión divina proveniente de su inmutable percepción interior. Jesús tuvo que superar las pruebas metafísicas y psicológicas de Satanás antes de poder abandonar por completo el engaño, durante el tercero y último de los estados de trascendencia en el Espíritu —la unión total del cuerpo, el Espíritu Santo, la Conciencia Crística y Dios Padre, que se perciben como uno solo en el Espíritu—. Él sabía que, mientras se encontrara encarnado en los dominios de *maya*, continuarían las pruebas mortales nacidas de la ilusión.

A pesar de que Jesús ya se había liberado en Espíritu en su encarnación como Eliseo, el cuerpo y la mente de su nueva encarnación conservaban en parte ciertas características de existencias pasadas. El recuerdo, las sugerencias y los deseos terrenales de su previa conciencia humana limitada —aun cuando ya no le ataban— intentaron atraer su elevada conciencia hacia el mundo terrenal, por medio de la ley del hábito que liga el alma a la existencia mortal. Ésta es la explicación psicológica de que el hábito que Jesús tenía de permanecer en la conciencia divina fuera sometido a la tentación de los hábitos mortales de vidas pasadas que deseaban apartarle del Gran Confortador —la Vibración del Espíritu Santo, la fuente de toda satisfacción, puesto que es la suma de todo cuanto pueda anhelarse de la esfera terrenal.

La naturaleza y origen del Mal

Muchos intérpretes modernos de las escrituras, no pudiendo dilucidar las razones por las cuales un Cristo perfecto reconocería la existencia de Satanás y el poder de éste para tentarle, han intentado refutar de manera convincente la antigua idea de la existencia del diablo, aduciendo que se trata de un concepto obsoleto y metafórico. Dios es la Fuente y Esencia de todas las cosas —argumentan—; por lo tanto, el mal no existe. ¿Cómo podría existir el mal en un mundo creado por un Ser Divino que es sólo bondad? Otros señalan que el bondadoso Dios no conoce el mal, porque, si así fuese, sin duda le pondría fin.

Ver a Dios en todo y negar el poder que posee el mal para influir sobre la vida del hombre tiene algunos aspectos favorables, ya que, incluso si se reconoce la existencia de una fuerza consciente del mal —Satanás—, ésta no puede ejercer influencia sobre la mente humana a no ser que ésta lo acepte. Sin embargo, resulta totalmente contradictorio negar la existencia del mal y sus tentaciones mientras permanecemos sujetos al sufrimiento y sucumbimos a deseos que no están acordes con la imagen de Dios que mora en nuestro interior. Si residimos en un cuerpo, tácitamente hemos reconocido la dualidad del mundo de la materia. La filosofía podrá desarrollar un intrincado juego de palabras con la verdad, pero el hecho cierto es que cada persona debe enfrentarse a la obstinada actitud de su presente estado de conciencia. Es preferible conocer los ardides del mal y los métodos para combatirlos antes que caer en su trampa por sorpresa al negar despreocupadamente la realidad. Sólo el auténtico conocimiento, y no las meras aseveraciones que no han sido sometidas a la prueba de la experiencia, puede conducir a la emancipación final.

Si bien no se puede negar el hecho de que Dios es la Fuente de todo cuanto existe y que el mal es parte de la creación de Dios, también debe reconocerse que lo que llamamos «mal» es relativo. Ciertamente, es terrible que la violencia, los accidentes y las enfermedades maten a miles de millones de personas, siglo tras siglo. La muerte misma, sin embargo, es necesaria para la renovación y la evolución de la vida. Además, la tierra no tiene como propósito el ser un lugar «celestial»; si así fuese, nadie desearía abandonar el cómodo cuerpo físico y este agradable mundo para regresar a Dios. La aflicción, en cierto sentido, es una benefactora del hombre, porque le lleva a buscar en Dios el estado en que se trasciende el sufrimiento. Así pues, es difícil fijar una línea divisoria entre el bien y el mal, salvo en un sentido relativo. Para Dios, nada es malo, porque nada puede hacer decrecer su inmortal y eternamente perfecta Bienaventuranza. Por el contrario, para la miríada de seres que se encuentran atrapados en el crisol de la existencia mortal, el mal es algo demasiado real; y afirmar que Dios no reconoce el sufrimiento de los hombres como algo nocivo ¡implicaría que se trata de un Dios muy ignorante!

La existencia del mal en el mundo podría atribuirse a diversas causas. Algunas personas señalan que la responsabilidad de estos hechos no radica en Dios ni en ningún Poder Maléfico de naturaleza

La naturaleza
subjetiva del
mal surge de los
pensamientos y
acciones del hombre

objetiva. Rechazan la idea de que Satanás sea un
ser real, por considerarla una superstición medieval —semejante a la del dragón que ha de perecer
bajo la espada del caballero victorioso—; tratan
de refutar la existencia de Satanás argumentando
que el mal tiene un origen subjetivo y que surge de
factores psicológicos cuya raíz se encuentra en los
pensamientos y acciones del hombre mismo. Tal vez podría admitirse
este concepto en el caso de los actos atroces perpetrados por almas
viles que causan sufrimiento a sus semejantes, pero ¿qué decir del
dolor que se experimenta en las enfermedades, las heridas y la muerte
prematura? Según el punto de vista de que el mal es subjetivo, incluso
estos sufrimientos son el resultado de las decisiones y acciones erróneas del hombre —de su falta de armonía con las leyes universales.

En ese sentido, es evidente que el mal que se manifiesta en la vida
del ser humano es causado por él mismo; por ejemplo, si un hombre
golpea un muro de piedra con los nudillos, el innegable mal resultante
no será un daño creado ni deseado por el muro, sino la consecuencia
directa de la ignorancia de esa persona que golpea las piedras que son
duras por naturaleza. De igual modo, podría decirse que Dios es el
muro de piedra de la Bondad Eterna. Su universo se sostiene gracias
a la operación de leyes justas y naturales. Quienquiera que sea lo suficientemente torpe como para hacer mal uso de su inteligencia y actuar
contra esa bondad causará, inexorablemente, el mal del dolor y del
sufrimiento —que no se debe a ningún propósito o deseo de Dios, sino
al conflicto que se produce entre los modos perniciosos de vida y los
eternos principios del bien que son la base de todas las cosas que tienen
su ser en Dios—. El ser humano posee el don del libre albedrío, que
le ha sido divinamente concedido para sintonizarse con la bondad, la
paz y la inmortalidad de Dios. Quienes utilizan la voluntad en forma
opuesta a sus leyes y las quebrantan, actuando fuera de sintonía con
Él, están destinados a sufrir los efectos adversos de sus malas acciones,
conforme a la ley de causa y efecto.

Un niño pequeño dotado de capacidad de razonamiento puede
disfrutar de perfecta salud y de protección bajo la estricta disciplina de
su madre; mas, cuando crece, dice: «Madre, sé que estoy a salvo bajo
tu cuidado, pero me pregunto: "¿Por qué fomentaste mi inteligencia

y me diste el poder del libre albedrío si siempre decidirás cómo debo comportarme?". Deseo tomar mis propias decisiones; descubriré por mí mismo lo que es bueno o malo para mí».

La madre le responde: «Hijo, es justo que reclames el derecho de utilizar tu libre albedrío. Cuando estabas indefenso y aún no habías desarrollado tu poder de raciocinio, te crié con la protección del amor maternal. Pero ahora, los ojos de tu razón se han abierto, y ha llegado el momento de confiar en la guía de tu propio juicio».

De este modo, sin protección alguna, el joven se aventura en el mundo, dotado únicamente de un discernimiento parcialmente desarrollado: abusa de las leyes de la salud y se enferma; elige malas compañías, se involucra en riñas y termina con un ojo morado y una pierna fracturada.

Es la Madre Divina[5] la que trata de proteger a cada bebé a través del amor instintivo de los padres. Sin embargo, llega un momento en que el bebé madura y debe protegerse por sí solo mediante el ejercicio de su raciocinio. Si aquel que está en proceso de madurar se deja guiar correctamente por el discernimiento, alcanzará la felicidad; pero si, por el contrario, emplea la razón de manera incorrecta, provocará un desenlace desafortunado.

Sobre la base de este análisis del mal, parecería que la causa de éste es más subjetiva que objetiva, es decir, que se debe principalmente a la ignorancia y al juicio errado de los seres humanos y no a alguna fuerza maligna del universo. El poder de los hábitos ofrece un ejemplo adecuado: los males resultantes de los excesos o de la imprudencia con relación al cuerpo —la mala salud, el estar a merced de las tentaciones— no se originan sino hasta que el hombre, por actuar conforme a un razonamiento erróneo, abandona todo cuidado de sí mismo y, al transgredir reiteradamente las leyes divinas, permite que los excesos

---

[5] El aspecto de Dios que se encuentra activo en la creación; el poder *(shakti)* del Creador Trascendente. En este contexto, se hace referencia al aspecto personal de Dios que se manifiesta en las cualidades maternales de amor y compasión. Las escrituras hindúes enseñan que Dios es tanto inmanente como trascendente, personal e impersonal, y que se le puede buscar como el Absoluto Trascendente. Sin embargo, como señala el *Bhagavad Guita* en la estrofa XII:5, «Aquellos cuya meta es el Inmanifestado incrementan sus dificultades; pues arduo es el sendero hacia el Absoluto para los seres encarnados». A la mayoría de los devotos les resulta más sencillo buscar a Dios bajo el aspecto de alguna de sus eternas cualidades manifestadas, tal como el amor, la sabiduría, la bienaventuranza y la luz; bajo la forma de alguna deidad *(ishta);* o como Padre, Madre o Amigo. Otros términos para designar el aspecto materno de la Divinidad son *Om, Shakti,* Espíritu Santo, Vibración Cósmica Inteligente, Naturaleza o Prakriti.

perjudiciales se conviertan en un hábito de la conciencia. Todos los hábitos, buenos o malos, controlan y esclavizan la mente sólo cuando la voluntad se ha dejado conquistar por las buenas o malas acciones reiteradas que surgen del juicio correcto o desacertado.

¿Por qué, entonces, algunos niños nacen con una particular tendencia al autocontrol y otros con inclinación a la debilidad, antes de haber tenido siquiera la oportunidad de ejercer su razón y su libre albedrío? Algunos intelectuales aseveran de manera categórica que la herencia es responsable de los rasgos buenos o malos de un niño. Pero ¿por qué razón un Dios imparcial dotaría a un niño con características hereditarias beneficiosas que le proporcionan un buen cerebro inclinado sólo a las buenas tendencias, y a otro niño le daría rasgos hereditarios perjudiciales y un cerebro disfuncional inclinado a hacer únicamente el mal bajo la influencia que imponen los malos instintos fisiológicos?

Encontramos una respuesta en la ley de la reencarnación y en su corolario, el karma —el dispensador cósmico de justicia cuya labor se ejerce a través de la ley de causa y efecto que gobierna las acciones de toda persona—. De acuerdo con esta ley, el alma atrae una herencia buena o mala y una mentalidad buena o mala, según los deseos y hábitos creados en pasadas existencias terrenales, los cuales, al no haber sido enmendados, se transfieren desde una reencarnación a la siguiente. El buen o mal juicio que una persona demuestra a lo largo de todas sus encarnaciones, al actuar a través de la ley de causa y efecto, crea buenas o malas inclinaciones, y esas inclinaciones la llevan a renacer en una familia con buenas o malas tendencias hereditarias (o bien, más allá de los efectos de la herencia, en otra vida en la que sus experiencias y medio ambiente sean congruentes con sus tendencias kármicas). Así pues, podría decirse que el mal presente en la vida del hombre es el resultado de su razonamiento equivocado.

La fuerza objetiva del mal que existe en la creación es independiente de las acciones del hombre

Si bien todos estos hechos apoyan el argumento de que el mal es subjetivo —que el hombre puede ser acusado de hacer mal uso de su raciocinio y de dar origen al mal por crear desarmonía con las leyes de Dios—, este razonamiento no logra explicar de manera apropiada cada aspecto del mal que se halla inextricablemente ligado a la miríada de manifestaciones de la creación.

Millones de bacterias y ejércitos de gérmenes virulentos e invisibles pululan silenciosamente por la tierra buscando, como voraces

«Apártate, Satanás»

Jesús, lleno de Espíritu Santo, se volvió del Jordán y fue conducido por el Espíritu al desierto. Allí estuvo durante cuarenta días, y fue tentado por el diablo.

Lucas 4:1-2

Dícele entonces Jesús: «Apártate, Satanás».

Mateo 4:10

Cada vez que el ser humano se siente tentado a actuar de manera incorrecta, necesita recordarse a sí mismo que no es sólo su mente subjetiva quien lo está tentando, sino también el Satanás objetivo. Debería negarse categóricamente a cooperar con el Maligno, que quiere destruirle. Por eso, Jesús dijo: «Apártate, Satanás» cuando esa Fuerza del Mal le mostró los reinos de la gloria temporal, los cuales podían ser suyos si rendía culto al engaño. [...] Al surgir victorioso de la tentación, se ha convertido en un ejemplo resplandeciente para todas las almas que se esfuerzan por recuperar su filiación divina.

Paramahansa Yogananda

Dibujo: Heinrich Hofmann

langostas, destruir las cosechas de las vidas humanas. Innumerables enfermedades infestan animales y plantas, los cuales carecen de libre albedrío y, en consecuencia, no pudieron haber atraído esos males como resultado de su mal karma prenatal.

¿Por qué existe la muerte ocasionada por inundaciones y cataclismos? No parece verosímil que los millones de personas que perecieron a causa de las inundaciones y las hambrunas ocurridas en China hayan padecido estas calamidades como consecuencia de sus pasadas acciones en vidas anteriores[6].

¿Por qué existe el canibalismo en la naturaleza? La cría del salmón vive de la carne de su madre; el pez grande se come al pequeño. Después, el pescador se divierte pescando al pez grande, engañándolo con la carnada del anzuelo; y cuanto más lucha el pez por conservar su vida, más disfruta el deportista y dice: «¡Caramba, qué salmón!». ¿A quién le gustaría estar en el lugar del pez?

¿Por qué los seres humanos se matan unos a otros en las guerras? ¿Por qué los pensamientos que proceden del juicio errado y de las emociones, tales como los celos, la venganza, la codicia y el egoísmo tienen que aparecer en la mente humana? Si el hombre está hecho a imagen de Dios, y Dios es bondad, entonces la deducción lógica es que el hombre no podría ser otra cosa que bueno. Las guerras son el resultado del egoísmo industrial y territorial, del egoísmo nacionalista y la ambición de poseer que consumen a las naciones; entonces, ¿por qué no se evitan los conflictos mediante debates parlamentarios? ¿Por qué el asesinato del archiduque Francisco Fernando de Austria lanzó al mundo a una furiosa conflagración que precipitó la Primera Guerra Mundial? Recordemos el caso de Tamerlán, emperador de la India, que, después de su victoria, mató a un millón de hindúes. Pensemos en los aztecas, que tenían por costumbre arrancar el corazón de sus prisioneros de guerra —por centenares— ante los ídolos que adoraban. Consideremos la quema de brujas y de mártires bajo el celo de la fe cristiana. ¿Cómo obtienen déspotas como Hitler el poder para causar indecibles horrores

---

[6] Referencia a la inundación estival que se produjo a lo largo del Yangtsé durante julio y agosto de 1931. Se vieron afectadas más de 51 millones de personas (la cuarta parte de la población de China). Tres millones setecientas mil personas perecieron a causa de las enfermedades y el hambre o ahogadas. Esta inundación fue precedida por una prolongada sequía que tuvo lugar en China, en el período 1928-1930, y que provocó una hambruna en la que murieron tres millones de personas, según el Centro Nacional de Datos Climáticos de la Administración Nacional Oceánica y Atmosférica. *(Nota del editor)*.

a la humanidad? ¿Y qué decir de la guerra de las Cruzadas, emprendida en nombre de las enseñanzas de Jesús —enseñanzas que hacen hincapié únicamente en el amor a nuestros enemigos— y del hecho de que miles de sacerdotes defendieron esa guerra y oraron por su propia victoria y la destrucción de sus hermanos enemigos?

El ser humano no fue quien creó la tentación física, ni las bacterias mortíferas, ni los cataclismos naturales. Desde el comienzo mismo, el mal existió para engañar al hombre e influir sobre su libre albedrío. ¡Qué fácil le resulta a la mayoría de la gente dejarse tentar por lo material, languidecer espiritualmente y hacer aquello que les perjudicará!

La lucha de los animales por cazarse unos a otros, la contienda entre las fuerzas destructivas y opuestas de la naturaleza, los gérmenes predadores, el poder del engaño para conseguir que el hombre razone de forma errada, la infinita creatividad de las tentaciones para causar el mal, incluso contra lo que aconseja el buen juicio, muestran claramente que existe una fuerza objetiva del mal que intenta destruir las expresiones manifiestas del Bien Infinito.

La mente del hombre, marchita por la ilusión, lanza un desafío jactancioso y vano a la Divinidad Omnisciente por el cual hace alarde de que, si él fuese el Todopoderoso, crearía un mundo mucho

Por qué el mal tiene un lugar en el plan de Dios

mejor que el existente. De ese modo, desterraría de la tierra las devastadoras enfermedades y los accidentes, las debilidades mentales y las emociones perniciosas, tales como el deseo de venganza, la ira y la codicia; la avaricia industrial que lleva a la depresión económica; los desastres naturales tales como los terremotos, las inundaciones, las sequías y las hambrunas; el tedio, la desesperación, la vejez, la muerte dolorosa —todas las ruinosas tragedias de la vida.

Además, crearía un mundo donde el esfuerzo sería gozoso y estaría libre del dolor de las penalidades; un estado siempre renovado de felicidad mental para todos, desprovisto de ociosidad mental y aburrimiento. Haría que el cuerpo fuese invulnerable y que cambiase de acuerdo con los dictados de la voluntad. Construiría el cuerpo a gusto de cada persona, valiéndose del taller de la materialización y dotándolo del poder de rejuvenecerse.

Crearía una variedad de ocupaciones con un vasto espectro de actividades, todas conducentes a la satisfacción infinita, eterna y plena de deleite. Desde el éter serían materializados buenos ciudadanos por medio de la voluntad, tal como Dios creó al primer hombre y a la primera mujer. Todos los seres irían al cielo y se convertirían en ángeles después de haber concluido exitosamente su entretenimiento terrenal.

Es fácil imaginar un mundo así porque el alma siempre está susurrándole al hombre su perfección original, incluso mientras el ego le mantiene absorto en el arriesgado juego con los atractivos de una distorsionada dualidad terrenal. No es imposible lograr una existencia ideal, pero habrá de ocurrir en un tiempo y una esfera diferentes, reservados para aquellos que se han «graduado» en las tareas de aprendizaje de la vida terrenal. Una vida exenta de dificultades resultaría de escaso valor para el hombre común en su presente etapa de evolución. No aprendería ninguna de las lecciones que conducen al crecimiento, ni transformaría su rígido carácter en conciencia divina, ni tendría incentivo alguno que le impulsara a buscar y conocer a su Hacedor.

A pesar de todo, continúa sin resolverse el vetusto enigma: ¿Tuvo el mal su origen en el plan de un Dios bueno y perfecto? El Señor mismo le respondió al profeta Isaías: «*Yo soy Yahvé, no hay ningún otro; fuera de Mí ningún dios existe. Yo te he ceñido* (te investí con poderes y atributos) *como guerrero, aunque tú no me conozcas.* [...] *Yo modelo la luz y creo la tiniebla, Yo hago la dicha y creo la desgracia, Yo soy Yahvé, el que hago todo esto*»[7]. De modo similar, los iluminados *rishis* de la India percibieron: «[...] el gozo, la aflicción, el nacimiento, la muerte, el temor, el valor, [...] todos estos diversos estados de los seres surgen únicamente de Mí como transformaciones de mi naturaleza. [...] Soy la Fuente de todo: de Mí emerge la creación entera»[8].

Sólo el Espíritu es perfecto. En la creación, todas las cosas son imperfectas, pues se hallan delimitadas. El comienzo mismo de la creación dio origen a la ley de la dualidad —luz y tinieblas, bien y mal—, la ley de relatividad necesaria para dividir al Uno en muchos. Por medio de la tormenta de la vibración, los pensamientos de multiplicidad emanados de Dios proyectaron las olas de la manifestación: su *lila* o juego divino.

Las dualidades del bien y del mal son inherentes a la creación

Del mismo modo que el padre quiere tener el gozo de jugar con su hijo, a pesar de que eso no constituya una necesidad vital para el progenitor, el Espíritu deseó desinteresadamente disfrutar de su

---

[7] *Isaías* 45:5, 7.

[8] *God Talks With Arjuna: The Bhagavad Gita* X:4-5, 8. (Véase *El Yoga del Bhagavad Guita*).

Bienaventuranza en una multiplicidad de seres, aunque no lo necesitara, ya que el Espíritu es completo y perfecto. El deseo del Espíritu fue, por lo tanto, una imperfecta agitación de la perfecta y Serena Bienaventuranza, una vibración de pensamiento que tenía como fin realizar algo aun cuando ese logro no era necesario.

Como se expuso anteriormente, el Espíritu, al ser la única Sustancia existente, no contaba con nada que no fuera Él Mismo a partir de lo cual pudiese crear. [Véase el discurso 1]. Por ello, en su infinita conciencia, el Espíritu se diferenció —únicamente en pensamiento— entre Él Mismo y la creación que surgió de Él, al igual que las diversas imágenes de un sueño asumen la apariencia de realidad en su existencia relativa como pensamientos separados, constituidos tan sólo por el material mental de la imaginación del soñador.

Con el objeto de otorgar individualidad e independencia a las imágenes de su pensamiento, el Espíritu debió emplear un engaño cósmico, un hechizo mental universal. El Espíritu difundió su deseo creativo y lo impregnó con una ilusión cósmica —un grandioso medidor mágico que en las escrituras hindúes se describe como *maya* (de la raíz sánscrita *mā*, «medir»)—. El engaño divide y mide el Infinito Indeterminado en formas y fuerzas finitas. La acción de la ilusión cósmica sobre estas individualizaciones se denomina *avidya*, la ilusión o ignorancia individual, que les confiere una engañosa verosimilitud a su existencia aparentemente separada del Espíritu[9]. Los seres individualizados, que poseen una mente y un cuerpo humanos, están dotados del poder de libre albedrío y de independencia de acción.

Aun cuando Dios creó el universo a partir de la ilusión, Él no se encuentra bajo el influjo de tal engaño. Él sabe que *maya* es sólo una modificación de su Conciencia única. Los colosales dramas de la creación y disolución de planetas y galaxias; el nacimiento, crecimiento y declive de imperios y civilizaciones; las incontables representaciones en miniatura de las vidas individuales y sus breves tramas de salud y enfermedad, riqueza y pobreza, vida y muerte: todo ello sucede en Dios como el Único Soñador y Creador, y no es más que una percepción quimérica de cambio dentro del Eternamente Inmutable. Una parte del Ser Infinito permanece por siempre trascendente, más allá de las dualidades vibratorias: allí, Él es el Absoluto inactivo —el Espíritu—. Cuando el Espíritu hace vibrar su conciencia con pensamientos

---

[9] Véase también la página 174.

de diversidad, se torna inmanente y se convierte en Creador omnipresente en la finita región vibratoria del infinito: aquí, Dios se halla activo en su aspecto de Espíritu Santo, vibratorio y creativo, con su inmanente Conciencia Crística.

Dentro de la Inteligencia creativa del Espíritu Santo se encuentran todas las leyes y principios rectores que manifiestan, conservan y disuelven cada porción y partícula del universo del Señor. El Espíritu Santo heredó del Espíritu la independencia para crear y gobernar dentro del vasto ámbito prescrito de poderes manifestados que le fueron asignados.

Este Poder Creativo, que da origen y sustento a la creación, se conoce en las escrituras hindúes como Maha Prakriti, la Gran Naturaleza, la potencialidad de todo cuanto pueda llegar a existir. Cuando este poder emana de Ishvara (Dios Padre de la Creación) como la Vibración Cósmica Creativa e Inteligente, adopta una naturaleza dual. En su aspecto de Para-Prakriti (la Naturaleza Pura), crea y expresa todo bien y toda belleza en armonía con la inmanente *Kutastha Chaitanya* (la Conciencia Crística), que se encuentra en sintonía con Dios. Su naturaleza divina se expresa de manera excelsa en los celestiales reinos causal y astral. Sin embargo, cuando el Poder Vibratorio desciende a la manifestación material, se convierte simultáneamente en una anómala Apara-Prakriti (una Naturaleza Impura), la cual crea a través de las leyes limitantes de la materia burda y del engaño en su máxima expresión.

Estos dos aspectos de Prakriti se corresponden con las denominaciones «Espíritu Santo» y «Satanás» del cristianismo. El Espíritu Santo, en sintonía con la Conciencia Crística, crea la bondad y la belleza, y conduce toda manifestación hacia una armonía simbiótica y la unidad final con Dios. Satanás (del hebreo, literalmente «el adversario») nos separa de Dios y nos impulsa a enredarnos en el mundo ilusorio de la materia, empleando el engaño cósmico de *maya* para difundirse, confundir, cegar y atar.

El origen de Satanás, el poder creativo que se rebeló contra Dios

Por esa razón se define a Satanás como un arcángel caído del cielo, como una fuerza que cayó de la gracia de la sintonía con la Sagrada Vibración Creativa de Dios. Dijo Jesús: «*Yo veía a Satanás caer del cielo como un rayo*» (*Lucas* 10:18). La divina Vibración Cósmica y su luz creativa se convirtieron en una fuerza dividida (Para- y

Apara-Prakriti). El aspecto satánico, o *apara*, afirma su independencia y le vuelve la espalda a Dios y a los reinos celestiales para emplear sus ardides en las más burdas regiones de la dualidad, del contraste, de la inversión, de los estados opuestos y de la mortalidad. Debido a que envuelve la materia y lleva al hombre a la más engañosa confusión de la ilusión máyica, Jesús se refirió a esta fuerza satánica como un diablo, un homicida y un mentiroso. «*El diablo [...] fue homicida desde el principio, y no se mantuvo en la verdad, porque no hay verdad en él; cuando dice la mentira, dice lo que le sale de dentro, porque es mentiroso y padre de la mentira*» (*Juan* 8:44).

Satanás se originó como consecuencia natural del deseo desinteresado de Dios de dividir su Océano de Unidad para dar lugar a las olas de la creación finita, como un poder dotado de voluntad independiente que haría uso de las leyes de la creación material para manifestar y sostener la existencia de dicha creación. El plan del Espíritu era que dicha Fuerza Cósmica Ilusoria, de naturaleza consciente, estuviese dotada de independencia con el fin de que utilizara *maya* y *avidya* para crear objetos finitos que reflejaran a Dios a partir de la vibratoria energía cósmica del Espíritu Santo y en armoniosa sintonía con la divina Inteligencia Crística presente en éste.

Las gemas perfectas en las minas, las flores perfectas, los animales perfectos y las iluminadas almas humanas que habitan en planetas perfectos, todos ellos fueron creados de este modo, como manifestaciones materiales de los reinos celestiales astral y causal. Por eso, en la Biblia cristiana vemos que el Adán y la Eva ideales comulgaban con Dios de manera muy sencilla y natural en el exuberante Jardín del Edén. Después de una existencia armoniosa —una expresión perfecta de forma, hábitos de salud y modalidades de existencia en el escenario del tiempo, exenta de sufrimiento, enfermedades, accidentes crueles o una dolorosa muerte prematura—, todas las formas creadas retornarían a Dios. Así como el arcoíris aparece y desaparece, o como se crean, para entretener, las imágenes de las películas cinematográficas que emergen y se desvanecen a voluntad al conectar o desconectar la electricidad, así también todas las cosas creadas debían existir como imágenes placenteras que se proporcionarían entretenimiento mutuo en la pantalla del tiempo y del espacio y, al final de su ciclo, volverían a disolverse en su esencia pura, en el seno de Dios, después de representar a la perfección el drama correspondiente a ese período.

Así pues, originalmente toda la Energía Cósmica, que el Espíritu

Santo y la Inteligencia Crística hacían vibrar, fluía hacia Dios y creaba imágenes perfectas a partir de la luz astral dirigida hacia el interior para revelar la presencia de Dios. La Fuerza Ilusoria Cósmica consciente, cuyo poder independiente le había sido conferido por Dios, comprendió que si las manifestaciones de energía cósmica emanadas de la Vibración del Espíritu Santo se disolvían de nuevo en el Espíritu —de acuerdo con el plan divino—, entonces su propia existencia individual cesaría también. Sin la Sagrada Vibración, no habría razón alguna ni para la existencia ni para el sostenimiento de la Fuerza Ilusoria Cósmica. Este razonamiento atemorizó a Satanás: el único propósito de su existencia —mantener manifestadas estas formas— se veía amenazado. Por consiguiente, motivado por su intención de perpetuarse, se rebeló contra Dios, como un general indisciplinado puede, en ocasiones, volverse en contra de su propio rey, y comenzó a hacer mal uso de sus poderes cósmicos. Manipuló las leyes y los principios de la creación que estaban bajo su mando, con el fin de establecer pautas de imperfección que impidieran la automática disolución en el Espíritu de las formas creadas. Satanás se volvió como el rayo que cae del cielo, porque él desvió la luz de la energía cósmica que se hallaba enfocada en Dios y la concentró en la materia densa. La luz astral, que revelaba el cielo, se transformó en las opacas luminarias físicas —el sol, el fuego, la electricidad—, que muestran únicamente las sustancias materiales.

En la literatura sagrada de numerosas confesiones religiosas se emplea una imaginería pragmática para personificar las cualidades, acciones y motivaciones de la Deidad, así como sus derivaciones jerárquicas, debido a que la mente de la gente común, cómodamente restringida a una visión de causa y efecto de los fenómenos, no acepta con facilidad las abstracciones divinas, a no ser que éstas también se encuentren expresadas metafóricamente de un modo que les resulte familiar. Dios ha de tener un motivo para crear —su divino deseo libre de deseos— y debe haber una razón fundamental que explique la existencia y el comportamiento de un arcángel caído que se convirtió en un diablo, engañó al hombre y se opuso a Dios de incontables formas, a causa del deseo de Satanás de perpetuar su propia existencia.

Por lo tanto, puede afirmarse que, excepto en el sentido absoluto de que todas las cosas están hechas de la única Conciencia Cósmica de Dios, no existe el mal en el Todo Perfecto Dios. El mal reside en la Fuerza Adversaria que mantiene su esfera de influencia mediante el denso oscurecimiento de la verdadera naturaleza divina de todos los seres creados. El engañoso sofisma filosófico podría argumentar convincentemente que, puesto que su deber como arcángel era conservar la existencia de las formas manifestadas, ¡Satanás cayó del cielo al tratar de cumplir con su cometido!

Cualquiera que sea el modo en que se la haya racionalizado, la caída de Satanás dio origen a un largo conflicto entre el Espíritu Santo —en sintonía con Dios y dotado de la inmanente Inteligencia Crística— y Satanás —el amante de la creación finita, apegado a la materia—. Por cada bella creación de Dios en el cuerpo y la mente del hombre, así como en la Naturaleza, Satanás conjuró una contraparte desagradable. Dios creó una forma humana maravillosa que debía abastecerse de energía cósmica y vivir en un estado divino de libertad sin condiciones, en tanto que Satanás creó el hambre y la atracción por las gratificaciones sensoriales. Satanás sustituyó el poder mental por las tentaciones mentales e ideó la desconcertante ignorancia en oposición a la sabiduría del alma. Contrarrestó la grandeza de la Naturaleza con las perniciosas potencialidades de las guerras, las enfermedades, las epidemias, los terremotos o las inundaciones: una horda de calamidades.

El conflicto entre la Conciencia Crística y Satanás dentro de la creación

Dios hizo inmortal al hombre a fin de que reinara como inmortal en la tierra; mas los males de Satanás ataron al ser humano a una conciencia de mortalidad. El hombre debía contemplar el drama del cambio con una inmortal mente inmutable para luego retornar al regazo de la Bienaventuranza Eterna, desmaterializando de manera consciente su forma física, una vez que hubiese contemplado la danza del cambio en el escenario de la inmutabilidad. Si Adán y Eva, los primeros seres simbólicos, no hubiesen sucumbido a las tentaciones de Satanás, y sus descendientes no se hubieran dejado influir por la ignorancia hereditaria, el hombre en la actualidad no tendría que experimentar una muerte dolorosa y desgarradora por causa de accidentes y enfermedades. Al hallarse fuera de sintonía con Dios, el hombre ha perdido el poder para desmaterializarse que le había sido concedido a los seres humanos originales y, en consecuencia, vive con la atemorizante perspectiva de que la película de su vida pueda verse cercenada prematuramente, antes de haber terminado de ver el panorama completo y perfecto de su cambiante vida.

En la tentación de Adán y Eva, puede verse que la maldad de Satanás estaba en movimiento desde el comienzo mismo de la creación. Fue mi gurú, Sri Yukteswar, un swami hindú, el primero que me ayudó a comprender claramente tanto la esencia esotérica de la Biblia cristiana como su enigmática narración sobre Adán y Eva. He relatado la explicación de mi gurú en *Autobiografía de un yogui* y la reproduzco en el presente contexto para ilustrar al lector.

Cómo provocó Satanás que el hombre descendiera de la conciencia divina

«El Génesis es profundamente simbólico y no puede ser asimilado por medio de una interpretación literal —me dijo—. El "Árbol de la Vida" es el cuerpo humano. La columna vertebral es como un árbol puesto al revés; los cabellos humanos son sus raíces, y los nervios aferentes y eferentes son sus ramas. El árbol del sistema nervioso contiene muchos frutos apetitosos: sensaciones visuales, auditivas, olfativas, gustativas y táctiles. Al hombre le es permitido gozar de todos ellos rectamente, pero le fue prohibida la experiencia del sexo, la "manzana" en el centro del cuerpo ("en medio del jardín")[10].

»La "serpiente" representa la energía enrollada de la espina dorsal, que estimula los nervios sexuales. "Adán" es la razón y "Eva" el sentimiento. Cuando la emoción o la conciencia de Eva en cualquier ser humano es subyugada por el impulso sexual, su razón, o Adán, también sucumbe[11].

»Dios creó la especie humana materializando los cuerpos del hombre y de la mujer mediante la fuerza de su voluntad; y dotó a la nueva especie con el poder de crear hijos de tal "inmaculada" o divina manera[12]. Hasta aquí, Su manifestación en el alma individualizada se había limitado a los animales, dominados por el instinto y privados de las potencialidades de la razón en su plenitud; luego, Dios creó los primeros cuerpos humanos, simbólicamente llamados Adán y Eva. A fin de que contaran con una condición más ventajosa para su

---

[10] «*Podemos comer del fruto de los árboles del jardín. Mas del fruto del árbol que está en medio del jardín, ha dicho Dios: No comáis de él, ni lo toquéis, so pena de muerte*» (*Génesis 3:2-3*).

[11] «*"La mujer que me diste por compañera me dio del árbol y comí". [...] Contestó la mujer: "La serpiente me sedujo, y comí"*» (*Génesis 3:12-13*).

[12] «*Creó, pues, Dios al ser humano a imagen suya, a imagen de Dios lo creó, macho y hembra los creó. Después los bendijo Dios con estas palabras:"Sed fecundos y multiplicaos, henchid la tierra y sometedla"*» (*Génesis 1:27-28*).

evolución ascendente, el Señor transfirió a estos dos cuerpos las almas, o la esencia divina, de dos animales[13]. En Adán o el hombre, la razón predominó; en Eva o la mujer, tomó ascendiente el sentimiento. Y así fue expresada la dualidad o polaridad que descansa bajo el mundo fenomenal. Razón y sentimiento permanecen en una celeste y gozosa cooperación, a condición de que la mente humana no sea engañada por la serpentina energía de las propensiones animales.

»El cuerpo humano no es solamente un resultado de la evolución de la bestia, sino que fue producido por un especial acto creativo de Dios. Las formas animales eran demasiado burdas para expresar la plenitud de la divinidad. Así pues, el primer hombre y la primera mujer fueron dotados de forma única: en su médula espinal, centros ocultos agudamente despiertos; y en su cerebro, el "loto de mil pétalos", potencialmente omnisciente.

»Dios, o la Divina Conciencia presente en la primera pareja creada, aconsejó a Adán y Eva gozar de todas las formas de la sensibilidad, con una excepción: las sensaciones sexuales[14]. Esto le fue prohibido con el fin de evitar que la humanidad cayese en el inferior método animal de la propagación. La advertencia de no revivir los subconscientes recuerdos subyacentes en la memoria animal no fue escuchada. Tomando el camino de la procreación propia de las bestias, Adán y Eva cayeron del estado de alegría celestial que es inherente al hombre perfecto original. Cuando "se dieron cuenta de que estaban desnudos", perdieron, tal como Dios les había advertido, la conciencia de su inmortalidad, sometiéndose en cambio al dominio de la ley física conforme a la cual al nacimiento del cuerpo debe seguir la muerte de éste.

»El conocimiento "del bien y del mal", prometido a Eva por la "serpiente", se refiere a las experiencias dualísticas y contrapuestas que los mortales se ven obligados a atravesar bajo el influjo de *maya*. Cayendo bajo el dominio del engaño, debido al mal uso del sentimiento y de la razón —o conciencia de Eva y Adán—, el ser humano renunció a su derecho de entrar en el celeste jardín de la divina

---

[13] «*Entonces Yahvé Dios modeló al hombre con polvo del suelo, e insufló en sus narices aliento de vida, y resultó el hombre un ser viviente*» (*Génesis 2:7*).

[14] «*La serpiente* (la fuerza sexual) *era el más astuto de todos los animales del campo* (todos los sentidos del cuerpo)» (*Génesis 3:1*).

autosuficiencia[15]. La responsabilidad personal de cada ser humano es el restaurar su naturaleza dual (o sus "antecesores") a la unificada armonía del Edén»[16].

Cuando el Adán y la Eva originales perdieron el Edén —el estado de conciencia divina— se identificaron profundamente con la burda forma física y sus limitaciones; perdieron su inocencia original, estado en el cual podían verse como almas encerradas en un maravilloso cuerpo triple, hecho de conciencia, fuerza vital y radiación atómica. El propósito de Dios era que el hombre viera el cuerpo y la mente humanos como formas ilusorias de pensamiento que proporcionaban al alma un medio para experimentar el drama cósmico del Señor. A partir de su Caída, el hombre se ha abandonado a las efímeras atracciones de los placeres corporales, y así se encuentra sujeto a los innumerables sufrimientos inherentes a la conciencia del cuerpo. Bajo la influencia de Satanás, el hombre se concentra en las apariencias y vicisitudes externas de la vida en vez de enfocarse en la inmutabilidad subyacente. De este modo, le aqueja la falsa idea de que la muerte significa su aniquilación.

El engaño de la identificación con el cuerpo crea la falsa idea de la muerte

La cósmica película cinematográfica de la vida que todo ser humano protagoniza en la tierra —su nacimiento, sus experiencias y su muerte— produce un estado eufórico de conciencia asociado con su

---

[15] «*Luego plantó Yahvé Dios un jardín en Edén, al oriente, donde colocó al hombre que había formado*» (*Génesis* 2:8). «*Así que lo echó Yahvé Dios del jardín de Edén, para que labrase el suelo de donde había sido tomado*» (*Génesis* 3:23). El hombre divino que Dios creó al principio tenía su conciencia centrada en el omnipotente ojo único, ubicado en la frente (al oriente). Cuando comenzó a «labrar el suelo» de su naturaleza física, el hombre perdió los poderes de su voluntad, dotados de infinita capacidad creativa, que se encuentran concentrados en ese punto.

[16] La caída del hombre de su estado original de conciencia divina debido a la influencia de Satanás se interpreta en el yoga como el descenso de su energía vital y conciencia desde los centros de percepción divina —situados en la porción superior del eje cerebroespinal— hacia la base de la columna vertebral, desde donde la conciencia fluye al exterior, en dirección a los sentidos, ocasionando la identificación con el cuerpo (lo cual se menciona en el discurso 6). En el discurso 41 (volumen II) se explica lo que significa, en este sentido microcósmico, que Satanás «cayó del cielo como un rayo».

El profundo significado espiritual de la Biblia ha sido lamentablemente trivializado por quienes han malinterpretado esta escritura al tomarla en sentido literal. En cierta ocasión, conversé con un misionero cristiano sumamente ortodoxo, y le pregunté cómo la serpiente pudo inducir a Eva a darle un mordisco a la manzana. «Pues bien —afirmó con plena seguridad—, en aquellos días ¡las serpientes podían hablar!».

nacimiento y la triste noción de que su fin llegará con la muerte. La ignorancia satánica impide ver la vida del hombre cuando éste comienza jubiloso su descenso de Dios y cuando regresa exultante a Él en su apresurado retorno al hogar divino. Al esclavizar la atención del hombre atándola al cuerpo y a los sentidos físicos, Satanás hace que el ser humano olvide las experiencias prenatales y las posteriores a la muerte que tienen lugar en el reino astral suprafísico; y al mostrarle por algún tiempo este drama de la vida y bajar luego el telón de la oscuridad, le provoca el falaz concepto de la muerte.

El cambio denominado «muerte» es sólo un eslabón externo en la cadena de la inmortalidad, cuya continuidad se halla maliciosamente oculta de la vista del hombre. Decir que la muerte no existe es incorrecto y contrario a la metafísica, pero es igualmente erróneo adjudicarle la realidad y el carácter definitivo que la ilusión sugiere. Para disolver la sombría visión de la «danza macabra», el ser humano debe aprender a contemplar todas las permutaciones simplemente como pequeñas olas de cambio que aparecen y desaparecen en el inmutable océano de la Infinitud.

Así como puede verse el lento proceso de formación, florecimiento y desaparición de una flor en una pantalla cinematográfica, así debe el hombre contemplar la representación de su vida en la pantalla de la conciencia a lo largo de las etapas que transcurren desde la niñez hasta la edad adulta y, posteriormente, su disolución, por voluntad propia, en el seno de Dios.

Satanás comprendió que todo resultaría demasiado sencillo si los hijos inmortales de Dios, después de contemplar con actitud inmutable una existencia terrenal perfecta, regresaran nuevamente a la inmortalidad. Por eso, alteró la exhibición de esta perfecta película de la vida antes de que tuviera la oportunidad de alcanzar su culminación en Dios. Las engañosas maquinaciones de Satanás dieron origen al dolor y al sufrimiento físico y mental. Estas pautas del mal que surgieron del diablo han perturbado la existencia perfecta y libre de deseos que Dios pretendía que los seres humanos tuviesen. La insatisfacción de protagonizar la película de una vida imperfecta y destruida prematuramente provocó en el hombre un sentimiento de falta de plenitud y el anhelo de ver películas perfectas representadas y finalizadas de acuerdo con sus deseos.

Cómo logra Satanás que las almas permanezcan atrapadas en el laberinto mortal de las reencarnaciones terrenales

De este modo, las almas inmortales, hechas a imagen de Dios, olvidaron su ya perfecta inmortalidad. Comenzaron a utilizar su libre albedrío con el fin de satisfacer el deseo de lograr una plenitud temporal. Sin embargo, cada deseo engendra una prole de nuevos deseos; éstos, a su vez, llevan a los inmortales hacia un laberinto mortal de idas y venidas, de nacimientos y muertes terrenales, regidos por el principio de causa y efecto. La ley de la compensación, merced a la cual cada acción provoca su correspondiente reacción, opera como el medio más efectivo empleado por Satanás para mantener a las almas —que, de otro modo, se encontrarían libres— encadenadas a la tierra. Esta ley de la acción —el karma—, que mantiene a las almas prisioneras en el reino de la finitud de Satanás, hace que sea necesaria la rueda giratoria de la reencarnación. A través de las consecuencias kármicas de las acciones erróneas del hombre y de los deseos mundanos que provienen de la insatisfacción generada por una vida imperfecta, la rebelde Fuerza Ilusoria Cósmica vuelve a arrojar a la existencia finita, una y otra vez, a aquellos seres que sólo han merecido un breve respiro entre una y otra encarnación en el reino astral de la vida después de la muerte.

La reencarnación se originó como resultado de los intentos de Satanás por inmortalizar la carne mutable con el fin de mantener a las criaturas bajo su dominio. Al hallarse sujeto al cambio, el cuerpo físico no era perdurable, sino que estaba destinado a sucumbir ante el cambio final denominado «muerte». Las almas inmortales cautivas de la ley kármica de recurrencia no podían regresar a Dios debido a los deseos imperfectos que Satanás había engendrado en ellas, por lo cual se vieron obligadas a regresar repetidamente a la tierra, mediante el renacimiento en nuevas formas carnales.

Como un pescador, Satanás ha arrojado las redes de la ilusión alrededor de la humanidad entera e intenta continuamente arrastrar al hombre a la esclavitud del engaño, la muerte y la finitud. Satanás tienta a la humanidad con la carnada de la codicia y las promesas de placer, y lleva a la gente a la destrucción y a incesantes reencarnaciones de sufrimiento. Retiene a las almas, como si fuesen peces, en el estanque de la finitud y genera en ellas un estado de identidad con las limitaciones y los deseos mortales, con el objeto de hacerlas reencarnar una y otra vez en la tierra. Cuando se satisface un deseo, Satanás insinúa en la conciencia nuevos deseos por medio de ingeniosas tentaciones, para evitar que el alma escape de sus diabólicas redes terrenales.

En cierto sentido, al actuar como un instrumento de Dios sin ser consciente de ello, Satanás proporciona un medio para liberar finalmente a las almas de sus apegos mortales. La reencarnación asegura la libertad, ya que brinda a las almas inmortales suficiente tiempo y oportunidad para despojarse de todas las falsas ideas de satisfacción terrenal y para tomar plena conciencia, a través de la sabiduría, de su ya perfecta naturaleza divina. Al extinguirse los deseos y las consecuencias kármicas producidas por las decisiones equivocadas, alcanzan la libertad.

Debe admitirse que Satanás es sumamente astuto, ya que es capaz de cautivar a los inmortales con el oropel de la materia, después de lograr hipnotizarlos y hacerles olvidar su legado de tesoros divinos. Satanás emplea esta pérdida de memoria con el objeto de que todos los seres creados se mantengan en estado de finitud y continúen identificándose con el cuerpo físico y, en consecuencia, sean esclavos del apego material, del instinto y de los deseos conscientes e inconscientes de experiencias finitas. Mientras el ser humano no recupere su perdido Edén en la tierra, seguirá siendo un exiliado, obligado por la ley de la reencarnación a esforzarse incesantemente por satisfacer sus anhelos humanos.

Satanás cuenta con una sutil estrategia para propagar los deseos: la introducción de la idea de dolor, que es un fenómeno puramente mental. Los seres humanos originales poseían un enorme autocontrol, y su mente se hallaba desapegada del cuerpo de un modo impersonal, razón por la cual no sentían dolor cuando el cuerpo sufría alguna herida.

Las estrategias satánicas de dolor y sufrimiento, y cómo el hombre puede vencerlas

Al principio, el dolor como parte de la creación era simplemente un sentido especial de alerta cuya finalidad era proteger los frágiles instrumentos físicos y mentales de las perjudiciales colisiones con los objetos y las leyes de la materia densa. Pero, al aumentar el apego del hombre por el cuerpo y el ego y, en consecuencia, su sensibilidad mental hacia las «quejas» de éstos, Satanás convirtió el dolor en algo intolerable. Cada intrusión de malestar físico o emocional, grande o pequeño, origina el deseo de suprimirlo.

Lo mismo ocurre con la aflicción del pesar impuesta por Satanás durante el fenómeno de la muerte: ésta debería haber sido una transición consciente y gozosa del cuerpo mutable al Espíritu Inmutable.

Ése era el plan de Dios con relación a la muerte. Satanás influyó de tal manera en la conciencia del hombre para que éste deseara la felicidad perdurable en el cuerpo físico, que la muerte se convirtió en una dolorosa y atroz separación de la forma física que ocasiona la inconsciencia en el momento de la transición. Como resultado del engaño de Satanás, el hombre no logra ver la muerte como el acontecimiento sublime que estaba destinado a ser: un ascenso, una liberación de la ardua e imperfecta vida terrenal, en pos de la libertad perfecta y eterna en Dios. Por el contrario, el dolor provocado por el hecho de ser compelido a abandonar este «parque de diversiones» material engendra el deseo de regresar, el cual es una maquinación de Satanás.

No obstante, la estrategia de Satanás se vuelve a la larga en su contra, ya que el dolor y el sufrimiento físicos son también un acicate que finalmente impulsa a las almas, fatigadas de la materia, a buscar su predestinada libertad en Dios.

La emancipación se acelera si los seres humanos representan el drama viviente de una vida perfecta, gozando de salud, abundancia y sabiduría, al mismo tiempo que mantienen la mente desapegada y por encima de toda circunstancia. Las dualidades del dolor y la aflicción —creadas por Satanás— se atenúan de manera considerable gracias a una mente poderosa que no agrave el sufrimiento a través del miedo o de la imaginación aprensiva. Es decir, si uno puede eliminar la conciencia de la enfermedad y no temerla si se produce, y no ansía con vehemencia recuperar la salud cuando se encuentra enfermo, estas estrategias le ayudarán a recordar su propia alma, el Ser trascendente que jamás ha experimentado las fluctuaciones entre salud y enfermedad, sino que ha sido siempre perfecto[17]. Si podemos saber y sentir que somos hijos de Dios y que, como tales, lo poseemos todo, al igual que nuestro Padre Dios —seamos pobres o ricos—, podremos ser libres. Si somos capaces de creer en la omnisciencia de nuestra alma, incluso mientras nos esforzamos por aumentar nuestro pequeño caudal de conocimientos, nos será posible trascender la ignorancia producida por el engaño.

Todas las dualidades pertenecen al ámbito de la ignorancia: el temor a la enfermedad y el deseo de poseer buena salud, el temor a la pobreza y el deseo de nadar en la opulencia, el complejo de

---

[17] «El Supremo Espíritu, que es trascendental y que existe en el cuerpo, es el Observador imparcial, el Consentidor, el Sostenedor, el Experimentador, el Grandioso Señor y también el Supremo Ser» *(God Talks With Arjuna: The Bhagavad Gita* XIII:22. Véase *El Yoga del Bhagavad Guita).*

inferioridad por falta de conocimientos y también el deseo de poseer un gran intelecto. Por supuesto, si alguien sufre a causa de la mala salud, los fracasos o la ignorancia, no significa que haya de continuar sumisamente en ese estado. Debería despertar la perfección que mora en su interior para que se exprese externamente en forma de salud, prosperidad y sabiduría, pero sin reconocer el dolor ocasionado por las carencias ni el temor al fracaso. Es importante que el hombre comprenda que sus esfuerzos por alcanzar la plenitud surgen de un estado de engaño, puesto que ya posee todo cuanto necesita en su poderoso Ser interior. Lo que le sucede es que, cuando se encuentra identificado con sus compañeros mortales y espiritualmente ignorantes, imagina de manera equivocada que carece de estos atributos divinos. Sólo debe tomar conciencia de la inagotable plenitud del tesoro que hay en su alma.

El hombre ignorante sueña obstinadamente con la carencia y el fracaso cuando podría, en cambio, reclamar su herencia de gozo, salud y abundancia como hijo del Soberano del Universo. Incluso en este mismo instante, en el interior de su Ser trascendente, mora en un reino de perfección, pero en su conciencia mortal sueña de manera continua con las maldades de Satanás[18].

El contacto con Dios en la meditación, que da lugar al despertar del alma, es el camino para liberarse de las ilusiones perniciosas. El

---

[18] «La influencia del poder de *avidya* [la individualidad del ego] es tal que, por fastidiosa que sea la ilusión, el hombre que se encuentra bajo su influjo se mostrará renuente a deshacerse de ella. [...] El materialista inveterado, cautivo en su propio reino de la "realidad", desconoce su estado de engaño y, por consiguiente, no tiene el deseo ni la voluntad de cambiarlo por la única Realidad, el Espíritu. Percibe el mundo transitorio como lo real, como la sustancia eterna —en la medida que le es posible captar el concepto de eternidad—. Imagina que las toscas experiencias sensoriales constituyen la esencia pura del sentimiento y de la percepción. Elabora sus propias normas de moralidad y de comportamiento, y las considera apropiadas a pesar de su desarmonía con la eterna Ley Divina. Además, supone que el ego, con su sentido de existencia mortal y su exagerado engreimiento —como si él fuese el hacedor todopoderoso—, es la imagen de su alma tal como fue creada por Dios. [...]

»El hombre común permanece anonadado ante las tentadoras propuestas de las ilusorias experiencias sensoriales y se aferra a las engañosas formas materiales como si éstas fuesen la realidad, la causa y la seguridad de su existencia. El yogui, por el contrario, en todo momento se encuentra consciente en su interior de la única Realidad, el Espíritu, y contempla *maya* y *avidya* —la ilusión universal y la individual, respectivamente— sólo como una tenue red que mantiene unidas las fuerzas atómicas, magnéticas y espirituales que le proporcionan una mente y un cuerpo con los cuales desempeñar un papel en el drama cósmico de la creación del Señor» (*God Talks With Arjuna: The Bhagavad Gita*, comentario sobre la estrofa I:8).

contacto divino del alma con la Plenitud Perfecta destruye por completo todas las semillas de los anhelos y apegos terrenales. El alma recuerda instantáneamente su herencia de Bienaventuranza Eterna, lo cual deja en ridículo todos los deseos que abriga el hombre por las insustanciales metas terrenales.

En su omnisciencia, Dios debe de haber previsto, con toda certeza, el origen del mal en los extrovertidos poderes de su arcángel creador. Pero aun cuando la engañosa dualidad era el único medio con que Dios contaba para organizar una representación cósmica en la que pudiera disfrutarse a Sí mismo en las múltiples divisiones de su Ser, se aseguró de que ninguna ramificación de su plan quedase fuera del alcance de su Bondad, que se refleja de manera omnipresente en la Conciencia Crística. A su debido tiempo, el poder magnético del amor de Dios atraería a todos los seres y los haría regresar a Él, por medio de la evolución, y les conferiría el despertar divino.

El lugar que ocupa el hombre en el conflicto entre la bondad de Dios y las tentaciones de Satanás

Mediante infinitas manifestaciones en la naturaleza y en la vida del ser humano, la Bondad de Dios se anuncia por sí sola con el propósito de impresionar al hombre e influir sobre él para hacerle regresar, por su propia voluntad, a la Morada de la Bienaventuranza. Satanás contraataca en cada caso con estratagemas engañosas y atractivamente placenteras que le ofrecen satisfacción temporal, a fin de embaucar al hombre crédulo para que busque la felicidad permanente en la inestable materialidad. La gente cede ante los ofrecimientos de Satanás porque éste endulza con miel los placeres perjudiciales; su sabor es agradable al principio, pero al final sus consecuencias son nefastas.

El Todopoderoso podría aniquilar a Satanás en un instante; un decreto divino bastaría para subyugar totalmente a la Fuerza Satánica. Algunas de las escrituras universales mencionan disoluciones parciales de la humanidad que ocurrieron como resultado de un exceso de maldad sobre la tierra. Como se describe en el Génesis, durante la época de Noé, gran parte de la tierra quedó devastada por un diluvio. Sin embargo, Dios no emplea de modo ilógico su omnipotencia para destruir arbitrariamente esta creación a la que Él ha dado origen y que se perpetúa por sí misma, puesto que eso contradiría sus propias leyes y la independencia de acción que Él concedió a Satanás cuando facultó a esta Fuerza para utilizar los principios de la manifestación.

Dado que Dios concedió independencia tanto al ser humano como a Satanás, sólo puede liberar almas con el permiso y la cooperación de ellas. Satanás ha creado tal apego ilusorio al cuerpo físico que, incluso si Dios ofreciera en este momento la liberación a las multitudes, me atrevería a afirmar que no muchos estarían ansiosos de abandonar este entretenido parque de diversiones —es decir, dejar atrás la morada corporal (a la que están acostumbrados) con sus posesiones y oportunidades sensoriales—. Para la mayoría de la gente, incluso el concepto de una existencia en el cielo guarda una familiar semejanza, aunque mucho más gloriosa, con su residencia en la forma corporal susceptible de percibir sensaciones. Quienes se hallan identificados con el cuerpo y están orientados hacia los sentidos son sumamente reacios a aceptar que vale la pena abandonar los placeres conocidos en pos de la arcana bienaventuranza del Espíritu. ¡Hay tantas experiencias de aprendizaje por las que el ser humano debe atravesar antes de estar preparado para utilizar el libre albedrío y elegir a Dios sobre todas las cosas! La tierra, entretanto, es la escuela en la que el hombre debe aprobar el examen acerca de cómo discernir y elegir entre las engañosas pautas de Satanás, que mantienen prisionera al alma, y las liberadoras pautas de Dios.

El ser humano protesta con una actitud de rebeldía: «Si Dios sabe que estamos sufriendo, ¿por qué, siendo poderoso y eternamente bienaventurado, permite que los débiles mortales sufran a causa de las tentaciones y del flagelo del mal?». No debemos suponer que Dios se encuentra disfrutando de su estado de eterna bienaventuranza con una felicidad egoísta; Él sufre por las tragedias de la vida del hombre, su lenta evolución en la tierra y su demorado regreso al Paraíso en alas de la emancipadora sabiduría. Su compasión se expresa con espléndida generosidad, como en ninguna otra parte, en sus hijos encarnados, los salvadores divinos, a través de los cuales su Voz silente habla con el hombre de manera audible. Jesús, como una manifestación de Dios, vino a hablar en nombre de Dios acerca del reino eterno de los cielos, cuyos umbrales ningún sufrimiento se aventura a cruzar. Su mensaje sobre el amor de Dios expresa que sólo en Él es posible hallar la felicidad permanente: «*No os amontonéis tesoros en la tierra, donde hay polilla y herrumbre que corroen*» (*Mateo* 6:19).

Jesús poseía la Conciencia Crística y por eso comprendía plenamente el «tira y afloja» entre la perfecta y universalmente inteligente Vibración del Espíritu Santo —que se manifiesta en la Bondad Divina— y la fuerza atractiva de la imperfección que ejerce Satanás, la cual arrastra al hombre hacia el mal en la creación finita. Jesús ejemplificó el amor de Dios Padre y el anhelo de ese Padre por aliviar el sufrimiento y la ignorancia del ser humano, valiéndose del poder de Dios que fluía a través de él para sanar los males del cuerpo, de la mente y del espíritu. Él manifestó el amor de Dios por la descarriada humanidad en actos y sermones que hablaban de perdón y compasión. Tales actos y sermones mostraron que Dios trata, en todo momento, de emplear la fuerza superior del Amor Divino, expresado como el amor paternal y maternal, el amor de la amistad, el amor filial y el amor conyugal puro e incondicional, con la finalidad de impulsar al hombre a abandonar su cooperación con las fuerzas del Mal —el odio, la ira, los celos, la lujuria y el egoísmo—. Además, a quienes bendecía, Jesús les exhortaba a arrepentirse de sus acciones equivocadas del pasado, las cuales habían sido la causa de sus sufrimientos, diciendo: «*Vete, y no vuelvas a pecar*».

No se puede responsabilizar al ser humano de hallarse sujeto a la tentación: Satanás incorporó en la perfecta configuración sensible del hombre el potencial para sufrir terribles tentaciones físicas, las cuales le incitan constantemente a cometer transgresiones morales y espirituales. De este modo, Satanás procura mantener engañados a los seres humanos bajo el influjo de la codicia, la ira, el temor, el deseo, el apego y la ignorancia; por ese motivo, Dios utiliza las cualidades psicológicas opuestas —el autocontrol, la calma, la valentía, la satisfacción, el amor divino libre de apegos y la sabiduría— con el objeto de conducir al hombre a su Divino Reino. Si bien la tentación es obra de Satanás, los seres humanos son los responsables de no emplear su raciocinio y fuerza de voluntad para vencer el mal mediante el conocimiento y observancia de las leyes divinas de la felicidad.

El desafío que se le presenta a cada hombre consiste en enfrentarse al Mal, combatirlo con las armas de la sabiduría y salir victorioso[19].

L a duplicidad de Satanás como un ente objetivo y subjetivo explica todas las manifestaciones del mal. El Satanás objetivo, como fuerza adversaria independiente que se opone a la Divinidad, explica el origen de un mal que no puede ser relegado únicamente a la

---

[19] «*Por lo demás, fortaleceos por medio del Señor, de su fuerza poderosa. Revestíos de las armas de Dios para poder resistir a las acechanzas del diablo. Porque nuestra lucha no va dirigida contra simples seres humanos, sino contra los principados, las potestades, los dominadores de este mundo tenebroso [...]*» (*Efesios* 6:10-12).

ignorancia subjetiva individual o colectiva del ser humano. A Satanás se le debe reconocer como el mal objetivo en la naturaleza y como un poder que también puede operar en el hombre en forma de conciencia subjetiva errada.

Reconocer la existencia de Satanás no invalida el concepto de un Dios que es el único Alfa y Omega del cosmos. En realidad, no existe esencialmente nada más que el Espíritu, la Sustancia única: la Dicha siempre existente, siempre consciente y eternamente renovada. El mal inherente a la ilusión existe sólo en la forma, no en la esencia del Espíritu. En tanto exista la creación —una amalgama de fenómenos finitos en la Sustancia Infinita—, la ilusión formal producirá en la conciencia un concepto de imperfección que se halla separado del Absoluto Inigualable.

El Espíritu Inmaculado se percibe al trascender las dualidades del engaño

En *San Juan* 1:10-11 está escrito: «*En el mundo estaba, y el mundo fue hecho por ella, pero el mundo no la conoció. Vino a los suyos, mas los suyos no la recibieron*»[20]. El Espíritu, la Primera Causa y Sustancia de la creación, impregna la creación a la que ha dado origen, pero el mundo no percibe ni comprende esa Divina Inherencia. «*Hecho*» no significa «creado» como quien construye una casa. Más bien, del mismo modo que el agua se transforma en hielo, el Espíritu, con el poder de condensación de la voluntad, se materializó mediante el engaño cósmico transformándose en un fabuloso universo. «*Vino a los suyos, mas los suyos no la recibieron*»; es decir: habiéndose manifestado como su propia creación, dicha creación no «recibió» —no reflejó— su verdadera Esencia Espiritual. La ilusoria dicotomía definió falsamente la materia como una sustancia separada del Espíritu, cuando, por el contrario, nada existe que no sea el Espíritu eternamente indivisible.

El Espíritu se percibe como la única Realidad, la única Sustancia Eterna, cuando la conciencia entra en *samadhi*: la profunda experiencia de unión divina con el Espíritu. Tras haber alcanzado dicho estado, uno se encuentra en condiciones de afirmar, con plena certeza, que no existe un Satanás en forma subjetiva ni objetiva, sino únicamente el Espíritu bienaventurado. Sin embargo, mientras el alma encarnada perciba su existencia como parte de las dualidades de la creación, precisará reconocer que Dios y Satanás son hechos reales, aun cuando este último exista sólo en una relativa y engañosa irrealidad. Cuando uno sueña, no

---

[20] En el discurso 1 se encuentra el comentario sobre estos versículos.

puede negar el dolor onírico resultante del choque de su cabeza onírica contra un muro creado oníricamente. Mientras continúe soñando el engaño del universo, no puede decir que Satanás o el mal, el dolor o la enfermedad o la materia no existen. Esta trascendente visión general es lo que diferencia a aquel que despierta en la Conciencia Cósmica. Su alma se regocija al recuperar su recuerdo de la sabiduría: «¡Ah, nada existe excepto la Eterna Bondad Pura, el único Espíritu Inmutable!».

Cuando Jesús trataba de alcanzar el estado final de completa absorción en el Espíritu —viviendo por entero el drama de la conciencia humana con el objeto de establecer un modelo para el mundo—, Satanás comenzó a tentarle e intentó que se apartase de Dios, valiéndose de los recuerdos acumulados del mal subjetivo y objetivo provenientes de los ilusorios hábitos mortales de numerosas encarnaciones ligadas a placeres transitorios, producto del contacto con los objetos sensoriales finitos.

Jesús no negó esta Fuerza del Mal. Su conocimiento intuitivo reconoció este poder como el Satanás consciente que trataba de atraerle por medio de las pautas del mal que se desplegaban junto a las pautas de Dios. Dirigiéndose a esta Fuerza objetivada, Jesús destruyó su efecto aprisionador, haciendo uso del poder de la sabiduría que estaba bajo su mando: «*Apártate, Satanás*», lo cual significa: «Que el engaño quede atrás en la carrera que emprende mi alma hacia el Espíritu».

Es absurdo negar la existencia del mal subjetivo u objetivo cuando uno todavía se encuentra luchando contra la ilusión. La necesidad más urgente consiste en permanecer alerta y protegerse de las destructivas pautas del mal que existen en todas partes, ya sea en forma de tentaciones interiores o de imperfecciones y conflictos en la naturaleza. Jamás se debe pensar que se puede derrotar a Satanás en su propio juego. En el instante mismo en que uno se siente seguro de su invulnerabilidad, el diablo engaña a su oponente con alguna estratagema y lo derrota. Es preferible no jugar con las tentaciones de Satanás. En los campos de juego de Dios, existen abundantes juegos sanos y amenos en los cuales uno puede poner a prueba sus méritos y demostrarse a sí mismo que es un digno vencedor. Es preciso abrazar las pautas propias de la Conciencia Crística: las pautas de la bondad que han sido inspiradas en nuestra conciencia y raciocinio, así como en la presencia de Dios que se manifiesta en la belleza y armonía de la Naturaleza entera. Al fortalecer la conciencia de la bondad, su luz disipa las peligrosas tinieblas de la nefasta influencia de Satanás.

La tentación de Jesús
en el desierto

La naturaleza humana y divina de Jesús

❖

Cómo Satanás tentó a Jesús
a fin de hacerle abandonar su incondicionado estado divino

❖

El significado metafísico de «la boca de Dios»

❖

La ciencia yóguica que enseña a controlar
las energías que sustentan el cuerpo

❖

La lección espiritual implícita en el hecho
de que Jesús rehusara convertir las piedras en pan

❖

El simbolismo de la «Ciudad Santa» y del «alero del templo»

❖

El libre albedrío y la capacidad de raciocinio del hombre
constituyen su redención

❖

En el *samadhi* supremo, «el diablo» de las ilusorias dualidades
se aparta de la conciencia del hombre

«Jesús era tanto humano como divino; [...] Jesús el hombre se enfrentó a las tentaciones, lloró y sufrió como cualquier ser humano, pero utilizó su voluntad de manera suprema para conquistar el mal y el engaño de su naturaleza material».

ntonces Jesús fue llevado por el Espíritu al desierto para ser tentado por el diablo. Después de hacer un ayuno de cuarenta días y cuarenta noches, sintió hambre. El tentador se acercó y le dijo: «Si eres Hijo de Dios, di que estas piedras se conviertan en panes». Mas él respondió: «Está escrito: 'No sólo de pan vive el hombre, sino de toda palabra que sale de la boca de Dios'».

Entonces el diablo lo llevó consigo a la Ciudad Santa, lo puso sobre el alero del Templo y le dijo: «Si eres Hijo de Dios, tírate abajo, porque está escrito: 'A sus ángeles te encomendará, y en sus manos te llevarán, para que no tropiece tu pie en piedra alguna'».

Jesús le contestó: «También está escrito: 'No tentarás al Señor tu Dios'».

De nuevo lo llevó consigo el diablo a un monte muy alto, le mostró todos los reinos del mundo y su gloria, y le dijo: «Todo esto te daré si te postras y me adoras». Dícele entonces Jesús: «Apártate, Satanás, porque está escrito: 'Al Señor tu Dios adorarás, y sólo a Él darás culto'».

El diablo finalmente lo dejó. Y entonces se acercaron unos ángeles y se pusieron a servirle.

Mateo 4:1-11

La tentación de Jesús en el desierto

«Entonces Jesús fue llevado por el Espíritu al desierto para ser tentado por el diablo. Después de hacer un ayuno de cuarenta días y cuarenta noches, sintió hambre. El tentador se acercó y le dijo: "Si eres Hijo de Dios, di que estas piedras se conviertan en panes". Mas él respondió: "Está escrito: 'No sólo de pan vive el hombre, sino de toda palabra que sale de la boca de Dios'"» (*Mateo* 4:1-4)[1].

En el proceso de ascender desde el estado propio del Espíritu Santo (la omnipresente Vibración Cósmica y su Conciencia Crística inmanente en el espacio vibratorio) hasta la unidad con la Conciencia Cósmica (el Dios Padre trascendental, exento de toda vibración, y también el reflejo del Padre como la Conciencia Crística universal), Jesús experimentó una atracción hacia la materia, incitada por el engaño cósmico —un recordatorio de los limitadores y confinantes hábitos humanos acumulados durante encarnaciones—. El Espíritu Divino había conducido a Jesús al silencio del desierto para someterle a prueba, con el propósito de comprobar si podía retener su Conciencia Crística a pesar de la influencia engañosa de los recuerdos de vidas anteriores.

---

[1] Jesús cita *Deuteronomio* 8:3. Compárese con las referencias paralelas de *Marcos* 1:12-13 y *Lucas* 4:1-4.

Cualquier superhombre, aun cuando se encuentre firmemente establecido —por medio de la meditación profunda— en un elevado estado de conciencia, se hallará todavía sujeto a las tentaciones de la Ilusión Cósmica por tanto tiempo como él resida en el reino de *maya*. Las exigencias de su forma corporal le obligarán a traer a la memoria recuerdos postnatales y de vidas pasadas relativos a su dependencia de las experiencias sensoriales y del disfrute que éstas ofrecen. Mientras Jesús se hallaba absorto en el bienaventurado contacto con Dios, fue *«tentado por Satanás. Estaba entre los animales del campo»* (*Marcos* 1:13). La ilusión cósmica del Satanás metafísico instigó tentaciones psicológicas de pasiones bestiales, de maliciosa atracción por el poder y las posesiones, y de intensos deseos mortales provenientes del dolor físico y del hambre, con el propósito de tentar a Jesús para que se apartase de sus trascendentes percepciones de sabiduría. Los evangelistas relatan que, durante cuarenta días y cuarenta noches, él fue *«tentado por el diablo»* en las soledades del desierto. Teniendo a Dios como su único testigo y aliado, Jesús resistió la Fuerza del Mal: por medio del ayuno, para vencer el engaño de la conciencia corporal; por medio de la oración, para fortalecer la mente en la fe y en la firmeza de voluntad; y por medio del éxtasis en la meditación, para reafirmar que la identidad de su alma era la de un hijo de Dios que había despertado.

Si Jesús hubiera sido «importado» de los cielos y «fabricado» como un hijo absolutamente perfecto de Dios, no habría necesitado vencer tentación alguna. Las maquinaciones de Satanás y la victoria de Jesús no habrían sido más que una actuación divina. ¿Cómo podría semejante logro representar un ideal para la humanidad? Un ser espiritual manufacturado por Dios no resultaría tan digno de mérito como quien alcanza dicho estado mediante el esfuerzo personal y, por lo tanto, no constituiría un ejemplo para los seres humanos que se esfuerzan y se hallan acosados por las tentaciones.

La naturaleza humana y divina de Jesús

La inspiradora verdad es que Jesús era tanto humano como divino: era un alma liberada, una de las más grandes que jamás haya venido a la tierra; y era también humano, un ser que, por medio de su esfuerzo espiritual de anteriores encarnaciones en las que practicó la autodisciplina, la oración y la meditación, recogió la abundante cosecha espiritual de su identidad con Dios. Como resultado de toda la evolución lograda, le fue posible manifestar la imagen potencial de la Conciencia Divina que se hallaba oculta en su interior, y se convirtió en un Cristo, un ser dotado de Conciencia Crística. Fue durante su estado crístico —en el que podía sentir que su conciencia estaba presente en cada célula atómica de su cuerpo cósmico, constituido por toda la materia— cuando él pudo desempeñar el papel de redentor de la humanidad. Únicamente un ser que ha alcanzado tal estado universal es capaz de sentir una perfecta identificación con Dios y, por consiguiente, está facultado para convertirse en emisario de la Divinidad.

El Padre Celestial envió a Jesús a la tierra con el fin de que sirviera de ejemplo espiritual para sus hijos que se hallaban abrumados por el sufrimiento. Jesús el hombre se enfrentó a las tentaciones, lloró y sufrió como cualquier ser humano, pero utilizó su voluntad de manera suprema para conquistar el mal y el engaño de su naturaleza material, y finalmente alcanzó la victoria. Dos pasajes de San Pablo hacen referencia a este punto:

> *«Porque, ciertamente, no es a los ángeles a quienes tiende una mano, sino a la descendencia de Abrahán. Por eso tuvo que asemejarse en todo a sus hermanos, para ser un sumo sacerdote misericordioso y fiel en lo que toca a Dios, y expiar los pecados del pueblo. Pues, habiendo pasado él la prueba del sufrimiento, puede ayudar a los que la están pasando»* (Hebreos 2:16-18).
>
> *«Pues no tenemos un sumo sacerdote que no pueda compadecerse de nuestras flaquezas, ya que ha sido probado en todo como nosotros, excepto en el pecado»* (Hebreos 4:15).

Todos los profetas de Dios fueron sometidos a prueba durante sus encarnaciones terrenales y debieron vencer las flaquezas humanas inherentes a la posesión de un cuerpo mortal, con el objeto de alcanzar el supremo estado de unión con la Conciencia Cósmica. El esfuerzo de un maestro por recuperar su divinidad mientras se halla en la tierra establece un modelo ideal para otras almas que avanzan hacia la unión divina.

El encuentro del hombre común con «el Tentador» se produce principalmente bajo la forma de ideas subjetivas que le engañan de manera sutil, valiéndose de los malos hábitos prenatales y postnatales y de la seductora atracción que ejerce el entorno material. Con el fin de poner obstáculos a quienes se encuentran muy perfeccionados, Satanás puede asumir una forma objetiva y emplear la vibración de la voz en un desesperado intento final por disuadir a aquellos maestros que avanzan raudamente hacia Dios.

Las grandes almas que se aproximan a la liberación final pueden ver con toda claridad cómo Satanás y sus legiones de espíritus del

Cómo Satanás tentó a Jesús a fin de hacerle abandonar su incondicionado estado divino

mal asumen formas personificadas con el objeto de establecer una decidida resistencia que impida a los maestros alcanzar su liberación en el Espíritu. De manera misteriosa, Satanás pone a prueba a los grandes devotos de Dios a través de diversas tentaciones que imprevisiblemente se presentan en sus vidas a medida que progresan en el camino espiritual. A menudo, estas pruebas son suficientemente efectivas para que Satanás logre sus propósitos. Pero cuando los devotos se hallan muy cerca de Dios, Satanás abandona toda sutileza y sale abiertamente de su escondite a fin de desafiar a los santos del Señor. Buda se enfrentó a Mara, que apareció ante él bajo la forma de un grupo de bailarinas que pretendían tentarle a abandonar su divina bienaventuranza a cambio de placer sensual y alivio para su cuerpo debilitado por la disciplina ascética. Buda, sin embargo, permaneció inmutable, y con ello alcanzó la liberación final. De modo similar, cuando Satanás observó un resurgir del poder espiritual de Jesús —que estaba cercenando los lazos de *maya* presentes en su encarnación—, adoptó una forma objetiva, habló con Jesús y le prometió la completa felicidad temporal que todas sus maléficas propuestas de vida podían proporcionarle, si tan sólo abandonaba a Dios.

Durante los cuarenta días que Jesús dedicó al ayuno y a la práctica de austeridades, su conciencia permaneció en un plano elevado de dualidad espiritual: por un lado, se hallaba bendecido por el Espíritu; por el otro, acosado por las seductoras tretas del Adversario. Cuando regresó plenamente a la conciencia del cuerpo, se sentía renovado en espíritu, pero su cuerpo mortal, privado del habitual alimento, tenía hambre.

Siendo almas —chispas individualizadas del Espíritu incondicionado—, los hijos de Dios son inmortales y no dependen de la materia. El plan de Dios consistía en que las células de las flores, plantas, animales y seres humanos vivieran abasteciéndose de Energía Cósmica, y no que cruelmente éstos se alimentasen los unos de los otros. Sólo cuando el alma se identifica con el cuerpo humano profanado por Satanás, siente el hombre la necesidad de recurrir al abastecimiento de la naturaleza. A quienes se encuentran atados a la conciencia del cuerpo, la Fuerza Ilusoria Cósmica ha logrado convencerlos de que su existencia se acabaría si careciesen de sustento físico. Al acudir a los productos de la tierra para procurarse el sustento (el aire y el «pan»), el hombre permanece atado a ella y olvida su verdadera naturaleza, que sólo necesita de la Energía Cósmica y de la voluntad de Dios para existir.

La intención de Satanás era que Jesús olvidara su estado divino de existencia incondicionada. Comenzó a tentar a la Conciencia Crística de Jesús aprovechándose de la necesidad primordial del cuerpo humano de satisfacer el hambre. Satanás actuó a través de la mente de Jesús, expresando una tentadora proposición: «¿Por qué no empleas tu poder divino para convertir las piedras en pan?».

Jesús había alcanzado la unión con la Inteligencia Divina —la cual, al vibrar, formó los sólidos, los líquidos y los gases, y los mantiene en equilibrio mediante leyes magnéticas, eléctricas y térmicas— y, en consecuencia, tenía el poder para operar sobre los principios constituyentes de la naturaleza y convertir las piedras en pan al modificar su frecuencia de vibración electrónica. Sin embargo, advirtió que la sugerencia engañosamente razonable de Satanás era un ardid para fomentar el hábito mortal de alimentar la psicología del hambre física, lo cual habría sido, en ese caso, una traición al hecho de que, como inmortal, él vivía gracias a la Energía Infinita de Dios. Esto no significa que, después de esta experiencia, Jesús renunciara al sustento habitual de todo ser humano. Jesús comía alimentos sencillos y aquello con lo que cariñosamente le agasajaban sus anfitriones, pero con la actitud de un hombre divino y no como quien se encuentra sujeto al engaño y al hábito corporal del hambre física.

Por esa razón, Jesús le respondió al Satanás metafísico desde el interior de su ser con una poderosa fuerza vibratoria de pensamiento, negándose a utilizar indebidamente sus poderes divinos: *«No sólo de pan vive el hombre, sino de toda palabra que sale de la boca de Dios».* Jesús citó la verdad de las escrituras, no de manera teórica como hacen los teólogos, sino basándose en su propia percepción del misterio y origen de la vida que experimentó durante su ayuno y profunda meditación. Sus palabras significaban: «He hallado el modo divino de vivir por medio de Dios Padre a través del Espíritu Santo, que constituye la fuente de toda vida, y jamás volveré a reconocer que dependo en forma alguna del pan físico».

El hombre no se alimenta sólo de «pan» (las limitadas energías relativas derivadas de los sólidos, los líquidos y los gases, que constituyen las fuentes físicas que proporcionan sustento a la vida), sino principalmente de «toda palabra» (unidad de ilimitada y vibrante Energía Cósmica procedente del Espíritu Santo —el gran *Om* o Amén—) que desciende al cuerpo humano a través de la «boca de Dios» (el bulbo raquídeo). Experimentar conscientemente esta verdad, como lo hacía Jesús, implica conocer a fondo el vínculo eterno que existe entre lo humano y lo divino, entre la materia y la conciencia —la irrevocable unidad del Ser y su Creador.

El significado metafísico de «la boca de Dios»

El bulbo raquídeo, situado en la base del cerebro, es el asiento de la vida y se forma a partir de la célula seminal, el núcleo originario en el cual el alma se introduce en el momento de la concepción. Al igual que las ondas de radio, que son invisibles pero pueden captarse desde el éter mediante un aparato receptor, la vibrante energía vital de la fuente cósmica omnipresente se recibe continuamente a través del sutil centro astral situado en el bulbo raquídeo. Dicha energía se almacena en la dinamo de energía astral que se encuentra en el cerebro, desde donde fluye a través de la médula oblongada —*«sale de la boca de Dios»*— y se distribuye por todas las células del cuerpo. Si este rayo de energía se retirase, el cuerpo caería muerto de inmediato.

El hombre supone que vive de «pan», es decir, de alimento, oxígeno y luz solar; pero éstos no son sino Energía Cósmica condensada. La energía que irradia el sol nutre las plantas; las plantas sirven de alimento a los animales y a los seres humanos; las plantas, a su vez, se alimentan de éstos cuando mueren. En forma directa o indirecta, la energía solar constituye la fuente física primordial de la vida. Cuando una persona ingiere alimentos, la energía vital del cuerpo comienza a digerirlos y metabolizarlos y, finalmente, extrae la energía solar almacenada en ese alimento para abastecer el cuerpo. Por ese motivo, los científicos señalan que las células del cuerpo funcionan gracias a la energía irradiada por el sol, la cual se libera por medio de una reacción química de oxidación. La construcción misma del protoplasma se hace posible con esta radiación solar, que emite fuerzas eléctricas que vitalizan las células. Cuando el hombre responde a los estímulos de los sentidos a través de las percepciones y las acciones, emplea parte de esa energía; y cuando las reservas del cuerpo se han agotado, se siente débil. Decide, entonces, comer algo, o respirar profundamente, o salir al aire libre para tomar sol a fin de recargarse de radiaciones de energía[2].

El hombre común, identificado con su cuerpo animal, cree que su existencia depende por entero del alimento, el agua, el oxígeno y la luz solar. Sin embargo, llega un momento en la vida de toda persona en que sea cual sea el alimento que ingiera, o pese a los múltiples ejercicios respiratorios que practique o a los numerosos baños de sol que tome, se ve forzado a admitir: «A pesar de todo lo que hago, no puedo mantenerme saludable». De modo similar, insuflar oxígeno en los pulmones de un hombre muerto, introducir comida en su estómago y exponer su cuerpo a la luz del sol no le harán volver a la vida. Los agentes materiales que sostienen el cuerpo son únicamente fuentes indirectas de la vitalidad y dependen de la Energía Cósmica, que es la fuente directa de la vida.

El cuerpo del hombre se asemeja a la batería de un automóvil, que es capaz de generar cierta cantidad de electricidad a partir de sus componentes y del agua destilada que se le suministra desde el exterior. Sin embargo, la energía que producen estas reacciones químicas es sólo temporal, y debe recargarse continuamente con la corriente eléctrica del generador del automóvil; de lo contrario, la batería «muere». De modo similar, la vida en el cuerpo humano no se mantiene única-

> *La Energía Cósmica: la fuente interna de vida en la batería corporal del ser humano*

mente por medio del sustento indirecto (el alimento, los líquidos, el oxígeno y la luz solar), sino a través de la fuente directa de la vibrante corriente vital —la «palabra» de Dios.

La electricidad proveniente del generador recarga la batería del automóvil y restablece su capacidad para generar más electricidad a partir

---

[2] «Lo que comemos es radiación; nuestro alimento no es sino determinada cantidad de energía». El doctor George W. Crile, de Cleveland, se expresó de este modo durante una reunión de médicos, el 17 de mayo de 1933, en Memphis. «Esta importantísima radiación, que libera corrientes eléctricas para el circuito eléctrico del cuerpo, el sistema nervioso, la toman los alimentos de los rayos solares», dijo el doctor Crile.

Algún día, los científicos descubrirán la manera en que los seres humanos puedan vivir directamente de la energía solar. «La clorofila es la única sustancia conocida en la naturaleza que, de algún modo, posee el poder de actuar como una "trampa de sol" —escribe William L. Laurence, en *The New York Times*—. Atrapa, por así decirlo, la energía del sol, almacenándola en la planta. [...] La energía que necesitamos para vivir la obtenemos de la energía solar almacenada en los alimentos vegetales que comemos o en la carne de los animales que se alimentan de esas plantas. La energía que obtenemos del carbón o del petróleo es energía solar atrapada por la clorofila en plantas que vivieron hace millones de años. Vivimos del sol por medio de la clorofila» (*Autobiografía de un yogui*).

de las sustancias químicas que contiene y del agua destilada; de igual modo, la Energía Cósmica que entra al cuerpo a través del bulbo raquídeo le permite al cuerpo convertir el alimento y los elementos densos en energía suministradora de vida. Esta misma Energía Cósmica, en su papel creativo universal, formó los sólidos, los líquidos y los gases del modo que los conocemos; cuando los ingerimos, la energía vital inteligente del cuerpo debe transformar esos alimentos sólidos, líquidos y gaseosos en energía que el cuerpo pueda utilizar. La energía vital inteligente del cuerpo es el *prana* (los vitatrones), que tiene su origen en las funciones suministradoras de vida del cuerpo astral. La diferencia que existe entre las formas de energía materialmente activas (electricidad, luz, calor, magnetismo) y la energía vital *(prana)* es que las primeras son simplemente fuerzas mecánicas, en tanto que la segunda, cuya naturaleza es vitatrónica, posee una inherente inteligencia divina.

En realidad, la energía vital interna es autosuficiente y puede sostener el cuerpo por sí sola. Sin embargo, debido a los malos hábitos generados a lo largo de la evolución, se ha condicionado esta energía a depender totalmente del alimento —ha quedado encapsulada, por así decirlo, dentro de las vibraciones densas— y se niega a funcionar de manera apropiada e, incluso, a permanecer en el cuerpo si le falta el sustento material. Al convertirse el hombre en un «adicto a las comidas», sencillamente ha olvidado cómo extraer de forma directa la fuerza vital corporal y atraer su continuo suministro de Energía Cósmica. Si a un adicto al opio se le niega repentinamente todo acceso a la droga, se enferma o muere; de manera similar, cuando una persona es adicta a las engañosas leyes de Satanás que rigen las condiciones materiales de la existencia y que se han convertido en parte misma del hombre, éste debe liberarse gradualmente de dicha dependencia por medio de la percepción de su verdadera naturaleza espiritual o, de lo contrario, padecerá —sumido en la ignorancia— la muerte que todo mortal sufre si no cuenta con estas fuentes de sustento vital.

No es pecado vivir de acuerdo con la norma evolutiva que consiste en ingerir alimentos; pero creer que los medios físicos son los únicos que sustentan la vida es una ilusión. A través del poder vibratorio y de las diversas fuerzas de la naturaleza, es sólo Dios quien sostiene la vida; es su poder el que digiere el alimento y lo transforma en sustancias nutritivas, tejidos corporales y sangre. Es acertado apreciar y obedecer tácitamente a la Naturaleza y sus métodos, pero la conciencia del hombre debe permanecer libre de tales limitaciones materiales.

El niño Jesús con los maestros en el Templo

> **Al cabo de tres días, lo encontraron en el Templo sentado en medio de los maestros, escuchándoles y haciéndoles preguntas. Todos cuantos le oían estaban estupefactos, por su inteligencia y sus respuestas.**
>
> **Lucas 2:46-47**

Hemos oído hablar de mentes geniales, individuos cuyo cerebro absorbe el conocimiento a una velocidad asombrosa. Han adquirido el conocimiento y la capacidad de aprendizaje en vidas pasadas, lo cual los predispone a desarrollar el cerebro de manera extraordinariamente eficiente. Los genios espirituales poseen, además, la capacidad supraconsciente de acceder a los archivos de sabiduría que se revelan con la realización del alma —la omnisciente facultad intuitiva del alma que manifiesta su unidad con la infinita Inteligencia Divina.

En la tradición espiritual de la India, abundan los relatos acerca de jóvenes sabios divinos. Es ampliamente aceptado el hecho de que quienes vienen a la tierra para cumplir un propósito encomendado por Dios han sido agraciados con la intervención divina, la cual los bendice con una sabiduría que trasciende el crecimiento natural del intelecto.

Paramahansa Yogananda

Pintura: Heinrich Hofmann

El cuerpo aparentemente sólido es, en sí mismo, una onda electromagnética inmaterial conformada en esencia por los subyacentes vitatrones astrales que, a su vez, están constituidos por Conciencia Cósmica. Dios ha condensado ingeniosamente su conciencia transformándola en los vitatrones; los vitatrones, en electrones y protones; estas partículas subatómicas, en átomos; y los átomos, en moléculas y células, todas las cuales viven por medio de las radiaciones provenientes de la Fuente Cósmica. En una pantalla cinematográfica, los actores parecen muy reales, pero no son sino una radiación, dividida en luces y sombras, que procede de la cabina de proyección. El hombre debe comprender la naturaleza etérea de su ser: está hecho de luz y de conciencia, es divino e indestructible, y el Rayo Cósmico creativo de Dios lo proyecta sobre la pantalla del tiempo y del espacio.

El ser humano posee una naturaleza triple: su cuerpo es una batería contenida dentro de otras baterías. La batería del cuerpo se halla dentro de las baterías de la mente y del alma. Continuamente, la Energía Cósmica recarga la batería corporal por medio de la voluntad, accionada por la mente, que, a su vez, recibe su poder de la Conciencia Cósmica que fluye a través de la supraconciencia del alma.

El papel de la mente y del alma en la salud del cuerpo

Las baterías del cuerpo, de la mente y del alma se encuentran interrelacionadas. La batería mental se recarga desde el exterior por medio de la energía vital generada por el metabolismo corporal, e internamente se recarga a través de la supraconciencia del alma. De modo similar, la batería del alma se recarga desde el exterior por conducto de una mente apropiada, una energía vital apropiada y una energía química del cuerpo apropiada; el alma se recarga internamente por medio de la Conciencia Cósmica.

Un cuerpo endeble y deteriorado debilita la mente; sin embargo, un cuerpo saludable no siempre implica una mente excepcional, a no ser que ésta se recargue con la supraconciencia del alma. Un cuerpo enfermo desalienta a la mente e impide la expresión del alma cuando la mente y el alma se encuentran apegadas al cuerpo. Por el contrario, un alma poderosa, que se abastece con el gozo de la meditación, convierte la mente en un instrumento positivo indoblegable; una mente tan enérgica puede, a su vez, influir sobre un cuerpo enfermo para que manifieste salud y vitalidad.

Cuanto más medites diaria y profundamente, y sientas crecer tu

gozo, más se recargará la batería de tu alma con la sabiduría que
emana de Dios. La meditación, la compañía de los santos y de personas inteligentes dotadas de una mente poderosa, los buenos libros, la
introspección, el trabajo creativo en el arte, en la ciencia, en la literatura y en los negocios contribuyen todos al desarrollo de una mente
vigorosa y receptiva a la sabiduría del alma.

Dado que el alma ha descendido a la materia desde el Espíritu
y ha convertido el imperfecto cuerpo en su «parque de diversiones»,
es preciso establecer en la mente la perfección del Espíritu y del alma
para que ésta, antes enredada en el cuerpo, exprese su naturaleza divina dentro del cuerpo y a través de él. Por medio de un total dominio
de la mente sobre el cuerpo, debe ponerse de manifiesto la inmortalidad del alma, la ausencia de enfermedades y la felicidad inmutable.

La inteligencia del hombre —reflejo de la Inteligencia Divina—
controla los átomos mismos de su cuerpo[3]. La Conciencia Cósmica
de Dios, que fluye a través de la batería del alma, provee de energía
a la mente; es el poder de la voluntad que ejerce la mente el que extrae la fuerza vital creativa consciente, o la «Palabra», de la dinamo
invisible de Energía Cósmica y la hace fluir hacia el cuerpo a través
del bulbo raquídeo o «boca de Dios».

La voluntad es la que opera el interruptor que controla el flujo
de energía hacia el cuerpo. Para realizar cada movimiento es preciso
un acto de la voluntad que le suministre energía. El
simple hecho de levantar una mano implica inyectar
energía y conciencia en el sistema entero. Cuando no
se tiene buena disposición para realizar una tarea, se
experimenta fatiga desde el comienzo; por el contrario, si existe buena disposición, uno se siente lleno
de energía. Quien lleva a cabo todas sus tareas con diligencia e interés

*El poder de la
voluntad dirige la
Energía Cósmica
hacia el cuerpo*

---

[3] La mente o inteligencia del hombre no es una facultad simple y única. El yoga ha
analizado en detalle sus componentes fisiológicos, psicológicos y espirituales, y la ha
definido como un conglomerado constituido por el principio del ego *(ahamkara)* —el
agente o hacedor y perceptor subjetivo—; la conciencia o sentimiento y la percepción *(chitta);* la mente sensorial *(manas),* formada por el poder revitalizador de los
cinco sentidos del conocimiento (olfato, gusto, vista, tacto, oído) y los cinco sentidos
de la acción (locomoción, habilidad manual, habla, eliminación y procreación); y la
facultad de discernimiento *(buddhi).* De estos principios nacen las cinco energías vitales, los cinco aspectos del *prana* responsables del funcionamiento de los procesos de
cristalización, asimilación, eliminación, metabolización y circulación en el cuerpo. El
hombre es, por lo tanto, un conjunto sumamente complejo de energías inteligentes y
de conciencia, que proceden del alma y se originan en la Conciencia Cósmica de Dios.

comprueba que le es posible alimentarse incesantemente de la fuente de energía cósmica. Aquel que permanece apáticamente pasivo y se niega a emplear la voluntad para afrontar todas las obligaciones y desafíos de la vida —como algunos dogmáticos que interpretan equivocadamente las palabras de Jesús: *«No se haga mi voluntad, sino la Tuya»*— impide que llegue al cuerpo el libre flujo de las fortalecedoras corrientes divinas. La muerte del cuerpo se produce cuando se paraliza la voluntad de vivir debido a enfermedades que nos incapacitan o a otras dificultades.

Para que el ser humano recargue las células de su cuerpo —que no son sino celdas eléctricas— sólo se requiere el poder de la voluntad. Una persona que ayune con prudencia por un tiempo prolongado advertirá que siente una necesidad cada vez menor de alimento y que es otra cosa lo que sustenta su cuerpo. Es posible acceder a las corrientes de energía almacenadas en el cerebro y en las células empleando la mente y la voluntad, las cuales son capaces de transformar la «batería húmeda» del cuerpo humano en una «batería seca».

Para generar electricidad, una batería húmeda depende de la renovación de su reserva de agua[4]. Una batería seca, en cambio, funciona gracias a su propia reserva interna de energía, la cual se recarga únicamente con electricidad. A través del desarrollo del poder de la voluntad, el ser humano puede disminuir en forma gradual su dependencia de la energía química de los átomos del alimento físico y aprender, en cambio, a mantener y revitalizar su cuerpo y sus facultades mentales a partir de fuentes cada vez más refinadas de Energía Cósmica. El ser humano podrá así extraer el sustento del oxígeno o de la luz del sol. En definitiva, los santos han demostrado que es posible vivir sólo de la Palabra de Dios.

En el libro *Amanzil,* basado en un discurso del Ilustrísimo Joseph Schrembs, doctor en teología y obispo de Cleveland, que pronunció el 12 de febrero de 1928 acerca de Teresa Neumann, una joven campesina de Konnersreuth (Baviera), encontramos hechos sorprendentes sobre la vida de esta mujer en lo que se refiere a vivir de la energía divina[5].

Algunos santos que viven sin necesidad de ingerir alimento

---

[4] En la época en que Paramahansa Yogananda empleó esta metáfora hipotética, era preciso agregar agua en forma periódica a las baterías húmedas para reponer la que se perdía por evaporación. Las baterías herméticas, desarrolladas más recientemente, que son las más comunes en la actualidad, no requieren tal reposición. *(Nota del editor).*

[5] El libro *Amanzil* se reimprimió a partir de la publicación que apareció en el *Catholic Universe Bulletin,* Cleveland, Ohio (undécima edición).

1. «Manifiesta las heridas del Salvador crucificado. Éstas permanecen siempre igual, sin infectarse ni sanar».
2. «Cada viernes revive la Pasión de nuestro Señor».
3. «Repite las palabras pronunciadas en arameo por Cristo».
4. «Adivina los secretos más íntimos del corazón».
5. «No ingiere alimentos ni bebidas. No ha comido alimentos sólidos desde 1923, salvo agua o un poco de jugo de frutas».

«No obstante, el día de Navidad de 1926 cesó por completo de comer y beber; es decir, hace ya casi dos años que esta joven no come ni bebe, con la excepción de que cada mañana recibe la Sagrada Comunión. [...] El dictamen de todos los médicos de la Universidad de Berlín y de médicos de Praga, Fráncfort y Múnich —que no profesan ninguna fe religiosa— es el siguiente: "No existe la menor duda de que, en el caso de Teresa Neumann, no hay engaño ni fraude". Ella no se encuentra debilitada, a pesar de que no consume alimentos desde la Navidad de 1926, y tiene el mismo aspecto saludable de cualquier persona normal. Cada viernes pierde alrededor de cuatro kilos de peso. Seis horas después de concluir la visión de la Pasión, recupera su peso normal de 50 kilos».

Cuando visité a Teresa Neumann en Baviera, en el año 1935, ella había permanecido sin comer durante doce años; su apariencia, sin embargo, era tan lozana como la de una flor[6].

En el caso de Teresa Neumann, puede observarse una de las numerosas anomalías que Dios dispone —un suave «golpe divino»— destinado a que la autosuficiencia del ser humano se humille y se mantenga desconcertada. Ella es una mujer moderadamente activa, que disfruta del sol y del cuidado de su jardín; su corazón, sistema circulatorio y respiración funcionan con normalidad, pero ella no depende de los alimentos sólidos ni líquidos. La vida de Teresa Neumann demuestra en la época actual la enseñanza de Jesús sobre que el cuerpo no vive *«sólo de pan»*. Como ella misma me dijo: «Vivo de la luz de Dios». La santa estigmatizada vive de la Energía Cósmica que su voluntad extrae del éter, del sol, del aire y de la Conciencia Cósmica de Cristo[7].

---

[6] En el capítulo 39 de *Autobiografía de un yogui*, «Teresa Neumann: la católica estigmatizada», Paramahansa Yogananda relata en detalle su encuentro con esta mística de nuestros tiempos y su experiencia personal de la visión extática que Teresa tenía de la Pasión de Cristo. Teresa Neumann falleció en 1962. *(Nota del editor).*

[7] Entre otros santos cristianos que vivieron sin comer alimentos (y que también eran estigmatizados) se pueden mencionar a Santa Lidwina de Schiedam, la Beata Elizabeth

Cuando visité a la santa bengalí Giri Bala, en 1936, ella había vivido sin ingerir alimentos durante más de 56 años. Me relató que desde que su gurú la inició en una técnica que libera el cuerpo de la dependencia del alimento físico, había podido vivir por entero de la Energía Cósmica. Durante todos esos años sin ingerir alimentos, jamás había sentido decaimiento ni había experimentado enfermedad alguna. Su nutrición deriva de energías más sutiles provenientes del aire, de la luz del sol y de la energía cósmica, las cuales recargan el cuerpo a través del bulbo raquídeo.

Le pregunté con qué propósito se le había enseñado a vivir sin alimentos. «Con el propósito de demostrar que el hombre es Espíritu —respondió ella—. Para demostrar que, mediante el desarrollo espiritual, el hombre puede gradualmente aprender a sustentar su vida de la Luz Eterna y no de los alimentos»[8].

Dios utiliza la vida singular de santas como Teresa Neumann y Giri Bala para demostrar la naturaleza esencialmente incorpórea del ser humano. En eras más avanzadas, será habitual alimentarse principalmente de oxígeno, luz solar y energía procedente del éter. La obtención de sustancias nutritivas de los alimentos densos es un proceso indirecto para tener acceso a la energía almacenada en ellos con el objeto de reparar el deterioro de los tejidos corporales. Extraer energía del oxígeno y de la luz solar es un sistema mucho más eficiente. Y utilizar en forma directa la reserva ilimitada de Energía Cósmica que se halla libremente disponible significa recuperar la capacidad natural del alma de mantener el instrumento corporal mediante la Palabra Vibratoria de Dios.

La ciencia yóguica que enseña a controlar las energías que sustentan el cuerpo

En el estado de suspensión animada, algunos yoguis de la India han demostrado el poder sustentador de la Energía Cósmica, incluso en ausencia de la energía proveniente del oxígeno y de la luz solar. Bajo la estricta observación de varios médicos, Sadhu Haridas fue enterrado a varios metros de profundidad en el patio de un palacio muy bien custodiado. Su cuerpo sobrevivió sin alimento, oxígeno ni

---

de Rent, Santa Catalina de Siena, Dominica Lazarri, la Beata Ángela de Foligno y Louise Lateau (que vivió en el siglo XIX). San Nicolás de Flüe (el Hermano Klaus, ermitaño del siglo XV cuya fervorosa súplica por la unión salvó la Confederación Suiza) se abstuvo de ingerir alimentos durante veinte años.

[8] Véase *Autobiografía de un yogui*, capítulo 46.

luz solar durante cuarenta días. Cuando lo desenterraron fue declarado muerto; sin embargo, para el asombro de los médicos ingleses y franceses que lo custodiaban, su cuerpo volvió a la vida[9].

Cuando un yogui entra en el estado de suspensión animada, detiene el deterioro de las células corporales. Mientras se encuentra enterrado, el frescor de la tierra cumple la función de un refrigerador y preserva el cuerpo de la obra destructiva del calor. La fuerza vital interior crea, además, cierta frescura en todas las células, lo cual ayuda a conservarlas. En este estado, las células olvidan temporalmente su mal hábito de adicción al alimento y viven de la vibración de la Energía Cósmica.

La ciencia postula que un solo gramo de carne del cuerpo humano tiene suficiente energía en sus componentes electroprotónicos como para proveer de energía eléctrica a la ciudad de Chicago durante dos días. La fuerza vital del cuerpo humano común está habituada a recargarse con la energía química de los alimentos; los engorrosos procedimientos de la naturaleza han impedido el proceso de vivir exclusivamente de la energía vitatrónica almacenada en los electrones y protones de las células corporales. En el estado de suspensión animada, los yoguis saben cómo utilizar esta energía electroprotónica para mantener electrificadas las células corporales como si fuesen billones de baterías secas.

Toda la conciencia, la energía y las formas existen en la inmanente y trascendente Conciencia Cósmica de Dios y se desarrollan a partir de Ella. Vivimos únicamente porque nuestro Creador ha destinado porciones infinitesimales de su Ser a tomar la apariencia de una multitud de seres. El hombre común se considera a sí mismo como un cuerpo cuyas facultades dan origen a la conciencia. Sin embargo, los yoguis que han alcanzado la unión con el Ser saben que, en realidad, son la conciencia y la subconciencia —ubicadas en el cerebro y en la columna vertebral— las que sostienen y animan el cuerpo. Ellos han aprendido la forma de retirar la vida y la conciencia para dirigirlas hacia los centros astrales cerebroespinales a fin de conectarlos con la fuente de toda la conciencia: la Conciencia Cósmica de Dios.

Así como los barcos pueden controlarse a distancia por medio de

---

[9] En su libro *Thirty-five Years in the East* [Treinta y cinco años en Oriente] (H. Bailliere, Londres, 1852), el Dr. John Martin Honigberger, médico de la Corte de Lahore (India), narra las hazañas de Sadhu Haridas, recopiladas a partir de relatos de testigos oculares.

una radio, de modo similar Dios mantiene en funcionamiento todos los procesos del pensamiento y todas las células del cuerpo enviando continuamente hacia ellos Conciencia Cósmica y Energía Cósmica. Aun cuando uno no sea consciente de este Poder Sustentador, nadie puede vivir sin la inteligencia interior de la subconciencia, recargada con la conciencia de Dios, y sin utilizar la Energía Cósmica que se «radiotransmite» al cuerpo a través del bulbo raquídeo y que se almacena en el núcleo protónico de todas las células corporales[10]. Durante el estado de animación suspendida, a no ser que los receptores de las células y pensamientos se encuentren sintonizados con la dinamo de la Conciencia Cósmica o con la subdinamo de la subconciencia recargada por la supraconciencia, las células y las funciones corporales se verán abocadas a la destrucción por carecer del control de la inteligencia. Cuando en el estado de animación suspendida la conciencia abandona la espina dorsal y el cerebro, se produce la muerte de forma instantánea y se inicia el proceso de descomposición.

El estado de muerte aparente que pueden alcanzar los yoguis como Sadhu Haridas tiene el propósito principal de demostrar determinadas leyes psicofisiológicas avanzadas. Entrar en un estado de suspensión en el que uno se encuentre privado de la conciencia no es necesariamente beneficioso en el sentido espiritual. Cualquier tipo de animación suspendida en que uno se halle inconsciente, tanto externa como internamente, constituye una anestesia para la mente, y debe descartarse. Algunos instructores provocan un estado de animación suspendida, en animales o en ellos mismos, presionando ciertas glándulas. Esto produce un estado de inconsciencia interna y externa que debe evitarse estrictamente por ser totalmente inútil en sentido metafísico. En el yoga espiritual, durante el estado de *samadhi* que se alcanza al meditar, aun cuando el cuerpo pueda asumir un estado

---

[10] El hecho de que la conciencia sea uno de los factores que interviene para sustentar al hombre puede demostrarse en el fenómeno del sueño. El organismo humano debe recargarse periódicamente entrando en la subconciencia durante el estado del sueño, en el cual la conciencia y las células corporales se revitalizan mediante el contacto con la supraconciencia del alma.

Los efectos rejuvenecedores del sueño se deben a que el hombre permanece temporalmente inconsciente del cuerpo y del aliento. Cuando el hombre duerme, se convierte en un yogui; cada noche practica, en forma inconsciente, el rito yóguico de liberarse de la identificación corporal y fusionar la fuerza vital con las corrientes curativas del área principal del cerebro y de las seis subdinamos de sus centros espinales. Sin saberlo, al dormir se recarga, de ese modo, de la Energía Cósmica que sustenta toda la vida.

de suspensión semejante al del trance, la conciencia permanece totalmente despierta y unida a Dios en la bienaventuranza de la divina
comunión consciente.

En el estado de éxtasis divino, la fuerza vital se concentra en
los centros espirituales cerebroespinales y electrifica los billones de

*La meditación: cómo
conectar nuestra
limitada energía y
nuestra conciencia
individual con la
Vida Infinita y la
Conciencia Cósmica*

células del cuerpo. De esta forma, no sólo evita
su descomposición, sino que, además, las rejuve-
nece con un poderoso elixir de Energía Cósmica.
Cuando las células se electrifican por medio de
esta poderosa corriente, cesan sus procesos normales de crecimiento y deterioro. Esto es lo que
se entiende por «animación suspendida» extática.
Dado que el cuerpo es un cúmulo de movimientos
atómicos, celulares, circulatorios, musculares y vitatrónicos astrales, depende por lo general de tales movimientos para
su existencia. Sin embargo, el yogui que se encuentra en el estado
meditativo de *samadhi* suspende conscientemente la actividad de las
transformaciones que se llevan a cabo en los músculos, en la sangre,
en la energía nerviosa y en todos los tejidos, y sostiene el cuerpo por
medio del poder inmutable de la Energía Cósmica, que proviene de la
Conciencia Cósmica. Si tocamos con suavidad el delicado mecanismo
interno de un reloj, éste se detendrá; pero al sacudirlo, funcionará
de nuevo. De manera semejante, cuando silenciamos la incansable
actividad de los procesos mentales y logramos así que las funciones
corporales se aquieten, la fuerza vital y la conciencia humana cesan
su actividad externa en relación con el mundo material y abandonan,
por un tiempo, su esclavitud con respecto al oxígeno, los alimentos
y la luz solar. De ese modo, tanto la fuerza vital como la conciencia
humana aprenden de nuevo a depender por completo de los auténticos
elementos que sustentan el cuerpo: la Energía Cósmica de Dios y su
Conciencia Cósmica.

Para retornar a la actividad, el yogui activa la voluntad y la conciencia que se encuentran en la columna vertebral y en el cerebro. Al
oprimir el interruptor de la voluntad, los pensamientos se ponen en
movimiento. Cuando la mente se conecta con los poderes sensoriales
de la percepción y de la acción, la fuerza vital restablece totalmente el
estado de animación en el cuerpo.

Un Sadhu Haridas, que puede llevar el cuerpo al estado de trance
subconsciente propio de la suspensión animada; una Teresa Neumann

o una Giri Bala, que pueden subsistir a base de la energía pura del aire, del sol y de la luz vibratoria de Dios; un avatar como Mahavatar Babaji, para quien el aliento, los átomos del cuerpo y la vida misma no son otra cosa que luz y pensamientos manipulables de Dios: todos ellos aportan pruebas elocuentes del potencial con que cuenta el ser humano para dominar las fuerzas vitales de su cuerpo, que en el pasado estuvo tenazmente atado a la materia.

Jesús demostró su dominio sobre el cuerpo al manifestar el estado de Conciencia Cósmica durante los cuarenta días en que ayunó y meditó. Una vez alcanzado dicho estado, es indiferente si un maestro se alimenta de manera normal para permanecer en contacto con su naturaleza humana, o si come frugalmente, o no ingiere nada en absoluto.

Se mencionan estos ejemplos extremos no con el fin de considerarlos como una meta a la que deba aspirar el hombre común o el buscador de Dios, sino para demostrar que si se puede controlar el cuerpo físico de manera tan excepcional, también es posible, para una persona que lleva una vida normal, elevar en tal medida el nivel espiritual de su cuerpo que le permita experimentar que la verdadera fuente de su vida es el Poder Divino, y utilizar dicho Poder conscientemente como una ayuda para liberarse del dolor físico y de otras limitaciones mortales causantes de sufrimiento.

La meditación es el método que permite experimentar la conexión entre la energía vital individual —circunscrita al cuerpo— y la infinita Energía Cósmica de Dios, así como la conexión de los estados consciente y subconsciente con la Conciencia Cósmica de Dios. Por medio de la técnica de *Kriya Yoga*, la conciencia transforma gradualmente su identificación con el cuerpo físico —inepto y muchas veces traicionero, apegado al aliento y al «pan»— y la convierte en percepción del cuerpo astral interno, formado por vibrante energía vital que se renueva constantemente, y luego experimenta su naturaleza suprema como alma hecha a imagen de Dios: Dicha siempre existente, siempre consciente y eternamente renovada. Jesús, Elías, Kabir y otros profetas habían logrado, en vidas pasadas, el dominio de la técnica de *Kriya Yoga*, u otra semejante, mediante la cual podían materializar o desmaterializar su cuerpo a voluntad —del mismo modo en que Jesús hizo resucitar su cuerpo crucificado y presenció, en su anterior encarnación como Eliseo, cómo su gurú Elías transformaba su cuerpo en llameante energía y ascendía a los cielos[11].

Únicamente cuando se han aquietado todas las funciones corporales, se puede alcanzar el estado de *samadhi* en la meditación

*El valor de la dieta
apropiada y del
ayuno periódico*

profunda. La dieta apropiada y el ayuno ayudan
a acondicionar el cuerpo para que logre alcanzar
dicho estado de quietud y recogimiento. Jesús tuvo
en cuenta este principio cuando ayunó con la finalidad de espiritualizar el cuerpo y liberar su mente
durante los cuarenta días que permaneció en el desierto.

Meditar con el estómago vacío es una buena práctica porque la
energía que activa el sistema nervioso no se encuentra entonces tan
ocupada llevando a cabo las funciones corporales. Practicar la meditación después de haber ingerido comida en abundancia provoca un
«tira y afloja» entre la conciencia del cuerpo y la supraconciencia del
alma. Si el estómago se encuentra lleno, el corazón, los pulmones y
los sistemas nervioso y digestivo se dedican a las tareas de digestión
de los alimentos, combustión del carbono y mantenimiento de la circulación hacia los pulmones para eliminar de la sangre el dióxido de
carbono. Este proceso mantiene ocupada la mente subconsciente que,
a su vez, infunde su inquietud en la mente consciente. Tal invasión
de la conciencia imposibilita la comunión interior con Dios. Por el
contrario, cuando las actividades del cuerpo se han tranquilizado,
el corazón se encuentra en calma. Al aquietarse el corazón, la corriente vital se desconecta de los sentidos y la mente se libera de los
pensamientos inquietos para concentrarse exclusivamente en Dios.

Las personas que comen en exceso de manera habitual y que jamás practican el ayuno someten la fuerza vital de su cuerpo a la incesante actividad ligada a la combustión del carbono y la purificación de
la sangre venosa. De esta forma, sobrecargan el corazón y mantienen
constantemente activos los cinco teléfonos de los sentidos. En cuanto
a la meditación, el ayuno hace decrecer la actividad de los músculos, el
corazón, la circulación, el diafragma y los pulmones, al no suministrar
dióxido de carbono ni sustancias químicas a la sangre. De ese modo,
permite que la atención se aparte del cuerpo y sus funciones. En el
sentido metafísico, el ayuno es una ayuda que permite el acceso a la

---

[11] Véase el discurso 2: «*[...] de pronto un carro de fuego con caballos de fuego los
separó a uno del otro. Elías subió al cielo en el torbellino*» (*II Reyes* 2:11).
   Kabir fue un gran santo de la India del siglo XVI. (Véase el discurso 75, en el
volumen III).

vivificante fuente interior de la Conciencia Cósmica y de la Energía Cósmica[12].

Nunca se ha de emprender un ayuno prolongado sin la guía y las instrucciones de un preceptor competente. No es necesario realizar un ayuno prolongado (es decir, más de un día por semana, o tres días por mes, o cada cuarenta y cinco días, ingiriendo una cantidad suficiente de líquidos) para demostrar que el Poder Divino es el que sustenta la vida. En cualquier caso, se debe alimentar el cuerpo y el alma por medio de la meditación.

La mente establece el carácter de cada una de las actividades del cuerpo. Por esa razón, resulta provechoso el uso de afirmaciones: «Vivo por el poder de Dios y no sólo a través de medios físicos». Tal estado de libertad es casi inconcebible para el típico individuo apegado al cuerpo, que ni siquiera puede iniciar el día sin primero rendir homenaje a su diaria necesidad matinal de tomar café y pan tostado. Jesús demostró, sin embargo, una verdad: el hombre vive por el Poder Divino y puede, mediante el esfuerzo apropiado, tomar conciencia de su inherente vínculo con la Conciencia y la Energía Cósmica de Dios.

La meditación es el modo más efectivo de espiritualizar el cuerpo. El esfuerzo meditativo para lograr que el cuerpo viva en ese plano superior se ve favorecido por el hábito de comer siempre en forma apropiada. Incluso una persona espiritual, advertirá que si se alimenta

---

[12] De acuerdo con la información publicada el 23 de enero de 1995 en un artículo de *The Deccan Chronicle,* en Hyderabad (India), «recientes estudios indo-germánicos han revelado que el ayuno puede prolongar la vida. A través de estos experimentos, que se llevaron a cabo por el Centro de Biología Celular y Molecular (CBCM)], situado en Hyderabad, en colaboración con el Instituto Max Planck de Endocrinología Experimental de Alemania, se señaló que el ayuno permite conservar una gran cantidad de energía. Este remanente de energía puede utilizarse para desarrollar otras funciones del cuerpo humano o para mantener el cuerpo en buen estado y, de ese modo, incrementar la longevidad.

»Durante los experimentos, en los que se sometió a ayuno a un grupo de ratas, se comprobó que cesó por completo la rotación o reemplazo de las células de revestimiento interno, proceso que requiere gran cantidad de energía. Tampoco se produjo muerte celular fisiológica, y las células intestinales aumentaron su eficiencia para absorber las sustancias nutritivas, señaló el Dr. P. D. Gupta, subdirector del CBCM y director del grupo de estudio.

»Según el Dr. Gupta, se conocen casos de *munis* del jainismo que han ayunado durante más de 200 días. Se ha comprobado, sin embargo, que un ayuno de tres días detiene por completo el proceso de "muerte celular fisiológica". De acuerdo con el estudio, ayunar durante uno o dos días de manera intermitente en un lapso de un mes resulta beneficioso en todos los casos». *(Nota del editor).*

de manera imprudente, su cuerpo obstaculiza las prácticas que conducen al logro de la realización espiritual. La dietética continuará cumpliendo una función innegable mientras el cuerpo mismo persista en afirmar su existencia en el reino de la manifestación. El alimento saludable, el oxígeno abundante absorbido por medio de la respiración adecuada, así como la luz solar son los requisitos que impone la Naturaleza para mantener la batería corporal.

Es necesario elegir una dieta apropiada y tomar la precaución de no comer jamás en exceso. ¡Hay mucho de verdad en el refrán que dice que el hombre cava su propia tumba con el tenedor y el cuchillo! La mayoría de las carnes (sobre todo, la carne vacuna y la porcina) y otros alimentos de vibración burda sobrecargan de trabajo a la fuerza vital, lo cual dificulta que ésta se desconecte de los sentidos y de los agobiados órganos vitales a fin de dirigir la corriente de vida y la conciencia hacia Dios cuando uno se sienta a meditar con el propósito devocional de experimentar la comunión divina.

Debe elegirse una dieta saludable y equilibrada, constituida por alimentos naturales que contengan fuerza vital en abundancia y que el cuerpo pueda procesar fácilmente —frutas, verduras, cereales integrales, legumbres, nueces, algunos productos lácteos—, y se evitarán aquellos alimentos en los que la fuerza vital se haya deteriorado o destruido por el procesamiento inadecuado, o que, por algún otro motivo, resulten inapropiados para el organismo humano[13]. Es preciso, por otra parte, evitar caer en el fanatismo. El fanático de la alimentación que siempre está obsesionado por obedecer meticulosamente las leyes de la salud y de la dieta comprobará que su apego al cuerpo se convierte en un verdadero impedimento para lograr la realización espiritual. Es necesario comer de manera apropiada, pero sin aceptar jamás que se depende de la comida. Debes comprender que la Energía Cósmica y la Conciencia Cósmica de Dios son las que transforman el alimento en energía vital.

El alma se halla por encima del hambre y del deseo de comida.

---

[13] Mi gurú, Swami Sri Yukteswar, estableció de manera concisa los principios de la dieta natural ideal para el hombre, que es la vegetariana, basándose en el análisis de «la forma de los órganos que ayudan a la digestión y la nutrición —los dientes y el conducto digestivo— » y la observación de «la tendencia natural de los órganos de los sentidos —los indicadores de las sustancias nutritivas— que guían a todos los animales hacia su alimento» (*La ciencia sagrada*, capítulo 3; publicado por *Self-Realization Fellowship*).

Esto no significa que el aspirante espiritual deba dejar de alimentarse, sino que ha de comer adecuada y gozosamente para mantener el templo corporal de Dios y no con el único fin de satisfacer los anhelos sensoriales. El sentido del gusto no debe degradarse por la gula ni por la indigestión que se provoca al comer de manera inadecuada y excesiva; su propósito es elegir y disfrutar el alimento apropiado con el objeto de conservar el cuerpo saludable y vibrante para uso del alma. Comer con el único fin de disfrutar del sentido del gusto produce gula, esclavitud, indigestión, enfermedad y muerte prematura. Comer para el sostén del templo corporal produce autocontrol, una vida larga, salud y felicidad.

Mediante el ayuno y la meditación, Jesús tomó plena conciencia de que el hambre es una ilusión relacionada con la ley del cambio en el cuerpo, y comprendió que se puede derrotar dicha ilusión —que es posible vivir enteramente de la energía de Dios—. Al no aceptar la sugerencia de Satanás de convertir las piedras en pan, Jesús realizó un milagro aún mayor: el de vencer su mortalidad mediante el recuerdo divino de su existencia espiritual, libre de condicionamientos y sustentada por sí misma. A partir de ese momento, tuvo la opción de elegir si vivía por medio de los alimentos o sin ellos.

Si Jesús hubiese creado alimentos de manera milagrosa para satisfacer las necesidades de su cuerpo humano, habría hecho uso indebido de sus poderes divinos. Las grandes almas que han alcanzado el estado más elevado no emplean sus poderes en beneficio propio. En sus asuntos personales, adoptan una conducta sumamente discreta, con lo cual participan de las dificultades comunes a todos los seres humanos, cuyas luchas han venido a compartir en la tierra. El único poder que utilizan para sí mismos es su excepcional amor y devoción por Dios. Y con este milagro supremo, ellos también buscan atraer a otras almas hacia la Divina Presencia.

La lección espiritual implícita en el hecho de que Jesús rehusara convertir las piedras en pan

Los milagros son muy preciados por los mortales sujetos a lo terrenal, que intentan satisfacer sus propios sentimientos de insuficiencia desafiando a Dios a demostrar su poder. Las almas divinas, en cambio, no ponen a prueba la atención y el amor de Dios, porque ello significaría dudar de Él. Si Jesús hubiese obrado un milagro por una nimiedad, como lo es mitigar el hambre, este acto habría sido una ofensa a su fe en Dios y una negación de su confianza en el poder todo protector de Dios. La victoria de Jesús sobre la tentación fue una severa derrota para Satanás, quien cuenta con el apego a la conciencia mortal del cuerpo como el más poderoso engaño para mantener al ser humano en cautiverio.

Satanás veía en Jesús a su Némesis, la que le arrebataría muchas almas que se hallaban bajo su dominio, y por ello no escatimaba esfuerzos para evitar la supremacía de Jesús.

～

«Entonces el diablo lo llevó consigo a la Ciudad Santa, lo puso sobre el alero del Templo y le dijo: "Si eres Hijo de Dios, tírate abajo, porque está escrito: 'A sus ángeles te encomendará, y en sus manos te llevarán, para que no tropiece tu pie en piedra alguna'".

»Jesús le contestó: "También está escrito: 'No tentarás al Señor tu Dios'".

»De nuevo lo llevó consigo el diablo a un monte muy alto, le mostró todos los reinos del mundo y su gloria, y le dijo: "Todo esto te daré si te postras y me adoras". Dícele entonces Jesús: "Apártate, Satanás, porque está escrito: 'Al Señor tu Dios adorarás, y sólo a Él darás culto'".

»El diablo finalmente lo dejó. Y entonces se acercaron unos ángeles y se pusieron a servirle» (Mateo 4:5-11)[14].

Los dos pasajes metafóricos anteriores encierran un significado esotérico.

El cuerpo y el espíritu de Jesús fueron objeto de tentación y provocación por parte de Satanás, tanto en forma subjetiva como objetiva.

La Fuerza del Mal tiene a su disposición numerosas artimañas. No siempre emplea sus manifestaciones objetivadas, las cuales son fáciles de reconocer. En muchas ocasiones, su mejor estrategia consiste en introducirse sutilmente, de manera subjetiva, en los procesos mismos del pensamiento y la imaginación de su posible prisionero. Bajo ese disfraz psicológico, Satanás asedió

El simbolismo de la «Ciudad Santa» y del «alero del templo»

---

[14] En sus respuestas al diablo, Jesús cita versículos del Deuteronomio (6:16 y 6:13). Compárese con la referencia paralela que aparece en *Lucas* 4:5-13.

la mente de Jesús mientras éste se hallaba en la cima misma del templo de la meditación, situado en la *«Ciudad Santa»* de su Conciencia Crística universal. La conciencia de Jesús se encontraba enfocada en *«el alero»* del eje cerebroespinal, en el entrecejo, donde se halla ubicado el centro celestial de la percepción crística. La intención del engaño satánico era que Jesús se precipitara a las regiones inferiores de la espina dorsal —los plexos lumbar, sacro y coccígeo—, el plano de los sentidos, donde moran los apegos corporales.

Aun cuando la conciencia de Jesús había alcanzado el estado crístico (el alero de la experiencia meditativa intuitiva), el hecho de que aquélla residiera en el cuerpo predisponía la mente de Jesús a permanecer expuesta a la tentación proveniente del engaño. En un último intento por desalojar de Jesús el hábito de abrigar pensamientos divinos, Satanás despertó el antiguo e ilusorio hábito de identificación con el cuerpo, que había sido derrotado constantemente en su sagrada conciencia. El recuerdo de los engañosos hábitos mortales introdujo en su mente un tentador pensamiento: «Dado que he recobrado, en la meditación, mi elevado estado de filiación divina, no corro peligro al arrojarme a las regiones de la tentación corporal. Dios me protegerá por medio de mis ángeles guardianes: la convicción espiritual, las experiencias intuitivas y la sabiduría que surge de la meditación. Aun si caigo en el engaño, los ángeles de los pensamientos espirituales volverán a alzarme a mi elevado estado de conciencia y evitarán que mis pies —la poderosa fuerza de voluntad— tropiecen contra las rocas del error espiritual, causante de sufrimiento».

El supremo hábito espiritual de Jesús obtuvo la victoria, y él respondió en lo profundo de su pensamiento introspectivo: «La más elevada sabiduría de las escrituras enseña que la atención jamás debe apartarse de Dios. Él es el Padre y Creador de todas las formas de la conciencia, tanto cósmica como humana. Ninguna expresión de esa Indivisibilidad dividida debe sucumbir a la tentación de la experiencia ilusoria, que la incita a percibirse separada de Él y, de ese modo, arrastra esa manifestación de la Divinidad en dirección a la materia. La conciencia debe permanecer enfocada en la verdad: en su identificación trascendental con Dios, sin permitir que las tentaciones satánicas la afecten».

Todos los anhelos y deseos del hombre deben transmutarse y dirigirse hacia Dios, en vez de permitirles que amortajen en el engaño la imagen de Dios que mora en el ser humano. Los pensamientos ilusorios, impositivos, conflictivos y con falsas expectativas de felicidad, creados por la tentación satánica, conducen al error, que es causa de sufrimiento. En cambio, la tentación divina invita al hombre a que busque la verdad, que es fuente de la felicidad. Sabiendo esto, Jesús rechazó la tentación del diablo y desdeñó la osadía que éste mostró al tratar de tentar al Dios que moraba en él.

No es sensato, bajo ninguna circunstancia, tentar a la protectora gracia de Dios de la que uno se haya hecho merecedor gracias a las virtudes adquiridas. Incluso algunos devotos avanzados han caído en el engaño por haberse confiado presuntuosamente, y haberse sentido seguros de sí mismos, creyendo que sus virtuosos logros serían una salvaguarda contra una acción errónea, incluso momentánea, cuando se requería un comportamiento y un discernimiento correctos. «No tentarás a la Divina Conciencia interior para someterla a prueba». Es responsabilidad del devoto el permanecer siempre bajo la inmutable Presencia Protectora.

El Satanás psicológico persiguió de nuevo a Jesús hasta su encumbrado y sublime estado de realización del Ser; en una instantánea

La tentación de las gratificaciones sensoriales y materiales frente al autodominio y al gozo espiritual

visión mental desplegó ante él todo el poder y la gloria temporales que la posición y las posesiones materiales pueden proporcionar, y le tentó entonces con este pensamiento: «Te daré reinos de poder y riqueza». El antiguo e ilusorio hábito psicológico de placentera familiaridad con el cuerpo pugnaba por aprovechar su momentánea oportunidad de recuperar el control de la sabia voluntad y libre albedrío de Jesús, y le hizo sentir que, dado que había obtenido el dominio sobre las leyes de la naturaleza, éste tenía el poder de otorgarle el goce de todas las cosas materiales glorificadas si tan sólo descendía de su elevado estado de autodominio y de gozo en el Espíritu al plano de las gratificaciones sensoriales.

Jesús respondió desde las profundidades de su introspección discernidora: «¡Oh, vosotros, sentidos del olfato, gusto, vista, tacto y oído!, fuisteis hechos para consagraros al Espíritu, así como para actuar constantemente y servir al alma en su contacto con la materia, sin interrumpir su experiencia trascendente y consciente del gozo del Espíritu».

Los sentidos le fueron concedidos al hombre con el propósito de que le aportaran percepciones del Espíritu encarnado en la materia, mas no para que el ser humano alimentara sus insaciables deseos, lo cual fue una innovación del engaño satánico. Como sirvientes del hombre, los sentidos creados por Dios proporcionan autocontrol, larga vida, salud y felicidad cuando son guiados por el discernimiento. Controlados por las tentaciones de Satanás, los sentidos esclavizan al ser humano en el sufrimiento de la identificación con el cuerpo y en el olvido del alma.

La Fuerza Cósmica Inteligente, que se ha apartado de Dios, dirige el reflector de la luminosidad vibratoria hacia la materia con el fin de realzarla y cautivar al hombre con su resplandeciente brillo de oropel.

Si uno utiliza el faro de la atención del alma para adorar a la engañosa y fluctuante materia, la cual sólo ofrece placeres temporales, está permitiendo que le hipnotice el encanto del reino de Satanás —el reino sensorial de la finitud.

En cambio, al enfocar el faro de la atención en el alma unida a Dios en la meditación, se contempla al inmutable e imperecedero Espíritu, dispensador de gozo.

El gran drama de la existencia cósmica alaba el ejercicio del libre albedrío y el poder de raciocinio del hombre. El ser humano, hecho a imagen de Dios, posee en su campo de acción la misma libertad que Dios Padre para emplear el libre albedrío. Dios puede redimir al hombre únicamente cuando éste decide comportarse, en todos los sentidos, de acuerdo con las leyes divinas del correcto vivir.

El libre albedrío y la capacidad de raciocinio del hombre constituyen su redención

Dios atrae al ser humano mediante un despliegue ilimitado de acontecimientos favorables con el objeto de influir sobre él para que elija aquello que promueve su propio bienestar supremo. Satanás tienta al hombre con engañosas artimañas que son agradables a la vista y prometen felicidad, pero que, después de proporcionarle un placer evanescente, provocan en cambio consecuencias nefastas.

El hombre se encuentra entre Dios y Satanás; ambos están dispuestos a atraerle en la dirección que él desee. Dios se halla a la diestra, con su reino de felicidad bañado por la luz eterna. Satanás se halla a la siniestra, con su reino de sufrimiento disimulado bajo un manto de ostentación. El hombre decide si envía señales en dirección a Dios o a Satanás, indicando hacia dónde desea ser atraído; cuenta con absoluta libertad para actuar sin ser controlado por Dios ni por Satanás. Cada vez que inicia una buena acción o alberga un pensamiento puro y ennoblecedor, ésta es una señal que envía a Dios y automáticamente se ve atraído en esa dirección, hacia un paraíso de Bienaventuranza oculto en el seno del eterno futuro. En cambio, tan pronto como el hombre piensa o actúa de acuerdo con el mal, de inmediato se ve atraído hacia Satanás y va camino de enredarse en el reino de las dualidades causantes de sufrimiento.

Cuando el ser humano sucumbe a la tentación o se deja llevar por la ira, los celos, el egoísmo, la gula, el deseo de revancha o la inquietud, ha aceptado la invitación que Satanás le formula para acercarse a él. Cuando el hombre es dueño de sí mismo —moderado, calmado, comprensivo, generoso, misericordioso, meditativo—, está invitando a Dios a que le ayude.

Dios espera con ansia que todos sus hijos regresen a su reino, liberados del sufrimiento, de la muerte y de los demás terrores e incertidumbres de la vida humana en los que Satanás mantiene al hombre constantemente ocupado mediante el apego a los sentidos. Cada vez que el ser humano se siente tentado a actuar de manera incorrecta, necesita recordarse a sí mismo que no es sólo su mente subjetiva quien lo está tentando, sino también el Satanás objetivo. Debería negarse categóricamente a cooperar con el Maligno, que quiere destruirle. Por eso, Jesús dijo: «*Apártate, Satanás*» (*Mateo* 4:10) cuando esa Fuerza del Mal le mostró los reinos de la gloria temporal, los cuales podían ser suyos si rendía culto al engaño.

La sabiduría de Jesús no podía ser influenciada. Si alguien ofreciera a una persona un millón de dólares y otro colocase ante él mil dólares como alternativa, sólo un necio preferiría esta mísera oferta. Jesús habló desde el estado de realización del alma: «He elegido la Bienaventuranza eterna, ¿qué valor representa para mí aquello que es transitorio?».

El ser humano confundido piensa cuán maravilloso sería poseer tantas riquezas como Henry Ford o como Andrew Carnegie, pero ¿dónde están ellos ahora? ¿Para qué desear cosas que tendrán que abandonarse a la hora de la muerte? El gran poeta Saadi de Persia dijo: «Si conquistas el mundo entero y sometes a toda la gente a tu voluntad, ¿qué ganarás con ello? Algún día habrás de abandonarlo todo».

Como resultado de la elección de Jesús, él posee vida eterna en la Bienaventuranza de Dios. Al surgir victorioso de la tentación, se ha convertido en un ejemplo resplandeciente para todas las almas que se esfuerzan por recuperar su filiación divina. Él señaló el camino: en la cima del monte de la elevada meditación, Jesús alzó el velo de la conciencia corporal, así como el de las apariencias sensoriales y el de la materia, y se identificó luego con el «Hijo unigénito», la Conciencia Crística. Es así como el alma reconoce su filiación divina.

Hubo una época en que yo creía que Satanás era una fuerza simbólica, un engaño metafísico; pero ahora sé la verdad, y sumo mi testimonio al de Jesucristo: Satanás es responsable de la creación de todo el mal que existe en la tierra y en la mente del hombre. He visto conscientemente a Satanás obstaculizar mi camino en numerosas ocasiones por medio de misteriosos infortunios y adoptando, de modo deliberado, una forma materializada cuando yo recibía la gracia de Dios.

En cierta ocasión, me encontraba yo contemplando el rostro de Cristo y, en cuanto se desvaneció de mi visión, pude ver también la fuerza del mal en la forma de Satanás. Fue una visión aterradora: ambas fuerzas atravesaron mi cuerpo; una de ellas era la paz y gozo universal de Cristo y la otra era el gran engaño cósmico. La Fuerza del Mal no me tocó; sólo trató de atemorizarme. Cuando uno se adentra en el Espíritu, contempla estas dos fuerzas con toda claridad. Pero una vez que alcancé el *samadhi* supremo, descubrí

En el samadhi supremo, «el diablo» de las ilusorias dualidades se aparta de la conciencia del hombre

que no existe nada más que Dios. Sin embargo, hasta que se logre dicho entendimiento, esa Dicotomía Cósmica no dejará de presentar su ilusoria realidad como dos fuerzas, el poder del mal y el poder de Cristo, el poder de Satanás y el poder de Dios.

Cuando el Satanás Psicológico cesó de tentar a Jesús, el engaño de los recuerdos de los hábitos mortales se desvaneció —al menos por un tiempo—, y en su lugar surgió el sentimiento de triunfo del hábito permanente de la conciencia espiritual. El Evangelio según San Lucas señala: «*Acabadas las tentaciones, el diablo se alejó de él hasta el tiempo propicio*»[15]. La partida de Satanás «*hasta el tiempo propicio*» significa que el devoto ha llegado al estado trascendental de autodominio permanente, en que se eleva por encima de la dualidad y de la obligada lucha contra el mal.

Todo maestro que haya logrado experimentar el estado de *nirvikalpa samadhi* toma conciencia de que la obsesión de la ignorancia

---

[15] *Lucas 4:13.*

se ha desvanecido de su interior. Al desaparecer la actitud mental ignorante, que todo lo relaciona con la conciencia mortal, se producen cambios sublimes dentro de ese avanzado devoto. Bajo la influencia de la ilusión cósmica, incluso los devotos que poseen una aspiración sincera ven la materia como materia y perciben las dualidades del bien y del mal, así como la relatividad de la conciencia —lo cual presenta la materia como si estuviese constituida por diferentes formas de sustancias sólidas, líquidas, gaseosas y astrales—. En cambio, una vez que la influencia de Satanás ha concluido de manera definitiva, el devoto liberado sólo percibe el siempre existente, siempre consciente y eternamente gozoso Espíritu omnipresente. Como sombras olvidadas, todo el mal y todas las discrepancias de la naturaleza se desvanecen de la conciencia del devoto iluminado.

Cuando Jesús en el desierto venció completamente las tentaciones de Satanás, desapareció el ilusorio hábito mortal, y los ángeles de la Intuición, la Calma, la Omnisciencia y la Realización del Ser aparecieron en la conciencia de Jesús para servirle el banquete de la Bienaventuranza eterna.

Jesús encuentra a sus primeros discípulos

Rabí, o maestro, equivale a «gurú»:
aquel que es dueño de sí mismo

❖

Los verdaderos gurús atraen a sus discípulos
por medio del magnetismo espiritual proveniente de su unidad con Dios

❖

Los discípulos de Jesús le reconocen como el Mesías:
la encarnación de la Conciencia Crística

❖

Encontrar a un gurú verdadero es hallar a un enviado de Dios
que guía al devoto en la senda de la realización del Ser

❖

El amor incondicional, la lealtad y la obediencia
caracterizan la relación gurú-discípulo

❖

Seguir la sabia guía del gurú hace libre la voluntad
y conduce a la emancipación

«Jesús conocía la ley secreta de emancipación inherente a la relación gurú-discípulo, y su correspondiente pacto de ayuda mutua, cuando Dios comenzó a enviarle aquellos discípulos destinados a auxiliarle y a hallar la liberación a través de él».

l día siguiente, Juan se encontraba de nuevo allí con dos de sus discípulos. Fijándose en Jesús que pasaba, dijo: «He ahí el Cordero de Dios»[1]. Al oírle hablar así, los dos discípulos siguieron a Jesús. Jesús se volvió y, al ver que le seguían, les preguntó: «¿Qué buscáis?». Ellos le respondieron: «Rabbí —que quiere decir "Maestro"—, ¿dónde vives?». Les respondió: «Venid y lo veréis». Fueron, pues, vieron dónde vivía y se quedaron con él aquel día. Era más o menos la hora décima.

Andrés, el hermano de Simón Pedro, era uno de los dos que habían oído a Juan y habían seguido a Jesús. Andrés encuentra primero a su propio hermano, Simón, y le dijo: «Hemos encontrado al Mesías» —que quiere decir "Cristo"—. Y le llevó donde Jesús. Fijando Jesús su mirada en él, le dijo: «Tú eres Simón, el hijo de Juan; tú te llamarás Cefas» —que quiere decir "Piedra".

Al día siguiente, Jesús quiso partir para Galilea y encontró a Felipe. Jesús le dijo: «Sígueme».

Juan 1:35-43

---

[1] En este versículo, «Juan» se refiere a Juan el Bautista. Véase el discurso 6 donde se comenta la expresión «Cordero de Dios». (Nota del editor).

DISCURSO 9

Jesús encuentra a sus primeros discípulos

Cuando los grandes maestros vienen a la tierra, traen consigo a un grupo selecto de avanzados discípulos de encarnaciones anteriores para que los ayuden en su misión y para que esos discípulos progresen en su senda hacia la liberación o la culminen. Al vincularse con el maestro y recibir su guía en las enseñanzas superiores para liberar el alma, así como al poner a prueba su espiritualidad en la ciencia aplicada de la vida dentro de la escuela terrenal —a la vez que ayudan a su gurú en la tarea que le ha sido encomendada por Dios—, tales discípulos y su gurú cumplen del modo más elevado con la divina alianza inherente a la relación gurú-discípulo. Entre la multitud que seguía a Jesús había muchos discípulos, con mayores o menores aptitudes, a quienes conocía de vidas pasadas. De entre estos discípulos, él eligió y nombró a doce para que fueran apóstoles —aquellos que son «enviados»—, a pesar de que uno de ellos no pasó la prueba y, al sucumbir a la ilusión, fue el instrumento de la traición y el causante de perder su propia oportunidad de salvarse de muchas, muchas vidas de sufrimiento.

La misión que un salvador desempeña en la tierra puede ser principalmente cuantitativa, con el propósito de ejercer su influencia en tantas personas como le sea posible por medio del inspirador mensaje espiritual enviado por Dios a través de él y, de ese modo, alentar el avance del mundo en la dirección correcta. La receptividad de las multitudes, sin embargo, tiene una capacidad limitada; lo más probable

213

es que las personas comunes que las conforman se sientan satisfechas con una simple verdad o con unos cuantos preceptos de las enseñanzas del maestro y consideren que eso es lo único que necesitan o desean perfeccionar hasta un cierto nivel en consonancia con el grado de desarrollo que han alcanzado en la vida. Otros maestros se concentran principalmente en el bien cualitativo: servir a aquellas almas —pocas o muchas— que anhelan conocer a Dios, a fin de ayudarlas a elevarse hasta el estado de Conciencia Crística y alcanzar la liberación definitiva. Hay otros redentores, como es el caso de Cristo, que sirven al mundo tanto cuantitativa como cualitativamente. La tarea cualitativa requiere el esfuerzo del discípulo, así como la bendición y guía del maestro, en una relación mutua que está santificada por Dios. Se denomina estudiantes a quienes siguen a su maestro en forma superficial, cediendo a la inclinación de escoger sólo aquello que les atrae. En cambio, el discípulo es aquel que acepta todo sin reservas, con el corazón abierto y la mente receptiva. No es preciso persuadirle, pues sigue al maestro por su propia voluntad y con gran determinación. Él persevera con entrega y devoción hasta el final, es decir, hasta encontrar su libertad en Dios. Tanto Cristo como Krishna tuvieron esa clase de discípulos.

Los gurús enviados por Dios perciben intuitivamente las vibraciones espirituales de sus discípulos, ya sea que éstos se encuentren cerca o lejos; y cuando un gurú llama mentalmente a sus discípulos, ellos acuden atraídos por la sintonía de sus almas con el maestro, que ha sido designado por Dios como el canal de la gracia divina.

En su papel de apoyo a Jesús, con el propósito de asistirle en su misión, Juan el Bautista orientó hacia Jesús a muchos de sus propios discípulos —en particular, a los que habían sido discípulos de Jesús en vidas anteriores—. El primero de ellos fue Andrés, hermano de Simón Pedro; y se ha sugerido —por deducción lógica— que la otra persona que se encontraba con Juan el Bautista, y cuyo nombre no se menciona, era el apóstol Juan mismo, dado que el suyo es el único evangelio que narra este episodio. Estos dos devotos, por recomendación de Juan el Bautista y respondiendo al llamado interior de su propia atracción devocional, siguieron a Jesús hasta su morada y se dirigieron reverentemente a él con el título de Rabí o Maestro.

El término «rabí» es un título judío que denota respeto y significa «mi maestro»; se trata de una forma de dirigirse a quien se halla capacitado para enseñar a otros. Cuando se emplea en relación con el

propio gurú, la palabra «Maestro» equivale a «Gurú» —término al
que se añade el sufijo *«ji»* o *«deva»* como expresión de respeto— y es
una de las formas apropiadas de dirigirse al gurú:
Guruji, Gurudeva, Maestro. Encontramos el ori-   *Rabí, o maestro,*
gen etimológico de la palabra «maestro» en el la-   *equivale a «gurú»:*
tín; proviene de *«magnus»* (grande), término afín a *aquel que es dueño*
la palabra sánscrita *«mahat»* (grande; importante, *de sí mismo*
elevado, eminente: *maharishi*, gran conocedor de
Dios). El difundido uso genérico de la palabra «maestro» como título
(así como también el de «gurú») para designar a un instructor o mentor común y corriente no debe desfigurar irrespetuosamente su uso
correcto: el título con el cual uno se dirige al gurú que conoce a Dios
y se halla dotado de cualidades divinas.

De la cuna a la tumba y hasta el ascenso en el Espíritu, toda
la civilización se basa en la transmisión del conocimiento por parte
de quienes saben hacia aquellos que están aprendiendo. El niño pequeño aprende de sus padres; el joven, de sus maestros y profesores;
el obrero, de sus supervisores capacitados; el artista o el músico, de
sus instructores más avanzados. El nivel de logro alcanzado dependerá
de la mayor o menor aptitud del «estudiante» y de la capacidad del
«mentor». En ningún otro campo, como en el de la espiritualidad, es
tan cierto este precepto. En la India, donde las doctrinas religiosas se
funden y ponen a prueba en el crisol de la experiencia con el objeto
de separar aquello que es verdadero de lo que pertenece al dogma, el
veredicto es que el único camino seguro para llegar a Dios es aprender
acerca de Él valiéndose de alguien que le conoce. Las escrituras hindúes señalan: «Cuando un novicio espiritualmente ciego es guiado por
un maestro ciego, ambos toman el rumbo equivocado»; Jesús expresó
esta advertencia en términos similares[2].

Dios es «El Maestro», el soberano del universo, y aquellos que
manifiestan su unidad con Él también pueden ser considerados maestros. Un maestro espiritual no ejerce autoridad sobre los demás, sino
que es más bien el dueño de sí mismo, y posee autodominio completo,

---

[2] «Los necios que moran en la oscuridad, sabios en su propia jactancia e inflados de
vanos conocimientos, caminan dando vueltas de un lado a otro y se tambalean como
ciegos guiados por ciegos» (*Mundaka Upanishad* I.ii.8; traducido por Max Muller en
Sacred Books of the East [Libros sagrados de Oriente], volumen 15, 1884).
  Dijo Jesús: *«¿Podrá un ciego guiar a otro ciego? ¿No caerán los dos en el hoyo?»*
(*Lucas* 6:39). (Véase el comentario del discurso 33 en el volumen II).

y mantiene bajo control el cuerpo, el habla y la mente, y domina totalmente los sentidos. Jamás permite que la tentación le obligue a hacer cosa alguna en contra de su voluntad (la cual se halla guiada por el discernimiento), a diferencia de quienes creen que la libertad o libre albedrío consiste en hacer aquello que resulta atractivo a la mente. Un maestro es el que sabe en qué consiste el mayor beneficio para su verdadero Ser —el alma—, y por ello jamás abriga el mal, ni en pensamiento ni en acción.

El autodominio es la ciudadela de la sabiduría. Cuando se emplea el título de Maestro para dirigirse a un personaje de esta estatura espiritual, se trata de una expresión de reverencia hacia aquel que conoce la verdad, una reverencia que tributa quien desea que el gurú le confiera el conocimiento.

Después de que Andrés y su compañero permanecieran con Jesús durante un día, Andrés se hallaba tan embebido del magnetismo espiritual que emanaba de Jesús que comprendió quién era Jesús y le reconoció como el Cristo. La Conciencia Crística no se puede obtener por mera deducción, valiéndose del intelecto, sino que ha de alcanzarse a través de la percepción intuitiva. Los gurús designados por Dios no necesitan convertir a su círculo íntimo de discípulos predicando a gritos en una plaza; se comunican, sobre todo, mediante la emanación silenciosa de las vibraciones provenientes de su unidad con Dios. En una ajetreada callejuela de un mercado de Benarés, mi maestro me atrajo de esta manera cuando le vi por primera vez, sin que hubiésemos sido presentados previamente. (En mis memorias, publicadas con el título *Autobiografía de un yogui*[3], relato mis experiencias con mi gurú y otros grandes maestros). Por lo general, el primer contacto entre el gurú y el discípulo es suficiente para despertar el recuerdo del eterno vínculo que esa relación encierra. A primera vista, ambos sienten en su intercambio de magnetismo una conexión de unidad.

Los verdaderos gurús atraen a sus discípulos por medio del magnetismo espiritual proveniente de su unidad con Dios

La suma total de lo que es una persona se expresa en su magnetismo. Su ser mismo, en realidad, tiene su origen en el magnetismo; es decir, en los poderes creativos ideacionales del cuerpo causal del ser humano —las ideas provenientes de Dios que conforman los cuerpos astral y físico del hombre y que mantienen encarnada el alma—. A

---

[3] Publicado por *Self-Realization Fellowship*.

través del bulbo raquídeo, la Conciencia Cósmica y la Energía Cósmica entran en los sutiles centros astrales cerebroespinales de vida y conciencia y, desde allí, se introducen en el cuerpo físico, en forma de corrientes positivas y negativas que dan lugar a un conjunto de «imanes» dotados de poder de atracción. Cada persona es un conglomerado de estos imanes, cuyo poder de atracción depende de su fuerza magnética. Jesús era un imán crístico, lo cual le daba la capacidad de atraer multitudes (a diferencia de lo que ocurre con el hombre común, cuya capacidad de atracción es muy reducida).

Todas las partes del cuerpo que son pares —los ojos, los oídos, la lengua y la pequeña «lengua» constituida por la úvula, las manos, los pies y demás— tienen un lado positivo y uno negativo. Reciben y transmiten corrientes vitatrónicas positivas y negativas; cada par de éstas conforma un imán. El imán óptico puede cautivar, encantar y atraer poderosamente a la gente, la cual sentirá el magnetismo del alma de esa persona a través de sus ojos. Algunas personas sumamente evolucionadas pueden espiritualizar o sanar a los demás, incluso a un auditorio completo, con el solo magnetismo de su mirada.

La práctica espiritual de la «imposición de manos», con el fin de enviar rayos curativos al cuerpo de un paciente, electrocuta los gérmenes y otros agentes transmisores de enfermedades. La fuerza vital que fluye a través de las manos tiene un inmenso poder, siempre que se vigorice por medio de una voluntad pura e inquebrantable. Una voluntad que no se desanima ante nada y que fluye de forma enérgica y continua hacia el logro de su objetivo se fortalece con el poder divino. La poderosa voluntad de una persona que se guía por la sabiduría es Voluntad Divina.

Dado que cada ser humano lleva consigo la silenciosa pero reveladora evidencia de sus propias vibraciones, aquellos que residen en la misma casa y comparten las mismas habitaciones llegan pronto a conocerse, aun cuando se comuniquen muy poco de manera verbal, debido a que intercambian las vibraciones magnéticas de su conciencia, naturaleza, vitalidad y sentimientos. Cada uno siente la silenciosa emanación de los pensamientos y de la fuerza vital de los demás, así como la fuerza y el alcance de su magnetismo vital.

Las almas que son espiritualmente sensibles e imparciales pueden conocer a las personas con sólo mirarlas a los ojos o, simplemente, al aproximarse a ellas y percibir las vibraciones que irradian. Incluso quienes poseen escasa percepción espiritual pueden sentir en forma instantánea las vibraciones de preocupación, calma, timidez, valentía, crueldad, sabiduría o divinidad de otra persona.

Por lo general, quienes se hallan dotados de un nivel de percepción ordinario son sensibles a los demás únicamente cuando están dentro de la esfera del magnetismo de éstos. Las grandes mentes, en cambio, pueden percibir a otra persona a distancia, aunque la receptividad es mayor si han estado íntimamente vinculadas por algún tiempo. Fue así como el alma de Andrés, después de permanecer unas horas con Jesús, percibió de manera incuestionable su magnetismo crístico y pudo anunciarle a su hermano Simón: «*Hemos encontrado al Mesías*».

En sus palabras, Andrés hace una diferenciación entre el nombre Jesús y el título de Cristo (Mesías). Jesús («Isa», el Señor de la Creación[4])

Los discípulos de Jesús le reconocen como el Mesías: la encarnación de la Conciencia Crística

era su nombre de bautismo y daba a entender que era un niño divino. El título de Cristo fue agregado más tarde, cuando inició su ministerio y fue reconocido como aquel cuya venida había sido profetizada, aquel en quien se encarnaría la Divinidad. Así pues, «Cristo» significa «Conciencia Crística», el reflejo de Dios que se manifestó en la conciencia de Jesús.

El concepto de Cristo como un estado de conciencia, así como las variantes lingüísticas de la palabra misma, es muy antiguo y hace referencia a la Inteligencia inmutable, el Reflejo Puro de la Conciencia de Dios, que está presente en cada átomo de materia y en cada poro de la creación finita —la Conciencia Crística, conocida desde tiempos inmemoriales por los *rishis* de la India como *Kutastha Chaitanya*.

«Jesús el Cristo» significa que el cuerpo de Jesús fue el vehículo en el cual se manifestó la Conciencia Crística. El título «Cristo» se remonta en la India a tiempos más antiguos y lo encontramos en la palabra «Krishna». Es posible que el título de Cristo le fuera conferido inicialmente a Jesús durante su permanencia en la India. En ocasiones, pronuncio a propósito «Krishna» como «Cristna» para mostrar la correlación que existe entre ambos vocablos. De modo similar, el nombre de pila del bienamado avatar hindú que vivió en la India siglos antes que Jesús[5] era Yadava, y su epíteto espiritual era

---

[4] Véase el discurso 5.

[5] La fecha de la encarnación de Sri Krishna no se conoce con exactitud. Aun cuando no está definida arqueológicamente, prevalece la creencia de que vivió dentro del período comprendido entre los años 1500 y 900 a. C.

Krishna (Cristna). Así pues, los términos «Cristo» y «Krishna» son los títulos espirituales de estos dos seres iluminados, Jesucristo y Yadava Krishna[6].

Numerosas personas han buscado al Mesías a lo largo de diversas épocas, y muchas de ellas albergaban la creencia de que se trataría de un rey temporal que gobernaría en una era dorada de opulencia y bienestar, libre de las farsas del sufrimiento y la opresión[7]. Pocos fueron capaces de comprender que el propósito de un Mesías, un Cristo, sería reencauzar el foco de atención de las almas desde su estado de apego a pequeños fragmentos del mundo de la materia —la nación, la sociedad, la familia, las posesiones— a fin de dirigir dicha atención hacia la omnipresencia de la Conciencia Crística. Cuando las almas, al descender al reino de la forma con el fin de experimentar el drama cósmico de Dios —la creación sujeta a *maya*—, pierden su identificación con la universalidad de la Conciencia Crística, quedan circunscritas a limitados egos, los cuales permanecen enredados en las relaciones y restricciones mortales, y en las identidades nacionales y sociales. Los apegos ciegos conducen al egoísmo, los conflictos, el engaño de la posesión permanente, la desarmonía y las preocupaciones; y a nivel nacional, dan origen a la ambición comercial, al deseo de despojar a los demás de sus posesiones y a terribles guerras.

Después de acumular una desconcertante mezcolanza de encarnaciones temerarias y, a menudo, dolorosas, el alma atormentada exclama «¡Basta ya!» e inicia la búsqueda sincera de su emancipación.

---

6 Existen muchas derivaciones atribuidas a la palabra «Krishna», la más común de las cuales es «oscuro» y se refiere a la tonalidad de la piel de Krishna. (A menudo se pinta a Krishna de un color azul oscuro, que denota divinidad. Éste es también el color de la Conciencia Crística manifestada en el ojo espiritual como un círculo de luz azul opalescente, el cual rodea a una estrella que constituye el portal hacia la Conciencia Cósmica). De acuerdo con M. V. Sridatta Sarma (*On the Advent of Sri Krishna* [Sobre el advenimiento de Sri Krishna]), en el *Brahmavaivarta Purana* se encuentran varios de los diversos significados atribuidos a la palabra «Krishna». Él afirma que, según una de estas derivaciones, «*Krsna* significa el Espíritu Universal. *Krsi* es un término genérico, mientras que *na* implica la idea del ser, y la combinación de ambos significa "Espíritu Omnisciente"». Puede apreciarse aquí un paralelismo con la Conciencia Crística como la Inteligencia de Dios Omnipresente en la creación. Es interesante destacar que, en bengalí, una forma coloquial de «Krishna» es *Krista* (compárese con el griego *Christos* y el castellano *Cristo*). *(Nota del editor).*

7 El término «Mesías» proviene del hebreo «*Mashiakh*», que significa «Ungido», el esperado rey y liberador de los hebreos. Al traducirse al griego, «ungido» se convirtió en «*Christos*», «Cristo».

Debemos preguntarnos cómo ha de sentirse nuestro Creador al ver que la mayoría de sus hijos errabundos sólo acuden a Él cuando

se encuentran sumidos en la desesperación, después de verse obligados a buscarle debido al azote del dolor. Sin embargo, cuando finalmente comienzan a anhelar a Dios y la liberación que Él otorga, y oran profundamente al Padre Celestial —impulsados por el sufrimiento, el desconcierto o el raciocinio discernidor—, Él se conmueve y responde enviándoles su amorosa ayuda. Dios, que siempre está atento a las inclinaciones del corazón humano, favorece al devoto que busca la verdad; para ello le proporciona algún tipo de ayuda, de acuerdo con la disposición del suplicante y la intensidad de su anhelo. Durante el período de curiosidad filosófica del buscador, Dios ocasiona un contacto aparentemente fortuito del aspirante con los preceptos de un buen libro o con el consejo de algún maestro espiritual. Pero cuando el devoto no se satisface con el exiguo conocimiento que le aportan los tratados religiosos o los instructores mediocres, y su corazón se siente corroído por el intenso anhelo de encontrar a Dios, el Padre le envía a su hijo un ser que conoce a Dios y que está capacitado para conferir tal conocimiento espiritual a los demás. En el comienzo, al principiante que busca la verdad, Dios no se le revela emergiendo de entre nubes nimbadas para ofrecerle bendiciones y sabiduría. Él utiliza la diáfana intuición, la conciencia divina y las enseñanzas de un maestro —un alma que ha alcanzado la iluminación— para conducir al devoto hacia Él. Por consiguiente, el gurú no es un maestro común, sino que es un mensajero-preceptor celestial que guía al devoto por medio de la sabiduría, el raciocinio y la disciplina de las prácticas espirituales *(sadhana)* a lo largo de una vida o de cuantas sean necesarias hasta que el alma recupera su libertad en el Espíritu.

Los caprichos de la inconstancia y la excitación mental que acompañan al afecto por la novedad son verdaderos impedimentos en el sendero espiritual. Probar una iglesia tras otra, o un maestro tras otro, o coleccionar un cúmulo de ideas incompatibles, es una fórmula segura para sufrir una «indigestión» de teorías. El camino hacia la sabiduría consiste en integrar las verdades a la propia realización personal y no en acumular conceptos que no se han demostrado ni corroborado. El método para hallar a Dios difiere del que se aplica en las universidades, que consiste en reunir conocimiento y almacenarlo en el cerebro con el objeto de formar especialistas en cierto campo. Pero aun así, un estudiante de medicina, por ejemplo, jamás aprendería su especialidad si deambulara de materia en materia, cambiando de una institución médica a otra y asistiendo a algunas clases en cada una, pero sin ceñirse a un entrenamiento intensivo en las asignaturas que requiere para graduarse dentro de un programa bien estructurado. El aspirante espiritual dedicado debe comprometerse a consagrar el tiempo preciso y aprender las lecciones necesarias que le permitirán alcanzar la realización del Ser; asimismo, practicará aquellos métodos comprobados que han forjado a santos conocedores de Dios.

Son numerosos los maestros capacitados que generosamente sirven y ayudan a los demás, pero también existen muchas posibilidades de abuso inescrupuloso por parte de aquellos que se aprovechan de la vulnerabilidad emocional de quienes, buscando apoyo en la religión, se apegan ciega y obstinadamente a la personalidad del instructor y a los asertos que éste concibe. Durante los primeros años de mi búsqueda de Dios, no pocos de estos pseudogurús intentaron impresionarme haciendo un gran despliegue de piedad y verbosidad acerca de las escrituras, pero la santidad se hallaba ausente de su comportamiento, que podría resumirse en «haz lo que yo digo pero no lo que hago», y también de las huecas palabras sagradas que recitaban maquinalmente y que no provenían de su propia percepción espiritual.

Es preciso discernir entre aquel que se hace llamar maestro —que emplea la religión como medio de vida, o de ganar dinero, o para conseguir fama y adeptos— y un maestro genuino, que utiliza su religión (y los métodos organizativos aplicados a la religión basados en sólidos principios) únicamente para servir a sus hermanos por medio de la espiritualidad verdadera. Al aceptar a un gurú, alguien en quien se deposita explícitamente la lealtad y la confianza, es necesario, ante todo, actuar con cautela y buen juicio.

Es posible tener muchos instructores en el comienzo de la búsqueda espiritual, pero cuando el corazón y el alma se han establecido con toda confianza en una relación gurú-discípulo dispuesta y bendecida por Dios, el discípulo tiene a partir de ese momento un solo gurú y ningún otro instructor. El devoto permanece fiel a ese gurú y se siente espiritualmente satisfecho con el mensajero que Dios le ha enviado. Abandonar al gurú y sus ideales significa rechazar la ayuda enviada por Dios, el Único Gurú de gurús: «*el Señor Dios, que inspira*

221

a los profetas[8]; el Único a quien adoran «los grandiosos profetas y cuantos recorrieron con éxito el sendero del cielo»[9].

El contacto espiritual entre el alma del gurú y la del discípulo es un lazo eterno e incondicional de amor y amistad divinos, exento de toda consideración egoísta. El amor humano es condicional y está basado en el mérito y en el apego innato. El amor incondicional divino es el amor crístico con el que Dios acoge a todos sus hijos, encumbrados o humildes, buenos o malos, en toda circunstancia. Sólo un maestro —aquel que se ha despojado del ego y de sus desviaciones y expectativas egoístas— está capacitado para servir como un canal perfecto a través del cual el amor infinito de Dios puede fluir sin límites.

El amor incondicional, la lealtad y la obediencia caracterizan la relación gurú-discípulo

En la persona espiritualmente receptiva, la lealtad al gurú surge de manera espontánea cuando el corazón del discípulo se sumerge en el aura del amor incondicional del gurú. El alma sabe que finalmente ha encontrado un verdadero amigo, consejero espiritual y guía. Por ello, el discípulo se esfuerza por corresponder al amor incondicional de su gurú, especialmente cuando se le pone a prueba, de igual modo que la fe y lealtad de los discípulos de Jesús fueron con frecuencia sometidas a prueba debido a la falta de comprensión. Muchos estuvieron con Jesús en las festividades y los sermones, ¡pero cuán pocos le acompañaron en la cruz! Sin embargo, entre los seguidores leales, los discípulos avanzados ayudan enormemente a su maestro de diversas maneras, tanto comunes como singulares. Incluso un Cristo difícilmente podría llevar a cabo gran parte de su misión sin aquellos que son fieles y se encuentran en sintonía con él.

Jesús conocía la ley secreta de emancipación inherente a la relación gurú-discípulo, y su correspondiente pacto de ayuda mutua, cuando Dios comenzó a enviarle aquellos discípulos destinados a auxiliarle y a hallar la liberación a través de él.

Jesús encontró en Andrés la receptividad capaz de intuir la presencia de la Conciencia Crística en el vehículo corporal de su Maestro. En Juan, el bienamado discípulo, Jesús percibió la devoción que le mantendría constantemente en el sendero y que le llevaría a una profunda experiencia en la ciencia yóguica de la unión con Dios, de

---

[8] *Apocalipsis* 22:6.

[9] *God Talks With Arjuna: The Bhagavad Gita* XI:21. (Véase *El Yoga del Bhagavad Guita*).

la cual Juan dejaría constancia posteriormente en el Apocalipsis. En Simón Pedro, Jesús pudo discernir la divina fortaleza sobre la cual edificar los cimientos tempranos de sus enseñanzas, y profetizó que la vida espiritual de Simón sería tan firme como una roca (en hebreo, *cefas*; en griego, *Petros* [Pedro], «una roca»)[10].

Al encontrar a Felipe, Jesús recordó su anterior relación gurú-discípulo, y le dijo sin titubear: «*Sígueme*». Con esta orden, Jesús asumió su responsabilidad espiritual como preceptor de su discípulo Felipe. Le indicó que debía sintonizar su raciocinio y poder de voluntad, guiados por el instinto, con el raciocinio y voluntad superiores de Jesús, guiados por la sabiduría; de este modo, Felipe podría liberarse del engaño mortal y vencer las persuasivas tentaciones y apegos comunes propios de la carne.

La ilusión y los hábitos erróneos pueden dominar por completo la capacidad de razonamiento y la fuerza de voluntad de un discípulo durante ciertas pruebas cruciales en las que los dictados ficticios de su propio raciocinio le parecen válidos e incluso virtuosos. En ese estado, el discípulo no debe confiar en sus propias decisiones. El vicio se viste con el atuendo de la razón virtuosa para atraer a aquel devoto incauto que encuentra placentero acatar las conclusiones que se acomodan a sus deseos. Las decisiones deben concordar con la sabia guía del preceptor, la cual ha de seguirse obedientemente, aun cuando el oscurecido raciocinio del discípulo pueda rebelarse. En el estado de engaño, el devoto tal vez se percate de que incluso las obras mejor intencionadas que se emprendan pueden, no obstante, terminar en un desastre, dado que Satanás, el Tentador Metafísico Universal, procura por todos los medios posibles instigar el falso razonamiento y un comportamiento no espiritual por parte del devoto virtuoso que transita el sendero espiritual.

Seguir la sabia guía del gurú hace libre la voluntad y conduce a la emancipación

Mi gurú, Sri Yukteswar, me dijo lo siguiente cuando me aceptó como discípulo: «Permíteme disciplinarte, pues la libertad no consiste

---

[10] «Para los judíos de Palestina, este rasgo especial que consiste en asignarle a alguien un nuevo nombre —tal como, en el Génesis, Dios había cambiado el nombre *Abram* por Abraham y *Jacob* por Israel— indicaba que la persona había sido elegida para desempeñar una misión divina. Una vez más, Jesús recordó la tradición del Antiguo Testamento incluso al inaugurar su movimiento revolucionario de renovación espiritual» —citado del libro *Jesus and His Times* [Jesús y su época], compilado por Kaari Ward (Reader's Digest Association, Pleasantville, Nueva York, 1987)—. (*Nota del editor*).

en obrar de acuerdo con los dictados de los hábitos prenatales o postnatales, o conforme a los caprichos mentales, sino en actuar ciñéndose a las sugerencias de la sabiduría y del poder de libre elección. Si
sintonizas tu voluntad con la mía, hallarás la libertad». Cuando me
puse en sintonía con su voluntad, que estaba guiada por Dios y por la
sabiduría, encontré la libertad.

Afirma Sri Krishna en el *Bhagavad Guita:* «Al comprender esa
sabiduría que de un gurú proviene, no caerás de nuevo en el engaño
[...]. Aunque fueses el mayor de los pecadores, con la sola balsa de la
sabiduría cruzarías, sin peligro, el mar del engaño» (IV:35-36). Aquel
que carece de recursos espirituales para dirigir la barca de su propia
voluntad a través de los mares embravecidos, con toda certeza habrá
de naufragar. Si, por el contrario, se aferra a la balsa de la sabiduría,
es decir, a la guía de su gurú, llegará a salvo a puerto seguro.

El que obliga a sus seguidores a someterse ciegamente no es un
gurú. Los instructores que controlan a sus estudiantes haciéndoles
seguir servilmente pautas dogmáticas destruyen en ellos el poder de
libre albedrío. Tales instructores desean que el estudiante sólo razone
del mismo modo que ellos. En cambio, la obediencia a un verdadero
gurú no provoca ceguera espiritual alguna en el discípulo. Por el contrario, el gurú desea que el discípulo mantenga abiertos los ojos del
raciocinio; además, le ayuda al discípulo a desarrollar otro ojo: el
«ojo único» de la sabiduría y de la intuición por medio del cual le es
posible actuar sabiamente siguiendo su propio libre albedrío. Un gurú
disciplina al discípulo únicamente hasta el momento en que éste es
capaz de guiarse a sí mismo mediante la sabiduría de su propia alma.

El gurú enviado por Dios no abriga un interés personal, sino sólo
aquello que redunda en el mayor beneficio del discípulo. Todo ser humano necesita de un espejo psicológico en el cual ver los defectos que
ya se han vuelto una parte habitual y predilecta de la personalidad adquirida por su segunda naturaleza. El gurú hace las veces de dicho espejo: le muestra al devoto un reflejo de la imagen de su alma perfecta
sobre la cual se superponen los defectos del ego que aún desfiguran la
perfección del discípulo. Tanto de manera abierta como sutilmente, el
gurú hace hincapié en aquellas lecciones que el discípulo debe aprender y que, tal vez durante encarnaciones, permanecieron abandonadas
en polvorientos rincones de su conciencia. En una inevitable decisión
que tarde o temprano habrá de tomar, el discípulo acepta y aprende
esa lección o se opone a las advertencias de su gurú y las elude. Si

sabiamente se decide por el aprendizaje, se acercará a su liberación; si por el contrario se obstina en mantenerse en el ámbito de las comodidades del ego, el engaño le mantendrá atrapado con gran fuerza.

Pocas son las personas que gozan de verdadero libre albedrío. Si uno sigue sus propios deseos, incitado por los dictados de los instintos y de los hábitos, o trata de hacer el bien y refrenarse de actuar mal por el solo hecho de haberse acostumbrado a comportarse bien, no significa que uno sea libre. Cuando la voluntad es guiada por la sabiduría discernidora para elegir el bien en vez del mal en todos los casos, entonces uno es en verdad libre. La voluntad que se halla bajo el control de la sabiduría, que no fluctúa ante el prejuicio, el error, la influencia de la herencia, los hábitos prenatales y postnatales, ni ante el entorno familiar, social y mundial, se establece permanentemente en la rectitud. Hasta entonces, el camino hacia toda rectitud reside en seguir la sabia guía y el *sadhana* impartidos por un maestro divinamente capacitado para conferir la iluminación a los demás. Ésa era la naturaleza del Maestro que los discípulos reconocieron en Jesús, y en cuya gracia y bendiciones comenzaron, uno a uno, a buscar refugio espiritual.

DISCURSO 10

«Veréis el cielo abierto»

El discurso de Jesús a Natanael

La sinceridad: una virtud de virtudes
en el sendero espiritual

❖

«La higuera»: el árbol cerebroespinal de la vida
dotado de ramas y raíces de nervios astrales

❖

El cuerpo astral del hombre asciende en el momento de la muerte
y desciende cuando renace

❖

Qué es el cielo y dónde se encuentra

❖

Una descripción de la luz y belleza del cielo astral

❖

Cómo «ver el cielo abierto» a través del ojo espiritual

❖

La naturaleza de los ángeles y cómo comulgar con ellos

«[...] una promesa: que el hombre, por herencia divina, puede recuperar la omnisciencia de la percepción espiritual y, asimismo, experimentar el cielo y sus maravillas, aquí y ahora».

*F*elipe era de Betsaida, del pueblo de Andrés y Pedro. Felipe encontró a Natanael y le dijo: «Hemos encontrado a aquel de quien escribió Moisés en la Ley, y también los profetas; es Jesús, el hijo de José, el de Nazaret». Le respondió Natanael: «¿De Nazaret puede haber cosa buena?». Le dijo Felipe: «Ven y lo verás». Cuando vio Jesús que se acercaba Natanael, dijo de él: «Ahí tenéis a un israelita de verdad, en quien no hay engaño». Natanael le preguntó: «¿De qué me conoces?». Respondió Jesús: «Te vi cuando estabas debajo de la higuera, antes de que Felipe te llamara». Le respondió Natanael: «Rabbí, tú eres el Hijo de Dios, tú eres el rey de Israel». Jesús le contestó: «¿Por haberte dicho que te vi debajo de la higuera, crees? Has de ver cosas mayores». Y añadió: «En verdad, en verdad os digo: veréis el cielo abierto y a los ángeles de Dios subir y bajar sobre el Hijo del hombre».

Juan 1:44-51

DISCURSO 10

«Veréis el cielo abierto»

El discurso de Jesús a Natanael

«*Felipe era de Betsaida, del pueblo de Andrés y Pedro.*
»*Felipe encontró a Natanael y le dijo: "Hemos encontrado a aquel de quien escribió Moisés en la Ley, y también los profetas; es Jesús, el hijo de José, el de Nazaret"*» (*Juan* 1:44-45).

Felipe cita las revelaciones intuitivas de Moisés y de los profetas acerca de la venida del Cristo cuando le anuncia a Natanael que aquel a quien habían esperado durante tanto tiempo había venido en la persona de Jesús de Nazaret.

Las profecías no implican que todo lo que sucede en la tierra, incluyendo los asuntos humanos terrenales, esté predestinado. No se trata de un arte que puedan practicar de manera confiable aquellos que poseen algún pequeño grado de poder psíquico. Todo cuanto ha ocurrido en el pasado deja en el éter impresiones vibratorias, que las personas sensitivas pueden a veces percibir en forma de imágenes mentales o visiones. De modo similar, la ley kármica de causa y efecto proyecta hacia el éter la *potencialidad* vibratoria de hechos futuros que son el resultado o efecto probable de causas iniciadas en el pasado. Los acontecimientos del futuro que se crean en el éter a partir de causas originadas por las acciones humanas no siempre son inevitables; tienen la posibilidad de evolucionar y modificarse drásticamente según el poder de transmutación que posean los actos de libre albedrío que, ejecutados por el hombre, formen parte de dichas vibraciones

229

kármicas. El que tiene la capacidad de vincular el pasado y el futuro tiene la habilidad de predecir un determinado resultado, de acuerdo con las condiciones existentes; pero si tales condiciones se modifican, el resultado podría contradecir la predicción. Los «profetas» del día del Juicio Final se ven vergonzosamente engañados por su propia imaginación y por su errónea interpretación de las señales que ofrecen los cielos y las escrituras.

Sólo aquellos pocos profetas verdaderos que se encuentran en sintonía con la voluntad de Dios pueden hacer predicciones certeras y precisas, como es el caso de la profecía acerca de la venida de Jesús. Tales predicciones provenientes de Dios tienen poco que ver con los asuntos temporales que resuenan en los vientos de las caprichosas acciones humanas y en sus efectos correspondientes. El propósito principal y más elevado de las profecías es el de influir en el mejoramiento espiritual del hombre con revelaciones que constituyen, a la vez, advertencias y fuentes de aliento.

Fue así como Moisés, Isaías y otros profetas del Antiguo Testamento que predijeron la venida de Jesús pudieron seguir, por medio de su visión intuitiva, el desarrollo de la ley de causa y efecto que gobierna el drama de la existencia humana. Ellos conocían, además, la ley divina por la cual Dios envía a la tierra, en diferentes épocas, almas crísticas que han alcanzado la liberación, cada vez que las multitudes —abrumadas por el pecado de la ignorancia— se hallan imperiosamente necesitadas de la luz divina.

~

«*Le respondió Natanael: "¿De Nazaret puede haber cosa buena?". Le dijo Felipe: "Ven y lo verás". Cuando vio Jesús que se acercaba Natanael, dijo de él: "Ahí tenéis a un israelita de verdad, en quien no hay engaño"*» (*Juan* 1:46-47).

Natanael era un hombre franco y sincero. Conocía la insignificante y retrógrada situación social y política de Nazaret; por eso, expresó sus dudas acerca de que un salvador pudiese provenir de un sitio tan intrascendente. Felipe era un hombre práctico que, sin discutir con Natanael, buscó en cambio acercarle al transformador magnetismo personal de Jesús. Felipe sabía, por la bendición que él mismo había recibido, que Cristo lograría, con su sola mirada y su magnética fuerza vital, eliminar cualquier pertinaz vestigio de escepticismo que hubiese en el cerebro de Natanael. En las tradiciones de la India se hace alusión al *darshan* para designar el poder transformador que se transmite a quien, con toda reverencia, se halla ante la presencia de un personaje sagrado —experiencia que es un verdadero rito de purificación.

La sinceridad: una virtud de virtudes en el sendero espiritual

Jesús le dirigió a Natanael una mirada que le penetró el alma, y cuya vibración dispersó siglos de ignorancia; como un rayo de luz que incide sobre una película sensible, tomó una fotografía intuitiva de la vida de su discípulo. Complacido con la imagen que había captado, Jesús dijo: «*Ahí tenéis a un israelita de verdad, en quien no hay engaño*». He aquí un alma que se halla libre de la insinceridad satánica.

La inocencia denota sinceridad, es decir, la simplicidad o estado natural de nuestro verdadero ser, desprovisto de doblez, disimulo, hipocresía y demás disfraces que sirven al ser inferior. No guarda relación alguna con la tosquedad o la hiriente rudeza que se esgrimen en nombre de la franqueza. La taimada astucia, la malicia para burlar a otros con fines egoístas o por rencor, constituye un uso insensato de la inteligencia. La serena humildad de la inocencia es la sapiencia que distingue a una personalidad verdaderamente espiritual. ¡Cuán grande es su magnetismo! La sinceridad es una virtud de virtudes en el reino de la espiritualidad. Todas las demás cualidades que un discípulo puede ofrecer como compendio de su ser a los pies del gurú toman prestada de la sinceridad una gran parte de su valor. Sin ella, las palabras y las acciones son una farsa. Pero un corazón cuya intención es pura se convierte en el camino para llegar al corazón de Dios.

≈

«Natanael le preguntó: "¿De qué me conoces?". Respondió Jesús: "Te vi cuando estabas debajo de la higuera, antes de que Felipe te llamara". Le respondió Natanael: "Rabbí, tú eres el Hijo de Dios, tú eres el rey de Israel"» (Juan 1:48-49).

Natanael se sorprendió al escuchar que Jesús le hablaba con la familiaridad que se espera únicamente de la persona con quien existe una relación íntima. ¿Cómo podía un extraño conocerle con tal precisión? Jesús le respondió: «Te vi antes de que Felipe te llamara».

Esta visión no se produjo con los ojos superficiales de los sentidos, sino que era la fotografía intuitiva del alma de Natanael impresa en la percepción omnipresente de Jesús mediante el arte de la telepatía divina.

«La higuera»: el
árbol cerebroespinal
de la vida dotado de
ramas y raíces
de nervios astrales

Jesús le explicó: «Te vi debajo de la higuera», lo cual significa: «A través de mi ojo espiritual pude ver tu alma, que descansaba bajo las ramas de los nervios astrales del árbol cerebroespinal de la vida». El cuerpo del ser humano es semejante a un árbol invertido cuyas raíces de nervios craneales alimentan el tronco espinal, y envían la vida y la conciencia hacia las ramas en floración del sistema nervioso. De modo similar, a la combinación de conciencia, fuerza vital y sistema nervioso, de los cuales está constituido el ser humano, el *Bhagavad Guita* la compara con el «árbol *ashvatta* [higuera sagrada, *Ficus religiosa*], con las raíces arriba y las ramas abajo»[1]. Cuando un maestro espiritual dotado de visión divina mira penetrantemente a otra persona, puede ver el alma envuelta en el ropaje del sistema nervioso astral. Las personas provistas de cualidades espirituales poseen un sistema nervioso astral refinado, vibrantemente luminoso, en tanto que el de una persona materialista se encuentra oscurecido por la acción de los «higos» de los deseos sensoriales que vibran en sus ramas, los cuales absorben la energía vital.

Bien podría haber ocurrido que Jesús efectivamente contemplara con su visión divina la forma física de Natanael, que reposaba bajo una higuera, en algún paraje distante; mas fue el hecho de percibir la forma astral de Natanael y su alma lo que había llamado la atención de la conciencia de Jesús. Con su visión penetrante, el Maestro reconoció y atrajo a otro de sus discípulos de vidas anteriores[2], a quien descubría de nuevo. Le buscó hasta hallarle en el reino de la manifestación astral —remoto para la mirada de los miopes ojos físicos, pero cercano ante la visión del telescópico ojo espiritual.

Cada alma luce el ropaje de su propia y singular individualidad. Cuando un alma cambia su atavío corporal de una encarnación a otra y adopta una nueva apariencia racial y familiar heredada, ya no

---

[1] Véase *God Talks With Arjuna: The Bhagavad Gita* XV:1-2.

[2] Por lo general, se cree que Natanael también es conocido con el nombre de Bartolomé, un discípulo perteneciente al «círculo íntimo» de los seguidores de Jesús, y que fue elegido como uno de los doce apóstoles.

resulta reconocible a los ojos de quienes sólo miran los rasgos físicos. Los maestros, en cambio, pueden atisbar más allá de la apariencia puramente física y reconocer, por medio de la percepción intuitiva, la individualidad del alma, la cual no sufre cambios de una vida a otra. Existen incluso reveladores indicios en los ojos, los rasgos faciales y las características corporales que muestran cierta similitud con el atuendo físico del alma en una vida anterior —signos que un maestro sabe interpretar—. Los ojos, sobre todo, cambian muy poco, porque son las ventanas del alma.

Natanael pudo sentir cómo el cuerpo astral de Jesús penetraba en su propio ser e inundaba de bendiciones vibratorias su conciencia. Con el entendimiento que le proporcionó este *darshan*, mediante el cual el discípulo compartió la conciencia omnisciente de Jesús, Natanael reconoció instantáneamente: «*Tú eres el Hijo de Dios, tú eres el rey de Israel*». Maravillado, Natanael dijo que el Maestro ocupaba un lugar preeminente en el cielo y en la tierra: el hijo del Amo del Universo, digno también del título terrenal honorífico de «rey de Israel» —un diminuto reino situado sobre la minúscula esfera de la Tierra que ocupa una determinada región del Infinito Reino de Dios.

~

«Jesús le contestó: "¿Por haberte dicho que te vi debajo de la higuera, crees? Has de ver cosas mayores". Y añadió: "En verdad, en verdad os digo: veréis el cielo abierto y a los ángeles de Dios subir y bajar sobre el Hijo del hombre"» (Juan 1:50-51)[3].

La respuesta de Jesús fue: «*¿Por haberte dicho que te vi debajo de la higuera, crees? Has de ver cosas mayores*». Jesús se sintió complacido ante la receptividad de Natanael, al comprobar que su convicción era el resultado de la incontrovertible experiencia vibratoria que había recibido de Jesús.

Muchas personas se aferran a sus oscuras dudas aun cuando sus sentimientos internos los impulsan a creer en una verdad; sin embargo, cuando esa creencia se convierte en experiencia, su mente cesa

---

3 Únicamente en el Evangelio de San Juan se encuentran numerosas afirmaciones pronunciadas por Jesús cuyo enfático y solemne inicio es «En verdad, en verdad», locución que en el original griego y hebreo era «Amén, Amén». Compárese con *Apocalipsis* 3:14: «*Así habla el Amén, el Testigo fiel y veraz [...]*».

de divagar. En la despejada atmósfera de la fe, su comprensión espiritual continúa expandiéndose. Las palabras de Jesús tenían el propósito de alentar a Natanael: «Así como has creído en mí al recibir mis vibraciones astrales y las de mis pensamientos, cosas mayores que éstas habrás de percibir; verás el cielo abierto y a los ángeles de Dios subir y bajar sobre el hijo del hombre».

El cuerpo astral del hombre asciende en el momento de la muerte y desciende cuando renace

«El hijo de Dios» es una referencia al alma, la expresión individualizada de la Conciencia Crística «unigénita», que es el omnipresente reflejo de Dios en la creación. El «hijo del hombre» significa el cuerpo físico con sus facultades, el cual es, en el mejor de los casos —incluso en el hombre que ha alcanzado la Divinidad— un instrumento limitado para la expresión material del alma. Los sentidos del cuerpo físico se hallan cautivados por las impresiones provenientes del mundo material, mas no tienen noción de las maravillas de la extensa creación de Dios que permanecen invisibles en el interior y más allá de las manifestaciones densas. En este reino oculto en el que se llevan a cabo la creación, la conservación y la disolución cósmicas se hallan todas las misteriosas y maravillosas creaciones del universo macrocósmico y del microcosmos del hombre.

Jesús le dijo a Natanael que así como antes había podido percibir intuitivamente el otro mundo grandioso que sostiene el mundo sensorio tridimensional, de igual modo le sería posible de allí en adelante desarrollar aún más su visión divina: «Al abrirse el ojo espiritual verás las glorias del cielo astral y la transmigración de los luminosos cuerpos astrales que, al dirigirse hacia la luz del reino astral, ascienden desde el oscuro abismo de la muerte en el que quedan los cuerpos físicos desechados. Contemplarás, además, a los seres astrales descender de las esferas celestiales para introducirse en los cuerpos físicos en formación de los bebés recién concebidos». He ahí revelado el más fascinante y atormentador de los misterios de la creación: ¡el nacimiento y la muerte!

Al concluir su período de vida terrenal, el alma emerge de su prisión carnal vistiendo sus celestiales ropajes causal y astral hechos de conciencia y energía vital —un contraste «angélico» con respecto al cuerpo físico corruptible—. La libertad astral es temporal para aquellos cuyo karma los obliga finalmente a retornar a una encarnación física; en cambio, quienes trascienden las redes de causa y efecto —que ellos mismos han tejido con sus deseos terrenales— avanzan, mediante sus continuos esfuerzos espirituales, hacia esferas cada vez más elevadas del cielo astral y del aún más refinado cielo causal. Con ello logran incorporarse finalmente a las filas de la Hueste Celestial de seres perfectos. De este modo, cada alma se eleva hacia la fuente de donde procede: el Espíritu.

El libro del Génesis de la Biblia describe los cambios universales que ocurrieron durante la creación. En resumen: «*En el principio creó Dios el cielo y la tierra. La tierra estaba sin forma y vacía** (conciencia pura, los pensamientos creativos de Dios que son la causa ideacional de todo lo creado) *[...]. Dijo Dios: "Haya luz", y hubo luz* (el elemento básico de las formas manifestadas —la esencia estructural de la creación trina de Dios: la luz vibratoria de ideatrones, vitatrones y átomos—). *[...] Dijo Dios: "Haya un firmamento por en medio de las aguas* (los elementos creativos), *que las separe unas de otras"* (los sutiles elementos causales y astrales separados de los densos elementos físicos). *E hizo Dios el firmamento* (el refinado espacio vibratorio etéreo, que provee un fondo para la manifestación densa y hace las veces de cortina para dividir el universo físico del reino astral, el cual está superpuesto sobre aquél); *separó las aguas de por debajo del firmamento de las aguas de por encima del firmamento. [...] Llamó Dios al firmamento "cielo"* (el mundo astral, oculto tras el espacio etéreo). *[...] Dijo Dios: "Acumúlense las aguas* (los elementos densos) *de debajo del firmamento en un solo conjunto, y déjese ver lo seco"* (la materialización de los elementos densos, que se transformaron en el universo físico)» (*Génesis* 1:1-9).

Podría decirse que el cielo, considerado globalmente, está constituido por tres regiones: aquella en que el Padre Celestial reside en la Infinitud no vibratoria; aquella en que impera la Inteligencia Crística —omnipresente en la creación vibratoria, pero de un modo trascendente y sin verse afectada por ésta— y en la que residen los ángeles y los santos más avanzados; finalmente, la región de las esferas vibratorias del mundo causal ideacional y del mundo astral vitatrónico. Estos reinos celestiales —vibratorios y trascendentes— se encuentran «por encima» de las vibraciones densas de la tierra que está «debajo», aunque sólo en sentido figurado: de hecho, se hallan superpuestos unos con otros. Los más refinados están separados de la manifestación más densa por medio e intervención del «firmamento» —el espacio etéreo vibratorio— que mantiene oculto el mundo astral de la manifestación

Qué es el cielo y dónde se encuentra

física, así como el cielo causal del astral, y que también mantiene ocultas las trascendentes Conciencias Crística y Cósmica del cielo causal. Sin esta integración —que da lugar al instrumento físico sustentado por la vida astral, bajo la guía de la inteligencia individualizada, todos ellos originados en la conciencia—, no podría existir un universo manifestado que tuviese sentido.

Así pues, esta tierra y los seres que en ella habitan, y que parecen flotar en el espacio ilimitado como resultado de la acción de fuerzas ciegas, no son en absoluto el fruto de la casualidad, sino que se trata de un conjunto sumamente organizado.

El cosmos físico es diminuto si se compara con el cosmos astral, el cual es enormemente más extenso y grandioso; la misma relación guarda el universo astral con respecto al causal —tanto el cielo astral como el causal se hallan impregnados de la Conciencia Crística, y todos ellos están conectados por medio de la Conciencia Cósmica de Dios, que se extiende hasta la ilimitada infinitud del Espíritu bienaventurado.

Nadie puede determinar las dimensiones de la Eternidad. El hombre todavía no ha sondeado siquiera la inmensidad de este limitado cosmos físico; hay en los cielos incontables millones de estrellas que no se han detectado. El Señor posee la Infinitud y ése es su espacio en el que Él cuelga los adornos de intrincado diseño que son los mundos físico, astral y causal. Éstos reflejan de un modo intrigante las diversas facetas de su Ser Inmutable, a la vez que las ocultan tras velos de misterio.

De acuerdo con sus hábitos raciales, sociales y ambientales de pensar, las diferentes culturas y religiones conciben el cielo de diversas maneras: un feliz territorio de caza, o un país glorioso en que se disfrutan placeres sin fin, o un reino con calles doradas y ángeles alados que en sus arpas tañen una música celestial, o un *nirvana* en que la conciencia se extingue en una paz eterna.

Dijo Jesús: «*En la casa de mi Padre hay muchas mansiones*» (*Juan* 14:2). Las «*muchas mansiones*» abarcan, en conjunto, la Infinitud del Espíritu, la esfera de la Conciencia Crística y los diversos planos superiores e inferiores de los reinos causal y astral. Sin embargo, el término «cielo» queda, por lo general, relegado al mundo astral, es decir, el cielo inmediato en relación con los seres que se encuentran en el plano físico.

Con la muerte del cuerpo físico, el alma ataviada con su forma astral asciende al estrato del cielo astral que le corresponde según sus méritos, de acuerdo con la relación entre las buenas y malas acciones que esa persona haya realizado en la tierra. No es a consecuencia de la muerte por lo que el alma se transformará en un elevado ángel que more en el cielo. Sólo quienes se han convertido en seres angélicos en la tierra gracias a su comportamiento espiritual y su comunión con Dios pueden ascender a las regiones superiores. La mayoría de las almas despiertan en una región luminosa de increíble belleza, gozo y libertad, en una atmósfera de amor y bienestar[4], en tanto que las personas perversas se ven atraídas hacia los infiernos astrales, y posiblemente tengan experiencias semejantes a terribles pesadillas recurrentes.

El reino astral es una región de luz que posee las tonalidades del arcoíris. Allí, la tierra, los mares, los cielos, los jardines y los seres, así como la manifestación del día y la noche están formados por vibraciones de luz multicolor. Los *Una descripción* jardines de flores astrales, cultivados en el suelo del *de la luz y belleza* éter, sobrepasan toda descripción humana. Los ca- *del cielo astral* pullos resplandecen como fuegos artificiales, siempre cambiantes, pero sin marchitarse jamás, y se adaptan a la fantasía de los seres astrales. Desaparecen y vuelven a aparecer con nuevos colores y fragancias cuando así se desea.

Los seres astrales beben luz multicolor centelleante de las fuentes vitatrónicas que a modo de cascada brotan del seno de etéreas montañas. Los océanos se mecen con opalescentes tonalidades de color azul celeste, verde, plata, dorado, rojo, amarillo y aguamarina. Las olas de brillo diamantino danzan perpetuamente al ritmo de la belleza.

Los seres astrales emplean todos sus sentidos sutiles del mismo modo en que el hombre dotado de un cuerpo físico los utiliza cuando sueña. La diferencia radica en que los habitantes del cielo astral controlan su entorno de manera consciente y a voluntad. La tierra se encuentra asolada por el deterioro y la destrucción; en cambio, en el reino astral, los estragos causados por el choque de vibraciones inarmónicas pueden remediarse mediante el simple uso de la voluntad.

El reino astral es considerablemente más antiguo y perdurable que esta tierra. Todos los objetos, formas y fuerzas físicas poseen una contraparte astral. El cielo astral es en verdad la fábrica de la vida; es el mundo de la fuerza vital a partir del cual se crea el universo atómico. Sin embargo, las manifestaciones celestiales no tienen las

---

[4] En el capítulo 43 de *Autobiografía de un yogui* se ofrece una extraordinaria y amplia descripción de los mundos astral y causal. *(Nota del editor)*.

limitaciones de la vida terrestre. Todo está constituido de vibrante energía. Aun cuando los seres y los objetos que allí se encuentran están dotados de forma y sustancia y, por consiguiente, parecen sólidos, una manifestación puede pasar a través de otra sin que exista colisión ni daño —de manera semejante a lo que sucede en las películas, donde a través de técnicas fotográficas se pueden lograr diversos efectos que son imposibles desde el punto de vista de la física.

Los colores del plano terrenal son toscas imitaciones de los colores astrales de los cuales proceden. Los colores vitatrónicos están más allá de lo que el ser humano sea capaz de concebir; su hermosura es muy superior a cualquier atardecer, pintura, arcoíris o aurora boreal que pueda existir. Ni siquiera los más exquisitos colores de la naturaleza, combinados en un pintoresco paisaje, podrían representar la belleza del mundo astral; los policromáticos matices físicos son vibraciones mucho más densas que su contraparte astral. En la delicadeza de la región astral, ni los opacos cielos ni los deslumbrantes soles abruman los sentidos. La luminosidad astral eclipsa toda luz física y, sin embargo, jamás es molesta ni cegadora.

El límite de la tierra es el cielo cósmico. El límite del cielo astral es un profundo nimbo que rodea a éste por doquier y que ostenta, al igual que el arcoíris, los siete colores del espectro cromático —rayos diáfanos y traslúcidos combinados con el infinito gusto y belleza del Padre—. Dentro de este firmamento astral, se encuentran las «puertas de perla» a que se hace referencia en *Apocalipsis* 21:21. Estas «puertas», resplandecientes como perlas, son los principales canales de entrada y salida entre las esferas vibratorias y el reino no vibratorio de Dios; son, además, el portal por el que pasan las fuerzas creativas y las almas entre el mundo astral y el físico. El resplandor perlado es la luz blanca creativa del Señor matizada con la luz azul de la Conciencia Crística que fluye hacia la esfera vibratoria, en tanto que, en el reino astral, esta luz se refracta y despliega los múltiples colores de las tonalidades del arcoíris.

En el mundo astral, el nacimiento y la muerte constituyen un simple cambio de conciencia. Durante la muerte del cuerpo físico, el ser pierde la conciencia del cuerpo y percibe su forma astral sutil cuando se halla en el mundo astral. Una vez transcurrido un período predeterminado de acuerdo con su karma, el ser astral pierde la noción de su forma astral y renace en el mundo físico. Cuando el alma, ataviada con el ropaje del cuerpo astral, abandona el mundo astral al finalizar su vida en ese plano, se ve atraída hacia determinados padres y el ambiente apropiado en el que pueda agotar (ya sea en la tierra o en otro planeta habitado y comparable, situado en otras islas de universos) el buen y mal karma que haya acumulado.

En el reino astral, nadie nace de un cuerpo femenino. En esa región sólo existe el matrimonio espiritual, sin necesidad de cohabitación. Si se desea tener hijos, éstos se crean invitando almas (por lo general, que hayan abandonado la tierra recientemente) a entrar en un cuerpo astral moldeado mediante el método inmaculado de condensar los pensamientos positivos y negativos, la voluntad, así como las tendencias y sentimientos de los padres, a fin de crear la forma de un bebé con apariencia masculina o femenina. Un pensamiento de energía vitatrónica cuya carga sea predominantemente positiva da como resultado un niño varón, en tanto que un pensamiento de energía vitatrónica con predominio de la carga negativa da origen a una niña. La forma del bebé, en la mayoría de los seres astrales, se asemeja a la del cuerpo terrenal que recientemente ha desechado, pero desprovisto de su decrepitud.

Aunque sus recuerdos terrenales se desvanecen gradualmente, los seres astrales encuentran y reconocen a muchos de los seres queridos que han perdido en la tierra —y son tantos los padres, madres, hijos, amigos, esposas y esposos, provenientes de tantas encarnaciones, que se torna difícil abrigar sentimientos especiales hacia alguno de ellos y no hacia otros—. El alma se regocija al abrazarlos a todos en su conciencia de amor universal.

Los seres astrales poseen todas las facultades de percepción y cognición a las cuales el hombre se ha habituado en el cuerpo físico, pero éstas son instrumentos de la intuición independientes de las limitaciones del imperfecto raciocinio y de los sentidos mortales. De ese modo, la tierra astral es notoria por la ausencia de libros —esos característicos y variopintos soportes cuyo propósito es el almacenamiento y transmisión de las ideas y el conocimiento del hombre—. Los seres astrales pueden concentrarse en cualquier cosa del estrato particular al que han sido asignados y conocer su naturaleza mediante el poder de la intuición, el cual les permite obtener el conocimiento de manera instantánea. Aun cuando no necesitan depender del tedioso método de aprendizaje por medio de la lectura de libros, los seres avanzados que desean dejar registradas sus vibraciones especiales de pensamiento sólo necesitan visualizar tales conceptos, que de inmediato se transforman en un registro permanente constituido de vibraciones de luz astral.

Dado que en los reinos astrales se encuentran tanto los santos que están muy avanzados como los seres comunes, cada uno emplea su intuición, desarrollada en forma parcial o total, para complementar su inteligencia astral, sumamente receptiva. Sólo cuando el alma ha alcanzado de nuevo la unión con Dios, desaparece la necesidad de leer libros o de concentrarse en algún objeto con el fin de conocerlo a través de la intuición. El alma identificada con el Espíritu ya lo conoce todo y lo ve todo.

Los seres astrales elevados pueden cruzar cualquier plano o región del inmenso cielo astral, viajando a una velocidad mayor que la de la luz, en una masa vehicular de vitatrones luminosos. Al ascender al cielo causal de conciencia ideacional, el ser causal trasciende por completo el tiempo y el espacio con la rapidez del pensamiento mismo: con cada experiencia, conscientemente deseada, crea una exquisita oscilación en la tranquila esencia de la conciencia.

Cuando Jesús le dijo a Natanael que vería «*el cielo abierto y a*

Cómo «ver el cielo abierto» a través del ojo espiritual

los ángeles de Dios subir y bajar sobre el Hijo del hombre», le hacía una promesa: que el hombre, por herencia divina, puede recuperar la omnisciencia de la percepción espiritual y, asimismo, experimentar el cielo y sus maravillas, aquí y ahora.

El hijo del hombre —la conciencia y el cuerpo humanos— se ha disociado de su esencia celestial a causa de su identificación con el mundo físico. Sin embargo, Jesús dio a entender que todos aquellos que sintonicen su ser físico con su Ser espiritual percibirán el mundo astral y trascenderán la conciencia de las limitaciones físicas. Si una radio no está correctamente sintonizada, no capta la música y la información que circulan a través del éter. Si un receptor de televisión no funciona apropiadamente, no logrará recibir las ondas de las imágenes electrónicas televisadas. De manera análoga, el cuerpo se halla sintonizado con la materia. Por ese motivo no percibe la presencia de los seres divinos y de las fuerzas más sutiles que se encuentran tras el firmamento astral etéreo que separa el cielo de la tierra, y tampoco percibe el sutil componente vitatrónico de su propia forma, que habita en el interior de esa densa manifestación que es el cuerpo físico.

El paraíso es real, aun cuando no sea visible a los ojos de la mayoría de los mortales. En el pasado, la gente habría rechazado con profundo escepticismo la idea de la existencia de ondas de radio y televisión en el éter, pero ahora millones de personas las escuchan y las

ven diariamente. De manera similar, cualquier devoto puede sintonizarse con las visiones y sonidos celestiales de los reinos angélicos mediante los superiores poderes de visión y audición del alma, toda vez
que, valiéndose de la meditación, elimine la estática de la inquietud y
de los deseos mortales[5] que perturba la televisión interior y la radio
del corazón y de la mente.

Existen dos formas de «ver el cielo abierto», como expresó Jesús:

---

[5] Desde que, hace siglos, se produjo una divergencia entre la ciencia y la religión, los
científicos generalmente han recibido con escepticismo la idea de las «dimensiones
superiores». No obstante, en la vanguardia de la física avanzada actual, encontramos
la teoría de las supercuerdas: una teoría que no sólo acepta dimensiones adicionales,
sino que las *requiere*, como dice el Dr. Brian Greene en su obra *El universo elegante:
Supercuerdas, dimensiones ocultas y la búsqueda de una teoría final* (Crítica, Barcelona, 2007).

Además, según informa K. C. Cole, autora de artículos de divulgación científica
para *Los Angeles Times*, los científicos reconocen que bien pueden existir fuerzas cósmicas aún innominadas por la física en las otras dimensiones requeridas por la teoría
de las cuerdas. «Si es así —escribe Cole en el libro *The Hole in the Universe* [El
agujero del universo] (Harcourt, Nueva York, 2001)—, éstas podrían tener efectos de
gran alcance e incluso explicarían algunos de los más difíciles enigmas de la física».

Según los estudiosos de la teoría de las cuerdas, aun cuando ciertas fuerzas emergen
de las dimensiones adicionales del universo, no las detectamos porque, en el sentido
espacial, se encuentran apretadamente «enrolladas» y su tamaño es casi infinitesimal.
Otros científicos, incluido el Dr. William Tiller, profesor de ciencia e ingeniería de materiales en la Universidad de Stanford, sostienen que las dimensiones superiores permanecen invisibles no tanto porque sean pequeñas, sino porque son «inaccesibles al sistema
sensorial físico o al conjunto de instrumentos de que se dispone en la actualidad».

El Prof. Brian Josephson, de la Universidad de Cambridge, reconocido por sus
descubrimientos decisivos en mecánica cuántica subatómica, ha postulado el siguiente
razonamiento, que resulta aún más notable por ser el Prof. Josephson un Premio Nobel
de Física: «La experiencia mística que resulta del desarrollo personal mediante la práctica de la meditación, entre otros métodos, no sólo es la clave del desarrollo personal,
sino también la clave [...] para asentar sobre cimientos firmes este intento de sintetizar
la ciencia y la religión. [...] Si seguimos el sendero que conduce a una síntesis de la
ciencia con la religión (empleando la meditación como herramienta de observación),
lo que estaremos haciendo es utilizar nuestro propio sistema nervioso como un instrumento para observar las esferas en las cuales Dios opera. Los instrumentos científicos
comunes como el telescopio, el galvanómetro y el detector de partículas no serán de
utilidad en este contexto puesto que están diseñados para funcionar en el campo de la
materia. Nuestro sistema nervioso, por el contrario, está diseñado para permitirnos interactuar no sólo con el nivel material de la existencia, sino también con los dominios
espirituales. [...] Todos los dominios estarán abiertos a la exploración si desarrollamos
nuestro sistema nervioso para sintonizarnos con ellos. Es posible imaginar que esto
será parte de la educación científica del futuro» —pasaje extraído de *Nobel Prize
Conversations With Sir John Eccles, Roger Sperry, Ilya Prigogine, Brian Josephson*
[Conversaciones con Premios Nobel: Sir John Eccles, Roger Sperry, Ilya Prigogine y
Brian Josephson] (Saybrook Publishing Company, Dallas, 1985). *(Nota del editor).*

1) Eliminar, mediante el mandato de la Suprema Inteligencia, las vibraciones del espacio etéreo y las paredes de luz que lo limitan. 2) Superar las limitaciones de los ojos físicos y penetrar el ojo espiritual de percepción omnipresente.

En cuanto al primer método, imaginemos el caos que se produciría si el Señor eliminara el firmamento que separa la tierra del cielo. Si el cielo fuese bombardeado por el estruendo y la discordancia de la tierra, ¡ni los ángeles lo soportarían! El cielo es celestial debido a que el Señor lo ha creado como un lugar para descansar de la locura mortal. Y viceversa, el instrumento corporal del hombre común, circunscrito a lo físico, sería incapaz de hacer frente a la intrusión de una dimensión a la cual no puede entrar ni controlar. Dios mantiene al hombre concentrado en las lecciones y otros medios de aprendizaje que debe dominar en esta escuela terrenal. Al mismo tiempo, el Señor ha protegido el universo astral con el objeto de que el estrépito de los seres humanos que residen en la tierra no perturbe, a causa de las vibraciones densas de sus tribulaciones, los extáticos placeres y meditaciones de los seres astrales.

El ojo espiritual situado en el centro crístico (en el entrecejo) es la puerta que se abre hacia al cielo, a través de la cual uno puede entrar a las esferas divinas en forma consciente y como visitante bienvenido. El ojo de los cíclopes mitológicos es un concepto verdadero, pero lo es como un instrumento espiritual —y no malévolo— de percepción. En el tercer ojo de los dioses encontramos una ilustración más precisa: por ejemplo, el aspecto de Dios como el Señor Shiva —el poder de disolución de Dios para renovar las formas creadas— se representa con dos ojos físicos y un ojo divino en medio de la frente. De modo similar, en los seres astrales, los ojos físicos son apenas visibles: la visión se produce a través del ojo espiritual intuitivo. Aquellos que son lo suficientemente avanzados como para vislumbrar el cosmos físico desde su hogar celestial abren los dos ojos cuando desean contemplar la relatividad de la materia[6]. Asimismo, todos los santos comulgan con

---

[6] A través del Yoga se explica que los dos ojos físicos son una exteriorización de las fuerzas sutiles que se encuentran en el ojo único espiritual del cuerpo astral. Desde el asiento del ojo espiritual, situado en el centro sutil del bulbo raquídeo, fluye una corriente bifurcada de energía vital hacia los ojos físicos, operación que da lugar a la percepción dual o dimensional de la materia. En la meditación profunda, cuando la mirada de ambos ojos se concentra en el entrecejo, se unen las corrientes duales positiva y negativa que fluyen desde el bulbo hacia los dos ojos, y aquel que medita puede contemplar el ojo «único» u ojo espiritual.

Dios y con los reinos celestiales a través del ojo espiritual. Los ojos de los santos que se hallan en comunión extática se encuentran siempre dirigidos hacia arriba, fijos en ese centro de percepción divina.

Valiéndose del método correcto de meditación y la práctica de la devoción, y manteniendo los ojos cerrados y concentrados en el ojo espiritual, el devoto llama a las puertas del cielo[7]. Cuando los ojos se encuentran enfocados e inmóviles, y la respiración y la mente están en calma, comienza a formarse una luz en la frente. Finalmente, gracias a la concentración profunda, la luz tricolor del ojo espiritual empieza a hacerse visible. No basta sólo con ver el ojo único; lo más difícil para el devoto es entrar en esa luz. Sin embargo, al practicar los métodos más elevados de meditación, tales como el *Kriya Yoga*, la conciencia es conducida hacia el interior del ojo espiritual, hacia otro mundo de dimensiones más vastas.

En el halo dorado del ojo espiritual, se percibe la creación entera como la luz vibratoria del Espíritu Santo. La luz azul de la Conciencia Crística es la región donde moran los ángeles y las deidades que actúan como instrumentos de los poderes individualizados de creación, conservación y disolución que emanan de Dios. En esa luz azul también se encuentran los santos más avanzados. A través de la luz blanca del ojo espiritual, el devoto entra en la Conciencia Cósmica y asciende hasta Dios Padre.

La ciencia misma confirma que, mediante nuestros limitados sentidos, percibimos únicamente un cierto intervalo de las vibraciones de la materia: no la percibimos bajo la forma de los electrones danzantes que la componen ni percibimos el cuerpo sólido como una onda electromagnética. En el ojo espiritual, la auténtica oscuridad de la luz

---

Según investigaciones científicas recientes del neurobiólogo molecular Yi Rao, de la Facultad de Medicina de la Universidad de Washington, publicadas en *Discover* en mayo de 1997, se ha comprobado que al comienzo de su desarrollo los ojos están formados por una única estructura. El Dr. Rao estudió el desarrollo del ojo en embriones de rana y aisló un gen denominado «Cíclope», que podría ser el responsable de controlar dicho desarrollo. Cuando el embrión tiene veinte horas de vida, se hacen visibles dos puntos oscuros que más tarde se convertirán en los ojos. El Dr. Rao descubrió que estos dos puntos constituían, en su origen, una franja única. Sus experimentos demostraron que si el cerebro no le indica a las células de esta «franja única» que se disocien y permitan la formación de dos ojos separados (lo cual ocurre durante el desarrollo normal), el resultado son renacuajos con un solo ojo. Su investigación sugiere, además, que este proceso «es común a todas las especies de vertebrados». *(Nota del editor)*.

[7] *«Pedid y se os dará; buscad y hallaréis; llamad y se os abrirá. Porque todo el que pide recibe; el que busca, halla; y al que llama, se le abrirá»* (Mateo 7:7-8).

física desaparece y, por medio del sexto sentido (la intuición), se percibe la naturaleza vitatrónica astral y electrónica de las sustancias. El firmamento materialmente imponente que se encuentra entre el cielo y la tierra se convierte en sólo un diáfano velo que revela los paisajes y seres astrales. Cuando me interno en el santuario de la meditación y miro a través de los portales del ojo espiritual, las luces de la creación material que me rodean se desvanecen al instante y me encuentro en ese otro mundo. Los fenómenos astrales comunes no revisten para mí interés alguno; pero me colma de gozo hallarme en la presencia angélica de los santos y de la Madre del Universo.

Los ángeles son seres celestiales designados por Dios que sirven a los propósitos del Señor en la creación entera. Pueden ser cualidades o poderes divinos personificados, o bien almas totalmente liberadas en las cuales mora el espíritu perfecto de Dios. Estas últimas, habiendo vencido tanto los deseos y apegos materiales como los celestiales, se han unido al Espíritu y han emergido de nuevo en cuerpos de energía pura como fuerzas omnipotentes y omniscientes de la Voluntad Divina.

Los ángeles de Dios y los elevados santos que se encuentran en la esfera inmanente y trascendente de la omnipresente Conciencia Crís-

La naturaleza de los ángeles y cómo comulgar con ellos

tica se desplazan con toda libertad por cualquier región de la Infinitud. Pueden ascender al reino del Padre, en donde el Ser [el alma] se funde en el insondable Espíritu Bienaventurado. Sin embargo, perdura la huella de su individualidad, que puede recuperarse a voluntad o por mandato de Dios. En la esfera de la Conciencia Crística, el Ser posee individualidad, pero se encuentra en estado extático. En esa esfera, su cuerpo astral se disuelve. Cuando desciende a la región vibratoria, se le puede ver cubierto de un cuerpo astral semejante a un cuerpo físico, con la salvedad de que está hecho de luz. Dicho cuerpo posee sustancia, a semejanza de las formas manifestadas, pero no solidez densa —de igual modo que las imágenes oníricas parecen sólidas y, sin embargo, están compuestas de delicada luz astral—. Modificando la vibración de sus formas supraeléctricas, los ángeles pueden aumentar o disminuir su tamaño, volverse visibles o invisibles a voluntad, no sólo en el éter astral, sino también en el físico —de la misma manera que los ángeles aparecieron para alabar el nacimiento de Jesús—. También, en ocasiones, los ángeles y los seres divinos que se encuentran en sus formas astrales, de manera visible o

invisible, esparcen las bendiciones de su presencia sobre los acontecimientos de la tierra; por ejemplo, cuando en respuesta a las súplicas
devocionales, o debido al buen karma, una persona o situación merecen la intervención divina.

Contemplar a los ángeles y comulgar con ellos no presenta dificultades infranqueables; pero, a fin de lograrlo, es preciso permanecer
durante suficiente tiempo en estado de profunda concentración para
aquietar todas las perturbaciones de la mente y sintonizar en forma
perfecta el corazón con las refinadas vibraciones celestiales. Cuando
la mente y el cuerpo físicos se encuentran inquietos, la conciencia no
registra la presencia de los ángeles y de los seres espirituales. Para ver
a los seres divinos *«subir y bajar sobre el Hijo del hombre»* es preciso
aprender a sintonizarse con ellos.

El corazón o centro del sentimiento —el principio del conocimiento consciente en el hombre, descrito en la ciencia del Yoga como
chitta— es el receptor de las percepciones, de la misma forma que un
aparato de radio o de televisión capta los sonidos o imágenes que atraviesan el éter. El ojo espiritual de la intuición es el que transmite hacia
la conciencia tales percepciones provenientes de la omnipresencia. Por
lo tanto, en el estado de concentración profunda que se alcanza mediante la práctica de los métodos científicos de la meditación yóguica,
el sentimiento (el conjunto de componentes mentales que constituyen
la conciencia inteligente) y el ojo espiritual operan unidos para perfeccionar y elevar la conciencia humana —el hijo del hombre— hasta
un estado de receptividad en el que dicha conciencia logre sintonizarse
con las vibraciones más sutiles de la manifestación espiritual. No es
posible comunicarse con los sublimes reinos celestiales, ni con los excelsos santos y ángeles que residen en esas regiones, por medios tales
como los médiums o las demostraciones psíquicas —que pueden, a
lo sumo, alcanzar sólo los planos astrales comunes o inferiores y sus
habitantes o, más frecuentemente, entidades poco confiables apegadas
a la tierra[8].

En las palabras que le dirigió a Natanael, Jesús hizo referencia
a la espiritualización de la conciencia, a la cual había de aspirar el
discípulo bajo la guía del Maestro con el propósito de ver finalmente
que el más elevado cielo se abre ante él y experimentar así la transformación del cuerpo físico, o hijo del hombre, en un hijo de Dios.

---

[8] Véase el discurso 24.

Cuando se abre el ojo espiritual y, en el estado crístico, la conciencia se expande hasta abarcar toda la creación, el devoto sabe que su auténtico Ser es un ser angélico —el alma inmortal e inmutable—. Comprende entonces que, cuando el Ser se encuentra encarnado, el cuerpo astral es el cuerpo verdadero, el dador de la vida, de los poderes de los sentidos y de la conciencia, y constata que ese cuerpo astral es más tangible que la forma atómica densa y es poderosamente invulnerable a la enfermedad y a las tribulaciones. La ilusión satánica transforma a los ángeles (almas perfectas) en demonios mortales o, en el mejor de los casos, en seres que olvidan su naturaleza divina. Pero ni siquiera un océano de pecados podría dañar el alma. Pecar significa errar. ¡Renuncia al pecado de la ignorancia y a la engañosa tentación de las malas acciones! Mantén el corazón libre de celos, ira y egoísmo; ama a todas las personas incondicionalmente, a pesar de sus debilidades: ése es el modo de convertirse en un hijo angélico del hombre, que se halle en sintonía con los ángeles y los hijos de Dios completamente liberados. Al seguir a Jesús, Natanael sería conducido hasta el sitio que le correspondía en la sagrada hueste celestial.

La conversión del agua en vino: «Éste fue el comienzo de los signos que realizó Jesús [...]»

Por qué y cuándo Dios permite
que sus emisarios realicen milagros

❖

¿Aprobaba Jesús la costumbre de beber vino?

❖

El control sobre la materia atómica
mediante el poder de la Mente Universal

❖

La relación entre la materia, la energía y el pensamiento

❖

El poder para efectuar transformaciones milagrosas
en el mundo material

«Jesús no realizó su primer milagro en público con el objeto de mostrar su aprobación a la costumbre de embriagarse con vino, sino para demostrar a sus discípulos que tras las diversas manifestaciones materiales se encuentra la única Sustancia Absoluta».

*T*res días después se celebraba una boda en Caná de Galilea, y estaba allí la madre de Jesús. Fueron invitados también a la boda Jesús y sus discípulos. Al quedarse sin vino, por haberse acabado el de la boda, le dijo a Jesús su madre: «No tienen vino». Jesús le respondió: «¿Qué tengo yo contigo, mujer? Todavía no ha llegado mi hora». Pero su madre dijo a los sirvientes: «Haced lo que él os diga».

Había allí seis tinajas de piedra, destinadas a las purificaciones de los judíos, de dos o tres medidas cada una[1]. Jesús les dijo: «Llenad las tinajas de agua». Ellos las llenaron hasta arriba. «Sacadlo ahora —les dijo— y llevadlo al maestresala». Ellos lo llevaron. Cuando el maestresala probó el agua convertida en vino, como ignoraba de dónde era —los sirvientes, los que habían sacado el agua, sí que lo sabían—, llamó al novio y le dijo: «Todos sirven primero el vino bueno, y cuando ya están bebidos, el inferior. Tú, en cambio, has reservado el vino bueno hasta ahora». Éste fue el comienzo de los signos que realizó Jesús, en Caná de Galilea; así manifestó su gloria y creyeron en él sus discípulos.

Juan 2:1-11

---

[1] Conforme a la tradición judía, era preciso que hubiese agua disponible para el lavado ritual de las manos y los pies antes de ingerir alimentos, sin lo cual se consideraba que la persona estaba impura. Véase, por ejemplo, *Marcos* 7:2, en donde los fariseos critican a los discípulos de Jesús por comer pan sin antes cumplir con esta ceremonia. La capacidad de cada una de estas tinajas, descrita como «*dos o tres medidas*» (del griego *metreta*, «medida»), es incierta.

La conversión del agua en vino: «Éste fue el comienzo de los signos que realizó Jesús [...]»

J esús se dirigió a su madre de manera impersonal, llamándola «mujer», porque él se veía a sí mismo solamente como Espíritu; no se consideraba un hijo mortal que había nacido del cuerpo de padres terrenales en una encarnación pasajera, sino como hijo de la Divinidad, que era su Madre y Padre eternos. Swami Shankara, de modo similar, compuso un canto acerca del estado de iluminación que alcanza quien trasciende el cuerpo: «Ni nacimiento, ni muerte, ni casta tengo. Padre y madre no los tengo. ¡Yo soy Él, yo soy Él; Espíritu Bendito, yo soy Él!».

Todas las almas son *«hijos del Altísimo»* (*Salmos* 82:6). Olvidar este linaje divino significa aceptar las limitaciones de la identificación con el cuerpo humano —la noción de que *«eres polvo»*—, lo cual es humillante para el alma. Quien conoce a Dios recuerda en todo momento que el Celestial Padre-Madre-Creador es el verdadero Padre y Madre de las almas y cuerpos de todos los seres. Es el Divino Alfarero quien ha creado la arcilla mortal y ha modelado, a partir de ésta, las moradas corporales transitorias, tanto del padre y de la madre como de sus hijos.

La actitud divina de desapego expresada por Jesús no significa que él incumpliese el mandamiento de Dios de «honrar a tu padre y a tu madre». El amor de Jesús por su madre era evidente; por ejemplo, en el momento de su crucifixión, cuando le pidió a su discípulo Juan que cuidara de ella². Se debe reverenciar el espíritu maternal como una expresión del amor incondicional de Dios, así como también es preciso honrar al padre como un representante de la sabia protección del Padre Celestial. Por consiguiente, la devoción hacia los padres es parte de la devoción a Dios, la cual es, ante todo, amor filial hacia el Padre Divino, Aquel que se halla detrás de quienes nos cuidan en el seno de la familia, el Padre-Madre divino que ha delegado en los padres terrenales la responsabilidad de criar al niño. Cuando el corazón ha alcanzado un estado de sintonía divina, las relaciones que establecemos con quienes se encuentran próximos a nosotros se convierten en oportunidades de beber el amor infinito de Dios en los cálices de numerosos corazones. Si carecemos de esta discernidora comprensión, esas relaciones que Dios nos ha dado se degeneran fácilmente debido a la influencia de la ilusión cósmica, convirtiéndose en limitantes e insatisfactorios apegos que dan lugar a despedidas tristes y dolor por la separación acaecida con la muerte.

Cuando la madre de Jesús acudió a él para hacerle una petición durante la celebración del banquete de bodas en Caná, él le respondió apoyándose en su suprema lealtad a Dios: «Mujer, no puedo acceder a tu petición sólo por pedírmelo como una madre amorosa. Únicamente Dios puede designar la ocasión y los medios por los cuales manifestará su gloria a través de mí». Jesús no tuvo la intención de faltarle al respeto a su madre, y María así lo comprendió. Expresando su fe en la Voluntad Divina, les dijo a los sirvientes que estuviesen atentos a lo que su hijo les pudiera solicitar.

Habiendo percibido intuitivamente la guía interior y el consentimiento divinos, Jesús pidió de inmediato a los sirvientes que llenaran de agua seis cántaros grandes, y en el acto la convirtió en vino selecto. Todo esto lo realizó él ante los ojos de sus discípulos con el fin de que ellos supieran que el agua se había transformado en vino por el poder de Dios y no a través de un acto de prestidigitación o un truco similar.

El relato del Evangelio da a entender claramente que este primer milagro de Jesús no tuvo como propósito complacer a su madre ni suscitar el asombro de los concurrentes a la boda, ninguno de los cuales tuvo conocimiento de lo que había ocurrido. El milagro se llevó

---

² *Juan* 19:26-27. Véase también *Mateo* 15:4 (discurso 44, en el volumen II) en el que Jesús recrimina a los fariseos por transgredir el divino mandamiento de honrar al padre y a la madre.

a cabo para cumplir con el mandato de Dios, y sólo con el objeto de que se beneficiaran los sinceros discípulos de Jesús —que recientemente habían comenzado a seguirle— al acrecentar su fe en el poder de Dios y en la Divina Presencia que se manifestaba en aquel que les había sido enviado como salvador.

Los milagros atraen a los curiosos; en cambio, el amor de Dios atrae a las almas sumamente evolucionadas. El Señor ya ha desplegado maravillas con prodigalidad para que el hombre se deleite contemplándolas: ¿Acaso podría haber algo *Por qué y cuándo* más milagroso que la presencia evidente de una In- *Dios permite que* teligencia Divina en cada partícula de la creación? *sus emisarios* Podemos vislumbrar esa presencia en el modo en *realicen milagros* que un árbol enorme emerge de una diminuta se- milla; en los incontables mundos que giran en el espacio infinito, sujetos a una elaborada danza cósmica mediante la regulación precisa de las fuerzas universales; en el modo en que el cuerpo humano —tan maravillosamente complejo— se desarrolla a partir de una única célula microscópica, se halla dotado de una inteligencia consciente de sí misma y se sostiene por medio de un poder invisible que lo sana y le da vitalidad. En cada átomo de este asombroso universo, Dios obra milagros constantemente y, sin embargo, los hombres de mentalidad obtusa no saben valorarlos[3].

---

[3] «El avance de la ciencia ha servido para ampliar el abanico de las maravillas de la naturaleza, lo cual ha permitido que en la actualidad se haya descubierto el orden en los más recónditos recovecos del átomo y en los más vastos cúmulos de galaxias», señala el Dr. Paul Davies, renombrado escritor y profesor de Física Matemática, en su libro *Evidence of Purpose: Scientists Discover the Creator* [La evidencia de la intencionalidad: Los científicos descubren al Creador] (Continuum Publishing, Nueva York, 1994).

En *The Whispering Pond: A Personal Guide to the Emerging Vision of Science* [El estanque susurrante: Una guía personal hacia la visión emergente de la ciencia] (Element Books, Boston, 1999), el teórico de sistemas Ervin Laszlo afirma: «La ajustada sintonía del universo físico con los parámetros de la vida radica en una serie de coincidencias (si es que se las puede llamar así) [...], de tal suerte que incluso la más leve desviación con respecto a los valores establecidos significaría el fin de la vida o —para ser más preciso— crearía condiciones bajo las cuales la vida jamás podría haberse desarrollado siquiera. Si el peso del neutrón no superara al del protón en el núcleo del átomo, el lapso de vida activa del Sol y de otras estrellas se reduciría a unos pocos cientos de años. Si la carga de los protones y de los electrones no estuviese equilibrada con exactitud, todas las configuraciones de la materia serían inestables, y el universo se hallaría constituido tan sólo por radiaciones y una mezcla relativamente uniforme de gases. [...] Si la poderosa fuerza de cohesión entre las partículas del núcleo fuese apenas una fracción *más débil* de lo que es, el deuterón no existiría y una estrella como

El Señor, que todo lo sabe y lo comprende, lleva a cabo silenciosamente la tarea de regir a su vasta familia del cosmos sin imponerle al ser humano ninguna clase de reconocimiento por medio de un manifiesto despliegue de su divino poder y magnificencia. No obstante, habiéndose ocultado con toda humildad tras el velo universal de las diversas formas y fuerzas, Él deja entrever su presencia en infinidad de maneras diferentes y llama a las almas mediante los susurros interiores de su amor. Ningún milagro muestra la presencia de Dios de modo más certero que cuando se alcanza la sintonía divina, aunque sólo sea un leve contacto con su amorosa omnipresencia. El supremo regalo de Dios para el ser humano es el libre albedrío: la libertad para elegirle a Él y su sabiduría o preferir, en cambio, las tentaciones del engaño satánico de *maya*. Como Amante Cósmico de todas las almas, el único deseo del Señor es que por ventura el hombre emplee su libre albedrío para rechazar los volubles incentivos de Satanás y abrace la plenitud absoluta que el Amor Divino le prodiga.

Si Dios revelara su presencia como Eminente Creador o le hablara al mundo como Autoridad Indiscutible, los seres humanos perderían en ese mismo instante su libre albedrío, pues no podrían sino precipitarse en pos de su manifiesta gloria. Si Dios desplegara su omnipotencia realizando grandiosos milagros, las asombradas y atemorizadas multitudes se verían atraídas hacia Él a causa de la coacción que ejercen tales fenómenos, en vez de elegirle motivadas por el amor espontáneo de sus almas. Así pues, Dios no emplea —ni siquiera a través de

---

el Sol no podría brillar; y si esa fuerza resultase levemente *más intensa* de lo que es, el Sol y otras estrellas en actividad aumentarían de manera considerable su tamaño y tal vez explotarían. [...] Las magnitudes de las cuatro fuerzas universales [la gravitatoria, la electromagnética, la nuclear débil y la nuclear fuerte] poseían el valor preciso para permitir que la vida se desarrollase en el cosmos».

Señala el profesor Davies: «Se ha recopilado una larga lista de "accidentes afortunados" y "coincidencias". [...] Véase una reseña reciente de éstos en el libro *Cosmic Coincidences* [Coincidencias cósmicas] de John Gribbin y Martin Rees (Bantam, Nueva York, 1989)». Davies estima que si —como algunos científicos sostienen— no existiera una inherente inteligencia rectora y la evolución cósmica estuviese gobernada sólo por la operación fortuita de leyes estrictamente mecánicas, «el tiempo requerido para alcanzar a través de simples procesos azarosos el grado de orden con que ahora contamos en el universo sería —como mínimo— de $10^{10^{80}}$ años», un período inconcebiblemente mayor que la edad actual del universo. Citando estos cálculos, Laszlo comenta con ironía: «Una casualidad afortunada de semejante magnitud excede los límites de lo creíble. —Y concluye diciendo—: ¿Debemos, pues, aceptar la posibilidad de que el universo que contemplamos sea el resultado del plan intencional de un constructor omnipotente?». *(Nota del editor).*

sus santos— un poder espiritual que pudiese suprimir el libre albedrío con el objeto de atraer a las almas hacia Sí.

El intelecto humano, viciado por *maya,* parece tener de todos modos la necesidad de contar con alguna prueba concreta y demostrable de la existencia de Dios antes de volver sus pasos hacia Él, y con ciego descaro desafía, una y otra vez, a su Creador para que se le revele a través de «*signos y prodigios*». Pero si el ser humano no ve un indicio en el hecho de que cada manifestación conocida como «natural» constituye por sí misma un milagro que expresa la inmanencia de Dios, es improbable que halle otros signos que pueda apreciar mejor. Es fácil creer cuando se expone ante los sentidos un fenómeno espiritual comprensible; no es preciso entonces hacer esfuerzo alguno para despertar la fe que se encuentra latente en el alma. Jesús expresó esta verdad en las palabras que le dirigió a Tomás: «*Porque me has visto has creído. Dichosos los que no han visto y han creído*».

Quien verdaderamente anhela a Dios no siente atracción hacia los poderes y milagros. Es característico del Señor revelar su presencia de un modo silencioso y sutil —rara vez de manera abierta— a aquellos devotos que, sobre todas las cosas, anhelan encontrar al Creador. A su debido tiempo, Él permite que sus santos muestren, ante las personas que están en condiciones de despertar espiritualmente, aquello que es extraordinario, pero jamás con el fin de satisfacer una vana curiosidad. Aun cuando el papel singular de Jesús consistía en ser un salvador universal que surgía en una época oscura y poco ilustrada, en la cual era necesaria la demostración abierta del poder de Dios con el propósito de dejar una huella permanente en los anales del tiempo, él rehusaba a menudo ofrecer señales y milagros espectaculares que tuviesen la finalidad de probar su propia divinidad y la presencia de Dios[4]. Jesús realizó sus milagros —sanar a los enfermos, resucitar a los muertos o caminar sobre las aguas— para beneficio de los verdaderos creyentes y tan sólo si contaba con la autorización y la guía divina. Él enfatizaba siempre que cumplía con la voluntad de Dios —Aquel que le había enviado— y que primero esperaba el mandato de su Padre.

Un argumento supuestamente convincente que suele esgrimirse en favor de la costumbre de beber vino es el hecho de que Jesús mismo lo bebía y que incluso lo materializó como parte de uno de sus milagros.

---

[4] Véase, por ejemplo, *Juan* 2:18-22. Jesús declinó mostrar sus poderes cuando fue desafiado por los espectadores después de expulsar a los mercaderes del templo. Este versículo se comenta en el discurso 12.

En aquella región árida, incluso las escasas reservas de agua existentes se encontraban a menudo contaminadas, y no se conocían en esa

————•••————

época métodos de purificación, por lo cual el jugo

¿Aprobaba Jesús
la costumbre de
beber vino?

de uvas fermentadas proporcionaba un suplemento
de líquido para el cuerpo e incluso era considerado
tanto higiénico como sacramental. A pesar de que
esta práctica no sea válida en circunstancias diferentes, muchas personas se apresuran con bastante oportunismo a
imitar aquellas acciones de un maestro que justifican sus propias inclinaciones, aunque no muestran igual fervor cuando se trata de emular
su ejemplo espiritual. Debes primero asemejarte a Jesús: bebe el vino
de su inspiración, el vino de la conciencia de Dios, que lo elevó por
encima de las compulsiones mundanas.

Los grandes maestros de todas las épocas se han manifestado en
contra del uso de estupefacientes. Los efectos de éstos son sumamente
perjudiciales, ya que entorpecen los más preciados atributos del hombre: los refinados instrumentos de la conciencia. Quien se entrega a la
bebida aniquila toda percepción de Dios. La tentación de entregarse a
la bebida —que da lugar a una euforia temporal— fue creada por la
fuerza satánica con el propósito de desviar al hombre de su búsqueda
del gozo verdadero, que sólo puede hallarse en Dios. La necesidad
del alma de refrescarse en el estado trascendental, necesidad que se
degrada por la influencia del engaño, ha llevado a todas las civilizaciones a desarrollar sus propios métodos falaces para escapar de
la realidad, siendo uno de ellos la embriaguez, que produce, por el
contrario, un pernicioso estado de esclavitud. La conciencia de Dios
es mil veces más embriagadora que el estado de ebriedad y eleva el
espíritu del hombre en vez de degradar sus capacidades. En el día de
Pentecostés, los discípulos de Jesús se encontraban en un estado semejante al de la embriaguez, mas había sido provocado por el vino de
la conciencia divina. Quien se halla embriagado de Dios no necesita
ningún otro paliativo para aliviar los males que puedan acaecerle. Por
eso, los grandes maestros insisten en que es preciso sentarse en silencio y meditar profundamente. Una vez que el devoto haya vencido la
oposición que presentan sus pensamientos inquietos, comprobará que
su *«copa rebosa»* con el divino elixir extático del gozo.

Jesús no realizó su primer milagro en público con el objeto de
mostrar su aprobación a la costumbre de embriagarse con vino, sino
para demostrar a sus discípulos que tras las diversas manifestaciones

La infancia de Jesús

**El niño crecía, se fortalecía y se iba llenando
de sabiduría; y la gracia de Dios estaba sobre él.**

Lucas 2:40

*Se relata en los evangelios de la infancia que el padre de Jesús, José,
descubrió que el extraordinario talento de su hijo le era de increíble ayuda
en su trabajo de carpintero, no como artesano con el martillo y el cincel,
sino cuando, por haber cometido un error, «José debía alargar o acortar,
ensanchar o angostar alguna cosa, el Señor Jesús extendía su mano hacia
el objeto y al instante quedaba como José quería que fuera». [...] Un acto
de este tipo era tan elemental para Jesús como lo fue después convertir el
agua en vino o multiplicar los panes y los peces.*

Paramahansa Yogananda

Dibujo: Heinrich Hofmann

materiales se encuentra la única Sustancia Absoluta.

Para Jesús, el vino no era vino, sino una vibración específica de la energía eléctrica que podía manipularse por medio del conocimiento de leyes suprafísicas precisas. Toda la creación de Dios opera de acuerdo con la ley. Los hechos y los procesos gobernados por leyes «naturales» ya descubiertas no se consideran milagrosos; pero cuando la ley de causa y efecto funciona de manera tan sutil que el hombre no logra dilucidar cómo ocurre algo en particular, lo considera entonces un milagro.

El control sobre la materia atómica mediante el poder de la Mente Universal

Sabemos cómo se fabrica el vino empleando el proceso habitual: la fermentación provocada por microorganismos que transforman el azúcar en alcohol. Sin embargo, para convertir una sustancia formada por ciertos elementos (el agua, por ejemplo) en otra constituida por elementos diferentes (por ejemplo, el vino), es preciso ejercer control sobre los átomos. Jesús sabía que era el poder unificador y equilibrante de la Inteligencia y la Voluntad Divinas lo que subyace a la materia atómica y la controla; que es posible descubrir que la conciencia es el origen mismo de la materia si ésta se disgrega en las partes que la componen. Jesús comprendía la relación metafísica que existe entre la materia y el pensamiento, y demostró que una forma de materia puede convertirse en otra no sólo mediante procesos químicos, sino a través del poder de la Mente Universal. Gracias a su unidad con la Inteligencia Divina, que impregna la creación entera, Jesús modificó la disposición de los electrones y los protones del agua, y así la convirtió en vino.

Según la ciencia moderna, la materia está compuesta por casi cien elementos diferentes[5]. Aun cuando dichos elementos poseen múltiples propiedades y características, todos ellos pueden reducirse a electrones, protones, neutrones y otras partículas estructurales subatómicas, así como a unidades sutiles de luz y energía. El agua, el vino y todas las sustancias de la creación material están constituidas por las mismas partículas, pero se encuentran combinadas de manera distinta y sus frecuencias de vibración difieren entre sí, de modo que así dan lugar a la infinita variedad de sustancias y formas que existen en la creación.

La ley de causalidad que rige todas las manifestaciones materiales puede reconocerse hasta en el ámbito de actividad de las partículas

---

[5] Se han descubierto elementos adicionales después de la época de Paramahansa Yogananda. *(Nota del editor)*.

subatómicas; pero más allá de ese punto se pierde de vista el rastro de la operación de la ley de causa y efecto, pues, en verdad, los científicos desconocen la razón por la cual los electrones y protones se disponen en diferentes formas moleculares para crear los diversos tipos de materia. Afirma la ciencia que al llegar a este punto, la naturaleza sumisamente cede el paso a una Inteligencia Divina, puesto que es preciso que exista algún Poder que le ordene a los sutiles bloques electrónicos y protónicos cómo distribuirse en diversas combinaciones a fin de crear innumerables sustancias que adoptan configuraciones extremadamente complejas, como por ejemplo, las formas de vida inteligente.

El Espíritu es el poder que aporta vida e inteligencia a la materia. No existe una diferencia fundamental entre la materia y el Espíritu. Tanto el pensamiento como la materia tienen

La relación entre la materia, la energía y el pensamiento

su origen en el poder vibratorio creativo de Dios[6]. El pensamiento, la energía y la materia difieren sólo en lo que respecta a su vibración relativa. El pensamiento es la vibración más sutil, que se condensa para formar la luz de la energía vital *(prana)* y, finalmente, la vibración densa de la materia. Cuando los pensamientos se cargan de energía, se convierten en imágenes visibles, tal como ocurre en los sueños; la materia está constituida por los pensamientos cristalizados de Dios —los sueños cristalizados de Dios.

Las vibraciones de los pensamientos creativos de Dios difieren de las vibraciones de la materia, tanto en calidad como en cantidad. La materia es una vibración densa que se desarrolla a partir de la conciencia de Dios, y el pensamiento es la sutil vibración creativa de la Conciencia Divina —el poder vibratorio activo y activador.

La materia está constituida por vibraciones de conciencia relativamente fijas; en cambio, el pensamiento —la unidad básica de la actividad creativa de Dios— es conciencia en movimiento y en evolución, y tiene la capacidad de experimentar infinitas transformaciones. Si observamos el desarrollo de un niño a lo largo de las diversas etapas de maduración, veremos la evolución de los cambiantes pensamientos que abriga en su interior. Los pensamientos del niño se transforman en los del joven, los cuales, a su vez, maduran para crear los pensamientos del adulto; no obstante, todos estos pensamientos se originan en la conciencia de la misma persona.

---

[6] Véase el discurso 1.

Los pensamientos son vibraciones subjetivas de la conciencia. Se encuentran lo suficientemente diferenciados como para clasificarlos, pero no se hallan diferenciados de modo tan rígido como la materia objetiva. Los pensamientos de temor, de gozo, de hambre y de ambición son diferentes y, sin embargo, están relacionados entre sí, ya que se trata de manifestaciones de la misma conciencia. Cada transición del pensamiento produce un efecto sobre otros pensamientos en un intercambio de comunicación.

La materia es una vibración que da la idea de ausencia de interrelación. La materia se puede dividir o clasificar de diversas maneras sin necesidad de relacionar dichas divisiones entre sí; es decir, cada objeto posee su propia fijeza distintiva. Uno puede dividir un trozo de pastel y colocar las porciones en dos habitaciones diferentes sin que dichas porciones tengan relación entre sí; en cambio, los pensamientos de hoy y los de mañana están interrelacionados y son conscientes unos de otros. La conciencia objetivada de la materia no puede pensar en sí misma ni en su relación con otra materia. Se trata de una conciencia fija, sujeta al instinto. ¿Qué significa que se encuentra sujeta al instinto? Significa que es una vibración del pensamiento que genera una sola clase de conciencia.

Si coloco ante mí un vaso de vidrio, cada vez que lo mire me transmitirá únicamente la conciencia fija de un vaso de vidrio. Aunque los objetos materiales fueron creados para producir una conciencia fija en nuestro interior, aun así, la conciencia humana puede modificarlos hasta cierto punto. Una piedra natural, que produce la conciencia fija de una piedra, puede modificarse si, por ejemplo, le damos la forma de una taza. Pero la conciencia humana tiene sus limitaciones; eso quiere decir que la piedra de la cual está hecha la taza siempre permanecerá siendo piedra.

Se puede inducir a una persona que se halle bajo los efectos de la hipnosis a «zambullirse» en el suelo y moverse como si estuviese nadando, si el hipnotizador le ha sugerido que hay un estanque frente a ella. De igual modo, un proceso de hipnosis cósmica sugiere en el hombre la noción ordinaria de la materia, lo cual le hace percibir el agua como líquida, los sólidos como impenetrables, el aire como una corriente invisible y el fuego como luz y calor.

Es el engaño cósmico el que produce el concepto de que las sustancias y los objetos son fijos, finitos y diferenciados, y que están dotados de propiedades definidas que no pueden modificarse. La fuerza

creativa universal —*maya*— origina limitaciones ficticias en aquello
que es Ilimitado; hace que la Sustancia Infinita, no vibratoria, adopte
la apariencia de objetos limitados por medio de la vibración, el movimiento y el proceso de cambio. En definitiva, nada de lo que existe en
el universo es finito, a excepción de las diversas fases de cambio que
atraviesa aquello que es material.

Las olas son finitas porque surgen temporalmente del océano y
luego se desvanecen, también por cierto tiempo, hasta volver a aparecer
una vez más. Cuando las olas se forman y se disuelven en el seno del
océano, ¿podría acaso decirse que el agua que constituía las olas ha
dejado de existir? No; simplemente volvió a la fuente. Sólo ha desaparecido la configuración singular de ola que el agua había adoptado.

Cuando el agua se evapora, el vapor que se recoge puede conden-
sarse y crear agua de nuevo. Si bien la apariencia y las características
del agua se modifican cuando ésta se somete a diversos procesos físicos, su composición elemental permanece inalterable.

Lo mismo sucede con la materia: las partículas en movimiento y
las energías en proceso de metamorfosis se unen y se separan en una
incesante danza vibratoria de transformación, mediante la cual adoptan, por cierto tiempo, la forma de sustancias y objetos que poseen la
apariencia de ser finitos, de hallarse separados los unos de los otros
y de tener un comienzo y un final. No obstante, en su esencia subyacente, toda la materia es ilimitada e inmutable: sus cambiantes fases
son transitorias, pero el Poder cuya vibración produce el cambio es
permanente. Bajo el influjo de *maya* (el Satanás metafísico), el proceso
humano de pensamiento puede percibir únicamente los fenómenos
cambiantes y no el divino Noúmeno subyacente[7].

---

[7] Los visionarios de la ciencia moderna han adoptado en la actualidad criterios similares. La reconocida labor del extinto Dr. David Bohm, profesor de física de la Universidad de Londres, aportó «una manera totalmente nueva de comprender la naturaleza
esencial del universo físico, tal como se vislumbra a través de la información y las leyes
de la física», señala el Dr. Will Keepin en su libro *Lifework of David Bohm: River
of Truth* (revista *ReVision*, verano de 1993). «Antes de Bohm, la ciencia en general
consideraba que el universo era una vasta multitud de partículas en interacción y separadas entre sí. Bohm ofrece un punto de vista totalmente nuevo acerca de la realidad.
[…] "un todo continuo en movimiento fluido". Lo notable de la hipótesis de Bohm es
que, además, es congruente con la sabiduría espiritual que nos llega de otras épocas».
    En la física cuántica, el concepto de que la materia está compuesta de partículas
concretas ha sido reemplazado por el descubrimiento de un «campo» de poderosas
fuerzas invisibles que lo penetra todo. Como expresa K. C. Cole en su libro *The
Hole in the Universe: How Scientists Peered Over the Edge of Emptiness and Found*

El pensamiento es conciencia humana en estado de vibración. La conciencia humana es una porción delimitada de la conciencia divina en estado de vibración. Cuando se produce el proceso del pensamiento, la conciencia del hombre vibra. Aquellos cuya conciencia vibra bajo el influjo de Maya —el Hipnotizador Cósmico— permanecen con la atención atrapada en la finitud. Es posible recuperar el dominio de la mente a través de la práctica de técnicas psicofísicas del yoga, al calmar las inquietas vibraciones del pensamiento procedentes de la conciencia humana y experimentar el éxtasis de la conciencia divina[8].

A través del desarrollo espiritual, el ser humano puede alcanzar un estado de elevación en que desaparece la conciencia de fijeza

Everything [El agujero del universo: cómo los científicos se asomaron al vacío y encontraron todo] (Harcourt, Nueva York, 2001), este descubrimiento demostró que «las partículas de materia eran por sí mismas irrelevantes; tan sólo eran los grifos por los cuales fluían las diversas fuerzas. Podría decirse que un objeto sólido es como una fuente compuesta por cascadas de agua que se intersectan, todas las cuales fluyen desde diminutos orificios semejantes a puntos. La "verdadera" esencia de la materia es el agua que fluye, es decir, las fuerzas».

«El concepto de campo —explica Cole— constituyó una enorme revolución en materia de pensamiento que continúa siendo totalmente desconocida para la mayoría de los profanos. [...] Sin embargo, Einstein afirmó que el "cambio en el concepto de realidad", desde las partículas y el espacio vacío hasta llegar a los campos, era "el cambio más profundo y fructífero que haya tenido la física desde Newton". [...] La materia, según este criterio, es simplemente un sitio donde se encuentra concentrada una parte del campo. La materia se condensa a partir del campo del mismo modo que las gotas de agua se condensan a partir del vapor que satura un cuarto de baño donde ha corrido el agua caliente. Las partículas de materia son concentraciones del campo que viajan a través de éste como las ondulaciones de una cuerda o una onda en el agua. La "sustancia" esencial —es decir, la cuerda o el agua— no viaja de un lugar a otro. Es sólo la ondulación la que se desplaza. [...]

»A través de este concepto de la materia se explica, entre otras cosas, por qué cada electrón del universo es idéntico a cualquier otro, y cada quark cima es idéntico a cualquier otro. Una partícula no existe realmente por sí misma; sólo se trata de una manifestación específica de un campo; y globalmente hablando, el campo es idéntico en todas partes».

El Profesor Dr. N. C. Panda resume los alcances de esta teoría en su libro *Maya in Physics* [Maya en la física] (Motilal Banarsidass, Delhi, 1991): «La ciencia ha descartado el concepto del pluralismo y ha aceptado que el campo o espacio es la única entidad continua que constituye el fundamento de la apariencia que nos hace percibir que el mundo es extremadamente diverso. Esta entidad básica es una sola y es continua; es la fuente de la manifestación heterogénea del universo. El uno da origen a lo múltiple; lo invisible da origen a la combinación extremadamente diversificada de lo visible con lo invisible; lo informe da origen a la pluralidad de formas. De este modo, se ha instaurado el monismo en la ciencia». *(Nota del editor).*

[8] *«Aquietaos y sabed que Yo soy Dios»* * (*Salmos* 46:11).

generada por el contacto con la materia. En tal estado, le es posible comprobar que los objetos finitos no son sino conciencia confinada, y percibe las diferenciaciones de la materia, antes rí-

El poder para efectuar transformaciones milagrosas en el mundo material

gidas, como relatividades del pensamiento —todas ellas interrelacionadas en el seno de la preeminente y unificadora Inteligencia Divina de la cual provienen—. Al alcanzar la unidad con esta Inteligencia Crística que todo lo gobierna, Jesús despertó del gran sueño de *maya;* había trascendido la conciencia de fijeza controlada por el Hipnotizador Cósmico. De ese modo, y a voluntad, le fue posible convertir en panes los pensamientos que se hallaban materializados en forma de piedras, y pudo también transformar en vino los pensamientos que habían adoptado el aspecto de agua.

Los seres humanos comunes deben emplear procesos materiales con el objeto de realizar cambios en el mundo físico, debido a que el hombre en general se halla limitado por la ley de la dualidad y por la diferencia relativa que existe entre las vibraciones de la materia, la energía y el pensamiento. Pero aquel que, mediante la suprema conciencia de la Unidad, conoce la verdadera naturaleza de la creación puede llevar a cabo cualquier metamorfosis, tal como un director de cine es capaz de producir milagros sobre la pantalla manipulando los rayos de luz que se proyectan sobre ella. Jesús se encontraba en la cabina de proyección de la Eternidad, desde la cual contemplaba la creación entera como una proyección de los pensamientos de Dios —como verdaderas partículas de pensamiento originadas en la conciencia del Supremo Creador, que se habían tornado visibles merced a la luz vibratoria de la energía vital—. Estando Jesús unido a la Mente Divina, para él no constituía dificultad alguna el ordenarle a una vibración, dotada del poder de dar forma, que se convirtiese en otra diferente.

Jesús echa del templo a los cambistas

Cuándo se justifica el uso de la fuerza
en respuesta a las malas acciones

❖

La mansedumbre no significa que debamos
convertirnos en felpudos

❖

Cómo echar del templo de la oración concentrada
a los pensamientos inquietos

❖

Jesús rehúsa realizar un milagro
cuyo propósito sería satisfacer a los escépticos

❖

Cómo leen los maestros el carácter
por medio de la facultad intuitiva del alma

«Los hijos del Señor que se han liberado actúan con resolución y eficacia en este mundo de relatividad, adoptando cualquier conducta que sea necesaria para cumplir con la Voluntad Divina, sin perder su sintonía interior con la inmutable calma, el amor y la bienaventuranza del Espíritu».

espués bajó a Cafarnaún con su madre, sus hermanos y sus discípulos, pero no se quedaron allí muchos días.

Se acercaba la Pascua de los judíos y Jesús subió a Jerusalén. Y encontró en el Templo a los vendedores de bueyes, ovejas y palomas, y a los cambistas en sus puestos. Entonces hizo un látigo con cuerdas, echó a todos fuera del Templo, con las ovejas y los bueyes, desparramó el dinero de los cambistas y les volcó las mesas; y dijo a los vendedores de palomas: «Quitad esto de aquí. No convirtáis la casa de mi Padre en un mercado». Sus discípulos se acordaron de que estaba escrito: 'El celo por tu casa me devorará'.

Los judíos entonces le dijeron: «¿Qué signo puedes darnos que justifique que puedes obrar así?». Jesús les respondió: «Destruid este santuario y en tres días lo levantaré». Los judíos le contestaron: «Cuarenta y seis años se ha tardado en construir este santuario, ¿y tú lo vas a levantar en tres días?». Pero él hablaba del santuario de su cuerpo. Cuando fue levantado de entre los muertos, se acordaron sus discípulos de esto que había dicho, y creyeron en la Escritura y en las palabras que había pronunciado Jesús.

Mientras estuvo en Jerusalén, por la fiesta de la Pascua, muchos creyeron en su nombre al ver los signos que realizaba. Pero Jesús no se confiaba a ellos, porque los conocía a todos; y no necesitaba que alguien le dijera cómo son las personas, pues él conocía lo que hay en el ser humano.

Juan 2:12-25

DISCURSO 12

Jesús echa del templo a los cambistas

«Después bajó a Cafarnaún con su madre, sus hermanos y sus discípulos, pero no se quedaron allí muchos días.

»Se acercaba la Pascua de los judíos y Jesús subió a Jerusalén. Y encontró en el Templo a los vendedores de bueyes, ovejas y palomas, y a los cambistas en sus puestos. Entonces hizo un látigo con cuerdas, echó a todos fuera del Templo, con las ovejas y los bueyes, desparramó el dinero de los cambistas y les volcó las mesas; y dijo a los vendedores de palomas: "Quitad esto de aquí. No convirtáis la casa de mi Padre en un mercado". Sus discípulos se acordaron de que estaba escrito: 'El celo por tu casa me devorará'» (Juan 2:12-17).

Referencia paralela:

«Entró Jesús en el Templo y echó fuera a todos los que vendían y compraban en él; volcó las mesas de los cambistas y los puestos de los vendedores de palomas. Y les dijo: "Está escrito: 'Mi Casa será llamada Casa de oración'. ¡Pero vosotros estáis haciendo de ella una cueva de bandidos!"»[1] (Mateo 21:12-13).

---

[1] Compárese con las referencias paralelas que aparecen en *Marcos* 11:15-17 y *Lucas* 19:45-46. El Evangelio de San Juan sitúa este incidente en el comienzo del ministerio público de Jesús, mientras que los otros tres Evangelios relatan que ocurrió cerca del final de la vida de Jesús, durante su última visita a Jerusalén. (Véase el discurso 64,

Mansedumbre no es sinónimo de debilidad. Quien es un verdadero ejemplo de paz se halla centrado en su Ser divino. Todas sus acciones se encuentran impregnadas del incomparable poder vibratorio del alma —ya sea que se expresen bajo la forma de una serena orden o de un enérgico acto de la voluntad—.

Cuándo se justifica el uso de la fuerza en respuesta a las malas acciones

Es posible que las mentes que carecen de entendimiento critiquen el hecho de que Jesús hubiese enfrentado a los mercenarios del templo con un látigo, y lo consideren un acto que contradice una de sus enseñanzas: «*Pues yo os digo que no resistáis al mal; antes bien, al que te abofetee en la mejilla derecha ofrécele también la otra*»[2]. El uso violento del látigo para expulsar de la casa de adoración a los mercaderes y cambistas no parece concordar con la difundida imagen de mansedumbre de Jesús, que enseñaba la tolerancia y el amor. Sin embargo, a veces, las acciones de las personalidades divinas son desconcertantes con toda intención, pues tienen la finalidad de sacudir las mentes complacientes y sacarlas de su infundada aceptación de ciertas situaciones habituales. Tener un concepto preciso de lo que es espiritualmente apropiado en el mundo de la relatividad requiere una rápida inteligencia y firme sabiduría. Aquellos que citan de manera dogmática las escrituras y cuya dependencia literal de inflexibles preceptos rinde homenaje más a la letra que a la esencia de la espiritualidad en acción no siempre pueden discernir cuál es el comportamiento correcto[3].

Jesús no respondió a una situación insostenible movido por una compulsión emocional hacia la ira, sino impulsado por una indignación justa y divina que expresaba su reverencia a la inmanencia de Dios en el lugar sagrado de adoración. Interiormente, Jesús no sucumbió a la ira. Los grandes hijos de Dios poseen los atributos y las cualidades del Espíritu, que es eternamente sereno. Han dominado,

---

en el volumen III). Aun cuando no es posible ofrecer una explicación definitiva al respecto, algunos estudiosos consideran que se trata de dos episodios diferentes y que medió entre ellos un intervalo de tres años. *(Nota del editor).*

[2] *Mateo 5:39.* (Véase el discurso 27).

[3] «Muchos discípulos poseen una imagen preconcebida de un gurú, a través de la cual juzgan las palabras y acciones de él. Semejantes personas se quejaban con frecuencia de no entender a [mi gurú] Sri Yukteswar. "Tampoco ustedes comprenden a Dios —repliqué en cierta ocasión—. Si un santo les resultase explicable, ¡ustedes también serían santos!"» *(Autobiografía de un yogui).*

mediante su unidad con Dios y el perfeccionamiento de su autocontrol, cada matiz de la disciplina espiritual. Tales maestros participan de todas las actividades de los hombres mostrando total empatía por ellos y, no obstante, conservan la trascendental libertad de sus almas respecto de los engaños de la ira, la codicia o cualquier otra forma de esclavitud a los sentidos. El Espíritu se manifiesta en la creación a través de una multiplicidad de fuerzas que enaltecen, activan y oscurecen y, sin embargo, permanece al mismo tiempo en la Bienaventuranza Increada, más allá de las incontables vibraciones del cosmos. De modo similar, los hijos del Señor que se han liberado actúan con resolución y eficacia en este mundo de relatividad, adoptando cualquier conducta que sea necesaria para cumplir con la Voluntad Divina, sin perder su sintonía interior con la inmutable calma, el amor y la bienaventuranza del Espíritu.

La mansedumbre de las personalidades divinas es una fuerza muy poderosa porque se basa en el poder infinito que se halla en el fondo de su amabilidad. Es posible que empleen ese poder actuando de manera enérgica con el fin de reprender a quienes insisten obstinadamente en no responder a una vibración más amable. Así como un padre amoroso recurre en ocasiones a la firme disciplina con el objeto de disuadir a su hijo de realizar acciones que pueden resultar perjudiciales, Jesús hizo una demostración de ira espiritual para impedir que esos hijos adultos de Dios cometiesen ignorantes actos de profanación cuyos efectos, con toda certeza, serían nocivos tanto para ellos mismos como para la santidad del templo de Dios.

Quienes siguen la guía de Dios pueden recurrir a medios extraordinarios para corregir un error, pero jamás actúan impulsados por un injustificado sentimiento de ira. En el *Bhagavad Guita* —la reverenciada Biblia de los hindúes— se enseña que la ira es un mal que envuelve a la persona en el engaño, lo cual ensombrece su discernimiento y destruye, de ese modo, su capacidad de comportarse correctamente[4].

Si a Jesús le hubiese impulsado un verdadero arrebato de ira, podría haber empleado sus poderes divinos para destruir por completo a los profanadores. Con el pequeño manojo de cuerdas que empuñaba no pudo haber herido gravemente a nadie. En realidad, no fue

---

[4] «La ira engendra ilusión (engaño); la ilusión engendra pérdida de la memoria (del Ser). La pérdida de la memoria correcta deteriora la facultad de discernimiento. El deterioro del discernimiento ocasiona la aniquilación (de la vida espiritual)» *(God Talks With Arjuna: The Bhagavad Gita* II:63. Véase *El Yoga del Bhagavad Guita).*

el látigo, sino la vibración de la inmensa fuerza espiritual expresada a través de su personalidad la que expulsó a los mercaderes y cambistas. El espíritu de Dios estaba con él, y ese poder irresistible provocó la huida de una multitud de hombres robustos ante la intensa vibración persuasiva de un solo hombre que era el perfecto ejemplo de la mansedumbre.

La espiritualidad aborrece la debilidad de carácter. Se debe tener siempre la valentía y la firmeza moral de mostrar fortaleza cuando la situación lo requiere. Este precepto se ejemplifica muy bien en un antiguo relato hindú.

Érase una vez una perversa cobra que vivía en una colina rocosa en las afueras de una aldea. Esta serpiente odiaba que se hiciese ruido cerca de su morada y no dudaba en atacar a todo niño del pueblo que al jugar en las inmediaciones la perturbara. Se produjeron numerosas muertes, y los lugareños intentaron por todos los medios matar al venenoso reptil, pero sin éxito. Finalmente, un grupo de aldeanos fue a ver a un santo ermitaño que vivía en las cercanías y le pidió que empleara sus poderes espirituales a fin de detener las mortíferas andanzas de la serpiente.

La mansedumbre no significa que debamos convertirnos en felpudos

Conmovido por las sinceras súplicas de los aldeanos, el ermitaño se dirigió a la madriguera de la cobra y empleando la vibración magnética de su amor llamó a la criatura. El maestro le dijo a la serpiente que era erróneo matar a niños inocentes; le ordenó no volver a morder jamás y que procurara, en cambio, amar a sus enemigos. Bajo la inspiradora influencia del santo, el reptil humildemente prometió reformarse y practicar la no violencia.

Poco después, el ermitaño dejó la aldea para realizar un peregrinaje que duró un año. A su regreso, cuando pasaba por la colina, pensó: «Veamos cómo se está comportando mi amiga la serpiente». Al aproximarse al agujero en el que ésta habitaba, se sobrecogió al ver que el desventurado reptil yacía fuera, medio muerto y con varias heridas infectadas en el lomo.

El ermitaño le dijo: «Hola, señora serpiente. ¿Qué ha ocurrido?». La serpiente susurró con tristeza: «Maestro, ¡éste es el resultado de practicar sus enseñanzas! Al principio, cuando salía de mi agujero en busca de comida —ocupada en mis propios asuntos—, los niños huían al verme. Pero poco tiempo después advirtieron mi docilidad y comenzaron a arrojarme piedras. Cuando se dieron cuenta de que prefería huir antes que atacarlos, se divertían arrojándome piedras, con la intención de matarme, cada vez que salía en busca de sustento para aplacar el hambre. Maestro, muchas veces me escabullí, pero en muchas otras ocasiones me hirieron gravemente y ahora me encuentro aquí con estas terribles heridas en el lomo por haber tratado de amar a mis enemigos».

El santo acarició con dulzura a la cobra y sanó sus heridas de manera instantánea. Luego la corrigió amorosamente, diciendo: «Pequeña tonta, te dije que no mordieras, pero ¿por qué no silbaste?».

Si bien debe cultivarse la cualidad de la mansedumbre, eso no significa que hayamos de abandonar el sentido común ni convertirnos en un felpudo y permitir que los demás nos pisoteen con su proceder equivocado. Cuando nos provoquen o ataquen injustamente, es preciso mostrar una fortaleza no ofensiva en apoyo de nuestras justas convicciones. Sin embargo, quienes tengan tendencia a encolerizarse y a perder el autocontrol, dejándose llevar por comportamientos violentos, no deben intentar siquiera hacer alarde de una ira simulada.

Jesús «silbó» a los mercaderes y cambistas porque no estaba dispuesto a permitir que la casa de Dios fuese degradada por las vibraciones mundanas del comercio y del lucro personal. Sus palabras y acciones les transmitían este mensaje: «Llevaos este indecoroso mercantilismo del templo de Dios, porque las vibraciones materialistas eclipsan en gran medida la sutil presencia del Señor. En el templo de Dios, el único pensamiento que debe prevalecer es el de la posesión del tesoro imperecedero del Infinito, y no el de la obtención de ganancias materiales».

La sutil ley del magnetismo establece que cada objeto, persona o acción irradia una vibración característica que engendra pensamientos específicos en la conciencia de aquel que entra en su esfera de influencia. La vibración de una vela o de una lámpara de aceite en el templo induce a pensar en una paz imperturbable o en la iluminación que proviene de la sabiduría —puesto que la luz es la primera manifestación del Espíritu—, en tanto que cualquier forma de comerciar con bienes mundanos despierta la inquietud y los deseos sensoriales. Puede que no haya vibración negativa alguna ligada a la venta discreta de libros sobre las escrituras u otros textos que despierten el recuerdo de Dios, cuando se ofrecen en el templo como un servicio a los devotos y siempre que lo recaudado se utilice para el mantenimiento de la casa de adoración y sus buenas obras espirituales. Sin embargo, la venta de otras mercancías en la casa de Dios, así como también la venta de bienes con fines de lucro personal, genera vibraciones opuestas al propósito y a la atmósfera espiritual del lugar sagrado.

«El celo por tu casa me devorará». Los discípulos corroboraron las palabras de Jesús con esta frase proveniente de las escrituras. El fervor por adorar a Dios que inspira un santuario dedicado al Ser Supremo debe ser absorbente, y hay que evitar que sea perturbado por la codicia o las vibraciones materiales que devorarían la vibración espiritual de la presencia de Dios[5].

La advertencia subjetiva que se desprende de este acto que llevó a cabo Jesús en el templo es que quien adora sinceramente a Dios debe observar con toda reverencia la ley de la ferviente concentración. Si dedicamos a la oración una atención superficial mientras en el trasfondo de la mente albergamos pensamientos relativos a nuestros quehaceres —tales como obtener y poseer, planear y ejecutar—, estamos tomando el nombre de Dios en vano. El poder de concentración, por medio del cual logramos que algo se manifieste, se alcanza al centrar la mente en un solo objeto a la vez. El acto de «comprar y vender» —la interminable actividad «mercantil» de la vida material— debe llevarse a cabo en el mercado de nuestras diarias obligaciones, pero representa una distracción si invade el templo de la oración. Del mismo modo, colocar un altar y predicar dentro de un negocio constituiría una imposición inoportuna con respecto a las actividades propias del comercio. Orar con desgana, divagando y sin concentración no atrae ni la respuesta de Dios ni el poder de concentración necesario para alcanzar el éxito material.

Cómo echar del templo de la oración concentrada a los pensamientos inquietos

Aun cuando Dios trata de responder a las oraciones sinceras de sus hijos, su voz, que resuena en la paz y que se percibe a través de la intuición, queda completamente distorsionada por la inquietud que provocan las «negociaciones» de los sentidos con el mundo exterior y por los subsiguientes pensamientos afines que surgen y exigen la atención del devoto.

El Señor se retira humildemente y se mantiene en un silencio distante cuando el templo de la concentración de su devoto se convierte en un ruidoso mercado profanado por los mercenarios de la conciencia

---

[5] Los discípulos estaban citando *Salmos* 69:10.

material. La intuición del alma —el preceptor y guía crístico interior de los pensamientos y sentimientos sublimes del ser humano— debe acudir entonces para expulsar a los intrusos, esgrimiendo con enérgico poder de voluntad el látigo de la disciplina espiritual y del autocontrol. La práctica regular de las técnicas científicas de meditación permite que la atención se centre totalmente en el interior y que se bendiga el templo de la comunión interna con una serena cesación del comercio sensorial. La conciencia del devoto se establece entonces en el santuario del silencio, el único altar donde es posible llevar a cabo la verdadera adoración de Dios[6].

~

«Los judíos entonces le dijeron: "¿Qué signo puedes darnos que justifique que puedes obrar así?". Jesús les respondió: "Destruid este santuario y en tres días lo levantaré". Los judíos le contestaron: "Cuarenta y seis años se ha tardado en construir este santuario, ¿y tú lo vas a levantar en tres días?". Pero él hablaba del santuario de su cuerpo. Cuando fue levantado de entre los muertos, se acordaron sus discípulos de esto que había dicho, y creyeron en la Escritura y en las palabras que había pronunciado Jesús» (*Juan* 2:18-22).

L os curiosos que se encontraban en el templo condenaron el ataque a los mercaderes y cambistas y se mostraron renuentes a cederle a Jesús el derecho a interferir en sus costumbres. Si él era, en verdad, un profeta investido con autoridad para intervenir en sus asuntos humanos, tendría que demostrarlo mediante algún signo milagroso por parte de Dios.

De un modo particularmente hermoso, Jesús aceptó el desafío que le fue planteado. No respondió con un milagro; no sentía la obligación de convencer a los escépticos acerca de su divina misión. Sólo

---

6 La meditación —la concentración en Dios— es el portal que los buscadores de todas las religiones deberán atravesar a fin de establecer contacto con Dios. El modo de retirar la conciencia del mundo y de los sentidos con el objeto de comulgar con Dios lo enseñó Cristo mediante estas palabras: «*Tú, en cambio, cuando vayas a orar, entra en tu aposento* (recoge la mente en el interior) *y, después de cerrar la puerta* (la puerta del cuerpo y de los sentidos), *ora a tu Padre, que está allí, en lo secreto* (dentro de ti)» (*Mateo* 6:6; véase el discurso 28).

les comunicó lo que ocurriría como resultado de las acciones que él realizaba en cumplimiento de la obra y de la voluntad de Dios. Sabía

Jesús rehúsa realizar un milagro cuyo propósito sería satisfacer a los escépticos

que la mayor prueba de su divinidad sería su futura crucifixión, un suceso precipitado por la ley de causa y efecto, como resultado del cual Dios realizaría el mayor de los milagros: la resurrección y ascensión del cuerpo de Jesús después de ser crucificado. El Padre le había permitido revelar este hecho futuro a las multitudes.

El significado oculto de la frase pronunciada por Jesús en el sentido de que levantaría el santuario en tres días fue interpretado, como cabía esperar, de manera errónea. ¿Cómo podría Jesús reconstruir en tres días el templo de Jerusalén, en caso de que fuera destruido, si se habían requerido cuarenta y seis años para construirlo? Sus palabras, sin embargo, se grabaron en la memoria de sus discípulos, que más tarde comprenderían que él se había referido a la resurrección del santuario de su cuerpo después de la muerte, como se afirmaba en las Escrituras[7]. El hecho de reconstruir una forma viviente con los átomos del cuerpo, una vez que la muerte se ha cobrado su inexorable tributo, supera considerablemente en prodigiosidad toda reconstrucción de un edificio en ruinas, por instantáneo que sea el logro de semejante proeza.

No se puede obligar a los grandes maestros a hacer un despliegue de actos milagrosos sólo para producir una impresión, aun cuando en apariencia parezca oportuno y no se consideren las consecuencias de ese acto. Entre los relatos acerca de la vida de Tegh Bahadur —un gran maestro de la India medieval que fue asimismo el reverenciado noveno gurú en la línea sucesoria de los sijs— figura una sorprendente narración.

El santo era famoso por las numerosas curaciones milagrosas que había realizado. Noticias de estos portentos llegaron a oídos del emperador, un soberano despótico que no toleraba oposición alguna. El emperador ordenó que Tegh Bahadur fuese llevado a la corte por la fuerza, con el propósito de convertirle al islamismo; si no acataba esa orden, debía entonces mostrar sus poderes milagrosos. Aun bajo amenazas de muerte, Tegh Bahadur permaneció incólume.

Finalmente, después de verse obligado a presenciar la cruel tortura y muerte de varios de sus discípulos, el gurú envió un mensaje

---

[7] Por ejemplo, en *Oseas* 6:1-2.

al emperador en el que decía que accedería a cumplir con el mandato real de llevar a cabo un milagro. Con un trozo de cuerda se ató un pedazo de papel alrededor del cuello, tras lo cual declaró que este «hechizo» le protegería y desviaría milagrosamente la espada del verdugo. El verdugo del emperador fue entonces invitado a corroborar esta aseveración en ese mismo momento. Ante la horrorizada mirada de quienes se encontraban observando, la cabeza cercenada del santo rodó al suelo, en tanto que el papel «hechizado» se desprendía y caía sobre el suelo de mármol. Tras recogerlo, fue leído en voz alta y, entonces, se reveló el verdadero «milagro» de Tegh Bahadur. En el trozo de papel se hallaban escritas estas palabras: «*Sir diya, sar na diya*» —«Entrego mi cabeza, mas no el secreto de mi religión»[8].

Los santos no sienten la necesidad de dar satisfacción a los desafíos de los incrédulos. Los devotos que humildemente buscan que el gurú les revele su unidad con Dios presencian portentos aún mayores que el despliegue de poderes fenoménicos —tal como ocurrió con los discípulos de Jesús, y como yo mismo tuve oportunidad de comprobar en el caso de mi maestro.

～

«Mientras estuvo en Jerusalén, por la fiesta de la Pascua, muchos creyeron en su nombre al ver los signos que realizaba. Pero Jesús no se confiaba a ellos, porque los conocía a todos; y no necesitaba que alguien le dijera cómo son las personas, pues él conocía lo que hay en el ser humano» (Juan 2:23-25).

---

8 «Tegh Bahadur (nació en ¿1621? en Amritsar [India] y falleció el 11 de noviembre de 1675 en Delhi), noveno gurú sij, [...] se ganó la enemistad de las autoridades mogoles por ayudar y dar asilo a unos santos hindúes provenientes de Cachemira que habían recibido la orden del emperador Aurangzeb de convertirse al islamismo. Los hindúes le comunicaron al emperador que aceptarían la conversión si el gurú se volvía musulmán. Tegh Bahadur fue arrestado y confinado en la fortaleza de Delhi. Sus rivales en la corte, queriendo perjudicarle aún más, le acusaron de abrigar deseos mundanos porque miraba constantemente hacia el harén del emperador, situado al oeste de la prisión. Se dice que, cuando le fueron presentados estos cargos, el gurú respondió: "Emperador, yo no miraba hacia los aposentos de tu reina, sino en dirección de los europeos que vienen de allende los mares occidentales a destruir tu imperio". Esta respuesta colmó la paciencia de Aurangzeb, que ordenó al gurú que abrazara el islamismo o realizara un milagro. Tegh Bahadur se negó a obedecer ambas órdenes y, después de recitar el Japji (la más importante de las escrituras sij), el verdugo lo decapitó» (*Enciclopedia Británica*).

J esús no se dejaba impresionar por la creciente aclamación popular de que era objeto como resultado de sus milagros. Sabía que en la voluble emocionalidad de las masas no había una respuesta lo suficientemente perdurable que pudiera ser baluarte de sus enseñanzas o agregar siquiera un ápice a sus divinos méritos. Por consiguiente, no consideraba como criterio de su éxito lo que la gente opinara de él. La prédica de su evangelio recibía como único impulso la infinita fuerza de Dios.

La fama es, en el mejor de los casos, un aliado en tiempos de prosperidad cuya lealtad declina fácilmente ante un cambio desfavorable en los vientos de la opinión pública. Nuestras mejores intenciones, si carecen de la estabilidad que proporciona la sabiduría, se encuentran deplorablemente sujetas a las cambiantes distorsiones del juicio errado.

Un maestro conoce perfectamente, sin prejuicio alguno, la naturaleza de los seres humanos. Con sólo mirar a una persona, puede determinar en forma instantánea los rasgos sobresalientes de su conciencia. Para conocer el carácter y los pensamientos más íntimos de una persona, Jesús no se basaba en la reputación que ella tuviese en su comunidad ni en la imagen que presentara por su apariencia o conducta; «*conocía lo que hay en el ser humano*» mediante la sabia facultad intuitiva del alma.

Cómo leen los maestros el carácter por medio de la facultad intuitiva del alma

Existen distintos medios para precisar el carácter de una persona. Las diferentes escuelas de psicología son capaces de identificar los tipos específicos de personalidad y sus rasgos predominantes. En diversas épocas se han propuesto otros métodos para evaluar el carácter, tales como la frenología (el estudio de la configuración cefálica), la fisonomía (la deducción de la naturaleza de una persona mediante el análisis de sus rasgos faciales y corporales) y la patonomía (el estudio de los sentimientos y emociones del hombre a través de las señales externas de sus expresiones faciales y movimientos corporales, así como el estudio de las reacciones emocionales a los diferentes sucesos de su vida). Sin embargo, al emplear estos métodos se está expuesto a llegar a conclusiones erróneas. La fealdad de Sócrates hizo que algunos pensaran que él era una mala persona, cuando en realidad era un alma avanzada. Y a la inversa, en ocasiones una mujer o un hombre de atractiva belleza y conversación agradable resultan en el fondo individuos traicioneros. El verdadero indicador de la naturaleza de una persona no es la apariencia, ni la conducta externa, ni el renombre, sino lo que ella es en su interior.

Un maestro no responde a las palabras de las personas, sino a los pensamientos que éstas abrigan; tampoco a inferencias psicológicas, sino a la percepción verdadera que experimenta del ser interno de ellas. El análisis intelectual o las deducciones del raciocinio dependen de la información que suministran los falibles instrumentos sensoriales. La intuición, en cambio, es el conocimiento directo de la verdad, y no depende de la información sensorial —la cual es poco fidedigna— ni del análisis intelectual efectuado por la mente inferior. La percepción intuitiva es más profunda que la telepatía: incluso si uno logra captar telepáticamente los pensamientos y sentimientos de los demás, existe la posibilidad de juzgarlos de manera equivocada. Un maestro, sin embargo, conoce a los seres humanos gracias a que puede percibir sus conciencias y hacerse uno con sus vidas.

Jesús no se abandonó a los brazos de la muchedumbre de Jerusalén, recientemente convertida, pues percibió la limitada capacidad espiritual que ésta poseía; tampoco desplegó ante sus mentes carentes de entendimiento la total magnitud de su conocimiento de Dios[9]. Aun cuando su amor y sus bendiciones incondicionales abrazaban a todos por igual, al mismo tiempo buscaba entre la multitud a los buscadores genuinamente sinceros —tales como Nicodemo, a quien se hace referencia en los versículos siguientes.

---

[9] *«Se reunió tanta gente junto a él [...]. Y les habló muchas cosas en parábolas. [...] Sus discípulos se acercaron y le preguntaron: "¿Por qué les hablas en parábolas?". Él les respondió: "Es que a vosotros se os ha concedido conocer los misterios del Reino de los Cielos, pero a ellos no"»* (*Mateo* 13:2-3, 10-11; véase el discurso 37, en el volumen II).

El segundo nacimiento del hombre: el nacimiento en el Espíritu

Diálogo con Nicodemo, parte I

La verdadera religión se basa en la percepción intuitiva
de la Realidad Trascendental

❖

Las enseñanzas esotéricas de Jesús
revelan la universalidad de la religión

❖

«Ver el reino de Dios»

❖

Materia y conciencia: la perpetua dualidad de la creación manifestada

❖

«El viento sopla donde quiere [...]»

❖

El nacimiento espiritual (nacer de nuevo en el Espíritu)
es un don que sólo un verdadero gurú puede conceder

---

*«"Nacer de nuevo" significa mucho más que el simple hecho de
convertirse en miembro de una iglesia y recibir el bautismo en una
ceremonia. [...] Los 21 versículos en los que se describe la visita de
Nicodemo presentan, en forma de condensados epigramas —tan característicos de la escritura oriental—, un completo resumen de las
enseñanzas esotéricas de Jesús sobre la manera práctica de obtener el
infinito reino de la bienaventurada conciencia divina».*

*H*abía entre los fariseos un hombre llamado Nicodemo, magistrado judío. Fue éste donde Jesús de noche y le dijo: «Rabbí, sabemos que has venido de Dios como maestro, porque nadie puede realizar los signos que tú realizas, si Dios no está con él». Jesús le respondió:

«En verdad, en verdad te digo que el que no nazca de nuevo no puede ver el Reino de Dios».

Nicodemo le preguntó: «¿Cómo puede uno nacer siendo ya viejo? ¿Puede acaso entrar otra vez en el seno de su madre y nacer?». Respondió Jesús:

«En verdad, en verdad te digo que el que no nazca de agua y de Espíritu no puede entrar en el Reino de Dios. Lo nacido de la carne es carne; lo nacido del Espíritu es espíritu. No te asombres de que te haya dicho que tenéis que nacer de nuevo. El viento sopla donde quiere, y oyes su rumor, pero no sabes de dónde viene ni adónde va. Así es todo el que nace del Espíritu».

Juan 3:1-8

El segundo nacimiento del hombre: el nacimiento en el Espíritu

Diálogo con Nicodemo, parte I

«Había entre los fariseos un hombre llamado Nicodemo, magistrado judío. Fue éste donde Jesús de noche y le dijo: "Rabbí, sabemos que has venido de Dios como maestro, porque nadie puede realizar los signos que tú realizas, si Dios no está con él". Jesús le respondió:
» "En verdad, en verdad te digo que el que no nazca de nuevo no puede ver el Reino de Dios"» (Juan 3:1-3).

Nicodemo visitó a Jesús en secreto, durante la noche, porque temía las críticas de la sociedad. Acercarse al controvertido maestro y expresar su fe en la divina estatura de Jesús constituyó un acto de valor por parte de quien ocupaba una posición tan encumbrada. Reverentemente, afirmó su convicción de que sólo un maestro que experimentase la verdadera comunión con Dios podía tener dominio de las leyes superiores que gobiernan la vida interior de todos los seres y de todas las cosas. En respuesta, Cristo dirigió la atención de Nicodemo directamente hacia la celestial Fuente de todos los fenómenos de la creación —tanto mundanos como «milagrosos»— y señaló de manera sucinta que cualquier persona puede establecer contacto con esa Fuente y conocer las maravillas que proceden de ella —como Jesús mismo lo hacía— si experimenta el «segundo nacimiento»: el nacimiento espiritual del despertar intuitivo del alma.

Las multitudes, que tan sólo albergaban una curiosidad superficial y se sentían atraídas por el despliegue de poderes fenoménicos, recibían una porción ínfima del tesoro de sabiduría de Jesús; en cambio, la manifiesta sinceridad de Nicodemo le permitió obtener del maestro una guía precisa que hacía énfasis en el Poder y el Objetivo Supremos en los cuales debe concentrarse el hombre[1]. Los milagros de la sabiduría que iluminan la mente son superiores a los de la curación física y a los del dominio sobre la naturaleza; pero aún mayor es el milagro que consiste en la curación de la causa original de toda forma de sufrimiento: la engañosa ignorancia que eclipsa la unidad del alma humana con Dios. Ese olvido primordial puede desterrarse sólo mediante la realización del Ser, a través del poder intuitivo con que el alma percibe de manera directa su propia naturaleza como Espíritu individualizado y siente al Espíritu como la esencia de todas las cosas.

Todas las religiones del mundo auténticamente reveladas se basan en el conocimiento intuitivo. Cada una de ellas tiene una particularidad exotérica o externa y una esencia esotérica o interna. El aspecto exotérico es su imagen pública, constituida por preceptos morales y un conjunto de doctrinas, dogmas, razonamientos, normas y costumbres que tienen como propósito servir de guía al común de los seguidores. El aspecto esotérico consiste en ciertos métodos que se concentran en la comunión real del alma con Dios. El aspecto exotérico es para las multitudes; el esotérico, para aquellos pocos que cuentan con verdadero fervor. Es el aspecto esotérico de la religión el que conduce a la intuición, al conocimiento directo de la Realidad.

La verdadera religión se basa en la percepción intuitiva de la Realidad Trascendental

El sublime *Sanatana Dharma* de la filosofía védica de la antigua India —resumido en los Upanishads y en los seis sistemas clásicos de conocimiento metafísico, e incomparablemente sintetizado en el

---

[1] En los pergaminos budistas descubiertos en un monasterio tibetano y publicados por Nicolás Notovitch (véase el discurso 5), se citan estas palabras de Jesús:

«No deposites tu fe en los milagros realizados por la mano del hombre porque sólo Aquel que gobierna la naturaleza es capaz de realizar cosas sobrenaturales, en tanto que el hombre es impotente para detener la ira de los vientos o hacer caer la lluvia.

»Sin embargo, hay un milagro que le está dado al hombre realizar. Consiste en que, cuando su corazón se halla colmado de fe sincera, toma la decisión de erradicar de su mente todas las influencias y deseos dañinos, y asimismo, con el objeto de alcanzar este fin, deja de caminar por el sendero de la iniquidad».

Bhagavad Guita— está basado en la percepción intuitiva de la Realidad Trascendental. El budismo, con sus diversos métodos de lograr el control de la mente y profundizar en la meditación, aboga por el conocimiento intuitivo para alcanzar la trascendencia del nirvana. El sufismo del islam tiene su fundamento en la intuitiva experiencia mística del alma[2]. Dentro de la religión judía, hay enseñanzas esotéricas basadas en la experiencia interior de la Divinidad, de lo cual existe copiosa evidencia en el legado de los profetas bíblicos iluminados por Dios. Las enseñanzas de Cristo expresan plenamente esa realización. El libro del Apocalipsis, escrito por el apóstol Juan, constituye una notable revelación de las más profundas verdades que, revestidas de metáforas, se presentan ante la percepción intuitiva del alma.

Las tradiciones selectas de la filosofía y la metafísica occidental elogian el poder que tiene el alma de obtener el conocimiento a través de la intuición. El místico, filósofo y matemático griego Pitágoras (nacido en torno al año 580 a. C.) enfatizaba la experiencia interna del conocimiento intuitivo. Platón (nacido aproximadamente en el año 428 a. C.), cuyas obras han llegado a nosotros como fundamento primario de la civilización occidental, también enseñó la necesidad de emplear el conocimiento suprasensorial para percibir las verdades eternas. El sabio neoplatónico Plotino (204-270 d. C.) practicó el ideal del conocimiento intuitivo de la Realidad propuesto por Platón: «En muchas ocasiones, he despertado en mí un estado en el que me encuentro fuera del cuerpo; me he desprendido de todo lo demás y he entrado en mí mismo —escribió—, y he visto una belleza de excelsitud incomparable; sentía la convicción de que, sobre todo entonces, pertenecía yo a la realidad superior, disfrutaba de la más noble de las vidas y me encontraba identificado con el Ser Divino»[3]. Murió exhortando a sus discípulos a «esforzarse por hacer regresar el dios que había en ellos al Dios que mora en Todo»[4].

Los gnósticos (primeros tres siglos d. C.); los primeros Padres de la Iglesia, tales como Orígenes y Agustín de Hipona; las grandes luminarias cristianas como Juan Escoto Erígena (810-877) y San Anselmo

---

[2] Véase el libro *Wine of the Mystic: The Rubaiyat of Omar Khayyam—A Spiritual Interpretation*, cuyo autor es Paramahansa Yogananda (publicado por *Self-Realization Fellowship*).

[3] *Enéadas*, IV. 8.

[4] Porfirio, *Vida de Plotino* 2.

(1033-1109); las órdenes monásticas fundadas por San Bernardo de Claraval (1091-1153) y Hugo, Ricardo y Walter de San Víctor (siglo XII): todos ellos practicaron la contemplación intuitiva de Dios.

Los iluminados místicos cristianos de la época medieval —Santo Tomás de Aquino (1224-1275), San Buenaventura (1217-1274), Jan van Ruysbroeck (1293-1381), el Maestro Eckhart (1260-1327), Enrique Suso (1295-1366), Juan Taulero (1300-1361), Gerhard Groote (1340-1384), Tomás de Kempis (1380-1471), autor de *La imitación de Cristo,* o Jacob Boehme (1575-1624)— buscaron y recibieron el conocimiento supremo a través de la luz de la intuición[5]. Los santos cristianos de diversas épocas —Juliana de Norwich, Hildegarda de Bingen, Catalina de Siena, Teresa de Ávila y muchos otros, tanto conocidos como desconocidos— fueron partícipes de la intuición del alma al alcanzar la realización divina y la unión mística con Dios.

Algunos poetas británicos como Wordsworth, Coleridge, Blake, Traherne y Pope se esforzaron por intuir el Espíritu omnipresente y escribir acerca de Él. Emerson (1803-1882) y otros trascendentalistas estadounidenses buscaron experimentar personalmente, a través de la intuición, la realidad espiritual inmanente. Los filósofos idealistas alemanes Hamann (1730-1788), Herder (1744-1803), Jacobi (1743-1819), Schiller (1759-1805) y Schopenhauer (1788-1860) hicieron énfasis en este concepto, y Bergson, el gran filósofo moderno francés, señala que la intuición es la única facultad capaz de conocer la naturaleza absoluta de las cosas[6].

El «segundo nacimiento», sobre cuya necesidad habla Jesús, nos permite entrar en los dominios de la percepción intuitiva de la verdad. Aun cuando al escribir el Nuevo Testamento no se utilizó la palabra «intuición», pueden hallarse en él abundantes referencias al conocimiento

---

[5] «Que nadie suponga —dice la *Teología Germánica*— que nos es dado alcanzar esta luz verdadera y perfecto conocimiento [...] de oídas, o leyendo y estudiando, ni aun con suma destreza y gran erudición». «No es suficiente —dice Gerlac Petersen— saber por mera estimación, sino que hemos de saber por experiencia». Y Matilde de Magdeburgo dice respecto a sus revelaciones: «La escritura de este libro fue vista, oída y experimentada en cada miembro [...]. Lo veo con los ojos de mi alma, y lo oigo con los oídos de mi espíritu eterno». —Citado en *La mística,* de Evelyn Underhill, Parte 1, Capítulo IV (Trotta, Madrid, 2006).

[6] En *The Presence of God: A History of Western Christian Mysticism* [La Presencia de Dios: historia del misticismo cristiano occidental], obra en tres tomos escrita por Bernard McGinn (Crossroad, Nueva York, 1991), se puede encontrar una visión general de los exponentes de la experiencia intuitiva en el cristianismo. *(Nota del editor).*

intuitivo. De hecho, los 21 versículos en los que se describe la visita de Nicodemo presentan, en forma de condensados epigramas —tan característicos de la escritura oriental—, un completo resumen de las enseñanzas esotéricas de Jesús sobre la manera práctica de obtener el infinito reino de la bienaventurada conciencia divina. Estos versículos han sido interpretados, por lo general, como una confirmación de doctrinas tales como la que afirma que el bautismo del cuerpo por el agua es un requi-

Las enseñanzas esotéricas de Jesús revelan la universalidad de la religión

sito esencial para entrar en el reino de Dios después de la muerte (*Juan* 3:5), que Jesús es el único «hijo de Dios» (*Juan* 3:16), que la mera «creencia» en Jesús es suficiente para la salvación y que todos aquellos que no creen ya están condenados (*Juan* 3:17-18). Semejante interpretación exotérica de las escrituras hace que la universalidad de la religión quede sepultada en el dogma. Sin embargo, la comprensión de la verdad esotérica revela un panorama de unidad.

La verdad es una sola: la exacta correspondencia con la Realidad. Las encarnaciones divinas no vienen con el propósito de ofrecer una religión nueva o exclusiva, sino para establecer de nuevo la Religión Única de la unión con Dios. Los grandes maestros, a semejanza de las olas, se bañan en el mismo Océano Eterno y se vuelven Uno con Él. Los mensajes de los profetas, aun cuando difieran en lo externo, son parte de la necesaria relatividad que da cabida a la diversidad de seres humanos. Es la estrechez mental la que ocasiona la intolerancia religiosa y el separatismo entre los diversos cultos, constriñendo la verdad a la adoración ritual y al dogma sectario; se comete así el error de tomar la forma por el espíritu. A causa de la ignorancia se diluye el mensaje esencial de establecer contacto verdadero entre el hombre y su Creador. La humanidad bebe de aguas contaminadas sin comprender en absoluto por qué no logra mitigar su sed espiritual. Únicamente las aguas puras pueden apagar esa sed insaciable.

Los prodigiosos adelantos tecnológicos que ha logrado la civilización como resultado de la desintegración del átomo y del dominio sobre las energías subatómicas permitirán finalmente que todos los pueblos alcancen una cercanía tal en los viajes y en las comunicaciones que la humanidad deberá reevaluar su actitud. Si persiste en mantener una postura de ignorante intolerancia, se originará el sufrimiento masivo; si se produce una apertura hacia el vínculo espiritual que comparten todas las almas, esta actitud será el preludio de una era de paz, amistad y bienestar generalizado. Éste es el toque del clarín con el cual se anuncia que ha llegado el momento de discernir entre la verdad y las convicciones espurias, entre el conocimiento y la ignorancia. Al comprender las enseñanzas de Jesús en armonía con las revelaciones de los Grandes Maestros de la India, revivirán los métodos prácticos para conocer intuitivamente la verdad a través de la realización del Ser. La percepción de la verdad y el conocimiento científico son la forma segura de combatir las tenebrosas dudas y las supersticiones que mantienen cercada a la humanidad. Sólo el poderoso torrente de luz de la verdad que proviene de la comunión real con Dios puede disipar la oscuridad acumulada durante eones.

~

«Jesús le respondió: "En verdad, en verdad te digo que el que no nazca de nuevo no puede ver el Reino de Dios".

»Nicodemo le preguntó: "¿Cómo puede uno nacer siendo ya viejo? ¿Puede acaso entrar otra vez en el seno de su madre y nacer?"» (Juan 3:3-4).

Las palabras elegidas por Jesús constituyen una indicación de que estaba familiarizado con la doctrina espiritual de la reencarnación, doctrina originaria de Oriente. Uno de los significados que pueden inferirse de este precepto es que el alma debe nacer repetidas veces en diversos cuerpos hasta despertar nuevamente a la realidad y conocer su innata perfección. Creer que con la muerte del cuerpo el alma accede de modo automático a una eterna existencia angélica en el cielo es una esperanza infundada. En tanto no alcances la perfección, eliminando del alma (la imagen individualizada de Dios) los escombros del karma (los resultados de tus propias acciones), no podrás entrar en el reino de Dios[7]. Una persona común, que sin cesar crea nuevas ataduras kármicas mediante sus acciones erróneas y deseos materialistas —que se suman a los efectos acumulados de numerosas encarnaciones anteriores—, no puede liberar su alma en el lapso de una sola vida. Para deshacer todos los impedimentos kármicos que

«Ver el reino de Dios»

---

[7] *«Vosotros, pues, sed perfectos como es perfecto vuestro Padre del cielo»* (Mateo 5:48; véase el discurso 27).

obstruyen la intuición del alma (el conocimiento puro sin el cual es imposible «*ver el Reino de Dios*»), son necesarias muchas vidas de evolución física, mental y espiritual.

El significado más importante de las palabras de Jesús a Nicodemo va más allá del hecho de que son una referencia implícita a la reencarnación. Esto resulta evidente en la petición de Nicodemo de recibir una explicación adicional acerca de cómo podía un *adulto* alcanzar el reino de Dios: ¿Acaso debe entrar de nuevo en el seno materno y volver a nacer?[8] En los versículos siguientes, Jesús expone en detalle el modo en que una persona puede «*nacer de nuevo*» en su actual encarnación: cómo el alma identificada con el cuerpo y las limitaciones de los sentidos es capaz de obtener, por medio de la meditación, un nuevo nacimiento en la Conciencia Cósmica.

---

[8] Como se mencionó en los versículos de la Biblia antes citados, Nicodemo era fariseo. El historiador judío Josefo, del siglo I, escribe lo siguiente acerca de las creencias de los fariseos: «Afirman que todas las almas son incorruptibles, pero que sólo las almas de los hombres buenos pasan a otros cuerpos, mientras que las almas de los malvados están sujetas al castigo eterno» (*Las guerras de los judíos*, II, 8, 14). Algunos estudiosos de la religión sostienen que ésta es una referencia a la reencarnación; otros, que se trata sólo de una afirmación de la doctrina de los fariseos sobre la resurrección final de los virtuosos. De una u otra manera, existe amplia evidencia de que numerosos judíos creían en la reencarnación.

La enciclopedia alemana *Meyers Konversationslexikon* señala: «En la época de Cristo, la mayoría de los judíos creía en la transmigración del alma. Los talmudistas creían que Dios había creado un número limitado de almas de judíos que regresarían en tanto existieran los judíos. [...] Sin embargo, el día de la resurrección todas serían purificadas y se elevarían en los cuerpos de los virtuosos en la Tierra Prometida».

«El hecho de que la reencarnación forme parte de la tradición judía genera sorpresa en mucha gente —escribe Yaakov Astor en *Soul Searching: Seeking Scientific Foundation for the Jewish Tradition of an Afterlife* [En busca del alma: la búsqueda de fundamentos científicos para la tradición judía sobre la vida después de la muerte] (Targum Press, Southfield, Michigan, 2003)—. Sin embargo, la reencarnación se menciona en numerosos pasajes de la literatura clásica sobre misticismo judío. [...] En el *Zohar* y en ciertos textos relacionados abundan las referencias sobre la reencarnación. [...] El *Bahir*, atribuido al sabio Nechuniah ben Hakanah, del siglo I, utilizaba la reencarnación para referirse a la pregunta clásica que formula la teodicea: por qué le ocurren desgracias a la gente buena, y viceversa: [...] "La razón es que la persona justa [en la actualidad] actuó de manera indebida en una [vida] anterior y ahora sufre las consecuencias"».

El hecho de que los judíos conocían el concepto de la reencarnación se evidencia en varios versículos del Nuevo Testamento; por ejemplo, cuando los «*sacerdotes y levitas*» le preguntaron a Juan el Bautista: «*¿Eres tú Elías?*» (*Juan* 1:21, discurso 6); y cuando los discípulos de Jesús señalaron: «*Unos [dicen] que [eres] Juan el Bautista; otros, que Elías; otros, que Jeremías o uno de los profetas*» (*Mateo* 16:14; véase el discurso 45, en el volumen II). *(Nota del editor).*

~

> «*Respondió Jesús: "En verdad, en verdad te digo que el que no nazca de agua y de Espíritu no puede entrar en el Reino de Dios"*» (*Juan 3:5*).

«Nacer de agua» se interpreta, en general, como un imperativo para efectuar el ritual externo del bautismo por agua —un renacimiento simbólico—, con el objeto de ser dignos del reino de Dios después de la muerte. Sin embargo, Jesús no aludía a un re-nacimiento que implicara el uso de agua[9]. En este pasaje, «agua» significa «protoplasma». El cuerpo está constituido en su mayoría por agua y comienza su existencia terrenal en el líquido amniótico del útero materno. Aun cuando el alma debe pasar por el proceso natural de nacimiento que Dios ha establecido a través de sus leyes biológicas, el nacimiento físico no es suficiente para que el ser humano sea digno de contemplar el reino de Dios o entrar en él.

La conciencia ordinaria se halla ligada a la carne, y el hombre puede ver, por medio de los ojos físicos, sólo lo que hay dentro de esta diminuta casa de muñecas que es la Tierra y el cielo estrellado que la rodea. A través de las pequeñas ventanas externas de los cinco sentidos, las almas que se encuentran atadas al cuerpo no perciben ninguna de las maravillas que están más allá de la limitada materia.

Cuando una persona viaja en avión a gran altura, no ve fronteras, sino sólo el ilimitado espacio y los despejados cielos sin fin. Sin embargo, si se halla encerrada en una habitación, rodeada de paredes sin ventanas, pierde la visión de la inmensidad. De manera similar, cuando el alma del hombre debe abandonar la infinitud del Espíritu para confinarse en un cuerpo mortal sujeto a las limitaciones de los sentidos, sus experiencias externas se circunscriben a las restricciones

---

[9] En ninguno de los cuatro Evangelios se señala específicamente que Jesús diese instrucciones a sus discípulos para que practicaran el ritual del bautismo con agua. Sin embargo, en el Evangelio según San Mateo se menciona que Jesús transmitió a sus seguidores, después de su resurrección, lo que los teólogos cristianos denominan la «Gran Comisión»: «*Id, pues, y haced discípulos a todas las gentes, bautizándolas en el nombre del Padre y del Hijo y del Espíritu Santo, y enseñándoles a guardar todo lo que yo os he mandado*» (*Mateo* 28:19-20).

La naturaleza del bautismo que Jesús proponía se expone claramente en la declaración de Juan el Bautista en el sentido de que, aunque Juan bautizaba con agua, Jesús «*os bautizará con Espíritu Santo y fuego*». (Véase el discurso 6).

de la materia. Por ese motivo, Jesús aludió al hecho de que sólo podemos ver y conocer aquello que nos permiten los limitados instrumentos de los sentidos y del raciocinio, como afirman los científicos modernos.

Así como a través de un telescopio de sólo cinco centímetros de diámetro no es posible apreciar en detalle las estrellas distantes, así también Jesús explicaba que el ser humano no puede ver ni saber nada del reino celestial de Dios mediante el mero uso del poder no amplificado de su mente y sus sentidos. Por el contrario, un telescopio de cinco metros le permite al hombre escudriñar las vastas extensiones del espacio poblado de estrellas; de manera semejante, al desarrollar el sentido de la intuición a través de la meditación, el ser humano es capaz de contemplar los reinos causal y astral de Dios —donde nacen los pensamientos, las estrellas y las almas— y puede entrar en ellos.

Jesús señala que una vez que el alma humana se encarna —es decir, que nace del agua o protoplasma—, el hombre debe perfeccionarse a fin de trascender las imposiciones mortales del cuerpo. Por medio del despertar de su «sexto sentido» (la intuición) y de la apertura del ojo espiritual, su conciencia iluminada puede entrar en el reino de Dios. En este segundo nacimiento, el cuerpo no cambia, pero la conciencia del alma, en vez de hallarse atada al plano material, es libre para vagar por el imperio eternamente gozoso y sin fronteras del Espíritu.

La intención de Dios era que sus hijos humanos vivieran en la tierra conscientes del Espíritu que anima la creación entera, y disfrutasen así de su drama onírico como si fuera un entretenimiento cósmico. De entre todas las criaturas, sólo el cuerpo del ser humano, por tratarse de una creación especial de Dios, fue dotado de los instrumentos y habilidades que son necesarios para expresar en su totalidad las divinas potencialidades del alma[10]. Sin embargo, debido al engaño de Satanás, el hombre ignora sus atributos más elevados y permanece apegado a la limitada forma carnal y sujeto a la mortalidad.

En su manifestación como almas individualizadas, el Espíritu desarrolla progresivamente su poder de conocimiento a través de las sucesivas etapas de la evolución: como respuesta subconsciente en los minerales, como sensibilidad en la vida vegetal, como conocimiento

---

[10] Véase el discurso 7, páginas 167 ss.

sensible e instintivo en los animales, como intelecto, raciocinio e intuición introspectiva no desarrollada en el hombre y como intuición
pura en el superhombre.

Se dice que, después de atravesar las sucesivas etapas de la evolución ascendente durante ocho millones de vidas como un hijo pródigo,
a lo largo de los ciclos de las encarnaciones, el alma por fin adquiere
un nacimiento humano. En el principio, los seres humanos eran hijos
inmaculados de Dios. A excepción de los santos, nadie ha experimentado la divina conciencia de la que disfrutaban Adán y Eva. A partir
de la caída original, fruto del mal uso de su independencia, el hombre
ha perdido ese estado de conciencia al haberse equiparado y asociado
con el ego carnal y los deseos mortales relacionados con dicho ego.
No son pocas las personas que más parecen animales movidos por el
instinto que seres humanos que responden al intelecto. Su mente es
tan materialista que, cuando se les habla acerca de comida, sexo o
dinero, comprenden y responden por medio de un acto reflejo, como
el famoso perro de Pavlov que segregaba saliva. Pero si alguien trata
de hacerlas participar de un intercambio filosófico coherente acerca de
Dios o del misterio de la vida, reaccionan con ignorante estupefacción
como si su interlocutor no estuviera en su sano juicio.

El hombre espiritual intenta liberarse de la materialidad que le
hace vagabundear como un hijo pródigo por el laberinto de las encarnaciones; pero el hombre común no desea otra cosa que mejorar
las condiciones de su existencia terrenal. Así como el instinto confina
a los animales a un territorio comprendido dentro de límites prees-
tablecidos, así también la razón impone sus propias restricciones a
aquellos seres humanos que no procuran convertirse en superhombres
mediante el desarrollo de su intuición. El individuo que sólo rinde
culto al raciocinio y no es consciente de que dispone del poder de
la intuición —el único que le permite conocerse a sí mismo como
alma— permanece en un estado que supera escasamente al de un animal racional; ha perdido el contacto con la herencia espiritual que es
su derecho de nacimiento.

∽

«*Lo nacido de la carne es carne; lo nacido del Espíritu es
espíritu*» (*Juan* 3:6).

Estas palabras que Jesús pronunció se basan en la verdad de que tanto la conciencia como la materia son permanentes y se perpetúan a sí mismas —continúan propagándose mientras el Espíritu conserve la creación.

La manifestación del Absoluto Trascendental es dual: subjetiva y objetiva, Espíritu y Naturaleza, noúmeno y fenómeno. En su aspecto objetivo, el Espíritu vibratorio se manifiesta como Luz Cósmica consciente, la cual, mediante una condensación progresiva, da origen a la creación triple —causal, astral y material— y también a los cuerpos causal, astral y físico del ser humano. En

Materia y conciencia: la perpetua dualidad de la creación manifestada

su aspecto subjetivo, el Espíritu como Conciencia es inmanente a la Luz cósmica creativa y es la suprema Fuente y Sustento de todo: la Conciencia Crística del macrocosmos causal, astral y físico y, asimismo, el alma del microcosmos causal, astral y físico del hombre[11].

La conciencia de Dios se perpetúa a sí misma en la conciencia del ser humano. El hombre lega las características sobresalientes de su conciencia a sus hijos o discípulos, y transmite, «en la carne», sus características físicas a sus descendientes. Tanto la conciencia como el cuerpo son vibraciones del eterno Espíritu, y no existe una diferencia esencial entre ambos; no obstante, cada uno perpetúa su propia naturaleza de acuerdo con la dualidad característica de la creación manifestada.

El ser humano percibe los fenómenos de naturaleza objetiva (en mayor o menor medida, según el grado de sutileza de éstos) por medio de los sentidos y del razonamiento intelectual. El noúmeno en que se basa cada fenómeno —la conciencia como esencia causal del ser humano y de la creación— se encuentra más allá del alcance de la inteligencia humana. Esta inteligencia puede aportar únicamente el conocimiento de los fenómenos; los noúmenos deben conocerse a través de la intuición, que es el poder por medio del cual la conciencia se percibe a sí misma. El hombre común y corriente, por lo tanto, conoce el universo natural que le rodea, mas no el Espíritu inmanente; se conoce a sí mismo como

---

[11] «¡Oh Arjuna!, para quienes conocen la verdad, a este cuerpo se le denomina *kshetra* ("el campo" donde se siembran y cosechan el buen y el mal karma); asimismo, a aquello que conoce el campo se le denomina *kshetrajna* (el alma). También has de saber que Yo soy el *Kshetrajna* (el Perceptor) que reside en todos los *kshetras* (los cuerpos surgidos del principio cósmico creativo y de la Naturaleza). Comprender qué es *kshetra* y qué es *kshetrajna* constituye lo que considero verdadera sabiduría» (*God Talks With Arjuna: The Bhagavad Gita* XIII:1-2. Véase *El Yoga del Bhagavad Guita*).

una masa de carne, que pesa una cierta cantidad de kilos, mas no como la conciencia pura que mora dentro de él: el alma.

Es decir, el ser humano nace tanto de la carne como de la conciencia, pero la carne se ha vuelto predominante. El cuerpo nacido de la carne tiene las limitaciones de la carne, en tanto que el alma, nacida del Espíritu, posee en potencia poderes ilimitados. Por medio de la meditación, la conciencia del hombre se transfiere del cuerpo al alma y, a través del poder de la intuición del alma, el ser humano ya no se percibe a sí mismo como un cuerpo mortal —un fenómeno de naturaleza objetiva— sino como la conciencia inmortal que, aunque mora en dicho cuerpo, está unida a la Divina Esencia que se encuentra más allá de lo fenoménico[12].

---

[12] La existencia del angélico cuerpo astral de luz y energía vital del ser humano, que posee una contraparte invisible de cada uno de los órganos físicos y que se conecta con el cuerpo físico a través del cerebro y de los intrincados canales físicos y astrales de energía vital, ayuda a explicar el llamado «fenómeno del miembro fantasma», conocido por quienes pierden uno de sus miembros debido a un accidente o a la cirugía. Aun cuando se halle físicamente ausente, dicho miembro puede permanecer intacto en el cuerpo astral, por lo que los amputados sienten las sensaciones y los movimientos del miembro desaparecido tal como si todavía formase parte del cuerpo. «Alrededor del 70 % de ellos continúa experimentando sensaciones sumamente reales, como por ejemplo, presión, dolor, calor, frío u hormigueo en los brazos, manos, piernas o pies amputados», señalan el Dr. Jeffrey M. Schwartz y Sharon Begley en *The Mind and the Brain* [La mente y el cerebro] (HarperCollins, Nueva York, 2002).

En su libro *Fantasmas en el cerebro: Los misterios de la mente al descubierto* (Debate, Madrid, 1999), el profesor Dr. V. S. Ramachandran, médico y director del Centro para el Cerebro y la Cognición de la Universidad de California en San Diego (California), describe el complejo mecanismo neurológico en que se basa este fenómeno. Sus investigaciones revelaron cuán asombrosamente auténticas son las sensaciones y la realidad cenestésica que conserva el cerebro de quienes poseen partes corporales fantasma. Estos experimentos —señala— «nos han ayudado a comprender lo que ocurre en los cerebros de los pacientes con fantasmas [...]. Pero aquí hay un mensaje más profundo: *Nuestro propio cuerpo* es un fantasma, un fantasma que nuestro cerebro ha construido temporalmente, por pura conveniencia. [...]

»Durante toda la vida, uno va por ahí dando por supuesto que su "yo" está anclado a un único cuerpo, que se mantiene estable y permanente por lo menos hasta la muerte. De hecho, la "lealtad" del "yo" al propio cuerpo es tan axiomática que uno nunca se para a pensar en ello, y menos se le ocurre ponerlo en duda. Sin embargo, estos experimentos parecen indicar justamente lo contrario: que nuestra imagen corporal, por muy permanente que parezca, es una construcción interna totalmente transitoria [...] no es más que una envoltura que uno ha creado».

Al resumir las implicaciones de estos experimentos, el Dr. Ramachandran cita el *Vivekachudamani* («La joya suprema del discernimiento»), de Swami Shankara: «Uno nunca se identifica con la sombra que proyecta su cuerpo, ni con su reflejo, ni con el cuerpo que ve en sueños o con la imaginación. Por tanto, tampoco hay que identificarse con este cuerpo vivo». *(Nota del editor).*

≈

«No te asombres de que te haya dicho que tenéis que nacer
de nuevo. El viento sopla donde quiere, y oyes su rumor, pero no
sabes de dónde viene ni adónde va. Así es todo el que nace del
Espíritu» (Juan 3:7-8).

Jesús describía una ley metafísica de los noúmenos (la sustancia o
causa) y de los fenómenos (la apariencia o efecto de la sustancia)
al comparar el Espíritu y las almas (que surgen de Él) con el viento,
que es invisible, y cuya presencia se conoce a través
del sonido que produce. Es imposible ver el origen   *«El viento sopla*
del viento, pero nos percatamos de su presencia por   *donde quiere [...]»*
medio del sonido; de la misma forma, la sustancia
del Espíritu es invisible —se oculta más allá del alcance de los sentidos
humanos—, y las almas encarnadas que nacen del Espíritu constituyen el fenómeno visible. El viento invisible se da a conocer a través
del sonido; el Espíritu invisible se percibe en la presencia de las almas
inteligentes.

Jesús señaló que, así como es difícil hallar el origen del viento,
también es difícil encontrar la Fuente del Espíritu de la cual proceden
todas las cosas. Y hay una referencia paralela en las escrituras hindúes:
«El comienzo de todas las criaturas está oculto, el estado intermedio resulta manifiesto, y el final es de nuevo imperceptible» (*Bhagavad Guita*
II:28). Todos los seres provienen del océano del Espíritu y se disuelven
nuevamente en el océano del Espíritu. Todo surge de lo Invisible para
representar su papel en el escenario de esta tierra por un corto tiempo
y luego, al final de la vida, se interna, una vez más, en el estado invisible. Sólo contemplamos la parte media de la vida; el comienzo y el fin
se hallan ocultos en las regiones espirituales más sutiles, y la vista es
incapaz de captarlos. Como ejemplo, imaginemos una inmensa cadena
sumergida en el océano. Si se levanta la parte media de la cadena por
encima de la superficie del agua, se pueden ver algunos eslabones, pero
los extremos permanecen ocultos en las profundidades. De igual modo,
la mente sensorial del ser humano puede percibir las manifestaciones
externas de la vida, pero su origen y su destino final son desconocidos
para el hombre que se halla en un estado de conciencia ordinaria. Él
sólo percibe lo que es visible entre el nacimiento y la muerte, es decir, la
parte media de la cadena de la existencia y la conciencia eternas.

El ser humano continúa firmemente convencido de que es en esencia un cuerpo, aun cuando a diario recibe demostraciones de lo contrario. Cada noche durante el sueño («la pequeña muerte»), desecha su identificación con la forma física y renace como conciencia invisible. ¿Por qué el hombre siente el impulso de dormir? El sueño es un recordatorio de lo que se encuentra más allá del estado de sueño: el estado del alma[13]. La existencia material sería insoportable si no se tuviese, al menos, un contacto subconsciente con el alma, el cual es proporcionado por el sueño. Durante la noche, el ser humano se despoja del cuerpo para sumergirse en el subconsciente y se convierte en un ángel; durante el día, se convierte una vez más en un demonio, divorciado del Espíritu por causa de los deseos y las sensaciones del cuerpo. Mediante la técnica de *Kriya Yoga*, puede volverse un dios durante el día, al igual que Cristo y los grandes maestros; trascenderá el subconsciente hasta alcanzar la supraconciencia y disolverá la conciencia del cuerpo en el éxtasis de Dios. Quien pueda lograr esta transformación habrá nacido de nuevo. Sabrá que su alma es una ráfaga del viento invisible del Espíritu —que sopla libre en los cielos inconmensurables y ya no está atrapado en un endemoniado remolino que se lanza errática y descuidadamente por los arduos senderos de la materia.

Esta tierra es el hábitat de los problemas y del sufrimiento; por el contrario, el reino de Dios que está más allá de este plano material es la morada de la libertad y de la bienaventuranza. El alma del hombre que se encuentra en el proceso del despertar ha seguido un camino arduamente conquistado, a lo largo de numerosas encarnaciones de evolución ascendente, con el propósito de llegar a la etapa de ser humano y tener la posibilidad de reclamar su divinidad perdida. Y, sin embargo, ¡cuántos nacimientos humanos se han desperdiciado por permanecer absortos en la comida, el dinero, la gratificación del cuerpo y las emociones egoístas! Cada persona debería preguntarse cómo está empleando los preciosos momentos de su presente encarnación. Con

---

[13] Todos los seres humanos experimentan tres estados: la vigilia, el sueño con actividad onírica y el sueño sin actividad onírica. Este último, aun cuando sea breve, resulta vivificante; el hombre descansa entonces inconscientemente en su naturaleza verdadera: el alma. Las escrituras hindúes también hacen referencia al estado de *turiya*, que en sánscrito significa literalmente «cuarto estado» o estado supraconsciente. Los yoguis que son constantes en sus prácticas espirituales y todos los demás grandes devotos de Dios entran en el estado de *turiya*, en el cual se tienen inolvidables experiencias conscientes de la unidad del alma con el Espíritu.

el tiempo, el cuerpo de todos los seres humanos termina decayendo dolorosamente. ¿No es preferible, acaso, separar el alma de la conciencia del cuerpo y mantener el cuerpo como un templo del Espíritu? ¡Oh alma!, tú no eres el cuerpo. ¿Por qué no recordar siempre que eres el Espíritu de Dios?[14]

Jesús dijo que es preciso reestablecer nuestra conexión con la Eternidad; hemos de nacer de nuevo. El hombre debe seguir la tortuosa senda de las reencarnaciones hasta agotar su karma, o bien —mediante una técnica como el *Kriya Yoga* y la ayuda de un verdadero gurú— despertar la divina facultad de la intuición y reconocerse como alma, es decir, nacer de nuevo en el Espíritu. Por el último método mencionado, puede ver el reino de Dios y entrar en él en esta vida.

El nacimiento espiritual (nacer de nuevo en el Espíritu) es un don que sólo un verdadero gurú puede conceder

Tarde o temprano, después de un mayor o menor número de penosas encarnaciones, el alma de cada hombre clamará a gritos recordándole que su hogar no se encuentra aquí, y él comenzará con sincera determinación a volver sobre sus pasos para regresar a su legítimo reino celestial. Cuando alguien tiene un anhelo intenso de conocer la Verdad, Dios le envía un maestro, a través de cuya devoción y realización el Señor implanta su amor en el corazón de esa persona.

El nacimiento como ser humano lo recibimos de nuestros padres; el nacimiento espiritual, en cambio, lo concede un gurú enviado por Dios. En la tradición védica de la antigua India, al bebé recién nacido se le denomina *kayastha,* que significa «identificado con el cuerpo». Los ojos físicos, que miran hacia la tentadora materia, son un legado de los padres físicos; pero en el momento de la iniciación (el bautismo espiritual), es el gurú quien abre el ojo espiritual. Por medio de la ayuda del gurú, el iniciado aprende a utilizar el ojo telescópico para contemplar el Espíritu y se convierte, entonces, en un *dwija,* «nacido dos veces» (la misma terminología metafísica empleada por Jesús). Comienza así su avance hasta alcanzar el estado de *brahmin,* aquel que conoce a Brahman o el Espíritu[15].

El alma vinculada a la materia, al elevarse hasta el Espíritu a

---

[14] «*¿No sabéis que sois templo de Dios y que el Espíritu de Dios habita en vosotros?*» (*I Corintios* 3:16).

[15] Compárese con el comentario sobre la estrofa III:24 del *Bhagavad Guita* en God Talks With Arjuna.

través del contacto con Dios, nace por segunda vez, en el Espíritu. Lamentablemente, incluso en la India esta iniciación para pasar de la conciencia del cuerpo a la conciencia espiritual se ha transformado en una simple formalidad, en una ceremonia de castas que llevan a cabo sacerdotes comunes durante la iniciación de los jóvenes *brahmines,* lo cual equivale al ritual simbólico del bautismo con agua. No obstante, Jesús, al igual que los grandes maestros hindúes de los tiempos antiguos y modernos, confería el bautismo real del Espíritu, *«con Espíritu Santo y fuego».* Un verdadero gurú es aquel que puede modificar las células cerebrales del discípulo mediante la corriente espiritual que fluye desde Dios a través de la conciencia iluminada del gurú. Quienquiera que se halle en sintonía —que medite sincera y profundamente y aprenda a enviar la corriente divina hacia las células cerebrales, como ocurre en la técnica de *Kriya Yoga*— percibirá ese cambio. El alma se encuentra atada al cuerpo mediante las cuerdas del karma, trenzadas por vidas enteras de deseos, comportamientos y hábitos materiales. Sólo la acción de la corriente vital puede transformar la vida de una persona, al destruir esos millones de registros kármicos. Se nace, entonces, de nuevo; el alma abre la ventana interior de su identidad con el Espíritu y comienza a percibir la maravillosa omnipresencia de Dios[16].

Así pues, *«nacer de nuevo»* significa mucho más que el simple

---

[16] Se afirma que la meditación verdadera (*dhyana,* el séptimo paso del Óctuple Sendero del Yoga, según lo definió el sabio Patanjali) confiere la «concepción de la magnitud del *Om*», el Espíritu Santo o Palabra mencionado en la Biblia. En *La ciencia sagrada,* Swami Sri Yukteswar señala:

«Lo que se requiere es un Gurú o Salvador, que nos despierte a la devoción *(Bhakti)* y a las percepciones de la Verdad. [...] Cualquier buscador sincero y avanzado puede tener la fortuna de contar con la divina compañía de alguno de tales personajes que tenga la bondad de aceptar servirle como su Maestro Espiritual o *Sat-Guru,* el Salvador. Ciñéndose afectuosamente a los sagrados preceptos de estos personajes divinos, el hombre adquiere la capacidad de enfocar todos sus órganos de los sentidos en el interior, en su centro común —el sensorio, *Trikuti* o *Sushumnadwara*—, la puerta del mundo interno. Allí percibe él la Voz [...]. [Dicha Voz es la Vibración Cósmica] o el Verbo, el Amén, *el Om.* [...] Debido a la naturaleza especial de este sonido —que proviene, cual un torrente, de una región superior y desconocida y se pierde en la burda creación material—, diversas religiones le asignan alegóricamente los nombres de diferentes ríos que consideran sagrados: el río Ganges de los hindúes, el Yamuna de los vaishnavas y el Jordán de los cristianos. A través de su cuerpo luminoso, el ser humano que cree en la existencia de la Luz verdadera —la Vida de este universo— es bautizado en la corriente sagrada del sonido, siendo absorbido por ella. El bautismo es, por así decirlo, el segundo nacimiento del hombre y se llama *Bhakti Yoga,* sin el cual ningún hombre puede comprender jamás el verdadero mundo interior, el reino de Dios».

hecho de convertirse en miembro de una iglesia y recibir el bautismo en una ceremonia. La mera creencia no le asegura al alma un lugar permanente en el cielo después de la muerte; es preciso lograr la comunión con Dios ahora. Los seres humanos se vuelven ángeles en la tierra, no en el cielo. Cualquiera que sea el punto en que una persona interrumpa su progreso espiritual debido a la llegada de la muerte, desde ese mismo punto deberá comenzar, una vez más, en la siguiente encarnación. Después de dormir, continúas siendo el mismo que antes del sueño; después de morir, seguirás siendo el mismo que antes del fallecimiento.

Por este motivo, Cristo y los grandes maestros señalan que es necesario convertirse en santo antes de que llegue el sueño de la muerte. No se puede lograr tal transformación si se llena la mente de apegos mortales y distracciones inútiles. Aquel que está ocupado en acumular tesoros en la tierra no se encuentra centrado en Dios; quien se halla absorto en Dios no desea tener en su vida demasiadas actividades infructuosas. Sólo liberándose de los deseos terrenales es posible acceder al reino de Dios. El Señor espera con paciencia el cien por ciento de la devoción del hombre; a quienes le buscan diligentemente cada día y cumplen sus mandamientos, comportándose conforme a la divina naturaleza de su alma, Él les abre el portal que conduce al reino de su presencia.

Aunque escuchara un sinfín de conferencias sobre la luz del sol y las bellezas del paisaje, no podría ver éstas si mis ojos se encontrasen cerrados. De igual manera, la gente no verá a Dios —que es omnipresente— en tanto no abra el ojo espiritual de la percepción intuitiva. Cuando el ser humano sea capaz de percibir que no es un cuerpo mortal sino una chispa del Espíritu Infinito revestida de un cúmulo de energía vital, podrá contemplar el reino de Dios. Comprenderá que su cuerpo y el universo no están constituidos de la materia que mantiene cautiva al alma, sino de energía y de conciencia, expansivas e indestructibles. La ciencia ha demostrado esta verdad, y cada individuo tiene la posibilidad de experimentarla por sí mismo: por medio del *Kriya Yoga*, puede lograr la inquebrantable percepción de que él es esa gran Luz y Conciencia del Espíritu.

¡Oh ser humano!, ¿cuánto tiempo más seguirás siendo un animal racional? ¿Cuánto tiempo más continuarás intentando infructuosamente escudriñar las inconmensurables regiones de la creación a través sólo de la mirada miope de los sentidos y de la razón? ¿Cuánto tiempo más permanecerás atado a la satisfacción de las exigencias propias del hombre animal? ¡Despójate de los grilletes que te mantienen prisionero! Toma conciencia de que eres inmortal y de que cuentas con poderes y facultades ilimitados. ¡No sigas ya soñando el sueño antiguo del animal racional! ¡Despierta! ¡Eres el hijo de la inmortalidad, dotado de intuición!

La ascensión del hombre: elevar la serpiente en el desierto

Diálogo con Nicodemo, parte II

Las verdades celestiales sólo se pueden conocer completamente
por medio de la intuición

❖

La capacidad de permanecer en la conciencia celestial
a pesar de las circunstancias externas

❖

«Elevar la serpiente»: la fuerza *kundalini*
situada en la base de la espina dorsal

❖

El Yoga: la ciencia que permite
desconectar los sentidos y entrar en la supraconciencia

❖

Falacias frecuentes acerca del despertar de la *kundalini*

«Quien crea en la doctrina que consiste en elevar la conciencia corporal (el hijo del hombre) para llevarla del plano físico al astral mediante la inversión de la fuerza de vida a través del conducto serpentino situado en la base de la espina dorsal [...] adquirirá gradualmente el estado de inmutabilidad: la Conciencia Crística».

Preguntó Nicodemo: «¿Cómo puede ser eso?». Jesús le respondió: «Tú, que eres maestro en Israel, ¿no sabes estas cosas? En verdad, en verdad te digo que nosotros hablamos de lo que sabemos, y damos testimonio de lo que hemos visto, pero vosotros no aceptáis nuestro testimonio. Si al deciros cosas de la tierra, no creéis, ¿cómo vais a creer si os hablo de las cosas del cielo?

»Nadie ha subido al cielo, sino el que bajó del cielo: el Hijo del hombre, que está en el cielo*. Y, del mismo modo que Moisés elevó la serpiente en el desierto, así tiene que ser elevado el Hijo del hombre, para que todo el que crea tenga en él la vida eterna [y no perezca]».

Juan 3:9-15

La ascensión del hombre: elevar la serpiente en el desierto

Diálogo con Nicodemo, parte II

«Preguntó Nicodemo: "¿Cómo puede ser eso?". Jesús le respondió: "Tú, que eres maestro en Israel, ¿no sabes estas cosas? En verdad, en verdad te digo que nosotros hablamos de lo que sabemos, y damos testimonio de lo que hemos visto, pero vosotros no aceptáis nuestro testimonio. Si al deciros cosas de la tierra, no creéis, ¿cómo vais a creer si os hablo de las cosas del cielo?"» (Juan 3:9-12).

Al dirigirse a Nicodemo, Jesús señaló que el solo hecho de desempeñar el cargo ceremonial de maestro de la casa de Israel no le garantizaba la comprensión de los misterios de la vida. A menudo, se otorgan dignidades religiosas a ciertas personas en virtud de su conocimiento intelectual de las escrituras, pero sólo se puede obtener una comprensión total de las profundidades esotéricas de la verdad por medio de la experiencia intuitiva.

«Nosotros hablamos de lo que sabemos» implica un conocimiento más profundo que la información que puede obtenerse a través del intelecto y del raciocinio, que dependen de los sentidos. Dado que estos últimos son limitados, también lo es el entendimiento intelectual. Los sentidos y la mente son los portales externos por los cuales el conocimiento se introduce en la conciencia. El conocimiento humano

penetra por medio de los sentidos, y la mente lo interpreta. Si los sentidos se equivocan en lo que perciben, la conclusión que el enten-dimiento obtenga a partir de esa información será también incorrecta. Una tela de gasa blanca que ondea a la distancia puede parecer un fantasma, y una persona supersticiosa tal vez crea que lo es; pero una observación más detenida revelará que esa conclusión es errónea. Los sentidos y el enten-dimiento son fácilmente víctimas del engaño por-que no captan la verdadera naturaleza, ni el carácter, ni la sustancia esenciales de todo lo creado. Jesús, en virtud de su intuición, poseía un conocimiento pleno del noúmeno que sostiene el funcionamiento del cosmos y la diversidad de la vida. Por esa razón, pudo decir con autoridad: «Nosotros sabemos».

Las verdades celestiales sólo se pueden conocer completamente por medio de la intuición

Jesús se hallaba en sintonía con el gran plan de manifestación que subyace en el espacio entero y que está más allá de la visión terrenal. A las mentes beligerantes, no podía hablarles sin reservas acerca de las percepciones omnipresentes que experimentaba; ¡incluso fue cruci-ficado a causa de las verdades que pronunció! Él le dijo a Nicodemo: «Si te hablo acerca de temas concernientes a las almas humanas cuya presencia es visible en la tierra, y sobre el modo en que éstas pueden entrar en el reino de Dios, y no crees, ¿cómo podrás, entonces, creerme si te hablo acerca de acontecimientos de los reinos celestiales, los cuales se hallan totalmente ocultos a la mirada humana ordinaria?».

Aun cuando Jesús lamentaba, con afable tolerancia, que Nico-demo dudase de las revelaciones intuitivas del estado crístico, pasó a explicarle a su visitante la manera en que éste —y cualquier otro buscador espiritual— podía experimentar esas verdades por sí mismo.

Hay muchas personas que dudan de la existencia del cielo sim-plemente porque no lo ven. Y, sin embargo, no ponen en duda la existencia de la brisa tan sólo porque no sea visible. A ésta se la reco-noce por su sonido, por la sensación que produce sobre la piel y por el movimiento que imprime a las hojas y demás objetos. De manera semejante, el universo entero vive, se mueve y respira por causa de la invisible presencia de Dios en las fuerzas celestiales que se encuentran más allá de la materia.

En cierta ocasión, un hombre le obsequió aceitunas a otro que no las conocía y le dijo: «Contienen gran cantidad de aceite». Esta otra persona partió el fruto pero no pudo ver el aceite, hasta que su amigo le mostró cómo extraer el aceite de las aceitunas. Lo mismo ocurre en relación con Dios. Todo en el universo se encuentra saturado de su presencia: las titilantes estrellas, la rosa, el canto de los pájaros, nuestras mentes. Su Ser lo inunda todo por doquier. Pero es imprescindible —metafóricamente hablando— «extraer» a Dios de la materia donde se halla oculto.

La concentración interior es el camino para tomar conciencia del sutil y prolífico cielo que se encuentra más allá de este denso universo. La soledad es el precio de la grandeza y del contacto con Dios. Aquellos que estén dispuestos a arrebatarle algo de tiempo al insaciable mundo material con el propósito de dedicárselo, en cambio, a la búsqueda divina aprenderán a contemplar la maravillosa fábrica de la creación de la cual han surgido todas las cosas. Cada una de las almas encarnadas en un cuerpo físico ha descendido de las celestiales esferas causal y astral, y todas ellas pueden volver a ascender retirándose al «desierto» del silencio interior y practicando el método científico de elevar la fuerza vital y la conciencia desde la identificación corporal hasta la unión con Dios.

~

«"Nadie ha subido al cielo, sino el que bajó del cielo: el Hijo del hombre, que está en el cielo*. Y, del mismo modo que Moisés elevó la serpiente en el desierto, así tiene que ser elevado el Hijo del hombre, para que todo el que crea tenga en él la vida eterna [y no perezca]"» (Juan 3:13-15).

Este pasaje es muy importante y poco comprendido. Si se las considera en forma literal, las palabras *«elevó la serpiente»* son, en el mejor de los casos, una clásica ambigüedad de las escrituras. Cada símbolo encierra un significado oculto que debe interpretarse con acierto.

La palabra «serpiente» de este pasaje se refiere, metafóricamente, a la conciencia y la fuerza vital del ser humano presentes en el sutil conducto enrollado que se encuentra en la base de la espina dorsal, cuyo flujo hacia la materia debe invertirse para que el hombre ascienda de nuevo desde un estado de apego corporal hasta su libertad en la supraconciencia[1].

---

[1] Con respecto a la anatomía sutil de la espina dorsal, véase el discurso 6.

En nuestra calidad de almas, todos nos hallábamos, al principio, en el seno de Dios. Luego el Espíritu proyectó el deseo de crear una expresión individualizada de Sí mismo; el alma se

La naturaleza celestial del hombre como ser angélico ataviado de pensamiento y luz

manifestó entonces y proyectó la idea del cuerpo en la forma causal; la idea se convirtió en energía, o sea, en el cuerpo astral de vitatrones; y el cuerpo astral se condensó para formar el cuerpo físico. A través del conducto espinal integrado por estos tres medios instrumentales, el alma desciende hasta identificarse con el cuerpo material y la materia densa.

«*El que bajó del cielo*» significa el cuerpo físico. (Jesús se refiere al cuerpo físico como el «hombre». En los Evangelios, Jesús designa en todo momento su propio cuerpo físico como «el Hijo del hombre», para diferenciarlo de la Conciencia Crística, «el Hijo de Dios»). El hombre desciende de los planos celestiales de la creación de Dios cuando su alma, vestida con un cuerpo causal de ideas «congeladas» de Dios y un cuerpo astral de luz, adopta la envoltura externa de tejido material. Así pues, no sólo Jesús sino todos los hijos de Dios han «bajado del cielo».

Así como las pequeñas llamas que asoman por los orificios de un hornillo de gas forman parte de la llama única que arde debajo del quemador, también la llama única del Espíritu que subyace en la creación entera aparenta ser, en cada persona, una llama-alma independiente. Cuando se apaga el quemador, cada una de las numerosas llamitas individuales se retira hacia la llama central única. Toda pequeña lengua de fuego tuvo que salir primero de la llama principal antes de poder regresar a ella. Este ejemplo ilustra lo que Jesús dijo acerca de la ascensión de las almas al cielo después de haber descendido de éste.

Ningún cuerpo humano ha ascendido al cielo: la esencia etérica de esta región no puede albergar formas corpóreas; no obstante, todas las almas tendrán la posibilidad de entrar —y, de hecho, entrarán— en los reinos celestiales cuando, a causa de la muerte o por medio de la trascendencia espiritual, se despojen de la conciencia física y se reconozcan como seres angélicos ataviados de pensamiento y luz.

Todos estamos hechos a imagen de Dios; somos seres dotados de conciencia imperecedera, envueltos en diáfana luz celestial —una herencia que se encuentra sepultada bajo el terrón de la carne—. Sólo podremos reconocer dicha herencia por medio de la meditación. No existe otro camino; ese logro no se alcanza a través de la lectura de libros o del estudio filosófico, sino por la devoción y la oración continua y la meditación científica que eleva la conciencia hacia Dios.

Jesús se refería a una extraordinaria verdad cuando habló del «*Hijo del hombre, que está en el cielo*»*. Las almas comunes ven sus cuerpos (el «Hijo del hombre») vagar sólo por la tierra; en cambio, las almas libres como Jesús moran simultáneamente en el plano físico y en los reinos celestiales astral y causal.

El éxtasis más elevado: permanecer unido a Dios a la vez que activo en el mundo

Las películas cinematográficas muestran seres humanos, animales, árboles, montañas y océanos, todos los cuales descendieron a la pantalla desde la cabina de proyección a través de un rayo de luz. De modo similar, cada imagen que puebla este mundo ha surgido de la cabina de la eternidad. El cuerpo físico o «Hijo del hombre» es una proyección del haz cósmico de la luz de Dios. Así pues, las palabras de Jesús son a la vez simples y maravillosas: aun cuando residía en un cuerpo en el mundo físico, se contemplaba a sí mismo como un rayo de Dios que descendía del cielo. Demostró esto en forma concluyente después de su muerte, al volver a crear su cuerpo físico con rayos de luz creativa cósmica y desmaterializarlo más tarde en presencia de sus discípulos cuando ascendió nuevamente al cielo[2].

Algunos maestros que han alcanzado la unión con Dios conservan su forma corporal de manera indefinida. Otros maestros que también disfrutan de dicho estado disuelven su imagen corporal en el Espíritu cuando abandonan la tierra, pero reaparecen a voluntad en respuesta a la sincera súplica del alma de un devoto que clama por ellos con anhelo; pueden presentarse en una visión o materializar de nuevo su forma física, como lo hizo Jesús ante San Francisco, y como mi propio maestro, después de su partida de este mundo, se manifestó ante mí. O bien suele ocurrir que, a petición del Padre Divino, retornen voluntariamente a la tierra en una nueva encarnación para conducir almas

---

2 Mediante ese mismo poder, todo maestro que experimenta que su cuerpo es una masa moldeable de luz y energía puede duplicar su forma material con el objeto de aparecer simultáneamente en dos o más sitios con cuerpos idénticos. A lo largo de los siglos, numerosos santos cristianos emplearon esta forma de desplazamiento, un fenómeno conocido como «bilocación». En *The Story of Therese Neumann* [La historia de Teresa Neumann] (Bruce Pub. Co.), A. P. Schimberg describe varias ocasiones en que esta santa cristiana apareció ante personas que precisaban su ayuda y conversó con ellas, aun cuando se hallaban distantes. En *Autobiografía de un yogui* he relatado varios casos semejantes relacionados con las vidas de maestros hindúes que conocí.

desde el plano de la ilusión al reino de Dios.

Mientras Jesús, encarnado por mandato divino, se encontraba en el mundo llevando a cabo con diligencia la obra de su Padre Celestial, pudo en verdad proclamar: «Estoy en el cielo». Éste es el estado más elevado de éxtasis de la conciencia divina, definido por los yoguis como *nirvikalpa samadhi*, un estado extático «sin diferencia» entre la conciencia externa y la comunión interior con Dios. En *savikalpa samadhi*, «con diferencia» (un estado menos elevado), no somos conscientes del mundo externo; el cuerpo entra en un trance inerte a la vez que la conciencia se halla inmersa en la unidad interior consciente con Dios. Los maestros más avanzados logran ser plenamente conscientes de Dios sin mostrar signos de que el cuerpo esté paralizado; el devoto bebe la presencia de Dios y, al mismo tiempo, continúa consciente y completamente activo en su entorno externo, si así se lo propone.

Esta declaración de Jesús brinda enorme aliento a todas las almas: aun cuando el ser humano se encuentre acosado por las complicaciones asociadas a la residencia en un cuerpo físico, Dios le ha proporcionado la capacidad de permanecer en la conciencia celestial a pesar de las circunstancias externas. Un ebrio lleva su embriaguez consigo sin importar a dónde vaya. Aquel que se encuentra enfermo está en todo momento preocupado por su malestar. Quien es feliz está siempre burbujeante de alegría. Y el que se halla consciente de Dios disfruta de esa suprema Bienaventuranza, ya sea que esté activo en el mundo externo o absorto en la comunión interior.

La capacidad de permanecer en la conciencia celestial a pesar de las circunstancias externas

Cuando uno se encuentra absorto contemplando una escena trágica representada de manera muy convincente en una película cinematográfica, puede quedar tan grabada en la conciencia y en las emociones que comienza a percibirse como real. Sin embargo, cuando uno se siente afectado por una escena de particular crueldad —por ejemplo, la destrucción catastrófica de vidas humanas en una ciudad en llamas—, si aparta la vista de la película y mira hacia arriba, hacia el rayo de luz que proviene del proyector, y analiza la relación de éste con las figuras y sucesos de la pantalla, comprende que la naturaleza material de todo cuanto se muestra —edificios, paisajes, el sufrimiento de los seres humanos—, aunque parece real, no es otra cosa que luz.

De modo similar, quien se halla absorto en la materia contempla su entorno siempre cambiante, su nacimiento, su muerte, su matrimonio, sus adquisiciones y sus pérdidas como si fuesen eventos de naturaleza material. En cambio, aquel que despierta a la conciencia de Dios mediante el éxtasis constante, o unión con Dios, comienza a ver una luz que vibra en toda la creación. Se da cuenta de que las diferentes formas de materia —los sólidos, los líquidos, las sustancias gaseosas— así como la vida y el pensamiento humanos sólo son diversas vibraciones de la palpitante luz omnipresente de Dios. Cuando avanza aún más, le es posible percibir realmente a Dios en su aspecto de Creador Todopoderoso que sueña este Sueño Cósmico.

Al mirar una película, una persona puede concentrarse en las imágenes mientras que otra puede mantener la atención enfocada en el rayo de proyección que hace que dichas imágenes se «materialicen» sobre la pantalla. Las experiencias de estas dos personas que acuden al cine serán muy diferentes entre sí: una permanecerá absorta en el argumento de la película, sin advertir el rayo de luz, en tanto que la otra verá únicamente rayos luminosos y ninguna imagen. Mas existe una tercera posibilidad: una persona que se encuentre en la sala de cine disfrutando de las imágenes de la pantalla, y que al mismo tiempo tenga presente de dónde proceden, al mantener parte de su atención en el haz de luz desprovisto de imágenes.

La persona que se concentre en la materia sólo verá objetos materiales; en cambio, quien se halle en el estado inicial de éxtasis *(savikalpa samadhi)* y esté absorto en la luz divina contemplará únicamente a Dios. Pero aquel que haya alcanzado el supremo estado de conciencia, *nirvikalpa samadhi,* verá la gran luz desprovista de imágenes que proviene de la Energía Cósmica de Dios, y sobre la vasta pantalla del espacio mirará en forma simultánea la película cinematográfica del universo producida por la Luz Creativa de Dios.

Las palabras que Jesús pronunció y que se reproducen en este pasaje explican claramente que todas las almas que vuelven a ascender al cielo habían ya descendido de allí, pero permanecieron atrapadas en los deseos materiales debido al falaz realismo del drama cósmico; no obstante, les fue posible ascender de nuevo porque vencieron todo engañoso apego a las tentaciones materiales. En los Evangelios, Jesús enfatiza una y otra vez el hecho de que todos pueden lograr aquello que él logró. El siguiente comentario que le hace a Nicodemo muestra de qué manera es posible.

Jesús señala que cada hijo del hombre, cada conciencia corporal, debe elevarse del plano de los sentidos al reino astral invirtiendo la corriente de la fuerza vital que se dirige hacia el exterior, en dirección a la materia, con el fin de que ascienda por el conducto enrollado en

---

«Elevar la serpiente»:
la fuerza kundalini
situada en la base
de la espina dorsal

forma de serpiente que se encuentra en la base de la espina dorsal: el hijo del hombre se eleva cuando esta fuerza serpentina asciende, *«del mismo modo que Moisés elevó la serpiente en el desierto»*[3]. Al igual que hizo Moisés, debemos reascender en el desierto espiritual de silencio donde cesaron todos sus deseos y elevó su alma —a través del mismo sendero por el cual había descendido— desde la conciencia corporal a la conciencia de Dios.

Como se explicó anteriormente, los cuerpos físico, astral y causal del ser humano están ligados entre sí y funcionan como uno solo

---

[3] Se hace referencia a *Éxodo* 4:2-4. Cuando Dios habló a Moisés en el desierto desde una zarza ardiente, éste le pidió a Dios un símbolo de autoridad espiritual mediante el cual se le pudiese reconocer como enviado por Dios para cumplir las tareas que Él le había encomendado. *«Entonces Yahvé le preguntó: "¿Qué tienes en tu mano?". "Un cayado", respondió él. Yahvé le dijo: "Tíralo al suelo". Él lo tiró al suelo y se convirtió en una serpiente [...]. Yahvé dijo a Moisés: "Extiende tu mano y agárrala por la cola". Extendió la mano, la agarró y volvió a ser cayado en su mano».*

El *«cayado»* es la espina dorsal, en la cual se hallan los sutiles centros astrales de vida y conciencia, que constituyen las dinamos no sólo de la vitalidad física, sino de todos los poderes divinos y percepciones espirituales cuando se despiertan mediante el ascenso de la serpentina y ardiente fuerza vital situada en la base *(«cola»)* de la espina dorsal. Las metáforas del *«cayado»* y la *«serpiente»* se repiten en diferentes momentos de la vida de Moisés, conforme a la tradición bíblica de vincular hechos históricos con la simbología esotérica. Al cumplir con la disposición de liberar a los israelitas de la esclavitud que sufrían en Egipto, el cayado o báculo de Moisés fue el medio con el cual mostró poderes milagrosos, acatando la voluntad de Dios; por ejemplo, cuando según el relato frecuentemente citado abrió las aguas del Mar Rojo. También salvó al pueblo de morir en el desierto bajo la agresión de serpientes abrasadoras creadas por las malas acciones de la gente. Para hacer frente a esta situación, el Señor instruyó a Moisés: *«Hazte una serpiente abrasadora y ponla sobre un mástil. Todo el que haya sido mordido y la mire, vivirá»* (*Números* 21:8). El resultado del mal uso de la abrasadora fuerza vital (que infunde vida) es la muerte espiritual; en cambio, cuando la fuerza vital y la conciencia se elevan hasta el centro superior de conciencia divina del cuerpo, situado en la cima del *«mástil»* espinal del cerebro, donde Dios reside como alma, el devoto recibe la bendición de la vida espiritual.

En las escrituras de la India existe una analogía similar que alude a la fuerza vital serpentina situada en la base de la espina dorsal, como se describe en este discurso, y se hace referencia a la columna vertebral como *meru-danda*. El monte Meru es la más elevada de las montañas mitológicas; el *danda* («cayado», «bastón»), por su parte, representa la espina dorsal y sus centros espirituales, a cuya cima se le llama «el sagrado Meru», el centro más elevado de conciencia divina. Muchos yoguis honran esta simbología conservando entre sus escasas pertenencias un *danda* (bastón) al reconocer a la columna vertebral como cetro simbólico del poder soberano del alma sobre el reino del cuerpo.

debido al anudamiento de la fuerza vital y de la conciencia en los siete centros cerebroespinales. En orden descendente, el último lazo es un nudo enrollado que se encuentra en la base de la columna vertebral, el cual impide el ascenso de la conciencia hacia el celestial reino astral. A no ser que se conozca la manera de desatar este nudo de fuerzas astrales y físicas, la vida y la conciencia continúan siendo atraídas al reino mortal y fluyen hacia el exterior, hacia la conciencia del cuerpo y de los sentidos.

Al circular por el espacio, la mayor parte de la energía se mueve en forma helicoidal —un motivo ubicuo en la arquitectura macrocósmica y microscópica del universo—. A partir de las nebulosas galácticas (que son la cuna cósmica de la cual surge toda la materia), la energía fluye describiendo diseños enrollados, circulares o vortiginosos. El patrón se repite en la danza orbital de los electrones alrededor del núcleo atómico y —como aparece citado en las escrituras hindúes de origen antiguo— en la de los planetas y los soles y los sistemas estelares que giran por el espacio en torno a un gran centro del universo. Muchas galaxias tienen una configuración helicoidal, y otros incontables fenómenos de la naturaleza —plantas, animales, vientos y tormentas— evidencian, de modo similar, las invisibles espirales de energía que subyacen a su forma y su estructura[4]. Así es la «fuerza

---

[4] En 1953, la ciencia descubrió que el ADN, la molécula básica de la vida, tiene también una estructura helicoidal. El matemático italiano Leonardo Fibonacci (1170-1250), poseedor de una profunda visión, observó que son incontables las estructuras de la naturaleza que se adaptan a la forma espiral, la cual se expresa matemáticamente como un logaritmo derivado de la «sucesión de Fibonacci» (1, 1, 2, 3, 5, 8, 13, 21, 34, 55, etc.), en la que cada número es la suma de los dos que le preceden en la serie. Esta misma espiral aparece en manifestaciones aparentemente tan dispares como la disposición de los pétalos de las flores del girasol y las hojas del ananás, de la alcachofa y de muchos árboles; el tamaño progresivo de las celdas de la concha del nautilo; y el ancho en años luz de los brazos de las galaxias espirales.

A través de los siglos, los filósofos han inferido la inteligencia de un Arquitecto Divino, basándose en el hecho de que cuanto más se avanza en la serie de Fibonacci, más se acercan los términos a expresar la «media áurea» o «proporción áurea» (1:1,618033989) y su derivado, el «rectángulo áureo» y la «espiral áurea» —una «geometría sagrada» que se observa en toda la naturaleza—. En *Atomic Vortex Theorem of Energy Motion* [Teorema de los vórtices atómicos del movimiento de la energía], el físico cuántico Derek Bond expone la teoría de que toda la energía se expresa en forma de vórtice: «Constantemente vemos evidencias de este comportamiento, desde aquellas cosas de mayor magnitud, tales como nuestras galaxias espirales y la curva misma del espacio-tiempo, hasta lo más diminuto, como lo muestran los vórtices atómicos en miniatura creados por las partículas atómicas. Cuando se mide el flujo vorticial de los vórtices de la trayectoria atómica de las partículas, mediante las imágenes de

serpentina» *(kundalini)* en el microcosmos del cuerpo humano: una corriente enrollada que se encuentra en la base de la espina dorsal, una poderosa dinamo de vida que, cuando se dirige hacia fuera, sostiene el cuerpo físico y la conciencia sensorial, y cuando se hace ascender conscientemente, abre las maravillas de los centros cerebroespinales astrales.

El alma, envuelta en las sutiles cubiertas de los cuerpos astral y causal, comienza su encarnación física en el momento de la concepción; es entonces cuando se inicia el desarrollo del cuerpo entero a partir de la célula seminal formada por la unión del espermatozoide con el óvulo. Así surgen los primeros vestigios del bulbo raquídeo, el cerebro y la médula espinal.

Desde su sede primigenia en el bulbo, la energía vital inteligente del cuerpo astral fluye hacia abajo; activa, así, los poderes especializados de los *chakras* astrales cerebroespinales que originan y vitalizan la columna vertebral, el sistema nervioso y los demás órganos del cuerpo. Una vez finalizada su tarea de creación del cuerpo, la fuerza vital primaria descansa en un conducto enrollado que se encuentra en el centro más bajo, el coccígeo. La configuración espiralada de este centro astral es lo que da a la energía vital allí presente el nombre de *kundalini* o fuerza serpentina (del sánscrito *kundala,* «enrollada»). Cuando ha completado su obra creativa, la concentración de fuerza vital de este centro recibe el nombre de *kundalini* «adormecida», porque al fluir en sentido centrífugo hacia el cuerpo, en su continua tarea de vitalización del área física de los sentidos —que incluye la vista, el oído, el olfato, el gusto y el tacto, así como la fuerza creativa física de naturaleza sexual, ligada a lo terreno—, ocasiona una fuerte identificación de la conciencia con los sueños ilusorios de los sentidos y su campo de acción: las actividades y los deseos.

---

la cámara de burbujas de la Organización Europea para la Investigación Nuclear (de 3,7 metros de diámetro), dicho flujo concuerda con la relación 1:1,618033989. Esta proporción es un número decimal no periódico que continúa indefinidamente y constituye un modelo perfecto para los flujos infinitos de tiempo y espacio. Esta relación repite infinitamente la misma proporción. Muchos brazos de galaxias espirales y las ya mencionadas trayectorias de las partículas atómicas concuerdan a la perfección con la "proporción áurea" y prueban que estas partículas se desplazan en flujos infinitos».

Se considera que en el arte, la arquitectura y el diseño clásicos, la proporción áurea es la base de la armonía y de la belleza de la forma. Así lo constataron, entre muchos otros, Pitágoras, Platón, Leonardo da Vinci y los constructores de las grandes pirámides de Giza. *(Nota del editor).*

Moisés, Jesús y los yoguis hindúes conocían el secreto de la vida espiritual científica. Demostraron, con unanimidad, que todos aquellos cuya mente aún se encuentra atada a lo físico deben dominar el arte de elevar la fuerza serpentina de la conciencia corporal sensoria a fin de dar los primeros pasos en su camino interior de regreso al Espíritu.

Todos los santos que han alcanzado la conciencia de Dios, sea cual sea su religión, han logrado, en efecto, retirar la conciencia y la fuerza vital de las regiones sensoriales para hacerlas ascender por el conducto y los plexos espinales hasta llegar al centro de la conciencia divina situado en el cerebro y, desde allí, al Espíritu omnipresente.

Cuando nos hallamos sentados en calma y en silencio, logramos aquietar parcialmente la fuerza vital que fluye hacia fuera en dirección a los nervios, al haberla retirado de los músculos; en ese momento, el cuerpo se encuentra relajado. Sin embargo, esta paz se ve fácilmente perturbada por la llegada de cualquier sonido o sensación, debido a que la energía vital que continúa fluyendo hacia el exterior a través del sendero enrollado mantiene los sentidos en funcionamiento.

El Yoga: la ciencia que permite desconectar los sentidos y entrar en la supraconciencia

Durante el sueño, las fuerzas vitales astrales se retiran no sólo de los músculos, sino también de los instrumentos sensoriales. Cada noche, todo ser humano consigue el recogimiento físico de la fuerza vital —si bien este proceso se realiza de manera inconsciente—; la energía y la conciencia presentes en el cuerpo se retiran a la región del corazón, de la columna vertebral y del cerebro, para aportar al hombre la paz rejuvenecedora que proviene del contacto subconsciente con la dinamo divina de todos los poderes humanos: el alma. ¿Por qué el hombre siente gozo durante el sueño? Porque al encontrarse en el estado de sueño profundo, libre de actividad onírica y sin conciencia del cuerpo, las limitaciones físicas se olvidan y la mente establece contacto por un tiempo con una conciencia superior.

El yogui conoce el arte científico de retirar la energía en forma consciente de los nervios sensoriales, de modo que ninguna perturbación externa —visual, auditiva, táctil, gustativa u olfativa— se introduzca en el santuario interior de su meditación saturada de paz. Los soldados apostados durante días en las líneas del frente pueden quedar sumidos en el sueño a pesar del fragor incesante de la batalla, debido al mecanismo corporal por el cual la energía se retira inconscientemente de los oídos y demás órganos sensoriales. El yogui razona que este proceso se puede llevar a cabo de manera consciente. Mediante el conocimiento y aplicación de determinadas leyes y técnicas científicas de concentración, los yoguis desconectan a voluntad los sentidos. Atraviesan, de este modo, los umbrales del sueño subconsciente hasta llegar a las regiones del gozoso recogimiento supraconsciente.

Aun cuando, a lo largo de su existencia, al alma se le conceden períodos en que se libera de su identidad con el cuerpo a intervalos regulares —durante algunas horas cada noche, y por un lapso mayor entre una encarnación física y otra durante el sueño de la muerte—, el hombre que carece de iluminación descubre inevitablemente que sus anhelos terrenales insatisfechos le incitan a volver una vez más a la conciencia del cuerpo. Cuando una persona que duerme se ha recuperado lo suficiente de su fatiga sensorial, sus ambiciones la hacen retornar a la vigilia; del mismo modo, entre las encarnaciones físicas, los deseos insatisfechos de disfrutar de las experiencias terrenales impulsan al ser humano a renacer después de haber tomado un descanso temporal en la región astral.

Así pues, el estado de subconciencia que se experimenta durante el sueño le aporta al hombre sólo una trascendencia parcial. En tanto la fuerza vital y la conciencia permanezcan atadas al cuerpo por medio de la actividad del corazón, los pulmones y otros órganos vitales, el hombre no podrá entrar en la supraconciencia. El yogui que se encuentra sumido en el éxtasis de la meditación profunda desconecta por completo del cuerpo físico la fuerza vital y la conciencia, y reenfoca su atención en la percepción supraconsciente de la celestial e invisible naturaleza bienaventurada del alma. La permanencia reiterada y prolongada en el estado sublime del éxtasis satisface todo deseo del devoto y le libera de las compulsiones que le atan a la tierra y de sus respectivos ciclos de reencarnación.

Quienquiera que piense con cinismo que buscar el progreso espiritual en la meditación es una pérdida de tiempo debería reflexionar en los insuperables beneficios que se obtienen cuando se hace ascender la conciencia hasta alcanzar los elevados estados de la supraconciencia. En el sueño se olvidan todas las dualidades y penalidades de la existencia física; en verdad, el mundo entero se desvanece en la invisible inmensidad de la paz del estado subconsciente. Si uno aprende a crear esa libertad mental de manera consciente y a voluntad en el estado de *samadhi,* cuando se vea afligido por el dolor o se enfrente a la muerte, será capaz de transferir su conciencia al ilimitado reino interior de la bienaventuranza, el cual se halla oculto detrás de la mente despierta y la mente subconsciente, del mismo modo que la subconciencia del sueño, disipadora del sufrimiento, se halla oculta detrás de la mente consciente.

Todos los seres humanos han aprendido a entrar en la subconciencia durante el sueño y todos pueden, asimismo, dominar el arte del éxtasis supraconsciente, que es una experiencia infinitamente más placentera y reparadora que aquella que se puede obtener del sueño. Este estado superior nos brinda la percepción constante de que la materia es una condensación de aquello que Dios imagina, del mismo modo que, al dormir, nuestros sueños y pesadillas son una creación efímera de nuestros propios pensamientos, condensados o «congelados» en experiencias visuales mediante el poder objetivador de la imaginación. La persona que sueña no sabe que una pesadilla es irreal hasta que despierta. Así también, sólo a través del despertar en el Espíritu —la unidad con Dios en el estado de *samadhi*— puede el ser humano desvanecer el sueño cósmico de la pantalla de su conciencia individualizada.

La ascensión en el Espíritu no es algo que se pueda lograr fácilmente, porque cuando una persona es consciente del cuerpo, se halla a merced de su segunda naturaleza, caracterizada por persistentes hábitos y estados de ánimo negativos. Es preciso vencer, sin intimidarse, los deseos del cuerpo. El «hijo del hombre», que se encuentra sujeto a las ataduras del cuerpo, no puede ascender a la libertad celestial simplemente conversando acerca de ella: debe aprender cómo desatar el nudo enrollado de la fuerza *kundalini*, situado en la base de la espina dorsal, para trascender así su confinamiento en la prisión corporal.

Cada vez que meditamos profundamente, ayudamos en forma automática a invertir el flujo de fuerza vital y conciencia para que se dirija de la materia hacia Dios. Si no se eleva la corriente del nudo astral que se halla en la base de la columna vertebral mediante el recto vivir, los buenos pensamientos y la meditación, se acentuarán en la vida los pensamientos materialistas, los pensamientos mundanos y los pensamientos egoístas. Con cada acción bondadosa que el hombre realiza, éste «asciende al cielo»: su mente se enfoca más en el centro crístico de percepción celestial; con cada acción malvada, desciende a la materia y su atención queda atrapada por los fantasmas de la engañosa ilusión.

El verdadero significado del despertar de la *kundalini* suele comprenderse muy poco. Los instructores ignorantes a menudo asocian

————•••————
Falacias frecuentes
acerca del despertar
de la kundalini

la *kundalini* con la fuerza sexual y la envuelven en misterio para atemorizar a los neófitos aduciendo los «peligros» de despertar este sagrado poder serpentino. Confundir el despertar de la *kundalini* con

el de la conciencia sexual es un concepto en extremo ridículo y totalmente desvirtuado. Por el contrario, con el despertar de la *kundalini*, la fuerza vital del yogui se retira de los nervios sensorios (principalmente de aquellos asociados con la sexualidad), lo cual le proporciona un dominio absoluto sobre las tentaciones sensoriales y sexuales[5].

La noción de que es posible despertar la fuerza *kundalini* con facilidad o por accidente constituye otra falacia. El despertar de la fuerza *kundalini* es una tarea sumamente difícil y no puede lograrse de manera accidental. Se requieren años de coordinados esfuerzos en la meditación bajo la guía de un gurú competente antes de poder soñar con liberar de su cautiverio en la prisión física, mediante el despertar de la *kundalini*, al celestial cuerpo astral. Aquel que puede despertar la fuerza *kundalini* se aproxima rápidamente al estado crístico. El ascenso por ese sendero enrollado abre el ojo espiritual de visión esférica, el cual revela el universo entero que rodea al cuerpo y que se halla sostenido por la luz vibratoria de los poderes celestiales.

Los sentidos de la vista, el oído, el gusto, el tacto y el olfato se asemejan a cinco reflectores que nos muestran la materia. Cuando emerge la energía vital a través de los rayos sensoriales, el hombre se siente atraído hacia los bellos rostros, los sonidos cautivantes y los atrayentes aromas, sabores y sensaciones táctiles. Esto es natural, pero aquello que es natural para la conciencia atada al cuerpo no lo es para el alma. Sin embargo, cuando esa divina energía vital se retira de los autocráticos sentidos y asciende a través del sendero espinal hasta alcanzar el centro espiritual de percepción infinita situado en el cerebro, el faro de energía astral se proyecta hacia la inconmensurable eternidad y revela al Espíritu universal. El devoto es, entonces, atraído por lo supremamente Sobrenatural, la Belleza que supera toda belleza, la Música que trasciende todas las músicas, el Gozo que está más allá de todo gozo. Puede hacer contacto con el Espíritu en el universo entero

---

[5] Véase también el discurso 41, en el volumen II.

y escuchar la voz de Dios reverberando en todas las esferas. La forma se disuelve en Aquello que es Sin Forma. La conciencia del cuerpo, confinada en una forma temporal y pequeña, se expande de manera ilimitada hasta fundirse con el eterno Espíritu sin forma.

Jesús explica que jamás perecerá quien crea en la doctrina que consiste en elevar la conciencia corporal (el hijo del hombre) para llevarla del plano físico al astral mediante la inversión de la fuerza de vida a través del conducto serpentino situado en la base de la espina dorsal; es decir, no estará sujeto a los cambios mortales de la vida y de la muerte, sino que adquirirá gradualmente el estado de inmutabilidad: la Conciencia Crística, el Hijo de Dios.

Por amor al mundo, Dios entregó a su Hijo unigénito

Diálogo con Nicodemo, parte III (conclusión)

Jesús jamás quiso decir que él fuese
el único salvador de todos los tiempos

❖

Quienes niegan su fuente divina «se condenan»
a permanecer confinados en la cárcel de la finitud

❖

Cómo expandir nuestra percepción de la Infinita Inteligencia Crística

❖

La salvación no se alcanza por medio de la creencia ciega,
sino mediante la experiencia directa de Dios

❖

«Amar más las tinieblas que la luz»:
el poder de los malos hábitos que oscurece al alma

❖

La voz interior que nos apremia a seguir el camino de la verdad

---

«De la omnipresente luz de Dios, imbuida de la Inteligencia Crística universal, emanan silenciosamente la sabiduría y el amor divinos para conducir a todos los seres de regreso a la Conciencia Infinita».

*P*orque tanto amó Dios al mundo que entregó a su Hijo unigénito, para que todo el que crea en él no perezca, sino que tenga vida eterna. Porque Dios no ha enviado a su Hijo al mundo para condenar al mundo, sino para que el mundo se salve por él*. El que cree en él no es condenado; pero el que no cree ya está condenado, porque no ha creído en el nombre del Hijo unigénito de Dios*.

Y la condenación consiste en que la luz vino al mundo, pero los hombres amaron más las tinieblas que la luz, porque sus obras eran malas*. Pues todo el que obra el mal odia la luz y no se acerca a ella, para que nadie censure sus obras. Pero el que obra la verdad se acerca a la luz, para que quede de manifiesto que actúa como Dios quiere.

Juan 3:16-21

Por amor al mundo, Dios entregó a su Hijo unigénito

Diálogo con Nicodemo, parte III (conclusión)

«Porque tanto amó Dios al mundo que entregó a su Hijo unigénito, para que todo el que crea en él no perezca, sino que tenga vida eterna. Porque Dios no ha enviado a su Hijo al mundo para condenar al mundo, sino para que el mundo se salve por él*. El que cree en él no es condenado; pero el que no cree ya está condenado, porque no ha creído en el nombre del Hijo unigénito de Dios*» (Juan 3:16-18).

La confusión entre «Hijo del hombre» e «Hijo unigénito de Dios» ha sido causa de mucha intolerancia en el ámbito del *eclesianismo*, que no comprende o no reconoce el elemento humano presente en Jesús: el hecho de que era un hombre, nacido con un cuerpo mortal, que había desarrollado su conciencia hasta volverse uno con Dios mismo. No era el cuerpo de Jesús sino la conciencia existente en dicho cuerpo la que era una con el Hijo unigénito: la Conciencia Crística, el único reflejo de Dios Padre dentro de la creación. Al instar a la gente a creer en el Hijo unigénito, Jesús se refería a esta Conciencia Crística, que se hallaba totalmente manifestada en él —así como en los maestros de todas las épocas que han alcanzado la realización divina— y que se encuentra latente dentro de cada alma[1]. Jesús señaló que todas las almas

---

[1] Los escritos de muchos gnósticos cristianos de los dos primeros siglos d. C., Basílides,

que eleven su conciencia física (la conciencia de Hijo del hombre) hasta alcanzar el cielo astral y luego se unifiquen con la Inteligencia Crística unigénita presente en la creación entera conocerán la vida eterna.

¿Significa este pasaje de la Biblia que todos aquellos que no acepten a Jesús o no crean en él como su salvador serán condenados? Éste es un concepto dogmático en lo que respecta a la condenación. Lo que Jesús quiso expresar es que quienes no se identifiquen con la Conciencia Crística universal están condenados a vivir y pensar como agobiados mortales, circunscritos a las limitaciones sensoriales, porque esencialmente se han desunido del Eterno Principio de la vida.

Jesús jamás quiso decir que él fuese el único salvador de todos los tiempos

Jesús no se refirió en ningún momento a su conciencia de Hijo del hombre ni a su cuerpo como el único salvador de todos los tiempos. Abrahán y muchos otros alcanzaron la salvación

---

Teodoto, Valentín y Tolomeo entre otros, expresan, de modo similar, que el «Hijo unigénito» se conceptuaba como el principio cósmico de la creación —el divino *Nous* (en griego, «inteligencia», «mente» o «pensamiento»)— y no como la persona de Jesús.

Uno de los Padres de la Iglesia, el célebre Clemente de Alejandría, cita, de los escritos de Teodoto, que «el Hijo unigénito es el *Nous*» (*Excerpta ex Theodoto* 6.3). En el libro *Gnosis: A Selection of Gnostic Texts* [Gnosis: Una selección de textos gnósticos] (Clarendon Press, Oxford, Inglaterra, 1972), el estudioso alemán Werner Foerster cita estas palabras atribuidas a Ireneo: «Basílides presenta al *Nous* como el primero en nacer del Padre sin origen». Valentín, un maestro sumamente respetado por la congregación cristiana de Roma alrededor del año 140 d. C., sostenía, según Foerster, una postura similar y consideraba que «en la Introducción del Evangelio de Juan, el "Unigénito" reemplaza al *Nous*».

En el Concilio de Nicea (325 d. C.), sin embargo, y en el posterior Concilio de Constantinopla (381 d. C.), la Iglesia proclamó como doctrina oficial que Jesús mismo era, en las palabras del Credo de Nicea, «el Hijo unigénito de Dios, nacido del Padre antes de todos los siglos, luz de luz, Dios verdadero de Dios verdadero, engendrado, no creado, *homoousios* ["de la misma naturaleza"] del Padre». Después del Concilio de Constantinopla, según escribe Timothy D. Barnes en *Athanasius and Constantius: Theology and Politics in the Constantinian Empire* [Atanasio y Constancio: Teología y política en el Imperio Bizantino] (Harvard University Press, 1993), «el emperador convirtió las decisiones [del Concilio] en ley y sometió a inhabilitación legal a los cristianos que no aceptaran el credo de Nicea y su consigna *homoousios*. Como se reconoce desde hace ya largo tiempo, estos sucesos marcaron la transición de una época particular a otra en la historia de la Iglesia cristiana y del Imperio Romano». Desde ese momento en adelante —explica Richard E. Rubenstein en *When Jesus Became God*—, la enseñanza oficial de la Iglesia promulgó que no aceptar a Jesús como Dios era rechazar a Dios mismo. A lo largo de los siglos, esta postura tuvo inmensas —y, a menudo, trágicas— repercusiones en la relación entre cristianos y judíos (y, posteriormente, entre cristianos y musulmanes, ya que éstos consideraban a Jesús como un profeta divino pero no como parte de la Divinidad), así como también para los pueblos no cristianos de las tierras conquistadas y colonizadas más tarde por las naciones europeas. *(Nota del editor)*.

antes incluso de que Jesús naciera. Afirmar que la persona histórica de Jesús es el único salvador constituye un error metafísico, ya que quien otorga la salvación universal es la Inteligencia Crística. Como único reflejo del Espíritu Absoluto (el Padre) presente de manera ubicua en el mundo de la relatividad, el Cristo Infinito es el mediador o vínculo exclusivo entre Dios y la materia, y todos los individuos que están hechos de materia —sean cuales fueren sus diferentes castas o credos— deben pasar a través de Él con el fin de llegar a Dios[2]. Todas las almas pueden liberar su conciencia cautiva en la materia y sumergirla en la vastedad de la Omnipresencia al sintonizarse con la Conciencia Crística.

Dijo Jesús: «*Cuando hayáis levantado al Hijo del hombre, entonces sabréis que Yo Soy [Él]*»[3]. Jesús sabía que su cuerpo físico permanecería en el plano terrenal sólo por poco tiempo, y por eso les aclaró a aquellos para quienes él era el Salvador que, cuando su cuerpo (el hijo del hombre) hubiera dejado esta tierra, la gente todavía podría hallar a Dios y la salvación al creer en el omnipresente Hijo unigénito de Dios y conocerle. Jesús enfatizó que todo aquel que creyera en su espíritu como el Cristo Infinito que en él se había encarnado hallaría el sendero hacia la vida eterna mediante la ciencia meditativa de la ascensión interior de la conciencia.

«*Para que todo el que crea en él no perezca*». Las formas de la naturaleza son cambiantes, pero la Inteligencia Infinita inmanente a ella jamás resulta modificada por las mutaciones de la ilusión. El niño que caprichosamente se apega a un muñeco de nieve llorará cuando el sol se eleve en el cielo y derrita esa figura. Del mismo modo, los hijos de Dios sufren si se apegan al cambiante cuerpo humano, que atraviesa las etapas de la niñez, la juventud, la vejez y la muerte. Mas quienes enfocan dentro de sí la fuerza vital y la conciencia y se concentran en la chispa interior de inmortalidad del alma perciben el cielo incluso cuando aún se hallan en la tierra y, puesto que han comprendido la esencia trascendente de la vida, están libres del dolor y el sufrimiento inherentes a los incesantes ciclos de vida y muerte[4].

---

[2] Véase el discurso 70, en el volumen III: «*Yo soy el Camino, la Verdad y la Vida. Nadie va al Padre sino por mí*» (*Juan* 14:6).

[3] *Juan* 8:28. (Véase el discurso 51, en el volumen II).

[4] «Los cielos y la tierra se enrollarán delante de vosotros y el que vive del Viviente no verá muerte ni temor» (*Evangelio de Tomás*, versículo 111, citado de la obra de Antonio Piñero y col., *Textos gnósticos: Biblioteca de Nag Hammadi* Vol. II [Trotta, Madrid, 1999]). *(Nota del editor).*

El propósito de las majestuosas palabras de Jesús en este pasaje era dar a conocer una alentadora promesa divina de redención para toda la humanidad. Siglos de interpretaciones equivocadas han instigado, en cambio, guerras de odio intolerante, crueles inquisiciones y juicios condenatorios causantes de divisiones.

*«Porque Dios no ha enviado a su Hijo al mundo para condenar al mundo, sino para que el mundo se salve por él»**. En este versículo, «mundo» significa la creación de Dios en su conjunto. Al reflejar su Inteligencia en la creación —lo cual hizo posible un cosmos estructurado—, el propósito del Señor no fue diseñar una prisión de finitud en la que las almas quedaran confinadas, lo quisieran o no, como participantes en la danza macabra del sufrimiento y la destrucción, sino volverse accesible como una Fuerza impulsora que instase al mundo a pasar de la manifestación material oscurecida por la ignorancia a la manifestación espiritual iluminada. Es verdad que la vibratoria manifestación creativa de la Inteligencia Universal ha dado origen a la miríada de atracciones que se exhiben en la sala de espectáculos cósmica, las cuales mantienen al ser humano constantemente alejado del Espíritu e inmerso en la vida material, dándole la espalda al Amor Universal ante los fatuos encantos de la vida humana. No obstante, la percepción del Absoluto que está más allá de la creación se encuentra íntimamente cercana, merced a la intermediación de su Inteligencia reflejada en todo lo creado. A través de ese contacto, el devoto comprende que Dios ha enviado a la Inteligencia Crística (su Hijo unigénito) no para crear una cámara de torturas, sino una colosal película cinematográfica cósmica cuyas escenas y actores proporcionarán entretenimiento durante algún tiempo y finalmente regresarán a la Bienaventuranza del Espíritu.

Quienes niegan su fuente divina «se condenan» a permanecer confinados en la cárcel de la finitud

A la luz de este entendimiento, y sean cuales sean las circunstancias que atravesemos en este mundo relativo, sentimos nuestra conexión con el Espíritu Universal y percibimos que la vasta Inteligencia del Ser Absoluto opera en todas las relatividades de la naturaleza. Todo aquel que crea en esa Inteligencia —el Cristo— y se concentre

---

El Señor Krishna en el *Bhagavad Guita* (II:40) se refiere a la ciencia del yoga en estos términos: «Incluso una pequeña práctica de esta religión verdadera te salvará de grandes temores (los tremendos sufrimientos inherentes a los repetidos ciclos de nacimiento y muerte)».

en ella en vez de enfocarse en sus productos —la creación externa— encontrará la redención.

Pensar que el Señor condena a los no creyentes como pecadores es una incongruencia. Dado que quien mora en todos los seres es el Señor mismo, la condenación sería algo totalmente contraproducente. Dios jamás castiga al hombre por no creer en Él; es el hombre quien se castiga a sí mismo. Si uno no cree en la dinamo y corta los cables que conectan su casa a esa fuente de energía, se privará de las ventajas que le brinda la electricidad. De modo similar, ignorar la Inteligencia que se halla omnipresente en la creación entera es negar a la conciencia su vínculo con la Fuente de la sabiduría y el amor divinos que ponen en movimiento el proceso de ascensión en el Espíritu.

El reconocimiento de la inmanencia de Dios puede comenzar de un modo tan simple como lo es la expansión de nuestro amor, a fin de abarcar un círculo cada vez más amplio. El ser humano se condena a las limitaciones cada vez que piensa únicamente en su propio y pequeño ser, en su propia familia, en su propio país. El proceso de expansión es parte inherente de la evolución de la naturaleza y del hombre en su camino de regreso hacia Dios. La exclusividad de la conciencia familiar —«nosotros cuatro y nadie más»— es incorrecta. Hacer caso omiso de esta familia más extensa que es la humanidad implica ignorar también al Cristo Infinito. Aquel que se desvincula de la felicidad y el bienestar de los demás se ha condenado ya a sí mismo a quedar aislado del Espíritu que impregna todas las almas, puesto que quien no se expande en el amor y servicio a Dios que se rinde a través del amor y servicio al prójimo desprecia el poder redentor de la conexión con la universalidad de Cristo. Todos los seres humanos están dotados del poder de hacer el bien; si no utilizan esta cualidad, su nivel de evolución espiritual es apenas superior al egoísmo instintivo de los animales[5].

Cómo expandir nuestra percepción de la Infinita Inteligencia Crística

El amor puro de los corazones humanos irradia el amor universal

---

[5] «Un ser humano es parte de un todo, llamado por nosotros universo, una parte limitada en el tiempo y el espacio. Se experimenta a sí mismo, sus pensamientos y sentimientos como algo separado del resto [...] algo así como una ilusión óptica de su conciencia. Esta falsa ilusión es para nosotros como una prisión que nos restringe a nuestros deseos personales y al afecto que profesamos a las pocas personas que nos rodean. Nuestra tarea debe ser el liberarnos de esta cárcel ampliando nuestro círculo de compasión para abarcar a todas las criaturas vivas y a la naturaleza en conjunto en toda su belleza» (Albert Einstein).

de Cristo. Mediante la expansión continua del círculo del amor individual, la conciencia humana se sintoniza con el Hijo unigénito. Amar a los miembros de nuestra familia es el primer paso en el proceso de expandir el amor por uno mismo hasta que incluya a quienes nos rodean; amar a todos los seres humanos, sin importar su raza o nacionalidad, es conocer el amor de Cristo.

Sólo Dios, en la forma del Cristo Omnipresente, es el responsable de todas las expresiones de la vida. Es el Señor quien pinta los gloriosos paisajes siempre cambiantes del cielo y de las nubes. Es Él quien crea, en las flores, altares impregnados con la fragancia de su amor. En todas las cosas y en todos los seres —los amigos y enemigos, las montañas, los bosques y océanos, el aire y el dosel galáctico giratorio que todo lo abarca—, el devoto crístico contempla las armoniosas combinaciones de la luz de Dios. Descubre que las miríadas de expresiones de esa única Luz, muchas veces de apariencia caótica cuando se manifiesta en los conflictos y las contradicciones, han sido creadas por la inteligencia de Dios no para engañar a los seres humanos ni causarles infortunio, sino con el propósito de alentarlos a buscar el Infinito del cual han surgido. Aquel que no mira las partes sino el conjunto puede discernir cuál es el objetivo de la creación: avanzar inexorablemente, sin excepciones, hacia la salvación universal. Todos los ríos fluyen hacia el océano, y los ríos de nuestras vidas fluyen hacia Dios.

Las olas de la superficie del mar cambian constantemente cuando juegan con el viento y la marea, pero su esencia oceánica permanece inalterable. Quien se concentra tan sólo en una ola de vida está condenado a sufrir, pues dicha ola es inestable y no ha de perdurar. A eso se refería Jesús por «condenación»: al separarse de Dios, el ser humano apegado al cuerpo se condena a sí mismo; para obtener la salvación, debe volver a percibir su inseparable unidad con la Inmanencia Divina.

Al despertar, al comer, al trabajar, al dormir, al soñar,
al servir, al meditar, al cantar, al amar divinamente,
por siempre mi alma exhala un solo son, silente:
¡Dios! ¡Dios! ¡Dios![6]

---

[6] Citado del libro *Songs of the Soul*, de Paramahansa Yogananda (publicado por *Self-Realization Fellowship*).

De este modo, permanecemos en todo momento conscientes de nuestra conexión con la inmutable Inteligencia Divina, la Bondad Absoluta que subyace en los provocativos enigmas de la creación[7].

«El que cree en él, no es condenado; pero el que no cree, ya está condenado»*. Este pasaje deja también claro el papel de la «creencia» en el hecho de que el hombre sea condenado o no. Quienes no comprenden la inmanencia del Absoluto en el mundo de la relatividad tienden a volverse escépticos o dogmáticos, porque, en ambos casos, la religión es un asunto de creencias ciegas. Incapaz de conciliar la idea de un Dios bondadoso con los aparentes males de la creación, el escéptico rechaza las creencias religiosas con la misma obstinación con que el dogmático se aferra a ellas.

La salvación no se alcanza por medio de la creencia ciega, sino mediante la experiencia directa de Dios

Las verdades que Jesús enseñó iban mucho más allá de la creencia ciega, la cual crece o mengua bajo la influencia de las opiniones paradójicas del sacerdote y del cínico. La creencia es una primera etapa del progreso espiritual necesaria para dar acogida al concepto de Dios. Sin embargo, este concepto debe transformarse en convicción, en experiencia. La creencia es precursora de la convicción: es preciso creer en la posibilidad de algo para investigarlo imparcialmente. Pero si nos damos por satisfechos tan sólo con las creencias, éstas se convierten en dogma —estrechez mental—, lo cual obstaculiza la búsqueda de la verdad y el progreso espiritual. Hay que cultivar en la tierra de la creencia los frutos de la experiencia directa de Dios y del contacto con Él. Es este conocimiento incontrovertible —y no la mera creencia— lo que brinda la salvación.

Si alguien me dijese: «Creo en Dios», yo le preguntaría: «¿Por qué crees en Él? ¿Cómo sabes que hay un Dios?». Si su respuesta estuviese basada en suposiciones o en la opinión de otras personas, le diría que no cree realmente. Para defender una convicción, es necesario tener

---

[7] «Aparentemente eclipsado por mi propia *Yoga-Maya* (la ilusión que surge de las tres cualidades de la Naturaleza), permanezco invisible para el hombre. Este desconcertado mundo no me conoce a Mí, el Ser sin origen, el Imperecedero» (*God Talks With Arjuna: The Bhagavad Gita* VII:25. Véase *El Yoga del Bhagavad Guita*).

«Posee verdadera visión quien percibe al Supremo Señor presente por igual en todas las criaturas: el Imperecedero en medio de lo perecedero. [...] Cuando un hombre es capaz de percibir que todos los distintos seres existen en el Ser Único —el cual se ha expandido para manifestarse como múltiple—, entonces se sumerge en Brahman» (*God Talks With Arjuna: The Bhagavad Gita* XIII:27, 30. Véase *El Yoga del Bhagavad Guita*).

pruebas que la avalen; de lo contrario, se tratará simplemente de un dogma y será presa fácil del escepticismo. Si yo señalara un piano y afirmase que se trata de un elefante, la razón de una persona inteligente se rebelaría ante lo absurdo de dicha aseveración. Del mismo modo, si se propagan dogmas acerca de Dios carentes de la validación que aporta la experiencia o la realización, tarde o temprano, cuando se los someta a prueba mediante una experiencia contraria, el raciocinio formulará conjeturas acerca de la veracidad de tales ideas. A medida que los ardientes rayos del sol de la investigación analítica se vuelvan cada vez más abrasadores, las frágiles creencias sin fundamento se debilitarán y marchitarán, dejando en su lugar un páramo de dudas, agnosticismo o ateísmo.

La meditación científica, que trasciende la mera filosofía, sintoniza la conciencia con la poderosa verdad suprema; el devoto avanza, a cada paso, hacia la auténtica percepción de la verdad y evita el errático vagar. Una vida espiritual genuina e inmune a las dudas se construye a través de la perseverancia en los esfuerzos por verificar las creencias y someterlas a la prueba de la experiencia merced a la realización intuitiva que se logra con los métodos yóguicos.

La creencia es una fuerza poderosa si conduce al deseo y determinación de experimentar a Cristo. Eso fue lo que Jesús quería expresar cuando instó a la gente a «creer en el nombre del Hijo unigénito de Dios»; es decir, a retirar de los sentidos y la materia —por medio de la meditación— la conciencia y la energía vital, con el propósito de percibir intuitivamente el *Om*, la Palabra o Energía Cósmica Vibratoria que todo lo penetra y que es el «nombre» o manifestación activa de la inmanente Conciencia Crística[8]. Alguien podría aseverar una y otra vez su creencia intelectual en Jesucristo, pero si no experimenta realmente al Cristo Cósmico, tanto en su forma omnipresente como encarnado en Jesús, la practicidad espiritual de dicha creencia será insuficiente para que alcance la salvación.

Nadie puede ser salvado por el solo hecho de pronunciar reiteradamente el nombre del Señor o rendirle alabanzas en un *crescendo* de aleluyas. No es posible recibir el poder liberador de las enseñanzas de Jesús mediante la creencia ciega en su nombre o la adoración de su personalidad. La verdadera adoración de Cristo consiste en

---

[8] Véase el comentario sobre *Juan* 1:12 en el discurso 1: «*Pero a todos los que la recibieron les dio poder de hacerse hijos de Dios, a los que creen en su nombre*».

percibir a Cristo, en comunión divina, en el templo sin muros de la conciencia expandida.

Dios no envió al mundo a su «Hijo unigénito», su divino reflejo, para que actuase como un detective implacable dedicado a localizar a los no creyentes con el fin de castigarlos. La redentora Inteligencia Crística, que mora en el seno de cada alma sea cual sea la medida de su cúmulo de pecados o virtudes, espera con infinita paciencia que, al meditar, cada una de estas almas despierte y salga del sueño narcotizante del engaño cósmico para recibir la gracia de la salvación. Quien crea en esta Inteligencia Crística y cultive, por vía de las acciones espirituales, el deseo de buscar la salvación a través de la ascensión en esta conciencia reflejada de Dios, no necesitará ya deambular a ciegas por el engañoso sendero del error. Con pasos mesurados, avanzará sin duda hacia la redentora Gracia Infinita. Por el contrario, el no creyente que desprecie la idea de la existencia de este Salvador —el único camino hacia la redención— se condenará a sí mismo a la ignorancia surgida de la identificación con el cuerpo y a las consecuencias de dicha ignorancia, hasta la llegada de su despertar espiritual.

~

«Y la condenación consiste en que la luz vino al mundo, pero los hombres amaron más las tinieblas que la luz, porque sus obras eran malas*. Pues todo el que obra el mal odia la luz y no se acerca a ella, para que nadie censure sus obras. Pero el que obra la verdad se acerca a la luz, para que quede de manifiesto que actúa como Dios quiere» (Juan 3:19-21).

De la omnipresente luz de Dios, imbuida de la Inteligencia Crística universal, emanan silenciosamente la sabiduría y el amor divinos para conducir a todos los seres de regreso a la Conciencia Infinita. El alma, al ser una versión microcósmica del Espíritu, es una luz que está siempre presente en el hombre para guiarle a través del entendimiento y de la voz intuitiva de la conciencia. Sin embargo, muy a menudo el ser humano trata erróneamente de justificar los hábitos y caprichos enraizados en sus deseos y hace caso omiso de dicha guía; tentado por el Satanás de la ilusión cósmica, elige acciones que extinguen la luz de la guía interior del discernimiento.

El origen del pecado y del consiguiente sufrimiento físico, mental y espiritual reside, por lo tanto, en el hecho de que la inteligencia y el discernimiento divinos que posee el alma se reprimen debido al mal uso que hace el hombre del libre albedrío otorgado por Dios. Aun cuando la gente que carece de entendimiento atribuye a Dios sus propias tendencias vengativas, la «condenación» acerca de la cual hablaba Jesús no constituye un castigo impuesto por un Creador tiránico, sino que se trata de los resultados que el hombre atrae sobre sí mismo por sus propias acciones, de acuerdo con la ley de causa y efecto (karma) y la ley del hábito. Sucumbiendo a los deseos que mantienen su conciencia absorta y recluida en el mundo material —las «tinieblas» o porción densa de la creación cósmica donde la luminosa Presencia Divina se halla intensamente velada por las sombras de la ilusión de *maya*—, las almas ignorantes, identificadas en su condición humana con el ego mortal, se abandonan de manera reiterada a sus modos equivocados de vivir, los cuales quedan entonces grabados con fuerza en su cerebro como malos hábitos de comportamiento mortal.

«Amar más las tinieblas que la luz»: el poder de los malos hábitos que oscurece al alma

Cuando Jesús señaló que los hombres aman las tinieblas más que la luz, se refería al hecho de que los hábitos materialistas alejan de Dios a millones de personas. No quiso decir con ello que todos los seres humanos amen la oscuridad, sino sólo aquellos que no hacen ningún esfuerzo por resistir las tentaciones de Satanás y toman, en cambio, el camino más fácil, que consiste en deslizarse cuesta abajo por la colina de los malos hábitos, acostumbrándose así a las tinieblas de la conciencia mundana. Dado que rehúsan escuchar la voz de la Conciencia Crística que les susurra desde el interior de su propia conciencia, se privan de la experiencia del gozo, infinitamente más tentadora, de la cual podrían disfrutar a través de los buenos hábitos que la guiadora luz de la sabiduría, presente en sus almas, les impulsa a crear.

Las tentaciones materiales prometen felicidad como resultado de la satisfacción de los deseos; sin embargo, ceder a la tentación provoca sufrimiento y la destrucción de la felicidad. Las personas que sucumben a la seducción del mal no suelen darse cuenta de esta verdad hasta que el hábito de rendirse a la tentación se ha arraigado en ellas. Alentados por la perspectiva de obtener aunque sólo sea una mínima satisfacción temporal, quienes forman hábitos erróneos y no han estado expuestos al gozo superior de los buenos hábitos prefieren soportar las consecuencias de la satisfacción de los deseos perjudiciales, antes que realizar el menor esfuerzo por reformarse. Al final, terminan adaptándose de tal modo a la costumbre de ceder automáticamente a la incitación de los malos hábitos, a pesar de las inevitables repercusiones que esta actitud les acarrea, que rechazan categóricamente la idea de abandonar un placer tan traicionero. Se resisten a considerar la mera sugerencia de que cierto grado de autocontrol en lo que respecta a la lujuria y a la codicia podría resultarles beneficioso. Creen erradamente que se sentirían desdichados e incluso atormentados si se les negara la gratificación de sus deseos.

Las inquietas personas mundanas, habituadas a la actividad continua, se sienten agobiadas cuando piensan en practicar deliberadamente la quietud de la meditación. Hacen caso omiso del solaz que la comunión con Dios ofrece al alma, pues están convencidas de que sentirán mayor bienestar dando satisfacción a las tendencias que constituyen su segunda naturaleza —la preocupación, el nerviosismo, la charla ociosa y los deseos materiales—, por destructivas que éstas sean, en lugar de esforzarse por experimentar el gozo del contacto divino, con el que aún no se hallan familiarizadas. La prioridad de la mayoría de las personas al despertar cada mañana consiste en tomar un rápido desayuno para luego lanzarse presurosas a su rutina de múltiples ocupaciones. Que las actividades del día vayan precedidas de un determinado tiempo dedicado a cultivar la paz y la felicidad interiores provenientes de la concentración en Dios, mediante el hábito espiritual de la meditación, es una posibilidad que les parece completamente ajena. Acostumbradas a las tinieblas de la ignorancia mundana, odian la luz crística que se encuentra por siempre presente en sus almas. El único modo en que les sería posible vencer el perverso hábito del apego mundano consistiría en desarrollar un apego aún mayor por la paz y la bienaventuranza divinas que se obtienen como resultado de alimentar el buen hábito opuesto de la meditación diaria.

De allí el énfasis de Jesús en señalar que con la luz del despertar del alma es posible desvanecer de la conciencia humana la tendencia mortal a preferir las engañosas tinieblas de la materialidad. Ejercitando una y otra vez la fuerza de voluntad para meditar de forma profunda y regular, se puede obtener el contacto con la supremamente satisfactoria Bienaventuranza de Dios y traer de nuevo a la conciencia ese gozo en todo momento y lugar.

Al comparar a los hombres de las tinieblas con los hombres de la luz, Jesús cita el error psicológico universal que cometen los esclavos

de los hábitos: evitar todos los pensamientos relativos a la mayor plenitud de la mente y del cuerpo que les aguarda como resultado de la
práctica de los buenos hábitos, porque temen que, al abandonar los
imaginados placeres relacionados con el cuerpo, sufrirán la angustia
de la privación. Al igual que la lechuza, que ama las horas nocturnas
y se oculta durante el día, del mismo modo, las personas gobernadas
por hábitos oscuros rehúyen la luz del mejoramiento personal.

Aquellos que, por medio de la meditación, han establecido el hábito de la serenidad se ven atraídos naturalmente hacia la compañía
de almas santas y de mente elevada, en tanto que las personas en las
que predomina la inquietud generada por la materialidad prefieren
relacionarse con gente de naturaleza mundana. Quienes abrigan malos hábitos buscan las malas compañías y evitan a aquellos que son
virtuosos; pero esto es un desatino, porque si se relacionaran sinceramente con quienes poseen buenos hábitos descubrirían un mecanismo
automático que les haría abandonar su inclinación hacia el mal. La
compañía apropiada proporciona el ímpetu esencial para que uno se
perfeccione. Imitar el bien implica dedicarse a las buenas acciones; las
buenas acciones forman buenos hábitos; y los buenos hábitos desalo-
jarán a los hábitos indeseables.

Sin embargo, de algún modo la gente perversa se siente censu-
rada cuando se encuentra en compañía de buenas personas, aunque
quienes son realmente bondadosos jamás reprenden a otros por su
mal comportamiento del pasado si éstos están procurando seriamente
reformarse. Jamás se debe abrumar al pecador con juicios desdeñosos,
pues él ya se encuentra demasiado familiarizado con las torturas que
se inflige a sí mismo por causa de sus pecados. No debería castigársele
aún más con la condenación o el odio; no obstante, si hace caso omiso
de la mano que se le tiende amorosamente en su ayuda, ha de dársele
la oportunidad de que aprenda sus propias lecciones en la escuela de
los rudos golpes. A su debido tiempo, estará preparado y dispuesto
para beneficiarse de los consejos constructivos que se le ofrecen.

Siempre que una persona se halle envenenada con actitudes y pensamientos negativos, su oscura mentalidad profesará odio hacia la luz
de la verdad. Sin embargo, el aspecto positivo de los malos hábitos
es que muy pocas veces cumplen sus promesas. Con el tiempo, queda
al descubierto que no son otra cosa que unos mentirosos empederni-
dos. Por ese motivo, las almas no pueden permanecer engañadas ni
esclavizadas eternamente. Aun cuando quienes tienen malos hábitos

retroceden al principio ante la idea de vivir mejor, una vez que se han saciado de su mal comportamiento —después de haber sufrido las consecuencias por tiempo suficiente—, se vuelven en busca de consuelo hacia la luz de la sabiduría divina, a pesar de que todavía persistan algunos malos hábitos arraigados que deban erradicarse. Si continuamente practican formas de vivir que se encuentren en armonía con la Verdad, en esa luz llegarán a experimentar la paz interior y el gozo que son el resultado del autocontrol y de los buenos hábitos.

«Pero el que obra la verdad se acerca a la luz, para que quede de manifiesto que actúa como Dios quiere». El término «verdad» es un concepto muy escurridizo; Jesús mismo rehusó definirlo cuando fue interrogado por Pilatos[9]. No siempre es posible aplicar criterios absolutos en nuestro mundo relativo. Para adherirse a la verdad en la vida cotidiana, el hombre debe guiarse por la sabiduría intuitiva; sólo ella dilucida infaliblemente lo que es

La voz interior que nos apremia a seguir el camino de la verdad

correcto y virtuoso en cada circunstancia. La voz de la conciencia es la voz de Dios. Todos poseen dicha voz, pero no todos la escuchan. Quienes han entrenado su sensibilidad pueden detectar lo que es incorrecto porque genera dentro de ellos una perturbadora desazón. Y reconocen la virtud por la vibración de armonía que se crea en su interior. La luz de Dios se encuentra allí en todo momento y los guía mediante el discernimiento y el sentimiento de paz. Si uno no permite que la emoción perturbe el sentimiento, o que la racionalización de un mal comportamiento afecte al discernimiento, recibirá la ayuda de esa voz interior. Seguir la luz de la guiadora sabiduría interior constituye el camino hacia la verdadera felicidad, el modo de pertenecer a Dios por siempre, la manera de desligarse de la influencia coercitiva de los malos hábitos que usurpan el poder de decisión del ser humano.

Muchas personas dominadas por los malos hábitos se convierten en «antigüedades psicológicas» —jamás cambian, año tras año cometen los mismos errores y sus manías empeoran—. Sin embargo, el buscador espiritual, que procura cada día modificar aquellas características de su naturaleza que no le resultan beneficiosas, trasciende poco a poco su viejo comportamiento materialista anclado en los hábitos. Sus acciones y su vida misma se crean nuevamente, *«como Dios quiere»*: en verdad, nace de nuevo. Al adherirse al buen hábito de practicar

---

[9] *Juan* 18:38.

a diario la meditación científica, contempla la luz de la sabiduría de Cristo —la divina energía del Espíritu Santo, que hace desaparecer con efectividad los surcos eléctricos del cerebro formados por los malos hábitos de pensamiento y acción— y se bautiza en esa luz. Se abre así el ojo espiritual de su percepción intuitiva, la cual confiere no sólo una guía certera en el sendero de la vida, sino también la visión del reino celestial de Dios y la entrada a dicho reino y, finalmente, la unidad con la divina conciencia omnipresente.

Alegrarse con la voz del Novio

«Es preciso que él crezca y que yo disminuya»:
¿a qué se refería Juan el Bautista con estas palabras?

❖

El significado simbólico del «Novio» divino

❖

«La voz del Novio»: el sonido cósmico de *Om*

❖

El verdadero significado de «la ira de Dios»

*«En el útero de la Madre Naturaleza, el Espíritu da a luz la crea-
ción. [...] Jesús era uno con la omnipresente conciencia positiva del
Espíritu. [...] Él era una manifestación completa de Dios —el Novio,
el Espíritu universal desposado con la Naturaleza universal».*

*D*espués de esto, se fue Jesús con sus discípulos al país de Judea. Allí se estaba con ellos y bautizaba. Juan también estaba bautizando en Ainón, cerca de Salín, porque había allí mucha agua; y la gente acudía y se bautizaba. Todavía no había sido Juan encarcelado.

Se suscitó una discusión entre los discípulos de Juan y un judío acerca de la purificación. Fueron, pues, a Juan y le dijeron: «Rabbí, el que estaba contigo al otro lado del Jordán, aquel de quien diste testimonio, está bautizando y todos van donde él». Juan respondió:

«Nadie puede recibir nada si no se le ha dado del cielo. Vosotros mismos sois testigos de que dije: "Yo no soy el Cristo, sino que he sido enviado delante de él". El que tiene a la novia es el novio; pero el amigo del novio, que está presente y le oye, se alegra mucho con la voz del novio. Ésta es, pues, mi alegría, que ha alcanzado su plenitud. Es preciso que él crezca y que yo disminuya.

»El que viene de arriba está por encima de todos; el que es de la tierra habla de la tierra. El que viene del cielo da testimonio de lo que ha visto y oído, pero su testimonio nadie lo acepta. El que acepta su testimonio certifica que Dios es veraz.

»Porque aquel a quien Dios ha enviado proclama las palabras de Dios, porque no da el Espíritu con medida. El Padre ama al Hijo y ha puesto todo en su mano. El que cree en el Hijo tiene vida eterna; el que resiste al Hijo no verá la vida, pues siempre le acecha la ira de Dios».

Cuando Jesús se enteró de que había llegado a oídos de los fariseos que él hacía más discípulos y bautizaba más que Juan —aunque no era Jesús mismo el que bautizaba, sino sus discípulos—, abandonó Judea y volvió a Galilea. Tenía que pasar por Samaría.

Juan 3:22–4:4

Alegrarse con la voz del Novio

En los versículos iniciales de este discurso se hace notar nuevamente la diferencia que existe entre el bautismo simbólico con
agua y el verdadero bautismo en el Espíritu. Juan celebraba el rito externo de purificación que consistía en la inmersión del cuerpo físico en
el agua a fin de destacar la iniciación espiritual superior —el bautismo
en el Espíritu Santo— que Jesús, el tan esperado Cristo, había venido
a impartir. Siendo Jesús un salvador designado por Dios, había comenzado a atraer multitudes de almas por medio del magnetismo de
su amor y poder divinos.

El hecho de que Jesús atrajera mayores multitudes que el hasta
entonces aclamado Juan el Bautista fue parte de una controversia entre
los judíos y algunos de los discípulos de Juan sobre
los ritos de purificación. Cuando a Juan le llevaron
noticias acerca de la fama de Jesús, Juan les recordó
los elogios que él había expresado anteriormente
acerca de Jesús y que éste había venido a desempeñar un papel más grande que el suyo en la obra de
manifestar a Dios en la tierra[1]. Era, pues, la voluntad de Dios que creciera el renombre de Jesús y que
disminuyera el de Juan, quien señaló que no le es dado al ser humano
tener poderes, excepto aquellos que recibe del Espíritu Celestial. Esto
no significa que las almas sean creadas expresamente con ventajas y
limitaciones individuales predestinadas por el Cielo. El Espíritu es la

*«Es preciso que
él crezca y que yo
disminuya»: ¿a
qué se refería Juan
el Bautista con
estas palabras?*

---

[1] Véase el discurso 6.

fuente, y todas las cosas creadas —las estrellas, las almas, los pensamientos, los universos— constituyen el agua que brota de la fuente. En el caso de las almas que se encuentran en proceso de evolución, cada persona manifiesta a Dios de una manera que puede ser más o menos completa, según el uso correcto o incorrecto que hace de sus innatos poderes divinos. Pero al aplicar las palabras de Juan a las almas liberadas que regresan a la tierra a instancias de Dios, su significado es que Él inviste a cada alma de aquellos poderes y características que le sean de mayor utilidad en su misión divina y que sirvan para reforzar el ilusorio realismo del drama cósmico, haciendo reales, en un sentido relativo, las experiencias que dichas almas atraviesan al representar su papel como almas encarnadas. Por lo tanto, en este pasaje, Juan se refiere específicamente a la voluntad de Dios que dispuso diferencias importantes entre él, que había venido en esa encarnación como un santo común, y Jesús, que se encarnó como un salvador universal.

Las almas avanzadas, aquellas que son capaces de manifestar la Divinidad, ya sea en forma parcial o total, como consecuencia de haber impulsado su propia evolución espiritual por medio del esfuerzo realizado a lo largo de encarnaciones, son enviadas por Dios para colaborar en el cumplimiento de su divino plan para la tierra. A los santos y profetas que vienen al mundo con el propósito de ayudar en la elevación de las almas, pero que no se encuentran totalmente liberados o no vienen a cumplir una misión universal, se les considera encarnaciones parciales *(khanda avatares)*. A los maestros liberados en los que Dios se manifiesta abiertamente como un salvador universal, o que tienen el designio divino de facilitar la redención de las multitudes, se les suele denominar «encarnaciones completas de Dios» *(purna avatares)*. Jesucristo, Bhagavan Krishna, Mahavatar Babaji, Lahiri Mahasaya, Swami Sri Yukteswar y muchos otros que han surgido a lo largo de los tiempos son manifestaciones plenas de Dios. Aun cuando Juan el Bautista había alcanzado la liberación en su encarnación como Elías, fue enviado a la tierra como Juan para desempeñar un papel más humilde, pero muy específico: dar testimonio de un salvador universal y anunciar el especial designio divino implícito en la venida de Jesús.

Es providencial que los maestros que vienen a la tierra con una misión pública sean anunciados o presentados en forma apropiada, de modo que la gente sea capaz de reconocer su importancia y recibir con la mejor disposición su ayuda espiritual. Así como se requiere un experto en piedras preciosas para evaluar correctamente una gema, así también, cuando se encarnan las almas preeminentes —que están dotadas de divina humildad y jamás hacen alarde de su propia grandeza—, sólo pueden ser identificadas por quienes se hallan capacitados. Por ello, Juan fue enviado para dar testimonio del divino papel que Dios le había conferido a Jesús, con el objeto de que la gente le reconociese de inmediato y acogiera su sabiduría.

La analogía que hace Juan acerca de Jesús como el Novio divino es un simbolismo que se repite en varios pasajes del Nuevo Testamento[2]. De manera semejante, uno de los epítetos que se aplican a Bhagavan Krishna, el Cristo de la India, es Madhava: *Ma*, Prakriti o Madre Naturaleza Primordial; y *dhava*, esposo. Tanto Jesús como Krishna, siendo encarnaciones perfectas de la omnipresente Conciencia de Cristo-Krishna, eran consortes del Espíritu Divino en su aspecto de Prakriti o Madre Naturaleza Primordial, la cual creó toda la materia y el espacio y constituye su sustancia.

El significado simbólico del «Novio» divino

Con el objeto de manifestar la creación, el Espíritu produce una vibración de dualidad que divide su Ser Único en el trascendente Creador inactivo y en su activo Poder Creativo: Dios Padre y la Madre Naturaleza Cósmica. El Espíritu y la Naturaleza, el sujeto y el objeto, lo positivo y lo negativo, la atracción y la repulsión: es la dualidad la que hace posible el nacimiento de lo múltiple a partir del Uno. En la activa y objetivante Vibración Creativa de Dios (el Espíritu Santo o Maha Prakriti), Él mismo está presente de manera subjetiva como un reflejo inalterado e inmutable, el Espíritu Universal que se halla en la creación: *Kutastha Chaitanya*, la Conciencia Crística o Conciencia de Krishna. Esta inteligencia rectora inmanente —la conciencia subjetiva o alma universal— permite estructurar la omnipotente Fuerza Vibratoria en una miríada de manifestaciones objetivas. De este modo, en el útero de la Madre Naturaleza, el Espíritu da a luz la creación[3].

---

[2] Por ejemplo, *Mateo* 9:15 y 25:1.

[3] En el *Evangelio de los Hebreos* (no canónico), que según los eruditos data de principios del siglo II, se indica que Jesús se refiere al Espíritu Santo como «mi madre». En su *Comentario acerca de Juan* 2:12, Orígenes (circa 185-254), uno de los grandes Padres de la Iglesia, escribió: «Y si se acepta el *Evangelio de los Hebreos*, allí el Salvador afirma: "Y así lo hizo mi madre, el Espíritu Santo; me tomó por uno de mis cabellos y me llevó hasta el gran Monte Tabor"» —citado en *Gospel Parallels* [Los paralelismos de los Evangelios], de Burton H. Throckmorton, hijo (Thomas Nelson, Nashville, 1992)—. *(Nota del editor).*

A Jesús se le llamó «el Novio» porque su conciencia era una con la omnipresente conciencia positiva del Espíritu, que se halla unida a la vibración negativa de la Naturaleza Cósmica —la Novia—, la cual engendra el vasto universo. La conciencia universal positiva fluye hacia el Espíritu y contrarresta la corriente negativa de Energía Cósmica (la Naturaleza), que fluye hacia afuera y proyecta la materia. Al unificarse con la Inteligencia Crística, aquel que ha alcanzado la comunión divina puede ver el Espíritu y la Naturaleza en forma conjunta —contempla lo Imperecedero en lo perecedero y percibe las infinitas permutaciones de la vida, el cambio y la muerte como la danza extática del Espíritu y la Naturaleza que se lleva a cabo en el escenario del tiempo y el espacio infinitos—. «Comprende que todo cuanto existe —cada ser, cada objeto, lo animado y lo inanimado— procede de la unión del *Kshetra* y el *Kshetrajna* (la Naturaleza y el Espíritu). Posee verdadera visión quien percibe al Supremo Señor presente por igual en todas las criaturas: el Imperecedero en medio de lo perecedero»[4]. Las personas comunes sólo ven la Naturaleza porque su conciencia se halla enfocada en lo externo, en la pantalla de las vibraciones materiales; pero cuando se invierte la dirección de la conciencia, dirigiéndola hacia la Cabina Cósmica, desde la cual se proyectan todas las imágenes de la creación, es posible percibir el carácter singular de la Conciencia Crística presente en el espacio entero —comprender que, en verdad, es el Espíritu el que se ha convertido en la creación y que todas las cosas no son sino una gloriosa diversificación de Dios—. Jesús había alcanzado ese estado; él era una manifestación completa de Dios —el Novio, el Espíritu universal desposado con la Naturaleza universal.

Cuando Juan dijo que se alegraba con la voz del Novio, se refería al Sonido Cósmico de *Om* (Amén), la vibración activa que es la voz o «testigo» de la inmanente Inteligencia Crística[5]. Es posible oír esa voz de la Vibración Cósmica mediante la práctica de un método específico de meditación yóguica que enseña *Self-Realization Fellowship*[6]. Juan había oído el Sonido Cósmico y percibido en él la Inteligencia Crística, pero enfocó la atención en Jesús como aquel que había ido más allá de

---

[4] *God Talks With Arjuna: The Bhagavad Gita* XIII:26-27. (Véase *El Yoga del Bhagavad Guita*).

[5] «*Así habla el Amén, el Testigo fiel y veraz, el Principio de la creación de Dios*» (*Apocalipsis* 3:14).

[6] Véase la página 655.

la vibración del Sonido Cósmico y la vibración de la Naturaleza hasta llegar al reino puro de la Inteligencia Crística presente en éstos. Juan hizo una comparación entre él, que había tenido vislumbres de la omnipresente sabiduría de Cristo, y Jesús, cuya infinita conciencia se percibía en verdad a sí misma como el Cristo que mora en toda partícula del espacio vibratorio de la creación entera.

«La voz del Novio»: el sonido cósmico de Om

El yogui avanzado *escucha* primero el Sonido Cósmico dentro de su cuerpo y, luego, es capaz de oírlo en cualquier lugar de la creación. A continuación, *percibe* la Inteligencia Crística en el sonido de su propio cuerpo y, posteriormente, experimenta dicha Inteligencia en toda la creación. Juan se refiere a sí mismo como *«el amigo del novio, que está presente y le oye [...]. Ésta es, pues, mi alegría, que ha alcanzado su plenitud».* Él había oído el Sonido Cósmico e indirectamente percibió la presencia de la Inteligencia Crística que se encuentra en éste. Se alegraba de hallarse en la compañía de Jesús, quien, siendo el Novio divino, unido al Espíritu en forma de reflejo positivo de la Conciencia Crística omnipresente, había obtenido como Novia al Espíritu Universal que se manifiesta como la Naturaleza Universal. Aquel que percibe al Espíritu tanto en su dimensión inmanente como en la trascendente es uno con el Espíritu en su aspecto de Novia —la conciencia de Dios omnipresente en la Madre Naturaleza Cósmica (Maha Prakriti) y que se ha transformado en ella— y es también uno con el Espíritu en su aspecto de conciencia trascendente presente en la creación como Conciencia Crística, y más allá de la manifestación, como Conciencia Cósmica —el Absoluto.

Al referirse a Jesús, Juan ensalza a las almas iluminadas por la Conciencia Crística, aquellas cuya conciencia no se ve influida por deseos terrenales —que tienden a hacerla descender—, sino por la Conciencia Cósmica, que ejerce su inspiradora influencia desde arriba: *«El que viene de arriba».* Las almas atadas al cuerpo, al identificarse con lo terrenal, enfocan su atención de modo exclusivo en la materia: *«el que es de la tierra habla de la tierra».* De las almas espiritualmente despiertas, que se hallan en sintonía con la Conciencia Cósmica y están guiadas por ésta, se dice, pues, que *«vienen de arriba»* y que están *«por encima»* de todas las demás; han ascendido en la escala de la evolución al grado de disfrutar de la percepción trascendente del sublime reino celestial interior.

Juan señala, además, que las almas divinas no hablan basándose en un conocimiento que hayan adquirido en los libros o que provenga de la imaginación intelectual que fantasea sus propias realidades y absolutos; por el contrario, sus palabras se basan únicamente en la verdad que oyen, perciben y ven a través del poder omnisciente de la intuición del alma. Ningún mortal que dependa del testimonio de sus limitados sentidos puede captar la profundidad y magnitud de la verdad que perciben aquellas personas que han alcanzado la realización del Ser; sin embargo, las almas elevadas que desarrollan la intuición por medio de la meditación no sólo pueden comprender las verdades que exponen los profetas, sino también comprobarlas por sí mismas. A través de su propia experiencia verifican, con el irrefutable «sello» de la convicción intuitiva, la proclamación extática de los visionarios en el sentido de que Dios es la única y verdadera Sustancia Eterna y que todos los fenómenos de la Naturaleza no son sino olas del Espíritu que juegan en el Regazo del Infinito.

Las palabras de guía procedentes de un verdadero mensajero de Dios brotan de éste sólo de acuerdo con lo que Dios desea expresar a través de él. En tales almas, Él no deposita su sabiduría en proporción a la magnitud de los poderes intelectuales que haya adquirido el mensajero, sino mediante la efusión de la gracia inconmensurable que caracteriza a un Padre rebosante de amor. Quienes se han unido a Dios se convierten en Dios mismo.

Por ser el único reflejo de la Inteligencia del trascendente Dios Padre en la creación vibratoria, el Hijo o Inteligencia Crística posee dominio sobre toda la materia —Dios *«ha puesto todo en su mano»*—. La Conciencia Crística es el Divino Amor de Dios —*«el Padre ama al Hijo»*— que se refleja con toda su pureza en la creación y en los santos liberados. Este Amor atrae a los seres creados por medio de su fuerza magnética a fin de que regresen a la bienaventurada unidad en el Espíritu. Todo devoto que crea en esta inmutable Inteligencia Inmanente y que gradualmente se una a ella —al fusionarse con el Sonido Cósmico de *Om* que se oye en la meditación— recibirá la vida eterna de Cristo.

El único camino que nos conduce hacia la Conciencia Cósmica consiste en atravesar el caparazón de las vibraciones materiales y alcanzar la esencia viva de la inmanente Inteligencia Crística. Las personas cuyos ojos se encuentran cerrados a la luz de la Vibración Cósmica y a la Inteligencia Crística oculta en la materia no pueden llegar a Dios. *«El que resiste al Hijo no verá la vida, pues siempre le acecha la ira de Dios».* Dios siente ira y dolor por esas almas, tal como una madre se sentiría enfadada y apenada si uno de sus hijos se lastimara por causa del mal uso de su libre albedrío. La «*ira de Dios*» es la expresión empleada en la Biblia para hacer referencia a la justa ley del karma, que establece los efectos de las acciones que el hombre emprende impulsado por el ego. Dios no necesita intervenir para imponer otra sentencia además de la que ya aplica la inexorable y rigurosa ley del karma. Sin embargo, la compasiva intervención divina, que mitiga los efectos kármicos, puede ser postergada u obstaculizada por la extrema ignorancia e insensatez —a menudo, voluntaria— del ser humano.

El verdadero significado de «la ira de Dios»

Una vez que Dios anunció a través de Juan la venida de Jesús y mostró a los fariseos el poder magnético de Jesús —que atraía a multitudes de abejas-almas por medio de la Divina Fragancia que él manifestaba—, Jesús abandonó Judea y partió hacia Galilea para predicar allí el evangelio[7] (las revelaciones de la verdad que Dios expresa a través de la intuición del ser humano). Él tenía que cumplir la misión especial de redimir a la mujer de Samaría, una discípula de encarnaciones anteriores que había caído espiritualmente. Por eso dice la escritura: «*Tenía que pasar por Samaría*».

---

[7] El término «evangelio» proviene del griego *euangélion*, que significa «buena nueva». (Véase *evangelios* en el Glosario).

DISCURSO 17

La mujer de Samaría, parte I

La redención de una discípula de vidas pasadas
que había caído espiritualmente

❖

Jesús repudia los males del prejuicio racial
y del concepto de casta

❖

El «agua viva» de la Divina Bienaventuranza del alma

❖

Cooperar sinceramente con el gurú
puede salvar incluso al peor de los pecadores

❖

Cómo percibe un maestro
los pensamientos más íntimos de su discípulo

*«El encuentro de Jesús con la mujer de Samaría no fue casual,
sino una reunión entre gurú y discípulo que había sido divinamente
planeada».*

*L*legó a un pueblo de Samaría llamado Sicar, cerca de la heredad que Jacob legó a su hijo José. Allí estaba el pozo de Jacob. Jesús, que estaba cansado de tanto andar, se había sentado junto al pozo. Era alrededor de la hora sexta. Llegó entonces una mujer de Samaría a sacar agua. Jesús le dijo: «Dame de beber». Sus discípulos se habían ido al pueblo a comprar comida. La samaritana le respondió: «¿Cómo tú, siendo judío, me pides de beber a mí, que soy una mujer de Samaría?». Es que los judíos no se tratan con los samaritanos. Jesús le respondió:

«Si conocieras el don de Dios y supieras quién es el que te dice "Dame de beber", tú se lo habrías pedido a él, y él te habría dado agua viva».

Contestó la mujer: «Señor, el pozo es hondo y no tienes con qué sacarla; ¿cómo es que tienes esa agua viva? ¿Te crees más que nuestro padre Jacob, que nos dio el pozo, del que bebieron él, sus hijos y sus ganados?». Jesús le respondió:

«Todo el que beba de esta agua volverá a tener sed; pero el que beba del agua que yo le dé no tendrá sed jamás, pues el agua que yo le dé se convertirá en él en fuente de agua que brota para vida eterna».

Le dijo la mujer: «Señor, dame de esa agua, para no volver a tener sed y no tener que venir aquí a sacarla». Él le contestó: «Vete, llama a tu marido y vuelve acá». La mujer le dijo: «No tengo marido». Jesús le respondió: «Bien has dicho que no tienes marido, porque has tenido cinco, y el que ahora tienes no es marido tuyo. En eso has dicho la verdad». La mujer replicó: «Señor, veo que eres un profeta».

Juan 4:5-19

La mujer de Samaría, parte I

> «*Llegó a un pueblo de Samaría llamado Sicar, cerca de la heredad que Jacob legó a su hijo José. Allí estaba el pozo de Jacob. Jesús, que estaba cansado de tanto andar, se había sentado junto al pozo. Era alrededor de la hora sexta. Llegó entonces una mujer de Samaría a sacar agua. Jesús le dijo: "Dame de beber". Sus discípulos se habían ido al pueblo a comprar comida. La samaritana le respondió: "¿Cómo tú, siendo judío, me pides de beber a mí, que soy una mujer de Samaría?". Es que los judíos no se tratan con los samaritanos. Jesús le respondió:*
>
> »*"Si conocieras el don de Dios y supieras quién es el que te dice 'Dame de beber', tú se lo habrías pedido a él, y él te habría dado agua viva"*» (*Juan* 4:5-10).

El encuentro de Jesús con la mujer de Samaría no fue casual, sino una reunión entre gurú y discípulo que había sido divinamente planeada. Jesús deseaba redimir a la mujer samaritana, que era su discípula de una encarnación anterior y se hallaba moralmente perdida.

Al igual que ocurre con muchos grandes maestros, Jesús contaba entre sus seguidores con varios discípulos de vidas pasadas. La alianza entre gurú y discípulo que habían establecido en vidas anteriores los atrajo mutuamente por medio del invisible magnetismo de la ley divina. No se trataba sólo de aquellos doce que en encarnaciones pasadas se habían hecho merecedores de hallarse en el círculo íntimo de discípulos de Jesús, sino que había otros también. Jesús reconocía a los discípulos que reanudaban esa relación iniciada en una vida anterior y los distinguía de quienes se acercaban a él por primera vez en busca de iluminación. Sin embargo, incluso una persona estrechamente vinculada

La redención de una discípula de vidas pasadas que había caído espiritualmente

a un gran maestro, o un discípulo proveniente de vidas anteriores, puede no haberse convertido en un devoto perfecto, como lo demuestra la ignominiosa traición que sufrió Jesús por parte de su discípulo Judas. Es por el bien de los que aún no han alcanzado la redención por lo que el gurú debe regresar a la tierra, ya sea adoptando una encarnación humana o apareciéndose en forma de visión para guiar y bendecir a quienes se hallan en sintonía o, a veces, incluso empleando como instrumento a otro maestro facultado para ello; de este modo, un salvador designado por Dios continúa ayudando a sus discípulos, cuando los esfuerzos de éstos le permiten hacerlo, hasta que todos se encuentran finalmente liberados. Cualquiera que sea el grado de desarrollo de los discípulos, una vez que han sido aceptados por un verdadero gurú conservan un lugar seguro en dicha relación a medida que progresan gradualmente —en ocasiones, con paso vacilante— de encarnación en encarnación.

La mujer de Samaría era una de tales discípulas. Al parecer, durante el viaje que hizo de Judea a Galilea, Jesús planeó este encuentro. Esperó solo junto al pozo de Jacob, donde era probable que la mujer le hallara mientras los discípulos se dirigían al pueblo con el fin de obtener alimentos.

Jesús repudia los males del prejuicio racial y del concepto de casta

Contrariamente a la actitud que prevalecía en aquella época, según la cual los judíos evitaban a los samaritanos por considerarlos de una «casta inferior», Jesús entabló conversación con la mujer y le pidió que le diera agua para beber. El asombro de la samaritana ante la petición de Jesús pone de relieve la distinción que en aquella época hacía la gente entre judíos y samaritanos. Se consideraba que los judíos pertenecían a una religión y a una raza más elevada en comparación con los samaritanos[1], así como en la

---

[1] Sicar (o Siquén), donde tuvo lugar el encuentro entre Jesús y la mujer de Samaría, se hallaba a unos cuarenta kilómetros al norte de Jerusalén, al pie del monte Garizín. En Samaría, el distrito ubicado entre Judea y Galilea, habitaba un pueblo de ascendencia mestiza. Siglos antes, cuando Palestina había sido conquistada por los asirios, entre la población judía de esa zona se llevaron a cabo casamientos mixtos con los extranjeros que fueron enviados a colonizar la región, los cuales adoptaron algunas de las creencias religiosas de los judíos. Los samaritanos eran descendientes de esta mezcla cultural. Por ser de una raza mestiza, eran vistos con desdén por la mayoría de los judíos de raza pura.

India se admite que los *brahmines* constituyen, según un falso criterio, una casta elevada y de superior jerarquía espiritual que aquellos que pertenecen a las castas inferiores de la sociedad.

Cristo no juzgaba a las personas desde el punto de vista de su raza, credo o condición social, pues veía a la Divinidad en todos. Es la conciencia del ego la que establece una prejuiciosa discriminación entre los diversos hijos de Dios y crea fronteras de exclusión. De ese modo, el hombre común se relaciona e identifica, en primer lugar, con su familia; luego, con sus vecinos o con personas de su propia casta o posición social, o con miembros de su propia religión; después, con otras personas de su raza; y, finalmente, con su nación. En ese punto, la expansión de su conciencia se detiene: su ego se encuentra prisionero dentro de una serie de barreras concéntricas, confinado en un rincón de su estrecho mundo, apartado del estado de universalidad en que vivían Jesús y otros grandes maestros: «*Él creó, de un solo principio, todo el linaje humano*»[2].

En la India, la rígida conciencia de castas ha causado numerosos males[3]. En Estados Unidos y en otros países, la intolerancia basada en el color de la piel o en el origen nacional ha provocado injusticia, odio y conflictos raciales. Y en el mundo en general, la ciega declaración de superioridad de una religión respecto de todas las demás ha perpetuado los malentendidos, el temor y la hostilidad. El misionero cristiano llama «hereje» al hindú; con igual desdén, los sacerdotes *brahmines* de la India no permiten que los occidentales profanen con su presencia los templos sagrados del hinduismo —aun cuando todos amen al mismo y único Dios.

---

[2] *Hechos de los apóstoles* 17:26.

[3] Las demarcaciones de casta se desarrollaron en la India en una era elevada de sabiduría védica como una forma natural de organización social que honraba a cada persona y le asignaba una posición de acuerdo con sus conocimientos y capacidad para servir a la sociedad en su conjunto. A aquellos cuyas cualidades innatas los volvían aptos para ser maestros espirituales o sacerdotes se les denominaba *brahmines;* otros cuya naturaleza se ajustaba a los deberes de los soldados y gobernantes recibían el nombre de *kshatriyas;* quienes se inclinaban por la actividad comercial eran conocidos como *vaishyas;* y las personas cuya principal contribución a la sociedad radicaba en el trabajo manual pertenecían a la cuarta casta, la de los *sudras.* A medida que el entendimiento espiritual de la humanidad fue declinando, las divisiones de casta comenzaron a basarse en la herencia y no en el mérito individual. Esta situación dio lugar a las múltiples injusticias y la funesta discriminación que Mahatma Gandhi y otros santos de la India se esforzaron infatigablemente por abolir a lo largo de los siglos. [Véase el comentario sobre la estrofa II:31 del *Bhagavad Guita* en *God Talks With Arjuna. —Nota del editor*].

Mientras continúe existiendo alguna forma de arrogancia e intolerancia, la guerra y las grandes calamidades seguirán asolando el planeta. Las municiones más poderosas para las armas de guerra —y el origen de tantas otras maneras de destrucción masiva y de sufrimiento— son el egoísmo y la limitante conciencia de raza de los seres humanos egoístas. El Padre Celestial es el progenitor de todas las razas; sus hijos tienen el deber de amar a toda su familia de naciones. Los países que se opongan a este principio de amor por el género humano no prosperarán, porque la falta de armonía internacional y de mutua cooperación coloca a una nación en situación de conflicto no sólo con sus vecinos, sino con la Ley Divina, el Principio Organizador del cosmos. Mediante la gentil persuasión evolutiva de la Inteligencia Crística, con su latido cósmico de amor que todo lo fusiona, Dios está tratando de establecer la unidad en el universo. Aquellos que se hallan en sintonía con esta benevolencia cósmica, como es el caso de Jesús, están dotados de un amor y una comprensión que abarcan a la humanidad entera, y establecen el ejemplo que deben seguir todos los hijos de Dios.

Para Jesús nadie era un extraño; su amor era incondicional y juzgaba a las personas únicamente por sus méritos internos: la sinceridad espiritual y la receptividad a la Verdad.

Por ello, a pesar de que la mujer de Samaría esperaba que él la rehuyera como a una persona racialmente marginada, Jesús le pidió compartir con él el agua que iba a extraer del pozo —un gesto amistoso mediante el cual ella pudo conocerle—. Habiendo percibido que la mujer, una discípula de vidas pasadas que había caído espiritualmente, tenía el potencial necesario para ser redimida, Jesús creó esta oportunidad durante la ausencia de los otros discípulos a fin de prodigarle, sin que le perturbaran, el elixir eterno del despertar divino. Cuando Jesús le dijo: «*Si conocieras el don de Dios y supieras quién es el que te dice*», le daba a entender que Dios la había bendecido en encarnaciones anteriores con el mayor de los dones: un divino salvador (un gurú) que la había seguido hasta la vida presente con el objeto de redimirla. Jesús hizo despertar en ella el recuerdo adormecido del pasado; de este modo, él expresó que si ella tan sólo supiera que quien le pedía de beber era su gurú, enviado por Dios, se apresuraría a pedirle el agua viva del contacto con Dios, sin la cual ningún ser humano puede saciar su sed espiritual[4].

---

[4] «*Esperanza de Israel, Yahvé: todos los que te abandonan quedarán defraudados, y*

~

> «*Contestó la mujer: "Señor, el pozo es hondo y no tienes con qué sacarla; ¿cómo es que tienes esa agua viva? ¿Te crees más que nuestro padre Jacob, que nos dio el pozo, del que bebieron él, sus hijos y sus ganados?". Jesús le respondió:*
> » *"Todo el que beba de esta agua volverá a tener sed; pero el que beba del agua que yo le dé no tendrá sed jamás, pues el agua que yo le dé se convertirá en él en fuente de agua que brota para vida eterna"*» (*Juan* 4:11-14).

La samaritana, inmersa en la ignorancia, no podía aún comprender la referencia indirecta que Jesús había hecho respecto al «*agua viva*»; de allí su insensata pregunta: «*[Dado que] no tienes con qué sacarla, ¿cómo es que tienes esa agua viva?*».

Jesús hacía alusión a la experiencia interior del descubrimiento, con la ayuda del gurú, de la fuente de la divinidad que se halla dentro del alma. En efecto, él dijo que quien dependa únicamente del sustento físico permanecerá atado a la conciencia del cuerpo mortal y a su inagotable sed de experiencias sensoriales y anhelo de satisfacción de deseos materiales. Al olvidar la Vida y la Bienaventuranza Divinas de su alma, que todo lo proveen y que sacian todo deseo, el hombre materialista muere insatisfecho. Sus anhelos le acompañan incluso después de la muerte como una sed latente que le impulsa a reencarnarse una y otra vez en pos de la satisfacción.

El «agua viva» de la Divina Bienaventuranza del alma

En cambio, quien bebe de la fuente de la eterna bienaventuranza de Dios, sacia para siempre la sed de cada deseo que haya albergado a lo largo de todas las encarnaciones. Las almas que descubren dentro de su ser el Pozo perenne de la Bienaventuranza de Dios jamás tienen sed de las efímeras satisfacciones ni de los deseos materiales propios de la existencia mortal.

El alma del hombre mundano, por el contrario, habiendo perdido el contacto con la Bienaventuranza de Dios, trata de hallar satisfacción en los placeres de los sentidos, lo cual es una expectativa

---

los que se apartan de ti quedarán escritos en la tierra, por haber abandonado a Yahvé, manantial de aguas vivas» (*Jeremías* 17:13). (Véase también el discurso 50, en el volumen II, «de su seno manarán ríos de agua viva»).

insensata. Millones de personas mueren angustiadas, después de haber intentado vanamente «amontonar en la tierra» un tesoro de felicidad perdurable, haciendo acopio de cosas materiales, cuando el gozo inextinguible de Dios aguarda al buscador espiritual en el templo de la meditación. Así habló el Señor al profeta Jeremías: «*Doble mal ha hecho mi pueblo: a Mí me dejaron, manantial de aguas vivas, para hacerse cisternas, cisternas agrietadas, que el agua no retienen*»[5].

Gratificar el cuerpo y el ego con experiencias y posesiones materiales jamás podrá compensar en el ser humano la pérdida de la felicidad infinita del alma. En realidad, lo que el materialista obtiene como resultado de su búsqueda es lo opuesto de aquello que pretendía y, en cambio, le predispone a todas las formas de sufrimiento y dolor inherentes a la trama cósmica de las dualidades.

Los deseos mortales prometen felicidad pero, en lugar de ello, ocasionan sufrimiento. «Puesto que los placeres de los sentidos surgen del contacto con los objetos externos y se ven sometidos a un comienzo y un final (son efímeros), sólo engendran sufrimiento. Ningún sabio busca la felicidad en ellos»[6].

Incluso el alma de la persona más mundana es consciente en su interior de la Bienaventuranza Celestial, que se pierde únicamente en la identificación externa con su cuerpo. Por esta razón jamás puede permanecer satisfecha por mucho tiempo con los placeres temporales de los sentidos. Si alguien pierde un diamante, no se conformará con reemplazarlo por unos cuantos trozos de vidrio que encuentre brillando a la luz del sol. El fulgor de los placeres sensoriales, por muy tentador que parezca, pronto da paso al desengaño, la saciedad y el hastío.

«Quienquiera que beba las aguas efervescentes del pozo de la Divina Bienaventuranza del alma, que manan hacia la vida eterna, extinguirá la sed que ha acumulado a lo largo de las encarnaciones» —éste es el sabio mensaje que Jesús intentó transmitir a la mujer que se hallaba junto al pozo.

～

«Le dijo la mujer: "Señor, dame de esa agua, para no volver a tener sed y no tener que venir aquí a sacarla". Él le contestó:

---

[5] *Jeremías* 2:13.

[6] *God Talks With Arjuna: The Bhagavad Gita* V:22. (Véase *El Yoga del Bhagavad Guita*).

"Vete, llama a tu marido y vuelve acá". La mujer le dijo: "No
tengo marido". Jesús le respondió: "Bien has dicho que no tienes
marido, porque has tenido cinco, y el que ahora tienes no es
marido tuyo. En eso has dicho la verdad". La mujer replicó:
"Señor, veo que eres un profeta"» (Juan 4:15-19).

Un ápice de receptividad se despertó en la mujer. En consecuencia, Jesús puso a prueba el carácter de su discípula que había caído moralmente, y también el nivel de degradación al que había descendido. Le pidió que llamara a su marido, y cuando ella le respondió que no tenía, se sintió complacido ante la respuesta franca, ya que reconocía tácitamente que el hombre con el que vivía en ese momento no era su esposo legítimo. Jesús le reveló entonces que conocía su promiscuo comportamiento, que la había llevado a tener cinco de tales relaciones ilícitas. En vez de mentir para defenderse a sí misma, la mujer reconoció a Jesús como un profeta divino y, como tal, el único que podía haber conocido el secreto que ella guardaba. En ese momento de sumisión espiritual, Jesús comprobó que su sinceridad era genuina. La inmoralidad cubría, como una capa de arcilla, el alma pura —y amante de la verdad— de la mujer, y la ocultaba sólo de manera transitoria.

Cooperar
sinceramente con el
gurú puede salvar
incluso al peor de
los pecadores

La insinceridad, la mentira y la traición hacia el gurú-preceptor son pecados devastadores, porque constituyen transgresiones deliberadas y voluntarias y, como tales, son males aún peores que las transgresiones del cuerpo, que en gran medida se deben a la compulsión instintiva.

Algunas personas, debido a su comportamiento inmoral en alguna vida pasada, nacen con inclinaciones compulsivas que les hacen desdeñar casi todo sentido de la vergüenza, las advertencias religiosas, los dictados de la conciencia, los esfuerzos por lograr el autocontrol o la turbación social ocasionada. La sinceridad para reconocer y aceptar las faltas propias y acatar los consejos de su médico espiritual les conferirá a estas personas la fortaleza mental y moral necesaria para remediar su mal.

El discípulo que no es sincero con su gurú y que trata de ocultar o racionalizar su enfermedad moral le cierra la puerta al auxilio curativo del maestro. Las evasivas hipócritas hacen que las transgresiones morales del discípulo que ha caído en el error proliferen pertinazmente en su interior. Ocultar la enfermedad moral de la mirada del médico espiritual es peligroso para la salud espiritual, de igual modo que ocultarle al médico los síntomas de una enfermedad pone en peligro la salud física.

En todo caso, no se puede engañar al gurú, no importa cuán astuto sea el discípulo evasivo. El maestro puede percibir la naturaleza más íntima de un discípulo de manera exacta e instantánea. Los maestros casi nunca cometen errores al determinar las cualidades de quienes acuden a ellos. Incluso cuando un maestro acepta a un discípulo que más tarde exhibe tendencias negativas o traicioneras, eso no significa que el maestro no lo haya advertido antes. Jesús tuvo su Judas. ¿Por qué aceptó a un seguidor como él? Existía entre ellos una conexión kármica: Judas había sido discípulo de Jesús en una vida anterior. Cuando un gurú ve el alma de un discípulo que ha caído en la ignorancia, el deber que Dios le ha encomendado y su amorosa preocupación por él no le dejan otra alternativa que ayudarle. Toda alma puede ser rescatada, sin importar cuán atrapada se encuentre en el error, si la mente se compromete con toda sinceridad a cooperar espiritualmente. El gurú ofrece reiteradas oportunidades para que el discípulo se abra paso a través de la ignorancia. Aun cuando los pecados de un ser humano sean tan profundos como el océano, aun así, puede alcanzar la salvación si es leal y sincero con su maestro. De este modo, se conecta con el canal que habrá de llevarle a Dios.

¿Cómo conoció Jesús los detalles íntimos de la vida de la mujer de Samaría? ¿Leyó los pensamientos almacenados en su mente subconsciente, consciente o supraconsciente? Si uno mantiene la mente en completa calma, libre de las oscilaciones de los pensamientos inquietos, puede lograr que en su interior se reflejen los pensamientos que se hallan en la conciencia de otro ser humano. Esta aptitud sólo se presenta cuando uno domina el arte de subyugar los pensamientos propios durante el tiempo que desee. De esa manera, en la película virgen de su mente puede «fotografiar» cualquier pensamiento que se encuentre en la mente consciente de otra persona.

Cómo percibe un maestro los pensamientos más íntimos de un discípulo

Se requiere un mayor poder mental para conocer las experiencias y pensamientos que se encuentran sepultados en el subconsciente de los demás. Los pensamientos subconscientes son aquellos que permanecen ocultos tras la puerta cerrada de la mente consciente. Si uno proyecta en forma consciente su mente subconsciente hacia la mente subconsciente de otra persona, le será posible conocer el compendio de los pensamientos y experiencias allí encerrados. Se puede lograr esta percepción cuando, mediante el método correcto de concentración, uno puede ahondar en su propia mente subconsciente y captar las experiencias almacenadas sin que exista la intrusión ni la influencia de los pensamientos de la mente consciente.

A través del tercer método, el más avanzado, un maestro cuya mente se ha sumergido en las profundidades de la meditación y ha obtenido el control del ojo omnisciente de la intuición puede transferir su conciencia a la región de la bienaventuranza del alma que se halla en la mente supraconsciente. La supraconciencia se oculta detrás de la inquietud de la vida consciente y del fantasioso estado de sueño y de los recuerdos de la vida subconsciente; todo lo conoce, mas no por medio del raciocinio ni de la percepción sensorial, sino a través de la intuición que Dios le ha conferido: el poder de omnisciencia directa del alma. Es posible desarrollar este poder intuitivo aprendiendo los métodos graduales de la más profunda meditación científica que conducen a la realización del Ser.

Con la intuición supraconsciente completamente desarrollada se puede percibir de manera instantánea todo cuanto ocurre en la conciencia de otra persona, todo cuanto se halla oculto en su mente subconsciente y toda experiencia prenatal de encarnaciones anteriores almacenada en forma permanente en su supraconciencia. Jesús tenía el poder de la intuición a su disposición y bajo su control; supo al instante todo lo que se encontraba en las mentes consciente, subconsciente y supraconsciente de la samaritana.

Jesús dio a conocer abiertamente su omnisciencia al revelarle a su discípula caída de vidas anteriores que conocía las faltas morales en que ella había incurrido. Un maestro rara vez procura atraer nuevos seguidores mediante un milagro mental que no sea la expresión del amor de Dios; pero todo resulta apropiado en su justo lugar. Jesús no realizó este milagro con el objeto de satisfacer la curiosidad mental de una extraña, sino para levantar a una discípula caída. La mujer de Samaría fue testigo del poder omnisciente de Jesús porque ella se confesó ante un maestro, y el maestro, por compasión, le hizo saber que su intimidad estaba a salvo. Con su actitud veraz, ella superó la prueba del verdadero discipulado. Y el efecto beneficioso del milagro fue que la samaritana despertó espiritualmente a la comprensión de que se hallaba ante la presencia de un profeta de Dios.

Jesús y la mujer de Samaría

Llegó entonces una mujer de Samaría a sacar agua. Jesús le dijo: «Dame de beber». [...] La samaritana le respondió: «¿Cómo tú, siendo judío, me pides de beber a mí, que soy una mujer de Samaría?». Es que los judíos no se tratan con los samaritanos. Jesús le respondió:

«Si conocieras el don de Dios y supieras quién es el que te dice "Dame de beber", tú se lo habrías pedido a él, y él te habría dado agua viva».

Juan 4:7-10

El encuentro de Jesús con la mujer de Samaría no fue casual, sino una reunión entre gurú y discípulo que había sido divinamente planeada. Jesús deseaba redimir a la mujer samaritana, que era su discípula de una encarnación anterior y se hallaba moralmente perdida. [...]

Jesús hacía alusión a la experiencia interior del descubrimiento, con la ayuda del gurú, de la fuente de la divinidad que se halla dentro del alma. [...]

«Quienquiera que beba las aguas efervescentes del pozo de la Divina Bienaventuranza del alma, que manan hacia la vida eterna, extinguirá la sed que ha acumulado a lo largo de las encarnaciones» —éste es el sabio mensaje que Jesús intentó transmitir a la mujer que se hallaba junto al pozo.

Paramahansa Yogananda

Dibujo: Heinrich Hofmann

Adorar a Dios
«en espíritu y en verdad»

La mujer de Samaría, parte II

❖

La adoración ceremonial
comparada con la verdadera comunión con Dios

❖

¿Dónde se encuentra el mejor templo para adorar a Dios?

❖

Alcanza la salvación todo el que ha realizado
el esfuerzo espiritual necesario

❖

Definición de «Dios» y de «Espíritu»

❖

Adorar «en espíritu y en verdad»

❖

Las manifestaciones y atributos personales de Dios

❖

El estado más elevado de realización divina:
la unidad del alma con el Espíritu

«Adorar verdaderamente a Dios consiste en adorarle como Es-
píritu trascendente, tanto en la Naturaleza como más allá de la
Naturaleza [...]. Es entonces cuando el devoto, al volverse uno con
el Espíritu, alcanza la liberación».

«Nuestros padres adoraron en este monte, pero vosotros decís que el lugar donde se debe adorar es Jerusalén». Jesús le contestó:

«Créeme, mujer, que llega la hora en que ni en este monte ni en Jerusalén adoraréis al Padre. Vosotros adoráis lo que no conocéis; nosotros adoramos lo que conocemos, porque la salvación viene de los judíos. Pero llega la hora —ya estamos en ella— en que los adoradores verdaderos adorarán al Padre en espíritu y en verdad, porque así quiere el Padre que sean los que le adoren. Dios es espíritu, y los que adoran deben adorar en espíritu y verdad».

Juan 4:20-24

DISCURSO 18

Adorar a Dios
«en espíritu y en verdad»

La mujer de Samaría, parte II

Habiendo reconocido a Jesús como profeta de Dios, la mujer de Samaría le pidió su guía espiritual con respecto a la controvertida pregunta sobre cuál era el lugar apropiado para adorar: Jerusalén, como creían los judíos, o el monte cercano, que era sagrado para los ancestros[1] de los samaritanos.

En respuesta, Jesús dejó de lado tanto el monte como Jerusalén, y se refirió a la realización del Ser, la Jerusalén interior[2], donde los verdaderos devotos de Dios, después de haber ascendido al monte

---

[1] La mujer se refería al monte Garizín, adyacente al pozo de Sicar (Siquén), donde se encontró con Jesús. Abrahán (*Génesis* 12:7) y Jacob (*Génesis* 33:20) erigieron altares en Siquén. En *Josué* 8:33 se relata cómo se proclamaron en el Garizín las bendiciones de Dios para los israelitas, tal como lo había prometido Moisés en *Deuteronomio* 28:1-68. Los samaritanos sostenían que Abrahán había ofrecido a Isaac en sacrificio sobre el Garizín. Más tarde, el monte se convirtió en un lugar especialmente significativo para los samaritanos: cuando los judíos regresaron a su tierra después del exilio que habían sufrido en Babilonia, no aceptaron la ayuda de la raza mestiza de samaritanos para construir el segundo templo de Jerusalén. Los samaritanos edificaron, entonces, su propio templo en el monte Garizín, el cual fue su centro de adoración —tal como Jerusalén lo era para los judíos— hasta el momento en que fue destruido, en el año 129 a. C.

[2] *«Al vencedor le pondré de columna en el Santuario de mi Dios, y ya no saldrá de allí; y grabaré en él el nombre de mi Dios y el nombre de la ciudad de mi Dios, la nueva Jerusalén, que baja del cielo enviada por mi Dios»* (*Apocalipsis* 3:12).

sagrado de la meditación, le adoran en el templo de la comunión real del alma con el Espíritu.

Jesús señaló que la mayoría de los creyentes participan de las ceremonias o rituales, pero no conocen el Objeto de su adoración.

La adoración ceremonial comparada con la verdadera comunión con Dios Aquellos que poseen la conciencia divina y comulgan con Él pueden hablar en verdad acerca de la adoración a Dios. Si la adoración ceremonial —ya sea por medio de las diferentes imágenes veneradas en las diversas culturas a lo largo del tiempo, o mediante oraciones, cantos o himnos propios, o a través de la realización de ritos simbólicos— se encuentra desprovista de la comunión interior, rara vez eleva la conciencia del adorador más allá de vagos conceptos acerca de la Divinidad, pero no logra conducirle a la percepción real de Dios. Por eso, Jesús dijo: «*Adoráis lo que no conocéis*».

Si una persona es profundamente sincera y devota, cualesquiera que sean las palabras que utilice para dirigirse a Dios y sea cual fuere el concepto de la Divinidad que anime dichas palabras, Dios le responderá. Pero la mayoría de las personas no expresan su adoración con la convicción proveniente de la experiencia de que Dios es real y de que Él está escuchando sus oraciones, que Él se encuentra justo detrás de sus pensamientos, detrás de las palabras de su oración, detrás del amor que sienten por Dios. Si orasen con la mente y el corazón indisolublemente concentrados en esa Presencia que mora en su interior, conocerían a Aquel a quien adoran.

La razón por la que Dios continúa siendo desconocido para millones de personas que le adoran en templos, iglesias, ciudades santas y lugares de peregrinaje es que los instrumentos físicos del conocimiento pueden captar únicamente los productos del Creador; la Divinidad misma sólo se percibe por medio de la facultad supramental de la intuición, el poder que Dios le ha conferido al alma para conocer la verdad. Cuando uno calma la inquietud mental, recoge la conciencia en su interior y establece contacto con el alma, se despierta la facultad de la intuición por medio de la cual se revela la presencia de Dios.

Es en el tabernáculo de la meditación profunda —el templo de la intuición del alma— donde el devoto es presentado a Dios por vez primera. Para quienes hallan a Dios en su interior, Él deja de ser un misterio oculto tras sus variadas manifestaciones materiales. Por ello, en respuesta a la pregunta de la mujer con respecto a cuál era el mejor lugar externo de adoración, Jesús esclareció la diferencia que existe entre las condiciones de adoración dictadas por el dogma teológico sacerdotal y el modo sagrado de adorar a Dios en verdadera comunión con Él «*en espíritu y en verdad*».

Es posible que un majestuoso templo de coste multimillonario atraiga a una concurrencia aristocrática impresionada por el confort de los mullidos asientos de terciopelo, la ornamentada arquitectura y la complejidad de los oficios religiosos. Pero el Dios omnipresente, Aquel que reside en el templo del cosmos, en la cúpula tachonada de estrellas de la Eternidad, iluminada por soles y lunas, no se deja seducir por el despliegue de pompa y riqueza de los edificios que el hombre, con su vanidad, ha creado. Él se deja atraer fácilmente, sin embargo, por el altar de la meditación de quienes establecen un templo de Dios en su interior.

¿Dónde se encuentra el mejor templo para adorar a Dios?

«*Aunque el Altísimo no habita en casas fabricadas por manos humanas, como dice el profeta: 'El cielo es mi trono y la tierra el escabel de mis pies. Dice el Señor: ¿Qué casa me vais a construir? O ¿cuál será el lugar de mi descanso? ¿Es que no ha hecho mi mano todas estas cosas?'*»[3].

En mis primeros años de viajes y conferencias por todo Occidente, a menudo me sentí asombrado ante el contraste que existía entre la práctica de la religión tal como yo la había aprendido de los santos conocedores de Dios en la India y el enfoque occidental tradicional. En cierta ocasión, Dios me mostró una imagen ilustrativa:

En un lugar, había un inmenso y resplandeciente templo con decoraciones de mármol y una elevada cúpula dorada; tenía capacidad para albergar a una congregación de diez mil fieles. En sus muros resonaba el eco de la música del órgano y de un glorioso coro que entonaba himnos de alabanza al Señor. Todo era imponente y gratificante, y yo lo apreciaba y admiraba.

Luego, Dios me hizo contemplarme, sentado en meditación junto a un árbol, bajo el dosel del cielo abierto, acompañado de unas cuantas almas sinceras. La luz de Dios pasaba a través de todos nosotros. Dios me preguntó qué prefería, si la grandiosa iglesia, desprovista de su presencia, o el árbol-templo habitado por Él. Sin dudarlo ni por un instante, preferí estar bajo el árbol, envuelto en Dios. No obstante,

---

3 *Hechos de los apóstoles* 7:48-50 (se cita a *Isaías* 66:1-2).

cuando argumenté que harían falta algunos edificios del tamaño adecuado para abrigar su obra, y que Él podía estar tanto en esos edificios como bajo el árbol, Él se rió.

Dios está presente en el templo y también se encuentra bajo el árbol; pero sólo es posible percibirle cuando, en el recogimiento de la mente durante la meditación, se abre la puerta del santuario interior del silencio. Ni la pompa ni la miseria abren esa puerta. Se abre de par en par, sobre sus mágicas bisagras, cuando las elevadas vibraciones del alma del devoto que se halla en adoración hacen girar la llave.

La tranquila cima de las montañas y los lugares sagrados santificados por la presencia de los maestros son sitios apropiados de adoración, pero por sí mismos sólo proporcionan un ínfimo beneficio a las personas inquietas y de mentalidad materialista. Muchas personas mundanas han construido templos en la cima de las colinas y han vivido en lugares de peregrinaje, sólo para descubrir que su ambiente interior continúa siendo el templo de adoración material de los pensamientos sensoriales. Por ese motivo, Jesús enfatizó que la verdadera adoración de Dios no se halla sujeta al lugar, ni se encuentra en la comunión imaginaria del simple silencio exterior, sino que tiene lugar en el contacto interior inherente a la percepción espiritual.

Los devotos que por medio de la meditación recogen en su interior la conciencia (que se encuentra dirigida hacia lo externo), al retirar la atención de su identificación con el cuerpo mortal y con la naturaleza material, descubren a través de su experiencia directa qué es Dios. Sólo ellos saben lo que significa adorar a Dios en verdad; sólo ellos han encontrado el camino para alcanzar la salvación.

Cuando Jesús dijo que «*la salvación viene de los judíos*», él no se refería a los judíos como nación, sino a la elevada clase o casta de las almas espiritualmente desarrolladas. En la India, la

Alcanza la salvación todo el que ha realizado el esfuerzo espiritual necesario

casta más elevada, la de los *brahmines,* designaba originariamente a aquellos que conocían a Dios (Brahma). Mas el hecho de pertenecer a esta casta basándose en la herencia no es garantía de haber alcanzado tan elevado estado; sólo aquellos que han realizado el esfuerzo espiritual necesario y que han logrado conocer a Dios pueden con justo derecho reclamar el título de *brahmines;* y para ellos, la salvación está asegurada. Así pues, la afirmación de Jesús acerca de que la salvación viene de los judíos no excluía al resto de la humanidad. El significado de sus palabras es que la salvación corresponde a quienes se hallan espiritualmente elevados —condición que, socialmente hablando, se adjudicaba en general a los judíos, a quienes se les consideraba representantes del más elevado nivel de espiritualidad en aquella época y lugar[4].

Jesús dijo: «*Dios es espíritu, y los que adoran deben adorar en espíritu y verdad*».

Los términos «Dios» y «Espíritu», en sentido teosófico, se excluyen mutuamente, pero son semánticamente intercambiables en el lenguaje común, en el que no se requiere hacer una distinción entre ellos.

El vocablo «Espíritu» designa al Absoluto Inmanifestado. En las tinieblas sin oscuridad y en la luz sin luz del infinito eterno —exento hasta de la más mínima ondulación de pensamiento o actividad vibratoria de la manifestación creativa, *Definición de «Dios»* y donde incluso las categorías de espacio, tiempo y *y de «Espíritu»* dimensión son inexistentes— sólo mora el Espíritu, que es el siempre existente, siempre consciente y eternamente renovado Gozo. «Donde ni el sol ni la luna ni el fuego resplandecen, allí se encuentra mi Suprema Morada»[5].

El término «Dios» denota al Creador trascendental, que se encuentra más allá de la creación, pero que existe en relación con la manifestación que se desarrolla a partir de Él. Cuando la creación relativa se disuelve nuevamente en su Creador, Dios se convierte en Espíritu, el Absoluto inmanifestado[6].

Dios permanece trascendental a la vez como origen de los sucesos cósmicos e inmanente como suma y sustancia de tales sucesos. Al manifestar la creación, cuando el Espíritu se convierte en Dios Creador, su trascendencia se refleja en la creación como la Inteligencia Universal que guía dicha creación. Por lo tanto, Dios es la Divina Inteligencia que hace manifiesta la creación, y el Espíritu es la Divina Inteligencia donde la creación se disuelve. Así pues, Dios es, en verdad, el Espíritu que se ha convertido en el Padre de la creación. Dentro de la creación, Él lo es todo; pero las manifestaciones de la creación no son Dios. Su naturaleza como Espíritu jamás se altera, aun cuando

---

[4] En los versículos que se citan en el discurso siguiente, Jesús se muestra dispuesto a permanecer dos días con los samaritanos, durante los cuales su presencia y enseñanzas los inspiraron en tal medida que le reconocieron como «Salvador del mundo» —no sólo de una única raza o religión.

[5] *God Talks With Arjuna: The Bhagavad Gita* XV:6. (Véase *El Yoga del Bhagavad Guita*).

[6] Véase el discurso 1.

una porción de esa Conciencia se revista con el ilusorio atuendo de la diversidad.

Dado que las olas de la creación distorsionan en apariencia, aunque no en esencia, su Origen oceánico, la visión verdadera de Dios consiste en percibir el Océano del Espíritu sin las olas de la creación —experimentar a Dios como Espíritu no manifestado: la única sustancia existente, la Verdad, despojada de la ilusión de la materia, o sea, de todo fenómeno.

Adorar «en espíritu y en verdad»

Jesús señaló que mientras la conciencia del devoto se circunscriba a la creación manifestada y a su engaño intrínseco de que ésta se halla constituida de objetos independientes, tal devoto no ha alcanzado aún la iluminación final. Por ello, permanecerá inmerso en la ilusión, con la conciencia absorta en los fenómenos siempre cambiantes. Aun cuando Dios se manifiesta en todo lugar, su esencia se halla oculta tras el velo de los fenómenos de la Naturaleza. El devoto debe alzar ese velo de engaño y contemplar a Dios: primero, en su aspecto trascendente *dentro* de la creación y, una vez que ha logrado dicha percepción, podrá experimentar a Dios en su aspecto trascendente que se encuentra *más allá* de toda manifestación.

Mientras el devoto no logre percibir al Padre de la Creación como Espíritu Absoluto no manifestado —la siempre consciente y pura Bienaventuranza, desprovista de las engañosas sombras de la creación imperfecta—, no conocerá la Verdad, la Sustancia nouménica de todos los fenómenos.

Al igual que el Espíritu Absoluto se refleja en la creación macrocósmica como la Inteligencia rectora de Dios, así también el Espíritu se refleja en el microcosmos del cuerpo como alma, la imagen individualizada del Espíritu en el ser humano. Quien practica realmente la adoración —el que en verdad comulga con Dios y percibe su presencia en la experiencia meditativa— conoce la verdad de que tanto su alma como Dios el Creador son reflejos del Espíritu.

Este conocimiento supone otro matiz de orden teosófico. El alma puede conocer a Dios, el Padre de la manifestación, ya sea mediante la percepción de cualquiera de sus atributos manifestados o experimentando la unidad con ellos. Sin embargo, sólo es posible conocer al Espíritu, el Absoluto Inmanifestado, al unirse a Él.

Dios, en relación con el alma, presupone una dualidad —el Objeto que ha de ser percibido (Dios) y el que percibe o experimenta (el alma)—. Quien despierta espiritualmente trata de encontrar algo reconocible y tangible en su relación con el Creador, y comienza por personalizar la Presencia de Dios. En el *Bhagavad Guita,* el Señor hace la siguiente promesa: «Sea cual sea el modo en que las personas me veneren, en esa misma medida Yo me manifiesto a ellas. Todo hombre, a través de cualquiera de esos modos (de buscarme), sigue un camino que le conducirá hasta Mí» (IV:11).

Las manifestaciones y atributos personales de Dios

En su aspecto de Dios, el Espíritu inmanifestado da a conocer su presencia al devoto al manifestar algún atributo de la Divinidad acorde con las expectativas del devoto. Jesús enseñaba a sus discípulos a pensar en Dios considerándolo como Padre. En la India es más común referirse a Dios como Madre Divina. Los santos de las diversas religiones han comulgado exitosamente con Dios al idealizar, asimismo, otras relaciones humanas —como, por ejemplo, la de Amigo o la de Bienamado—. Todos estos tratamientos son igualmente válidos. Cuando percibo la solemnidad de la sabiduría, hablo de Dios como «el Padre». Cuando percibo su amor ilimitado e incondicional, me refiero a Dios como «la Madre Divina». Cuando siento a Dios como el más cercano de quienes se encuentran cercanos, como mi apoyo y confidente, le llamo «Amigo».

Por eso, no resulta apropiado referirse siempre a Dios como «Él», pues es igualmente acertado llamarle «Ella». Sin embargo, en última instancia, Dios es Espíritu: no es masculino ni femenino. El Espíritu se encuentra por encima de toda correlación humana. De modo similar, el alma no es masculina ni femenina, aunque las inclinaciones kármicas la lleven a encarnarse en el cuerpo de un hombre o de una mujer.

Cualquier forma de comunión personal con Dios o de adoración de un aspecto o atributo conceptual de la Divinidad mantiene la dualidad entre el adorador y el Adorado, la cual constituye la relación extática que en ocasiones prefieren los santos. Sin embargo, el estado aún más elevado al que Jesús hacía alusión y que se encuentra más allá de la devoción dualística es la unión con el Objeto de adoración y, específicamente, la unión definitiva: la unidad del alma con el Espíritu. No es posible percibir a Dios como Espíritu —como el Absoluto que se halla más allá de la forma, las cualidades y las manifestaciones—; sólo puede experimentarse cuando se logra la unión suprema del Espíritu y el

El estado más elevado de realización divina: la unidad del alma con el Espíritu

alma. Este éxtasis, esta celestial Bienaventuranza imposible de explicar con palabras o de ser concebida por medio del pensamiento racional, fue descrito con sencillez por los *rishis* de la India; «Aquel que sabe, sabe; y nadie más sabe».

Puesto que Dios es, en verdad, el Absoluto no manifestado, desea que todos sus devotos verdaderos sepan que son emanaciones de ese Espíritu y que, como tales, se reúnan con su Esencia pura de Bienaventuranza, que es inmortal y siempre consciente. Por eso, Jesús dijo: *«Pero llega la hora —ya estamos en ella— en que los adoradores verdaderos adorarán al Padre en espíritu y en verdad, porque así quiere el Padre que sean los que le adoren».*

De manera gradual, a todos los devotos que adoran a Dios como la Inteligencia manifestada de la creación —el poder que guía las leyes, las fuerzas y las formas universales del cosmos—, Él les enseña a adorarle mediante el despertar de la intuición del alma como el Absoluto e Inmanifestado (el Espíritu). El vínculo que conecta lo manifestado con el Inmanifestado es el Espíritu Santo, la Sagrada Vibración de *Om;* y el modo de cruzar ese puente es mediante la comunión con la Vibración del Espíritu Santo.

Aquel que medita percibe, en el estado de éxtasis espiritual, que la vibración individual de su vida y de toda vida se ha creado a partir del Espíritu Santo cósmico, al cual es inherente la Inteligencia Crística (reflejo de Dios) que, a su vez, eleva la conciencia hasta alcanzar el Espíritu trascendental.

Así pues, adorar verdaderamente a Dios consiste en adorarle como Espíritu trascendente, tanto en la Naturaleza como más allá de la Naturaleza, en adorar la Sustancia y su presencia en los fenómenos ilusorios originados a partir de dicha Sustancia, en adorar el océano de Dios con sus ilusorias olas de creación[7] —y luego experimentar a Dios sólo como Espíritu, la única sustancia existente, la Verdad, la Bienaventuranza, exenta de toda manifestación ilusoria.

El devoto que persevera en el sendero espiritual ahonda en la

---

[7] «El modo de conocer a Dios y reconocer su presencia, tal como enseña la más elevada filosofía del Yoga, consiste en mantener la atención constantemente absorta en su sagrada vibración, el *Om.* Si el yogui oye esa vibración —a través del instrumento de la intuición—, funde su atención en ella y la adora continuamente, comprobará, más allá de toda duda, que existe un Dios. [...] Todos pueden conocerle mediante el método correcto de meditación en *Om.* Únicamente a través del *Om* es posible experimentar el Espíritu manifestado» (*God Talks With Arjuna: The Bhagavad Gita*, comentario sobre la estrofa VII:1).

comprensión de que Dios es Espíritu, el Absoluto Inmanifestado, y llega a conocer la verdad que afirma que Dios es la siempre existente, siempre consciente y eternamente renovada Dicha, exenta del engaño del cosmos material. Es entonces cuando el devoto, al volverse uno con el Espíritu, alcanza la liberación. Sólo adorando a Dios y su presencia en la Naturaleza y, luego, adorando a Dios como Espíritu Inmanifestado por medio de la unión del alma con el Espíritu, alcanza el devoto el estado definitivo de emancipación del cual ya no hay posibilidad de caer.

Ante el fulgor deslumbrante del sol, uno puede cerrar los ojos y crear una sensación de penumbra en la cual vivir y moverse. Sin embargo, al abrir los ojos, la oscuridad desaparece. De modo similar, el hecho de percibir la materia como realidad permanente de la existencia se debe a que el hombre ha cerrado el ojo de la sabiduría por medio del cual le es posible percibir a Dios. Cuando ese ojo de la sabiduría se abre, se desvanece la conciencia de la relatividad de los pares de opuestos —nacimiento y muerte, placer y dolor, bien y mal—, y el Espíritu, cuya esencia es el siempre existente, siempre consciente y eternamente renovado Gozo, se percibe como la única Sustancia existente[8]. Entonces, el devoto se percata de que toda la creación, con los males que la acompañan, es una manifestación de la ilusión cósmica; que su oscuridad y sus terrores se crearon al haber cerrado los ojos debido a la ignorancia espiritual y no a causa de la ausencia de la luz de Dios, la cual es omnipresente y, por lo tanto, se halla presente siempre.

Aprende a adorar a Dios en el templo del *samadhi*, la comunión suprema. En el estado de comunión divina, la penetrante oscuridad del cosmos se desvanece, como una inexistente ilusión, al abrirse el ojo de la sabiduría ante la luz de la única Verdad que existe: el Espíritu, el Absoluto eternamente bienaventurado.

---

[8] «Al momento de nacer, todas las criaturas se hunden en la ilusoria ignorancia *(moha)* a causa del engaño originado por los pares de opuestos que surgen del deseo y de la aversión. Pero los hombres virtuosos, expiados ya sus pecados y libres de la ilusión nacida de los pares de opuestos, me adoran incesantemente. Quienes aferrados a Mí buscan liberarse de la decrepitud y de la muerte conocen a Brahman (el Absoluto)» *(God Talks With Arjuna: The Bhagavad Gita* VII:27-29. Véase *El Yoga del Bhagavad Guita).*

«Mi alimento es hacer la voluntad del que me ha enviado»

La mujer de Samaría, parte III (conclusión)

Es preciso vencer la ilusoria creencia
de que el hombre es esencialmente un ser físico

❖

Sintonizarse con la voluntad de Dios: estar en el mundo sin ser del mundo

❖

Cómo descubrir la voluntad de Dios
con respecto al papel que el plan divino nos ha asignado

❖

El alma sólo necesita recordar que ya posee la prosperidad divina

❖

Tanto el karma colectivo como el karma individual
ejercen influencia sobre la vida humana

❖

¿Es lícito que un maestro espiritual utilice la propaganda y la publicidad?

«La gozosa cooperación con la voluntad de Dios es el secreto de una existencia dinámica, que recarga el cuerpo y la mente de vitalidad divina. [...] Por eso, Jesús quiso enseñar a sus discípulos que la conciencia del ser humano no debe concentrarse de manera predominante en la nutrición material, sino en el alimento que proviene de la sabiduría divina».

*L*e dijo la mujer: «Sé que va a venir el Mesías, el llamado Cristo. Cuando venga, nos lo desvelará todo». Jesús le respondió: «Yo soy, el que está hablando contigo».

En esto llegaron sus discípulos y se sorprendieron de que hablara con una mujer. Pero nadie le preguntó qué quería o qué hablaba con ella. La mujer, dejando su cántaro, corrió al pueblo y dijo a la gente: «Venid a ver a un hombre que me ha dicho todo lo que he hecho. ¿No será el Cristo?». Salieron del pueblo y se encaminaron hacia él.

Entretanto, los discípulos le insistían: «Rabbí, come». Pero él replicó: «Yo tengo para comer un alimento que vosotros no sabéis». Los discípulos se decían entre sí: «¿Le habrá traído alguien de comer?». Jesús les dijo:

«Mi alimento es hacer la voluntad del que me ha enviado y llevar a cabo su obra. ¿No decís vosotros: "Cuatro meses más y llega la siega"? Pues bien, yo os digo: Alzad vuestros ojos y ved los campos, que amarillean ya para la siega. Ya el segador recibe el salario, y recoge fruto para vida eterna, de modo que el sembrador se alegra igual que el segador. Y en esto resulta verdadero el refrán de que uno es el sembrador y otro el segador: yo os he enviado a segar donde vosotros no os habéis fatigado. Otros se fatigaron y vosotros os aprovecháis de su fatiga».

Muchos samaritanos de aquel pueblo creyeron en él por las palabras de la mujer, que atestiguaba: «Me ha dicho todo lo que he hecho». Cuando llegaron a él los samaritanos, le rogaron que se quedara con ellos. Y Jesús se quedó allí dos días. Fueron muchos más los que creyeron por sus palabras, y decían a la mujer: «Ya no creemos por tus palabras, pues nosotros mismos hemos oído y sabemos que éste es verdaderamente el Salvador del mundo».

Juan 4:25-42

«Mi alimento es hacer la voluntad del que me ha enviado»

La mujer de Samaría, parte III (conclusión)

> *«Le dijo la mujer: "Sé que va a venir el Mesías, el llamado Cristo. Cuando venga, nos lo desvelará todo". Jesús le respondió: "Yo soy, el que está hablando contigo".*
>
> *»En esto llegaron sus discípulos y se sorprendieron de que hablara con una mujer. Pero nadie le preguntó qué quería o qué hablaba con ella. La mujer, dejando su cántaro, corrió al pueblo y dijo a la gente: "Venid a ver a un hombre que me ha dicho todo lo que he hecho. ¿No será el Cristo?". Salieron del pueblo y se encaminaron hacia él»* (Juan 4:25-30).

Habiendo captado inconscientemente el mensaje telepático de la presencia de Dios y la Conciencia Crística que emanaba de Jesús y ponía de manifiesto su identidad espiritual, la mujer de Samaría dijo: *«Sé que va a venir el Mesías»*. Con timidez, ella buscaba en Jesús alguna respuesta que confirmara el presentimiento que tenía de que él podía ser, en efecto, el tan esperado Mesías.

Los grandes santos, libres incluso del más leve deseo de celebridad, con frecuencia mantienen a propósito oculta su santidad la mayor parte del tiempo y revelan su grandeza espiritual únicamente a instancia de la Voluntad Divina, a fin de cumplir con algún propósito específico relacionado con su misión. Es posible que la plena estatura espiritual de esos grandes santos no sea reconocida ni siquiera por quienes mantienen un trato más íntimo con ellos. Fue el deseo de Dios anunciar la gloria de Jesús a través de la mujer de Samaría, quien, habiendo sido sanada espiritualmente por él de sus arraigadas tendencias inmorales, iba a servir como ejemplo para demostrar a los demás el milagro de la curación del alma. La forma más importante de curación consiste en eliminar la ignorancia que eclipsa la naturaleza divina del ser humano; tal era la bendición que Jesús venía a impartir a todos aquellos que estuviesen en sintonía con el Cristo que moraba en él.

Al exponerle a la mujer la verdad acerca de la naturaleza de sí mismo, Jesús fortaleció la tenue luz del entendimiento que titilaba en ella. Su propósito era profundizar en la samaritana la receptividad a la Conciencia Crística que moraba en él y que era capaz de sanarlo todo. Jesús se reunió a solas con la mujer porque, como él era atento y considerado, deseaba evitarle una situación embarazosa al revelar ante sus discípulos su conocimiento profético de las faltas morales que ella había cometido.

Dios ha concedido a cada ser humano la privacidad de sus pensamientos, en la que cada uno puede librar sus batallas interiores en secreto, en lugar de hacerlo ante la curiosidad y la intromisión ajenas, lo cual provocaría el sarcasmo y la censura. Si no existiesen muros invisibles entre nuestros procesos mentales y los de los demás, no tendríamos paz; perderíamos en gran medida nuestra independencia de pensamiento y de decisión y, con ello, el derecho a recibir nuestros propios golpes y lograr nuestras propias victorias.

Es posible obtener indicios de los pensamientos de los demás por la expresión de su rostro y de sus ojos. De esta forma, el misterio de la vida se vuelve aún más desafiador e interesante, porque en muchas ocasiones leemos tales pensamientos de manera correcta. Sin embargo, con frecuencia las personas extraen conclusiones apresuradas con respecto a los sentimientos y motivaciones de los demás y cometen terribles errores. Las equivocaciones en que incurrimos al efectuar dichas interpretaciones psicológicas deben enseñarnos a ser prudentes y cautelosos y a evitar que confiemos demasiado en la suficiencia de nuestras propias «intuiciones»; esta confianza infundada suele aparecer de modo prematuro después de haber tenido uno o dos aciertos en lo que respecta a los pensamientos de los demás.

Incluso los maestros se abstienen de hacer uso de su percepción intuitiva para no entrometerse en la mente de otra persona si su ayuda no es bienvenida. Prefieren dejar que las personas de temperamento susceptible se las arreglen solas con su propia conciencia y karma. Pero Jesús no encontró tal rechazo en la conciencia de su discípula samaritana.

Puesto que los discípulos que viajaban con Jesús no poseían la capacidad con que él contaba para discernir la naturaleza interior de las almas, se sorprendieron al ver que hacía caso omiso de los convencionalismos sociales y mostraba una cálida actitud hacia una mujer común y corriente de Samaría. Sin embargo, las vibraciones puras del Maestro, a quien recientemente habían encontrado, acallaron toda expresión de censura. Por eso, ninguno de ellos le preguntó: «¿Por qué hablas con ella?». Tal vez para las mentalidades modernas de nuestra sociedad global podría parecer que este episodio no es digno de mención; sin embargo, para las culturas del pasado —que aún persisten en algunas regiones aisladas—, esta rígida estructura social se consideraba sumamente importante y era el eje material y psicológico tanto de naciones como de provincias. La «casta», cualquiera que sea su modalidad, es un mal que genera divisiones y se arraiga muy profundamente en el ego del hombre; sin embargo, cede su poder ante la sabiduría y la magnanimidad de un alma como la de Cristo.

La samaritana se sintió tan embargada por el poder emanado de su encuentro con Jesús que, al retornar al pueblo en un estado de gozo divino, habló abiertamente de sus propias faltas morales del pasado y de la maravillosa curación que había obrado Jesús en su alma, y exhortó a sus habitantes a acompañarla para conocerle. Se convirtió así en la primera persona de entre el común del pueblo en actuar como un mensajero público para anunciar a Jesús el Cristo.

～

> «*Entretanto, los discípulos le insistían: "Rabbí, come". Pero él replicó: "Yo tengo para comer un alimento que vosotros no sabéis". Los discípulos se decían entre sí: "¿Le habrá traído alguien de comer?". Jesús les dijo:*
> »*"Mi alimento es hacer la voluntad del que me ha enviado y llevar a cabo su obra"*» (*Juan 4:31-34*).

Cuando la mujer samaritana se marchó para llevar a los habitantes del pueblo hasta donde se hallaba Jesús, sus discípulos le ofrecieron el alimento que habían traído del pueblo. Pero Jesús objetó:

«*Yo tengo para comer un alimento*[1] *que vosotros no sabéis*». Los discípulos supusieron erróneamente que Jesús ya había recibido alimentos por parte de alguna otra persona, pero él explicó: «*Mi alimento es hacer la voluntad del que me ha enviado y llevar a cabo su obra*». La mente de Jesús se hallaba en un estado de gran elevación, en sintonía con el poder divino de la Conciencia Crística que había colmado y alimentado su cuerpo cuando sanó a la mujer de Samaría. En tales ocasiones, la Divina Saciedad de un maestro se ríe ante la ilusoria «necesidad» de alimentar el cuerpo con el insípido y burdo sustento material. Jesús percibía que su vida provenía directamente de Dios, como ya había expresado con anterioridad: «*No sólo de pan vive el hombre, sino de toda palabra que sale de la boca de Dios*»[2]. Él estaba en todo momento consciente de esa conexión divina. Sabía que él era el alma y que el único «alimento» que necesitaba para su sustento era la bienaventuranza y la eterna sabiduría de Dios.

Jesús trataba, además, de curar la ignorancia espiritual de sus discípulos: la ilusoria creencia de que el hombre es esencialmente un ser físico. Cuando un maestro se halla en compañía de sus discípulos, emplea toda ocasión —significativa o insignificante— para ayudarlos a espiritualizar su conciencia. Ninguna caída en la identificación con los acostumbrados hábitos mortales es tan banal que no justifique una corrección. El proceso para desenredar la madeja de la ilusión es una tarea que debe emprenderse desatando nudo por nudo. Jesús deseaba que sus discípulos, ante todo, consideraran el cuerpo como un instrumento destinado a cumplir la voluntad de Dios, del mismo modo que Jesús mostraba con su ejemplo que el único propósito de su vida en la tierra consistía en llevar a cabo todas las tareas que Dios le había

Es preciso vencer la ilusoria creencia de que el hombre es esencialmente un ser físico

---

[1] Respecto a la dieta tradicional que observaban las familias judías en la época de Jesús, el libro *Jesus and His Times* (Kaari Ward, ed.; Reader's Digest Association, Pleasantville, Nueva York, 1987) señala: «La mayoría de las familias hacía dos comidas diarias. Los desayunos solían ser ligeros, se llevaban a cabo en los campos u otros lugares de trabajo y se ingerían a media mañana o al mediodía. La cena, por el contrario, era abundante y podía consistir en verduras, huevos, queso, pan, mantequilla, vino, frutas frescas y secas, y tal vez pollo o aves silvestres. El pescado era un alimento habitual; las carnes rojas, en cambio, constituían una rareza, excepto en las ocasiones especiales, en que se servían, con toda pompa y ceremonial, el novillo cebado y el cordero del sacrificio». *(Nota del editor)*.

[2] *Mateo* 4:4. (Véase el discurso 8).

encomendado. El cuidado del cuerpo ha de constituir una preocupación secundaria, que sólo debe requerir la atención necesaria para mantenerlo como un instrumento apto.

Los alimentos comunes nutren temporalmente el cuerpo perecedero y le proporcionan un placer transitorio a través del sentido del gusto. Sin embargo, incluso si una persona comiese hasta la saciedad de todos y cada uno de los alimentos que deseara, aun así seguiría sintiendo hambre; el ser humano no puede saciar el hambre del alma mediante la satisfacción de los deseos del cuerpo. Jesús decía a sus discípulos que aunque ellos le habían traído alimentos para su cuerpo humano —cuya necesidad relativa él no negaba—, su verdadero Ser paladeaba el maná eternamente satisfactorio y nutriente de la Divina Sabiduría y de la siempre renovada Bienaventuranza celestial.

Los discípulos habían sido atraídos hacia Jesús con el objeto de aprender a alimentar el alma. Por ello, Jesús les habló del «alimento» de la sabiduría, que es el sustento supremo. Cuando el hombre no recibe la guía de la sabiduría, el alimento material no mantiene ni siquiera el cuerpo: al elegir una dieta inadecuada o comer en exceso, se expone a perder la salud y el bienestar físicos.

En Occidente, en los hogares de las personas con una mentalidad más materialista, sus moradores despiertan por la mañana con el pensamiento centrado en una taza de café, pan tostado y huevos con jamón; y por la noche se van a dormir pensando en la suculenta cena con bistec que acaban de saborear. En los hogares espirituales de la India, el primer pensamiento de la mañana consiste en beber el néctar de la paz que contiene el cuenco de la profunda contemplación; por la noche, antes de retirarse a dormir, se sientan y meditan en silencio para oír la voz de la Paz Divina que les canta suavemente, y los invita a descansar en el regazo de esa Paz.

En tanto uno continúe identificándose con el cuerpo, se sentirá tentado a buscar la felicidad en la satisfacción de sus deseos y apetitos; soñará con ser millonario, poseer una lujosa casa, costosos automóviles y disponer de los más suculentos manjares. Sin embargo, basta observar someramente a aquellos que poseen estos bienes, para advertir cuán infundada es su ilusoria actitud de suficiencia. El exceso de riqueza atrae multitud de plagas de preocupación, inquietud, tedio e insatisfacción psicológica y espiritual. Al despertar por la mañana, y antes de irse a dormir por la noche, y antes de las comidas, uno debería vaciar su conciencia de toda nociva inclinación material y colmarla con el pensamiento de Dios.

Encontrar la sintonía con la voluntad de Dios en la meditación profunda nos capacita para estar en el mundo sin ser del mundo. Per-

Sintonizarse con la voluntad de Dios: estar en el mundo sin ser del mundo

manecer desapegados, como la gota de rocío sobre una hoja de loto, es ser felices de verdad y hallarse dispuestos a deslizar la conciencia hacia Dios. Del mismo modo que una gota no puede deslizarse sobre un papel absorbente, tampoco la mente de una persona común puede deslizarse fácilmente a pensar en Dios si se halla absorta en un ambiente interior de deseos terrenales o en un ambiente exterior donde predominen las compañías de mentalidad materialista.

El modo de permanecer espiritualmente libres y desprovistos de apegos es comprender que esta tierra le pertenece sólo a Dios. Todas las cosas que el hombre considera como sus posesiones le han sido prestadas únicamente con el propósito de que pueda desempeñar su papel en este colosal drama de la vida. Ninguno de los elementos de la utilería le pertenece al hombre, ni siquiera su cuerpo, el cual no es más que una vestimenta temporal que habrá de entregar cuando el papel específico que le correspondió desempeñar en el drama haya finalizado y Dios le llame para que se retire tras el telón de la muerte. Mientras que el ser humano continúe actuando en esta obra teatral, la felicidad consistirá en perfeccionar la representación de su papel, sin abrigar apegos personales y siguiendo las indicaciones del Director Divino. Y la voluntad de Dios es preparar para cada actor el mejor de los finales. En eso reside el verdadero gozo de la existencia.

Por lo tanto, Jesús dijo que así como el alimento es el agradable sustento del cual el hombre depende para su existencia, así también el manjar que servía de sustento a su vida consistía en cumplir la voluntad de Dios —con alegría y buena disposición, no como una marioneta—. La gozosa cooperación con la voluntad de Dios es el secreto de una existencia dinámica, que recarga el cuerpo y la mente de vitalidad divina. El ser humano está hecho de la bienaventurada conciencia de Dios y vive gracias a esa Conciencia. Cuanto más alegre es una persona, más abundante es la vitalidad que atraen sus pensamientos positivos hacia las células del cuerpo desde el pródigo manantial de la Conciencia Divina. Quien permite que aquello que le ocurre mantenga su mente en un estado habitual de enfado y malhumor notará que la energía de su cuerpo también disminuye, sin importar la cantidad o la clase de alimento que ingiera. Por eso, Jesús quiso enseñar a sus discípulos que la conciencia del ser humano no debe concentrarse de manera predominante en la nutrición material, sino en el alimento que proviene de la sabiduría divina. Hacer la voluntad de Dios es poseer esa sabiduría que alimenta el cuerpo del hombre con vitalidad, su mente con invulnerabilidad y su alma con la bienaventuranza celestial.

Puesto que los profetas son enviados a la tierra con el objeto de satisfacer una necesidad universal que está de acuerdo con el plan cósmico del Señor, Jesús conocía la colosal misión que debía llevar a cabo y las posibles consecuencias que sus acciones podían acarrearle. No obstante, él hallaba sustento en la paz y en el gozo de su compromiso de *«hacer la voluntad del que me ha enviado»*. *«Llevar a cabo su obra»* significaba completar, en el corto lapso que le quedaba, la tarea que Dios le había encomendado para llevar a cabo durante su encarnación como Jesús —y que no suponía completar la obra de redención del género humano, tarea que Dios y sus avatares han de continuar por toda la eternidad.

Cada ser humano tiene un papel singular para desempeñar en el drama de la vida, el cual le ha sido asignado de acuerdo con el patrón kármico creado por él mismo. Dios ha diseñado la coreografía del plan divino de tal modo que todo papel es importante, ya sea que uno aparezca en el escenario de la tierra como soberano o como sirviente. Todos los papeles son necesarios para el perfecto desarrollo del espectáculo. Nadie debería sentirse humillado si no se le adjudica un personaje

Cómo descubrir la voluntad de Dios con respecto al papel que el plan divino nos ha asignado

estelar en su presente encarnación; debe representar su papel con sabiduría, desapego y libertad interior, recordando que la Realidad no se encuentra en las tragicomedias de la vida y la muerte, sino más allá de ellas.

Si alguien se siente descontento con el papel que le ha sido asignado y rechaza las escenas que le son kármicamente necesarias y, en lugar de aquél, trata de desempeñar otro papel que esté más acorde con sus deseos, perturba la armonía cósmica y estropea el guion de la superior representación que el amor y las leyes de Dios han escrito para él. Tal es el destino de la mayoría de los actores humanos en el escenario de la vida: no siguen la sabia voluntad del Director Divino, sino su propia voluntad ciega. De ese modo, convierten en tediosas tragedias las escenas en que actúan y, encarnación tras encarnación, deben reaparecer en el escenario hasta convertirse en avezados actores del entretenimiento cósmico del Señor. Al acatar finalmente las directivas divinas, ennoblecen el drama y obtienen la liberación.

Resulta fácil hacer aquello que deseamos, pero es difícil llevar a cabo lo que deberíamos hacer. ¿Cómo podemos al menos saber cuál es la voluntad de Dios con respecto a lo que deberíamos hacer? Muchas personas me han dicho que siguen la guía de la voluntad divina, pero no es verdad, pues sé que ni siquiera han comulgado con Dios. Por lo tanto, ¿cómo puede ser posible que Él los guíe? Procuro advertirles, pero cuando se mantienen inflexiblemente aferrados a la ilusión de que conocen la voluntad de Dios, debo entonces permanecer en silencio y observar cómo el ego los hace fracasar en sus determinaciones. A menudo es un espectáculo entristecedor.

Es posible, por supuesto, obtener cierto grado de orientación espiritual interior mediante la oración, la meditación y la fe. Nadie debería prescindir de tal guía. Pero recibir la orientación consciente de Dios —en lugar de dejarse influir por las manipuladoras racionalizaciones de los propios deseos, hábitos o caprichos— es muy diferente y requiere un nivel más profundo de realización espiritual. La mayoría de la gente comprende mejor la voluntad divina a través de un gurú enviado por Dios. Un gurú es alguien que conoce a Dios y que puede mostrarles a otros el camino que conduce a Él. Seguir a aquel que ha manifestado la Divinidad es el modo seguro de unirse a Dios. Quien conoce a Dios se convierte en la voz audible del Dios silente. La sintonía con la voluntad de un verdadero gurú —que está guiada por la sabiduría— enseña al buscador sincero cómo dirigir su voluntad de acuerdo con la voluntad de Dios. Aquellos que siguen la voz de su propio ego y la disfrazan de orientación divina descubren demasiado tarde que no hay forma de que la ilusa racionalización los libere de la responsabilidad kármica proveniente de sus propias acciones erróneas. Dejarse guiar por la voluntad prisionera del ego significa tropezar y caer en los dolorosos enredos de la ilusión. ¡No permanezcas cautivo en las redes del engaño! ¡Sé libre!

Es voluntad de Dios que todas las almas alcancen la liberación. La parte que le corresponde al hombre es cooperar con dicho objetivo, para lo cual debe vivir en armonía con las leyes divinas señaladas por un gurú que haya alcanzado la unión con Dios. El ser humano aprende así el propósito para el que está destinado y comprende qué desea Dios que él haga con su vida. Al actuar conforme a este propósito «lleva a cabo la obra de Dios» y desempeña así la tarea específica que le corresponde en el escenario de la vida. Con Cristo, ingiere el «alimento» de la sabiduría y se convierte en un instrumento mediante el cual se cumple la Voluntad Divina.

～

«¿No decís vosotros: 'Cuatro meses más y llega la siega'? Pues bien, yo os digo: Alzad vuestros ojos y ved los campos, que amarillean ya para la siega. Ya el segador recibe el salario, y recoge fruto para vida eterna, de modo que el sembrador se alegra igual que el segador. Y en esto resulta verdadero el refrán de que uno es el sembrador y otro el segador: yo os he enviado a segar donde vosotros no os habéis fatigado. Otros se fatigaron y vosotros os aprovecháis de su fatiga» (Juan 4:35-38).

La vida mortal se halla gobernada por la ley del karma: «Cosecharás lo que siembres». En este pasaje, sin embargo, Jesús emplea la parábola del sembrador, el segador, el tiempo de la siega y la siega misma para ilustrar que el alma inmortal del hombre —la cual es un reflejo del Espíritu trascendente— no se encuentra sujeta a la ley de causa y efecto que rige la creación. A quien se halla identificado con su ficticia naturaleza mortal, la ley kármica le otorga sabiduría y felicidad sólo de acuerdo con lo que logre alcanzar por mérito propio; mas aquel que se encuentra identificado con el Espíritu recoge, sin restricción alguna, la riqueza infinita de la Divinidad.

Fue así como Jesús esclareció la ley superior de la Cosecha Divina: en el caso de la siembra común, la tarea es fatigosa y la siega llega alrededor de cuatro meses después de la siembra; pero Jesús afirmó que recoger la abundancia divina no depende de labores tales como la siembra y la espera para obtener finalmente la cosecha espiritual. El alma no necesita adquirir nada. Como hija de Dios, sólo precisa recordar lo que ya posee en forma latente: la infinita herencia de sabiduría que proviene del Padre Divino. En cuanto la conciencia del hombre trasciende su identificación con el cuerpo y alcanza la realización del Ser, se pone de manifiesto el contacto del alma con Dios y se revela la esencia divina del alma que se hallaba oculta detrás del velo de la ignorancia, incinerado ahora por

El alma sólo necesita recordar que ya posee la prosperidad divina

el abrasador fuego de la sabiduría[3].

La sabiduría humana ha de cultivarse gradualmente a través de los sentidos y de la inteligencia racional; en cambio, la inmensurable cosecha de la sabiduría divina puede obtenerse de manera instantánea por medio de la intuición, que se desarrolla a través de la meditación. Jesús exhortó a sus seguidores con estas palabras: «*Alzad vuestros ojos y ved los campos*», porque todo cuanto debe hacerse es elevar la conciencia, desde la llanura de las vibraciones materiales, hasta centrarla en la cosecha de la sabiduría que, siempre pronta a ser recogida, resplandece en los campos inmaculadamente blancos de la Conciencia Cósmica. Los ojos físicos ven únicamente la Naturaleza material. Mas en la meditación profunda, al elevar la mirada y la conciencia para dirigirlas hacia el tercer ojo u ojo de la percepción espiritual, el aspirante contempla, en la blanca luz estrellada de la realización del alma, la abundante sabiduría y bienaventuranza que constituyen su herencia divina —olvidada por largo tiempo, pero jamás perdida, y que puede recuperarse al instante.

Así como la oscuridad de los ojos cerrados se desvanece de inmediato al abrirlos, así también, en cuanto se abre el ojo de la sabiduría, se disipan las tinieblas de la ignorancia y uno se contempla a sí mismo, a la luz de Dios, como el alma perfecta. Esto produce un inmenso consuelo, pues alcanzar la perfección a través del proceso kármico de prueba y error parece casi imposible, ya que requeriría de incontables encarnaciones. El hombre debe esforzarse para adquirir prosperidad, sabiduría y felicidad; mas un hijo de Dios que ha alcanzado su unidad con Él, al haber recuperado su herencia divina, ya lo posee todo.

Recoger la cosecha de la riqueza material requiere un enorme esfuerzo e implica una relativa pérdida de tiempo, ya que uno inevitablemente habrá de abandonar, tarde o temprano, todo cuanto haya adquirido. Jesús señala que es mucho mejor hacer el esfuerzo por conocer aquello que ya poseemos como hijos de Dios. El alma que se ha despojado de su mortalidad recibe su legado divino y disfruta, por toda la eternidad, de la cosecha de la Bienaventuranza que se encuentra en Dios.

Muchas personas cuyos hábitos materiales e indolencia les impiden desarrollar su inclinación espiritual afirman: «¡Vaya!, es necesario realizar un extraordinario esfuerzo para alcanzar la espiritualidad». Y

---

[3] «Así como el fuego reduce un leño a cenizas, así la llama de la sabiduría consume todo karma. En verdad, nada existe en el mundo que sea más santificador que la sabiduría» (*God Talks With Arjuna: The Bhagavad Gita* IV:37-38. Véase *El Yoga del Bhagavad Guita*).

mi respuesta es: «No es cierto». El único esfuerzo que se requiere es olvidar nuestra conciencia mortal carente de espiritualidad; tan pronto como lo hacemos, tomamos conciencia de que somos dioses. *«Ya el segador recibe el salario, y recoge fruto para vida eterna»*. Aquel que cosecha el conocimiento del alma por medio de la meditación recibe el salario de la Sabiduría Divina y recoge los frutos resultantes de la eterna y siempre renovada Bienaventuranza.

«De modo que el sembrador se alegra igual que el segador» significa que Dios, como Sembrador de la Sabiduría en las almas, se complace cuando observa que sus hijos verdaderos recogen aquello que Él ha sembrado, pero no la cosecha del mal que la ignorancia de los mortales siembra y recoge.

El significado de la frase *«Uno es el sembrador y otro el segador»* puede interpretarse de dos maneras: la primera, en relación con la cosecha que se produce en el alma del hombre; la segunda, relativa a la influencia que ejerce el hombre sobre sus semejantes en el mundo.

En primer lugar, las palabras de Jesús significan que Dios es el Sembrador y única Fuente de la sabiduría, y que sus hijos sólo necesitan cosechar aquello que Él ya ha sembrado para ellos en sus almas. Dios envió a los seres humanos a la tierra para que recogiesen la cosecha de la sabiduría y bienaventuranza del alma, la cual no era el fruto de ningún esfuerzo humano. En el mundo, el simple hecho de olvidar que uno vive en la pobreza no le vuelve rico; es preciso trabajar para adquirir riquezas materiales. Pero como hijos de Dios, en cuanto olvidamos en la meditación profunda la conciencia mortal creada por el ego, recuperamos de inmediato la divinidad y la riqueza espiritual inherentes al legado que Dios nos ha conferido.

«Otros se fatigaron y vosotros os aprovecháis de su fatiga» significa que las personas mundanas se fatigan al tratar de obtener posesiones materiales perecederas y alcanzar metas que no son satisfactorias ni realistas. Los devotos de Dios no deben imitarlos, pues sería absurdo. Debido a las limitaciones de la vida terrenal, es imposible que todas las personas se vuelvan en esta vida tan opulentas como Henry Ford; pero todos los seres humanos tienen la posibilidad de asemejarse a Cristo en una sola vida si meditan correctamente, puesto que todos ellos ya son hijos de Dios y están hechos a su imagen. Por medio de la meditación y la calma, el ser humano abre los ojos de la sabiduría, cerrados desde tiempo inmemorial. La luz del despertar hace realidad sus capacidades latentes, y él descubre entonces que es uno con el Poseedor del cosmos entero.

Los frutos del despertar espiritual de una persona no son sólo una bendición para su propia vida, sino para el mundo en general. Éste es el

Tanto el karma colectivo como el karma individual ejercen influencia sobre la vida humana

segundo significado de «*uno es el sembrador y otro el segador*»: se hace referencia al karma colectivo. Cada persona siembra buenas o malas acciones en el suelo de su vida, y no sólo recoge ella misma la cosecha kármica de tales acciones, sino que hace que otras personas también las cosechen. Si alguien escribe una novela degradante, todos aquellos que la leen cosechan los efectos perniciosos de los pensamientos del autor. La ley de causa y efecto opera incluso de modos aún más sutiles. Las acciones de cada ser humano dejan marcas electromagnéticas en su cerebro, que influyen sobre sus acciones futuras; también dejan huellas vibratorias en el éter, las cuales producen una impresión en la mente de otras personas y ejercen influencia sobre ellas.

En Mysore visité una fábrica donde se procesaba madera de sándalo. Cada pieza y cada astilla de la madera contribuía a crear la fragante atmósfera que reinaba en todo el lugar, y cualquiera que entraba allí disfrutaba de ese maravilloso aroma. De modo similar, cuando entro a los templos de *Self-Realization Fellowship*, hay en ellos tantas almas buenas que buscan sinceramente a Dios que percibo la vibración espiritual que emana de su bondad colectiva. Por el contrario, un grupo de personas que se entrega a la bebida y a generar altercados crea una atmósfera poderosamente negativa.

La calidad y el carácter generales de una comunidad o de una civilización son producto del karma colectivo —los efectos acumulados de las acciones que el conjunto de la población ha dejado registrados en el éter—. Cada ser humano es responsable de su aporte al karma colectivo, el cual, a su vez, influye sobre cada persona.

Aquellos que se mantienen libres de todas las vibraciones negativas producen un poderoso efecto inspirador sobre sus contemporáneos. La luna despide más luz que todas las estrellas del cielo. Asimismo, una sola alma que, a semejanza de la luna, refleje con pureza la luz de Dios puede ejercer mayor influencia sobre las multitudes de lo que éstas se influyen entre sí. De ese modo, el esfuerzo individual puede ser aún más importante que el karma colectivo. Una persona que se esfuerza en todo sentido por superarse, y que para ello trata de armonizar cuerpo, mente y alma con el Ser Divino, produce buen karma no sólo en su propia vida, sino también en su familia, su comunidad, su país y el mundo entero. Por consiguiente, no hay justificación alguna para decir: «Si miles de personas se comportan mal, ¿qué importa si yo también lo hago?». ¡No! ¡Eso es un error! La bondad de una sola alma puede neutralizar con eficacia el karma colectivo de millones de seres humanos.

Ésa fue la proeza de Mahatma Gandhi: logró la libertad de 400 millones de personas por medio de su influencia espiritual. Fue objeto de burla y estuvo muchos años en prisión, pero, aun así, él continuó adelante. Finalmente, triunfó su espíritu de justicia, y su doctrina se convirtió en el instrumento que liberó a la India por medios pacíficos. Su vida se yergue como un ejemplo monumental de la aplicación práctica de las doctrinas de Cristo. Gracias a que una sola persona sembró la bondad, millones cosecharon los resultados de esa bondad y obtuvieron la libertad.

Cada gota de agua contribuye a la existencia del océano. En consecuencia, aunque la vida de una persona no parezca más que una gota en el océano de la humanidad, esa vida puede tener una influencia significativa. Aquel que refleja la divinidad inspira automáticamente a incontables personas a seguir el sendero espiritual. Aquel que refleja la maldad degrada a los demás y los hace caer del plano espiritual al ocasionar un efecto nocivo sobre sus potenciales flaquezas. Quien se ha reformado a sí mismo reforma a miles, porque lo que uno siembra en el éter mediante las vibraciones de sus pensamientos y de su carácter, con certeza, otros lo cosecharán.

≈

«Muchos samaritanos de aquel pueblo creyeron en él por las palabras de la mujer, que atestiguaba: "Me ha dicho todo lo que he hecho". Cuando llegaron a él los samaritanos, le rogaron que se quedara con ellos. Y Jesús se quedó allí dos días. Fueron muchos más los que creyeron por sus palabras, y decían a la mujer: "Ya no creemos por tus palabras, pues nosotros mismos hemos oído y sabemos que éste es verdaderamente el Salvador del mundo"» (Juan 4:39-42).

Muchos samaritanos se sintieron impulsados a creer en Jesús debido al testimonio de la mujer a quien él había curado espiritualmente. Los testimonios verídicos acerca de las cualidades de un maestro, procedentes de estudiantes que han experimentado sus beneficios, permiten que éste sea conocido por otras personas y pueda, entonces, servirles mediante el poder de su sabiduría.

El uso de la propaganda y de la publicidad para difundir enseñanzas espirituales es deplorable si se encuentra manchado por el interés comercial o por los motivos egoístas de aquellos instructores que fingen poseer capacidad para impartir sabiduría a los demás, pero que jamás han practicado los elevados principios que predican. Promover sin ningún miramiento la charlatanería del curanderismo espiritual resulta despreciable. En cambio, emplear los medios disponibles para atraer la atención de la gente hacia una enseñanza espiritual útil y beneficiosa es realmente loable. El principal medio de «publicidad» con que se contaba en la época de Jesús consistía en difundir las noticias de boca en boca. Incluso las flores se anuncian por medio de su fragancia e invitan a la gente a acercarse y a sumergirse en la fuente de la dulzura. De manera similar, a través del aroma de su santidad, los genuinos maestros espirituales atraen hacia las enseñanzas divinas a las almas anhelantes; ellos dan a conocer el valor de sus servicios sobre todo a través de su ejemplo personal y no mediante elocuentes promesas o consejos dispensados simplistamente.

> ¿Es lícito que un maestro espiritual utilice la propaganda y la publicidad?

Jesús atraía a las multitudes mediante la demostración de sus poderes divinos, que no exhibía de manera ostentosa, sino con el propósito de ayudar a quienes se encontraban espiritual, mental y físicamente enfermos. También atraía a la gente mediante la fragancia del amor y el magnetismo divinos que impregnaban su alma de loto. Ésa es la mejor publicidad.

Cuando unas cuantas personas perciben el aroma de una flor y luego lo describen a quienes aún no han descubierto su dulzura, éstos pueden entonces buscar esa belleza y disfrutarla por sí mismos. Una persona espiritual que permaneciese en el anonimato, disfrutando de Dios en soledad, sería como una fragante flor que «nace para abrirse y morir sin ser vista». Las almas realmente avanzadas, por mucho que amen la soledad, jamás incurren en el egoísmo de dejar de servir a los demás con el solaz de la sabiduría que han adquirido. Los grandes santos que experimentan el gozo embriagador del contacto con Dios desean compartir ese gozo y emplear sus poderes curativos espirituales para el beneficio de los buscadores que lo merecen[4]. Este proceder cumple una doble función: quienes lo necesitan, son sanados y, cuando sienten que han sido curados, divulgan, con la sinceridad que proviene de su experiencia personal, la capacidad de su maestro para servir y aliviar a los demás, a fin de que otros también puedan beneficiarse.

Impulsado por la Voluntad Divina, Jesús sanó a la samaritana; de ese modo —y gracias al convincente elogio que ella hizo— atrajo hacia Dios a numerosas almas: «*Muchos samaritanos de aquel pueblo creyeron en él por las palabras de la mujer [...]. Cuando llegaron a él los samaritanos, le rogaron que se quedara con ellos. Y Jesús se quedó allí dos días*».

Muchas personas se sienten atraídas hacia un maestro gracias al testimonio de aquellos seguidores que se han beneficiado; pero otros poseen una aguda percepción que les permite reconocer a dicho maestro y creer en él porque se sintonizan con las vibraciones espirituales que de él emanan. En Samaría, algunos se convencieron no por el entusiasmo de la mujer, sino porque acudieron a Jesús y percibieron su divinidad: «*Creemos [...], pues nosotros mismos hemos oído y sabemos que éste es verdaderamente el Salvador del mundo*». Una vez que han conocido a un maestro o han sido iniciados en un sendero, los buscadores sinceros deben satisfacer totalmente su corazón mediante la sintonía con el maestro y la aplicación de sus enseñanzas. Las convicciones se cimentan con firmeza, no sobre el incierto fundamento de los rumores que se escuchan, sino sobre la indestructible roca de la sabiduría que se ha experimentado personalmente.

---

[4] «El aislamiento es necesario para establecer permanentemente la conciencia en el Ser; sin embargo, los maestros retornan luego al mundo para brindar su servicio. Incluso los santos que no se ocupan de prestar sus servicios en forma externa confieren, por medio de sus pensamientos y sagradas vibraciones, mayores beneficios al mundo de los que los hombres no iluminados puedan ofrecer por medio de las más arduas actividades humanitarias. Estas grandes almas, cada una a su propio modo y a menudo confrontando grandes oposiciones, se esfuerzan de manera altruista en inspirar y enriquecer espiritualmente a sus semejantes. Ningún ideal religioso o social hindú es meramente negativo. *Ahimsa*, "no dañar", llamada en el *Mahabharata* "virtud completa" *(sakalo dharma)*, es un precepto positivo, pues implica que quien no se encuentra de algún modo ayudando a los demás les está haciendo daño» *(Autobiografía de un yogui).*

«Tu hijo vive»: el poder curativo de la transformación del pensamiento

---

Un maestro puede sanar el cuerpo
reestructurando su matriz subyacente de energía

❖

Cómo actúan la concentración del pensamiento
y la voluntad del hombre sobre las células del cuerpo

❖

La curación por medio de afirmaciones:
el dinámico poder vibratorio de la palabra hablada

❖

Las vibraciones de curación y las oraciones por el prójimo
son efectivas a cualquier distancia

❖

El poder curativo de la mente
se pone en acción a través del pensamiento positivo,
la afirmación o la oración

«Cuando una mente dotada de poder divino implanta un pensamiento de salud y perfección en otra persona, puede disolver un pensamiento pertinaz de enfermedad y crear un gran torrente de energía curativa reparadora».

Cuando llegó, pues, a Galilea, los galileos le hicieron un buen recibimiento, porque habían visto todo lo que había hecho en Jerusalén durante la fiesta, pues también ellos habían ido.

Volvió, pues, a Caná de Galilea, donde había convertido el agua en vino. Había un funcionario real, cuyo hijo estaba enfermo en Cafarnaún. Cuando se enteró de que Jesús había venido de Judea a Galilea, fue a rogarle que bajase a curar a su hijo, porque estaba a punto de morir. Entonces Jesús le dijo: «Si no veis signos y prodigios, no creéis». El funcionario replicó: «Señor, baja antes de que muera mi hijo». Jesús le dice: «Vete, que tu hijo vive». Creyó el hombre en la palabra que Jesús le había dicho y se puso en camino. Cuando bajaba, le salieron al encuentro sus siervos y le dijeron que su hijo vivía. Él les preguntó entonces la hora en que se había sentido mejor. Ellos respondieron: «Ayer a la hora séptima le dejó la fiebre». El padre comprobó que era la misma hora en que le había dicho Jesús: «Tu hijo vive», y creyó él y toda su familia. Éste fue el segundo signo que hizo Jesús cuando volvió de Judea a Galilea.

Juan 4:45-54

«Tu hijo vive»: el poder curativo de la transformación del pensamiento

> *«Cuando llegó, pues, a Galilea, los galileos le hicieron un buen recibimiento, porque habían visto todo lo que había hecho en Jerusalén durante la fiesta, pues también ellos habían ido.*
>
> *»Volvió, pues, a Caná de Galilea, donde había convertido el agua en vino. Había un funcionario real, cuyo hijo estaba enfermo en Cafarnaún. Cuando se enteró de que Jesús había venido de Judea a Galilea, fue a rogarle que bajase a curar a su hijo, porque estaba a punto de morir. Entonces Jesús le dijo: "Si no veis signos y prodigios, no creéis". El funcionario replicó: "Señor, baja antes de que muera mi hijo". Jesús le dice: "Vete, que tu hijo vive". Creyó el hombre en la palabra que Jesús le había dicho y se puso en camino»* (Juan 4:45-50).

Parte de la misión de Jesús consistía en hacer visible la misericordia curativa de Dios. A través de sus milagros públicos, Jesús demostró que incluso las enfermedades «incurables» y los problemas «insolubles» se podían superar —en ocasiones de manera instantánea— por medio de la sintonía con la Voluntad Divina. Tales curaciones milagrosas no tenían como propósito glorificar el cuerpo perecedero, sino despertar la fe en la omnipresencia de Dios y en la capacidad innata del ser humano para establecer contacto con su Padre Celestial y conocerle personalmente. Jesús sabía que a las personas de mentalidad mundana les resulta difícil aceptar que ellas pueden tener acceso a la Misericordiosa Omnipotencia. Por ello, cuando el funcionario real le pidió que sanara a su hijo, que se hallaba moribundo en Cafarnaún, Jesús comentó con ironía: «*Si no veis signos y prodigios, no creéis*». Se trataba de una amable reprimenda: «Sois reacios a creer en el divino mensaje de salvación que Dios envió a través de mí, a no ser que Él demuestre primero su presencia en mí mediante una exhibición de prodigios que beneficien principalmente vuestras necesidades temporales». No debería ser necesario que Dios demostrase su presencia a través de prodigios para ganarse el amor y la confianza de sus hijos. Cada uno debería decidir voluntariamente y desde el corazón —por su propio libre albedrío y su propio impulso interior— amar a Dios y tratar de conocerle. En la sabiduría de un maestro, uno debería reconocer la Divina Presencia y sentirse inspirado a buscar la unión con Dios sin el incentivo de las demostraciones sobrenaturales. No obstante, viendo que la fe del funcionario era sincera, Jesús compasivamente le dijo: «*Vete, que tu hijo vive*».

Estas pocas palabras, que no se apoyaban ni en la persuasiva elocuencia ni en la obviedad de los hechos, fueron sin embargo suficientes para satisfacer al funcionario, que pudo percibir la vibración divina del poder curativo de Jesús. Por eso, «*Creyó el hombre en la palabra que Jesús le había dicho y se puso en camino*».

~

> «*Cuando bajaba, le salieron al encuentro sus siervos y le dijeron que su hijo vivía. Él les preguntó entonces la hora en que se había sentido mejor. Ellos respondieron: "Ayer a la hora séptima le dejó la fiebre". El padre comprobó que era la misma hora en que le había dicho Jesús: "Tu hijo vive", y creyó él y toda su familia. Éste fue el segundo signo que hizo Jesús cuando volvió de Judea a Galilea*» (*Juan 4:51-54*).

Las numerosas e instantáneas curaciones físicas que llevó a cabo Jesús fueron realizadas gracias a su conocimiento de la misma ley científica por la cual había transformado anteriormente el agua en vino: la relación que existe entre el pensamiento, la energía vital y la materia. [Véase el discurso 11].

Al ser el universo un producto de la Mente Divina, Ésta puede transformarlo en cualquier momento. La voluntad de Dios creó todas las cosas mediante la condensación de sus invisibles ideaciones, las cuales convirtió, primero, en la luz de la energía vital y, luego, en materia atómica. Las almas que han alcanzado la unión con Dios y que se encuentran en sintonía con la Voluntad Divina pueden producir, de modo instantáneo, cualquier cambio que deseen en la materia —incluso en el cuerpo humano— valiéndose del pensamiento concentrado, que actúa sobre la sutil matriz de energía subyacente a cada forma material y la reestructura. Así como la energía del cuerpo humano puede dirigirse por medio de la voluntad para iniciar el movimiento o la función de cualquier parte del cuerpo, o influir en tales procesos, así también, a través de la omnipresente Voluntad Divina, se puede iniciar cualquier movimiento vibratorio que produzca cambios atómicos en cualquier cuerpo u objeto y en cualquier lugar, sea cual sea la distancia a la que éstos se encuentren[1].

> *Un maestro puede sanar el cuerpo reestructurando su matriz subyacente de energía*

---

[1] La exploración científica de la matriz de energía que subyace al cuerpo humano se describe en la nota al pie de la página 137. En su libro *La revolución del cerebro* (Heptada, Madrid, 1991), Marilyn Ferguson señala: «Los científicos de la Unión Soviética han estado investigando la radiación electromagnética (llamada "bioplasma") que emite el cuerpo humano. Ellos han registrado los efectos que producen diversos estímulos sobre dicha radiación y han descubierto que el efecto de las sustancias químicas (por ejemplo, la adrenalina) es el más débil. El masaje de los puntos de acupuntura provocó un efecto más fuerte, y le siguieron en intensidad creciente la estimulación eléctrica y la exposición a la luz de un rayo láser de baja potencia. El estímulo más poderoso de todos, como se ha observado según los cambios en el bioplasma, es la voluntad humana. Si el sujeto calladamente dirige su pensamiento hacia una parte específica del cuerpo, el bioplasma muestra los cambios correspondientes».

En *Palabras que curan: El poder de la plegaria y la práctica de la medicina* (Obelisco, Barcelona, 1997), el Dr. Larry Dossey, renombrado autor de numerosos libros sobre la relación que existe entre espiritualidad y medicina, se refiere a las investigaciones científicas que se han realizado acerca de la curación por medio de la oración: «Encontré un gran número de evidencias: más de cien experimentos que exhibían criterios puramente científicos, muchos de ellos llevados a cabo en laboratorios y en condiciones realmente estrictas, de los que más de la mitad demostraban que la oración produce cambios significativos en una gran variedad de seres vivos».

La Dra. Marilyn Schlitz y el Dr. William Braud, investigadores científicos, describen la realización de experimentos mediante los cuales se ha demostrado la eficacia de diferentes formas de «intencionalidad mental» (incluyendo la oración) para influir sobre el ritmo de crecimiento de plantas y cultivos de células, sobre la cicatrización de heridas y la curación de tumores cancerosos en animales, y sobre una amplia gama de otros sistemas vivos. Al usar estos sujetos no humanos, según explican Schlitz y Braud, la hipótesis

El pensamiento vibratorio creativo de enfermedad se hallaba arraigado con firmeza en la conciencia del funcionario y en la de su hijo, pero Jesús pensaba de manera diferente, y por ello el hijo del funcionario se recuperó. Jesús logró desalojar el sueño de enfermedad que el hijo albergaba y reemplazarlo por un sueño de salud. Cuando una mente dotada de poder divino implanta un pensamiento de salud y perfección en otra persona, puede disolver un pensamiento pertinaz de enfermedad y crear un gran torrente de energía curativa reparadora.

En definitiva, toda enfermedad posee raíces psicológicas, y cada pensamiento es, a su vez, una ideación de la conciencia. Así pues, el pensamiento es el cerebro o arquitecto de las células y de las unidades de fuerza vital de cada partícula de tejido corporal, y ejerce influencia sobre las funciones de los inteligentes vitatrones subyacentes. En consecuencia, los pensamientos de enfermedad pueden afectar a todo el gobierno que ejerce la fuerza vital en las células; si esos pensamientos son crónicos o lo suficientemente poderosos, se manifiestan en forma de enfermedad corporal. Por el contrario, un fuerte pensamiento de salud puede corregir cualquier desorden del sistema celular.

El pensamiento humano concentrado que establece contacto con el Pensamiento Divino puede curar, mas no así la mera imaginación o los pensamientos fantasiosos o carentes de concentración. Para hacer actuar de modo efectivo el Pensamiento Divino es preciso tomar conciencia de la relación que existe entre el pensamiento, la fuerza vital y el cuerpo físico. En vez de limitarse a aseverar la naturaleza ilusoria e irreal del cuerpo y de sus enfermedades, es preferible decir: «El cuerpo no es lo que aparenta ser». El cuerpo existe, si bien sólo está constituido por la energía y el pensamiento «congelados» de Dios. En lugar de intelectualizar la ilusoria naturaleza del cuerpo, debe hacerse el esfuerzo de comprender cómo se condensa el pensamiento en energía,

---

de la curación a distancia se ha puesto a prueba mediante la medición de los cambios biológicos que se producían en una variedad de sistemas de referencia «al tiempo que se excluía la sugestión o la autorregulación como explicaciones alternativas» («Distant Intentionality and Healing: Assessing the Evidence» [«Intencionalidad y curación a distancia: una evaluación de las pruebas»], trabajo publicado en *Alternative Therapies*, Vol. 3, N.º 6, noviembre de 1997).

«Los experimentos demostraban que la oración afectaba positivamente a la presión [arterial] alta, a las heridas, a los ataques al corazón, a los dolores de cabeza y a la ansiedad», informa el Dr. Dossey. «Curiosamente, los efectos de la plegaria no dependían del hecho de que la persona que estaba rezando se encontrase ante la presencia del organismo por el cual rezaba o, bien, lejos de él; la sanación tenía lugar tanto en presencia del organismo como a distancia». *(Nota del editor).*

y cómo la energía se condensa luego en carne, sangre y tejidos. Ni
las quimeras fanáticas ni las creencias dogmáticas proporcionan tal
conocimiento; éste se presenta al establecer nues-
tra sintonía con Dios por medio de alguna técnica   *Cómo actúan la*
concebida para despertar la conciencia divina en el   *concentración*
alma. Cuando se alcanza ese estado de iluminación,   *del pensamiento*
se comprende plenamente que el cuerpo físico y el   *y la voluntad del*
cosmos entero no son sino sueños «congelados» del   *hombre sobre las*
Creador y que la conciencia humana —una indivi-   *células del cuerpo*
dualización de la conciencia de Dios— percibe la
actividad creativa divina y, a la vez, participa de ella. Si lanzáramos un
chorro de agua sobre un iceberg, el agua esculpiría una nueva forma,
ya sea fundiendo parcialmente el iceberg o agregando más agua que
enseguida se congelaría. De igual modo, una mente y una voluntad
poderosas pueden hacer que la conciencia interactúe con la conciencia
«congelada» y la transforme para bien o para mal.

La fuerza vital del cuerpo cuenta con un poder absoluto para
construir o destruir el cuerpo. Sin embargo, la fuerza vital sólo puede
actuar de acuerdo con la voluntad del dueño del cuerpo. La mayoría
de las personas no sabe que puede entrenar su voluntad para ordenarle al cuerpo que produzca cambios milagrosos en sí mismo; por
consiguiente, la energía vital —que puede obrar milagros— desobe-
dece durante la mayor parte del tiempo las directivas conscientes
que se le imparten. Tampoco es posible movilizar la fuerza vital con
una voluntad que se ha paralizado a causa de una debilidad física o
mental persistente. Cuando la voluntad de una persona está debilitada
a causa de la enfermedad, la vigorosa voluntad de un sanador poderoso es capaz de estimularla; la voluntad del sanador y la renovada
voluntad del paciente despiertan la fuerza vital a fin de que lleve a
cabo la curación deseada.

En su mayoría, aquellos cuyos esfuerzos por curarse a sí mismos
son ineficaces han permitido que sus pensamientos de salud se debi-
liten a causa del hábito mental de abrigar pensamientos *crónicos* de
enfermedad. Una persona que ha gozado de buena salud durante cincuenta años puede suponer que jamás se enfermará. Si de pronto se
siente físicamente enferma, al principio piensa que se repondrá; pero
si el padecimiento persiste durante seis meses, finalmente se convence
de que jamás habrá de recuperarse. Es un lamentable error psicológico
dejarse dominar por los pensamientos negativos. A fin de fortalecer

la conciencia de buena salud, debe visualizarse aquella convicción que nuestro buen estado de salud nos aportaba, con el fin de poder desalojar, de ese modo, toda creencia persistente de enfermedad. Si la poderosa mente de un sanador logra revivir la voluntad del paciente paralizado por la conciencia de enfermedad, el paciente puede entonces modificar su pensamiento y su energía y, de esa manera, curarse a sí mismo. Nadie tiene la posibilidad de curarnos sin la cooperación del poder oculto de nuestros propios pensamientos. Un maestro que ha alcanzado la unión con Dios puede sanar a una persona no receptiva, pero se trata de un caso mucho más difícil; además, únicamente un maestro podría percibir las circunstancias kármicas que harían posible dicha curación.

El poder del pensamiento aplicado a la curación de una enfermedad pone en movimiento un importante proceso metafísico que opera en colaboración con las leyes de la creación, que dan origen a todo cuanto existe. Un pensamiento dinámico de curación comienza con la modulación de la conciencia y de los ideatrones de la mente supraconsciente, para activar la energía vitatrónica —el *prana* o fuerza vital del cuerpo— a fin de que produzca cambios en los electrones subatómicos, así como en los átomos, moléculas y células. Toda ola de la conciencia que se envíe del modo descrito con el objeto de cumplir un determinado propósito en el reino de la manifestación atravesará todo el espectro de leyes naturales que se precisan para alcanzar su meta. Sin antagonizar en lo más mínimo con el ordenado funcionamiento de los principios inteligentes de la creación, la totalidad del complejo proceso curativo puede llevarse a cabo de forma instantánea cuando así lo dispone el decreto divino de un maestro que se encuentra en sintonía con la mente de Dios; en otros casos, de acuerdo con la sabiduría de las condiciones kármicas u otros propósitos, la curación puede producirse después de cierto período cuya extensión dependerá de las circunstancias. El progreso relativamente más lento de la curación física simplemente se ajustará al nivel de la mejoría espiritual que ya haya tenido lugar.

La curación física, sea cual sea el método que la origine, depende, en definitiva, de la acción que despliegue la energía vital del cuerpo con la finalidad de corregir una enfermedad u otra clase de desarmonía. Por medio de su sintonía con la voluntad divina, un maestro como Jesús puede dispensar vibraciones de energía vital directamente a fin de restablecer la salud en aquellos casos en que todos los demás procedimientos han fracasado.

En varias ocasiones, como se cita en los Evangelios, Jesús empleó de diversas maneras, y dependiendo de las circunstancias, el poder curativo divino de la energía vital. En muchos casos, transmitió la fuerza vital curativa por medio del contacto directo. A otros, les restituyó la salud al despertar su fe en el poder de Dios que emanaba de él, y de ese modo estimulaba y reforzaba la energía vital que se encontraba adormecida dentro de ellos. En el caso   *La curación* del hijo del funcionario de Cafarnaún, Jesús utilizó   *por medio de* el dinámico poder vibratorio de la palabra hablada.   *afirmaciones: el*

La curación vibratoria consiste en crear y en-   *dinámico poder* viar de manera consciente vibraciones de energía vi-   *vibratorio de la* tal hacia quienes están aquejados de enfermedades u   *palabra hablada* otros males. Este tipo de curación se puede realizar internamente, proyectando en forma mental la energía cargada con el poder de la voluntad, o externamente, por medio de las vibraciones de los cantos, y de inflexiones de la voz humana, y a través de palabras, frases y afirmaciones revitalizantes impregnadas de supraconciencia.

Puesto que la creación entera está constituida por vibraciones de variadas frecuencias, el sonido posee un inmenso poder. Cuando alguien dice en voz baja: «¡Oh!», una leve vibración atraviesa a quien la pronuncia y se transmite al éter que lo rodea. En cambio, cuando se lanza una bala de cañón, el sonido de la explosión atravesará a quienes se hallen en las inmediaciones, les sacudirá todo el cuerpo y hará añicos los cristales de las ventanas. Las palabras que se emiten con inteligencia no son simples sonidos que se utilizan para comunicarse, sino vibraciones de conciencia y energía. Su potencia está determinada no sólo por la fuerza física con que se pronuncian, sino más bien por la magnitud de las vibraciones de pensamiento y de energía que las acompañan.

La palabra hablada está compuesta de tres vibraciones: la vibración mental, la astral o energética y la corporal. De este modo, el sonido vibratorio de una expresión tal como «Tú eres paz» engloba lo siguiente: 1) la vibración del pensamiento que da comienzo al acto de la voluntad, siendo ésta la causa original de las vibraciones energéticas y corporales que dan como resultado que se exprese la palabra «paz»; 2) la vibración de la energía vital enviada por la voluntad desde el cerebro, a través de los nervios, hacia las cuerdas vocales y la lengua, que permite que la palabra «paz» se pronuncie; y 3) el movimiento físico de las cuerdas vocales que generan el sonido, y el efecto vibratorio sobre el cuerpo físico y su entorno que se produce al articularse la palabra «paz».

La vibración implica movimiento, el cual mantiene todas las manifestaciones —materiales, mentales o espirituales— en estado de elasticidad y sujetas al cambio. Todos los fenómenos —los sólidos, los líquidos y los gases; el sonido, los rayos X y la luz visible; la energía vital, las emociones y la inteligencia— son diversas vibraciones, más densas o más sutiles, de la única Vibración Cósmica del Creador. Las vibraciones más densas de la materia son relativamente fijas y se hallan circunscritas dentro de límites muy estrechos. La mente de una persona materialista, sintonizada con las restringidas vibraciones de la esfera material, también se mantiene relativamente fija y vibra con un poder limitado. Sin embargo, la mente posee en potencia un infinito poder elástico; no se destruye, pese a lo mucho que la estiremos. Mediante el uso de técnicas espirituales, con las cuales se desarrollan la concentración y el poder de la voluntad, y se logra expandir la conciencia, la mente habituada a la materia se libera de tales restricciones y vibra entonces a un nivel más elevado, en sintonía con las vibraciones astrales y causales de la actividad creativa de Dios y, finalmente, en sintonía con el Creador Mismo. Aquel que sabe cómo utilizar el poder de la mente puede obtener todo cuanto se proponga.

Las palabras de una persona común cuentan con una efectividad limitada para producir cambios en la materia vibratoria a causa del débil poder mental del que las emite; por el contrario, cualquier transformación es posible para quien conecta sus palabras con la omnipotente vibración de Dios —Aquel cuya Palabra creó la luz, las estrellas, las piedras, los árboles y los seres humanos; Aquel que sostiene la increíble actividad de los innumerables mundos que se desplazan en forma ordenada por el espacio[2].

Cuando en el fondo de la palabra hablada está la palabra de Dios —la vibración de Dios (cuando no sólo se dice la palabra «Dios», sino que se siente a Dios en esa palabra)—, la vibración de

---

[2] «Las infinitas potencialidades del sonido derivan de *Om*, la Palabra Creadora, el poder vibratorio cósmico que yace en el fondo de todas las energías atómicas. Toda palabra que, al ser emitida, se acompaña de una clara comprensión y de una profunda concentración está dotada del poder de "materializar" el objeto al cual alude. Tanto en el método iniciado por Coué como en otros sistemas de psicoterapia afines, se ha comprobado la eficacia de la repetición de palabras inspiradoras, ya sea en voz alta o en silencio; el secreto yace en la progresiva aceleración del ritmo vibratorio de la mente» *(Autobiografía de un yogui).*

la voz se proyecta con poder infinito. Cuando Jesús dijo: «*Tu hijo vive*», él pronunció un mandato divino. En sus palabras se hallaba la conciencia y la percepción de Dios, que impregnaban su aseveración con el omnipotente poder curativo de Dios.

La omnipresente omnipotencia de Dios en la creación se halla aislada por el espacio. El firmamento etérico vibratorio separa los reinos materiales propios de la creación de aquellos otros reinos sutiles en los cuales las fuerzas creativas divinas no están eclipsadas por la materia densa. La mente de una persona espiritualmente avanzada penetra el aislamiento etérico y establece contacto con las fuerzas vibratorias más elevadas que emanan de Dios en los mundos astral y causal, los cuales alojan todo lo que potencialmente puede existir en la creación.

En la presencia de los santos que han alcanzado la unión con Dios y que actúan como conductos del Poder Divino, el Señor no se encuentra aislado. Basta una mínima sintonía mental con un maestro que se halle en estado de conciencia divina para producir transformaciones en cualquier persona. Ésa es la razón de que tantas personas se sintieran magnéticamente atraídas hacia Jesús y sanasen gracias a ese contacto.

La curación del hijo del funcionario ni siquiera requirió un contacto directo con Jesús. En la curación a distancia se trasciende el tiempo y el espacio, se logra burlar su ilusoria persistencia. Del mismo modo que es posible transmitir una melodía a través del éter y que una radio la capte, así también la emisión de vibraciones curativas puede ser recibida por toda alma-radio sensible. Cuando Jesús pronunció el mandato de curación, su voz puso en movimiento la fuerza de su alma impregnada de determinación, y proyectó hacia el éter las vibraciones de curación provenientes de Dios. El funcionario recibió las vibraciones por medio de su fe y se retransmitieron desde él hacia su hijo, que de inmediato se recuperó. Las melodías que se emiten en un momento determinado en la ciudad de Los Ángeles pueden llegar a Nueva York sin que se produzca una demora perceptible, ya que el sonido se transporta por medio de ondas electromagnéticas de radio que se desplazan a la velocidad de la luz. Si las ondas radiofónicas se logran transportar a semejante velocidad, las vibraciones de sonido saturadas con la fuerza curativa del alma y transmitidas en el éter a través de la Omnipresencia Divina pueden alcanzar su meta con absoluta inmediatez.

Las vibraciones de curación y las oraciones por el prójimo son efectivas a cualquier distancia

Todas las vibraciones sonoras que se liberan en el éter producen cierto efecto mental momentáneo sobre el que las oye; pero las vibraciones de las palabras impregnadas con la fuerza del alma permanecen en el éter por un tiempo prolongado, siempre prestas a actuar en beneficio de quien las recibe. Este principio influye en la efectividad de las oraciones que ofrecemos en favor de otras personas. En cuanto las vibraciones curativas alcanzan la supraconciencia de la persona que necesita sanar, su alma envía una oleada de energía que parte desde el cerebro, desciende por la columna vertebral y se extiende por el cuerpo. Esa energía vital divina, que se emite a través del éter y que se refuerza con las vibraciones del poder curativo de Dios, es la que lleva a cabo la curación.

El poder curativo de la mente se pone en acción a través del pensamiento positivo, la afirmación o la oración

El ser humano no comprende el divino poder que Dios ha implantado en la mente. Ese poder controla todas las funciones corporales y, cuando se emplea de manera apropiada, es capaz de sanar cualquier afección[3]. En el caso de la curación

---

[3] Un inmenso y creciente número de investigaciones científicas llevadas a cabo en las últimas décadas han corroborado de manera categórica la antigua enseñanza yóguica que afirma: «La mente domina la materia». Ha surgido un campo de estudio y tratamiento médico totalmente nuevo denominado «psiconeuroinmunología» —el control del poder de la mente para mejorar el funcionamiento del sistema inmunológico del cuerpo con el fin de prevenir y curar enfermedades—, como puede comprobarse en la actualidad si uno se detiene unos minutos en la sección de «salud y curación» de cualquier biblioteca o librería.

En el libro *The Future of the Body: Explorations Into the Further Evolution of Human Nature* [El futuro del cuerpo: exploraciones sobre la evolución superior de la naturaleza humana], de Michael Murphy (Jeremy P. Tarcher, Los Ángeles, 1992), se presenta una fascinante y exhaustiva revisión de material científico e histórico que acredita el increíble poder de la mente humana. Señala Murphy: «La demostración de que el sistema nervioso central interactúa con el sistema inmunológico y puede afectarlo en forma directa ha confirmado la creencia que durante mucho tiempo abrigaron médicos, filósofos e instructores espirituales: las imágenes mentales, las actitudes y las emociones contribuyen a determinar el estado de enfermedad o de bienestar».

En un estudio realizado a lo largo de siete años, la Dra. Suki Rappaport observó a veinticinco personas que habían logrado extraordinarias transformaciones físicas —por ejemplo, habían superado defectos de nacimiento, se habían recuperado de enfermedades «incurables» o habían recobrado la movilidad después de haber sufrido accidentes que los habían dejado gravemente paralizados—. La Dra. Rappaport manifestó lo siguiente: «Todas ellas me dijeron lo mismo: habían tenido en su mente una imagen de quién y de qué querían ser. Y literalmente transformaron su cuerpo físico en esa forma imaginada».

El Dr. O. Carl Simonton, renombrado pionero en el tratamiento del cáncer, señaló: «Cuando observamos la remisión espontánea [del cáncer] o ciertas respuestas

divina, la mente recibe primero la sugerencia de la curación a través del pensamiento positivo, la afirmación o la oración. Luego, por medio de la convicción supraconsciente del alma, se manifiesta el poder de Dios que se encuentra latente en la mente y, por último, el cerebro libera la energía vital recargada de poder divino a fin de que restaure la salud.

Quien ora a Dios debe sacudir el éter con sus oraciones; Dios escuchará, tal como escuchó a través de Jesús las apremiantes súplicas del funcionario. Al igual que en Cafarnaún, no existen barreras para recibir la respuesta y el amor de Dios si se tiene fe en Él y se le ama de verdad. Inmerso en ese Amor, Jesús dijo: «*Tu hijo vive*». De inmediato, la vibración de su pensamiento atravesó el éter, y comenzaron a actuar en el hijo del funcionario poderosas corrientes de fuerza vital y de luz que modificaron la constitución de su cuerpo enfermo. Jesús realizó este milagro por designio divino y demostró que su pensamiento se hallaba en sintonía con la omnipresente y creativa energía cósmica

---

inesperadamente favorables, e intentamos comprender qué tienen en común, encontramos que en todos los casos interviene el mismo recurso espontáneo: visualizarse con buena salud. [...] No he encontrado ningún caso de remisión espontánea en que el paciente no pasara por un proceso similar de visualización».

En su libro *El universo holográfico* (Palmyra, Madrid, 2007), Michael Talbot describe estudios psiquiátricos del desorden de personalidad múltiple (DPM), una afección que «ejemplifica gráficamente el poder de la mente para afectar al cuerpo [...]. Cambios biológicos tienen lugar en el cuerpo de un múltiple cuando cambia de personalidad. Cuando se impone una personalidad, desaparece misteriosamente una dolencia médica de otra personalidad. [...] Al cambiar de personalidad, un múltiple borracho puede volverse sobrio al instante. Además, las diversas personalidades responden de manera diferente a medicinas diferentes. El Dr. Bennett Braun relata un caso en el que 5 miligramos de un tranquilizante, Diazepán, sedaron a una personalidad, mientras que 100 miligramos hicieron poco efecto o ninguno en otra. [...] La logopeda Christy Ludlow ha averiguado que el tipo de voz de cada una de las personalidades de los múltiples es diferente, una hazaña que requiere un cambio psicológico muy profundo, pues ni siquiera el actor más hábil puede modificar su voz lo bastante como para disfrazarla. Un múltiple que ingresó en un hospital por diabetes dejó desconcertados a sus médicos porque no mostraba ningún síntoma cuando tomaba el control una de sus personalidades no diabéticas. Hay informes de epilepsias que aparecen y desaparecen con los cambios de personalidad [...].

»Los sistemas de control que tienen que funcionar para explicar todas esas aptitudes son inconcebibles [...]. ¿Qué vías de influencia desconocidas permiten que la mente de un múltiple [...] suspenda los efectos del alcohol y de otras drogas en la sangre o haga que la diabetes aparezca y desaparezca? De momento no lo sabemos y debemos consolarnos con un simple hecho: una vez que el múltiple ha seguido una terapia y ha vuelto a ser una totalidad en cierto modo, todavía puede seguir cambiando de personalidad a su antojo. Esto sugiere que en algún lugar de nuestra psique todos tenemos la capacidad de controlar esas cosas». *(Nota del editor).*

de Dios, que es la fuente de toda vida. Podemos encender y apagar la luz de una lámpara si se encuentra conectada a la corriente eléctrica que proviene de una dinamo. Dios creó la lámpara del cuerpo y Él es, además, la Dinamo que la ilumina con su energía cósmica. Aunque la lámpara se rompa, su Creador puede repararla y encenderla de nuevo.

Jesús demostró qué significa estar en sintonía con la Dinamo Cósmica. Cuando se percibe la presencia de Dios y su energía vibratoria, así como la fuerza de su poder infinito, cualquier pensamiento que uno exprese se materializará.

«Lo que hace el Padre, eso hace igualmente el Hijo»

El discurso de Jesús sobre el juicio y la resurrección después de la curación en el pozo de Betzatá

El efecto de las acciones erróneas del pasado
en el sufrimiento presente del hombre

❖

El significado metafísico de la «muerte»:
la liberación del alma de sus tres cuerpos

❖

Al comulgar con la Vibración Cósmica en la meditación
se alcanza la vida imperecedera

❖

¿Enseñó Jesús la resurrección corporal de los muertos?

❖

El verdadero significado de la «trompeta de Gabriel»

---

*«El Hijo es, pues, el amor de Dios en la creación: un poder mag-
nético dotado de armonía e inteligencia cuya finalidad es que todas las
manifestaciones evolucionen hacia niveles cada vez más elevados [...].
Ni Dios ni Jesús en su aspecto de Inteligencia Crística se dedican despóticamente a disciplinar al hombre y juzgar sus acciones».*

*espués de esto, con ocasión de una fiesta de los judíos,
Jesús subió a Jerusalén[1]. Hay en Jerusalén una piscina
Probática llamada en hebreo Betzatá, que tiene cinco pórticos. En ellos yacía una multitud de enfermos, ciegos, cojos y
paralíticos, que esperaban la agitación del agua. Es que el
ángel del Señor se lavaba de tiempo en tiempo en la piscina
y agitaba el agua; y el primero que se metía después de la
agitación del agua recobraba la salud de cualquier mal que
tuviera. Había allí un hombre que llevaba treinta y ocho
años enfermo. Jesús, viéndole tendido y sabiendo que llevaba
ya mucho tiempo, le dijo: «¿Quieres recobrar la salud?». Le
respondió el enfermo: «Señor, no tengo a nadie que me meta
en la piscina cuando se agita el agua; y mientras yo voy, otro
se mete antes que yo». Jesús le dijo: «Levántate, toma tu camilla y anda». El hombre recobró al instante la salud, tomó
su camilla y se fue andando.*

*Pero como aquel día era sábado, los judíos dijeron al que
había sido curado: «Es sábado y no te está permitido llevar
la camilla». Él les respondió: «El que me ha devuelto la salud
me ha dicho: "Toma tu camilla y anda"». Ellos le preguntaron: «¿Quién es el hombre que te ha dicho eso?». Pero el
curado no sabía quién era, pues Jesús había desaparecido
entre la multitud que había en aquel lugar. Más tarde, Jesús
lo encontró en el Templo y le dijo: «Mira, has recobrado la
salud; no peques más, para que no te suceda algo peor». El
hombre se fue a decir a los judíos que era Jesús el que le
había devuelto la salud. Por eso, los judíos perseguían a Jesús, porque hacía estas cosas en sábado. Pero Jesús les re-*

---

[1] Sobre el relato de la curación que aconteció en la piscina de Betzatá, no
se conoce con precisión en qué momento se ubica dentro de la secuencia
de los acontecimientos mencionados en los otros tres Evangelios, los cuales
guardan silencio en lo que respecta al período transcurrido entre los cuarenta
días que Jesús pasó en el desierto y el inicio de su predicación del evangelio
en Galilea (referido en el discurso 22). En el Evangelio de San Juan, el único
que narra el episodio de Betzatá, se indica simplemente que tal suceso tuvo
lugar después de la curación del hijo del funcionario real (discurso 20) y
antes de que se alimentara a cinco mil personas con cinco panes y dos peces
(discurso 42, en el volumen II). *(Nota del editor).*

plicó: «Mi Padre sigue trabajando, y yo también trabajo». Por eso los judíos trataban con mayor empeño de matarle, porque no sólo quebrantaba el sábado, sino que llamaba a Dios su propio Padre, haciéndose a sí mismo igual a Dios.

Jesús, pues, tomando la palabra, les decía: «En verdad, en verdad os digo que el Hijo no puede hacer nada por su cuenta, sino lo que ve hacer al Padre: lo que hace Él, eso hace igualmente el Hijo. Porque el Padre quiere al Hijo y le muestra todo lo que Él hace. Y aún tiene que mostrarle obras mayores que éstas, para que os asombréis. Como el Padre resucita a los muertos y les da la vida, así también el Hijo da la vida a los que quiere. Porque el Padre no juzga a nadie, pues todo juicio lo ha entregado al Hijo, para que todos honren al Hijo como honran al Padre. El que no honra al Hijo no honra al Padre que lo ha enviado. En verdad, en verdad os digo que el que escucha mi palabra y cree en el que me ha enviado, tiene vida eterna y no incurre en juicio, pues ha pasado de la muerte a la vida. En verdad, en verdad os digo que llega la hora —ya estamos en ella— en que los muertos oirán la voz del Hijo de Dios, y los que la oigan vivirán. Porque, lo mismo que el Padre tiene vida en sí mismo, así también ha concedido al Hijo tener vida en sí mismo, y le ha dado poder para juzgar, porque es Hijo del hombre. No os extrañéis de esto: llega la hora en que todos los que estén en los sepulcros oirán su voz; y los que hayan hecho el bien saldrán para una resurrección de vida, y los que hayan hecho el mal, para una resurrección de juicio. Nada puedo hacer yo por mi cuenta: juzgo según lo que oigo; y mi juicio es justo, porque no busco mi voluntad, sino la de Aquel que me ha enviado. Si yo diera testimonio de mí mismo, mi testimonio no sería válido. Otro es el que da testimonio de mí, y yo sé que es válido el testimonio que da de mí. Vosotros mandasteis enviados a Juan, y él dio testimonio de la verdad. En cuanto a mí, no recibo testimonio de un hombre; pero digo esto para que os salvéis. Él era la lámpara que arde y alumbra, y vosotros quisisteis recrearos una hora con su luz. Pero yo tengo un testimonio mayor que el de Juan; porque las obras que el

Padre me ha encomendado llevar a cabo, las mismas obras que realizo, dan testimonio de mí, de que el Padre me ha enviado. Y el Padre, que me ha enviado, es el que ha dado testimonio de mí. Vosotros no habéis oído nunca su voz, ni habéis visto nunca su rostro, ni habita su palabra en vosotros, porque no creéis al que Él ha enviado. Vosotros investigáis las Escrituras: creéis tener en ellas vida eterna; pues ellas son en realidad las que dan testimonio de mí; pero vosotros no queréis venir a mí para tener vida. No recibo la gloria de los hombres.

»Pero yo os conozco: no tenéis en vosotros el amor de Dios. Yo he venido en nombre de mi Padre, pero no me recibís; si otro viene en su propio nombre, a ése le recibiréis. ¿Cómo podéis creer vosotros, que aceptáis gloria unos de otros, y no buscáis la gloria que viene del único Dios? No penséis que soy yo quien os acusará delante del Padre. Vuestro acusador es Moisés, en quién depositáis vuestra esperanza. Porque, si creyerais a Moisés, me creeríais a mí, porque él escribió de mí. Pero si no creéis en sus escritos, ¿cómo vais a creer en mis palabras?».

Juan 5:1-47

«Lo que hace el Padre, eso hace igualmente el Hijo»

El discurso de Jesús sobre el juicio y la resurrección después de la curación en el pozo de Betzatá

«Después de esto, con ocasión de una fiesta de los judíos, Jesús subió a Jerusalén. Hay en Jerusalén una piscina Probática llamada en hebreo Betzatá, que tiene cinco pórticos. En ellos yacía una multitud de enfermos, ciegos, cojos y paralíticos, que esperaban la agitación del agua. Es que el ángel del Señor se lavaba de tiempo en tiempo en la piscina y agitaba el agua; y el primero que se metía después de la agitación del agua recobraba la salud de cualquier mal que tuviera. Había allí un hombre que llevaba treinta y ocho años enfermo. Jesús, viéndole tendido y sabiendo que llevaba ya mucho tiempo, le dijo: "¿Quieres recobrar la salud?"» (Juan 5:1-6).

Durante una época de festividades, Jesús subió a Jerusalén y se acercó a la piscina de Betzatá. Allí se dirigió hacia una multitud de enfermos que esperaba para entrar en la piscina cuando las aguas se agitaran en ciertos momentos, impulsadas por una fuerza curativa que provenía del interior y que, según se creía, era un ángel del Señor. La piscina se agitaba y emanaban de ella corrientes telúricas (electromagnéticas) curativas, y sanaban muchos de los que se bañaban en la piscina en tales ocasiones[2].

---

2 La ubicación de la piscina de Betzatá fue descubierta por arqueólogos en el siglo

La fe en el poder medicinal del agua también contribuía a provocar una reacción mental que despertaba el poder curativo natural del cuerpo. Cuando la enfermedad debilita la mente y paraliza la voluntad, no es fácil deshacerse de la perturbadora dolencia. La fe hace revivir la todopoderosa fuerza de voluntad, que todo lo cura, a fin de que libere la naciente energía vital del cerebro para efectuar la curación de cualquier parte enferma del cuerpo.

Jesús sintió compasión por aquel hombre que había estado treinta y ocho años enfermo y que se hallaba incapacitado para meterse en la piscina por sus propios medios. A este hombre aquejado por el sufrimiento le preguntó: «*¿Quieres recobrar la salud?*».

⁓

«Le respondió el enfermo: "Señor, no tengo a nadie que me meta en la piscina cuando se agita el agua; y mientras yo voy, otro se mete antes que yo". Jesús le dijo: "Levántate, toma tu camilla y anda". El hombre recobró al instante la salud, tomó su camilla y se fue andando. Pero [...] aquel día era sábado» (Juan 5:7-9).

L a ley divina de la curación requiere el suelo apropiado de la fe, por parte del paciente, y la semilla adecuada de poder mental curativo, por parte del sanador. De esta forma, las raíces de la planta de la curación se arraigan profundamente y sus ramas se expanden lo suficiente en la conciencia de quien será sanado. Jesús preparó el suelo de la fe al crear en el hombre convaleciente el deseo de sanar por la vía directa de la ley divina, que no depende de factores externos. Cuando Jesús percibió que el enfermo era receptivo, le dijo: «*Levántate, toma tu camilla y anda*». Le demostró así que no necesitaba esperar que las aguas de la piscina lo sanaran, pues podía curarse al instante por medio del ilimitado poder de Dios que se halla oculto dentro de la voluntad y la mente humanas.

Se requiere la semilla del poder curativo y el suelo de la fe

El hombre recuperó instantáneamente la salud gracias a dos factores: 1) el flujo ininterrumpido de la infinita energía curadora de Dios, que manaba a través de la transparencia mental de la conciencia

---

XIX. Los historiadores y los estudiosos de la Biblia, sin embargo, no han podido determinar la naturaleza de sus beneficios curativos, ya que los únicos registros existentes se encuentran en este pasaje del Evangelio según San Juan. *(Nota del editor).*

de Jesús; y 2) el despertar de su propia fe y el resurgimiento de su voluntad, que se hallaba paralizada, lo cual actuó como una antena para que el enfermo se sintonizara con la vibrante energía cósmica que provenía de Jesús. Esa energía se combinó con la energía vital que estaba adormecida en el cerebro de aquel hombre y la recargó.

~

«Los judíos dijeron al que había sido curado: "Es sábado y no te está permitido llevar la camilla". Él les respondió: "El que me ha devuelto la salud me ha dicho: 'Toma tu camilla y anda'". Ellos le preguntaron: "¿Quién es el hombre que te ha dicho eso?". Pero el curado no sabía quién era, pues Jesús había desaparecido entre la multitud que había en aquel lugar» (Juan 5:10-13).

Reacios a manifestar su asombro ante la curación realizada —porque con ello habrían reconocido la superioridad de Jesús—, los escépticos optaron por desplegar un fingido celo por las leyes del sábado.

~

«Más tarde, Jesús lo encontró en el Templo y le dijo: "Mira, has recobrado la salud; no peques más, para que no te suceda algo peor"» (Juan 5:14).

Al hombre que había sido sanado, Jesús le advirtió que su enfermedad era el resultado de sus propias acciones prenatales, llevadas a cabo en encarnaciones pasadas, y también de su mal comportamiento postnatal en la vida presente. Además, para no sucumbir nuevamente a la enfermedad, le exhortó a abandonar sus acciones pecaminosas. Jesús le señalaba la importancia de que la capacidad para actuar independientemente en la vida no caiga bajo el influjo de las tendencias creadas por las acciones erróneas del pasado. Si el hombre seguía transgrediendo la ley divina, el mal acumulado del pasado y el mal procedente de nuevas acciones acarrearían un desastre aún peor como merecido castigo.

El efecto de las acciones erróneas del pasado en el sufrimiento presente del hombre

Las huellas de los males del pasado se ocultan en la conciencia, dentro del cerebro, prestas a despertar ante el estímulo de nuevas acciones incorrectas. Estas malas tendencias, sin embargo, pueden erradicarse con la fuerza electrizante de la sabiduría recién adquirida.

Jesús afirmó con toda claridad que las consecuencias del pecado y las recompensas de la virtud no provienen de causas desconocidas ni de un decreto divino, sino que son el resultado de las acciones buenas o malas del ser humano —la ley de causa y efecto que gobierna la vida del hombre—. Aquellos cuya vida no está científicamente basada en el discernimiento le atribuyen su buena fortuna o su desgracia a las acciones de un destino caprichoso e inescrutable. Curiosamente, este subterfugio irracional —con su falso sentido de irresponsabilidad— parece aportarles algún consuelo. Es preciso renunciar con valor a esa noción errónea y reemplazarla por la sabiduría. En vez de lamentarse por el destino y culpar a la fatalidad, debe adoptarse una buena conducta basada en el discernimiento, la cual mitigará y contrarrestará el efecto de las acciones erróneas del pasado.

En este episodio de curación, Jesús de forma inequívoca adjudica a cada hombre la responsabilidad de su propio sufrimiento. Además, señala que la vida del ser humano no sólo se encuentra gobernada por la ley de la acción, sino que únicamente la reencarnación puede explicar las inequidades y aparentes injusticias que azotan a los seres humanos desde el nacimiento. El remedio para sanar de una enfermedad física, moral o mental crónica se halla en uno de estos dos caminos: la directa intervención divina de algún intermediario de Dios y la obediencia a su consejo; o la ejecución de buenas acciones que contrarresten los efectos de las acciones incorrectas del pasado, ya sea destruyéndolos o, al menos, minimizándolos.

~

«El hombre se fue a decir a los judíos que era Jesús el que le había devuelto la salud. Por eso los judíos perseguían a Jesús, porque hacía estas cosas en sábado[3]. *Pero Jesús les replicó: "Mi*

---

[3] En los cuatro Evangelios se consigna que, durante todo su ministerio público, Jesús se enfrentó a la oposición de algunos miembros de la comunidad judía. En varios pasajes se apunta sobre todo a personas que se encontraban entre «los sumos sacerdotes», «los fariseos», «los saduceos» y «los escribas o doctores de la ley» (los «legistas»). Únicamente en el Evangelio de San Juan se hace referencia a estos miembros antagónicos en forma colectiva como «los judíos». Muchos historiadores, tras señalar que Jesús mismo y sus discípulos habían nacido dentro de la tradición judía, sostienen que esta referencia peyorativa a «los judíos» se introdujo en los relatos acerca de la vida

Padre sigue trabajando, y yo también trabajo". Por eso, los judíos trataban con mayor empeño de matarle, porque no sólo quebrantaba el sábado, sino que llamaba a Dios su propio Padre, haciéndose a sí mismo igual a Dios» (Juan 5:15-18).

Los críticos de Jesús seguían de manera mecánica la letra de la ley en lo concerniente a guardar el sábado y a otras normas éticas de vida, en tanto que Jesús seguía el espíritu de la ley y, en numerosas ocasiones, hizo caso omiso de la superficialidad y la formalidad creadas por el hombre. El espíritu del sábado consiste en dejar de lado los compromisos materiales y sociales y en permanecer con la conciencia enfocada en Dios, en estado de devota adoración. Si cesa la actividad material pero no se experimenta la comunión espiritual, no estaremos conscientes de Dios, sino de la ociosidad del cuerpo y poco más. En el nombre de Dios, Jesús podía llevar a cabo acciones materiales en sábado sin que cupiera considerarlas acciones materiales en absoluto. Para él, todos los días eran sábado y los vivía en la sabiduría y en la conciencia de Dios.

Las acciones guiadas por Dios concuerdan automáticamente con las leyes espirituales

Por eso, Jesús dijo: «*Mi Padre sigue trabajando, y yo también trabajo*»[4]. Cualquier obra que Jesús realizara en la tierra era impulsada por la percepción que él tenía del Padre y estaba guiada por la orientación intuitiva que recibía de Dios.

---

de Jesús décadas después de que sucedieron estos hechos, como reflejo de la creciente discordia que enfrentaban las comunidades cristianas en la época en que fueron escritos los Evangelios. Como puede apreciarse claramente por los comentarios de Paramahansa Yogananda, el verdadero significado de dichos pasajes es una referencia a los opositores malintencionados e ignorantes de las verdades espirituales que Jesús predicaba, sin tomar en consideración su condición social o religiosa. *(Nota del editor).*

[4] Hablando a través de Sri Krishna acerca de la incesante labor de la actividad divina, el Señor dice: «Si no efectuase Yo acciones, los universos perecerían» *(God Talks With Arjuna: The Bhagavad Gita III:24. Véase El Yoga del Bhagavad Guita).* Extracto del comentario sobre este pasaje: «Dios, como Creador de universos, trabaja de modo inmanente en su aspecto de Inteligencia Universal, presente en la materia y en la conciencia humana, con el propósito de conservar el orden mientras se desarrolla su plan cósmico. Él dice: "Si Yo, el Padre de todo, no actuara en la creación, todos los universos explotarían y se desvanecerían. Mi conciencia cósmica mantiene las islas flotantes de planetas nadando de manera rítmica en el mar cósmico. Es mi inteligencia en su aspecto de *Kutastha Chaitanya* la que conscientemente une a todos los átomos y los mantiene en acción en forma coordinada". [...]
»Si Dios retirara su Inteligencia cohesiva, todos los universos y los seres dejarían de manifestarse objetivamente, del mismo modo que las escenas y los actores desaparecen de la pantalla cuando se apaga la luz que atraviesa la película cinematográfica».

Por consiguiente, sus obras no podían estar contaminadas por el mal ni violaban ninguna ley espiritual legítima.

Con independencia de lo que haga, las acciones, la voluntad y el raciocinio de un devoto que se encuentra en sintonía con Dios son el resultado de su propio libre albedrío. No obstante, él siente que estos tres factores están guiados por la sabiduría del Padre Celestial. Tales devotos no son esclavos de Dios, sino que, al actuar sabiamente y por su propia voluntad, comprueban que la sabiduría del alma humana es la misma que proviene de Dios. El Señor jamás obliga a sus devotos a actuar de una manera determinada; pero aquellos que sienten la presencia de Dios conocen la sabiduría de la voluntad divina y prefieren su guía antes que llevar a cabo sus propias decisiones egoístas.

«Hágase tu Voluntad» no supone la esclavización de la voluntad del hombre. Como lo demostró Jesús, la voluntad humana guiada por la sabiduría es idéntica a la sabia voluntad de Dios, ya que toda sabiduría le pertenece sólo a Él.

~

«Jesús, pues, tomando la palabra, les decía: "En verdad, en verdad os digo que el Hijo no puede hacer nada por su cuenta, sino lo que ve hacer al Padre"» (Juan 5:19).

Con estas palabras, Jesús explica de manera precisa su proceder. El mostró el gran amor y la reverente deferencia que sentía por Dios. Con ese amor y sabiduría consideraba a Dios y sus divinas acciones como el Padre de la creación. Dado que él veía cómo actuaba el Padre Celestial, y percibía que los efectos de esas acciones se hallaban gobernados tanto por el amor como por la ley, Jesús actuaba del mismo modo, impulsado por su propio libre albedrío.

Lo que sugiere el pasaje que dice: *«Lo que [el Hijo] ve hacer al Padre»* es un grado de intimidad que sólo es posible en la esfera de la manifestación. Así como el Jesús omnipresente apareció en cuerpo después de su resurrección, así también el Dios infinito y sin forma puede materializarse desde el éter asumiendo el aspecto de una deidad, o bien manifestarse como una Luz o una Voz, tal como experimentó Jesús en la cima del monte[5]. Jesús se dirigió con reverente familiaridad

---

[5] Véase el discurso 45, en el volumen II.

a dicha personificación de Dios y la llamó «Padre»[6].

En la frase *«lo que ve hacer al Padre»*, Jesús se refiere a los hijos divinos que pueden ver, por medio del ojo de la intuición, todo aquello que el Padre Omnipresente, o sea, el Espíritu, desarrolla en la creación entera. El cuerpo físico de Jesús veía con los ojos físicos, tal como los demás seres humanos, pero el Jesús interior podía contemplar todas las cosas a través del ojo espiritual de la intuición. El espíritu interior de Jesús el Hijo veía o percibía de modo intuitivo, con los incontables ojos de la Omnipresencia, al Padre Omnipresente que secretamente reside y actúa dentro del corazón de los átomos, electrones y protones que forman parte de todo lo creado en el universo material. La Conciencia Cósmica del Padre —que permanece inactiva más allá de la creación— actúa sólo de manera indirecta por medio del reflejo de su inteligencia, el Hijo (la Inteligencia Crística presente en toda la creación vibratoria), y se encuentra activa de manera directa por medio de la vibración creativa del Espíritu Santo, que materializa los sueños cósmicos de Dios. Los ojos físicos son incapaces de ver al Invisible y Omnipresente Padre y conocer dentro de su reino cósmico su maravillosa labor secreta.

~

«Lo que hace Él, eso hace igualmente el Hijo» (Juan 5:19).

Todo hijo encarnado de Dios puede sintonizarse con la Inteligencia Crística universal y saber que esa Conciencia es el reflejo de la Inteligencia de Dios Padre. La luz del sol que se refleja en una

---

[6] Las escrituras hindúes solucionan la aparente contradicción entre el aspecto trascendente y el aspecto inmanentemente activo de Dios en el concepto de la Deidad que se plasma en Ishvara (de la raíz sánscrita *ish,* gobernar):

«El Absoluto unido a su Inteligencia Creativa, Maha Prakriti (el Espíritu Santo), se convierte en Ishvara, el Soberano Cósmico, Dios Padre de la Creación, el Soñador Universal Causal por cuya divina voluntad los universos evolucionan y se disuelven en ciclos ordenados. Por lo tanto, Ishvara es a la vez trascendente e inmanente: se encuentra más allá de la manifestación vibratoria y se halla activo a través de Maha Prakriti para producir las formas causales primordiales de todo cuanto ha de ser creado» (*God Talks With Arjuna: The Bhagavad Gita,* comentario sobre la estrofa IV:25).

La trascendencia de Ishvara más allá de la manifestación vibratoria rige también en su reflejo inmaculado —*Kutastha Chaitanya* o la Inteligencia Universal de Cristo-Krishna—, que es omnipresente en la creación y aun así es eternamente inmutable en medio de las vibratorias mutaciones de *maya* que ocurren en el seno de Maha Prakriti. (Véase también el discurso 5).

esfera de cristal se divide en dos: la luz del sol que se encuentra más allá de la esfera y la que se encuentra en ella. La luz que está dentro de la esfera, a pesar de ser limitada, es igual a la que se encuentra fuera de la esfera. De modo similar, la Conciencia Crística que brilla dentro de la creación, si bien es limitada, es la misma que la Conciencia Cósmica de Dios Padre, que resplandece más allá de la creación vibratoria. Por lo tanto, Jesús afirma que él, como hijo de Dios —unido a la Presencia Crística de Dios reflejada en toda la creación—, sólo podía hacer aquello que la Conciencia de su Padre le encomendaba.

~

«Porque el Padre quiere al Hijo y le muestra todo lo que Él hace. Y aún tiene que mostrarle obras mayores que éstas, para que os asombréis» (Juan 5:20).

Dios Padre se diferenció al convertirse en el Espíritu Santo o Creación Vibratoria Cósmica. En el seno del Espíritu Santo, con su miríada de manifestaciones, nació la Inteligencia Crística de Dios Padre. Puesto que Dios se dividió en Dios Padre, que se halla más allá de la creación, y en Dios Hijo, que reside en toda la creación, respetó todas las diferencias que Él mismo había creado a través de la Vibración Cósmica del Espíritu Santo, que está saturada de la Conciencia Crística. De ese modo, el Dios Padre que se encuentra más allá de la creación, siendo siempre renovado Gozo y Amor, hizo que ese mismo Gozo y Amor se reflejara en el Hijo o Inteligencia Crística presente en toda la creación vibratoria. Tal es el significado de la expresión *«el Padre quiere al Hijo»*. El Hijo es, pues, el amor de Dios en la creación: un poder magnético dotado de armonía e inteligencia cuya finalidad es que todas las manifestaciones evolucionen hacia niveles cada vez más elevados de perfección.

«El Padre le muestra al Hijo todo lo que Él hace» significa que la Inteligencia de Dios Padre que se encuentra más allá de la creación despliega todas sus cualidades en su reflejo, la Inteligencia Crística que se halla dentro de la creación. Por lo tanto, así como el Omnipresente Dios lo sabe todo, de igual modo un hijo verdadero que es capaz de percibir la omnipresencia de Dios participa también de su omnisciencia.

«Mostrar al Hijo obras mayores que ésta» significa que todas las cosas tienen su origen en Dios —el Padre de la creación— y pasan a formar parte de la manifestación a través del Hijo, la Inteligencia Crística. A medida que un maestro que ha alcanzado la realización del Ser avanza hacia la completa liberación y la plena unión con Dios, percibe cada vez más las interminables manifestaciones del poder divino que se despliegan en la creación, la cual progresa eternamente y en la que siempre surgirán obras mayores y más maravillosas que cuantas se hayan revelado hasta entonces. El progreso de la creación en Dios es un proceso perpetuamente nuevo, porque Dios el Creador es eterno y se expresa de modo eternamente renovado.

~

«Como el Padre resucita a los muertos y les da la vida, así también el Hijo da la vida a los que quiere» (Juan 5:21).

Así como el Padre tiene el poder de reanimar un cuerpo muerto cargándolo con fuerza vital, de igual modo un maestro puede devolver la vida, si así se lo ordena Dios, tal como lo demostró Jesús. En un sentido metafísico, sin embargo, la muerte verdadera no sólo significa la extinción de la vida en el cuerpo físico compuesto de dieciséis elementos, sino también la disolución de los otros dos cuerpos en los cuales el alma se halla encerrada: el cuerpo astral, formado por diecinueve elementos, y el cuerpo causal, constituido por treinta y cinco ideas elementales[7]. La muerte es una circunstancia que se aplica sólo a estos tres cuerpos. Es el alma inmortal la que *«el Padre resucita»* de los engañosos y mortíferos tentáculos y apegos propios de los tres cuerpos, a condición de que haya recuperado el conocimiento de su unidad con la conciencia del Padre Omnipresente. Mediante la práctica de técnicas de meditación y la gracia de Dios, las almas avanzadas se liberan del confinamiento en sus tres cuerpos. Cuando muere metafísicamente la prisión corporal de tales almas, éstas son conducidas al instante desde las limitaciones de la conciencia mortal hasta la percepción del reino de la vida infinita, y pasan desde el estado corporal mortal —en el cual habían olvidado su omnipresencia— a otro en el

El significado metafísico de la «muerte»: la liberación del alma de sus tres cuerpos

---

[7] Véase *astral (cuerpo)* y *causal (cuerpo)* en el Glosario.

que experimentan la resurrección de su verdadero Ser universal.

En la Biblia se define a Cristo como «*el Primogénito de entre los muertos, el Príncipe de los reyes de la tierra*»[8]. Esta definición es sumamente profunda y sutil. La ola del alma, que surge del océano del Espíritu, se ha individualizado al permanecer confinada en los cuerpos físico, astral e ideacional. Se encuentra allí encerrada debido a la ignorancia (el engaño) y a los deseos materiales, y no le es posible mezclarse con el océano del Espíritu que la rodea. Tras producirse el cambio del cuerpo físico denominado «muerte», el alma aún permanece aprisionada en sus cuerpos astral e ideacional, imposibilitada para liberar su oceánica esencia y unirse al océano del Espíritu. Mediante una liberadora técnica de meditación muy avanzada, el alma recupera su completa libertad y se funde en la Conciencia Crística, el estado «primogénito» del alma que ha resucitado de su situación de muerte o confinamiento mortal.

En el estado habitual de conciencia humana durante la vigilia, el alma se percibe a sí misma como el ego, que se identifica con su cuerpo físico, nombre, títulos, posesiones, nacionalidad y todos los demás aspectos del yo, mí y mío. En el estado subconsciente, el alma se conoce a sí misma como el inquieto poder de los sueños, o bien como la paz sin sueños que se experimenta al dormir profundamente. En el estado supraconsciente, el alma se percibe a sí misma como gozo puro, sin forma y eternamente renovado. En el estado de Conciencia Crística, el alma, que emerge de sus tres cuerpos metafísicamente muertos, se siente a sí misma unida a la Inteligencia Crística presente en toda la creación —la Inteligencia siempre consciente, suprema y principesca que guía a todas las demás fuerzas de la realeza que gobiernan la tierra y la materia entera.

Jesús, el hombre, sentía que su conciencia no sólo se hallaba presente en su cuerpo mortal, al cual gobernaba, sino que también lo percibía como la Inteligencia Crística que impregna todas las células espaciales de su vasto cuerpo cósmico.

Dios ayuda a que las almas resuciten de su confinamiento en el sepulcro ilusorio de los tres cuerpos. De la misma forma, un hijo verdadero —un maestro o gurú que ha alcanzado la unión con Dios— también puede resucitar a cualquier devoto y anhelante discípulo para llevarle hasta el Espíritu omnipresente. Al discípulo que medita

---

[8] *Apocalipsis* 1:5.

profundamente, tal gurú, que es uno con el Padre, puede auxiliarle a expandir su vida y su conciencia desde las limitadas sensaciones del cuerpo hasta el espacio ilimitado, a fin de que perciba entonces la vida entera en la omnipresencia. Ése es el significado de «*el Hijo da la vida*» o «*el Padre [...] da la vida*».

~

«Porque el Padre no juzga a nadie, pues todo juicio lo ha entregado al Hijo, para que todos honren al Hijo como honran al Padre. El que no honra al Hijo no honra al Padre que lo ha enviado» (*Juan* 5:22-23).

El trascendental Dios Padre, que se encuentra más allá de la creación, se reflejó en ella como Inteligencia Crística para constituirse en la Inteligencia rectora que subyace a todo lo manifestado. La totalidad de las fuerzas creativas inteligentes de la Naturaleza Cósmica emergen de la suprema Inteligencia Crística como instrumentos de la Vibración Cósmica del Espíritu Santo. Por lo tanto, la Inteligencia Crística es directamente responsable de la creación de los seres humanos y de otorgarle a cada uno de ellos el poder de libre elección para hacer el bien o el mal. Por ello, todo hombre es, a su vez, responsable directo ante la Inteligencia Crística en lo que respecta al uso correcto o incorrecto de su libre albedrío.

«El Padre ha entregado todo juicio al Hijo» no significa que la Inteligencia Crística castigue o recompense a cada persona, sino que cada una debe sufrir las consecuencias de sus propias acciones cada vez que toma una decisión errónea. El hombre, cuya alma fue creada a imagen del Cristo Infinito, debe vivir naturalmente como un Cristo; pero cuando se resiste y actúa contra la Conciencia Crística que en él mora, pierde su armonía con el flujo incesante de la justicia o de la

Cristo, en su amor supremo, jamás juzga ni castiga vengativamente al hombre

sabiduría o de la concordia o del amor o de la paz que provienen de Cristo. El río sigue su curso natural para dotar de fertilidad a la tierra; pero si se construye un dique que impida el fluir de la corriente, el río emitirá su juicio de forma indirecta y sin ninguna intención subjetiva: un castigo que consiste en negar el agua que hasta entonces prodigaba libremente. Así también, cuando una persona erige un muro de ignorancia, de falta de receptividad y de vida materialista, descubre que las aguas divinas de la sabiduría crística han decidido, por respeto al libre albedrío humano, no fluir en su vida. Sería un error adjudicar a Cristo (que sufrió en la cruz, diciendo «*Padre, perdónalos, porque no saben lo que hacen*») y a Dios o a las almas divinas cualquier tipo de juicio o acción con intenciones vengativas.

El Padre, que se encuentra oculto en el espacio entero, se manifiesta a través de aquellos hijos verdaderos encarnados que reciben y reflejan su sabiduría. Quienes respetan al Padre y están deseosos de conocerle, pero no pueden oír la guía de su voz, deben honrar y seguir a estos hijos verdaderos de Dios —los gurús iluminados, enviados por Dios— a través de cuya voz Él habla a los devotos que buscan la verdad. Es muy fácil para los devotos oír la voz de Dios en la clara orientación que ofrecen los maestros que conocen al Señor. Las personas ignorantes no conocen a Dios porque no purifican sus mentes para recibirle. Jesús y las almas crísticas ponen de manifiesto a Dios. Por ello, quienes no aceptan o prestan respetuosa atención a estos canales puros niegan también esa misma atención al Padre, que es el responsable de las misiones de redención que sus emisarios vienen a desarrollar en la tierra.

$\sim$

> «*En verdad, en verdad os digo que el que escucha mi palabra y cree en el que me ha enviado, tiene vida eterna y no incurre en juicio, pues ha pasado de la muerte a la vida. En verdad, en verdad os digo que llega la hora —ya estamos en ella— en que los muertos oirán la voz del Hijo de Dios, y los que la oigan vivirán. Porque, lo mismo que el Padre tiene vida en sí mismo, así también ha concedido al Hijo tener vida en sí mismo, y le ha dado poder para juzgar, porque es Hijo del hombre*» (*Juan* 5:24-27).

«En verdad, en verdad, con la certeza que siento por mi unidad intuitiva con la Conciencia Crística universal, os digo a vosotros y a la humanidad entera que los devotos que escuchen la Vibración Cósmica, la Palabra o el confortador Espíritu Santo y mi guiadora sabiduría que proviene de la Inteligencia Crística y que se percibe en esa Vibración, creerán y sabrán que mi sabiduría proviene de Dios Padre».

Los devotos que, gracias a la meditación constante y al éxtasis espiritual, sienten a Cristo en toda la creación son los verdaderos cristianos o seres crísticos. A través de la experiencia directa, ellos conocen y aceptan la Inteligencia Crística y al Padre que hizo que dicha Inteligencia se reflejara en toda la creación. Tales devotos, además, conocen al Cristo que se ha manifestado en la Vibración Cósmica. Por eso, se señala enfáticamente: «*el que escucha mi palabra [...] tiene vida eterna*».

Al comulgar con la Vibración Cósmica en la meditación se alcanza la vida imperecedera

Lo cual significa que quien escucha la Vibración Cósmica, y percibe intuitivamente la sabiduría crística que fluye hacia él, no sólo conoce a Dios y a Cristo y cree en Ellos, sino que se vuelve uno con la vida imperecedera que de Ellos emana.

Tales almas, que han tomado plena conciencia de su unidad con la Vibración Cósmica y con la Inteligencia Crística presente en ella, así como con la Inteligencia Divina que se encuentra más allá de la creación, están libres de toda condena; es decir, están libres de la ley de la acción y de su juicio inescrutable que gobierna la vida humana.

El devoto que busca la vida eterna debe practicar la técnica para expandir la conciencia que consiste en escuchar la Vibración Cósmica y sentir en ella la Conciencia Crística. Cuando puede hacerlo de modo consciente y eleva su alma de tal manera que deja de percibir las sensaciones del cuerpo físico, así como el poder y la energía del cuerpo astral y, finalmente, la idea de confinamiento propia del cuerpo causal, logra entonces resucitar del sepulcro de los tres cuerpos metafísicamente muertos y percibe la eterna libertad en el Espíritu.

Las personas comunes que no han conocido ni experimentado en forma directa la Vibración Cósmica —el confortador Espíritu Santo, que Jesús prometió enviar y que los devotos pueden sentir mediante la práctica de los métodos de *Self-Realization*— tienen una percepción consciente muy limitada después de la muerte, durante el descanso profundamente apacible del que disfrutan entre una encarnación y otra. Sin embargo, para tales personas llegará el momento —y, en efecto, el momento ya ha llegado para los discípulos avanzados— en que, por medio de la meditación y con la ayuda del gurú, oirán el sonido cósmico de la Vibración del Espíritu Santo y sentirán que su sabiduría en expansión emana del Hijo de Dios, la Conciencia Crística. Esos devotos que comulgan con la todo confortadora Vibración del Espíritu Santo —tal como se enseña en la técnica de Lahiri

Mahasaya, en la cual Cristo instruyó a sus discípulos cercanos— no experimentarán el olvido habitual que impone la muerte, sino que permanecerán continuamente conscientes en la vida eterna que fluye de Dios Padre y que conecta la existencia de tales devotos con la vida omnipresente que se encuentra en toda la creación.

Las personas comunes tienen la impresión de que sólo se vive una vez, de que su vida actual es la única, porque, al pasar el alma por numerosas encarnaciones, no pueden recordar su identidad durante la transición de una vida a otra. En ese sentido, los seres humanos no viven para siempre, aun cuando su alma inmortal jamás perezca. En cambio, un maestro que se encuentre muy avanzado, y que esté pasando por las últimas encarnaciones necesarias para terminar con los lazos latentes que aún lo mantienen sujeto a la tierra, puede conservar en la memoria la continuidad de la identidad de su alma. Tales almas aprenden de modo gradual a vivir eternamente en Dios sin que su conciencia sufra las interrupciones ocasionadas por la muerte.

El Padre es la Fuente de la Vida Cósmica, y ha legado su poder a la Inteligencia Crística, que es el reflejo de su presencia en toda la creación vibratoria. En la Inteligencia Crística, Dios ha establecido también las leyes universales que gobiernan todos los aspectos de la creación. A través de estos principios justos que sostienen el universo, el Hijo dicta su juicio[9]. Esto significa que cada vez que se infringe

---

[9] Las escrituras de la India se refieren a estos principios universales rectores con el nombre de *dharma*: el deber, las eternas leyes de la rectitud. En su comentario sobre el *Bhagavad Guita, God Talks With Arjuna*, Paramahansa Yogananda señala:

«La palabra *dharma*, de la raíz sánscrita *dhri*, "sostener o apoyar" —a menudo traducida simplemente como "religión" o "rectitud"—, es un término muy amplio que abarca las leyes naturales y las verdades eternas que sostienen el orden divino del universo y del hombre, el cual es un universo en miniatura. De este modo, la filosofía Sankhya define la verdadera religión como "los principios inmutables que protegen al hombre en forma permanente del triple sufrimiento de la enfermedad, la infelicidad y la ignorancia". El vasto cuerpo de enseñanzas de la India contenido en los Vedas se agrupa bajo el término genérico *Sanatana Dharma*, la "Religión Eterna"».

«El universo existe porque se mantiene unido por la voluntad de Dios, que se manifiesta bajo la forma de los principios cósmicos inmutables de la creación. Por lo tanto, Él es el verdadero *Dharma*. Sin Dios, ninguna criatura puede existir. El *dharma* o deber más elevado de cada ser humano consiste en descubrir, por medio de la realización, que Dios es quien le sostiene.

»El *dharma*, por lo tanto, es la ley cósmica que hace funcionar el mecanismo del universo; después de cumplir con el principal *Yoga dharma* (los deberes religiosos), que consiste en alcanzar la unión divina, el hombre debe llevar a cabo sus deberes secundarios para con las leyes cósmicas de la naturaleza. [...]

»El hombre debe practicar el *dharma* virtuoso, porque al acatar el deber prescrito

alguno de estos códigos divinos, la Inteligencia Universal impone automáticamente el consiguiente juicio. Puesto que la Inteligencia Crística también puede manifestarse en una forma humana —«el hijo del hombre»—, como ocurrió en el caso de Jesús y de otros verdaderos hijos de Dios que recibieron la conciencia divina a través de la transparencia de su conciencia, tales seres hablan con la autoridad que les otorga la sabiduría de Dios cuando guían a las almas para vivir en armonía con los principios divinos y cuando en ocasiones mitigan, a petición de Dios, los efectos conminatorios de dichas leyes.

~

«No os extrañéis de esto: llega la hora en que todos los que estén en los sepulcros oirán su voz; y los que hayan hecho el bien saldrán para una resurrección de vida, y los que hayan hecho el mal, para una resurrección de juicio» (Juan 5:28-29).

En esta época regida por la lógica, después de haber dejado atrás —con grandes esfuerzos— una larga y oscura noche de superstición, se desmiente la creencia en una interpretación literal de las palabras de Cristo en este versículo. La palabra «sepulcros», empleada por Jesús, hizo pensar a los intérpretes de la Biblia que contaban con escasa o nula percepción intuitiva directa que, después de la muerte, el alma del hombre aguarda en el frío cadáver enterrado para despertar y levantarse en el Día de la Resurrección, cuando el arcángel Gabriel haga sonar su trompeta. Al parecer, durante veinte siglos Gabriel no ha hecho sonar su trompeta, pues los esqueletos de millones de personas aún yacen en sus sepulcros[10].

¿Enseñó Jesús la resurrección corporal de los muertos?

puede liberarse de la ley de causa y efecto que gobierna todas las acciones. Debe evitar los actos irreligiosos *(adharma)*, los cuales le alejan de Dios, y seguir la religión *(Sanatana Dharma)*, a través de la cual habrá de encontrar al Señor. El hombre debe observar los deberes prescritos (el *Yoga dharma*) que imponen las escrituras verdaderas del mundo. Los códigos que rigen todos los aspectos de la conducta humana, tal como fueron dados en las leyes de Manu, se consideran también *dharmas* o deberes que guían al hombre».

10 La tradicional creencia cristiana de que la Resurrección del último día será anunciada por el ángel Gabriel haciendo sonar su trompeta no se menciona específicamente en la Biblia. En diversos pasajes del Nuevo Testamento se afirma que la Resurrección será anunciada por un ángel (no identificado) que hará sonar una trompeta celestial,

Este equivocado concepto de la resurrección según el cual Dios mantendrá a las almas vivientes refrigeradas durante años bajo el frío suelo y repentinamente les dará calor para enviarlas al Cielo o al Hades carece de todo fundamento y, además, es repugnante, injurioso e irracional.

Si así fuese el plan de Dios, qué injusto sería que tanto a pecadores como a virtuosos por igual, sin discriminación alguna, ¡se les mantuviese a la espera durante siglos! Con toda certeza, la justa ley de causa y efecto tiene algo mejor para ofrecerles a aquellos que se han esforzado sinceramente por llevar una vida recta. ¿Debemos acaso creer que, después de la muerte, un Dios autocrático arroja las almas sin ton ni son bajo un manto de tierra y allí las mantiene, durmiendo pacíficamente o sufriendo pesadillas durante siglos, hasta que cambie su ánimo y decida de pronto ordenarle a Gabriel que haga sonar su trompeta para despertar a los muertos? ¿Y qué ocurre con las almas muy avanzadas espiritualmente cuyos cuerpos no fueron enterrados, sino incinerados, y cuyas cenizas fueron esparcidas al viento y en los océanos?

Si Gabriel hiciera sonar su trompeta mañana mismo, las almas que hoy fallecieron despertarían al cabo de unas cuantas horas, junto con aquellas que murieron siglos antes de la época de Cristo. Es insostenible adscribir a un Dios justo y amoroso un acto como el de narcotizar durante siglos con el sueño de la muerte a las almas inmortales, amordazar su expresión en la oscuridad del sepulcro durante eones, anestesiar su inteligencia durante milenios y, luego, despertarlas de pronto para decidir si han de ser enviadas al cielo o al infierno.

De entre los muertos que han pecado en diverso grado y los que han sido virtuosos con diferentes niveles de mérito, y los bebés que ni siquiera han tenido tiempo para ser virtuosos o malvados, ¿cómo podría Dios decidir cuáles de ellos han de ir eternamente al cielo y cuáles han de ir eternamente al infierno? Ante tal combinación de almas imperfectas, semiperfectas y neutras no hay justicia divina que esté en condiciones de llevar a cabo una selección razonable. Si de un modo

---

o que será proclamada por la voz de Cristo (como se indica en los versículos que se explican en este discurso), o por ambos. En *Mateo* 24:30-31, por ejemplo, al hablar acerca del «fin del mundo», Jesús dice: «*Él enviará a sus ángeles con sonora trompeta [...]*». San Pablo escribió que en el tiempo de la Resurrección «*sonará la trompeta*» (I *Corintios* 15:52) y también mencionó la venida del Señor «*acompañado de una voz de arcángel y del sonido de la trompeta de Dios [...]*» (I *Tesalonicenses* 4:16-17). (Véase también la nota al pie de la página 421).

arbitrario Dios crea personas razonables o de mentalidad irracional, almas predispuestas al bien o al mal —impulsadas por una herencia terrenal favorable o desfavorable—, o bebés a los que concede el don de la razón y luego los hace morir antes de que puedan expresar sus potenciales, sólo para que haya variedad, entonces esta tierra es un irremediable desorden y sus criaturas son desventuradas marionetas que danzan movidas por los hilos del azar. El sentido común nos dice que debe de existir un propósito más sabio por parte de un Creador que es la sabiduría misma. El raciocinio y el libre albedrío de cada ser humano deben disponer de tiempo e iguales oportunidades para evolucionar y expresar toda la divinidad que Dios ha concedido a las almas.

El verdadero significado de estos versículos resulta claro cuando se interpretan a la luz de la ley del karma y la reencarnación, de acuerdo con la cual la Inteligencia Crística inmanente en la Vibración del Espíritu Santo («*su voz*») juzga el destino de cada ser humano después de la muerte. Dicha «voz» o trompeta de Gabriel señala el paso —gobernado por la ley cósmica— de un estado vibratorio de existencia a otro[11].

En el momento de la muerte, cuando el cuerpo vitatrónico astral se desprende del cuerpo físico atómico, la energía vitatrónica liberada produce un zumbido. Durante la transición que se verifica entre el mundo físico y el astral, todas las personas, ya sean virtuosas o pecadoras, automáticamente oyen mediante sus sutiles sentidos astrales este sonido en el que resuena el inspirador Sonido Cósmico.

El verdadero significado de la «trompeta de Gabriel»

«*Todos los que estén en los sepulcros oirán su voz; y [...] saldrán*» alude a otra transición de la conciencia efectuada por la «trompeta de Gabriel», la divina voz de la Vibración Cósmica. La palabra

---

[11] Como se explicó en la página 411, el hombre no necesita esperar a la muerte para ser elevado por la «voz» de la Vibración Cósmica de *Om* o Amén (el Espíritu Santo): por medio de técnicas científicas de meditación puede comulgar con la vibración del Espíritu Santo, el *Om* o Amén, y experimentar la conciencia celestial mencionada por San Juan en el libro del Apocalipsis:

«*Caí en éxtasis* (conciencia espiritual) *el día del Señor* (el día del contacto con los divinos reinos de la verdad). *Oí entonces detrás de mí* (en el centro sutil de conciencia espiritual, situado en el bulbo raquídeo, "detrás", en la nuca) *una voz estruendosa, como un sonido de trompeta* (el gran y bienaventurado sonido de *Om*) [...].

»*Después tuve una visión. Vi una puerta abierta en el cielo, y aquella voz que me había hablado antes, parecida al sonido de una trompeta, me decía: "Sube acá, que te voy a enseñar lo que ha de suceder después"*» (*Apocalipsis* 1:10; 4:1).

«sepulcros» es una referencia a un estado transitorio posterior a la muerte, un estado de estupor mental o sueño inconsciente, que atraviesan la mayoría de las almas —a excepción de las que se hallan avanzadas— cuando abandonan el cuerpo físico. Se trata de un estado comparable al del sueño. La conciencia de vigilia del hombre reposa cada noche en la subconciencia del sueño, en el cual el ser humano no se encuentra consciente del cuerpo ni del estado de sueño. El cuerpo astral y el cuerpo causal se retiran parcialmente de los músculos y de los órganos de los sentidos, y descansan en los órganos internos, en la columna vertebral y en la mente subconsciente. En el momento del despertar, la fuerza vital vibra hacia el exterior emitiendo varios sonidos y «resucita» la mente y el cuerpo astral adormecidos, haciéndolos retornar al estado consciente de vigilia.

De manera similar, en el estado posterior a la muerte se presenta un período de sueño rejuvenecedor inconsciente, al que Jesús designa metafóricamente como «sepulcro», en el cual las almas se hallan «sepultadas» dentro de sus cuerpos astral y causal, que están en reposo. La duración del sueño de la muerte difiere para cada persona, dependiendo de sus cualidades individuales y de su buen o mal karma —del mismo modo que cada persona duerme, según sean sus hábitos, por períodos cortos o prolongados.

La vibrante fuerza vital resucita la conciencia de quien duerme y la conduce al estado de vigilia. De la misma forma, la voz de energía proveniente de la Sagrada Vibración Cósmica, el gran sonido de *Om* o Amén, hace que las almas —ya estén dotadas de karma bueno o malo—, con sus respectivos cuerpos astral y causal, salgan del «sepulcro» del estado de olvido posterior a la muerte y las lleva a percibir el medio ambiente espiritual del cielo astral o las hace reencarnar en el buen o mal entorno de vida terrenal que han atraído kármicamente.

«Llega la hora», es decir, resulta inminente que, tras la muerte física, todo ser humano oiga el sonido de la Vibración Cósmica (la trompeta de Gabriel) y abandone el sueño inconsciente del estado

Qué es la verdadera resurrección posterior a la muerte

post mórtem. Quienes hayan recolectado los efectos de las buenas acciones, al resucitar percibirán conscientemente la vida en el glorioso reino astral por un período de tiempo kármicamente predeterminado y, luego, reencarnarán en una vida terrenal espiritual. Aquellos que hayan acumulado el mal en sus vidas pasadas pueden experimentar en el cuerpo astral los sueños inquietantes y las pesadillas de los sombríos reinos astrales. Finalmente, por el efecto condenatorio de la ley kármica —por la cual se cosecha lo que se ha sembrado—, la Vibración Cósmica los hará reencarnar en nuevos cuerpos físicos que poseerán las mismas tendencias negativas grabadas en el cerebro, así como los resultados de sus acciones erradas del pasado.

Durante el sueño, lo primero que se olvida es el cuerpo físico. De la misma forma, durante la muerte, lo primero que se olvida es el cuerpo físico. Sin embargo, al dormir, aún existe un vínculo entre el cuerpo y el alma. Por ello, durante el estado de vigilia, la persona vuelve a estar consciente del mismo cuerpo que había olvidado. En la muerte, la conexión entre el alma y la forma física se corta permanentemente: una vez que el sueño de la muerte ha terminado, el alma no vuelve a despertar en el mismo cuerpo, sino en otro diferente. En el caso excepcional de Jesucristo, pese a que la muerte había separado su alma del cuerpo físico, él reconstruyó el cuerpo destruido valiéndose de la energía cósmica del Espíritu Santo y de un acto de voluntad divina y, luego, volvió a alojar su alma en él.

Así pues, la palabra «resurrección», «levantarse de nuevo» después de la muerte, significa «reencarnación», la cual puede producirse desde el reino físico hacia el astral, o desde el astral hacia el físico, o, en el caso de almas muy avanzadas, desde el reino físico hacia el espiritual, lugar que las almas no se ven forzadas a abandonar jamás. *«Al vencedor le pondré de columna en el Santuario de mi Dios, y ya no saldrá de allí»* [12].

En el mundo astral, las almas poseen cuerpos luminosos hechos de energía vitatrónica. En el mundo físico, las almas condensan la energía vitatrónica de su cuerpo astral para formar la densa estructura atómica del cuerpo físico. En el reino espiritual, las almas disuelven en la conciencia del Infinito sus ilusorias formas corporales y el engañoso sueño de considerarse como un pequeño cuerpo, y lo hacen como almas sutilmente individualizadas del reino causal o fusionadas por completo con el Espíritu. Las almas comunes y corrientes deben reencarnarse repetidamente, del mundo físico al astral y luego del astral al físico, hasta evolucionar lo suficiente como para resucitar del mundo físico al astral y luego al reino espiritual, donde se alcanza la liberación total.

Dondequiera que el alma se encuentre, tiene la oportunidad de utilizar su raciocinio de manera consciente, o subconsciente, o

---

[12] *Apocalipsis* 3:12.

supraconsciente (si realiza acciones muy meritorias), ya sea en el mundo causal, astral o físico. Al hombre jamás se le podrá despojar de la razón y el libre albedrío con los que Dios le ha dotado, aun cuando éstos se vean transitoriamente limitados por los efectos kármicos de las acciones erróneas cometidas. Las almas deben renacer innumerables veces hasta contar con una oportunidad plena de utilizar su libre albedrío para liberarse de las penosas cadenas que las atan a la materia y, de ese modo, regresar a Dios.

En cierta ocasión, un santo le dijo a Dios: «Porque nos has hecho para Ti, y nuestro corazón está inquieto hasta que repose en Ti»[13]. A esta frase yo le agrego: «hasta que *merezca* —merced a nuestro deliberado esfuerzo de superar todos los deseos inquietos que nos desvían hacia la materia— reposar en Ti».

Sólo durante el sueño nocturno o en el gran sueño de la muerte puede el alma descansar por cierto tiempo de los estímulos externos y de la incesante fuerza del deseo que la impulsa a la actividad. Pero aun cuando duerman sus instrumentos corporales, el alma —siempre consciente— permanece constantemente despierta. Si una persona duerme en forma apacible o agitada, al despertar se sentirá serena o preocupada, según el caso. Así también, durante el sueño de la muerte, la conciencia profunda del ser humano se mantiene activa —la vida y la inteligencia se recargan de energía de manera continua—. Una vez que ha descansado lo suficiente de los estímulos externos, los deseos insatisfechos comienzan a revivir y aumentan su fuerza hasta que logran que ese ser humano despierte de nuevo, ya sea en un entorno astral o en una nueva encarnación física, de acuerdo con su karma y la inclinación de sus deseos.

Cualquier actividad de la inteligencia, tanto durante la vida como en la muerte, implica un cambio vibratorio cuyo movimiento crea un sonido —dado que toda vibración se manifiesta a partir de la Sagrada Vibración Cósmica, y todo sonido proviene del sonido de *Om* o Amén—. Uno de los significados de la «resurrección después de que Gabriel hace sonar su trompeta» es el gran cambio vibratorio y elevador que infunde la Ley Cósmica en el momento de la muerte y que se determina kármicamente. Su objetivo es liberar a las almas, que están cautivas en el cuerpo físico, concediéndoles la libertad que caracteriza a la esfera astral, desprovista de enfermedades, accidentes y

---

[13] *Confesiones*, San Agustín, Libro 1.

dolor. La trompeta de Gabriel resuena una vez más después de que se haya cumplido el tiempo preestablecido que el alma debe permanecer en el mundo astral. La Vibración Cósmica Inteligente *(«su voz»)* guía al alma —encerrada en un cuerpo astral en el que se hallan almacenadas sus buenas y malas tendencias kármicas del pasado— a fin de que se introduzca en un hogar protoplásmico recién construido, creado por la unión del óvulo y el esperma. Este protoplasma se desarrolla hasta convertirse en el embrión y en un nuevo cuerpo físico[14]. La Vibración

---

[14] A pesar de que las teorías científicas actuales no aceptan el concepto de que las tendencias de vidas pasadas se transmiten a través del cuerpo astral del alma al nuevo cuerpo físico en el momento de la reencarnación, los científicos admiten no comprender totalmente el mecanismo por el cual cada ser humano —singular y único— posee determinadas características físicas, psicológicas y emocionales que le son innatas. En la actualidad se cree que la molécula de ADN, descubierta en 1953, codifica dentro de cada una de las células de toda criatura viviente el material genético completo necesario para la creación de un cuerpo físico; asimismo, mezcla las características genéticas distintivas de ambos progenitores en una nueva combinación cuando éstos conciben un bebé. «Este descubrimiento, sin embargo, no está exento de dificultades», escribe el teórico de sistemas Ervin Laszlo en *The Whispering Pond: A Personal Guide to the Emerging Vision of Science* (Element Books, Boston, 1999). Según informa Laszlo, el biólogo François Jacob, ganador del premio Nobel, señala que, en verdad, se comprende muy poco el proceso de desarrollo del embrión, y afirma que es en gran medida —en palabras de Jacob— «un completo misterio».

Lynne McTaggart explica este proceso en su libro *El campo: En busca de la fuerza secreta que mueve el universo* (Sirio, Málaga, 2007): «La visión científica moderna nos dice que el ADN consigue de algún modo construir el cuerpo e impulsar sus dinámicas actividades encendiendo y apagando selectivamente ciertos segmentos, o genes, cuyos nucleótidos, o instrucciones genéticas, seleccionan ciertas moléculas de ARN, que a su vez seleccionan de un largo alfabeto de aminoácidos las "palabras" genéticas que crean las proteínas específicas. Supuestamente dichas proteínas son capaces tanto de construir el cuerpo como de encender y apagar todos los procesos químicos celulares que en última instancia controlan el funcionamiento corporal». El punto en que esta explicación deja una laguna, dice McTaggart, «es a la hora de explicar cómo sabe exactamente el ADN cuándo orquestar esto […].

»Cuando un óvulo fertilizado empieza a multiplicarse y a producir células hijas, cada una de ellas adopta una estructura y función acorde con su papel final en el cuerpo. Aunque todas las células hijas contienen los mismos cromosomas con la misma información genética, ciertos tipos de células "saben" inmediatamente cómo usar distintas informaciones genéticas para comportarse de forma diferente de otras […]. Además, estos genes saben cuántas células de un tipo determinado deben producirse en el lugar apropiado. […] De momento, los científicos se encogen de hombros cuando se les pregunta cómo se puede conseguir todo esto, y sobre todo a un ritmo tan rápido».

Continúa Laszlo: «Por ejemplo, mientras que la anatomía molecular de la mano humana se conoce con cierto detalle, no se sabe casi nada acerca del modo en que el organismo humano se ordena a sí mismo construir una mano. Al parecer, el organismo puede con gran precisión construir y, hasta cierto punto, reconstruir las partes dañadas. Por ejemplo, cuando se amputa un dedo de la mano humana por encima de

Cósmica, como el danzante oleaje en el océano del éter, lleva al alma, encerrada en sus cuerpos astral y causal, desde el mundo astral hacia las costas de un entorno bueno o malo en la vida terrenal, acorde con el buen o mal karma que esa alma haya acumulado como resultado de las buenas y malas acciones realizadas mediante el uso de su libre albedrío.

Lo semejante atrae a lo semejante. El patrón kármico de una persona la hace encarnar en un cuerpo, una mente, una familia y un ambiente que pueden ser ventajosos o nocivos, buenos o malos. Tales circunstancias no sólo reflejan los efectos de sus acciones del pasado, sino que ofrecen los desafíos necesarios para aprender las lecciones que se derivan de sus errores pasados. De ese modo, aquellos que han actuado bien resucitan en una vida más elevada y en mejores circunstancias. Aquellos que se han comportado erróneamente vienen a la tierra *«para una resurrección de juicio»:* deben afrontar y agotar las consecuencias de sus malas acciones, en una nueva vida posterior y contando con nuevas oportunidades para aprender y perfeccionar su comportamiento. La Ley Cósmica y la Vibración Cósmica del Espíritu Santo son únicamente guías que ayudan tanto a quienes son buenos como a quienes son malos a alcanzar sus respectivos destinos en la nueva vida: ambas constituyen el modo oculto en que opera la Naturaleza para llevar a cabo el plan creativo de Dios con maravillosa y misteriosa excelencia.

Es así como la ley de la resurrección (la reencarnación) le enseña al hombre que jamás debe desistir, incluso si es viejo o se siente desalentado o se halla a las puertas de la muerte. Debería, en cambio, esforzarse durante cada minuto de su existencia por perfeccionarse, sabiendo que después de la muerte la vida continúa en el plano astral —un mundo mejor— y que desde allí se dirigirá a un nuevo y

---

la primera articulación y la herida no se cierra quirúrgicamente con piel, la punta del dedo puede regenerarse. Aunque parezca asombroso, la punta del dedo se reconstruye por completo, hasta en los más delicados detalles, reproduciendo incluso la huella digital exclusiva de la persona».

Las huellas digitales, que tanto los biólogos como los criminólogos saben que matemáticamente son únicas para una persona determinada, en apariencia no se generan por instrucciones genéticas del ADN, puesto que se ha documentado de manera cuidadosa el hecho de que incluso los gemelos idénticos —que comparten exactamente el mismo ADN— poseen huellas digitales diferentes. Lo que esto sugiere, afirman científicos como Harold S. Burr, es que el crecimiento y el mantenimiento del cuerpo dependen de algún patrón dotado de propiedades organizativas y hecho de energía sutil inteligente, que posee características singulares para cada persona y que guía el desarrollo y funcionamiento de cada cuerpo físico. (Véase la nota al pie de la página 137). *(Nota del editor).*

alentador entorno situado en el plano físico. Finalmente, despertará al oír la trompeta de Gabriel y su llamado de la sabiduría suprema en el reino espiritual, del cual no hay retorno forzoso a la tierra. Así como Jesús logró el poder supremo sobre la vida y la muerte al vencer la conciencia mortal, así también cada hombre, mediante el método correcto de meditación profunda, puede aprender a elevar conscientemente su alma desde la conciencia corporal hasta alcanzar la presencia de Dios. Cuando resuene la última trompeta para dicha alma, la muerte ya no encerrará misterio alguno. El alma pródiga regresará de sus vagabundeos en la materia y llegará a su eternamente bienaventurado hogar espiritual, que se encuentra en el seno de Dios[15].

~

«Nada puedo hacer yo por mi cuenta: juzgo según lo que oigo; y mi juicio es justo, porque no busco mi voluntad, sino la de Aquel que me ha enviado» (Juan 5:30).

Jesús habla desde su estado de Conciencia Crística universal: «Yo, la Conciencia Crística presente en toda la creación y en todas las almas, no ambiciono materializar mis deseos en la tierra, sino obedecer

---

[15] *«Os digo, hermanos, que la carne y la sangre no pueden heredar el Reino de Dios, ni la corrupción heredar la incorrupción. ¡Mirad! Os revelo un misterio: No moriremos todos, pero todos seremos transformados. En un instante, en un pestañear de ojos, al toque de la trompeta final —pues sonará la trompeta—, los muertos resucitarán incorruptibles, y nosotros seremos transformados. En efecto, es necesario que este ser corruptible se revista de incorruptibilidad, y que este ser mortal se revista de inmortalidad. Y cuando este ser corruptible se revista de incorruptibilidad y este ser mortal se revista de inmortalidad, entonces se cumplirá lo que está escrito: La muerte ha sido devorada por la victoria. ¿Dónde está, oh muerte, tu victoria? ¿Dónde está, oh muerte, tu aguijón? El aguijón de la muerte es el pecado; y la fuerza del pecado, la Ley. ¡Pero gracias sean dadas a Dios, que nos da la victoria por nuestro Señor Jesucristo!»* (I Corintios 15:50-57). De esta manera describe San Pablo la «trompeta» de la Vibración Cósmica. Esta Vibración resucita la conciencia del hombre del confinamiento mortal en que ésta se encuentra al finalizar cada encarnación terrenal y la transporta a una libertad mayor: el estado posterior a la muerte. Por último, *«al toque de la trompeta final»*, el alma se eleva a la liberación que proporciona Dios a través de la Conciencia Crística inherente a la Vibración del Espíritu Santo, *«la victoria por nuestro Señor Jesucristo»*, después de que repetidas encarnaciones de avance espiritual han destruido toda *«corrupción»* —es decir, todos los deseos y la conciencia mortales, así como el karma que resulta de éstos—. Entonces *«la muerte ha sido devorada por la victoria»*: los ciclos de nacimiento y muerte impuestos por el karma han concluido para esa alma.

la justa ley cósmica de la creación. La ley está guiada por la voluntad y la sabiduría de la Conciencia Cósmica —el Padre que existe más allá de la creación como el Absoluto Trascendental, y en la creación como yo mismo, la Inteligencia Crística»[16].

Ni Dios ni Jesús en su aspecto de Inteligencia Crística se dedican despóticamente a disciplinar al hombre y juzgar sus acciones. La Inteligencia Crística omnipresente en toda la materia jamás castiga a nadie. En lugar de ello, de acuerdo con las buenas o malas vibraciones presentes en el hombre y creadas por él mismo, la ley cósmica inherente a la Inteligencia Crística, que es un reflejo de la divina voluntad o sabiduría del Padre, determina automáticamente un efecto bueno o malo equivalente a su causa. Este juicio es justo porque se basa en la equidad de la ley de causa y efecto.

La ley kármica juzga con justicia y refleja la divina sabiduría del Padre

La divina ley de la armonía impone condiciones justas para todos. Cuando alguien actúa contra esta ley, se lastima a sí mismo. Por ejemplo, los tejidos de la mano humana son sensibles. Si ésta se sumerge en agua fría, se experimenta un efecto calmante. Si se introduce en el fuego, se produce una quemadura. El fuego no daña a una persona intencionalmente, ni tampoco el agua fría decide producir una sensación de frescura en la mano. Quien toca el fuego o sumerge la mano en el agua es el único responsable del efecto resultante.

La ley kármica es justa porque el juicio que formula jamás es una imposición permanente. Unas cuantas acciones malvadas no pueden condenar al sufrimiento perpetuo a un alma hecha a imagen de Dios. Asimismo, unas pocas buenas acciones no pueden hacer que un alma sea merecedora de disfrutar de la felicidad eterna. Las magnitudes de bien y de mal presentes en una persona simplemente la acercan a Dios o la alejan de Él. Por lo tanto, la ley determina que el ser humano experimente felicidad cuando se mantiene en armonía con Dios y con la Conciencia Crística y, también, que experimente sufrimiento cuando actúa en contra de la armonía divina. No obstante, por muchos pecados que un hombre haya cometido, y aun cuando fuese el mayor de

---

[16] Compárese con *Juan* 12:48-50 (discurso 66, en el volumen III): «*El que me rechaza y no acoge mis palabras, ya tiene quien le juzgue: la palabra que yo he pronunciado lo juzgará el último día; porque yo no he hablado por mi cuenta, sino que el Padre que me ha enviado me ha mandado lo que tengo que decir y hablar, y yo sé que su mandato es vida eterna. Por eso, lo que yo hablo es lo que el Padre me ha dicho a mí*».

los pecadores o hubiera pecado durante muchas encarnaciones, aun así no puede ser juzgado y condenado para siempre. Una causa finita no puede dar lugar a un efecto infinito. Y tampoco debe el hombre dormirse en los laureles de las buenas acciones del pasado, sino que ha de acrecentarlas en forma debida y continua.

Por ese motivo, Jesús claramente señala: «*Nada puedo hacer yo por mi cuenta: juzgo según lo que oigo*». Esta aseveración significa que la Inteligencia Crística actúa de acuerdo con las vibraciones de la ley cósmica de Dios que gobierna nuestras vidas.

Las palabras de Jesús son una enérgica exhortación a que el hombre ponga en orden su vida, conforme a la ley cósmica, que es la divina voluntad de Dios, a fin de no crear con su manera errónea de vivir un infierno de sufrimiento físico y mental aún mayor que el imaginario castigo que consiste en ser arrojado a las llamas del averno después de la muerte. Es mucho mejor que el hombre lleve una vida de bien que le permita crear en su interior la dulzura de un cielo portátil.

Sólo cuando alcanza el bien supremo —que es Dios— le es posible al ser humano escapar del ineludible juicio de la ley mortal de la acción y alcanzar la inmortal Trascendencia Divina.

~

«Si yo diera testimonio de mí mismo, mi testimonio no sería válido. Otro es el que da testimonio de mí, y yo sé que es válido el testimonio que da de mí» (Juan 5:31-32).

«No sería veraz, ni correcto, ni apropiado que yo diera testimonio de mi propia persona. Mas hay otra entidad, la Conciencia Cósmica trascendental que existe más allá de la creación (Dios Padre), cuya Conciencia Crística reflejada en toda la materia da testimonio de mí; es decir, proclama que mi sabiduría proviene de Él. Y yo, que soy uno con la Conciencia Crística, sé intuitivamente que el testimonio de Dios Padre es verdadero, así como todo aquello que Él declara a través de mi voz y de mis enseñanzas en lo referente a mí y mis características, y acerca de que yo soy el salvador anunciado por los profetas que viene con el propósito de ayudar a la redención de todos los seres».

~

> «*Vosotros mandasteis enviados a Juan, y él dio testimonio de la verdad*[17]. *En cuanto a mí, no recibo testimonio de un hombre; pero digo esto para que os salvéis. Él era la lámpara que arde y alumbra, y vosotros quisisteis recrearos una hora con su luz*» (*Juan* 5:33-35).

«Creísteis en Juan, quien dio testimonio de la verdad que él presenciaba en sí mismo. Por lo tanto, recibisteis la verdad de Dios en forma indirecta a través del testimonio de la conciencia humana de Juan. En cuanto a mí, Jesucristo, cuya conciencia es una con la Inteligencia que impregna toda la creación, no hablo con un conocimiento que yo haya tomado de otro hombre. Las verdades que expongo y que habrán de salvaros de los sufrimientos que acarrea vuestra identidad con la conciencia física las recibo de Dios Padre. Juan ardía de amor divino y resplandecía con la sabiduría de Dios, y todos quisisteis recrearos por un corto tiempo contemplando la gloria de Dios en él, pero sin seguirle con sinceridad».

∼

> «*Pero yo tengo un testimonio mayor que el de Juan; porque las obras que el Padre me ha encomendado llevar a cabo, las mismas obras que realizo, dan testimonio de mí, de que el Padre me ha enviado. Y el Padre, que me ha enviado, es el que ha dado testimonio de mí. Vosotros no habéis oído nunca su voz, ni habéis visto nunca su rostro, ni habita su palabra en vosotros, porque no creéis al que Él ha enviado*» (*Juan* 5:36-38).

«Pero yo, la Conciencia Crística, en mi percepción universal, poseo una sabiduría aún mayor que la de Juan, y soy testigo de ella. Juan os inspiró en Dios, pero las obras que yo realizo para resucitar almas y llevarlas de nuevo a Dios —como se observa en la transformación que ha experimentado la vida de los discípulos que me siguen—, los milagros que debo obrar, de acuerdo con los deseos del Padre, y las divinas reformas que Dios me ha encomendado concluir durante mi vida terrenal dan testimonio suficiente de que la conciencia

---

[17] Referencia a *Juan* 1:19, cuando los sacerdotes enviaron una delegación a Juan el Bautista para averiguar si él era el Mesías. (Véase el discurso 6).

absoluta de Dios vibra en mí. Las reiteradas demostraciones de poder divino que he ofrecido confirman que Él se ha manifestado en mí y que la Conciencia Cósmica del Padre Celestial da testimonio de mis obras, de mi conciencia y de mis enseñanzas, y las respalda.

»¡Oh, vosotros, que estáis identificados con el cuerpo! En ningún momento de la vida habéis oído el Sonido Cósmico Inteligente que emana de toda la creación vibratoria y que existe en el cosmos. Tampoco habéis visto la Luz Cósmica que emana de esta Vibración y que se esparce por doquier en todo cuanto existe en el reino del cosmos. Si alguno hubiese sido bendecido con tal experiencia, habría sabido que es posible ver a Dios en esa Luz Cósmica y que puede oírse su voz en ese Sonido Cósmico —ambos omnipresentes en la creación—, como lo perciben intuitivamente los devotos a quienes su comunión extática les guía con inteligencia. Si conocieseis a Dios en su aspecto de Vibración Cósmica de luz y sonido, creadora de todo cuanto existe, habríais comprendido que Él puede adoptar la forma de cualquier santo, aparecer ante vuestros ojos y hablaros.

»El hecho de no creer en la Inteligencia Crística que se manifiesta en mi conciencia demuestra que no habéis sentido la Vibración Cósmica de Dios en vuestro interior. Todos los devotos que han oído el inspirador Sonido Cósmico saben que no se trata de una vibración común, sino que encierra en ella la inteligencia y la inspiración de la Conciencia Crística».

~

«Vosotros investigáis las Escrituras: creéis tener en ellas vida eterna; pues ellas son en realidad las que dan testimonio de mí; pero vosotros no queréis venir a mí para tener vida. No recibo la gloria de los hombres.

»Pero yo os conozco: no tenéis en vosotros el amor de Dios. Yo he venido en nombre de mi Padre, pero no me recibís; si otro viene en su propio nombre, a ése le recibiréis. ¿Cómo podéis creer vosotros, que aceptáis gloria unos de otros, y no buscáis la gloria que viene del único Dios?» (Juan 5:39-44).

«Investigad las palabras de los sabios recogidas en la sabiduría inmemorial de las escrituras, mediante las cuales creéis en la promesa de vida eterna. Esas mismas escrituras hablaron de mi venida y aun así no me aceptáis, pese a que soy la personificación misma de la vida eterna. He venido a mostraros cómo podéis unir con la Vida Cósmica vuestras pequeñas y aisladas vidas que van a la deriva y se alejan de Dios. Si os conectáis con la Vida Eterna, os será posible liberaros de la rueda cíclica de la vida y de la muerte que habéis creado por vuestros deseos materiales, los cuales se verán completamente satisfechos en Dios, en Aquel que es deseable en grado supremo.

»No busco para mí la gloria de los hombres porque he recibido de Dios el completo reconocimiento y todo su amor. Sólo pido que me escuchéis para que pueda transmitiros el mensaje de Aquel que me ha enviado. Sé que vuestros corazones han olvidado a Dios y que se han alejado de Él a causa de vuestro amor por las manifestaciones del mundo material. Los seres que atraen vuestra atención con su elocuencia, sus exageraciones y el atractivo emocional que suscitan os seducen con el falso encanto de su personalidad egoísta. No he venido a proclamarme a mí mismo, sino a mi Padre Celestial.

»Rehusáis recibir en vuestra conciencia la sabiduría que poseo acerca del Padre, la cual proporciona la suprema redención. ¿Cómo podríais creer que su testimonio y su promesa constituyen la máxima garantía de seguridad, glorificada por la creación entera, cuando aún anheláis las vanas, efímeras y fútiles alabanzas de los hombres? La aclamación de la gente es inconstante; la gloria de la amorosa atención de Dios es perdurable y asegura por siempre una genuina protección y guía. No perdáis el tiempo buscando las alabanzas de los hombres; utilizad cada instante para realizar aquellas obras que atraerán la atención y el favor de Dios».

∼

«No penséis que soy yo quien os acusará delante del Padre. Vuestro acusador es Moisés, en quién depositáis vuestra esperanza. Porque, si creyerais a Moisés, me creeríais a mí, porque él escribió de mí. Pero si no creéis en sus escritos, ¿cómo vais a creer en mis palabras?» (Juan 5:45-47).

《《No penséis que porque hacéis caso omiso de mis palabras yo os acusaré y os consideraré culpables ante el Padre. Pero el profeta Moisés os acusará con justicia en virtud de que depositáis en él vuestra confianza. Y si en verdad creyerais a Moisés, también me creeríais a mí, pues Moisés escribió acerca de mi venida en las escrituras. Si no creéis en los notorios escritos proféticos de Moisés, ¿cómo podréis creer en mis palabras?»[18].

En este pasaje, también se hace una comparación entre la actitud de Jesús, que perdonaba a las gentes su ignorancia, y la actitud referida de Moisés, quien, a diferencia de Jesús, las acusaba de descreimiento. Moisés fue un profeta de la ley de Dios. Por consiguiente, expresó los aspectos «paternales» del amor de Dios, según los concibe la ley. Si un hijo es bueno, el padre (en quien predomina la cualidad masculina del raciocinio) muestra el amor que siente por él; si el hijo es malvado, el padre lo castiga. Moisés trataba a sus discípulos y seguidores con ese amor condicional del padre. En cambio, el amor que Jesús brindaba provenía del aspecto «maternal» de Dios; el amor de una madre hacia su hijo es incondicional (al provenir en forma predominante de la cualidad femenina del sentimiento), sea el hijo bueno o malo.

El humilde modo de actuar de Jesús consistía en tratar de persuadir, mediante la razón y el amor manifiesto de Dios, a sus hermanos confundidos por la ignorancia, en vez de hacerlo con amenazas teológicas e infundiendo temor al castigo de la Providencia. Si Dios Todopoderoso empleara la fuerza para hacer que sus hijos pródigos regresaran a Él, ellos serían entonces creaciones mecánicas y no seres dotados de sentimiento y poder de determinación.

Aun cuando Jesús poseía todos los poderes milagrosos, empleaba únicamente su amor y la fuerza persuasiva de su razón para instar a las multitudes ignorantes. Procuraba por este medio despertar la sabiduría que poseían, porque gracias a ella podrían utilizar su libre albedrío para abandonar los males del mundo y buscar el eterno y siempre renovado gozo de Dios.

---

[18] *«Porque él escribió de mí»*: Entre los pasajes de los libros bíblicos que se atribuyen a Moisés y que fueron considerados por varios comentaristas como una profecía acerca de la venida de Cristo se encuentran: *Génesis* 22:18, *«Por tu descendencia se bendecirán todas las naciones de la tierra, en pago de haber obedecido tú mi voz»*; *Génesis* 49:10, *«No se irá cetro de mano de Judá, bastón de mando de entre sus piernas, hasta que venga el que le pertenece* (el Pacificador), *y al que harán homenaje los pueblos»*; *Deuteronomio* 18:15, *«[...] tu Dios te suscitará, de en medio de ti, de entre tus hermanos, un profeta como yo: a él escucharéis»*.

DISCURSO 22

«Arrepentíos y creed en la Buena Nueva»

Cómo predicen los profetas
el desarrollo futuro del plan de Dios

❖

Las tinieblas de la ignorancia se disipan
por medio de la luz de la sabiduría crística

❖

El reino de los cielos se encuentra
dentro de la conciencia del hombre

❖

El significado interno del consejo de Jesús: «Arrepentíos»

❖

¿Qué pedía Jesús que la gente «creyese»?

❖

La ciencia del Yoga unifica
los diversos senderos de las creencias religiosas

«Retirad vuestra conciencia, que fluye hacia el exterior, y dirigidla hacia adentro, hacia el Espíritu. En comunión intuitiva, supeditad vuestras acciones, vuestros pensamientos, vuestra vida y vuestra voluntad a la Palabra de Dios, la Palabra verdadera que confiere salvación».

*J*esús volvió a Galilea guiado por la fuerza del Espíritu, y su fama se extendió por toda la región. Iba enseñando en sus sinagogas, alabado por todos[1].

Lucas 4:14-15

Cuando oyó que Juan había sido entregado, se retiró a Galilea. Pero dejó Nazará y fue a residir a Cafarnaún, junto al mar, en el territorio de Zabulón y Neftalí, para que se cumpliera lo dicho por el profeta Isaías: '¡Tierra de Zabulón y tierra de Neftalí, camino del mar, allende el Jordán, Galilea de los paganos! El pueblo que habitaba en tinieblas ha visto una gran luz; a los que habitaban en paraje de sombras de muerte una luz les ha amanecido'.

Desde entonces comenzó Jesús a predicar y a decir: «Arrepentíos, porque el Reino de los Cielos ha llegado»*.

Mateo 4:12-17

[...] marchó Jesús a Galilea; y proclamaba la Buena Nueva de Dios: «El tiempo se ha cumplido y el Reino de Dios ha llegado; arrepentíos y creed en la Buena Nueva»*.

Marcos 1:14-15

---

1 Jesús había estado en Jerusalén para celebrar la Pascua (discurso 12), después de lo cual enseñó a Nicodemo en Jerusalén (discursos 13-15); pasó luego una temporada en la campiña de Judea, donde muchos fueron bautizados por sus discípulos (discurso 16). Cuando, por orden de Herodes Antipas, Juan el Bautista fue puesto en prisión en Maqueronte, una fortaleza situada a orillas del Mar Muerto, al este de Judea, Jesús partió de Judea hacia Galilea pasando por Samaría (discursos 17-19). Al llegar a Galilea, curó al hijo del funcionario real de Cafarnaún (discurso 20). En los versículos del presente discurso se retoma la narración de los sucesos que siguieron al retorno de Jesús a Galilea. *(Nota del editor).*

«Arrepentíos y creed en la Buena Nueva»

En este punto, la cronología de la vida y las enseñanzas de Jesús contenidas en el Nuevo Testamento pasa del Evangelio de San Juan, cuyos primeros capítulos ofrecen el marco de la esencia esotérica de las enseñanzas de Jesús, a la narrativa conocida como «sinóptica» que presentan los Evangelios de Mateo, Marcos y Lucas. Jesús comienza a predicar en forma abierta a las multitudes, con términos divinos y sencillos, acerca de la panacea que sana todos los males humanos: *«Arrepentíos y creed en la Buena Nueva* [...] el Reino de los Cielos ha llegado»*. El mensaje subyacente de estas palabras era: «Abandonad vuestra servil adoración de la materia; retirad vuestra conciencia, que fluye hacia el exterior, y dirigidla hacia adentro, hacia el Espíritu. En comunión intuitiva, supeditad vuestras acciones, vuestros pensamientos, vuestra vida y vuestra voluntad a la Palabra de Dios, la Palabra verdadera que confiere salvación, y sabréis, con la convicción que proviene de la experiencia personal, que el reino de la Bienaventuranza Celestial se puede hallar aquí y ahora».

Al regresar a Judea, para dar cumplimiento a la profecía de Isaías[2], Jesús fue a residir a Cafarnaún, que se encuentra junto al Mar

---

2 Véase *Isaías* 8:23–9:6: una de las profecías del Nuevo Testamento citadas a menudo en relación con la venida de Cristo:

  «Los países de Zabulón y de Neftalí; [...] el camino del mar, cuando se cruza el Jordán: el distrito de los gentiles.

  »El pueblo que andaba a oscuras percibió una luz cegadora. A los que vivían en

de Galilea, en la frontera que separa Zabulón y Neftalí. Dios empleó al profeta Isaías como portavoz para anunciar la venida de Jesús, tal como ha utilizado a otros profetas, en otras épocas y latitudes, para dar a conocer —a veces con siglos de antelación— algún venturoso plan divino. Cuando las profecías de los iluminados visionarios se hacen realidad, constituyen testimonios contundentes —que deberían convencer incluso a los incrédulos— del plan para el mundo que deliberadamente inició Dios. Aun cuando, por lo general, el desarrollo de los acontecimientos futuros y el de los extraños sucesos de la vida constituye un misterio, ocasionalmente se ofrecen a la humanidad ciertas profecías, ocultas tras el velo de un lenguaje complejo, con el propósito de despertar un entendimiento de la sutil presencia de la mano de Dios en la creación[3].

Cómo predicen los profetas el desarrollo futuro del plan de Dios

---

tierra de sombras una luz brillante los cubrió. Acrecentaste el regocijo, multiplicaste la alegría: alegría por tu presencia, como la alegría en la siega, como se regocijan repartiendo botín. Porque el yugo que les pesaba y la coyunda de su hombro —la vara de su tirano— has roto [...].

»Porque una criatura nos ha nacido, un hijo se nos ha dado. En su hombro traerá el señorío, y llevará por nombre: "Maravilla de Consejero", "Dios Fuerte", "Siempre Padre", "Príncipe de Paz".

»Grande es su señorío, y la paz no tendrá fin sobre el trono de David y sobre su territorio, para restaurarlo y consolidarlo por la equidad y la justicia, desde ahora y hasta siempre».

Zabulón y Neftalí eran hijos de Jacob con cuyos nombres se designaron dos de las doce tribus de Israel. La ciudad de Cafarnaún, donde Jesús residió durante la mayor parte de su ministerio, se hallaba entre las tierras que ancestralmente pertenecieron a estas dos tribus, sobre la costa noroeste del Mar de Galilea.

[3] En diversos pasajes de los Evangelios se citan ciertos acontecimientos de la vida de Jesús afirmando que constituyen el «cumplimiento de las escrituras». Entre estos pasajes se encuentran las predicciones divinas —como las que se comentan aquí y en otros discursos— acerca de la venida del Mesías, formuladas a través de la presciencia intuitiva de los profetas. Sin embargo, la palabra griega utilizada en el texto original para «cumplir» *(pleroo)* posee varias connotaciones. Por ello, los especialistas sugieren que los escritores del Evangelio citaron algunos pasajes del Antiguo Testamento y afirmaron que éstos «se habían cumplido», pero no como profecía, sino simplemente para hacer notar que el principio, la verdad o la metáfora que expresaban eran análogos —o también aplicables— a las circunstancias que se vivían en aquel momento. Los historiadores señalan que los primeros cristianos veían la vida entera de Jesús como el «cumplimiento de las escrituras» —la consumación de la Ley y del destino histórico revelado en los escritos sagrados—; por consiguiente, era importante para los autores del Evangelio proporcionar a la comunidad de creyentes cierta relación entre sucesos reales de la vida de Jesús y algunos pasajes familiares de los textos sagrados. *(Nota del editor).*

Así como un director de cine programa la filmación de las diversas escenas a fin de que se proyecten en el momento adecuado, Dios y sus ángeles asistentes planean el momento de materializar y «proyectar» determinados acontecimientos importantes en el cosmos. Hay un tiempo para cada cosa, dado que Dios y sus ángeles sincronizan el universo con precisión matemática a fin de que funcione como un reloj. En determinados períodos, cuando la ignorancia, como una oscura niebla, envuelve las mentes de las personas comunes, Dios envía a sus santos a fin de redimir a las almas sumergidas en las tinieblas.

«*El tiempo se ha cumplido*» significa que había llegado el momento de poner en escena el plan divino predicho por Isaías largo tiempo atrás: la misión de Jesús de traer al mundo la luz de Dios. Cuando Jesús llegó a Galilea, sintió las divinas vibraciones del ciclo cósmico preparado para su venida, y consagró el amor de su corazón y el dinamismo de su alma para ofrecerles a todos la oportunidad de conocer a Dios. En ese auspicioso momento, Jesús se encontraba lleno del Espíritu Santo, pues había sido bautizado en el Espíritu por Juan el Bautista; por ello, cuando inició su misión en Galilea fue «*guiado por la fuerza del Espíritu*».

Jesús conocía el anuncio del profeta Isaías y sabía que había sido guiado por la Divinidad hasta Galilea para predicar la buena nueva. De esta forma, se cumpliría el designio[4] predicho.

Tal como Isaías había profetizado, los pueblos que habitaban esas tierras y que vivían en las tinieblas de la ignorancia vieron en la venida de Jesús la luz supremamente reveladora de la sabiduría de Cristo. Así como la oscuridad milenaria de una cueva en la montaña desaparece al encender un solo fósforo,

Las tinieblas de la ignorancia se disipan por medio de la luz de la sabiduría crística

así también las vibraciones de la ignorancia de la gente, acumuladas durante largo tiempo, pueden ser disipadas por un santo que porte la antorcha resplandeciente de la sabiduría de Dios.

Entre aquellos que moran en las tinieblas de la ignorancia, muchos aman esas tinieblas y no desean que se les aparte de su placentera familiaridad. Otros, en cambio, se dan cuenta de la impasible oscuridad de su ignorancia y anhelan sinceramente liberarse de su letargo. Mediante la acumulación de conocimientos y el despertar de

---

[4] Más tarde, cuando predicaba en la sinagoga de Nazaret, Jesús leyó en voz alta otras profecías del libro de Isaías que se cumplieron durante el desarrollo de su divino designio. (Véase el discurso 39, en el volumen II).

los recuerdos subconscientes del alma, quienes buscan la sabiduría reciben vislumbres de su perdida experiencia de la luz de Dios y aborrecen cada vez más el estado en que han caído. Por esa razón, las personas que en Galilea comprendían su estado de lamentable oscuridad y clamaban interiormente por la luz se tornaron receptivas a las vibraciones de sabiduría que emanaban de Jesús.

En el *Bhagavad Guita,* el Señor Krishna habla de este mundo como una acumulación de engañosos enigmas y como el océano del sufrimiento[5]. Isaías se refiere a la gente mundana como aquellos que viven *«en paraje de sombras de muerte»;* es decir, en medio de los acontecimientos temporales de esta tierra, que están en constante cambio. Para quienes se encuentran hundidos en la ignorancia espiritual, la vida es una sucesión de misteriosos cambios; nada se mantiene igual ni conserva permanencia alguna. La influencia de este sueño cósmico es tal que las personas miran con apego frenético el espectáculo de la vida y de la sombría muerte, así como sus dualidades concomitantes. Sin embargo, cuando despiertan en la sabiduría contemplan, en la Unidad de la Luz de Dios, la armonía de las aparentes contradicciones. La sola presencia de Jesús y su luminosa sabiduría aliviaron en gran medida esa ilusoria oscuridad interior en que se hallaban.

De nuevo, las escrituras hindúes emplean una metáfora adecuada: los hombres comunes consideran que, debido a su ausencia de apego, los santos moran en la oscuridad de la pobreza material, cuando realmente viven en la luz de la opulenta Sabiduría Eterna. Por su parte, la mayoría de las personas se solazan bajo una luz imaginaria de prosperidad material, mientras que, en verdad, se encuentran rodeadas por las densas tinieblas de la ignorancia espiritual[6].

Jesús sabía que había recibido del cielo el poder de conceder la luz espiritual a los hombres. Guiado por esa fuerza del Espíritu, él

---

[5] Véase el comentario sobre las estrofas XII:6-7 y XIII:5-6 del *Bhagavad Guita* en *God Talks With Arjuna.*

[6] El *Bhagavad Guita* señala: «Aquello que es noche (el estado de sueño) para todas las criaturas es (luminosa) vigilia para el hombre que ha alcanzado el dominio de sí mismo. Y aquello que es vigilia para el hombre común es noche (período de sueño) para el sabio que posee percepción divina». El significado de este pasaje es el siguiente: «Mientras las criaturas duermen en la oscuridad de la ilusión, los rayos X del visionario se encuentran abiertos a la luz de la sabiduría. El poder de *maya* mantiene a todos los seres absortos en un estado de vigilia en el que experimentan apego por los objetos materiales, pero en los santos induce únicamente el sueño de la ausencia de apego» (*God Talks With Arjuna: The Bhagavad Gita* II:69. Véase *El Yoga del Bhagavad Guita*).

predicaba el evangelio: «la Buena Nueva», la iluminadora revelación de los preceptos de Dios —los mandamientos y las leyes por medio de los cuales se alcanza el reino de los cielos y la felicidad celestial—; anunciaba la verdad tal como la percibía a través de su experiencia personal de Dios: *«el Reino de Dios ha llegado»*.

Muchos buscan el cielo en algún punto del espacio situado más allá de las nubes, muy lejos de las nocivas y corrompidas emanaciones de la tierra. Las palabras de Jesús, *«ha llegado»*, eran una referencia a la cercanía del cielo, el cual se encuentra justo detrás de la oscuridad de los ojos cerrados, en el interior de la conciencia del hombre; y eran también una alusión al hecho de que las personas podían hallar a Dios con facilidad a través de

El reino de los cielos se encuentra dentro de la conciencia del hombre

la intercesión que Jesús les ofrecía. Cuando se medita profundamente, se abandona la región de la finitud y la materia, y se descubre que la esfera de la Eternidad, el vasto reino celestial de la omnisciencia de Dios, se despliega ante la mirada interior, estrato tras estrato, en infinitos panoramas.

Por ello, el primer mandamiento que Jesús dio a conocer fue «Arrepentíos», lo cual significaba que debían retirar su atención primordial de la materia para dirigirla hacia Dios. Cada alma, al despertar espiritualmente, debe arrepentirse de su insensatez que le induce a esperar que los efímeros placeres de los sentidos le deparen la felicidad perdurable. El mal gusto de preferir el mal —causante de sufrimiento— debe reemplazarse por la superior disposición hacia el bien, el cual es dador de gozo.

Es una insensatez buscar el paraíso en las cosas terrenales. ¿Cómo podría la felicidad inmutable y perfecta provenir del imperfecto entorno terrenal, una heterogénea confusión de acontecimientos tristes y alegres, de salud y enfermedad? Las circunstancias que nos rodean, cuyo origen es la ilusión o engaño, siempre adolecerán de defectos en mayor o menor medida. Sólo es posible hallar el cielo en la tierra dentro de uno mismo mediante el contacto con la luminosa Sabiduría Inmutable que se percibe en la meditación. La persuasión espiritual de Jesús hizo que las personas abrieran los ojos de la sabiduría del alma y disiparan las tinieblas que ellas mismas habían creado: La Fuente de la Luz brota de la grieta del oscuro engaño.

Si los seres humanos se arrepienten de prestar excesiva atención al cosmos finito y regularmente dedican tiempo a la meditación profunda, hallarán dentro de ellos la tierra celestial de la infinitud. El sabio se arrepiente porque advierte la frivolidad de la vida mundana y conoce los sufrimientos resultantes del contacto con la materia, no sólo en él mismo, sino en los demás, por su empatía con todos los seres.

En el libro *La ciencia sagrada,* mi gurú, Swami Sri Yukteswar, explica el profundo significado espiritual de la reiterada exhortación de Jesús a «arrepentirse»[7]. A fin de que la mente se retire de la materia y se dirija hacia Dios, es preciso invertir la dirección del flujo de la corriente de energía vital y el curso de la conciencia del hombre.

El significado interno del consejo de Jesús: «Arrepentíos»

Ambas deben abandonar su estado de absorción en la oscura ignorancia de la materialidad y dirigirse hacia la comunión con el Espíritu Santo, la Palabra o Vibración Cósmica de *Om* o Amén. Gracias a esa comunión, el ser humano se eleva hasta llegar a Cristo Hijo y a Dios Padre:

«Cuando el hombre enfoca todos sus órganos sensoriales en su centro común, el sensorio o *Sushumnadwara,* la puerta del mundo interno, percibe [...] *Pranava Sabda,* la Palabra de Dios. Al disfrutar de estas percepciones, el ser humano cree, de un modo natural, en la existencia de la verdadera Luz Espiritual. Retirando su ser del mundo externo, se concentra en el sensorio. [...] Mediante este *Samyama* o concentración del ser en el sensorio [mediante técnicas de meditación del yoga], el hombre es bautizado o absorbido por la corriente sagrada del Sonido Divino. [...]

»[Él] comienza a arrepentirse y a retornar hacia su Divinidad, el Padre Eterno, desde donde había descendido. Véase *Apocalipsis* 2:5: *"Date cuenta, pues, de dónde has caído; arrepiéntete"*».

Además del arrepentimiento[8], es necesario creer en el Evangelio, la Palabra verdadera de Dios para el hombre. En primer lugar, es preciso creer en el mensaje de Dios enviado a través de sus santos y avatares, como está expresado en el evangelio que Jesús predicó, y luego

---

[7] El verbo «arrepentirse» proviene del latín (*paenitere,* «sentir pesar»). El significado profundo del uso que Jesús le asigna —cambio de dirección de la mente: pasar de la materia al Espíritu— se puede ver en el hecho de que, en el Nuevo Testamento, «arrepentirse» [o «convertirse», en la Biblia de Jerusalén] se utiliza como traducción del original griego *metanoein,* «dirigir la mente en dirección opuesta; cambiar de parecer (adoptando un punto de vista opuesto)»: de *meta,* «cambiar, o estar opuesto a», y *nous,* «mente».

[8] Véase un comentario más detallado de las enseñanzas de Jesús sobre el arrepentimiento en el discurso 31, en el volumen II.

arrepentirse de la insensatez que entraña el apego a la materia. Cuando el arrepentimiento encauza la mente del devoto hacia la verdad y éste abriga la convicción de que el reino de Dios está en su interior, entonces, por medio de la práctica regular de la meditación, experimenta a su debido tiempo, mediante el conocimiento intuitivo de su alma, que el reino de la Eternidad se encuentra cerca [«ha llegado»] al percibirlo interiormente en su elevada conciencia.

La exhortación de Jesús a «creer en la Buena Nueva» no significa que uno deba estudiar o creer en los escritos bíblicos per se[9]. En la versión original en griego —lengua en la que fue escrito el Nuevo Testamento—, la palabra empleada para referirse al evangelio es *euangélion*, «buena nueva» o «buen mensaje». En la forma que Jesús la utilizó, esta palabra expresaba el «buen mensaje», las revelaciones de la verdad que, de parte de Dios, él traía a los hombres.

¿Qué pedía Jesús que la gente «creyese»?

Cuando Jesús predicó *«creed en la Buena Nueva»*, quería indicar algo más que la simple aceptación mental de su mensaje. En general, la creencia es la actitud condicionalmente receptiva de la mente que debe preceder a una experiencia con el objeto de conocerla. Es preciso creer lo suficiente en un determinado concepto como para someterlo a prueba, sin lo cual no existe posibilidad alguna de que uno verifique su validez. Si una persona está sedienta y le aconsejan saciar la sed con el agua saludable de un pozo cercano, debe creer lo suficiente en ese consejo como para hacer el esfuerzo de ir hasta el pozo y beber de sus aguas.

---

[9] «Si bien en dos de los evangelios del Nuevo Testamento se utiliza la palabra "evangelio" (no aparece en *Lucas* y en *Juan*), no se emplea para referirse a estas obras en sí mismas, sino al mensaje predicado por Jesús (en *Mateo*) o bien al mensaje predicado acerca de su persona (en *Marcos*). Hasta mediados del siglo II no se encuentran documentos acerca de las palabras y hechos de Jesús con el nombre de "evangelios"» —Robert J. Miller, ed., *The Complete Gospels: Annotated Scholars Version* (Harper, San Francisco, 1994).

«El término inglés "gospel" [evangelio] proviene de la palabra anglo-sajona "godspel", "buena nueva". Es un equivalente preciso del vocablo griego *euangélion*, que significa, literalmente, "buen mensaje" o "buena noticia". Los manuscritos griegos más antiguos que se han conservado de los cuatro evangelios canónicos únicamente llevan por título: "Según Mateo, Marcos, Lucas o Juan" (los cuatro libros comprenden en conjunto un solo "evangelio", y la palabra "canónicos" deriva del griego *kanon* o "vara de medir" e indica, en este caso, aquellos pocos evangelios que fueron aprobados como sagradas escrituras por la iglesia ortodoxa a fines del siglo II)» —citado del libro *Three Gospels* [Tres Evangelios], de Reynolds Price (Simon and Schuster, Nueva York, 1997)—. *(Nota del editor).*

De modo similar, Jesús hacía hincapié en que las almas que buscan la verdad no sólo deben arrepentirse de la insensatez de seguir el insatisfactorio modo de vida materialista, sino que han de creer en las verdades que él experimentaba a través de Dios y, además, deben actuar conforme a tales verdades, a fin de percibirlas personalmente.

Ser un ciego creyente ortodoxo de cualquier doctrina espiritual, sin someterla al escrutinio de la experimentación para comprobarla por uno mismo, significa quedarse mentalmente fosilizado por el dogmatismo. Jesús no pedía sólo que creyeran en su mensaje, sino que tuviesen fe en sus divinas revelaciones y que confiaran en que, si creían en el evangelio y se concentraban en éste, con toda certeza experimentarían finalmente dentro de sí mismos las verdades contenidas en dichas revelaciones. La fe se desperdicia al creer en doctrinas falsas; en cambio, la verdad que se derrama sobre los hombres a través del autorizado testimonio de los santos que han alcanzado la unión con Dios es digna de fe y, con toda seguridad, conduce a la realización divina.

No se pueden juzgar las enseñanzas de las escrituras ni siquiera basándose en el prestigio de los textos sagrados, porque los significados que se pueden obtener de ellos y sus consecuentes distorsiones son múltiples y diversos, y algunas interpretaciones desafían tanto las leyes de la razón como las de la sabiduría. Además, ¿quién podría negar los errores que quizá se hayan introducido a lo largo de los siglos como resultado de traducciones incorrectas o de errores cometidos por los escribas? La Biblia y los Vedas podrán ser textos inspirados que provienen del cielo, pero la prueba definitiva de la verdad es la realización personal, la experiencia directa que se recibe por medio de la intuición omnisciente del alma.

Tanto la creencia como la fe son, en sí mismas, únicamente senderos laterales. El yoga, «la unión divina», es el sendero supremo; es, al mismo tiempo, el camino para alcanzar la realización de Dios y la experiencia universal de dicha realización. Quienes deseen, por ejemplo, viajar a Nueva York desde diversas regiones de Estados Unidos, deberán recorrer diferentes rutas. Sin embargo, una vez que lleguen a Nueva York, todos verán las mismas cosas. Todas las religiones verdaderas conducen a Dios, pero algunos senderos implican mayor demora, en tanto que otros son más cortos. Sin importar cuál de las religiones dispuestas por Dios sea la que uno siga, las creencias de todas ellas se fundirán en

La ciencia del Yoga unifica los diversos senderos de las creencias religiosas

una única e idéntica experiencia común de Dios. El yoga es el sendero unificador que transitan todos los buscadores religiosos a medida que se acercan, finalmente, a Dios. Antes de que uno pueda llegar a Él, debe existir el «arrepentimiento» que aparta de la ilusoria materia a la conciencia y la dirige hacia el reino de Dios que mora en nuestro interior. Este recogimiento de la conciencia lleva la fuerza vital y la mente hacia dentro, con el fin de que éstas asciendan a través de los centros de espiritualización situados en la espina dorsal hasta alcanzar los estados supremos de la realización divina. La unión final con Dios y las etapas que comprende esta unión son universales. Esto es el yoga, la ciencia de la religión. Las sendas laterales divergentes habrán de confluir en la autopista de Dios; y esa autopista pasa por la espina dorsal: el camino por el cual se trasciende la conciencia del cuerpo y se entra en el infinito reino de Dios[10].

Los seguidores de las diversas religiones podrán argumentar: «Mi religión es mejor que la tuya». Son como aquellos ciegos que discutían acerca de la descripción de un elefante al que habían estado bañando. Uno se había ocupado de la trompa, así que señaló que el elefante era como una serpiente. Otro dijo que el elefante era como una columna: había estado lavando una pata. Otro manifestó que el elefante era como una pared: había estado lavando los enormes flancos del elefante. El que había lavado los colmillos proclamó confiadamente que la bestia no era otra cosa que dos trozos de hueso. Quien había lavado

---

[10] Véase *yoga* en el Glosario. Entre las enseñanzas espirituales que ofrece el mundo, el yoga es la que aporta las descripciones y técnicas psicofisiológicas más científicas y precisas concernientes al ascenso del alma hacia Dios. No obstante, en las experiencias y escritos de los santos de diversas religiones que han hallado a Dios, se pueden encontrar las mismas experiencias básicas de la ascensión, presentadas con una terminología menos específica o encubiertas bajo el manto de la metáfora.

En su libro *La mística* (Parte 1, Capítulo IV), Evelyn Underhill escribió: «Es uno de los muchos testimonios indirectos de la realidad objetiva de la mística que las etapas de este camino, la psicología del ascenso espiritual, tal como nos lo describen las diferentes escuelas de contemplativos, siempre presentan prácticamente la misma secuencia de estados. La "escuela de santos" nunca ha considerado necesario poner al día su currículo.

»El psicólogo tiene escasa dificultad, por ejemplo, para reconciliar los "Grados de Oración" que describe Santa Teresa —Recogimiento, Quietud, Unión, Éxtasis, Rapto, el "Dolor de Dios" y el Matrimonio Espiritual del alma— con las cuatro formas de contemplación que enumera Hugo de San Víctor, o con los "Siete Estadios" sufíes del ascenso del alma a Dios, que comienzan con la adoración y terminan en las nupcias espirituales. Aun cuando cada viajero puede elegir diferentes puntos de referencia, resulta claro de esta comparación que el camino es uno solo». *(Nota del editor)*.

la cola del animal estaba seguro de que todos se hallaban errados, pues el elefante era una cuerda que se extendía en dirección al cielo. Entonces, el conductor del elefante dijo: «Amigos, todos están en lo cierto y, a la vez, todos están equivocados». Dado que cada ciego había estado lavando una porción del elefante, todos tenían razón en parte; pero también se hallaban equivocados, porque esa parte no constituía la totalidad del animal.

El propósito de la religión, de la vida misma, es encontrar a Dios. El ser humano no podrá descansar hasta alcanzar esa Meta, porque todas las fuerzas del universo parecerán conspirar contra él para mantenerlo cautivo del karma hasta que preste debida atención al evangelio del arrepentimiento y comprenda que *«el Reino de Dios ha llegado»:* está aquí y ahora en el interior de su propio ser.

DISCURSO 23

Pescadores de hombres

Cómo pescar almas en el océano del engaño

❖

El servicio más elevado consiste
en adquirir la sabiduría del alma e impartirla a los demás

❖

Cómo enseñar de manera efectiva la verdad acerca
de la virtud y del mal

❖

El magnetismo del alma es más importante
que el talento para la oratoria

❖

Requisitos y cualidades de un maestro espiritual

❖

Se ha de predicar con la convicción del alma
saturada de la conciencia de Dios

---

*«Los sabios consideran que este mundo es un océano de engaño
donde los peces humanos son acosados constantemente por los tiburones de los sentidos. [...] Por eso, Jesús comenzó a llamar a discípulos
capacitados y les instó a dejar sus tareas habituales para que le ayudasen a sacar almas de las aguas del engaño con el objeto de llevarlas
a la sabiduría eternamente viva de la presencia oceánica de Dios».*

*E*stando Jesús a la orilla del lago de Genesaret[1], la gente se agolpaba a su alrededor para oír la palabra de Dios. En esto vio dos barcas que estaban a la orilla del lago. Los pescadores habían bajado de ellas y estaban lavando las redes. Subió entonces a una de las barcas, que era de Simón, y le rogó que se alejara un poco de tierra. Se sentó y empezó a enseñar desde la barca a la muchedumbre.

Cuando acabó de hablar, dijo a Simón: «Boga mar adentro, y echad vuestras redes para pescar». Simón le respondió: «Maestro, hemos estado bregando toda la noche y no hemos pescado nada; pero, basta que tú lo dices, echaré las redes». Así lo hicieron, y pescaron tan gran cantidad de peces que las redes amenazaban con romperse. Entonces llamaron por señas a los compañeros de la otra barca para que vinieran en su ayuda. Vinieron, pues, y llenaron tanto las dos barcas que casi se hundían.

Al verlo, Simón Pedro cayó a las rodillas de Jesús, diciendo: «Aléjate de mí, Señor, que soy un hombre pecador». Y es que el asombro se había apoderado de él y de cuantos con él estaban, a causa de los peces que habían capturado. Y lo mismo les ocurrió a Santiago y a Juan, hijos de Zebedeo, que eran compañeros de Simón. Jesús dijo a Simón: «No temas. Desde ahora serás pescador de hombres». Llevaron a tierra las barcas y, dejándolo todo, le siguieron.

Lucas 5:1-11

---

[1] Otro nombre con que se conoce al Mar de Galilea.

*[Variante de la narración, registrada en el Evangelio según San Marcos:]*²

Iba Jesús bordeando el mar de Galilea, cuando vio a Simón y a su hermano Andrés largando las redes en el mar, pues eran pescadores. Jesús les dijo: «Venid conmigo, y os haré llegar a ser pescadores de hombres». Ellos dejaron las redes al instante y le siguieron.

Continuó caminando un poco y vio a Santiago, el de Zebedeo, y a su hermano Juan, que estaban también en la barca arreglando las redes. Al instante los llamó, y ellos, dejando a su padre Zebedeo en la barca con los jornaleros, se fueron tras él.

Al poco de llegar a Cafarnaún, entró el sábado en la sinagoga y se puso a enseñar. Y la gente quedaba asombrada de su doctrina, porque les enseñaba como quien tiene autoridad, y no como los escribas.

Marcos 1:16-22

---

² Véase también la referencia paralela de *Mateo* 4:18-22.

D I S C U R S O   2 3

Pescadores de hombres

Cuando la fama de Jesús comenzó a extenderse con su ministerio, llegó el momento en que debió llamar, a fin de que cumpliesen con su servicio, a aquellos discípulos elegidos que no sólo llegarían a ser sus seguidores, sino que lo darían todo para ayudarle a realizar su obra en la tierra. La ocasión oportuna se presentó en el Mar de Galilea. Jesús se hallaba en la costa, y la multitud se agolpaba para oír su evangelio y recibir su bendición. Subió a una barca de pesca, amarrada a tierra firme, que pertenecía a Simón (Pedro) y a su hermano Andrés, y le pidió a Simón que alejara la barca un poco de la costa. Desde esa posición de gran visibilidad empezó a enseñar a la muchedumbre.

Luego le dio a Simón estas instrucciones: *«Boga mar adentro, y echad vuestras redes para pescar»*. Simón obedeció, aunque protestaba por la futilidad de tal acción, ya que no habían conseguido capturar peces a pesar de haber estado bregando toda la noche. Sin embargo, gracias a la silenciosa intervención de Jesús, la cantidad de peces que colmó la red de Simón fue tan grande que ésta se rompió. Debieron pedir a los hermanos Santiago y Juan, compañeros de Simón y Andrés, que se hicieran a la mar a fin de ayudar con la pesca. Ambas barcas quedaron tan cargadas de peces que comenzaron a hundirse —una abundancia que contradecía ampliamente la afirmación de Simón cuando aseguraba que no había peces para capturar.

Jesús deseaba mostrarle a Simón la prodigalidad que Dios manifiesta a quienes confían en Él y el hecho de que incluso los peces obedecían el Mandato Divino. Andrés, Santiago y Juan estaban atónitos

viendo tal abundancia de peces. Y ante este signo de Dios, Simón
Pedro se arrodilló en actitud de humilde contrición frente a Jesús,
arrepentido de sus pecados y de su falta de fe. Jesús
explicó entonces el propósito del milagro: «*No te-*   Cómo pescar
mas. Desde ahora serás pescador de hombres. [...]   *almas en el océano*
Venid conmigo, y os haré llegar a ser pescadores de   *del engaño*
hombres». Ésta fue la primera vez que Jesús reveló
a estos discípulos que desempeñarían el papel de servir como una extensión de él mismo para difundir sus enseñanzas[3].

En muchas ocasiones, los maestros enseñan por medio de parábolas y metáforas para poner a prueba la profundidad de la percepción intuitiva de sus discípulos. Jesús pensó del mismo modo que un
maestro hindú cuando, al llamar a sus discípulos para que se convir-
tieran en pescadores de hombres, trató de inculcar en sus mentes la
siguiente imagen: «¡Oh, Bienamado Dios! Al pasar por el mar de mi
conciencia, contemplo cómo mi ego captura los escuálidos pececillos
de los objetos materiales: nombre, fama, monedas de la buena fortuna. Bendíceme para que, en lugar de ello, sea yo capaz de ver, en el
mar de mi serena conciencia, ya libre de las agitadas olas de los deseos, cómo pescar, con la red de la sabiduría y la devoción que Tú me
has concedido, una presa mucho más valiosa: los grandes peces de las
almas buscadoras de la verdad divina. Haz que aprenda yo a arrojar
las redes de la verdad sobre las almas-peces que se deslizan por las
fétidas aguas del engaño, para soltarlas luego en el mar de la sabiduría
de Dios, donde podrán recuperar la conciencia de su inmortalidad».

Los sabios consideran que este mundo es un océano de engaño
donde los peces humanos son acosados constantemente por los tiburones de los sentidos. Satanás arroja sobre estos mortales —semejantes a peces— su inmensa red de cautivantes deseos y arrastra el fruto
de su pesca hacia las costas de la destrucción. Dios desea que los
genuinos pescadores de hombres aprendan el arte de arrojar las redes
de su magnetismo espiritual con el fin de capturar a las almas sumidas
en el error y llevarlas hacia Él. Aquellos que llegan a la presencia de
Dios a través de la sabiduría se hallan por siempre protegidos en las
claras aguas de la inmortalidad.

Cuando, mediante la ayuda de los sabios, las almas pasan de la

---

3 Simón, Andrés y Juan habían conocido a Jesús con anterioridad y reconocieron que
era el Mesías. (Véase el discurso 9).

salmuera de los deseos materiales a las aguas dulces de la Bienaventuranza, el augusto Dador de la Vida se colma de regocijo. Dios se

El servicio más elevado consiste en adquirir la sabiduría del alma e impartirla a los demás

alegra de ver que sus hijos le buscan conscientemente y se complace en extremo cuando uno de ellos ejerce influencia sobre otros para que lleguen a Él. Se considera que el más elevado de los deberes hacia la humanidad es el servicio que brinda al prójimo un alma reformada —unida al Espíritu— que inspira a otra alma fugitiva a retornar a Dios[4]. Bienaventurados son aquellos que pescan almas en cumplimiento de esta actividad espiritual, la más noble que se pueda realizar en la tierra. La hazaña de pescar almas buscadoras de la verdad en la red de la convicción personal de la verdad y de la devoción divina, con el propósito de llevarlas a Dios, atrae las bendiciones de la Divinidad hacia el pescador de almas y termina finalmente por liberarlo.

Alimentar al hambriento es loable; dar fortaleza interior a quienes son mentalmente débiles, para que puedan defenderse, resulta aún más valioso; e impartir la sabiduría liberadora a aquellos cuya alma se encuentra sumida en la perplejidad es de suprema importancia. La ayuda mental o material sólo proporciona un consuelo transitorio a las tribulaciones del hombre; el cielo, en cambio, constituye la panacea permanente para todas las aflicciones humanas.

Los que dispensan alimento y fortaleza mental a los demás se enriquecen temporalmente con la buena voluntad de las personas a las que benefician; aquellos que, en cambio, brindan alimento para el alma se benefician por toda la eternidad, al igual que quienes reciben el maná divino. El efecto del alimento y de la fortaleza mental se desvanece en mayor o menor medida con el transcurso del tiempo, a no ser que se restituya de manera continua; pero las huellas de la sabiduría del alma grabadas en el ser interior rara vez pueden borrarse. Por eso, Jesús comenzó a llamar a discípulos capacitados y les instó a dejar sus tareas habituales para que le ayudasen a sacar almas de las aguas del engaño con el objeto de llevarlas a la sabiduría eternamente viva de la presencia oceánica de Dios.

Con el objeto de ser un buen pescador, es preciso aprender a

---

[4] «Quienquiera que imparta a mis devotos el supremo conocimiento secreto, con profunda devoción hacia Mí, sin duda alguna llegará a Mí. Nadie entre los hombres puede ofrecerme un servicio más preciado ni habrá alguien en el mundo a quien Yo ame tanto» *(God Talks With Arjuna: The Bhagavad Gita* XVIII:68-69. Véase *El Yoga del Bhagavad Guita).*

emplear las herramientas y los recursos del oficio. Para convertirse en un pescador espiritual, es necesario volverse experto en el arte de la pesca espiritual. Es imposible llevar la salvación a los demás sin haberla alcanzado primero. Por bienintencionado que uno sea, sólo le es posible dar aquello que posee y nada más. A fin de proporcionar poder espiritual a los demás, uno debe haber adquirido primero ese poder. Así como donar alimento a otros presupone disponer de ese alimento, así también, sólo el que tiene sabiduría es capaz de conferirla. Únicamente el que refleja la luz interior puede impartir iluminación a los demás.

Jesús conocía este requisito: quien estuviera dispuesto a ser un pescador de almas debería pasar primero por un intenso proceso de espiritualización de su propio ser. Lo expresó con gran claridad en el sermón del monte: «*Hipócrita, saca primero la viga de tu ojo, y entonces podrás ver para sacar la brizna del ojo de tu hermano*».

Un pescador de hombres debe salvarse del océano de la ignorancia ofrendándose con sinceridad a Dios y perseverando continuamente en sus esfuerzos y en su actitud vigilante. El Padre Celestial desea que sus pescadores de hombres escapen de las redes del engaño y destrucción arrojadas por Satanás, a fin de que les sea posible ayudar a otras almas atrapadas en ellas. Es extremadamente egoísta buscar la propia salvación y no utilizarla luego en beneficio de los demás. En cambio, buscar la salvación para uno mismo con el objeto de compartir la libertad suprema con los demás denota un talante divino.

En la primera etapa del progreso espiritual, es preciso establecer una clara línea divisoria entre el bien y el mal a fin de que este último pueda ser reemplazado por el primero. Una impetuosa lucha por la supremacía se libra entre las fuerzas divinas y las fuerzas del mal que pretenden la posesión del alma humana. La paz, el gozo, la divina bienaventuranza, el perdón, el autocontrol, la generosidad y otras cualidades espirituales favorecen los

Cómo enseñar de manera efectiva la verdad acerca de la virtud y del mal

buenos hábitos que promueven la felicidad perdurable y conducen al hombre a la emancipación. Por el contrario, la intranquilidad, el sufrimiento, la tristeza, el placer sensual, la actitud vengativa, la tentación y el egoísmo exacerban los malos hábitos, y éstos conducen a la esclavitud y a los problemas. Es una broma quijotesca de la naturaleza que el tan arduamente ganado autocontrol tenga como resultado la felicidad suprema, en tanto que la momentánea gratificación placentera que se obtiene sin esfuerzo conduzca finalmente a la infelicidad.

Una vez que el mal se ha establecido en el hombre, adquiere para él una apariencia tan atractiva que con facilidad le hace inclinarse hacia las malas acciones, los hábitos perjudiciales y las tendencias perniciosas. Las almas dotadas de discernimiento, que comparan los resultados de las experiencias dañinas con aquellos que les proporciona el recto comportamiento, llegan inevitablemente a la conclusión de que el mal, aun cuando al comienzo resulte siempre muy atractivo, es en verdad el detestable precursor de agudos sufrimientos, en tanto que la virtud, aunque al principio resulte difícil de lograr, se convierte en la embajadora del inalterable bien supremo.

Con gran vehemencia, los moralistas censuran el mal, al que describen como una desagradable y vil abominación que debe rechazarse de inmediato. No obstante, cuando algunos de sus seguidores prueban el embriagador consuelo que les brinda la tentación, no les parece desagradable ni vil; desechan el temor a las consecuencias dañinas y abrazan el placer momentáneo que reciben sin esfuerzo alguno. Mucho después —o a veces ante el resonante impacto de la inminencia— cae la máscara de lo atractivo y aparece la naturaleza satánica del mal con sus consiguientes estragos.

No basta con predicar contra el mal, porque su engañosa astucia contrarrestará todo argumento que se esgrima. Es preciso convencer al hombre de las bendiciones perdurables que la virtud finalmente le otorgará. Es preferible que los instructores digan la verdad acerca del mal: que es muy atractivo y agradable en el comienzo, a semejanza de una porción de miel envenenada —dulce al paladar, pero letalmente amarga una vez que se ingiere—. El bien puede resultar dificultoso y por consiguiente nada grato durante cierto tiempo, mas sólo hasta que sus sutiles efectos despierten al alma y ésta comience a exudar la increíble dulzura que extrae del mar nectarino del edén interior. Es mucho mejor aborrecer la gratificación instantánea del mal, que sólo causa problemas, y preferir la felicidad perdurable que se obtiene al impulsar las acciones virtuosas y esforzarse por llevarlas a cabo. Ésta es la comprensión suprema que alcanza quien reflexiona con claridad acerca de por qué el bien es preferible al mal.

Entregarse al mal es un hábito cultivado. La primera vez que una persona fuma, el humo le irrita la nariz, la garganta y los pulmones; sin embargo, después de cierto tiempo, el hábito se apodera de esa persona y comienza a disfrutar de la costumbre de fumar y se siente muy incómoda si no lo hace. Si más tarde el fumador empedernido analiza a conciencia el efecto del cigarrillo sobre su salud y su mente, y se esfuerza por dejar de fumar, advierte que el hábito se encuentra muy arraigado y a menudo no logra abandonarlo fácilmente. El mal actúa de manera absorbente sobre las personas; pero lo mismo ocurre con la conducta virtuosa.

Cuando el mal llega primero y se establece firmemente en la vida del ser humano, aprovecha su prioridad y engaña a su anfitrión, haciéndole creer que no hay nada más atractivo, y ciega su visión a las promesas superiores que provienen de la bondad y de la virtud. Muchas personas se hallan de ese modo tan inmersas en el error que van a la tumba sin percatarse jamás del estado de engaño en que se encuentran. Su evolución se demora a causa de que llevan el mal acumulado a la vida siguiente (o incluso a vidas posteriores), hasta que debido a los inevitables efectos de sus acciones equivocadas experimentan un brusco y desagradable desengaño.

Por lo tanto, antes de que el mal cautive la mente con falsas expectativas, es preciso cultivar el poder del bien para que tome el control de nuestra vida. Dios es la meta de la existencia del hombre. Hallarle y compartirle con los demás es una colosal tarea que Él ha colocado ante cada ser humano. Jesús llamó a sus discípulos para que se convirtiesen en pescadores de almas mediante la enseñanza de su evangelio. De la misma forma, Dios ha encomendado a cada uno la tarea de perfeccionarse en su sabiduría y amor divinos y, asimismo, conducir a otros de regreso hacia Él por medio de los tácitos sermones de su ejemplo espiritual. Cuando todo nuestro ser esté completamente unido a Dios, otros se verán atraídos hacia Él mediante la apacible elocuencia de ese magnetismo divino.

Surge entonces la pregunta: ¿por qué llamó Jesús a Simón (y también a otros discípulos iletrados) para que fuera instructor a pesar de que ni siquiera poseía una formación rudimentaria en las enseñanzas espirituales? Aquellos que se convirtieron en apóstoles no fueron ciertamente elegidos sobre la base de sus credenciales académicas. Jesús había instruido a Simón en los principios del discipulado y en el conocimiento acerca de Dios durante la relación que habían establecido en una encarnación anterior, hecho que Simón no recordó de inmediato. Jesús podía ver los logros espirituales de Simón en las marcas astrales grabadas en el cerebro de éste, por lo cual, basándose en dicha

El magnetismo del alma es más importante que el talento para la oratoria

confirmación, reconoció a Simón y lo eligió para que se convirtiera en el más destacado de sus misioneros.

En los primeros años de mi tarea en Occidente, yo solía dar seminarios para formar instructores que difundieran el mensaje de los Maestros. No obstante, pronto abandoné dicha práctica. En la mayoría de los casos, aquellos que se hallaban menos capacitados espiritualmente eran los que estaban más ansiosos de engrandecerse y darse a conocer como líderes. No era mi intención sumar nuevos integrantes a la ya extensa lista de oradores con lengua de plata y mentalidad de plomo que existen en el mundo. La elocuencia espiritual tiene mayor relación con el magnetismo del alma —producto de una vida de virtud y de comunión meditativa interior con Dios— que con la facilidad de expresión. No debe utilizarse la difusión de la palabra de Dios como un medio para exaltar el propio ego y complacer la afición de éste por el reconocimiento de los demás.

No acostumbro a pedirle a un discípulo que enseñe sino hasta que percibo que se trata de un discípulo fiel del pasado. Si un devoto tiene

Requisitos y cualidades de un maestro espiritual

buen karma y un sincero interés por escuchar, no requiere de un período prolongado para su entrenamiento. El requisito más importante es la sintonía. Todos los grandes maestros han elegido a sus discípulos conforme a esa característica, a pesar de los Judas, cuyas tendencias egoístas latentes despiertan y les arrebatan la espiritualidad. La humildad, el amor a Dios y hacerlo todo con el pensamiento centrado en Dios, olvidándose de sí mismo, son los principios fundamentales que caracterizan a un verdadero servidor de la palabra de Dios. Yo incluiría además los siguientes requisitos y prácticas, principios que también Jesús, de un modo u otro, inculcó en sus apóstoles durante el período que le acompañaron en su vida absorbiendo su espíritu e ideales:

Un maestro espiritual debe haber alcanzado la realización del Ser o, al menos, estar esmerándose sinceramente por alcanzar la sintonía con Dios y doblegar su ego.

Debe poseer un conocimiento comparativo de las diversas religiones, apreciarlas y respetarlas. Al mismo tiempo, debe permanecer firmemente anclado en la verdad, libre de todo rígido dogmatismo. Ha de conocer la diferencia entre la verdadera religión y la tradición, y saber discernir entre la espiritualidad universal y las prácticas específicas de cada religión.

A fin de transmitir la verdad de manera efectiva, es preciso inspirarse en la percepción interior de la verdad. El maestro espiritual que pertenece a la categoría más elevada es el que dedica un tiempo prolongado a comulgar con Dios a través de la oración y la meditación —preferentemente cada mañana, al mediodía y por la noche—. De ese modo, le será posible llegar a la verdad en cualquier situación que pudiera presentarse.

Debe creer y conocer a fondo aquellas verdades que desea enseñar, y habrá de esforzarse por experimentar dichas verdades en su propio ser. El maestro mejor capacitado es aquel que se halla dotado de intuición. Una vez que el poder intuitivo del alma despierta por medio de la práctica de la meditación, no necesita depender del raciocinio: simplemente sabe.

Un maestro siempre debe meditar antes de instruir a los demás, lo cual es una práctica más valiosa que extraer ideas de los libros o del diálogo con otras personas.

Debe mantener la mente en Dios a fin de que le sea posible transmitir pensamientos acerca de Dios a los demás del modo más elevado posible.

Debe tener absoluta fe en Dios y contar con la firme convicción de que la ayuda divina le llegará cuando la necesite. ¡La ley divina funciona!

El sermón más sabio que un maestro puede impartir es el que surge de la voz de su carácter y de sus acciones; debe ser uno con Dios en cuanto a las cualidades ejemplares. Debe tener rectitud moral, ser equilibrado, ecuánime, sincero y amable. Su sonrisa ha de ser una expresión de sus profundos sentimientos y del gozo que nace del alma.

Es muy recomendable que observe el apropiado decoro y conozca las reglas de la etiqueta, pero la sinceridad es aún más importante que los modales. Debe mantener siempre sus promesas: «Mi palabra es mi garantía».

Debe comportarse en forma natural y ser fiel a sus ideales. Ha de mantenerse firme en defensa de la verdad, mas nunca tiene que dejarse llevar por la ira ni abrigar sentimientos de represalia contra quienes le critican. Jamás debe difundir habladurías ni referirse a otras personas de manera desconsiderada.

No se puede transmitir la verdad si no se ha cultivado la compasión. Un maestro espiritual debe estar libre de prejuicios y preferencias de raza o de clase y debe prodigar ayuda espiritual tanto a aquellos que precisan alivio para sus problemas como a quienes acuden a él en busca de desarrollo espiritual.

La espiritualidad jamás debe emplearse para obtener beneficios comerciales o personales. Es preferible que un maestro espiritual no perciba salario: una vez que comienza a cobrar un salario por su servicio a la obra de Dios, su labor se convierte simplemente en un empleo; su mente se centra en ganarse la vida y en obtener aún más dinero y no en el ideal crístico de servir sin esperar pago alguno. Por eso, nunca he permitido que se remunere a quienes enseñan en *Self-Realization Fellowship*. Me he dedicado a formar instructores monásticos que renuncien a todo por la obra de Dios; deben ser libres para poder dar de sí mismos sin egoísmo alguno. Así me enseñaron, y en ese principio creo. La obra de Dios y los que sirven en ella serán mantenidos por Dios a través de las ofrendas de buena voluntad de quienes se benefician de las enseñanzas y, también, por medio de los ingresos provenientes de los servicios y artículos espirituales con los que se difunde la obra.

Un maestro espiritual jamás debe intentar competir con otros; debe permanecer fiel a su meta y enseñar la lealtad a ella.

Jamás debe permitir que lo controlen personas que pudieran hacerle traicionar sus ideales a cambio de otorgarle favores de índole financiera u organizativa.

Únicamente un discípulo verdadero que se ha sometido a la disciplina purificadora del *sadhana* —las prácticas espirituales— de un maestro puede convertirse en un buen maestro. El discípulo obedece implícitamente las palabras de su gurú y de este modo purifica su ego, infectado por el engaño, porque reconoce al maestro como un canal de sabiduría y de pureza. Aquellos que se convierten en verdaderos gurús por mandato divino continúan siendo, al mismo tiempo y en todo momento, fieles discípulos.

≈

«Al poco de llegar a Cafarnaún, entró el sábado en la sinagoga y se puso a enseñar. Y la gente quedaba asombrada de su doctrina, porque les enseñaba como quien tiene autoridad, y no como los escribas» (Marcos 1:21-22)[5].

---

[5] Compárese con las referencias paralelas que aparecen en *Mateo* 7:28-29 y *Lucas* 4:31-32.

Según Jeffrey L. Sheler en *Is the Bible True?* [¿Dice la Biblia la verdad?]

J esús hablaba con la convicción divina de la verdad presente en su obra. Las palabras poseen eficacia dinámica cuando se encuentran saturadas de realización supraconsciente. Si un promotor intenta vender un objeto, una idea o una ideología en la que él mismo no cree totalmente, emitirá palabras que, por inteligentes que sean, carecerán del esplendor y de la impronta vibratoria que proviene de la convicción. Jesús se hallaba absorto en su unión con Dios; su autoridad se evidenciaba en forma incuestionable.

Se ha de predicar con la convicción del alma saturada de la conciencia de Dios

Hablar acerca de Dios basándose en la imaginación personal y sin conocimiento de Dios es ignorancia. Por el contrario, cuando el devoto que habla de Dios conoce a Dios —le siente en cada fibra de su ser, y puede percibir su presencia manifiesta, y habla con Él como lo hace con aquellos que le son más íntimos y queridos, y recibe la respuesta de Él—, las almas sinceras le escuchan.

Los instructores que no saben nada acerca de Dios ofrecen a quienes los escuchan ideas de segunda mano obtenidas de libros y de textos sagrados que han leído durante horas. Si uno no sabe nada acerca de gemología, sería un fraude hacerse pasar por experto en joyas. De modo similar, presentarse como alguien espiritualmente capacitado sin tratar en forma alguna de comulgar con Dios demuestra falta de principios. Si uno se encuentra realizando un profundo y sincero esfuerzo espiritual, está procediendo correctamente; pero aquellos que

---

(HarperCollins, Nueva York, 1999), gracias a una excavación arqueológica realizada en Cafarnaún en la década de los sesenta se descubrió una sinagoga del siglo I que, de acuerdo con la mayoría de los eruditos, podría ser «casi con certeza» aquella en la que Jesús predicó, según se describe en este versículo. Esta sinagoga fue el escenario de al menos una de las curaciones divinas realizadas por Jesús, como se relata en *Lucas* 4:33-37 (véase el discurso 24). Sheler afirma también que en nuevas excavaciones llevadas a cabo en Cafarnaún, en el sitio arqueológico donde se encuentra una iglesia bizantina del año 400 d. C., aproximadamente, se dejó al descubierto un estrato más profundo que demostraba que el edificio había sido originalmente una casa construida alrededor de sesenta años antes del nacimiento de Jesús y renovada algunas décadas después de su muerte. Algunos investigadores creen que ésta pudo haber sido la residencia familiar del apóstol Pedro —donde, según se sabe, Jesús pasó algún tiempo durante la primera parte de su ministerio—, ya que las paredes de la antigua estructura hallada bajo la iglesia bizantina tenían una profusión de inscripciones correspondientes al cristianismo primitivo, «que incluían, por lo menos, dos referencias a Pedro», y dado que los relatos de peregrinos que visitaron Cafarnaún en el siglo IV mencionan haber visitado la casa de Pedro, «la cual, según dijeron, había sido convertida en una iglesia». *(Nota del editor).*

sólo se adhieren a la causa de Dios desde el púlpito, sin tener nada que ver con Él fuera de ese ámbito, pertenecen a la clase de personas que Jesús catalogaba como «hipócritas». Raras veces oran; sólo leen y predican aquello que han leído. A la mayoría de los integrantes de su congregación, sus sermones, que no proceden de la experiencia personal, les entran por un oído y les salen por el otro.

Ésa es la gran trascendencia de este versículo que nos muestra a Jesús en la sinagoga. Él no predicaba con palabras huecas como lo hacían los escribas. Cuando hablaba, sus palabras se hallaban colmadas de la Palabra o Energía Cósmica de Dios. Su doctrina se encontraba saturada con la convicción de la experiencia, la cual provenía de su estatura crística y de su comunión con la Conciencia Cósmica, y vibraba con la autoridad de la sabiduría divina. Sus sermones llevaban el sello de garantía de Dios.

¿No es acaso ésta una insinuación para todos los ministros del evangelio? No es suficiente con aprender de memoria el texto de las escrituras o recibir un título de Doctor en Teología. Es preciso digerir la verdad y luego predicar con el poder y la convicción del alma. Cuando Dios habla a través de un alma, inmensas porciones de engaño se desvanecen de la mente de quienes escuchan.

La percepción directa de la verdad nos proporciona experiencia intuitiva, así como visión y comprensión verdaderas. Tal sabiduría otorga poder; es la energía que hace funcionar la Fábrica Cósmica y controla todo cuanto existe. Ese poder proclama la autoridad absoluta de la verdad infalible. Cuando Jesús hablaba, no lo hacía recitando fanática o maquinalmente como los escribas, sino con la autoridad proveniente de su experiencia personal de Dios y con el conocimiento de todos los misterios divinos.

Cuando uno ha sido durante años un devoto que ha vivido en forma virtuosa y ha meditado en Dios y, de ese modo, ha logrado complacerle, Dios elige entonces a esa alma para conducir a otros de regreso a su reino celestial. Estas almas avanzadas se hallan colmadas del espíritu, de la inteligencia y del poder de Dios, y quienquiera que se encuentre enfermo física, mental o espiritualmente recibirá, al entrar en contacto con ellas, la bendición curativa de Dios.

Los sermones sagrados producen una mínima devoción en la mente de las personas. El poder de un verdadero emisario de Dios sana al hombre de la más perniciosa de sus aflicciones: la enfermedad espiritual de la ignorancia.

DISCURSO 24

La expulsión de demonios

La diferencia entre la obsesión psicológica
y la posesión por espíritus desencarnados

❖

La verdad sin confusiones acerca de los espíritus malignos desencarnados

❖

Características de las almas que se encuentran en el más allá

❖

Explicación del fenómeno de posesión por parte de «almas errantes»

❖

Jesús exorciza a un espíritu inmundo
mediante la fuerza de voluntad y la energía cósmica

❖

Las fuerzas espirituales del bien y del mal
que pugnan por influir sobre la conciencia del hombre

❖

La maligna inteligencia de Satanás y cómo actúa en la creación

❖

Cómo las tendencias satánicas
se convierten en obsesiones en la mente del hombre

❖

Liberar la conciencia de la influencia que ejercen los demonios de Satanás

*«A fin de permanecer totalmente inmune a las influencias del mal,
se debe tener cierto conocimiento acerca del siempre presente y engañoso poder satánico y guardar por él un saludable respeto».*

Había en la sinagoga un hombre que tenía el espíritu de un demonio inmundo y se puso a gritar a grandes voces: «¡Ah! ¿Qué tenemos nosotros contigo, Jesús de Nazaret? ¿Has venido a destruirnos? Sé quién eres: el Santo de Dios». Jesús entonces le conminó: «Cállate y sal de él». Y el demonio, arrojándole en medio, salió de él sin hacerle ningún daño. Todos quedaron pasmados y se decían unos a otros: «¡Qué palabra ésta! Da órdenes con autoridad y poder a los espíritus inmundos, y los hace salir». Así que su fama se extendió por todos los lugares de la región.

Cuando salió de la sinagoga, entró en la casa de Simón. La suegra de Simón estaba con mucha fiebre, y le rogaron por ella. Entonces se inclinó sobre ella y conminó a la fiebre; y la fiebre la dejó. Ella se levantó al punto y se puso a servirles.

Lucas 4:33-39

La expulsión de demonios

«*Había en la sinagoga un hombre que tenía el espíritu de un demonio inmundo y se puso a gritar a grandes voces: "¡Ah! ¿Qué tenemos nosotros contigo, Jesús de Nazaret? ¿Has venido a destruirnos? Sé quién eres: el Santo de Dios". Jesús entonces le conminó: "Cállate y sal de él". Y el demonio, arrojándole en medio, salió de él sin hacerle ningún daño. Todos quedaron pasmados y se decían unos a otros: "¡Qué palabra ésta! Da órdenes con autoridad y poder a los espíritus inmundos, y los hace salir". Así que su fama se extendió por todos los lugares de la región»* (*Lucas* 4:33-37)[1].

La expulsión de demonios no es una mera superstición anticuada. El arte de expulsar demonios y de curar a quienes se encuentran espiritualmente enfermos a causa de obsesiones malignas ha sido en gran parte olvidado debido a que las religiones en general carecen de apóstoles dotados de sintonía divina que conozcan el funcionamiento sutil de las fuerzas del bien y del mal que existen en el mundo.

En numerosas oportunidades, Jesús expulsó espíritus malignos de personas afectadas, tal como se relata en el presente versículo y como ocurrió también en otra ocasión en que ordenó a las entidades que salieran de un hombre atormentado y se introdujeran en el cuerpo de unos cerdos, los cuales perecieron luego en el mar[2]. Y también en el

---

[1] Compárese con la referencia paralela que aparece en *Marcos* 1:23-28.

[2] *Lucas* 8:26-33. (Véase el discurso 38, en el volumen II).

caso de la mujer cananea y su hija: ésta se encontraba «*malamente endemoniada*» y Jesús la sanó gracias a la inmensa fe que la mujer tenía en él[3]. No hay pensamiento «progresista» que pueda explicar con exactitud estas obras de Jesús. En cada ocasión, Jesús claramente conjuró al espíritu maligno y la víctima quedó sanada. Jesús, que se hallaba dotado de conocimiento divino y cuya honradez era absoluta, no se habría referido a estos casos como si fueran de posesión por espíritus malignos si se hubiese tratado, en cambio, de enfermedades psicológicas, tales como la histeria o la locura.

En la actualidad, muchas personas se burlan de la idea de que alguien pueda ser poseído por un espíritu inmundo y rechazan tales aseveraciones por considerarlas simples mitos o supersticiones (aunque, sin duda alguna, existen múltiples derivaciones cuasisupersticiosas que perviven en las creencias y costumbres). En los tiempos antiguos de la superstición y de la luz de vela, los demonios parecían abundar; pero ahora, en la era de la electricidad, aparentemente hemos logrado ahuyentar a los espíritus malignos. Sin embargo, los psiquiatras hacen referencia a numerosos casos de obsesiones mentales causadas por ideas fijas, sin saber que algunos de los pacientes pueden en realidad estar padeciendo una posesión verdadera por parte de espíritus inmundos. Es muy probable que los casos auténticos de posesión se diagnostiquen equivocadamente como estados de trastorno mental, de alucinación o ataques de histeria. Por otra parte, hay muchos casos de enfermedad psicológica que los espiritistas crédulos describen erróneamente como posesión por espíritus. Si bien es cierto que se producen casos reales de posesión, son relativamente poco frecuentes; es más habitual, en cambio, la obsesión mental debida a las fuerzas malignas del engaño[4]. Sea cual sea la causa, la curación física, mental

La diferencia entre la obsesión psicológica y la posesión por espíritus desencarnados

---

[3] *Mateo* 15:21-28. (Véase el discurso 44, en el volumen II).

[4] Uno de los padres de la psicología moderna, el profesor William James, catedrático de la Universidad de Harvard, escribió: «El rechazo de los "iluminados" modernos a tratar la "posesión" al menos como una hipótesis posible, a pesar del abundante acervo tradicional basado en evidencias concretas que existe a favor de la "posesión", siempre me ha parecido un curioso ejemplo del poder de la moda en los temas científicos. Que la teoría de los demonios volverá a ser admitida es, en mi opinión, indiscutible. ¡Uno debe ser "científico", en verdad, a fin de ser lo suficientemente ciego e ignorante como para no sospechar que pueda existir tal posibilidad!».

El Padre Bede Griffiths, respetado monje benedictino y escritor que vivió en el

y espiritual es posible cuando, al igual que Jesús, se emplea el poder divino para expulsar de la triple naturaleza del hombre a los demonios y a las fuerzas del mal.

Dado que la mente y el cuerpo humanos son productos de la Naturaleza que han sido individualizados por la ilusión cósmica a partir del Espíritu, se hallan sujetos a diversas clases de enfermedades mortales. Jesús, que era un verdadero ministro de la realización del Ser —la perfección del verdadero Ser o alma—, no sólo sabía cómo rescatar de la ignorancia satánica a las personas y conducirlas hasta las vibraciones divinas por medio de sus palabras de sabiduría, sino que también conocía el modo de curarlas de los diversos males que las aquejaban. Cuando Jesús se encontraba predicando en la sinagoga (lugar al que las personas acuden habitualmente para sanar su alma con el bálsamo de los sermones inspiradores) se encontró con un hombre poseído por un espíritu inmundo y en el acto le curó.

Nada hay de misterioso acerca de los demonios o de los espíritus malignos desencarnados, excepto en la ignorancia de la gente que no ha estudiado sus características. Numerosos secretos científicos que en el pasado se hallaban ocultos en la naturaleza son ahora temas cotidianos. Algún día, cuando los seres humanos se encuentren más avanzados espiritualmente, tendrán mayor comprensión, tanto acerca de los misterios de la vida y de la muerte como de la naturaleza de las almas desencarnadas que han partido hacia lo desconocido.

La verdad sin confusiones acerca de los espíritus malignos desencarnados

Mediante la práctica prolongada y exitosa de la meditación, el devoto puede dirigir su voluntad y su atención más allá de los portales de la mente consciente y subconsciente hasta alcanzar la supraconciencia. Si logra profundizar lo suficiente, proyectará de modo consciente su concentración desde la supraconciencia percibida dentro de su cuerpo hasta la luz de la Inteligencia Crística que se oculta más allá

---

ashram de Shantivanam (situado al sur de la India), comparó los *asuras* citados en las escrituras hindúes con los demonios y los espíritus malignos mencionados en la Biblia cristiana. En su libro *The Marriage of East and West* [El matrimonio entre Oriente y Occidente] (Collins, Londres, 1982) señala: «Nunca podrá afirmarse con el énfasis suficiente que éstos son poderes reales que actúan sobre el inconsciente [...], es decir, en los niveles inferiores de la conciencia, y que obligan al hombre a quedar sujeto a la acción de los poderes de la naturaleza. El hecho de que el hombre moderno no los reconozca es uno de los muchos signos de que se halla bajo el influjo de tales poderes; sólo es posible vencerlos cuando se reconocen». *(Nota del editor).*

del estado de vigilia, del sueño, de la subconciencia y de la supraconciencia; le será posible entonces contemplar el vasto universo astral formado por luminosos planetas y esferas vibratorios poblados por millones de almas desencarnadas.

Los habitantes del mundo astral visten cuerpos hechos de energía y de luz; según su karma, se encuentran confinados a las esferas astrales superiores o a las inferiores. Existen, sin embargo, ciertos seres astrales conocidos como «almas errantes». Estas almas se ven atraídas hacia la tierra por la seducción que ejercen sobre ellas los poderosos impulsos y apegos materiales. Deambulan por el éter deseosas de entrar nuevamente en una forma física con el objeto de satisfacer su necesidad de goce sensual. Tales seres son, por lo general, «fantasmas» invisibles e inofensivos y no tienen poder como para afectar a las personas comunes y corrientes. No obstante, las almas errantes ocasionalmente toman posesión del cuerpo y de la mente de alguna persona, pero sólo de aquellas que son vulnerables por su inestabilidad mental o porque su mente se halla debilitada al haberse mantenido con frecuencia en blanco o desprovista de pensamientos.

Debido a ese vacío mental y a la atracción kármica, tales personas permiten, sin proponérselo, la entrada a sus cuerpos de espíritus vagabundos. Si uno deja un automóvil sin cerrar la puerta apropiadamente y con la llave puesta en el sistema de encendido, cualquier rufián puede introducirse en él, arrancar el auto e irse. Habiendo perdido su propio vehículo corporal físico, al cual se encontraban singularmente apegadas, las almas errantes están atentas a las oportunidades de apoderarse de esos vehículos humanos desatendidos por sus ocupantes.

Entre las almas errantes se encuentran los demonios inmundos, que se citan en los casos de posesión que Jesús exorcizó. Tales demonios son seres astrales que en la tierra fueron asesinos, ladrones y otros delincuentes, borrachos, individuos licenciosos y personas especialmente perversas y traicioneras, que no erradicaron sus tendencias negativas antes de morir. Incluso el mayor de los pecadores se librará de llevar la maldad que no haya purgado a la esfera que se encuentra más allá de la muerte, si antes de morir purifica su mente y su memoria subconsciente mediante el contacto con la supraconciencia durante la meditación. Pero las personas que abandonan el cuerpo físico en estado de pecado, así como aquellas que cruel e insensatamente cometen suicidio, se consideran almas inmundas en el plano astral. Deambulan por las esferas astrales inferiores, cautivas de sus cuerpos astral y causal e incapaces de hallar reposo, aborreciendo la idea de volver a nacer en la tierra o lamentando la pérdida de su encarnación física. Estas desdichadas almas deben vagar por el éter hasta que la acción de la ley divina extingue algunos de los efectos kármicos de sus malas acciones. Los espíritus diabólicos que hay entre estas almas errantes son sumamente inescrupulosos, tal como eran en su vida terrenal.

Satanás, la Inteligencia Cósmica Maligna, se vale de las personas perversas que han perdido la batalla moral y espiritual, y opera a través de estos seres degenerados no sólo en la tierra, mientras viven, sino también durante su existencia astral, después de la muerte. Así como las personas poseídas por el mal hacen daño en la tierra, estos seres astrales obsesionados por Satanás continúan haciendo el mal en el mundo astral y también en el mundo físico, donde actúan como almas errantes. Buscan personas cuyas características kármicas sean similares a las suyas y las atraen con sus vibraciones negativas. Astutamente toman posesión de tales seres humanos encarnados y los atormentan durante el período asignado al castigo astral que ellos mismos deben sufrir por las transgresiones específicas que cometieron en su vida terrena.

¿Por qué considerar sorprendente el hecho de que en el más allá residan tales espíritus malignos desencarnados, cuando aquí mismo, en el plano terrenal, existen demonios y personas diabólicas? Si las almas son inmortales, entonces, según la ley de causa y efecto, es lógico esperar que, cuando una persona diabólica abandona el tumulto mortal y transpone los portales del cambio físico denominado «muerte» para pasar al más allá, no *Características de las almas que se encuentran en el más allá* se convierte en un ángel, sino que permanece siendo un demonio. Sólo aquellas almas que han sido angelicales en la tierra pueden continuar siéndolo después de cruzar el abismo de la muerte, para entrar en la sutil atmósfera del cielo y no en las oscuras esferas astrales.

Al igual que suele decirse que un niño bueno que se desvía hacia el mal se ha transformado en un diablo, se observa también un cambio semejante en la conciencia astral desencarnada de la persona descarriada que adopta un comportamiento diabólico. Tales seres malignos atraviesan por numerosas experiencias extrañas después de la muerte. Así como las personas de temperamento tranquilo disfrutan por lo general de un sueño profundo y reparador, así también las almas buenas, cuando duermen el sueño de la muerte, experimentan una paz maravillosamente edificante y gozan de inspiradoras visiones oníricas antes de reencarnar para continuar expiando su karma terrenal. Por el contrario, del mismo modo que las personas inquietas y excitables a menudo sufren de pesadillas durante el sueño, quienes poseen perturbadoras tendencias malignas experimentan durante el gran sueño de la muerte únicamente horribles pesadillas astrales —conforme a la ley de causa y efecto—, reflejo del mal que ellos mismos acumularon.

Así como un hombre puede dormir unas cuantas horas, o tres, o doce, o puede padecer insomnio, de igual forma algunas almas permanecen después de la muerte en un estado de sueño inconsciente por un período breve o prolongado, de acuerdo con el karma generado en la vida terrenal. Las almas que han acumulado buen karma permanecen despiertas en la región astral una vez que han atravesado el sueño de la muerte. Las que han cultivado numerosas virtudes gozan de los frutos de su buen karma en los planetas astrales celestiales, donde no existen las limitaciones de la vida terrenal. La mayoría de las almas —que no son buenas o malas de manera absoluta—, una vez que han disfrutado del sueño de la apacible muerte inconsciente con ocasionales experiencias de vigilia astral, despiertan en la tierra en el seno de su nueva madre.

Únicamente las almas que controlan por medio de la meditación las funciones de las fuerzas vitales del corazón y de la respiración, y que permanecen absortas en el constante éxtasis de la conciencia de Dios durante su vida terrenal, logran continuar conscientes de forma ininterrumpida durante la transición de la muerte y también en el reino astral. El testimonio de estos devotos, que pueden retener su conciencia en el estado posterior a la muerte, es el que revela el misterio de la experiencia astral.

Así como los gusanos viven en la tierra, los peces en el agua, los seres humanos sobre la superficie de la tierra, los pájaros en el aire y los ángeles en los sutiles reinos vibratorios sin aire, del mismo modo existen en el universo astral diversas atmósferas y regiones vibratorias en las cuales residen las almas que han alcanzado diferentes grados de evolución de acuerdo con los méritos y deméritos de su existencia preastral en la vida terrenal[5].

---

[5] «*En la casa de mi Padre hay muchas mansiones*» (*Juan* 14:2).

Los peces no pueden vivir fuera de su hábitat acuático por un período prolongado; de forma similar, las almas errantes y los espíritus inmundos deben permanecer en los planetas astrales de vibración más densa, en tanto que las almas *Explicación del* más evolucionadas tienen su morada en los luminosos planetas dotados de una vibración más sutil. *posesión por parte* Si las almas errantes osaran aventurarse por estas *de «almas errantes»* regiones más elevadas, recibirían una descarga o quedarían «astralocutadas» debido al alto voltaje de la energía astral.

Del mismo modo que se puede caminar en sueños o llorar cuando se tiene una pesadilla, así también, durante el sueño posterior a la muerte, los espíritus inmundos deambulan por el éter implorando alivio. A menudo intentan apropiarse de algún vehículo corporal pasivo a través del cual puedan expresar su sufrimiento y su maldad reprimida. Así como un sonámbulo puede actuar de modo extraño, de manera semejante estos fantasmales «sonámbulos» se entretienen efectuando extrañas travesuras. Sin embargo, no les es posible invadir un cerebro que se mantiene ocupado en pensar inteligentemente, ni tampoco a quienes poseen una poderosa fuerza de voluntad o vibraciones de percepción espiritual. Por ello, jamás se debe dejar la mente en blanco o en estado negativo, dado que quedaría expuesta a los mensajes de los espíritus desencarnados. Ésta sería una ocasión ideal para que las almas errantes más depravadas se apoderasen de un vehículo humano con el fin de tener experiencias sensorias y poder expresarse[6].

La mente de quienes poseen un elevado desarrollo espiritual no puede ser ocupada por almas diabólicas, ya que estos devotos tienen la posibilidad de invocar la presencia de las almas de los santos y comulgar con ellas mediante el uso de la técnica apropiada de intuición astral. Cada persona ha de aprender esta técnica de su propio gurú. Los santos que han alcanzado la divinidad no se revelan a través de médiums ni de sesiones de espiritismo; responden únicamente cuando son invitados por la intensidad del fervor de los devotos avanzados. Éstos son capaces de ver a los santos y conversar con ellos en visión. Cuando su desarrollo es aún mayor, pueden contemplar con los ojos abiertos la forma materializada de los santos y hablar o hacer contacto físico con ellos, del mismo modo que los discípulos avanzados

---

6 Compárese con el comentario sobre la estrofa XVII:4 del *Bhagavad Guita* en *God Talks With Arjuna*.

de Jesucristo pudieron, merced a su devoción, verle y tocar su cuerpo después de la resurrección.

Por lo tanto, no se debe rechazar como mera superstición la idea de que las personas mentalmente débiles, o cuyo pensamiento esté desocupado, puedan ser poseídas por demonios. Sin embargo, una personalidad fuerte ocupa por completo su cerebro e imposibilita así la invasión por parte de almas errantes. Los devotos que buscan sinceramente a Dios y que practican métodos científicos de oración y de meditación jamás deben temer a tales seres, porque aquellos cuyos pensamientos están puestos en Dios no pueden sufrir daño alguno proveniente de espíritus negativos. En tanto que uno medite en Dios, puede tener la absoluta certeza de que su cuerpo se halla tan recargado con energía cósmica de alto voltaje, procedente de los pensamientos de Dios, que se encuentra protegido de los intrusos residentes en los reinos astrales inferiores. Si alguno de estos espíritus intentara tomar posesión de los cuerpos pertenecientes a almas sintonizadas con Dios, tales entidades recibirían una poderosa descarga y serían enviadas de regreso a las esferas oscuras del mundo astral.

Existe una marcada diferencia entre el estado de una persona que actúa influida por la posesión de un alma errante o de un espíritu inmundo y el de aquella que actúa bajo el impulso de un trance hipnótico o de una obsesión provocada por una idea subconsciente o por la autosugestión. Se puede forzar a hombres o mujeres que se encuentren en estado de hipnosis, o bajo la influencia de una poderosa obsesión de la mente subconsciente, a actuar de manera noble o diabólica. La posesión verdadera ocurre cuando un alma que ha dejado su forma física se instala dentro del cuerpo de una determinada persona y cuando la forma astral de aquella alma incapacita, de manera parcial, total o a intervalos, las facultades racionales de la persona poseída. Un cuerpo humano no puede alojar a otro ser junto con el suyo, excepto en el caso de una mujer embarazada. No obstante, un experto en la materia está capacitado para distinguir los verdaderos casos de posesión, porque dentro de la persona poseída puede observar, mediante sus poderes psíquicos, la forma astral del visitante invisible junto a la del propietario del cuerpo. La única manera en que un profano en estas cuestiones puede diagnosticar un caso de posesión por un espíritu es a través del análisis de los diversos estados de paroxismo y de conducta violenta a los cuales se ve sometida la persona poseída. Quien sufre la posesión por parte de un espíritu maligno despliega por lo general una fuerza física fuera de lo común, tiene los ojos inyectados de sangre, una expresión extraña y su comportamiento es totalmente anormal. Esta bestial irracionalidad se manifiesta y describe de diferentes maneras en los casos de posesión exorcizados por Jesús.

Lo semejante atrae a lo semejante. Por este motivo, el hombre poseído que se hallaba en la sinagoga atrajo, por medio del magnetismo de su propia vibración pecaminosa, a un espíritu inmundo. Dado que Jesús poseía la Conciencia Crística universal, percibía con exactitud lo que ocurría dentro del cuerpo del hombre poseído. Y el espíritu inmundo, a su vez, sentía el poder de Jesús por medio de la intuición de su cuerpo astral (las almas que residen en un cuerpo astral perciben a través del sexto sentido: la intuición; pueden emplearlo para desempeñar las funciones de la vista, el oído, el olfato, el gusto, el tacto y otras). El espíritu inmundo y maligno mantenía la mente del hombre poseído en estado de suspensión y neutralidad y bajo el efecto subhipnótico de la obsesión, lo cual le permitía utilizar sin interferencia alguna los instrumentos de la conciencia de su víctima —los sentidos, el cerebro y el cuerpo—. Un individuo poseído por un espíritu puede hallarse inconsciente, o no, dentro de su cuerpo controlado por ese espíritu, del mismo modo que una persona que está bajo el efecto de la hipnosis puede manifestar la inconsciencia del sueño o el estado aparentemente normal de la mente consciente obsesionada. El espíritu inmundo vio a Jesús a través de los ojos del hombre poseído y empleó la voz de éste para gritar: «Déjanos en paz; no nos niegues nuestra libertad de expresión, ya sea buena o mala».

Jesús exorciza a un espíritu inmundo mediante la fuerza de voluntad y la energía cósmica

El espíritu posesor, obsesionado con el mal satánico, reconoció en Jesús a la fuerza adversaria del bien divino: «*Sé quién eres: el Santo de Dios*». Con toda razón, el espíritu temía que Jesús, cuya Conciencia Crística tenía control sobre la vida entera, pusiera fin a la ocupación forzosa y no autorizada de la mente del hombre poseído. Sabía que la Conciencia Crística omnipresente que se hallaba en Jesús era la que gobernaba la creación. Los seres astrales, tanto los puros como los inmundos, saben que es la Inteligencia Crística, y no la fuerza satánica de *maya*, la que tiene el poder supremo sobre el mundo interno, aun cuando Satanás trata de ejercer su influencia en el mundo astral para intentar conseguir los mismos resultados que obtiene en la tierra. Mas el cielo no es un lugar confortable para un arcángel caído.

Jesús no quería que el demonio inmundo, en el estado de irritación en que se hallaba, lastimase el cerebro del hombre obsesionado. Si la posesión por parte de demonios inmundos o almas desencarnadas se prolonga durante mucho tiempo, se produce un enorme daño en el cerebro, en la mente y en los órganos sensoriales del individuo poseído y se corre el riesgo de que caiga en la locura permanente. Ejerciendo su poder de voluntad, mediante el cual podía controlar la vida, Jesús dijo: «*Cállate y sal de él*». Con ello quiso decir: «Detén tu obra diabólica de destrucción de cerebros poseídos; aférrate a la paz interior del alma, que se oculta tras la oscura barrera de tendencias malignas pasadas que tú mismo has creado, y vuelve a comportarte correctamente retirándote del cuerpo que has ocupado de manera deshonesta y por la fuerza».

Se requiere una poderosa concentración y fuerza de voluntad divina para desalojar a un espíritu maligno. Si uno posee una fuerza espiritual dinámica, puede expulsar a la entidad fijando la mirada de manera constante en los ojos del individuo afectado, utilizando el poder de la voluntad en forma silenciosa y continua, en tanto le ordena internamente al espíritu maligno que se retire. La entidad se alejará, siempre y cuando la voluntad del sanador para expulsar a la fuerza maligna sea más poderosa que la voluntad de ésta de permanecer.

Si se susurra reiteradamente «*Om*» en el oído derecho de una persona poseída, el espíritu maligno seguramente se retirará. Dado que las almas errantes han salido de las oscuras regiones astrales inferiores a vagabundear, no soportan la elevada vibración de la conciencia y de los pensamientos espirituales. Si se pronuncian palabras y nombres sagrados, en particular «*Om, Om, Om*», en el oído de la persona poseída, por lo general esta acción provoca en ella una respuesta rápida y atemorizada tal como: «Me retiro; no pronuncies esa palabra sagrada», lo cual indica posesión por un espíritu.

Por medio del poder de la Vibración Cósmica de *Om* y con su voz saturada de esta vibración, Jesús ordenó al demonio que saliera del cuerpo del hombre afectado. El demonio, renuente a obedecer a Jesús, luchó contra esa poderosa vibración. Esta pugna provocó convulsiones en el cuerpo del hombre endemoniado cuando la poderosa Corriente Cósmica que vibraba en su interior trataba de desalojar y expulsar al espíritu intruso. Finalmente, la entidad maligna salió violentamente del cuerpo y dejó al hombre conmocionado y débil, pero no herido; había sido incapaz de hacerle daño gracias a la intervención del divino Cristo Jesús. Quienes observaban la expulsión de este espíritu inmundo estaban asombrados ante la autoridad soberana de las palabras de Jesús, a quien incluso las entidades demoníacas se veían obligadas a obedecer. Este exorcismo contribuyó a difundir por todas partes la fama de Jesús.

¿Por qué preocuparse por el hostigamiento que proviene de las fantasmales almas errantes? Tal amenaza es ínfima. Las personas normales, cuya mente es saludable, son invulnerables a la maldad de estas almas. Una amenaza mucho mayor al bienestar individual es la que mora dentro de cada ser humano y a su alrededor. El bien y el mal luchan por lograr la supremacía —el primero trata de salvarnos; el segundo, de hacernos daño—. Nos encontramos atrapados en medio de

Las fuerzas espirituales del bien y del mal que pugnan por influir sobre la conciencia del hombre

esta guerra cósmica entre Dios y su «arcángel caído», Satanás. No se debe desdeñar este problemático conflicto razonando que Satanás es una mera ilusión. Jesús mismo reconoció la existencia del adversario cuando dijo «*Apártate, Satanás*» y «*Líbranos del mal*». Apenas sería necesario orar a Dios si no existieran el diablo y sus obras, pero el hombre requiere la intervención divina para liberarse de ambos.

Satanás, con su poder de *maya*, existe con el objeto de proveer la dicotomía del Espíritu necesaria para que el drama cósmico universal se manifieste y se perpetúe. Pero aun cuando Dios permite que las sombras de los problemas dancen en medio de su Luz, Él procura también ayudarnos a salir de los torbellinos del engaño. Dios, sus ángeles, incontables espíritus del bien y las fuerzas espirituales intentan establecer la armonía divina en el hombre y en su entorno cósmico. Todas las cualidades benéficas han sido creadas por los divinos agentes de Dios. Estas fuerzas espirituales personificadas implantan constantemente pensamientos nobles en la mente del hombre. Al mismo tiempo, Satanás y sus espíritus malignos fomentan el caos en el mundo y promueven las inquietantes tentaciones con el fin de provocar pesadumbre en la conciencia del hombre.

Así como todo aquello que es bueno está organizado por Dios y sus ángeles, y cada cierto tiempo Él envía a la tierra a sus hijos espiritualmente avanzados con el objeto de erradicar la maldad, así también la poderosa fuerza del mal —Satanás— acompañada de una inmensa hueste de espíritus malignos —las fuerzas personificadas del mal— desarrollan en todo el universo una campaña de maldad organizada.

En la mente y en el cuerpo del ser humano, la fuerza del mal ha implantado en forma potencial millones de bacterias dañinas y una combinación de enfermedades malignas, malos pensamientos y pasiones negativas. Aunque el hombre ha sido creado en esencia a imagen de Dios, cuando su vulnerabilidad mortal sucumbe a la obsesión provocada por esas fuerzas satánicas latentes implantadas en él —como la avaricia, el egoísmo, la ira o cualquier otra tendencia negativa—, éstas nublan la pureza del alma humana.

La luz de Dios se encuentra presente en cada ser como alma y resplandece con los celestiales reflejos de las fuerzas y cualidades divinas. Satanás también se halla presente en cada ser, pero como ignorancia, acompañado de reflejos definidos de sí mismo que adoptan el aspecto de fuerzas o espíritus malignos. De este modo, cada persona recibe la influencia tanto del alma y sus buenas cualidades como de Satanás y sus malignas características.

Así pues, la verdad es que el creador directo del mal —en lo concerniente a la existencia y la experiencia relativas de cada ser humano— es esta fuerza satánica, el arcángel que se apartó de Dios y que, mediante la utilización incorrecta del poder que Dios le había concedido, generó el mal como antagonista de todo el bien que Dios había creado. Por eso encontramos en el hombre cualidades que se contraponen —el bien, creado por Dios; el mal, creado por Satanás; el amor, creado por Dios; el odio, creado por Satanás; la generosidad, creada por Dios; el egoísmo, creado por Satanás; la embriaguez del éxtasis divino, creada por Dios; y la embriaguez de las satisfacciones perjudiciales, creada por Satanás[7].

---

[7] En términos yóguicos, el *Bhagavad Guita* describe las fuerzas del bien y del mal presentes en el hombre como una guerra en la que un ejército lucha contra otro. Uno de ellos está dirigido por los poderes del discernimiento divino del alma, y el otro, por la mente materialista y los instintos inferiores de los sentidos, que sucumben al influjo del engaño. Estos poderes en conflicto dentro del hombre reciben su energía de las fuerzas espiritualizadas que se dirigen hacia Dios, situadas en los centros astrales de vida y conciencia que se encuentran en la espina dorsal, el cerebro y el ojo espiritual; o, por el contrario, se recargan con las energías dirigidas hacia la materia, que se ven atraídas hacia la expresión de las tendencias degradadas de los sentidos y su cohorte de aliados del mal comportamiento: el egoísmo, el temor, los deseos, la ira, la avaricia, el apego, la soberbia, los hábitos y las tentaciones. La ciencia completa del Yoga —que trata de la sempiterna batalla que se libra entre el bien y el mal (Dios y Satanás) dentro de la conciencia del hombre y acerca de cómo la práctica de esta ciencia otorga la victoria liberadora del alma sobre estos enemigos psicológicos universales— se describe en el detallado comentario de Paramahansa Yogananda sobre el capítulo I, estrofas 1 a 18, de *God Talks With Arjuna: The Bhagavad Gita*. (*Nota del editor*).

Cuando a una persona la acosa una obsesión maligna, ya sea de manera física, mental o espiritual —tal como una enfermedad crónica, emociones, hábitos o deseos persistentes o ignorancia espiritual—, se trata de la manifestación de un espíritu que refleja a Satanás, un demonio que debe ser expulsado tan decididamente como cuando se exorciza un alma errante o un demonio inmundo, en el caso de posesión por parte de un espíritu. De hecho, entre las muchas curaciones llevadas a cabo por Jesús hubo algunas de este tipo, como se relata en el siguiente episodio.

~

«Cuando salió de la sinagoga, entró en la casa de Simón. La suegra de Simón estaba con mucha fiebre, y le rogaron por ella. Entonces se inclinó sobre ella y conminó a la fiebre; y la fiebre la dejó. Ella se levantó al punto y se puso a servirles» (*Lucas* 4:38-39)[8].

Las enfermedades se ocasionan por el inadecuado funcionamiento de las fuerzas benéficas conscientes que gobiernan el cuerpo, y también tienen su origen en las fuerzas malignas que conscientemente permiten que el caos de la enfermedad se propague por el organismo. Algunas enfermedades se producen al quebrantar las leyes de la salud, pero los gérmenes que causan la enfermedad son engendrados y controlados de modo inteligente por la fuerza maligna de Satanás, la cual trata de destruir esa bella creación de Dios que es el cuerpo humano. Cuando una persona infringe una ley física, mental o espiritual, se abre un portal a través del cual se introduce en el cuerpo, según la índole de la transgresión, una enfermedad o un mal específicos. Se generan vibraciones que atraen a los agentes del mal que adoptan la forma de los gérmenes de la enfermedad.

Tales gérmenes poseen una inteligencia latente que Satanás despierta y dirige en el momento oportuno. Jesús vio la fuerza maligna responsable de que la fiebre entrara en el cuerpo de la suegra de Simón. Por eso, conminó a la fiebre a salir y restableció la armonía de la salud. Jesús le ordenó a la fuerza maligna invasora que abandonara

---

8 Compárese con las referencias paralelas que aparecen en *Mateo* 8:14-15 y *Marcos* 1:29-31.

el cuerpo de la mujer afectada y así reinstaló las fuerzas astrales conscientes que regulan el estado normal de la salud. Él conocía todas las

La maligna
inteligencia de
Satanás y cómo
actúa en la creación

fuerzas inteligentes malignas que causan estragos en la gente, y le fue posible, mediante su todopoderosa Conciencia Crística, hablar en el lenguaje vibratorio de la fiebre y ordenarle que abandonara el cuerpo enfermo de la mujer. Eso es lo que significa que Jesús «conminó a la fiebre» a salir.

Todo mal posee cierta inteligencia por medio de la cual ejerce sus efectos dañinos. Adviértase con cuánta astucia se insinúa el mal en la mente de una persona a través de un falso razonamiento. El vicio se viste con el manto de la virtud, engaña al centinela de la razón y así se introduce en el vedado santuario de la virtud. Cada alma es independiente y libre de actuar de acuerdo con la buena influencia de las cualidades de Dios y del alma o bajo el influjo de las características malignas de Satanás y de sus reflejos —los demonios que obsesionan al hombre—. Si bien el ser humano puede elegir libremente entre las buenas y las malas acciones, una vez que ha actuado ya no tiene libre albedrío en lo que respecta a las consecuencias: si obra correctamente, el resultado que reciba será provechoso, en tanto que si actúa mal deberá aceptar un desenlace negativo. La multitud de reflejos de Satanás que hay en cada hombre le impulsan constantemente a actuar de manera incorrecta a través de la seducción de las tentaciones, las cuales recurren a las tendencias kármicas prenatales y a los hábitos del presente. Dios trata de influir sobre las personas por medio de la conciencia y de la paz del alma que se experimenta en la meditación. Como agente dotado de libertad, el ser humano debe elegir si procede bajo la influencia de la dirección de Dios o de las malignas incitaciones de Satanás.

Cuando uno obra de acuerdo con la influencia de la conciencia o de las buenas cualidades, se crean buenos hábitos y tendencias que de inmediato nos acercan a Dios. Cuando una persona actúa con mal

Cómo las tendencias
satánicas se convierten
en obsesiones en la
mente del hombre

dad, influida por los malos hábitos o las cualidades malignas, entonces se ve atraída automáticamente hacia Satanás, hacia la ignorancia y hacia un comportamiento satánico.

Esta explicación acerca del bien y del mal tiene el propósito de recalcar el hecho de que el hombre no es responsable de *ser tentado* a hacer el mal bajo la influencia de la ira, de la avaricia, del temor o de otros males implantados en él por

Satanás; sí es responsable, en cambio, de su decisión de *actuar* en consonancia con las tentaciones de las fuerzas malignas. Tales tentaciones surgen en el hombre bajo la forma de impulsos y de dictados internos malignos que le incitan a actuar indebidamente. Cuando las fuerzas del mal logran su cometido, la persona que se halla bajo el influjo de una obsesión se siente inducida a manifestar dichos impulsos.

Así pues, los seres humanos sucumben al mal no sólo debido a la influencia de sus tendencias y hábitos prenatales y postnatales indeseables, sino también porque son impulsados de forma consciente por las entidades satánicas que residen en el cerebro. El alma alcanza la verdadera liberación cuando le es posible desalojar del cerebro a las entidades malignas causantes de las obsesiones, para lo cual se vale de la práctica de técnicas elevadas de meditación, la realización de acciones correctas desde un estado de ecuanimidad y la ayuda de su gurú. Jesús curó a María Magdalena expulsando del cuerpo de ella a siete demonios, que eran torturantes visitaciones de las fuerzas del mal[9]. Todos los grandes maestros pueden, al igual que Jesús, transmitir la luz de la espiritualidad hacia la mente de una persona obsesionada con el mal y desalojar así a la fuerza maligna específica que causa la aflicción.

Si alguien se sienta en una habitación iluminada y contempla bellos objetos, para esa persona la luz existe. Si otra persona se sienta en la misma habitación con los ojos cerrados, para ella lo que existe es la oscuridad, aun cuando ella misma la haya creado. De modo similar, hay dos clases de personas en el mundo: aquellas que mantienen abiertos los ojos de la sabiduría y contemplan a Dios y su bondad por doquier y en todas las cosas; y aquellas otras que mantienen cerrados los ojos de la espiritualidad y experimentan la creación como un lugar donde impera Satanás y sus demonios.

El que no cultiva la verdadera percepción de la sabiduría es responsable de albergar las tinieblas del mal. Los devotos son aquellas almas que obedecen los deseos de Dios de mantener abiertos los ojos de la sabiduría y enfocados únicamente en el bien; y quienes se hallan bajo el influjo del engaño son aquellos que prestan oídos a la voz del mal y mantienen cerrados los ojos de la espiritualidad y, de ese modo, cortejan a las tinieblas del sufrimiento y de la enfermedad, así como a toda la hueste de demonios de Satanás.

---

[9] *Lucas 8:2* y *Marcos 16:9*.

Dios atrae a los devotos valiéndose de todas las cosas buenas que provienen de Él; Satanás, por su parte, atrae a las personas mediante la seducción de las falsas promesas de felicidad y las hace caer profundamente en el pozo de la ignorancia y del sufrimiento. El ser humano debe darse cuenta de que los susurros de su conciencia y de sus buenas tendencias son la voz de Dios que habita dentro de él. A la inversa, el hombre debe resistir las incitaciones de los malos pensamientos y de los impulsos negativos y reconocerlos como señuelos de Satanás.

Si el hombre escucha de manera atenta y continua los susurros de su conciencia y de sus virtudes nacientes, y se acostumbra a seguir un mejor estilo de vida, finalmente descubre el bien eterno que se halla en el interior de su alma, la cual es una imagen de Dios mismo. Al experimentar así su verdadero Ser, el hombre alcanza la liberación. Puesto que Satanás no cumple su promesa de otorgar a sus seguidores la felicidad perdurable, todos ellos terminarán alejándose de él para dirigirse a Dios.

Los demonios de Satanás, precursores y pioneros del mal que operan a través de las malas tendencias del ser humano, deben pues ser expulsados de las almas que se hallan perseguidas por la ignorancia. El modo de expulsar a las entidades malignas y de abrir de par en par las percepciones adormecidas del cielo interior consiste en espiritualizar la vida por medio del comportamiento correcto y, sobre todo, a través de la comunión con Dios en la meditación profunda y regular. El método metafísico apropiado con el cual se puede liberar para siempre el alma de la influencia de los demonios de Satanás —que han provocado a lo largo de las encarnaciones el sufrimiento de quienes utilizan erróneamente el poder del raciocinio— consiste en desterrar de la conciencia las fuerzas malignas causantes de las obsesiones.

Liberar la conciencia de la influencia que ejercen los demonios de Satanás

Dado que Jesús era omnisciente, sabía a la perfección cómo Satanás y sus fuerzas malignas torturan a los seres humanos. Asimismo, conocía el arte metafísico de expulsar a estos demonios, como también lo conocían sus apóstoles especialmente designados. Dicho arte lo conocen todos los maestros, los cuales enseñan luego a otras almas el modo de establecer conscientemente en su interior la preeminencia de Dios. De esa manera, tales almas se liberan para siempre de las innatas influencias de las entidades malignas.

Los grandes maestros pueden curar la ignorancia de los devotos buscadores de la verdad al establecer contacto con la Conciencia Crística y transmitirles dicho poder espiritual. He visto cómo mi gurú, Swami Sri Yukteswar, expulsaba demonios de las personas que padecían obsesiones, curaba enfermedades presuntamente incurables y predicaba por medio de su vida ejemplar. Aquellos maestros que se han liberado por completo del mal pueden mostrar a los demás cómo ser libres también.

Mediante el contacto con Dios que se logra a través de técnicas avanzadas de concentración y meditación, como las que se enseñan en las *Lecciones de Self-Realization Fellowship*, y gracias al desarrollo espiritual alcanzado con la ayuda del gurú, los devotos pueden en verdad desalojar del sagrado santuario de su templo corporal a Satanás, el creador del mal, y a sus entidades obsesionantes.

Los santos iluminados han declarado de qué modo toma forma el espíritu del mal para luego abandonar el cuerpo de manera permanente, una vez que uno ha alcanzado el estado de suprema realización espiritual. Cuando la entidad maligna se retira, la conciencia purificada del devoto no sólo se vuelve por completo impermeable al mal, sino que, además, ya nunca ve el mal en ninguna parte: contempla sólo a Dios en todo lugar[10].

En resumen, la lección que ha de obtenerse de las espectaculares expulsiones de demonios realizadas por Jesús es que uno no debe concentrarse en la posibilidad de ser poseído por almas errantes —ya que se trata de un suceso sumamente improbable—, ni tampoco sufrir obsesiones causadas por las entidades malignas de Satanás (las cuales son innatas a la psiquis humana). Más bien, a fin de permanecer totalmente inmune a las influencias del mal, se debe tener cierto conocimiento acerca del siempre presente y engañoso poder satánico y guardar por él un saludable respeto.

Escucha en tus buenos pensamientos el eco de la voz de Dios. Ellos constituyen poderosas indicaciones provenientes de Dios y de sus espíritus angélicos, cuyo propósito es guiarte y ayudarte. Satanás también ejerce influencia sobre ti a través de su propia clase de instigaciones mentales opuestas. Cada vez que surja en ti un mal pensamiento o un impulso negativo, expulsa a esa entidad diabólica; entonces, Satanás no podrá hacer nada contra ti. ¿Por qué seguir siendo un cautivo mortal que oscila entre el bien y el mal? Escapa hacia el corazón del Espíritu, donde Satanás y su horda no podrán ya alcanzarte.

---

10 Véase el discurso 8, páginas 209 s.

La curación de los enfermos

El hombre se encuentra sujeto a tres tipos de aflicción

❖

Métodos para sanar la ignorancia que aqueja al alma

❖

Cómo curar las enfermedades psicológicas y los malos hábitos

❖

Los métodos físicos y mentales para la curación del cuerpo

❖

El poder de la mente para despertar la energía vital curativa

❖

De qué modo transmiten los maestros
el ilimitado poder curativo de Dios

❖

Cómo elegir el método de curación apropiado para cada circunstancia

❖

El egotismo: un obstáculo que ha de evitarse
en la práctica de la curación espiritual

❖

Cómo asumen los maestros el mal karma de aquellos que sufren

«Aquel que conoce su alma sabe cómo obrar milagros haciendo uso de la fuerza vital. [...] Jesús utilizó diversos métodos externos para transmitir la energía cósmica».

*A*l atardecer, a la puesta del sol, le trajeron a todos los que se encontraban mal y a los endemoniados. La población entera estaba agolpada a la puerta. Jesús curó a muchos que se encontraban mal de diversas enfermedades y expulsó muchos demonios. Pero no dejaba hablar a los demonios, pues le conocían.

De madrugada, cuando todavía estaba muy oscuro, se levantó, salió y fue a un lugar solitario; y allí se puso a hacer oración. Simón y sus compañeros fueron en su busca. Al encontrarlo, le dijeron: «Todos te buscan». Él replicó: «Vamos a otra parte, a los pueblos vecinos, para predicar también allí; pues para eso he salido». Así que se puso a recorrer toda Galilea, predicando en sus sinagogas y expulsando los demonios.

Marcos 1:32-39

DISCURSO 25

La curación de los enfermos

«Al atardecer, a la puesta del sol, le trajeron a todos los que se encontraban mal y a los endemoniados. La población entera estaba agolpada a la puerta. Jesús curó a muchos que se encontraban mal de diversas enfermedades y expulsó muchos demonios. Pero no dejaba hablar a los demonios, pues le conocían» (Marcos 1:32-34).

Referencias paralelas:

«Al atardecer, le trajeron muchos endemoniados; él, con sólo una palabra, expulsó a los espíritus. Curó también a todos los que se encontraban mal, para que se cumpliera lo dicho por el profeta Isaías: 'Él tomó nuestras flaquezas y cargó con nuestras enfermedades'» (Mateo 8:16-17).

«A la puesta del sol, todos cuantos tenían enfermos de diversas dolencias se los llevaban; y él, poniendo las manos sobre cada uno de ellos, los curaba. Salían también demonios de muchos, gritando y diciendo: "Tú eres el Hijo de Dios". Pero él les conminaba y no les permitía hablar, porque sabían que él era el Cristo» (Lucas 4:40-41).

A fin de comprender y apreciar mejor la ley divina de que se valió Jesús para efectuar las curaciones, es preciso entender la ciencia general que explica la naturaleza de la enfermedad y el modo de sanarla. La enfermedad constituye un estado de falta de armonía que provoca, de inmediato o a largo plazo, dolor o infelicidad a un ser viviente. Los seres humanos se hallan sujetos a tres clases de enfermedades: las que afectan al cuerpo, a la mente y al alma.

El hombre se encuentra sujeto a tres tipos de aflicción

El cuerpo se ve afectado por bacterias, virus, toxinas, heridas y problemas orgánicos, los cuales ocasionan sufrimiento físico. La curación física consiste en liberar al hombre de las dolencias corporales.

La mente es susceptible de contraer infecciones provocadas por las bacterias mentales del temor, las preocupaciones, la melancolía, el nerviosismo psicológico, la ira, la gula, las insaciables tentaciones sensuales, el egoísmo, los celos y las tendencias morbosas, todos los cuales producen padecimientos e inquietud mental. La curación de las enfermedades psicológicas se denomina «curación mental».

El alma es perseguida por la enfermedad de la ignorancia que se origina en el engaño cósmico. Esta ignorancia hace que el hombre olvide su perfecta naturaleza divina y se concentre en su imperfecta naturaleza humana. La ignorancia crea falta de armonía entre la mente y el cuerpo, y entre la mente y el alma; además, engendra todos los demás problemas.

El dolor físico no causa sufrimiento mental si la mente es poderosa; los mártires cuya mente se hallaba firmemente enfocada en la devoción a Dios conservaron su serenidad interior incluso mientras se les quemaba en la hoguera. El sufrimiento mental, en cambio, trae habitualmente consigo a su compañero, el sufrimiento físico. Cuando el alma cede a la ignorancia la expresión de sus poderes, el cuerpo y la mente quedan automáticamente sujetos a los padecimientos físicos y mentales, porque es la enfermedad de la ignorancia la que da lugar en el ser humano a la conciencia apegada al cuerpo y a la identificación de la mente con el cuerpo.

Las almas que han alcanzado la unión con Dios, que se han curado de la enfermedad de la ignorancia, contemplan el cuerpo como un sueño de Dios —el pensamiento congelado de la Divinidad—. Cuando, por medio de la meditación, se abre el ojo de la sabiduría, se disipa la oscuridad de la ignorancia mortal y del padecimiento físico y

La curación de los enfermos

A la puesta del sol, todos cuantos tenían enfermos de diversas dolencias se los llevaban; y él, poniendo las manos sobre cada uno de ellos, los curaba.

Lucas 4:40

La curación que se realiza enviando energía a través de las manos se basa en la capacidad del sanador de conectarse con la energía cósmica de Dios y dirigirla conscientemente. El cuerpo vive dentro de un mar omnipresente formado por este poder vibratorio. [...] Aquel que conoce su alma sabe cómo obrar milagros haciendo uso de la fuerza vital —la cual tiene control sobre la vida y la muerte—, al enviarla a través de las manos, en forma de rayos curativos, para destruir la enfermedad en las personas afectadas.

* * *

Un amor y compasión extraordinarios emanaban de Jesús cuando recorría las ajetreadas ciudades y aldeas, enseñando en las sinagogas el evangelio, la vibrante verdad de Dios, e irradiando su divino poder para sanar toda clase de sufrimientos. Su corazón universal se compadecía de la multitud [...].

Paramahansa Yogananda

Dibujo: Heinrich Hofmann

mental, gracias a la luz de Dios que se refleja en el alma. Jesús conocía la relación causal que existe entre la mente y el cuerpo, y entre el alma y Dios. Por ello le fue posible controlar la estructura atómica de las células, armonizar las perturbaciones psicológicas y restablecer así la salud en los cuerpos y mentes enfermos.

El cuerpo y la mente pueden reflejar la eterna belleza, la juventud, la paz perdurable y la inmortalidad del alma, puesto que se han desarrollado a partir del alma —la inmortal imagen de Dios—. El mundo se vanagloria de sus adelantos materiales, pero aún le resta descubrir la ciencia y el arte del más elevado logro humano: la celestial bienaventuranza que disfrutaron (y disfrutarán por toda la eternidad) Jesús y el cónclave de los grandes santos y maestros desde el momento en que se liberaron de la ignorancia mortal.

Existen diversos métodos para sanar las tres clases de enfermedades antes mencionadas. El engaño se disipa por medio de la práctica cada vez más profunda de la meditación hasta alcanzar el contacto extático con el siempre reno- *Métodos para sanar* vado gozo de Dios. Los esfuerzos meditativos se *la ignorancia que* pueden fortalecer e intensificar leyendo con enten- *aqueja al alma* dimiento intuitivo las escrituras genuinas y mediante la introspección discernidora sobre las verdades religiosas; a través de la relación con los santos que comulgan con Dios; por medio de la sintonía en pensamiento y acción con los ideales y la guía del gurú; mediante la devoción; a través de las buenas acciones realizadas con el fin de ayudarse a uno mismo y ayudar a los demás a liberarse del sufrimiento físico, mental y espiritual; y llevando una vida que se ciña a los principios morales. Asistir a oficios religiosos y frecuentar buenas compañías sólo demuestra que una persona está interesada en la espiritualidad. Para liberarse de la ilusión es preciso que exista un verdadero compromiso previo de seguir y practicar los preceptos de aquel que se encuentra en contacto con Dios y que puede enseñar la técnica para alcanzar dicha meta. Jamás debemos darnos por satisfechos con las creencias dogmáticas o con la mera garantía de salvación que otros puedan haber prometido. A no ser que uno *conozca* a Dios, debe seguir buscándole hasta rasgar el velo del engaño y establecerse de manera inalterable, y más allá de toda duda, en este logro.

Se pueden tratar las enfermedades psicológicas con la ayuda del autoanálisis, la introspección atenta y la compañía de personas mentalmente saludables, cuyo ejemplo se procurará emular. Concentrarse en pensamientos espiritualizados durante la meditación erradica de manera efectiva las causas de las enfermedades mentales y los corrosivos malos hábitos mentales. Durante la meditación, la mente se dirige hacia el interior y retira de los músculos y nervios la fuerza vital —que estimula la actividad exterior— y concentra dicha fuerza vital en las células del cerebro, donde se encuentran grabadas las tendencias malignas. Esta energía vital concentrada durante la meditación calcina y borra los «surcos» o patrones de hábitos mentales que se hallan alojados en el cerebro[1].

Cómo curar las enfermedades psicológicas y los malos hábitos

---

[1] «Por medio de la meditación [...] puede uno preparar la escena para importantes cambios cerebrales capaces de alterar la mente y los hábitos», concluye el Dr. Herbert Benson, profesor de Medicina en la Facultad de Medicina de la Universidad de Harvard, después de una amplia investigación que da a conocer en su libro *El poder de la mente* (Grijalbo, Barcelona, 1989). «A lo largo de los años —escribe el Dr. Benson—, en el cerebro se van formando "circuitos" y "canales" de pensamiento, es decir, vías físicas que controlan la forma en que pensamos y actuamos, y con frecuencia también nuestra manera de sentir. Muchas veces, estas vías o hábitos llegan a estar tan fijados que se convierten en lo que yo llamo una "instalación", tal como hablamos de la instalación eléctrica. Dicho de otra manera, los circuitos o canales llegan a estar tan "empotrados" que casi parece imposible transformarlos».

Sin embargo, los avances en la tecnología médica han permitido a los científicos medir por primera vez los profundos efectos de la meditación sobre la *neuroplasticidad* —la capacidad de la mente para alterar los patrones eléctricos mediante los cuales los hábitos y las tendencias profundamente arraigadas de comportamiento se almacenan en el cerebro—. En un artículo de divulgación científica publicado en *The Wall Street Journal* el 10 de enero de 2003, la escritora científica Sharon Begley hace referencia a nuevas evidencias de que «es posible, por medio de la meditación, inducir alteraciones en las conexiones neuronales». En su artículo informa acerca de investigaciones centradas en diversos métodos de meditación budista que llevó a cabo el Dr. Richard Davidson, neurocientífico, en la Universidad de Wisconsin: «Después de ocho semanas, y nuevamente dieciséis semanas después, las mediciones realizadas a través de un electroencefalograma mostraron que la actividad de la corteza frontal de los meditadores se había desplazado: se producían más disparos neuronales en la región izquierda que en la derecha, en el área ubicada justo detrás de la frente. Ese patrón está asociado con sentimientos positivos como el gozo, la felicidad y niveles bajos de ansiedad, de acuerdo con lo descubierto por el profesor Davidson y por otros colegas en estudios anteriores».

En el artículo se incluye la siguiente cita del Dr. Davidson: «Los datos acerca de la neuroplasticidad están echando por tierra la idea de que nuestro cerebro es el resultado del desarrollo de un programa genético fijo».

«La investigación científica ha demostrado que la actividad eléctrica entre el hemisferio derecho y el izquierdo se coordina mejor durante ciertos estados de meditación u oración —escribe el Dr. Benson—. Mediante estos procesos la mente se vuelve decididamente más susceptible de ser alterada y más capaz de hacer funcionar al máximo sus capacidades. [...] Cuando uno se encuentra en ese estado de comunicación intensa entre

Todos los hábitos son mentales. Se trata de mecanismos automáticos de la mente que facilitan la realización de tareas psicológicas o físicas. La atención es la aguja que graba los surcos de los buenos o malos hábitos mentales y registra en el cerebro las experiencias o acciones que se repiten. Cuando se enfoca la atención en tales grabaciones, éstas se manifiestan de manera automática como actividad mental y muscular. Es preciso privar a los patrones negativos de su poder de control, mediante la destrucción de su desafortunada capacidad de repetirse a sí mismos.

La fuerza de voluntad y la autosugestión inducidas por el estímulo de otras personas pueden ser de utilidad para destruir los malos hábitos mentales. La fuerza de voluntad puede concentrar energía en los patrones cerebrales y producir efectos curativos. Cuando la voluntad del paciente se encuentra paralizada por haber padecido continuamente una enfermedad mental, resulta beneficiosa la autosugestión; es decir, implantar en la mente subconsciente pensamientos o imágenes positivos por medio de la repetición concentrada. Cuando la persona que se desea sanar recibe un poderoso pensamiento curativo procedente de quien procura ayudarla, y luego hace suya esa sugestión concentrándose en el poder de manifestación de tal pensamiento, el enfermo refuerza entonces su propia fuerza de voluntad valiéndose de la sugerencia de curación que le ha transmitido la potente voluntad del sanador. La autosugestión, empleada en la mayoría de los métodos de curación psicológica, puede hacer que reviva la voluntad paralizada por la enfermedad; y esa voluntad envía luego energía al cerebro y deshace el patrón destructivo alojado en las células cerebrales.

La influencia de los malos hábitos mentales también cede al cultivar la compañía de quienes habitualmente abrigan buenos pensamientos. Aquellos que son tímidos deben relacionarse con quienes son valientes; los que tienden a la sensualidad, con quienes poseen

---

ambos hemisferios [...] se produce entonces una "receptividad" o "plasticidad" cognoscitiva [...]. Si se concentra usted en algún pasaje escrito que represente la dirección que quiere dar a su vida, [este] proceso de pensamiento, más dirigido, le ayudará a renovar la instalación de sus circuitos cerebrales en direcciones más positivas. [...] Cuando cambiamos nuestras pautas o modelos de pensamiento y de acción, las células cerebrales comienzan a establecer conexiones adicionales, a hacer "instalaciones" nuevas. Estas nuevas conexiones se comunican de maneras nuevas con otras células, y entonces las "instalaciones" o vías nerviosas que mantenían vivo el hábito negativo o la fobia son reemplazadas o alteradas. [...] De ello se seguirán cambios en las acciones y en la vida. Los resultados serían emocionantes, e incluso asombrosos». *(Nota del editor).*

autocontrol; los que son inquietos, con aquellos que han desarrollado hábitos meditativos. Si uno ejerce el poder de la voluntad transformándolo en el poder de decir «no» y permanece alejado de las compañías y ambientes perjudiciales que alimentan un determinado mal hábito, puede hacer morir de inanición aquellas compulsiones que lo llevan a comportarse de modo incorrecto.

Dado que los males del cuerpo tienen raíces psicológicas y que el cuerpo mismo es una condensación del pensamiento, existen dos maneras de tratar las aflicciones corporales: los métodos físicos y los mentales. Los diversos procesos de curación física estimulan, en mayor o menor medida, la fuerza vital, que es la que lleva a cabo la curación. Los procedimientos médicos, los medicamentos, los tratamientos con hierbas y las diversas técnicas terapéuticas mentales y espirituales son métodos válidos de curación; ellos resultarán efectivos según el grado en que armonicen y restablezcan el adecuado flujo de energía vital en el cuerpo, lo cual constituye la causa directa de la curación.

Los métodos físicos y mentales para la curación del cuerpo

Uno de los métodos físicos para tratar enfermedades consiste en purificar el cuerpo de toxinas y rejuvenecer la energía vital a través de un ayuno que se lleve a cabo con buen criterio. Cuando se realiza un ayuno, la voluntad depende entonces del Espíritu y extrae energía de la fuente cósmica. De este modo se refuerza y estimula la energía curativa del cuerpo. En cuanto al método y duración del ayuno, es aconsejable seguir la guía de un experto. Si no existen problemas médicos que lo impidan, la mayoría de las personas puede beneficiarse ayunando un día por semana, o tres días consecutivos una vez al mes; durante el ayuno sólo se tomará jugo de naranja o de otra fruta, sin endulzar.

Desde épocas antiguas se ha comprobado que las hierbas frescas poseen sustancias nutritivas y propiedades químicas que son beneficiosas para la curación porque eliminan venenos y destruyen las bacterias presentes en la sangre. Los medicamentos se sintetizan a partir de extractos de hierbas y de otros elementos presentes en la naturaleza. Por lo tanto, se puede decir que los medicamentos también poseen propiedades curativas. Quienes desdeñan la medicina y sus efectos beneficiosos sobre el organismo humano deberían ser capaces igualmente de abandonar los alimentos, pues quien ingiere alimentos está utilizando las propiedades medicinales y portadoras de salud de estos productos elaborados por la naturaleza.

Sin embargo, al referirme al poder de la medicina que se deriva de los elementos de la naturaleza, creados por Dios, debo añadir también que la medicina por sí sola no tiene el poder de curación que posee la mente cuando se sabe utilizar ese poder mental. Quienes depositan toda su confianza en la medicina debilitan su mente y comprueban entonces que deben vivir dependiendo de la medicina. Así ocurre con algunas personas que he conocido, que parecen necesitar imperiosamente de intervenciones quirúrgicas periódicas (aunque en determinados casos la cirugía es necesaria para erradicar el tejido enfermo e impedir así que afecte al tejido sano). No obstante, cualquiera que sea el tipo de tratamiento que se adopte, en gran medida es la mente la que puede determinar el resultado positivo o negativo de la terapia elegida. La duda, la depresión, los pensamientos pesimistas y la falta de voluntad debilitan el flujo de la energía vital curativa. A fin de estimular los procesos curativos naturales del cuerpo con la fuerza vital necesaria para ayudar a restablecer la salud es preciso dirigir en forma consciente los poderes de la mente por medio de pensamientos positivos, oraciones, afirmaciones, visualización, voluntad y alegría. Las personas deberían aprender a aprovechar más el gran poder curativo de la mente y a implantar hábitos saludables: la alimentación apropiada, la práctica de ejercicio físico, respirar aire puro, una exposición adecuada a la luz del sol, la higiene, la relajación física y mental, así como recargar conscientemente la fuerza vital.

La principal práctica médica del futuro será la aplicación de rayos, cuya naturaleza vibratoria es más compatible con la naturaleza atómica y molecular del cuerpo humano. En el caso de las enfermedades crónicas, los rayos curativos pueden llegar hasta el sitio donde se encuentra la perturbación atómica de las células. Los rayos solares también poseen una gran energía curativa, aunque deben evitarse los efectos nocivos de la sobreexposición[2].

---

[2] El Dr. Jacques Benveniste, director de investigación del Instituto Nacional Francés para la Salud y la Investigación Médica, ha demostrado «de manera decisiva» la potencia biológica de patrones ondulatorios específicos de energía vibratoria sobre las células corporales, según señala la periodista Lynne McTaggart en *El campo: En busca de la fuerza secreta que mueve el universo* (Sirio, Málaga, 2007).

«Tanto las moléculas concretas como los vínculos intermoleculares emiten ciertas frecuencias específicas que pueden ser detectadas a miles de millones de años luz de distancia mediante los más sensibles de los telescopios modernos. Estas frecuencias han sido aceptadas por los físicos [...]. La contribución de Benveniste fue demostrar que las moléculas y átomos tienen sus frecuencias únicas usando la tecnología moderna tanto

Los masajes y los ajustes de la espina dorsal promueven con eficacia la salud, ya que liberan la fuerza vital que se haya obstruida y permiten que ésta lleve a cabo su función de confiable sanadora de las enfermedades físicas.

Los ejercicios de yoga, las posturas o *asanas* del Hatha Yoga, son un método excelente para realizar un ajuste de las vértebras espinales a fin de distender la presión ejercida sobre los nervios de la columna vertebral y lograr que la fuerza vital fluya normalmente a través del sistema nervioso, lo cual promueve la curación de numerosas enfermedades. Los Ejercicios Energéticos, que se describen en las *Lecciones de Self-Realization Fellowship,* son un método de ejercitación que despierta rápidamente la fuerza vital curativa, con el fin de conservar la salud y sanar de manera directa las enfermedades[3].

Se pueden curar las enfermedades físicas en forma mental mediante la estimulación de la voluntad, de la imaginación, de la emoción o del raciocinio del paciente. El sanador ha de poseer una gran concentración y ser capaz de emplear su propia voluntad, imaginación, emoción o raciocinio sobre sus pacientes. Debe estar versado en la interpretación de las diversas personalidades a fin de que le sea posible determinar la verdadera naturaleza de sus

El poder de la mente para despertar la energía vital curativa

---

para registrarlas como para usar esa misma grabación en la comunicación celular. [...]

»A lo largo de miles de experimentos, Benveniste y Guillonnet registraron la actividad de la molécula en un ordenador y reprodujeron la señal para un sistema biológico generalmente sensible a esa sustancia. En todos los casos, el sistema biológico fue engañado: creyó que estaba interactuando con la sustancia misma y actuó consecuentemente, iniciando la reacción biológica en cadena tal como habría hecho en presencia de la molécula genuina. [...]

»En el que tal vez sea el más dramático de sus experimentos, Benveniste mostró que la señal podía ser transmitida a todo el mundo por correo electrónico o enviada en un disco informático. Sus colegas en la Northwestern University of Chicago registraron las señales de la ovalbumina (Ova), la acetilcolina (Ach), el dextran y el agua» y las enviaron en un disco informático o por correo electrónico al laboratorio de Benveniste, sito en París, donde el investigador «expuso agua ordinaria a las señales digitales del Ova, del Ach y del agua, y roció corazones aislados de conejillos de indias tanto con el agua expuesta como con agua ordinaria. El agua digitalizada produjo cambios muy significativos en el flujo coronario [...]. Los efectos del agua digitalizada en el corazón fueron idénticos a los producidos por las sustancias mismas». *(Nota del editor).*

[3] En los Ejercicios Energéticos, que se explican con detalle en las *Lecciones de Self-Realization Fellowship,* se emplea un método que descubrí en 1916 para atraer energía cósmica al cuerpo y dirigirla por medio de la voluntad consciente con el objeto de recargar las diversas partes del cuerpo.

pacientes y tratarlos de modo adecuado: estimulará la voluntad en aquellos pacientes que posean una voluntad poderosa, la imaginación en los que sean imaginativos, y así sucesivamente.

Encontramos un ejemplo de curación mediante el poder de la emoción intensa en el caso de una persona que había perdido la capacidad de hablar. Al ver que se desataba un incendio en el edificio en que se hallaba, comenzó a gritar «¡Fuego, fuego!». El hábito-enfermedad subconsciente que causaba su invalidez sanó en ese instante debido a las fuertes emociones de pánico y excitación que el peligro inminente despertó en ella.

La voluntad, la emoción, la imaginación y la razón no poseen por sí mismas poder curativo. Sólo estimulan la fuerza vital que se halla inactiva de manera parcial en la persona físicamente enferma. La mayoría de los sanadores psíquicos emplean métodos de autosugestión y el razonamiento para estimular la imaginación y la voluntad de sus pacientes. La voluntad y la imaginación así activadas despiertan, a su vez, la fuerza vital adormecida del paciente, la cual cauteriza las bacterias que originan la enfermedad y otras causas físicas similares, y produce la curación.

Las mayoría de las personas no son conscientes del inmenso poder de la mente y, en consecuencia, tampoco saben que nada puede sanarlos si la energía vital se encuentra debilitada. El cuerpo se formó a partir de una célula microscópica; todo lo que constituye su estructura física fue creado por esa energía y por esa mente. Tales fuerzas supremas de curación —vinculadas armoniosamente entre sí— se hallan en el interior mismo de cada ser y reciben su poder del alma.

No hay que desdeñar ningún método de curación que, en mayor o menor grado, ponga en funcionamiento la ley divina; sin embargo, habrá de recordarse que el empleo del poder mental es más efectivo que la sola utilización de los métodos físicos de curación. El procedimiento óptimo consiste en recurrir, por medio de la fe y de la meditación, al ilimitado y certero poder de Dios, no sólo con el objeto de sanar el cuerpo y la mente, sino con el fin de despertar la omnipotencia latente del alma.

En el episodio de Cafarnaún citado en los versículos anteriores de la Biblia, se nos dice que Jesús empleó ese poder para curar a los numerosos enfermos que acudían a él. Este milagro fue posible porque quienes se acercaban lo hacían con receptividad y fe.

El espíritu de Jesús tenía poder sobre la energía cósmica. La fe de los enfermos le permitió a Jesús proyectar desde su cuerpo esta energía de suprema capacidad curativa a fin de reforzar la débil energía vital de los enfermos. Tanto la energía del cuerpo de Jesús como la del cuerpo de las personas sanadas provenían de la energía cósmica de Dios. Jesús ordenó a su voluntad que conectara la energía cósmica con la energía de su propio cerebro y que la enviara en un flujo continuo de potentes rayos hacia sus manos y, a través de éstas, hacia el cuerpo de la persona afectada.

De qué modo transmiten los maestros el ilimitado poder curativo de Dios

La curación que se realiza enviando energía a través de las manos, *«poniendo las manos sobre cada uno de ellos, los curaba»*, se basa en la capacidad del sanador de conectarse con la energía cósmica de Dios y dirigirla conscientemente. El cuerpo vive dentro de un mar omnipresente formado por este poder vibratorio. Dicha energía es la que sostiene la vida y renueva la vitalidad del cuerpo a medida que éste se agota como resultado de la actividad física y mental. La vida del cuerpo depende principalmente de la energía cósmica que entra de modo automático por la boca del bulbo raquídeo o por la que se atrae de manera consciente hacia el cuerpo por medio del poder sintonizador de la voluntad humana. La energía obtenida directamente del éter cósmico, así como la obtenida indirectamente a través de los alimentos y del oxígeno, se concentra en la cabeza, en la dinamo energética principal del cerebro, desde donde se vierte hacia el cuerpo entero a través de las seis subdinamos de los centros sutiles ubicados en la espina dorsal. El centro supremo del cerebro y los seis centros del eje cerebroespinal envían energía a través de los nervios hacia todas las áreas vitales, sensoriales y motoras del cuerpo. Así pues, de cada parte del cuerpo —por ejemplo, los ojos, las manos, los pies, el corazón, el ombligo, la nariz, la boca y cada protuberancia del cuerpo— emana una corriente.

La corriente nerviosa que se proyecta desde los ojos, las manos y los pies es más poderosa que la proveniente de otras áreas. La parte derecha del cuerpo es el polo positivo, en tanto que la parte izquierda es el polo negativo. El lado derecho (positivo) es más fuerte que el izquierdo (negativo). Si bien el poder de ambos polos puede invertirse en el sentido físico —como ocurre en el caso de las personas zurdas—, la conformación de la «fisiología» del cuerpo astral no varía.

El poder de la fuerza vital que se emite hacia el exterior para sanar a otros es proporcional a la fuerza de voluntad del sanador.

Los maestros como Jesús, que poseen un control infinito sobre su voluntad, pueden proyectar el rayo curativo de la vida, creador de todas las cosas, a través de cualquier órgano, pero sobre todo a través de las manos, de los pies o de los ojos. El simple hecho de apoyar las manos —los polos positivo y negativo— sobre otra persona produce un cierto intercambio de magnetismo con la energía presente en tal persona, pero no transmite la potencia necesaria como para sanar. Es el poder de la fuerza vital conscientemente generado y dirigido, y que fluye a través de las manos, lo que da lugar a la curación, mediante la actividad de la fuerza vital, que crea, integra, desintegra, cristaliza, metaboliza, produce y mantiene el complejo cuerpo formado por células diferenciadas. Dicha fuerza vital es inteligente, pero se halla menguada y fuera de control en las personas cuyo cuerpo está gobernado por una mente débil e identificada con el ego. Por el contrario, en quienes se identifican con el alma, la creativa e inteligente fuerza vital se encuentra en su máximo potencial y está gobernada por la sabiduría del alma.

Aquel que conoce su alma sabe cómo obrar milagros haciendo uso de la fuerza vital —la cual tiene control sobre la vida y la muerte—, al enviarla a través de las manos, en forma de rayos curativos, para destruir la enfermedad en las personas afectadas.

Los diversos métodos utilizados por Jesús para curar con la energía cósmica

En los versículos antes citados, como también en otros relatos de los Evangelios, se afirma que Jesús utilizó diversos métodos externos para transmitir la energía cósmica: la imposición de manos, la utilización de palabras curativas divinamente recargadas, la transmisión de energía a través del éter mediante el uso de la voluntad y la emisión de pensamientos poderosos hacia la persona necesitada.

La curación a distancia por lo general implica el principio de autosugestión. La voluntad del sanador envía un pensamiento poderoso acompañado de energía vibratoria hacia la persona que será sanada, la cual, en respuesta a esa vibración, despierta su propia imaginación y voluntad adormecidas para liberar la fuerza vital curativa que se encuentra latente en su interior. Las curaciones mentales instantáneas se producen cuando el sanador y la persona que ha de ser sanada se encuentran en perfecta sintonía. Si el sanador posee una voluntad e imaginación poderosas y el enfermo tiene fe en la capacidad del sanador para despertar su voluntad e imaginación, entonces éste sanará rápidamente gracias a la reanimación de su propia fuerza vital. La curación puede demorarse cuando el poder curativo del sanador es deficiente o cuando la persona que precisa ser sanada no es adecuadamente receptiva a las vibraciones curativas del sanador, lo cual puede deberse a falta de fe, a restricciones kármicas o a persistentes malos hábitos de pensamiento y de acción, cuyas vibraciones negativas contrarrestan las positivas vibraciones curativas.

La energía cósmica —al igual que su expresión individualizada, es decir, la energía vital del cuerpo— es más sutil que los rayos X y posee, por consiguiente, la capacidad de destruir no sólo los gérmenes físicos, sino también las bacterias mentales de las malas tendencias y las bacterias de la engañosa ignorancia que oscurecen la perfección del alma.

Jesús y los grandes sabios sanaban a otras personas, a pesar del karma o de los patrones de malos hábitos mentales que éstas pudieran tener, enviando energía cósmica al cerebro del paciente, ya que es en el cerebro donde tienen su raíz todos los males físicos, mentales y espirituales. La energía divina enviada por un maestro se une a la energía parcialmente inactiva del cerebro del paciente, y la combinación de ambas incinera las bacterias de las enfermedades físicas, los hábitos no saludables o las limitaciones de la ignorancia —todos los cuales se encuentran alojados en el cerebro, en los patrones de la mente consciente, subconsciente y supraconsciente[4].

Este método divino de curación fue empleado por Jesús el Cristo para sanar a las almas poseídas, a los lisiados o a los ciegos. Únicamente los maestros poseen una fuerza de voluntad divina lo suficientemente poderosa como para utilizar la energía cósmica —si cuentan con el permiso de Dios— con el fin de materializar de nuevo las partes corporales de una persona afectada. Así se logra la curación

---

[4] Los miembros del «Consejo de oración» de *Self-Realization Fellowship,* creado por Paramahansa Yogananda, practican diariamente un método de curación basado en una técnica yóguica que emplea los principios de la transmisión de pensamientos y energía a través del éter. El «Consejo de oración» está integrado por monjas y monjes de los *ashrams* de SRF, quienes oran por todos aquellos que han solicitado ayuda y por la paz mundial. Miles de miembros del «Círculo mundial de oraciones» de *Self-Realization Fellowship* también practican regularmente este método, que puede utilizar con efectividad cualquier devoto sincero que invoque la ayuda curativa de Dios para aliviar el sufrimiento físico, mental o espiritual de los demás. En *Self-Realization Fellowship* se encuentra disponible un folleto en el cual se describe la mencionada técnica de curación y la actividad del «Círculo mundial de oraciones». Las solicitudes de oración siempre son bienvenidas.

de miembros imposibilitados o se restablece la visión en forma instantánea. La poderosa energía que un alma crística irradia hacia el cerebro de un individuo psicológicamente enfermo tiene un efecto directo similar, tanto si se trata de destruir el mal karma como las tendencias mentales perjudiciales arraigadas en el cerebro. Los gurús que se encuentran unidos a Dios liberan de ese modo a sus discípulos receptivos de hábitos de ignorancia que los han acosado a lo largo de numerosas encarnaciones.

Cuando Jesús sanaba a una persona poseída, lo hacía de dos formas. La primera: dado que su conciencia se hallaba en sintonía con la Inteligencia Crística presente en toda la creación, empleaba la Voluntad Crística, que gobierna las fuerzas y entidades astrales, para obligar a los espíritus inmundos a abandonar el cuerpo del enfermo. La segunda: utilizaba su poder de voluntad para enviar energía cósmica hacia el cerebro de la persona poseída. De esa manera destruía en dicho órgano las obsesiones provocadas por el espíritu inmundo, así como los patrones kármicos y los patrones de hábitos que predisponían a la persona a ser víctima de la posesión.

En los versículos que se están analizando, se relata que, cuando Jesús exorcizó a los «*demonios de muchos*», éstos salieron gritando: «*"Tú eres el Hijo de Dios". Pero él les conminaba y no les permitía hablar*». Puesto que todas las cosas del mundo astral se hallan ocultas por la voluntad de Dios (para velar la dinámica del misterioso funcionamiento de la creación material), Jesús no deseaba revelar su poder excepto de una manera humana y natural, es decir, por medio del testimonio de sus obras, las cuales realizaba en cumplimiento de las palabras de los profetas.

Incluso cuando se realiza un repaso somero de la ciencia de las diversas formas de curación, resulta evidente que la base de todos los recursos es el poder vibratorio de la fuerza vital reforzado por la receptividad de la persona que necesita ser sanada. La confianza en la efectividad del remedio por parte de una mente con actitud positiva estimula la fuerza vital curativa. Por consiguiente, los métodos de curación física o mental *Cómo elegir el método de curación apropiado para cada circunstancia* deben administrarse de acuerdo con las inclinaciones y hábitos mentales del paciente. Dijo Jesús: «*Lo del César devolvédselo al César*». Si adaptamos la frase, esto significa que aquellos que creen en la curación médica deben recurrir a los médicos; los que creen en los métodos de los osteópatas, de los homeópatas o en otros remedios «naturales» deben utilizar dichos métodos; quienes tienen fe en la curación psíquica deben acudir a los que sanan la mente. Pero sobre todo, sea cual sea la práctica de curación, se debe creer fundamentalmente en el ilimitado poder curativo de Dios y en la intercesión de los maestros que se encuentran en comunión con Él.

Puesto que Jesús se hallaba en contacto con Dios y con su Energía Cósmica que todo lo crea y todo lo sana, podía modificar la estructura atómica de cualquier parte enferma del cuerpo y transformarla en una configuración atómica saludable. Los sanadores comunes que no poseen tal dominio sobre las fuerzas creativas harán bien en no cargar sobre sus hombros con la responsabilidad total de manejar casos de enfermedades graves. Esos cuadros deben someterse a los conocimientos y a la experiencia de quienes se dedican a la ciencia médica. Tal intervención de la medicina no debe considerarse una negación de la efectividad de los métodos mentales y espirituales aplicados con constancia para promover la curación, sino más bien un modo de intensificar su eficacia. En cambio, aquellas afecciones más maleables que tienen base psicológica —como es el caso de los trastornos nerviosos o emocionales, las obsesiones leves o los malos hábitos—, así como también los males físicos comunes que requieren sólo la activación o el refuerzo de la fuerza vital debilitada, responden más eficazmente al uso de la sugestión, de la fuerza de voluntad divina y de la invocación del poder de Dios por parte del sanador y del paciente. Dios creó tanto las leyes físicas de la ciencia como las leyes divinas más sutiles que subyacen a aquéllas. Creer en una de ellas y aplicarla no contradice necesariamente las otras, siempre que la fe se deposite de manera intrínseca en el Creador Mismo.

Sólo Dios posee poder curativo ilimitado. El poder del ser humano puede fracasar, en tanto que eso jamás ocurrirá con el poder de Dios. Sin embargo, aun cuando nuestro Padre no desea vernos sufrir a causa de las enfermedades, Él no puede sanarnos hasta que abramos los portales de nuestra buena disposición a ser sanados; a causa del uso incorrecto del libre albedrío que Dios nos ha otorgado, dejamos a Dios fuera de nuestras vidas. En cambio, si utilizamos correctamente el libre albedrío, permitiremos que Dios se manifieste dentro de nosotros. A fin de estar seguros de contar con el poder curativo de Dios, es preciso que cada día le conozcamos y le sintamos profundamente en la meditación. Él no es un Poder Cósmico insensible al que uno puede conectarse o desconectarse, según su conveniencia o necesidad, esperando recibir bendiciones instantáneas en los momentos de oscura aflicción para luego olvidar por completo ese Poder en los períodos de gozo en que brilla la buena fortuna. Aquel que no siente la necesidad de Dios tanto en los momentos más intrascendentes como en los más significativos de la vida, aún no ha comprendido la conexión indispensable que existe entre el hombre y su Hacedor. De los males de la ignorancia, el más lamentable es el uso inapropiado del libre albedrío en acciones que hacen que el hombre olvide a Dios.

Por consiguiente, si establecemos una sintonía constante con Dios mediante la práctica de la devoción y la meditación profundas, y con fe inquebrantable continuamos pidiendo el auxilio del Padre a pesar de la invasión de las dudas indeseables o de las evidencias en contra, con certeza lograremos el resultado deseado. Sin embargo, quien carece de una concentración lo suficientemente profunda como para sintonizarse con la aparente intangibilidad de Dios puede, a menudo, recibir una curación más rápida si se sintoniza con los santos y maestros que ya se encuentran en comunión con Dios. Así como ellos le ofrecen a Dios toda su devoción, Él a su vez les concede a ellos poder ilimitado para sanar el cuerpo, la mente y el alma. Los devotos que desean sanar del mal de la ignorancia, que es la causa fundamental de todos los males, deben mantenerse firmes en la fe que sienten por el gurú verdadero que Dios les ha enviado y por la orientación y la intercesión que tal gurú les ofrece.

Jesús empleaba únicamente el poder curativo divino y le adjudicaba a Dios todo el mérito de esas curaciones milagrosas, porque en su interior no sentía el «yo» o conciencia del ego que proviene de la identificación del alma con el cuerpo físico. Incluso cuando Jesús dijo: *«A ti [yo] te digo, levántate»* —recobra la salud—, no se estaba refiriendo al «yo» del ego, sino a la ilimitada conciencia de Dios a la cual se encontraba unida su alma. A menos que el alma se despoje de la conciencia del ego (el «yo soy»), mediante la divina conciencia intuitiva que se experimenta en el recogimiento interior de la meditación, el hombre será incapaz de alcanzar la unión con el Espíritu. Cuando una persona común dice: «Yo haré esto», el «yo» es una referencia a la conciencia del ego identificada con el cuerpo. Esa persona no puede diferenciarse de su forma física y no es capaz de percibir la conciencia

El egotismo: un obstáculo que ha de evitarse en la práctica de la curación espiritual

más profunda de su alma. Por el contrario, cuando Jesús hacía alusión al «yo» que estaba en su interior, siempre se refería a la conciencia de su alma unida a la de Dios.

Sea cual sea la efectividad de los poderes curativos que se posean, son limitados en comparación con el infinito poder curativo de Dios. Por lo tanto, en vez de sólo hacer uso de los poderes curativos propios, el ser humano debería separarse del ego e invocar el ilimitado poder curativo de Dios, a fin de que dicho poder fluya a través de él y pueda así actuar como un canal exento de obstáculos. En la práctica de sanarse a sí mismo o sanar a los demás, uno debe asegurarse primero de su comunión divina y luego sumergirse por completo en Dios antes de intentar llevar a cabo toda curación. La curación divina sólo es posible cuando el sanador sirve como un medio perfecto a través del cual pueda fluir sin obstrucciones la omnipotencia de Dios. El egotismo, las proclamas exhibicionistas y la glorificación de sí mismo —tal como decir: «Fui yo quien le sanó» o «Dios actúa a través de mí»— deben evitarse rigurosamente, tanto en palabra como en pensamiento. Dejemos que el omnisciente Dios declare su poder en la evidencia de la curación misma.

Incluso un devoto sincero, si no se encuentra realmente unido a Dios por vía de la realización del Ser, puede conservar ocultos en su interior rastros no detectados de ego, cuando se presenta como instrumento de curación y le dice al enfermo: «Sana por el poder de Dios». En cambio, el hombre superior, habiendo trascendido todo egotismo que le separaba de la unión verdadera con Dios, habla desde la humildad perfecta, incluso cuando declara: «A ti yo te digo, levántate y sana». En este caso, «yo» significa «sólo Dios», a quien el santo unido a Dios percibe dentro de su propio ser.

Las palabras del profeta Isaías acerca de Jesús hacen referencia a que en la curación divina se halla implícita una importante expresión de la gracia de Dios: *Él tomó nuestras flaquezas y cargó con nuestras enfermedades*. Los sanadores poderosos, como Jesús, sólo pueden borrar los efectos del mal karma de una persona de acuerdo con los principios correspondientes al funcionamiento de la ley de causa y efecto. Si alguien lleva en su cuerpo una carga de veneno —debido a una alimentación inadecuada, por ejemplo—, puede tomar un medicamento que contrarreste sus efectos y así crear una nueva causa cuyo efecto sea capaz de eliminar

Cómo asumen los maestros el mal karma de aquellos que sufren

la virulencia del veneno en su organismo. De igual modo, Jesús, con su poderosa conciencia, pudo contrarrestar por diversos métodos los efectos adversos de los errores pasados adquiridos y acumulados por personas que habían errado. Sin embargo, nadie, ni siquiera alguien de la estatura espiritual de Jesús, puede quebrantar la ley de causa y efecto creada por Dios. El juicio de la Naturaleza debe ser compensado en la misma moneda o a través de un intercambio justo. Un maestro, haciendo uso de su sabiduría, es capaz de manipular determinados mecanismos de la ley del karma. También la persona afectada puede adoptar medidas correctivas o paliativas —como la oración, el intenso amor por Dios, la fe, la meditación yóguica, la dirección consciente de la fuerza vital mediante el poder de la voluntad— con el objeto de minimizar o anular los efectos adversos de las acciones erradas del pasado. En casos extremos de karma profundamente arraigado, o en respuesta a la fe devocional y a la receptividad de un suplicante, o para acelerar la evolución espiritual de un discípulo, un maestro puede asumir y extinguir en su propio cuerpo los efectos de una afección kármica de un devoto (o parte de ésta).

Así era como Jesús podía detener el resultado inminente de una mala acción, asumiendo astralmente las consecuencias de dicha acción y perdonando de ese modo a la persona culpable de la transgresión. Para ilustrar este principio en términos simples, supongamos que un hombre de constitución débil llamado Juan hace enojar a un conocido más robusto, que entonces levanta la mano para golpear a Juan; pero de pronto yo me interpongo entre Juan y el hombre robusto, en la trayectoria del golpe, y le evito el daño a Juan. Por el hecho de ser más fuerte, yo resultaría afectado en un grado mucho menor, o no resultaría afectado en absoluto, por el puñetazo propinado.

De igual modo, cuando, de acuerdo con la ley de causa y efecto, una persona está destinada a sufrir como resultado de sus acciones erróneas, un alma poderosa como Jesús puede evitar el estrago causado y agotar sus efectos haciendo que la fuerza de tal daño se extinga en él mismo. Se sabe de algunos santos que han tomado sobre su propio cuerpo las enfermedades de las personas afectadas y, de ese modo, han aliviado a aquellos que sufrían. Eso no significa que uno deba sufrir con el objeto de curar a otros por medio de la ley espiritual. Sólo los sanadores y maestros crísticos extraordinarios conocen el sagrado método mediante el cual pueden tomar sobre sí los sufrimientos físicos, mentales o espirituales de otros a fin de que sus efectos se aniquilen en su propio cuerpo. El propósito de un salvador o gurú universal es sanar a la humanidad de las tres clases de males que la aquejan. Una vez que su instrumento corporal ha cumplido su propósito de expresar la realización de Dios, entonces se utiliza con el fin de redimir a otros por todos aquellos medios que sean más ventajosos para el devoto.

Por eso se dice que Jesús se entregó a sí mismo como rescate de muchos. Él tomó sobre sí los pecados de sus discípulos y de muchas otras almas y permitió que su cuerpo fuera crucificado. Tenía la posibilidad de salvarse rogando a Dios: «*[...] que pondría al punto a mi disposición más de doce legiones de ángeles? Mas, ¿cómo se cumplirían entonces las Escrituras, que dicen que debe suceder así?*»[5]. Fue sobre todo gracias a que él asumió mediante su sacrificio las consecuencias del mal karma de sus discípulos que ellos alcanzaron un elevado nivel espiritual que les permitió estar en condiciones de recibir al Espíritu Santo, el cual descendió posteriormente sobre ellos y los bautizó con la conciencia y la sintonía divina necesarias para llevar adelante y difundir la misión de Jesús. Ya sea que un salvador universal o un gurú unido a Dios se encuentre en el cuerpo o en el Espíritu omnipresente, su gracia redentora es siempre la misma y está dispuesta a complacer cada humilde súplica de todo corazón receptivo.

Sea cual sea la enfermedad que se padezca o la bendición curativa recibida, el único modo de destruir en forma permanente todo el karma indeseable es mediante el contacto con Dios. El cuerpo es transitorio y, aun cuando la enfermedad le sea perdonada, debe perecer cuando su tiempo se haya cumplido. La mente es flexible y puede, por medio de una voluntad férrea, volverse inmune a muchos de los embates de su entorno; no obstante, también continúa siendo susceptible a la falibilidad de la ilusión. La curación definitiva que se ha de buscar consiste en liberarse de la contagiosa enfermedad de la ignorancia espiritual, el debilitamiento de la expresión del alma, que se halla en la raíz de todas las demás enfermedades. Si por medio de la meditación y del contacto con Dios se elimina la enfermedad de la ignorancia, que constriñe al alma, entonces automáticamente se debilitan también las compulsiones kármicas mentales y físicas. En el reino de la conciencia de Dios, la potestad de la ley kármica —que opera únicamente como una fuerza correctiva que nos orienta ante la

---

[5] *Mateo* 26:53-54.

presencia del engaño— ya no cumple ningún propósito y se disuelve en la Sabiduría. Por eso Jesús aconsejó: «*Buscad primero el Reino de Dios* (destruid el engaño) *[...], y todas esas cosas* (la consumación de todas las oraciones del ser humano, incluyendo aquellas por la curación del cuerpo, de la mente y del alma) *se os darán por añadidura* (como herencia divina, por ser hijos de Dios)».

~

«De madrugada, cuando todavía estaba muy oscuro, se levantó, salió y fue a un lugar solitario; y allí se puso a hacer oración. Simón y sus compañeros fueron en su busca. Al encontrarlo, le dijeron: "Todos te buscan"» (*Marcos* 1:35-37)[6].

Incluso los grandes maestros buscan momentos de soledad para renovarse en el Espíritu. Si bien la omnipotencia del alma no puede reducirse, el instrumento corporal de Jesús estaba siendo sometido por parte de las multitudes a un abrumador esfuerzo —del mismo modo en que un motor eléctrico muestra señales de fatiga si funciona sin detenerse, aun cuando la potencia de la dinamo no disminuya—. Las muchedumbres extraían de Jesús energía curativa y fortaleza espiritual; cuando él se encontraba entre ellas, estaba inmerso en el mar de vibraciones de las preocupaciones y emociones humanas propias de esas multitudes. Cuando él las inspiraba, se hacía uno con el dolor y con el sufrimiento de aquellas personas. Así pues, vemos que, según los Evangelios, era su costumbre retirarse periódicamente para permanecer en soledad y dedicarse a la oración —a fin de dejar atrás por un momento el problemático reino de las transgresiones y sus consecuencias, y entrar en el bienaventurado y trascendente reino interior de la comunión con Dios.

En el presente relato, Jesús se levantó antes de que el día volcase sobre él la presión de las responsabilidades y buscó un lugar solitario para orar. Ésta es la conducta que el hombre en general debería adoptar con el objeto de burlar aquellas exigencias que, de lo contrario, le robarían toda su atención impidiéndole orar y meditar. Hay un tiempo para satisfacer cada necesidad. Todos los días, las personas comen a determinadas horas para alimentar el cuerpo perecedero. Trabajan

---

[6] Compárese con la referencia paralela que aparece en *Lucas* 4:42.

diariamente muchas horas para ganar el dinero con el cual mantenerse y mantener a quienes dependen de ellas. En la niñez, las horas

_____

*Es imprescindible
dedicar tiempo a
Dios en el silencio
y en la soledad*

«laborales» se destinan a la educación escolar, a
fin de alimentar la mente y prepararla para asumir
las responsabilidades de la vida. Unas seis u ocho
horas se dedican a la reparadora inconsciencia del
sueño. Todos aquellos preciosos momentos del día
que quedan libres deberían distribuirse sabiamente.

La educación mental correcta le aportará a cada persona, al menos,
el sentido común que le permita saber qué métodos adoptar con el
objeto de llevar a cabo de manera uniforme todos los deberes físicos,
mentales y espirituales necesarios para proporcionarle la verdadera
felicidad. Una actitud unilateral, ya sea en lo material, en lo intelectual
o en lo espiritual, es infructífera. El desempeño de un deber en particular no ha de privar de atención a otros deberes importantes. Una vida
unilateral es la fórmula segura para la infelicidad: hará que otros aspectos de la triple naturaleza del hombre sufran una dolorosa escasez.

Dios es a menudo el último en recibir atención dentro del programa de actividades diarias del hombre: «Tan pronto como dis-
ponga de tiempo, meditaré». ¿Cómo se emplea ese tiempo? Téngase
en cuenta que quien cumple con el deber más elevado de conocer a
Dios recibe automáticamente la guía impartida por la voluntad divina
para cumplir la lista de los deberes de menor importancia. Es nefasto
buscar la prosperidad a costa de la salud o tratar de obtener la salud mientras se desatienden por completo los esfuerzos por lograr el
éxito y la prosperidad. Pero dado que Dios es la fuente de todo poder, resulta correcto y apropiado buscarle a Él primero, porque junto
con Dios obtendremos por añadidura salud y prosperidad. Sin embargo, con la adquisición de la salud y de la prosperidad únicamente,
no alcanzaremos la unión con Dios. Así pues, el compromiso de los
fervientes renunciantes de buscar a Dios primero, abandonando las
metas materiales, es la consumación del propósito de la vida; porque
una vez que hemos alcanzado a Dios, Él nos enriquece con la vida
imperecedera y la opulencia eterna.

Con independencia de cuál sea la vocación que se tenga en la
vida, toda persona necesita sentir su conexión con Dios. El cultivo
de una vida espiritual requiere de lugares solitarios en donde practicar la comunión divina. Puede percibirse a Dios fácilmente en un
entorno rodeado de un paisaje inspirador y libre de ruidos. La mente

del hombre en general se encuentra ocupada con las sensaciones de la vista, el oído, el tacto, el olfato y el gusto. El sonido es la sensación que más distrae la atención. La vista de objetos o actividades materiales atrapa también la atención del ser humano. Pero si uno cierra los ojos puede deshacerse rápidamente de las sensaciones visuales, mientras que liberarse de las sensaciones auditivas es más sencillo si permanecemos en un lugar tranquilo. El devoto novicio que intenta meditar en un entorno ruidoso comprueba que su tiempo de «silencio» se consume por entero en la batalla contra los pensamientos inquietos que los ruidos despiertan en él. En medio de una atmósfera tranquila, lograremos internarnos en el silencio sin tener que luchar contra las sensaciones provenientes de los sonidos. No obstante, si una persona hace un supremo esfuerzo de voluntad, puede concentrarse a pesar de estas distracciones.

En los lugares ruidosos hay además personas que pueden interrumpir nuestros esfuerzos meditativos. Las vibraciones de inquietud de sus pensamientos y de sus actividades atraviesan el cuerpo de la persona que medita y hacen que su energía se precipite hacia los sentidos en vez de dejarla en libertad para que fluya hacia Dios. Si bien es muy beneficioso para el principiante meditar en los momentos de silencio y en lugares solitarios, esto no significa que uno no deba meditar cuando carezca de la ocasión de desplazarse a un lugar apartado. De hecho, lo único que se necesita es una habitación en nuestro hogar, donde nadie perturbe el período dedicado a la meditación. Uno debe dirigirse a esa habitación y crear su propia quietud interior meditando profundamente en el Infinito. Una vez que hemos tomado contacto con Dios, ninguna perturbación externa puede alterar al alma.

Hay un momento y un lugar apropiados para desempeñar nuestros diversos deberes. Así como se duerme durante la noche en un dormitorio silencioso, y las actividades se realizan durante las horas de trabajo en una atmósfera de actividad, y el estudio intelectual se lleva a cabo durante el horario lectivo en las aulas o en una biblioteca silenciosa, así también debe destinarse un momento y un lugar adecuados para la meditación o comunión con Dios. Cualquiera que sea el santuario apartado que uno haya elegido, le resultará especialmente beneficioso orar y meditar en un horario comprendido dentro de los siguientes períodos: desde las horas más tempranas del amanecer, entre las cinco y las ocho de la mañana; al mediodía, entre las diez y la una; al atardecer, entre las cinco y las ocho; y en la noche, entre las diez y la una de la madrugada. Según enseñan los maestros de la India, las horas que comprenden los períodos de transición del amanecer, del mediodía, del atardecer y de la noche de cada día solar son propicias para el cultivo del desarrollo espiritual. Las leyes magnéticas cósmicas de atracción y repulsión que afectan al cuerpo se encuentran más armoniosamente equilibradas durante los cuatro períodos mencionados. Ese equilibrio ayuda a quien medita a recoger la mente en su interior para comulgar con la Divinidad. Meditar en la quietud de las primeras horas de la mañana y por la noche es semejante a meditar en un lugar solitario. Durante esos períodos, la mayor parte de las personas duerme, y la ciudad, o nuestro entorno, se encuentran silenciosos. Debido a que es menor el ruido y las vibraciones no deseadas de personas inquietas, es posible obtener rápidamente los resultados de paz que se experimentan en la meditación.

Durante los días festivos y en los momentos de ocio, en vez de perder el tiempo en diversiones sin sentido y en compañía de personas mundanas, el devoto que busca a Dios disfruta de su tiempo en la compañía del Señor —por ejemplo, dando un renovador paseo por algún sitio tranquilo y solitario donde pueda meditar—. Jesús vivía en un clima templado, que favorecía su afición de frecuentar en la madrugada lugares solitarios al aire libre, situados en medio de la naturaleza.

Cuando los discípulos encontraron a Jesús en la soledad, le dijeron: *«Todos te buscan»*. Tal como la fragancia de las flores atrae a las abejas, las almas como Jesús, que exhalan la fragancia de Dios, de manera automática atraen a las almas espiritualmente sedientas.

≈

«Él replicó: "Vamos a otra parte, a los pueblos vecinos, para predicar también allí; pues para eso he salido". Así que se puso a recorrer toda Galilea, predicando en sus sinagogas y expulsando los demonios» (Marcos 1:38-39).

Referencia paralela:

«Recorría Jesús toda Galilea, enseñando en sus sinagogas, proclamando la Buena Nueva del Reino y sanando las enfermedades y dolencias de la gente, de modo que su fama llegó a toda

Siria. Le traían a todos los que se encontraban mal, con enfermedades y dolencias diversas, endemoniados, lunáticos y paralíticos, y él los curaba. Y le siguió una gran muchedumbre de Galilea, Decápolis, Jerusalén y Judea, y del otro lado del Jordán» (*Mateo* 4:23-25)[7].

Jesús no podía limitar su predicación a un solo lugar. En el corto lapso de su misión en la tierra, fue de sitio en sitio dentro del territorio de los israelitas, que había sido designado por Dios como el lugar donde se iniciaría su misión[8] especial: atraer, de entre las muchedumbres, a las almas sinceras y leales. No podía dedicar su valioso tiempo únicamente a la tarea de ayudar a las multitudes de manera superficial. Las almas auténticas son pocas y difíciles de hallar; pero fue en ellas donde Jesús pudo plantar las semillas de su futura cosecha permanente. Su mensaje era universal; sus enseñanzas estaban destinadas a difundirse entre todos los pueblos espiritualmente necesitados, sin distinción de casta, credo o raza. Jesús descendió del Espíritu para dar su mensaje a todos los hijos del Espíritu, y eso es lo que quiso expresar cuando dijo: «*Para eso he salido*».

---

[7] Compárense con otra referencia paralela que aparece en *Lucas* 4:43-44.

[8] Véase la explicación de *Mateo* 15:21-24 (*Marcos* 7:24-26) en el discurso 44, en el volumen II.

Las Bienaventuranzas

El Sermón del Monte, parte I

El gozo que experimentan quienes están libres de apegos materiales

❖

Cómo satisfacer el hambre interior de la Verdad

❖

Jesús misericordioso manifestó la verdadera naturaleza de Dios

❖

El yoga: la purificación del ser interior para percibir a Dios

❖

El verdadero «pacifista»
es aquel que medita y vive como Cristo enseñó

❖

Quienes viven y mueren conforme a los principios
del comportamiento correcto alcanzan el reino del gozo

❖

Las personas espirituales son «la sal de la tierra» y «la luz del mundo»

---

*«La beatitud o bienaventuranza significa la bendición —la dicha—
del Cielo. Jesús deja aquí asentada, con fuerza y simplicidad, una doctrina de principios morales y espirituales [...]. Por medio de estos principios, la vida del hombre queda bendecida, colmada de bienaventuranza
celestial».*

*V*iendo a la muchedumbre, subió al monte y se sentó. Sus discípulos se le acercaron. Entonces, tomando la palabra, les enseñaba así:

«Bienaventurados los pobres de espíritu, porque de ellos es el Reino de los Cielos.

»Bienaventurados los mansos, porque ellos poseerán en herencia la tierra.

»Bienaventurados los que lloran, porque ellos serán consolados.

»Bienaventurados los que tienen hambre y sed de la justicia, porque ellos serán saciados.

»Bienaventurados los misericordiosos, porque ellos alcanzarán misericordia.

»Bienaventurados los limpios de corazón, porque ellos verán a Dios.

»Bienaventurados los que trabajan por la paz, porque ellos serán llamados hijos de Dios.

»Bienaventurados los perseguidos por causa de la justicia, porque de ellos es el Reino de los Cielos.

»Bienaventurados seréis cuando os injurien y os persigan, y cuando, por mi causa, os acusen en falso de toda clase de males. Alegraos y regocijaos, porque vuestra recompensa será grande en los cielos; pues de la misma manera persiguieron a los profetas anteriores a vosotros.

»Vosotros sois la sal de la tierra. Mas si la sal se desvirtúa, ¿con qué se la salará? Ya no sirve para nada más que para ser tirada afuera y pisoteada por los hombres.

»Vosotros sois la luz del mundo. No puede ocultarse una ciudad situada en la cima de un monte. Ni tampoco se enciende una lámpara para ponerla debajo del celemín, sino en el candelero, para que alumbre a todos los que están en la casa. Brille así vuestra luz delante de los hombres, para que vean vuestras buenas obras y alaben a vuestro Padre que está en los cielos».

Mateo 5:1-16

Las Bienaventuranzas

El Sermón del Monte, parte I
(Incluye referencias extraídas del Sermón del Llano)[1]

«Viendo a la muchedumbre, subió al monte y se sentó. Sus discípulos se le acercaron» (Mateo 5:1).

En medio de una muchedumbre ingobernable existen muy pocas oportunidades para el intercambio personal de magnetismo espiritual entre un maestro y sus discípulos. Por ello, en muchas ocasiones Jesús evitaba las multitudes para dedicar toda su atención a aquellos discípulos receptivos a quienes podía transmitirles su espiritualidad. Prefería la compañía de un alma —aunque fuera una sola— que buscara sinceramente a Dios que la de multitudes indiferentes a los asuntos del alma y atraídas por la simple curiosidad.

⁓

«Entonces, tomando la palabra, les enseñaba así: "Bienaventurados los pobres de espíritu, porque de ellos es el Reino de los Cielos"» (Mateo 5:2-3).

---

[1] Los discursos 26 al 30 abarcan las enseñanzas que Jesús impartió a sus discípulos en el «Sermón del Monte», que forma parte del Evangelio según San Mateo (capítulos 5 al 7). Gran parte de estos consejos se encuentran también en el Evangelio de San Lucas —ya sea en el «Sermón del Llano» (*Lucas* 6:17-49, que contiene aproximadamente una cuarta parte del material citado por Mateo en el Sermón del Monte) o en otros contextos—. Puesto que Mateo y Lucas registran estas enseñanzas con palabras idénticas o casi idénticas, el comentario que se presenta en esta serie de discursos comprende el Sermón del Monte y los pasajes paralelos del Sermón del Llano. *(Nota del editor)*.

Referencia paralela:

«*Él, dirigiendo la mirada a sus discípulos, dijo: "Bienaventurados los pobres, porque vuestro es el Reino de Dios"*» (*Lucas* 6:20, Sermón del Llano).

Cuando Jesús enseñaba, les transmitía a sus discípulos —tanto a través de la voz como de los ojos— su divina fuerza vital y su sagrada vibración, a fin de que serenamente se sintonizaran con él y se llenasen de magnetismo divino, de manera que, mediante el entendimiento intuitivo, fueran capaces de recibir plenamente su sabiduría.

Los poéticos versículos de Jesús que comienzan con la palabra «Bienaventurados...» son conocidos como las Bienaventuranzas o Beatitudes. «Beatificar» es hacer supremamente feliz a alguien. La beatitud o bienaventuranza significa la bendición —la dicha— del Cielo[2]. Jesús deja aquí asentada, con fuerza y simplicidad, una doctrina de principios morales y espirituales cuyo eco sigue resonando sin decrecer a lo largo de los siglos. Por medio de estos principios, la vida del hombre queda bendecida, colmada de bienaventuranza celestial.

La palabra «pobres», tal como se halla expresada en la primera bienaventuranza, significa «desprovistos de todo engalanamiento superficial externo relacionado con la riqueza espiritual».

El gozo que experimentan quienes están libres de apegos materiales

---

Aquellos que poseen verdadera espiritualidad jamás hacen alarde de ella; más bien expresan con naturalidad una humilde ausencia de ego y de sus vanagloriosos adornos. Ser «pobre de espíritu» significa que uno ha despojado su propio ser interno, su espíritu, del deseo y apego por los objetos materiales, las posesiones terrenales, los amigos de mentalidad mundana y el amor humano egoísta. Mediante la purificación inherente a esta renuncia interior, el alma se percata de que siempre ha poseído todas las riquezas del Reino Eterno de la Sabiduría y la Bienaventuranza, y desde ese momento reside en dicho Reino, comulgando sin cesar con Dios y sus santos.

La pobreza «de espíritu» no implica que hayamos de convertirnos necesariamente en indigentes, pues, al privarnos de aquello que es

---

[2] «Beatificar» deriva de las palabras latinas *beatus*, feliz, y *facere*, hacer. La palabra empleada en el original griego de los Evangelios para «bienaventurados...» es *makarios*, que en latín es *beati*. De *beati* deriva la palabra inglesa *beatitude* y la española *beatitud*, estado de bienaventuranza o gozo supremo.

esencial para el cuerpo, la mente podría distraerse y apartarse de Dios. Lo que en realidad significa es que no debemos conformarnos con las posesiones materiales en lugar de conseguir la abundancia espiritual. Las personas materialmente ricas pueden ser pobres en desarrollo espiritual interior si su opulencia provoca el hartazgo de los sentidos, en tanto que quienes han elegido ser materialmente «pobres» —quienes han simplificado las condiciones externas de su vida para dedicar tiempo a Dios— cosecharán beneficios espirituales y un grado tal de plenitud que ningún tesoro de este mundo podría jamás comprar.

Jesús elogió de esta manera a las almas que son pobres de espíritu, completamente libres del apego a la fortuna y a las metas mundanas personales por haber preferido la búsqueda de Dios y el servicio a los demás: «Sois benditos a causa de vuestra pobreza. Ésta os abrirá las puertas hacia el reino de Dios, quien todo lo provee y os aliviará tanto de las necesidades materiales como de las espirituales por toda la eternidad. ¡Bienaventurados los que tenéis carencias y buscáis a Aquel que es el único que puede aliviar vuestras deficiencias para siempre!».

Cuando el espíritu del hombre renuncia mentalmente al deseo por los objetos de este mundo, porque sabe que son ilusorios, perecederos, engañosos e impropios del alma, comienza a hallar el gozo verdadero en la adquisición de esas cualidades espirituales que le satisfacen de forma permanente. Al llevar con humildad una vida de simplicidad externa y de renunciación interior, saturada del gozo y la sabiduría celestiales del alma, el devoto finalmente hereda el reino perdido de la bienaventuranza inmortal.

～

«Bienaventurados los que lloran, porque ellos serán consolados» (Mateo 5:5).

Referencia paralela:

«Bienaventurados los que lloráis ahora, porque reiréis» (*Lucas* 6:21, Sermón del Llano).

El sufrimiento de las personas comunes se origina en la pena por las esperanzas mundanas incumplidas, o por la pérdida del amor humano o de las posesiones materiales. Jesús no estaba alabando tal estado negativo de la mente, que eclipsa la felicidad psicológica y es en extremo nocivo para retener el gozo espiritual que se ha obtenido

----•-•----

Las bendiciones que aporta el insaciable anhelo por la Divinidad

mediante arduos esfuerzos en la meditación. Él se refería a la divina melancolía que surge cuando uno toma conciencia de hallarse separado de Dios, lo cual crea en el alma un insaciable anhelo de reunirse con el Bienamado Eterno. Aquellos que en verdad claman por Dios, que lloran en todo momento por Él con fervor siempre creciente en la meditación, hallarán consuelo en la revelación de la Bienaventuranza y Sabiduría que Dios les envía[3].

Los hijos de Dios que son espiritualmente negligentes soportan los dolorosos traumas de la vida con resignación derrotista y resentimiento, en vez de solicitar con eficacia la ayuda de Dios. El bebé enternecedoramente obstinado, que clama sin cesar para obtener el conocimiento espiritual, es quien atrae por fin la respuesta de la Madre Divina. La Madre Misericordiosa acude ante el llamado persistente de su hijo concediéndole el solaz de la sabiduría y del amor, que se revela a través de la intuición o de una vislumbre de su Presencia misma. Ningún otro consuelo puede mitigar al instante la aflicción de incontables encarnaciones.

Aquellos cuyos lamentos espirituales pueden ser aplacados por medio de satisfacciones de naturaleza material volverán a sufrir cuando les sean arrebatados —ya sea por las exigencias de la vida o por la muerte— esos frágiles motivos de seguridad. En cambio, quienes claman por la Verdad y por Dios, rehusando ser acallados con una oferta menor, recibirán consuelo por siempre en los brazos de la Gozosa Divinidad.

«Bienaventurados los que lloran por la realización de Dios ahora, porque gracias a ese anhelo vehemente la alcanzarán. Con el deleite del siempre nuevo gozo hallado en la comunión divina, reirán y se regocijarán por toda la eternidad».

≈

«Bienaventurados los mansos, porque ellos poseerán en herencia la tierra» (Mateo 5:4).

---

[3] *«Pero el Paráclito [el Confortador], el Espíritu Santo, que el Padre enviará en mi nombre, os lo enseñará todo y os recordará todo lo que yo os he dicho» (Juan 14:26; véase el discurso 70, en el volumen III).*

L a humildad y la mansedumbre crean en el hombre una recepti-vidad ilimitada para abrazar la Verdad. El individuo orgulloso e irascible, como el canto rodado del proverbio, rueda cuesta abajo por la colina de la ignorancia y no recoge el musgo de la sabiduría, en tanto que las almas mansas que se encuentran en paz en el valle del entusiasmo y la buena disposición mental recolectan las aguas de la sabiduría, que fluyen de fuentes tanto humanas como divinas, para regar el floreciente vergel de las cualidades del alma.

El egoísta arrogante se irrita con facilidad y se pone a la defen-siva; al sentirse agraviado, se vuelve injurioso y rechaza a los emisa-rios de la sabiduría que tratan de entrar en el castillo de su vida. Por el contrario, quienes son mansa y humildemente receptivos atraen la invisible ayuda de los ángeles benéficos constituidos por las fuerzas cósmicas que brindan bienestar material, mental y espiritual. De este modo, los mansos de espíritu heredan no sólo toda la sabiduría, sino también la tierra, es decir, la felicidad terrenal[4].

∼

«Bienaventurados los que tienen hambre y sed de la justicia, porque ellos serán saciados» (*Mateo* 5:6).

Referencia paralela:

«Bienaventurados los que tenéis hambre ahora, porque seréis saciados» (*Lucas* 6:21, Sermón del Llano).

L as palabras «hambre» y «sed» ofrecen una metáfora adecuada de la búsqueda espiritual. Primero, es preciso tener sed de cono-cimientos teóricos sobre cómo alcanzar la salvación. Una vez calmada la sed al aprender la técnica práctica que permite establecer contacto con Dios de manera efectiva, es posible satisfacer el hambre interior de la Verdad mediante el ágape diario con el divino maná de la percepción espiritual que proviene de la meditación.

Cómo satisfacer el hambre interior de la Verdad

Aquellos que buscan contentamiento en los objetos materiales advierten que no les es posible extinguir jamás su «sed» de deseos,

---

[4] *«Mas los humildes poseerán la tierra y gozarán de inmensa paz»* (*Salmos* 37:11).

ni pueden saciar su «hambre» mediante la adquisición de posesiones. El impulso presente en todo ser humano de llenar el vacío interior es el deseo que siente el alma por Dios, el cual sólo puede mitigarse al tomar plena conciencia de la propia naturaleza inmortal y del imperecedero estado de divinidad que son inherentes a la unidad con Dios. Cuando el ser humano insensatamente procura apagar la sed de su alma con los sustitutos que proceden de la felicidad sensorial, avanza a tientas de un placer evanescente a otro y termina rechazándolos todos por hallarlos inapropiados.

Los placeres sensoriales pertenecen al cuerpo y a la mente inferior; no le proporcionan al hombre alimento para la esencia más profunda de su ser. El hambre espiritual que sufren quienes subsisten a base de aquello que los sentidos ofrecen se alivia sólo mediante la rectitud, es decir, los atributos, actitudes y acciones apropiados para el alma: la virtud, el comportamiento espiritual, la bienaventuranza, la inmortalidad.

La rectitud consiste en actuar con acierto en los aspectos físico, mental y espiritual de la vida. Aquellos que sienten una intensa sed y hambre de cumplir con los deberes supremos de la vida se hacen acreedores de la siempre renovada bienaventuranza de Dios: «Bienaventurados los que tienen sed de sabiduría y aprecian la virtud y la rectitud como el verdadero alimento para calmar su hambre interior, porque obtendrán la felicidad perdurable que sólo se logra al adherirse a los ideales divinos: la satisfacción incomparable del corazón y del alma».

<hr>

≈

«Bienaventurados los misericordiosos, porque ellos alcanzarán misericordia» (Mateo 5:7).

La misericordia es como la aflicción que siente un padre por los defectos de un hijo descarriado. Se trata de una cualidad intrínseca de la Naturaleza Divina. La historia de la vida de Jesús contiene muchos relatos de misericordia expresada sublimemente en sus acciones y su personalidad. En los divinos hijos de Dios que han alcanzado la perfección, vemos que el oculto Padre trascendente se revela tal como es. El Dios de Moisés es descrito como un Dios iracundo (aun cuando no creo que Moisés, que hablaba con Dios *«cara a cara, como habla un hombre con su amigo»*[5], haya considerado jamás que Dios fuese el tirano vengativo que se representa en el Antiguo Testamento). El Dios de Jesús era, en cambio, un Dios bondadoso. Fue esa benevolencia y misericordia del Padre la que expresó Jesús cuando, en vez de juzgar y destruir a los enemigos que iban a crucificarle, le pidió al Padre que los perdonara, *«porque no saben lo que hacen»*. Con su paciente corazón divino, Jesús veía

Jesús misericordioso manifestó la verdadera naturaleza de Dios

a la humanidad como a niños pequeños carentes de entendimiento. Si un pequeñuelo toma un cuchillo y lastima a alguien, esa persona no querrá matar al niño para vengarse, pues el niño no sabía lo que hacía. Cuando contemplamos a la humanidad con los mismos ojos con que un padre amoroso mira a sus hijos y está dispuesto a sufrir por ellos con el fin de que puedan recibir un poco de la luz y poder de su espíritu, nos volvemos semejantes a Cristo: Dios en acción.

Únicamente el sabio puede ser en verdad misericordioso, porque con divina visión interior es capaz de percibir incluso a los malhechores como almas —como hijos de Dios que, al extraviarse, merecen comprensión, perdón, ayuda y guía—. La misericordia implica la aptitud para ayudar; sólo las almas desarrolladas o capacitadas están en condiciones de ser útiles de manera práctica y misericordiosa. La misericordia se manifiesta de forma provechosa cuando la aflicción paternal atenúa la rigidez del juicio severo y otorga no sólo el perdón sino ayuda espiritual efectiva para erradicar las faltas de una persona.

Aquellos que son moralmente débiles pero están deseosos de ser buenos, los pecadores (es decir, quienes yerran en detrimento de su propia felicidad por hacer caso omiso de las leyes divinas), los que se hallan en un estado de decrepitud física, los que padecen trastornos mentales y los ignorantes espirituales, todos ellos necesitan la ayuda misericordiosa de las almas que, gracias a su desarrollo interior, se hallan capacitadas para prestarles asistencia y comprensión. Jesús exhorta al devoto con estas palabras: «Si deseas recibir la misericordia divina, debes ser misericordioso contigo mismo por medio del desarrollo de tus aptitudes espirituales y, también, debes ser misericordioso con los demás hijos de Dios que se encuentren sumidos en el engaño. Las personas que se perfeccionan sin cesar en todos los aspectos y que, movidas por la misericordia, sienten y alivian la falta de desarrollo general en sus semejantes

---

[5] *Éxodo* 33:11.

ablandarán con toda certeza el corazón de Dios y obtendrán para sí mismas su incesante e incomparable ayuda misericordiosa».

~

«*Bienaventurados los limpios de corazón, porque ellos verán a Dios*» (*Mateo* 5:8).

La experiencia religiosa suprema es la percepción directa de Dios, para alcanzar la cual es indispensable purificar el corazón. En este sentido, todas las escrituras concuerdan. El *Bhagavad Guita* —la escritura inmortal de la India que trata sobre el yoga, la ciencia de la religión y la unión con Dios— se refiere al estado de bienaventuranza y divina percepción propio de quien ha conseguido esa purificación interior:

«El yogui que ha logrado aquietar la mente y controlar las pasiones por completo, liberándolas de toda impureza, y que es uno con el Espíritu, en verdad ha alcanzado la bienaventuranza suprema.

»Con el alma unida al Espíritu mediante el yoga, percibiendo la misma esencia en todas las cosas, el yogui contempla su verdadero Ser (unido al Espíritu) en todas las criaturas y a todas las criaturas en el Espíritu.

»Aquel que me ve en todas partes y contempla todo en Mí, nunca me pierde de vista, y Yo jamás le pierdo de vista a él»[6].

Desde tiempos inmemoriales, los *rishis* de la India han escudriñado el corazón mismo de la verdad y han descrito con detalle su utilidad práctica para el hombre. Patanjali, el renombrado sabio de la ciencia del yoga, comienza sus *Yoga Sutras* declarando: *Yoga chitta vritti nirodha*: «El yoga (la unión científica con Dios) es la neutralización de los cambios de *chitta* (el "corazón" interno o poder del sentimiento, un término que abarca en su conjunto todos los componentes mentales que dan lugar a la conciencia inteligente)». Tanto la razón como el sentimiento se derivan de esta facultad interior de la conciencia inteligente.

El yoga: la purificación del ser interior para percibir a Dios

---

[6] *God Talks With Arjuna: The Bhagavad Gita* VI:27, 29-30. (Véase *El Yoga del Bhagavad Guita*).

Mi venerado gurú, Swami Sri Yukteswar, que fue uno de los primeros en revelar, en los tiempos modernos, la unidad entre las enseñanzas de Cristo y el *Sanatana Dharma* de la India, escribió con toda profundidad acerca de cómo la evolución espiritual del hombre consiste en la purificación del corazón. A partir de un estado inicial en el que la conciencia se halla completamente bajo el engaño de *maya* («el corazón oscuro»), el hombre evoluciona a través de los estados sucesivos del corazón motivado, el corazón constante y el corazón consagrado hasta llegar al corazón puro, en el cual —escribe Sri Yukteswar— «es capaz de comprender la Luz Espiritual, Brahma [el Espíritu] o la Sustancia Real del universo»[7].

A Dios se le percibe con la visión del alma. En su estado natural, todas las almas son omniscientes y, por medio de la intuición, contemplan directamente a Dios o la Verdad. Tanto la razón pura como el sentimiento puro son intuitivos. Sin embargo, cuando la razón se ve limitada por la intelectualidad de la mente atada a los sentidos y cuando el sentimiento se transforma en emoción egoísta, estos instrumentos del alma producen percepciones distorsionadas.

Esta Bienaventuranza explica la necesidad de restituir la perdida claridad de la visión divina. El estado de bienaventuranza conocido por quienes son del todo puros de corazón no es otro que aquel al que se refiere el Evangelio de San Juan: *«Pero a todos los que la recibieron les dio poder de hacerse hijos de Dios»*. A cada devoto que recibe y refleja la omnipresente Luz Divina, o Conciencia Crística, a través de la purificada transparencia del corazón y de la mente, Dios le concede el poder de reclamar, al igual que hizo Jesús, la bienaventuranza de su filiación divina.

La transparencia a la Verdad se cultiva cuando la conciencia —el sentimiento del corazón y el raciocinio de la mente— se libera de las influencias dualistas de la atracción y la repulsión. La realidad no puede reflejarse fielmente en una conciencia agitada por los gustos y aversiones, con sus inquietos deseos y pasiones y las irritantes emociones que éstos engendran: la ira, los celos, la avaricia y la caprichosa susceptibilidad. En cambio, cuando *chitta* —el conocimiento y sentimiento del hombre— se aquieta mediante la meditación, el ego (que de ordinario se encuentra en estado de agitación) cede el paso a la

---

7 Véase el capítulo 3, sutras 23-32, de *La ciencia sagrada*, cuyo autor es Swami Sri Yukteswar (publicado por *Self-Realization Fellowship*).

bienaventurada serenidad de la percepción del alma[8].

La pureza de intelecto otorga al ser humano la facultad de razonar acertadamente, pero la pureza de corazón le brinda el contacto con Dios. La capacidad intelectual es una cualidad del poder de razonamiento, y la sabiduría es la cualidad liberadora que posee el alma. Cuando la razón se purifica por medio del sereno discernimiento, se transforma en sabiduría. La sabiduría pura y el divino entendimiento de un corazón puro son dos aspectos de la misma facultad. En efecto, la pureza de corazón o de sentimiento a la que hace referencia Jesús se basa en que todas las acciones sean guiadas por la discernidora sabiduría, es decir, que las actitudes y el comportamiento humanos sean modelados por las sagradas cualidades del alma: el amor, la misericordia, el servicio, el autocontrol, la autodisciplina, la conciencia moral y la intuición. La visión pura de la sabiduría debe combinarse con el sentimiento inmaculado que proviene del corazón. La sabiduría revela el camino correcto, y el corazón purificado desea y ama seguir ese sendero. Todas las cualidades del alma reveladas por la sabiduría deben seguirse de todo corazón y no sólo de forma teórica o intelectual.

La ocluida visión del hombre común le permite distinguir la densa corteza de la materia, pero es ciega al Espíritu omnipresente. La perfecta combinación del discernimiento puro y del sentimiento puro abre el ojo penetrante de la intuición que todo lo revela, y el devoto logra en verdad percibir la presencia de Dios tanto en su alma como en todos los seres, pues Él es el Divino Morador, cuya naturaleza es una armoniosa combinación de sabiduría y amor infinitos.

≈

«Bienaventurados los que trabajan por la paz, porque ellos serán llamados hijos de Dios» (Mateo 5:9).

Los verdaderos pacifistas son aquellos que generan la paz por medio de su devota práctica de la meditación diaria. La paz es la primera manifestación de la respuesta de Dios en la meditación.

---

[8] «El hombre que posee autocontrol, que se mueve entre los objetos materiales con los sentidos bajo su dominio, desprovisto de todo sentimiento de atracción y repulsión, alcanza una imperturbable calma interior» *(God Talks With Arjuna: The Bhagavad Gita* II:64. Véase *El Yoga del Bhagavad Guita).*

Quienes conocen a Dios como Paz en el templo interior del silencio
y reverencian al Dios de la Paz que allí se encuentra son sus hijos
verdaderos, en virtud de esta relación de comunión
divina.   *El verdadero*

Una vez que han percibido la naturaleza de   *«pacifista» es aquel*
Dios como paz interior, los devotos desean que el *que medita y vive*
Dios de la Paz se manifieste por siempre en su ho- *como Cristo enseñó*
gar, en su comunidad, en su país y entre todas las
razas y nacionalidades. El que lleva la paz a una familia inarmoniosa
ha establecido a Dios en ese lugar. Quienquiera que destierre la incomprensión entre las almas las ha unido en la paz de Dios. Todo aquel
que, dejando a un lado la avaricia y el egoísmo nacionalista, procure
crear la paz entre naciones en conflicto está implantando a Dios en el
corazón de esas naciones. Aquellos que promueven y facilitan la paz
dan expresión al amor unificador de Cristo que reconoce a cada alma
como un hijo de Dios.

La conciencia de «hijo de Dios» hace que una persona sienta amor
por todos los seres. Quienes son verdaderos hijos de Dios no pueden
percibir diferencias entre un indio, un estadounidense o una persona
de cualquier otra raza o nacionalidad. Por un corto lapso, las almas
inmortales se visten con el atavío de cuerpos blancos, negros, morenos,
cobrizos o aceitunados. ¿Consideramos acaso que el país de origen de
una persona varíe por el hecho de vestirse con ropas de diferentes colores? Cualquiera que sea su nacionalidad o el color de su cuerpo, cada
uno de los hijos de Dios es un alma. El Padre no reconoce ninguna de
las distinciones creadas por los seres humanos. Él ama a todos, y sus
hijos deben aprender a vivir en ese mismo estado de conciencia. Cuando
el hombre confina su identidad a su naturaleza humana exclusivista,
ocasiona incontables males y hace surgir el fantasma de la guerra.

A los seres humanos les fue concedido un potencial ilimitado,
con el fin de que demuestren que en verdad son hijos de Dios. Ante
tecnologías tales como la de la bomba atómica, nos damos cuenta
de que, a no ser que el hombre utilice sus poderes correctamente, se
destruirá a sí mismo. El Señor podría incinerar este planeta en un segundo si perdiese la paciencia con sus hijos descarriados, pero no lo
hace. Y así como Él jamás haría mal uso de su omnipotencia, también
nosotros, por estar hechos a su imagen, debemos actuar como dioses
y conquistar el corazón del prójimo mediante el poder del amor; de
lo contrario, la humanidad tal como la conocemos desaparecerá sin

duda. El poder del hombre para hacer la guerra se está incrementando; en igual medida, debe crecer también su capacidad para hacer la paz. El mejor modo de contrarrestar la amenaza de la guerra es la fraternidad, tomar plena conciencia de que, como hijos de Dios, somos una sola familia.

Quienquiera que estimule el conflicto entre naciones hermanas bajo el disfraz del patriotismo es un traidor a su familia divina, un hijo desleal de Dios. Todo el que promueva por medio de falsedades y chismes la enemistad entre los miembros de su familia, vecinos o amigos, o que de alguna manera sea un instrumento de discordia, está profanando el templo divino de la armonía.

Cristo y otras grandes almas nos han dado la receta para lograr la paz interior y, también, la paz entre individuos y naciones. ¡Por cuánto tiempo ha vivido el hombre en la oscuridad de la incomprensión e ignorancia con respecto a estos ideales! El verdadero arte crístico de vivir puede desterrar los conflictos entre los seres humanos y el horror de la guerra, así como traer paz y comprensión al mundo; todos los prejuicios y enemistades deben desaparecer. Ése es el desafío que se les plantea a aquellos que aspiran a ser los divinos adalides de la paz.

~

«Bienaventurados los perseguidos por causa de la justicia, porque de ellos es el Reino de los Cielos» (Mateo 5:10).

La bienaventuranza de Dios visitará a aquellas almas que soporten con ecuanimidad la tortura de la crítica injusta que les infligen los falsos amigos y los enemigos, cuando ellas tratan de hacer lo correcto y no se dejan influenciar por las malas costumbres o hábitos dañinos de la sociedad. Quien se adhiere fervientemente a la rectitud no se doblegará ante la presión social que le incita a beber alcohol por el solo hecho de estar en una reunión en la que se sirven bebidas, aun cuando se burlen de él por no participar de ese placer que comparten los demás. La rectitud moral puede acarrear el ridículo a corto plazo, pero produce, en cambio, regocijo a largo plazo, ya que la perseverancia en el autocontrol brinda bienaventuranza y perfección. Quienes viven y mueren comportándose correctamente se hacen

Quienes viven y mueren conforme a los principios del comportamiento correcto alcanzan el reino del gozo

merecedores de un reino eterno de gozo celestial del que disfrutarán en esta vida y en el más allá.

Las personas mundanas que prefieren abandonarse a los placeres sensoriales en vez de elegir el contacto con Dios son las que, en realidad, se comportan de manera insensata, ya que por hacer caso omiso de lo que es correcto —y, por lo tanto, bueno para ellas— deberán cosechar los resultados de tal comportamiento. El devoto virtuoso busca lo que le beneficia en el sentido más elevado. Quien renuncia a los erráticos caminos del mundo y, a causa de su idealismo, soporta con alegría la burla proveniente de los amigos de mentalidad estrecha demuestra que está capacitado para recibir la eterna bienaventuranza de Dios.

El versículo anterior ofrece también aliento a aquellos que, cuando han decidido aferrarse a los ideales de la moralidad y a las prácticas espirituales, son perseguidos y torturados por las tentaciones sensoriales y los malos hábitos. Ellos son virtuosos, en verdad, porque siguen el camino recto del autocontrol y la meditación, que con el tiempo derrotará a las tentaciones y permitirá conquistar el reino del gozo eterno a quienes resulten victoriosos.

Sin importar cuán poderosas sean las tentaciones o cuán fuertes los malos hábitos, es posible resistirlos mediante el poder del autocontrol guiado por la sabiduría y aferrándose a la convicción de que, cualesquiera que sean los placeres que la tentación prometa, al final siempre causarán sufrimiento. Quienes son irresolutos se vuelven inevitablemente hipócritas, pues terminan justificando su mal comportamiento mientras sucumben a los engaños de la tentación. Lo que verdaderamente ansía el alma es la miel de Dios, aun cuando se encuentre sellada por el misterio. Aquellos que mediten con inquebrantable paciencia y perseverancia romperán el sello del misterio y beberán sin límites del néctar celestial de la inmortalidad.

El cielo es aquel estado de gozo trascendental y omnipresente en el que los pesares no osan entrar. Siendo constante en la rectitud, el devoto alcanza por fin esa bienaventuranza de la cual ya no habrá de caer. Los devotos que vacilan, que no se encuentran anclados con firmeza en la meditación, pueden resbalar y caer de esa felicidad celestial; pero quienes son resueltos obtienen dicha bienaventuranza de forma permanente. El reino de la Conciencia Cósmica le pertenece al Rey de la Bienaventuranza Celestial y a las almas elevadas que han alcanzado la unidad con Él. De ahí que se diga de los devotos que funden su ego en Dios y se vuelven uno con el Rey del Universo que *«de ellos es el Reino de los Cielos».*

~

«Bienaventurados seréis cuando os injurien y os persigan, y cuando, por mi causa, os acusen en falso de toda clase de males. Alegraos y regocijaos, porque vuestra recompensa será grande en los cielos; pues de la misma manera persiguieron a los profetas anteriores a vosotros» (Mateo 5:11-12).

Referencia paralela:

«Bienaventurados seréis cuando los hombres os odien, cuando os expulsen, os injurien y proscriban vuestro nombre como malo por causa del Hijo del hombre. Alegraos ese día y saltad de gozo, que vuestra recompensa será grande en el cielo. Pues de ese modo trataron sus antepasados a los profetas» (Lucas 6:22-23, Sermón del Llano).

Los versículos anteriores no implican que para tener la posibilidad de entrar en el reino de los cielos sea preciso reclutar una cuadrilla de personas que nos injurien. Aun cuando uno aplique sus mejores esfuerzos a favor del bien en el mundo y en sí mismo, jamás

Mostrar firmeza y ecuanimidad ante la incomprensión del mundo

se verá libre de las observaciones mordaces de los perseguidores, como bien lo sabía Jesús. La irritable naturaleza del ego hace que el hombre indisciplinado sienta desagrado y mala disposición hacia aquellos que son moral o espiritualmente diferentes de él. El aguijoneo de la satánica ilusión causante de divisiones induce a quienes se han autoerigido en críticos a mantenerse ocupados todo el tiempo en buscar razones para difamar a los demás. Jesús alentó a sus seguidores a no sentirse abatidos ni dejarse intimidar si, en sus esfuerzos por llevar una vida espiritual, advierten que las personas de mentalidad materialista no los comprenden. Aquellos que puedan superar con alegría la prueba del desprecio, sin ceder a la tentación de obrar mal con el objeto de «quedar bien», obtendrán la felicidad que resulta de aferrarse a los hábitos virtuosos, cuyo fruto es la bienaventuranza.

No debe considerarse una gran pérdida el hecho de que quienes enarbolan el reproche, el odio y la difamación nos «expulsen» de su compañía. En realidad, todos los que son así dejados de lado tienen la bendición de que, merced a ese ostracismo, sus almas se mantienen alejadas de la mala influencia que supone asociarse con esas personas poco comprensivas y de mala conducta.

Quienes se dedican a la vida espiritual jamás deben sentirse abatidos, por mucho que la gente hable en contra de ellos o se menoscabe su buen nombre con denuncias de mal proceder. Bienaventurados aquellos cuyo nombre es denigrado por no cooperar con acciones mundanas o malvadas, porque sus nombres permanecerán grabados en el corazón de Dios y gozarán de su silenciosa admiración.

De manera similar, el *Bhagavad Guita* expresa la estima del Señor por tales devotos: «Aquel que permanece igualmente sereno ante amigos y enemigos, al recibir adoración e insulto, y al experimentar calor y frío, placer y dolor, y que ha renunciado al apego y considera por igual el vituperio y la alabanza, que es calmado y encuentra la satisfacción con facilidad, que no se apega al hogar y tiene una actitud tranquila y devota, es una persona amada por Mí»[9].

Uno debe adherirse a lo que sabe que es correcto, aun cuando sea criticado. Es preciso que cada persona haga una introspección sincera y libre de egoísmo: si se encuentra en lo cierto, ha de mantenerse firme en su practica de aquellas acciones virtuosas cuyo fruto es el gozo, sin sentirse influida por las alabanzas o las críticas; si, por el contrario, está equivocada, debe alegrarse de contar con la oportunidad de reformarse y eliminar así un obstáculo más en su camino hacia la felicidad perdurable. Incluso una crítica injusta hará que el discípulo sea más puro que nunca y le alentará aún más a seguir los caminos de la paz interior, en vez de ceder a las tentaciones bajo el impulso de las malas amistades.

Al estar en la compañía de Dios es cuando permanecemos en estado de bienaventuranza. Hemos de dedicar tiempo al Señor en la paz de la meditación. ¿Qué sentido tiene malgastar todo el tiempo libre en frecuentar las salas de cine, ver la televisión o dedicarse a otros pasatiempos inútiles? Al cultivar hábitos espirituales y adherirse a ellos, el devoto halla el verdadero ímpetu que le permite regocijarse en su satisfacción interior y en saber que finalmente heredará el reino de la plenitud eterna.

---

[9] *God Talks With Arjuna: The Bhagavad Gita* XII:18-19. (Véase *El Yoga del Bhagavad Guita*).

El devoto que es criticado por perseverar en los hábitos espirituales no debería enorgullecerse pensando que el ser perseguido por la causa de Dios significa hacerle al Señor un gran favor. «Ser perseguidos por mi causa» o «por causa del Hijo del hombre» significa que al devoto se le castiga como resultado de su constancia en aquellas prácticas que ha emprendido a petición de su gurú crístico para alcanzar la sintonía con Dios.

Jesús hablaba a sus discípulos y seguidores en su condición de gurú o salvador enviado por Dios: «Bienaventurados sois si, a consecuencia de seguir al Hijo del hombre (el gurú preceptor crístico, representante de Dios), sois criticados y menospreciados por haber preferido caminar a la luz de su sabiduría armonizada con Dios, en vez de avanzar junto a las multitudes dando traspiés por los senderos mundanos de la oscuridad y de la ignorancia».

Soportar el odio, el ostracismo, el reproche o la marginación no es en sí mismo motivo de bendición, si uno es moral o espiritualmente perverso; en cambio, cuando a pesar de sufrir persecuciones el devoto se aferra a la verdad, tal como se manifiesta en la vida y enseñanzas de un gurú crístico, alcanza entonces la libertad en la bienaventuranza eterna. «Regocijaos en ese día y sentid la inspiradora vibración sagrada del siempre renovado gozo, porque he aquí que quienes se esfuercen arduamente y acepten el dolor a fin de seguir el sendero divino serán recompensados en el cielo con la bienaventuranza eterna.

»Aquellos que os persiguen son la continuación de las sucesivas generaciones que persiguieron a los profetas. Reflexionad acerca de los grandes males que recayeron sobre esos antepasados y cuál fue la recompensa que los profetas recibieron en el cielo de manos de Dios como resultado de soportar en su nombre la persecución por parte de personas ignorantes. Si uno se mantiene firme en los principios espirituales, aun a costa de perder el cuerpo, al igual que los mártires de antaño, será recompensado con la divina herencia del reino de Júbilo Eterno de Dios».

Cómo obtener la «recompensa» del cielo cuando aún se vive en la tierra

«Vuestra recompensa será grande en los cielos» significa el estado de eterna bienaventuranza que se percibe cuando el divino contacto de Dios experimentado en la meditación se vuelve estable: quien en la tierra realiza acciones buenas y sublimes cosechará, de acuerdo con la ley del karma, los frutos de dichas acciones, ya sea en su cielo interior durante la vida terrenal o en los reinos celestiales después de la muerte.

El buen karma y la perseverancia espiritual que hayamos acumulado determinan cuál será la recompensa celestial en esta vida o en el más allá. Las almas avanzadas —aquellas que a través de la meditación experimentan el estado de gozo siempre renovado de la realización del Ser y son capaces de permanecer sin cesar en esa celestial bienaventuranza interior en la que mora Dios— llevan consigo un cielo portátil dondequiera que vayan. El sol astral del ojo espiritual comienza a desplegar ante su conciencia el cielo astral donde residen las almas virtuosas y los santos, los seres liberados y los ángeles, en esferas con grados progresivos de desarrollo. Poco a poco, la luz del ojo espiritual abre sus portales y atrae la conciencia hacia esferas celestiales cada vez más elevadas: el aura dorada omnipresente de la Vibración Cósmica del Espíritu Santo, la cual encierra los misterios de las fuerzas más sutiles que animan todas las regiones de la existencia vibratoria (y en la que se hallan las «puertas de perla» del paraíso o entrada al cielo astral, al que se accede atravesando el perlado firmamento multicolor o muro divisorio[10]); el Cielo Crístico de la Conciencia reflejada de Dios, cuya inteligencia resplandece en el reino vibratorio de la creación; y el cielo supremo de la Conciencia Cósmica, el Reino eterno de bienaventuranza inmutable y trascendental de Dios.

Sólo aquellas almas que logran mantener la conciencia centrada en el ojo espiritual durante la existencia terrena —incluso a través de las dificultades y las persecuciones— entrarán, en esta vida o en la vida después de la muerte, en los estados bienaventurados de las regiones superiores del Cielo donde las almas sumamente evolucionadas residen en la deliciosa cercanía de la liberadora presencia de Dios.

Aun cuando Jesús menciona de manera especial la enorme recompensa destinada a las almas avanzadas, incluso una medida menor de la gozosa comunión con Dios brinda la recompensa celestial correspondiente. Aquellos que hacen algún progreso y luego traicionan sus ideales espirituales o abandonan la meditación, porque se sienten interiormente hostigados por el esfuerzo que se requiere o se ven desalentados desde el exterior por las influencias mundanas o las críticas de parientes, vecinos o «amigos», pierden el contacto con el gozo celestial. Sin embargo, aquellos que son divinamente fieles no sólo retienen el gozo que han obtenido en la meditación sino que reciben una doble recompensa, porque su perseverancia da origen a satisfacciones cada vez mayores. Ésta es la

---

[10] Véase el discurso 10.

retribución psicológica celestial que se percibe al aplicar la ley del hábito: quienquiera que, por medio de la meditación, permanezca sin cesar en la bienaventuranza interior será recompensado con un gozo siempre creciente que le acompañará incluso al abandonar este plano terrenal.

El estado celestial de bienaventuranza meditativa que se experimenta en esta vida es un adelanto del gozo siempre renovado que

*La bienaventuranza
y belleza celestiales
del reino astral*

siente el alma inmortalizada en el estado post mórtem. El alma lleva consigo ese gozo a las sublimes regiones astrales de celestial belleza, en las que los capullos vitatrónicos despliegan sus pétalos multicolores en el jardín del éter, y donde el clima, la atmósfera, el alimento y quienes allí residen están constituidos de diversas vibraciones de luz de múltiples tonalidades —un reino de manifestaciones refinadas que, comparado con las tosquedades de la tierra, se encuentra en mayor armonía con la esencia del alma.

Las buenas personas que resisten la tentación en el mundo pero aún no se han liberado por completo de la ilusión son recompensadas, después de la muerte, con un descanso renovador en este cielo astral, entre numerosos semiángeles y almas semirredimidas, que llevan una vida muy superior a la que es común en la tierra. Allí disfrutan de los resultados de su buen karma astral durante un lapso determinado por los efectos de sus acciones pasadas; tras ese período, el karma terreno que aún poseen las atrae una vez más a reencarnar en un cuerpo físico. Su «gran recompensa» en el cielo astral les permite manifestar a voluntad las condiciones que deseen y tratar únicamente con vibraciones y energía en vez de hacerlo con las propiedades fijas de las sustancias sólidas, líquidas y gaseosas con las que tienen que enfrentarse durante su tránsito por la tierra. En el cielo astral, todos los objetos, los atributos, las condiciones climáticas y el transporte se hallan sujetos al poder de la voluntad de los seres astrales, quienes pueden materializar, manipular y desmaterializar, de acuerdo con sus preferencias, las sustancias vitatrónicas de ese mundo más sutil.

Las almas completamente redimidas no albergan deseos mortales en su corazón al abandonar las riberas de este mundo. Como columnas, permanecen fijas por siempre en la mansión de la Conciencia Cósmica y nunca más reencarnan en el plano terrenal[11], a no ser que

---

[11] «*Al vencedor le pondré de columna en el Santuario de mi Dios, y ya no saldrá de allí*» (*Apocalipsis* 3:12).

lo hagan en forma voluntaria con el objeto de llevar de regreso hacia Dios a las almas que están apegadas a la tierra.

Entre estas almas liberadas se hallan los profetas de Dios, que se encuentran anclados en la Verdad y retornan a la tierra por mandato del Señor con el fin de guiar a otros, mediante su conducta ejemplar y su mensaje de salvación, hacia modos de vida espirituales. El estado espiritual de un profeta o salvador es de total unión divina, lo cual le habilita para manifestar a Dios de manera sagrada y misteriosa. Por lo general, se

Los rasgos divinos ensalzados por Jesús como camino hacia la bienaventuranza

trata de reformadores excepcionales que proporcionan a la humanidad extraordinarios ejemplos espirituales. Ellos demuestran el poder y la influencia superior del amor sobre el odio, de la sabiduría sobre la ignorancia, aunque eso les suponga el martirio. Rehúsan abandonar sus verdades, sea cual sea el grado de persecución física o mental, descrédito o falsas acusaciones a que se vean sometidos, y con la misma firmeza rehúsan odiar a sus perseguidores o recurrir a la venganza para imponerse sobre sus enemigos. Manifiestan y mantienen el autocontrol y la paciencia del amor de Dios que todo lo perdona, a la vez que ellos mismos se encuentran protegidos en esa Gracia Infinita.

En todas las grandes almas —que vienen a la tierra para mostrar a la humanidad el camino hacia la eterna beatitud o conciencia de felicidad suprema— se pueden encontrar los rasgos divinos ensalzados por Jesús como camino hacia la bienaventuranza. En el *Bhagavad Guita*, Sri Krishna enumera en detalle las cualidades imprescindibles del alma que son distintivas del hombre de Dios:

«(Las características del sabio son:) La humildad, la falta de hipocresía, la no violencia, la misericordia, la rectitud, el servicio al gurú, la pureza de mente y cuerpo, la tenacidad, el dominio de sí mismo;

»la indiferencia a los objetos de los sentidos, la ausencia de egoísmo, la comprensión del dolor y de los males (inherentes a la vida mortal): nacimiento, enfermedad, vejez y muerte;

»el desapego, la no identificación de su verdadero ser con los hijos, el cónyuge o el hogar; la constante ecuanimidad ante las circunstancias deseables e indeseables;

»la inquebrantable devoción hacia Mí mediante la práctica del yoga que trasciende toda separación, la inclinación a frecuentar

parajes solitarios y a evitar la compañía de personas mundanas;
»la perseverancia en conocer el alma; y la percepción meditativa del objeto de todo conocimiento —su esencia verdadera
o significado oculto—; todas estas cualidades forman parte de
la sabiduría, y las opuestas no son más que ignorancia»[12].

Al cultivar las virtudes antes mencionadas, el ser humano puede
vivir —incluso en este mundo materialista— en la bienaventurada conciencia del alma, como un verdadero hijo de Dios. De este modo, su
vida, al igual que la de muchos otros con los que se cruza en su camino,
se vuelve radiante con la luz, el gozo y el amor infinitos del Padre Eterno.

~

«*Vosotros sois la sal de la tierra. Mas si la sal se desvirtúa,
¿con qué se la salará? Ya no sirve para nada más que para ser
tirada afuera y pisoteada por los hombres.*
»*Vosotros sois la luz del mundo. No puede ocultarse una
ciudad situada en la cima de un monte*» (*Mateo 5:13-14*).

La comparación metafórica que hace Jesús de sus discípulos con
la sal de la tierra era particularmente apropiada para aquella
época, en que la sal se consideraba una valiosa posesión. Los habitantes de Oriente que debían viajar con el calor extremo del desierto
solían llevar consigo grandes trozos de sal de roca, que lamían para
calmar la sed causada por la deshidratación. Si alguien compartía con otro la sal dadora de vida,
se decía que éste había «comido de su sal», o sea,
que gozaba de su máxima confianza. Para adquirir este preciado bien, se establecieron las primeras
rutas comerciales entre las civilizaciones antiguas.
En algunas zonas, una medida de sal tenía el mismo valor que su peso
equivalente en oro y se consideraba un precio justo. Los legionarios
romanos recibían un *salarium,* un «desembolso de sal». Éste es el
origen del término moderno «salario».

Además de tener la virtud de salvar la vida, la sal proporciona un

*Las personas
espirituales son «la
sal de la tierra» y
«la luz del mundo»*

---

[12] *Bhagavad Guita* XIII:7-11. (Véase el comentario completo de este pasaje en *God
Talks With Arjuna*).

sabor agradable a los alimentos; sin ella, la comida le resultaría insípida a la mayoría de las personas. De modo que así como la sal es una posesión de gran importancia en todo el mundo, así también el hombre mismo es la «sal de la tierra» porque, de entre todas las criaturas, el ser humano posee la mayor capacidad de hacer el bien a los demás.

Jesús señala que si la sal pierde su sabor, ya no es útil para sazonar los alimentos y tampoco es posible revivir sus cualidades, por lo cual debe ser desechada. De manera similar, cuando los seres humanos, hechos a imagen de Dios, profanan esa imagen al vivir en la ignorancia, pierden las cualidades esenciales del alma y ya no son los seres más beneficiosos de la tierra. Quienes no llevan una vida espiritual se dejan pisotear por la inutilidad y la muerte.

«Vosotros sois la luz del mundo» significa que los seres humanos, con su presencia, convierten la tierra en un lugar colmado de luminoso significado. Aunque las estrellas y la luna brillen sobre la tierra y las desiertas montañas se yergan majestuosas con sus plateados picos, permanecerían en el perpetuo olvido si no existieran los seres humanos que las apreciaran. Si los capullos desplegasen su seductora fragancia y luego se marchitaran sin que la mirada de las almas penetrase en los portales de sus pétalos, ¿quién conocería la mística belleza de las flores? Quienes revelan la maravillosa presencia de la Naturaleza y de Dios no son las insensibles montañas, ni el irreflexivo firmamento, ni la vegetación exuberante, sino solamente las almas, por medio de la luz de su conciencia. Si no fuese por esa luz de la conciencia humana, tanto la noche engalanada con la luna y las estrellas como el día con su sol resplandeciente, los océanos y los paisajes existirían únicamente en el seno de la oscura eternidad.

Por eso el hombre es la luz del mundo. Ninguna otra criatura viviente, sólo la conciencia humana, está dotada de la poderosa antorcha de una inteligencia potencialmente ilimitada.

∼

«No puede ocultarse una ciudad situada en la cima de un monte. Ni tampoco se enciende una lámpara para ponerla debajo del celemín, sino en el candelero, para que alumbre a todos los que están en la casa[13]. *Brille así vuestra luz delante de los*

---

[13] Compárese con la referencia paralela que aparece en *Lucas* 11:33 (discurso 28).

*hombres, para que vean vuestras buenas obras y alaben a vues-
tro Padre que está en los cielos»* (*Mateo 5:14-16*).

Así como las lámparas no se encienden para cubrirlas con un
celemín, sino para ponerlas en candeleros a fin de que difundan
su luz, tampoco las almas están encendidas con la omnipresencia de
Dios para quedar cubiertas por la ignorancia, la inutilidad, la materialidad y la muerte, sino para alumbrar con la luz de la sabiduría y
de la bondad las vidas espiritualmente oscurecidas de otras personas.
El mal eclipsa la luz del alma. Al igual que la llama de una vela se
extingue por falta de oxígeno, también el alma pierde su esplendor
externo si carece de la vitalidad que la bondad le proporciona. Las
buenas personas no deberían mantener ocultas las vivificantes cualidades de su alma —tal como lo expresó Gray en su *Elegía:* «Muchas
flores nacen para abrirse sin ser vistas, y derraman su fragancia en el
aire del desierto»—. Por el contrario, deberían ocuparse de realizar
buenas acciones entre los hombres con el objeto de derramar luz sobre
la oscuridad del género humano.

A ningún santo le agrada llevar a cabo milagros o desplegar sus
divinos poderes para demostrar su valía ante personas incrédulas;
ningún devoto verdadero aprecia que se le adule o se le alabe por su
bondad. Sin embargo, cuando la lámpara de la sabiduría se enciende
dentro del devoto, no la esconde en el fondo de su mente ni la cubre
bajo el celemín de la indiferencia. La coloca sobre el candelero de una
vida abierta y sincera, a fin de que los buscadores de la verdad puedan
verla y beneficiarse con su luz.

Las almas despiertas en Dios resplandecen con la luz de la Divinidad; hacen que la luz invisible de la bondad divina se vuelva visible
en sus corazones y en sus acciones. Su iluminación declara la presencia de Dios y, como un faro espiritual, sirve de guía a los demás para
ayudarlos a salir de los caminos de la oscuridad.

El Padre trascendente, oculto tras los muros etéricos del cielo y
enclaustrado en la Conciencia Cósmica, sale de su morada secreta
únicamente para adornar el altar de la devoción erigido en el templo
de las almas iluminadas. La luz presente en el interior de estas almas
avanzadas hace que se manifieste, tanto en sus palabras como en su
conducta y acciones, la gloria del Padre oculto —el Creador de toda
bondad, el único Hacedor y supremo Benefactor del ser humano.

Cumplir la ley

El Sermón del Monte, parte II

Las eternas leyes del Espíritu
que gobiernan la vida humana y el orden cósmico

❖

El cumplimiento de la justicia
mediante el cual el hombre alcanza la Conciencia Cósmica

❖

Los peligros espirituales de la ira y la violencia

❖

El propósito de las leyes espirituales relativas a la moralidad sexual

❖

Cómo aplicar el principio de la no violencia *(ahimsa)*

❖

La generosidad y la compasión hacia todos son cualidades del alma

❖

El ideal crístico de amar y perdonar tanto
a los amigos como a los enemigos

«Lejos de constituir simplemente un noble ideal, el principio del amor es, en verdad, la manifestación de Dios dentro de su creación. [...] Cuando los mortales, por la magnanimidad pura de su alma, prodigan amor a cambio de odio, y bondad a cambio de maldad, expresan su innata divinidad».

«No penséis que he venido a abolir la Ley y los Profetas. No he venido a abolirlos, sino a darles cumplimiento. Os aseguro que, mientras duren el cielo y la tierra, no dejará de estar vigente ni una i ni una tilde de la ley hasta que todo suceda. Por tanto, el que no dé importancia a uno de estos mandamientos más pequeños y así lo enseñe a los hombres, será el más pequeño en el Reino de los Cielos; en cambio, el que los observe y los enseñe, ése será grande en el Reino de los Cielos.

»Porque os digo que, si vuestra justicia no es mayor que la de los escribas y fariseos, no entraréis en el Reino de los Cielos.

»Habéis oído que se dijo a los antepasados: No matarás, pues el que mate será reo ante el tribunal. Pues yo os digo que todo aquel que se encolerice [sin motivo] contra su hermano será reo ante el tribunal; el que llame a su hermano "imbécil" [raca] será reo ante el Sanedrín; y el que le llame "renegado" [necio] será reo de la Gehenna [el infierno] de fuego. Entonces, si al momento de presentar tu ofrenda en el altar te acuerdas de que tu hermano tiene algo contra ti, deja tu ofrenda allí, delante del altar, y vete primero a reconciliarte con tu hermano. Luego vuelves y presentas tu ofrenda. Ponte enseguida a buenas con tu adversario mientras vas con él de camino, no sea que tu adversario te entregue al juez y el juez al guardia, y te metan en la cárcel. Yo te aseguro que no saldrás de allí hasta que no hayas pagado el último céntimo.

»Habéis oído que se dijo: No cometerás adulterio. Pues yo os digo que todo el que mira con deseo a una mujer ya cometió adulterio con ella en su corazón. Por tanto, si tu ojo derecho te es ocasión de tropiezo, sácatelo y arrójalo de ti; más te conviene que se pierda uno de tus miembros, que no que todo tu cuerpo sea arrojado a la Gehenna [al infierno]. Y si tu mano derecha te es ocasión de tropiezo, córtatela y arrójala de ti; te conviene que se pierda uno de tus miembros, antes que todo tu cuerpo vaya a la Gehenna [al infierno].

»También se dijo: El que repudie a su mujer, que le dé acta de divorcio. Pero yo os digo que todo aquel que repudia a su mujer —excepto en caso de fornicación— la hace ser adúltera; y el que se case con una repudiada comete adulterio.

»Habéis oído también que se dijo a los antepasados: No perjurarás, sino que cumplirás al Señor tus juramentos. Pues yo os digo que no juréis en modo alguno: ni por el Cielo, porque es el trono de Dios; ni por la Tierra, porque es el estrado de sus pies; ni por Jerusalén, porque es la ciudad del gran rey. Ni tampoco jures por tu cabeza, porque ni a uno solo de tus cabellos puedes hacerlo blanco o negro. Limitaos a decir: "Sí, sí", "no, no", pues lo que pasa de aquí proviene del Maligno.

»Habéis oído que se dijo: Ojo por ojo y diente por diente. Pues yo os digo que no resistáis al mal; antes bien, al que te abofetee en la mejilla derecha ofrécele también la otra; al que quiera pleitear contigo para quitarte la túnica déjale también el manto; y al que te obligue a andar una milla vete con él dos. A quien te pida da, y no vuelvas la espalda al que desee que le prestes algo.

»Habéis oído que se dijo: Amarás a tu prójimo y odiarás a tu enemigo. Pues yo os digo: Amad a vuestros enemigos y rogad por los que os persigan, para que seáis hijos de vuestro Padre celestial, que hace salir su sol sobre malos y buenos, y llover sobre justos e injustos. Porque si amáis a los que os aman, ¿qué recompensa vais a tener? ¿No hacen eso mismo también los publicanos? Y si no saludáis más que a vuestros hermanos, ¿qué hacéis de particular? ¿No hacen eso mismo también los paganos? Vosotros, pues, sed perfectos como es perfecto vuestro Padre del cielo».

Mateo 5:17-48

Cumplir la ley

El Sermón del Monte, parte II
(Incluye referencias extraídas del Sermón del Llano)

«No penséis que he venido a abolir la Ley y los Profetas. No he venido a abolirlos, sino a darles cumplimiento. Os aseguro que, mientras duren el cielo y la tierra, no dejará de estar vigente ni una i ni una tilde de la ley hasta que todo suceda» (Mateo 5:17-18)[1].

Referencia paralela:

«Es más fácil que el cielo y la tierra pasen que no que caiga un ápice de la Ley» (Lucas 16:17).

Jesús habla firme y claramente acerca de la importancia esencial de respetar las leyes eternas de la justicia. Estos códigos divinos le son transmitidos al hombre por el Soberano de la Creación a través de sus verdaderos profetas y resultan evidentes en el maravilloso tapiz del universo. El orden cósmico de las leyes universales que teje los diseños del cielo y de la tierra se expresa con igual exactitud como el orden moral que gobierna la vida de los seres humanos. Aquel que

---

[1] En el original griego «i» es *iota*, la novena letra (y la más pequeña) del alfabeto griego. Se emplea la palabra «tilde» como traducción del término griego *kerea*, que indica la serifa (trazo corto que prolonga las letras hebreas).

quiera asegurarse la felicidad y el bienestar en el presente y la llegada definitiva al reino de la suprema bienaventuranza no debe manipular estas reglas de la virtud ni hacer caso omiso de ellas.

Para el pueblo judío, entre cuyas gentes Jesús predicaba, «la Ley» era sinónimo de la Ley de Moisés —los Diez Mandamientos y otros preceptos morales y religiosos establecidos en la Torá—. De las voces de los profetas surge la proclamación de las verdades eternas —que son inmutables, están más allá de todo credo y son universalmente aplicables en todas las épocas— y también los códigos de conducta necesarios para un período particular o bajo determinadas circunstancias.

Las eternas leyes del Espíritu que gobiernan la vida humana y el orden cósmico

Estos códigos constituyen una adaptación de las verdades eternas a las necesidades específicas del ser humano. Sin embargo, el paso del tiempo, la tendencia a interpretar los textos según las conveniencias y la ignorancia mundana en general ocasionan una degeneración de las verdades sagradas. El áureo metal que las constituye se amalgama en una aleación de principios religiosos de observancia parcial que se encuentran rebajados por las racionalizaciones provenientes de las debilidades humanas. A lo largo de la historia, ha habido períodos en que el clero cayó, por un lado, en una explotación prácticamente mercantilista de la religión y, por otro lado, la envolvió en un velo de misterio teológico autocrático con el objeto de asegurarse una autoridad jerárquica sobre las tendencias arbitrarias de las masas.

Los grandes profetas dejan al descubierto las distorsiones pseudorreligiosas, tras lo cual a menudo despiertan la respuesta airada de las enquistadas clases sacerdotales, que condenan las acciones de los auténticos reformadores calificándolas de «opuestas a la religión y a las escrituras» e incluso de «blasfemas». Anticipándose a tal resistencia por parte de los jerarcas del templo y para advertir a sus seguidores que no se dejaran influir por falsas acusaciones, Jesús claramente enfatizó: «No he venido a abolir las leyes universales de la justicia, ni las enseñanzas eternamente verdaderas de los profetas, sino a revivirlas y a darles cumplimiento».

Así como la Inteligencia Crística es el Principio Eterno que gobierna todas las creaciones manifestadas, así también son imperecederos los preceptos de la vida espiritual enunciados por el Cristo presente en Jesús, que se encuentran en las generaciones bíblicas y se prolongan hacia el invisible futuro: «*El cielo y la tierra pasarán, pero* *mis palabras no pasarán*², proclamó. Los principios eternos que hay detrás de sus respectivas adaptaciones jamás se deben profanar ni corromper con la justificación de que la sociedad se sienta más cómoda con ellos. El hombre ha de reconocer con toda franqueza su presente incapacidad o incluso su categórica oposición a seguir los ideales espirituales, en vez de engañar a los demás argumentando que la santidad de esos preceptos está sujeta a una interpretación «liberal» por parte de quienes consideran que los ideales espirituales son inalcanzables o simplemente anticuados.

Moisés cumplió con su misión especial, que consistió en enunciar los mandamientos universales de Dios; Jesús vino a revelar la Conciencia Crística que mantiene esas leyes en toda la creación, así como la bondad y la verdad que se manifiestan como armonía, gozo y perfección cuando se cumplen dichos preceptos³.

Todos los fenómenos, ya sea los de la tierra o los del cielo, son las inconcebiblemente numerosas manifestaciones del Único Noúmeno o Sustancia divina. Esa Esencia subyacente, que relaciona todas las cosas entre sí en una unidad cósmica, es la Verdad, la Realidad, Dios reflejado en la creación como la Inteligencia Crística. La Verdad acerca de la creación, su esencial divinidad o bondad —oculta con anterioridad tras la macabra mascarada de *maya*—, la revelan aquellos que, al igual que Jesús, manifiestan la Conciencia Crística y la justicia inherente a dicha Conciencia.

Las leyes universales (el *dharma*), que sostienen la manifestación objetiva de la creación, emanan de la supremamente soberana Inteligencia Divina. Por eso, Jesús declaró: «Os aseguro que sería más fácil que los universos causal, astral y físico *—"el cielo y la tierra"—*, cuya vastedad es inconcebible, se disolviesen en la nada antes que dejara de demostrarse la realidad de la más diminuta porción de la ley divina».

«Mientras duren el cielo y la tierra, no dejará de estar vigente ni una i ni una tilde de la ley hasta que todo suceda». Tanto la tierra como el cielo son películas cinematográficas cósmicas proyectadas por el rayo de la energía vibratoria inteligente de Dios. La tierra es una película relativamente más burda en la que la vida material se proyecta sobre la pantalla de la conciencia humana, y el cielo es una película más sutil

---

² *Mateo* 24:35. (Véase el discurso 67, en el volumen III).

³ *«Porque la Ley fue dada por medio de Moisés; la gracia y la verdad nos han llegado por Jesucristo»* (*Juan* 1:17; véase el discurso 1).

en la que la existencia astral se proyecta sobre la pantalla de la conciencia del alma. Jesús sabía que todas las manifestaciones celestiales y terrenales tienen un solo propósito: tornar visible la Invisible Perfección mediante la expresión activa de las leyes divinas de la justicia. Jesús hizo hincapié en el hecho de que, hasta que las leyes de la justicia lleguen a cumplirse en todos sus detalles (como es el deseo de Dios en su plan cósmico y como lo han anunciado sus verdaderos devotos), el cielo y la tierra, con sus innumerables limitaciones, seguirían existiendo. Tanto las esferas densas de la creación como las sutiles son campos de batalla en los que las perfectas leyes de Dios luchan contra los modelos imperfectos introducidos por Satanás. Cuando la justicia divina se manifiesta plenamente en la tierra (el cosmos material) y en el cielo, el poder ilusorio de *maya* no prevalece más; y la creación finita, habiendo cumplido su propósito, se disuelve de nuevo en el seno de Dios. Cuando la ley de la existencia ideal, incluyendo sus proscripciones y prescripciones, se cumple en la vida de todos los seres humanos y astrales —todos ellos expresiones activas del Cristo omnipresente—, estos hombres verdaderamente justos se convierten, en palabras de Emerson, «no sólo en seres virtuosos, sino en la Virtud misma; se cumple así el propósito de la creación, y Dios queda complacido»[4]. Hasta que ello suceda, los mundos surgirán y se disolverán, y los hombres que persistan en comportarse de manera perversa permanecerán en esta película cósmica aparentemente interminable.

≈

«Por tanto, el que no dé importancia a uno de estos mandamientos más pequeños y así lo enseñe a los hombres, será el más pequeño en el Reino de los Cielos; en cambio, el que los observe y los enseñe, ése será grande en el Reino de los Cielos.

»Porque os digo que, si vuestra justicia no es mayor que la de los escribas y fariseos, no entraréis en el Reino de los Cielos» (*Mateo 5:19-20*).

El reino de los cielos al que se hace alusión en este contexto es el estado de Conciencia Cósmica, en el que todas las dualidades quedan abolidas y el Único Rey Amoroso, Dios Padre, reina en

---

[4] *Alocución ante la Facultad de Teología de Harvard* (1838).

el trono de la Infinitud. Si bien no hay una diferencia esencial entre las almas que han alcanzado por completo el estado de Conciencia Cósmica, existen diversos niveles de santidad entre aquellos que han tomado contacto con Dios, pero que aún no se encuentran irrevocablemente establecidos en la unión definitiva —los «más pequeños» y los «grandes» del reino de los cielos—. El primer contacto con Dios puede proporcionarle al devoto inmensa bienaventuranza y entendimiento, pero este encuentro no borra todos los efectos de las acciones del pasado. Experimentando de manera continua el contacto con Dios, gradualmente se consumen los efectos de las acciones que se han acumulado encarnación tras encarnación. El grado en que un santo haya concluido este proceso de purificación determina la medida de su grandeza —es decir, indica cuán cerca se encuentra de la liberación absoluta en la Conciencia Cósmica.

El cumplimiento de la justicia mediante el cual el hombre alcanza la Conciencia Cósmica

Las leyes divinas son las pautas que la presencia de Dios imprime en la matriz de la creación. En la medida que el ser humano se rija por el código de la justicia, tejerá una vida en armonía con Dios. Los más grandes en el reino de Dios obedecen automáticamente tanto las leyes superiores de la vida divina como las menores. Dado que son uno con la Conciencia Cósmica, sus acciones se encuentran en perfecta concordancia con la verdad. En cambio, quienes no viven una existencia virtuosa en todos sus detalles —y no actúan en perfecta sintonía con la verdad que surge del interior en la forma de la voz de la conciencia y de la intuición— no gozarán de tan elevada consideración como las almas que se rigen por los excelsos estándares de aquellos que conocen a Dios.

Los santos que cumplen tanto las leyes mayores de la verdad como las menores —que las enseñan con su palabra y, sobre todo, mediante el ejemplo de su propia vida— son tenidos en la más alta consideración por aquellos que viven en la esfera del supremo Espíritu de la Conciencia Cósmica. A quienes no practican totalmente las doctrinas espirituales, pero tratan de enseñar a los demás el camino de la salvación, se les considera inferiores a aquellos santos que enseñan el sendero que conduce hacia Dios mediante el ejemplo de su vida diaria, en la que, de modo impecable, demuestran seguir incluso las más mínimas leyes de la verdad. Aun cuando hayan establecido contacto con Dios, a aquellos santos que hacen caso omiso de las verdades cuyo cumplimiento es menos imperativo se les considera «más pequeños» desde el punto de vista de los estándares más elevados de la virtud. Si una persona que es buena en todos los demás sentidos transgrede cualquiera de las leyes espirituales, ya sea intencional o involuntariamente, enseña a quienes poseen una mente débil que la negligencia en el cumplimiento del recto deber es un comportamiento aceptable.

Jesús hizo hincapié en la diferencia existente entre la rectitud superficial de los escribas y fariseos, que practicaban la religión maquinalmente, y la virtud verdadera inherente a una vida que se vive en sintonía con Dios. Jesús constató que incluso los hombres buenos y religiosos del templo, que pensaban y hablaban extensamente acerca de las sagradas escrituras y cumplían con meticulosidad sus deberes y llevaban a cabo las ceremonias sacerdotales que tenían prescritas, carecían sin embargo del conocimiento interior de las verdades que eran el fundamento de sus prácticas vocacionales; la rectitud de su proceder era sólo superficial, con poco o ningún contacto con la conciencia que moraba en su interior.

Pensar acerca de la verdad es beneficioso si de ese modo se incrementa el deseo de seguir las leyes de la verdad. Por el contrario, pensar o hablar acerca de la verdad y no aplicar sus leyes en nuestras acciones y comportamiento no conduce a la rectitud, sino a la hipocresía —una doble vida en la que se piensa o se habla de una manera, pero se actúa de otra—. A menos que nuestros buenos pensamientos vayan acompañados de las nobles actividades correspondientes, nuestro elevado filosofar tenderá a desarrollar un ineficaz e incluso vanaglorioso exceso de confianza en cuanto a que se conocen los conceptos relativos a la verdad, una actitud que da lugar a que se descuide la auténtica aplicación de la verdad y que es propia del «sabelotodo» que no hace nada. La rectitud superficial, semejante a la de los escribas y fariseos citados como ejemplo en este versículo, puede hacer que una persona se vuelva fiel a una filosofía teórica o que se dedique a un conjunto de prácticas y de creencias religiosas, lo cual supone una dilución extrema de la panacea espiritual de la auténtica realización de la verdad y, en consecuencia, no produce un desarrollo significativo del alma. Jesús se refirió, por lo tanto, a la necesidad de desarrollar la conciencia del comportamiento correcto y de vivir la verdad, sin rastro de superficialidad.

La rectitud absoluta consiste en la completa identificación con la verdad plena. La armonía con la totalidad de la verdad, y no sólo con parte de ella, únicamente es posible por medio de la meditación y el *samadhi*, o éxtasis, en que el devoto, el acto de meditar y Dios como objeto de contemplación se convierten en uno solo.

Se cuentan por millones las personas que ni siquiera piensan en la religión; y de aquellas que lo hacen, la mayoría se dan por satisfechas con asistir a un culto religioso una hora por semana, o con leer unos cuantos libros espirituales, o con participar en algunas ceremonias religiosas. Nunca intentan profundizar un poco más; jamás procuran comulgar mediante la meditación científica con el Padre infinitamente amoroso acerca del cual oyen o leen. Ésta es la razón evidente por la que tan pocas personas alcanzan el estado crístico y entran en el reino de Dios de la Conciencia Cósmica, la región en donde reina con toda humildad el Espíritu Supremo.

Los seres humanos que se hallan impulsados por los deseos son como barcazas descontroladas que se precipitan río abajo por el torrente de la vida mundana: caen por las rocosas cataratas de las experiencias abrumadoras hacia la inconsciencia de la muerte. Las barcas de las vidas guiadas por la sabiduría evitan la poderosa corriente de los convencionalismos y de las costumbres sociales, y alcanzan las costas de la satisfacción divina, que todo lo redime.

Jesús alentaba a todos a escuchar esta gran verdad: «Si queréis entrar en el reino de Dios, vuestra rectitud debe ir más allá de la forma ordinaria de vivir y de las creencias religiosas teóricas; debe transformar vuestra conciencia y vuestro ser entero. Salvo que sigáis el camino verdadero de la auténtica comunión con Dios al adorarle interiormente en la meditación profunda, vuestra rectitud no os capacitará en modo alguno para entrar en el estado más elevado de la Conciencia Cósmica, la bienaventuranza celestial de la cual jamás volveréis a caer».

~

«Habéis oído que se dijo a los antepasados: No matarás, pues el que mate será reo ante el tribunal. Pues yo os digo que todo aquel que se encolerice [sin motivo] contra su hermano será reo ante el tribunal; el que llame a su hermano "imbécil" [raca] será reo ante el Sanedrín; y el que le llame "renegado" [necio] será reo de la Gehenna [el infierno] de fuego» (Mateo 5:21-22).

Después de haber hablado en general acerca de las leyes eternas que gobiernan la creación de Dios y de haberse referido a la necesidad de observarlas para alcanzar el reino de los cielos, Jesús ilustra (en los versículos 21 al 48) las adaptaciones específicas de dichas leyes —la forma de dar cumplimiento al espíritu de justicia natural presente en ellas.

Jesús se refiere en primer lugar al antiguo mandamiento «*No matarás, pues el que mate será reo ante el tribunal*»[5]. Aquellos que destruyen a los seres humanos, cuyo origen es celestial, hacen uso erróneo de su raciocinio y de la independencia que Dios les ha otorgado; en consecuencia, serán juzgados conforme a las normas de la justa e inescrutable ley kármica de causa y efecto. Los asesinos

Los peligros espirituales de la ira y la violencia

no sólo actúan en contra de la ley universal de la creación divina, sino que privan a sus víctimas de la legítima oportunidad de resolver con independencia su propio karma —se les impide el avance en su vida presente—. Dios es el creador de la vida mortal. Matar implica obstaculizar el más elevado deseo divino: la emancipación de las almas inmortales mediante su purificación en el fuego kármico de las pruebas mortales que esas almas han creado y de las cuales emergen transformadas merced a las acciones sabias que efectúan por libre voluntad.

Jesús señaló que, a la luz de la justicia natural, el mal no radica únicamente en el acto homicida, sino en los pensamientos y sentimientos airados que dan origen a dicha acción. Jesús, que enseñó que debemos amar incluso a nuestros enemigos, previno contra la ira «sin motivo», y luego añadió que el hombre no debe dejarse llevar bajo ninguna circunstancia por la animosidad y por el desdén hacia sus hermanos, so pena de que él mismo sea «*reo ante el Sanedrín*» y «*reo de la Gehenna [el infierno] de fuego*». La ira entorpece el discernimiento e impide que la mente decida la actitud correcta que debe tomarse ante una situación crítica. Quienquiera que se encolerice con su hermano por una interpretación errónea de los hechos, o que se altere porque considera que se le ha ofendido, se está dejando llevar por la ira sin razón.

La ira, causada por un motivo real o imaginario, puede constituir una provocación suficiente como para impulsar a una persona hacia la violencia. En casos de encolerizamiento extremo, las personas pueden llegar a desear la muerte de sus enemigos. En ocasiones,

---

[5] Véase *Éxodo* 20:13.

expresan verbalmente su ira: «¡En verdad, mataría a ese hombre!». Aun cuando en realidad no sea ésta la intención, se trata de algo muy negativo. Pensar y hablar acerca de la muerte de otra persona constituyen sustancias químicas mentales que tienen la capacidad de explotar y de desatar acciones violentas. La idea de matar precede al acto físico como una respuesta previamente condicionada a la espera de la provocación. Ningún asesinato premeditado es posible sin haber sido desencadenado por el pensamiento. Por consiguiente, para dar cumplimiento a esta ley —«No matarás»—, Jesús dijo que no sólo el acto en sí, sino también todos los pensamientos, las palabras y las acciones relacionados con el hecho de matar deben evitarse estrictamente. Él hablaba en consonancia con los sabios de la India, que honran el mandato de las escrituras de practicar *ahimsa*, la no violencia, tanto interna como externa.

En cierta ocasión, mi gurú, Swami Sri Yukteswarji, vio cómo levantaba yo la mano para matar un mosquito que me picaba. Sin embargo, repentinamente cambié de parecer porque recordé el precepto de la no violencia. El Maestro dijo:

—¿Por qué no terminaste la obra?

—Maestro, ¿aprueba usted el matar? —repliqué sorprendido, a lo cual él me respondió:

—No, pero el golpe mortal ya ha sido ejecutado en tu mente, de modo que ya has cometido el pecado.

Mi gurú no quiso decir que cada vez que alguien sienta el impulso de matar habrá de hacerlo; él trataba de hacerme comprender que uno no debería sentir el deseo de matar en absoluto. Es preferible, por supuesto, reprimir el deseo de matar antes que cometer tal acto; pero la mayor proeza es permanecer libres de malos pensamientos, los cuales son la causa fundamental de las acciones indebidas[6].

---

[6] En *Autobiografía de un yogui* relaté la siguiente conversación que sostuve con mi gurú acerca de los *Yoga Sutras* de Patanjali II:35: «En la presencia de un hombre que se ha perfeccionado en *ahimsa* (no violencia), no surge enemistad [en ninguna criatura]». Sri Yukteswar dijo:

«—El sentido del aforismo de Patanjali es eliminar el *deseo* de matar [...]. Este mundo está inconvenientemente arreglado para la práctica literal de *ahimsa*. El hombre puede verse obligado a exterminar las criaturas perjudiciales. Pero no debe caer bajo la compulsión de la ira o la animosidad. Todas las formas de vida tienen igual derecho al aire de *maya*. El santo que descubre los secretos de la creación deberá estar en armonía con las múltiples y desconcertantes expresiones de la naturaleza. Todos los seres humanos llegarán a comprender esta verdad, superando su pasión por la destrucción.

El pensamiento, que es el precursor de la acción externa, es en sí mismo una acción en un plano más sutil. En tal sentido, de acuerdo con la ley del karma o de la acción, la rectitud y el pecado residen tanto en los pensamientos y en los motivos que uno alberga como en el comportamiento externo. Un hombre comete un asesinato y es condenado a muerte por eso, mientras que otro hombre mata a muchos seres humanos en el campo de batalla, en defensa de su país, y recibe una medalla. Lo que diferencia a ambos es la motivación interior. Aquellos que son moralistas de la conducta humana juzgan las apariencias externas y creen en normas absolutas; pero la Ley Divina, que es el verdadero árbitro de la virtud y de la maldad en este mundo de relatividad, juzga lo que existe en el interior del hombre. Los motivos, sin embargo, deben tener la pureza que ofrece la sabiduría. Recuerdo a ciertos estudiantes oportunistas que asistían a mis clases y que aprovechaban esta brecha en la puerta del comportamiento correcto como una excusa cómoda: «Mi motivo justificaba mis acciones». Mi respuesta consistía en citar el refrán: «El camino al infierno está empedrado de buenas intenciones», a cuyo autor agradezco tan sucinta refutación.

La ley de causa y efecto concede frutos buenos o malos de acuerdo con las acciones buenas o malas de las personas. Cada acción —física o mental— produce un resultado que adopta la forma de una tendencia, la cual se aloja en la mente como una semilla kármica. Esta semilla de la tendencia mental germina y se convierte en acción cuando las condiciones del entorno le proporcionan el «riego» necesario. Una buena semilla mental produce buenas acciones y una mala semilla da como resultado un comportamiento negativo. Debemos ser muy cautos con respecto al modo en que actuamos, pues el poder residual de las tendencias hace que las acciones se repitan por sí solas y se integren cada vez más profundamente a nuestra naturaleza con cada repetición. Cuando lo que se repite son buenas acciones, no hay

---

»—Maestro, ¿debe uno ofrecerse a sí mismo en sacrificio en vez de matar una bestia salvaje? —pregunté luego.

»—No; el cuerpo del hombre es precioso. Su valor es de primer orden en la escala evolutiva, porque posee un cerebro y centros espinales únicos. Éstos le permiten al devoto adelantado comprender y expresar plenamente los más elevados aspectos de la divinidad. Ninguna de las especies inferiores está así capacitada. Es verdad que se incurre en la deuda de un pecado menor, si uno se ve obligado a matar algún ser viviente. Pero los sagrados *Shastras* enseñan que la pérdida injustificada de un cuerpo humano es una transgresión muy grave contra la ley kármica».

problema alguno; pero resulta desastroso cuando las malas acciones comienzan a predisponer al ser humano a ejecutarlas en contra de su voluntad. Cada acción incorrecta suscita la sentencia adversa procedente del «tribunal»; es decir, da lugar a un resultado que proviene de la ley de causa y efecto.

El ser humano puede medir su grado de autocontrol emocional poniéndolo a prueba en sus relaciones con aquellos que le son más cercanos y queridos. Si puede neutralizar el impulso que le hace sentirse iracundo (o con deseos de desahogarse mediante otra emoción áspera) en respuesta a las provocaciones, entonces está evolucionando en el espíritu de la ley, tal como Jesús aconsejaba. Controlar la expresión externa de la ira mientras uno hierve por dentro genera un calor vibratorio interno que cocina el propio cerebro como si se estuviera asando una papa a fuego lento. Lahiri Mahasaya proporcionó los métodos de meditación por medio de los cuales es posible calcinar, en cambio, las semillas de los impulsos erróneos. La meditación científica armoniza el ser entero y crea la calma interior del autodominio.

En estos versículos, Jesús hace otra reflexión: las palabras son acciones vibratorias sumamente potentes que influyen de modo favorable o adverso en quien las pronuncia y también en aquel hacia quien van dirigidas. Expresar desprecio hacia cualquier persona —*«el que llame a su hermano "imbécil" [raca]*[7]»— es una acción espiritualmente difamatoria contra el alma de esa persona, pues el alma es siempre perfecta pese a lo detestable que pueda ser la forma egoísta en que se exprese. Al despreciar al prójimo, uno degrada la naturaleza tolerante de su propia alma y se ve sometido al escrutinio del tribunal de su conciencia y al historial que dicha conciencia tiene de sus muchas y deplorables flaquezas. Sería una experiencia humillante, casi terrorífica, el que uno se viera obligado a afrontar una lectura del registro de los hechos vergonzosos de todas sus pasadas encarnaciones. ¡Mucho ha perdonado Dios, en su misericordia, a los seres humanos que se esfuerzan conscientemente por alcanzar la luz de la sabiduría! Es la nobleza despierta del alma la que, asimismo, manifiesta paciencia en vez de desprecio hacia aquellos cuyas acciones no evidencian tal despertar.

Además, quienquiera que llame «necio»[8] a otro sufrirá los efectos

---

[7] *Raca*: término denigrante en arameo que significa literalmente «te escupo» y que expresa sumo desprecio.

[8] En el original griego, *moros;* significa «imbécil» o «idiota».

del fuego de la ignorancia. La ignorancia equivale al infierno, dado que engendra toda clase de males y en sus llamas se consume la sabiduría. La sabiduría y el conocimiento verdaderos son la fuente de la salvación de todos los sufrimientos inherentes a la condición humana. Inhibir el desarrollo potencial de la sabiduría del alma de una persona sugiriéndole con fuerza la idea de que es inepta es hacerle un gran daño; resulta censurable invalidar la voluntad de una persona e imprimir en su mente subconsciente pensamientos derrotistas acerca de la inferioridad de sus capacidades con respecto a las de los demás. Alentar en cualquier persona una actitud de entrega a la ignorancia pone en movimiento un principio indicado por la ley: difamar a otro ser humano es un pecado que lo expone a uno a convertirse en *«reo de la Gehenna [el infierno] de fuego»* —el fuego de la ignorancia que consume el propio mérito espiritual cuando deliberadamente se desmoraliza, humilla o denigra a otra persona.

Es evidente que Jesús hablaba de modo figurativo en lo que se refiere al fuego del infierno[9]. No quiso decir que el amoroso Dios omnipresente hubiera creado voraces lenguas de fuego en un infierno ubicado en algún lugar del espacio con el fin de quemar las almas desencarnadas de los pecadores, plagadas de mal karma. El Espíritu Celestial, que es el Padre de todas las criaturas humanas, no permitiría de ningún modo que éstas fueran quemadas vivas por toda la eternidad por el simple hecho de haber cometido algunos errores pasajeros durante su paso por la tierra.

---

[9] Véanse también los discursos 48 y 68 en los volúmenes II y III, respectivamente. El concepto de condena eterna en el fuego del infierno, habitual en las interpretaciones ortodoxas, no encuentra apoyo en este versículo ni en ningún otro del Nuevo Testamento. La palabra original griega que figura en los Evangelios para designar el «infierno» es *Gehenna*, que proviene del hebreo *Ge Hinnom*, una referencia al Valle de Ben Hinón, situado al sudoeste de Jerusalén, donde se quemaban niños como sacrificio humano al dios amonita Moloc (*II Crónicas* 28:3; *Jeremías* 7:31-32). En tiempos de Jesús, según los historiadores bíblicos, se empleaba el valle como vertedero de la basura de la ciudad. Para destruir la basura, se encendían allí fogatas constantemente. Dice el comentarista John Gill: «era un lugar cuyos fuegos jamás se apagaban. En ese lugar se quemaban los huesos de cualquier cosa que fuera impura, los cuerpos muertos de los animales y otros desperdicios». Así, los judíos comenzaron a utilizar este nombre con el significado de «reino del castigo posterior a la muerte». En la acepción de *Gehenna* que aparece en la *Enciclopedia Británica* se lee: «Mencionado varias veces en el Nuevo Testamento (por ejemplo, en Mateo, Marcos, Lucas y Santiago) como sitio en el cual el fuego destruirá a los malvados, también se encuentra en el Talmud (compendio de la ley judía, de las tradiciones orales judías y de las respectivas glosas) como lugar de purificación tras la cual el ser humano queda libre de toda nueva tortura».

~

«Entonces, si al momento de presentar tu ofrenda en el altar te acuerdas de que tu hermano tiene algo contra ti, deja tu ofrenda allí, delante del altar, y vete primero a reconciliarte con tu hermano. Luego vuelves y presentas tu ofrenda[10]. *Ponte enseguida a buenas con tu adversario mientras vas con él de camino, no sea que tu adversario te entregue al juez y el juez al guardia, y te metan en la cárcel. Yo te aseguro que no saldrás de allí hasta que no hayas pagado el último céntimo»* (*Mateo 5:23-26*)[11].

Aun cuando Dios no recoge ni se lleva del altar del templo los objetos materiales que se le ofrecen, Él recibe la devoción del corazón que motiva dichas ofrendas. Nadie puede, en verdad, obsequiarle a Dios con un regalo elegido de entre los abundantes tesoros de la creación porque todas las cosas ya le pertenecen. Entregarle, sin embargo, los presentes que Él mismo concede es señal de un corazón agradecido. Sobre todo, Dios ama los presentes del amor, de la paz y de la devoción que se le ofrecen en el templo del propio corazón o a través de los templos de los corazones de los demás.

Por lo tanto, Jesús hizo hincapié en que debemos purificar el corazón si deseamos que nuestra ofrenda a Dios sea un obsequio valioso. La mala voluntad hacia un hermano del que nos hemos distanciado es una profanación del templo interior de la armonía. El hecho de que uno se «ponga a buenas con su adversario» no significa que apruebe su mal proceder ni que coopere con su conducta errónea, sino purificarse de malicia y de rencor. Buscar la reconciliación mediante el perdón de las ofensas significa complacer a Dios, tanto en quien perdona como en quien es objeto de perdón.

La desarmonía que se produce como resultado de la enemistad es el juez y el guardia que nos arroja a la cárcel de la perturbación interior. En verdad, nadie puede liberarse de la prisión de la desarmonía, salvo que se desprenda hasta del último vestigio de ira, resentimiento y deseo de venganza que abrigue dentro de su ser. Considerar a otra persona como a un enemigo es eclipsar la presencia de Dios que mora

---

[10] Compárese con *Marcos* 11:25-26, en el discurso 35 (volumen II).

[11] La última parte de los versículos citados tiene una referencia paralela en *Lucas* 12:58-59, y se comenta en tal contexto en el discurso 56 (volumen II).

en esa alma. Un sabio jamás pierde conciencia de la omnipresencia de Dios, pues es siempre capaz de verle en todos, aun cuando Él permanezca oculto tras la pantalla de humo del odio con que un hermano enemistado envuelve su propio corazón.

~

«Habéis oído que se dijo: No cometerás adulterio. Pues yo os digo que todo el que mira con deseo a una mujer ya cometió adulterio con ella en su corazón. Por tanto, si tu ojo derecho te es ocasión de tropiezo, sácatelo y arrójalo de ti; más te conviene que se pierda uno de tus miembros, que no que todo tu cuerpo sea arrojado a la Gehenna [al infierno]. Y si tu mano derecha te es ocasión de tropiezo, córtatela y arrójala de ti; te conviene que se pierda uno de tus miembros, antes que todo tu cuerpo vaya a la Gehenna [al infierno]» (Mateo 5:27-30)[12].

Jesús señaló que no sólo el acto físico del adulterio es pecaminoso, sino que, de acuerdo con la ley espiritual, una mirada lujuriosa implica cometer adulterio con la mente. Es algo habitual, sobre todo en las permisivas sociedades modernas, que los hombres y las mujeres se miren mutuamente con impudicia, abrigando pensamientos y anhelos sensuales. Este aliciente parece halagar a las personas que lo reciben, algunas de las cuales incluso se atavían de una determinada manera o adoptan ciertos ardides con el objeto de despertar ese tipo de admiración. No sólo es pecaminoso dirigir miradas lascivas, sino que es igualmente incorrecto despertar de forma premeditada pensamientos de índole sexual en el sexo opuesto, así como también sentirse halagados por tal lisonja.

El propósito de las leyes espirituales relativas a la moralidad sexual

De acuerdo con las leyes humanas, a menos que exista adulterio físico, no hay motivo de censura. La ley de los hombres no condena el comportamiento mentalmente lascivo. En cambio, la Ley Divina condena también el adulterio mental, ya que sin su presencia no se produciría el adulterio físico.

Las escrituras hindúes hacen referencia a las siguientes maneras

---

12 Jesús repite estos consejos casi con las mismas palabras en *Mateo* 18:8-9. Los consejos que proporciona en ese contexto, así como en *Marcos* 9:43-48 (donde emplea nuevamente esta metáfora), se comentan en el discurso 48 (volumen II).

de cometer adulterio (aplicables por igual a hombres y mujeres):

1. Pensar con lascivia acerca de una mujer (tanto si la mujer está presente como si no se halla ante los ojos de quien la imagina).

2. Hablar acerca de una mujer con deseo lascivo.

3. Tocar a una mujer con deseo lascivo.

4. Mirar a una mujer con deseo lascivo.

5. Mantener conversaciones íntimas con una mujer con el propósito fundamental de lograr la unión física.

6. La unión física sin la consagración del matrimonio.

La noción de «pecado» requiere una definición compleja. No se trata de la transgresión contra un código arbitrario de conducta decretado por un Dios caprichoso. El Creador hizo al hombre un ser espiritual, un alma dotada de una individualización de la propia naturaleza divina de Dios. Le concedió al alma, que desarrolló a partir de su propio Ser, un cuerpo y una mente como instrumentos mediante los cuales pudiese percibir los objetos de un universo de naturaleza ilusoria (creado por *maya*) e interactuar con ellos. Los instrumentos mentales y físicos del alma nacen y mantienen su existencia merced a procesos específicos del poder creativo de Dios que se desarrollan de acuerdo con las leyes divinas. Si el ser humano vive en perfecta armonía con la esencia de estos principios, continúa siendo un ser espiritual que se encuentra a cargo de su cuerpo y de su mente. El pecado es todo aquello que pone en peligro el perfecto autodominio del hombre; y posee un efecto negativo automático que es proporcional a la magnitud en que haya sido influido por el engaño —sin que ello implique la condenación por parte de un Dios airado—. Las acciones que el hombre realiza utilizando su libre albedrío armonizan y fortalecen la esencia manifiesta de la perfección de su alma o, por el contrario, debilitan y degradan esa esencia y la hacen caer en la esclavitud de la mortalidad.

Así pues, no hay mortal que sepa de cuán diversas maneras se puede pecar contra la ley natural. En especial, el tema del sexo suele provocar desconcierto. El ser humano no podría sentir el impulso sexual a menos que le hubiera sido dado desde su interior mediante el proceso de evolución que siguió a su caída del Edén[13]. Ya que la unión física constituye la ley de propagación de la especie, ha de ser considerada teniendo en cuenta este principio.

Los animales no pueden cometer adulterio —aun cuando desde el

---

[13] Véase el discurso 7.

punto de vista humano sean promiscuos—, pues sus uniones sexuales obedecen meramente al instinto de procreación de la especie, que es impulsado por la naturaleza. Los animales no tienen la opción de complacerse en abrigar pensamientos sexuales que ellos mismos hayan creado. Al estar dotado de raciocinio y de libre albedrío, el hombre comete pecado porque al instinto de procreación le agrega sus pensamientos lascivos, insaciables y lujuriosos. Por lo tanto, de acuerdo con la ley espiritual, el uso del instinto sexual con el único fin de gratificar el deseo sensual se considera pecaminoso y perjudicial para la imagen divina del hombre. Un hombre casado también comete pecado, tal como lo señaló Jesús, si piensa lascivamente en su mujer, cuya naturaleza femenina debería ser amada y apreciada con todo respeto por constituir el aspecto maternal de Dios.

Se puede calmar la sensación saludable de hambre utilizando el sentido del gusto para seleccionar los alimentos apropiados; pero es imposible satisfacer la gula, y sus efectos perjudiciales se agravan por la elección de una dieta poco saludable. De modo similar, la unión física para la procreación es lo que la naturaleza ha dispuesto; en cambio, la lujuria jamás se apacigua y es destructiva para la salud y para el sistema nervioso, ya que perturba todas las facultades mentales, neurales y espirituales.

La mente se vuelve obsesiva cuando permanece fija en un determinado impulso. Una vez que se acostumbra a los hábitos sexuales, resulta muy difícil lograr que se eleve a los inspiradores caminos de la meditación. Las personas adictas al sexo son sumamente nerviosas e inquietas; sus mentes vagan constantemente por el plano de los sentidos, lo cual les hace difícil concentrarse en la paz interior que conduce la conciencia hacia el supremamente embriagador y siempre renovado gozo de la comunión con Dios.

La esencia vital que se pierde durante la unión física contiene incontables unidades atómicas de inteligencia y energía vitatrónicas; la pérdida de estos elementos como consecuencia de los excesos indiscriminados es extremadamente nociva para el desarrollo espiritual. Tales excesos exacerban el flujo de la energía vital hacia el exterior a través del centro sutil inferior, situado en la base de la espina dorsal, y concentran la conciencia en la identificación con el cuerpo y con las percepciones sensoriales externas. Cuando una persona se habitúa a ese estado, resulta imposible el ascenso de la conciencia a los centros más elevados de percepción espiritual y de comunión con Dios.

Quienes viven en el plano sexual, con su fascinación y excitación física momentáneas, no pueden siquiera imaginar, y mucho menos desear alcanzar, la incomparable bienaventuranza del Espíritu que se encuentra en el recogimiento de la meditación. Los yoguis aumentan su inmenso poder y su realización espiritual mediante la conservación natural y no represiva de la esencia vital, la cual transmutan durante la meditación en vibraciones divinas que despiertan los centros superiores de la espina dorsal y sus elevados estados de conciencia.

Hablando de modo figurado acerca de cómo incluso el hecho de mirar al sexo opuesto abrigando pensamientos impuros despierta la lascivia, Jesús señaló que es mejor perder un ojo que permitir que todo el instrumento corporal sea profanado por el mal —es preferible abandonar la gratificación sensorial ilícita que perder los infinitos gozos perdurables de la comunión del alma con el Espíritu.

Cristo empleó una metáfora impactante para recalcar que si la mente permanece esclavizada por los deseos que surgen de cualquiera de las percepciones sensoriales (el «ojo») o de las acciones sensoriales (la «mano»), profana la divina imagen del alma que mora en el ser humano y hace que éste se olvide de Dios. En la vida, si uno permanece ignorante de Dios, no hay ninguna cosa —por placentera que sea— que tenga valor alguno o que brinde felicidad duradera. Cuando no se conoce al Señor, la vida se convierte en un «infierno» de inseguridad, plagado de imprevisibles desastres y de dolorosas preocupaciones. Es mejor para el hombre que su mal uso de los sentidos o sus acciones incorrectas «se pierdan» o perezcan que permitir que sus pasiones aniquilen toda la felicidad que podría tener en el Espíritu.

¡Cuán insensatamente renuncia la gente al reino de la bienaventuranza inmortal a cambio de sus deseos materiales de tener nombre, fama, gratificación sensual, posesiones y dinero! Cristo censuraba esta manera imprudente de emplear la vida: «más te conviene» desprenderte de todo aquello que arroja la felicidad de tu ser al «infierno» del engañoso olvido del alma.

～

«También se dijo: El que repudie a su mujer, que le dé acta de divorcio. Pero yo os digo que todo aquel que repudia a su mujer —excepto en caso de fornicación— la hace ser adúltera; y el que se case con una repudiada comete adulterio» (Mateo 5:31-32).

Esta parece ser una ley drástica para aquel que se separa de su pareja por incompatibilidad de caracteres y luego decide casarse con otra persona.

El pecado reside en casarse con la persona equivocada, influido por las costumbres sociales o por el instinto físico. Uno debe casarse únicamente cuando siente la unidad del alma con la pareja adecuada. Y estas dos personas así unidas mediante votos sagrados deben permanecer juntas, profesándose inquebrantable lealtad la una a la otra. El matrimonio apropiado alimenta el amor verdadero —la unión en un plano superior— y sublima el deseo incontrolado de vivir en el plano sexual.

Quienes se casan y se divorcian una y otra vez no permiten que las semillas del amor divino tengan la oportunidad de crecer en el suelo de un compromiso fiel. La mente de tales personas, concentrada en el sexo y en la atracción física, se mantiene en estado de desuso espiritual. Por lo tanto, el divorcio por razones triviales es un comportamiento adúltero, ya que se concentra principalmente en la gratificación sexual como fin en sí mismo. Es fundamental que esposo y esposa honren el matrimonio como una oportunidad de alimentar el crecimiento y la comprensión a través del intercambio mutuo de las mejores cualidades de ambos. Y la unión conyugal debe respetarse como medio de procreación en el plano físico (invitando así a las almas a nacer en un ambiente familiar apropiado). El perfeccionamiento de la relación matrimonial culmina en la procreación de esos sublimes «hijos» que son el amor incondicional y la emancipación definitiva en el plano espiritual[14].

~

«Habéis oído también que se dijo a los antepasados: No perjurarás, sino que cumplirás al Señor tus juramentos. Pues yo os digo que no juréis en modo alguno: ni por el Cielo, porque es el trono de Dios; ni por la Tierra, porque es el estrado de sus pies; ni por Jerusalén, porque es la ciudad del gran rey. Ni tampoco jures por tu cabeza, porque ni a uno solo de tus cabellos puedes hacerlo blanco o negro. Limitaos a decir: "Sí, sí", "no, no", pues lo que pasa de aquí proviene del Maligno» (Mateo 5:33-37).

---

[14] Compárese con *Mateo* 19:9 y con *Lucas* 16:18, en el discurso 62 (volumen III), donde se encontrarán comentarios adicionales sobre las enseñanzas de Jesús acerca del matrimonio y del divorcio.

En épocas antiguas —así como en el presente—, se consideraba que el juramento solemne que se hacía por Dios o en su nombre era moral y espiritualmente vinculante (y también vinculante, en el plano legal, ante un tribunal de justicia). Cuando se le hace a Dios una promesa sagrada, no se puede recurrir a las evasivas ni a descaradas falsedades, ni romper después el juramento sin sufrir las consecuencias. Por esa razón, entre la población judía se había hecho costumbre, en asuntos corrientes o triviales, jurar en nombre de ciertas creaciones específicas de Dios, en vez de recurrir a Él. De ese modo, se suponía que el compromiso asumido no era absoluto.

Jesús era una voz valiente que hablaba en nombre del espíritu de las leyes que gobiernan el comportamiento de los seres humanos. Eludir hipócritamente estos principios tal vez permita evitar las consecuencias en el presente, pero los efectos perjudiciales engendrados en la conciencia tendrán inevitablemente su justo castigo algún día.

Por qué se pronunció Jesús en contra de las promesas hechas bajo juramento

Así pues, Jesús no advertía contra los juramentos que se hacen en las circunstancias apropiadas y por las razones justas, ni contra la solemnidad de que deben estar acompañados, sino más bien contra las promesas hechas a la ligera y con intenciones deshonestas. Él señalaba que resulta imposible llevar a cabo acciones que se hallen fuera de la presencia de Dios. Una persona, en principio, no está menos obligada si jura en el nombre del cielo o de la tierra, porque el cielo es el trascendental reino de bienaventurado recogimiento en el que Dios reposa sentado en su trono del Infinito, oculto tras los muros del espacio y de la luz. La tierra es el pedestal de Dios, lo cual significa que es un sitio en el que Dios, en su papel de Creador, trabaja con los «pies» del movimiento y de la actividad. Tampoco se debe jurar por Jerusalén ni por ninguna otra ciudad o lugar sagrado en el que se haya manifestado el Soberano Dios a través de la presencia, de la adoración y de la percepción divina de sus santos. Y tampoco debe uno jurar por su propia cabeza, ya que es el sagrado santuario del alma.

A partir de la práctica de jurar frívolamente para realizar lo que uno considera la valía y superioridad de sus asertos, se ha desarrollado la tosca vulgaridad de jurar con el único fin de subrayar las aseveraciones personales. Tal forma de jurar es el resultado de la emoción exacerbada. Al velarse la claridad del pensamiento por causa de las emociones —como ocurre durante una discusión encendida, o en un arrebato de ira, o al sentir el fuerte impulso de recalcar algún punto—, se tiende a mentir o a afirmar con gran ardor algo que no es verdad. Sumarle el santo nombre de Dios a una afirmación falsa hecha por impulso (o que es verdadera, pero que utilizamos en provecho propio), o incluir cualquier cosa en la que implícitamente Él se manifiesta, es degradar lo sagrado con la finalidad de apoyar algo que es incorrecto, egoísta o trivial.

La grosera costumbre de jurar revela debilidad de carácter, ausencia de delicadeza y falta de reverencia. Tales juramentos degradan al que los hace y también al entorno que le rodea, porque socava el respeto por las cosas sagradas y agrede a la santidad y seriedad de las almas buenas que acompañan al autor del juramento. El jurar pone en evidencia la debilidad mental de quien recurre a las exclamaciones emocionales en vez de emplear la claridad de la razón para demostrar algo. Una declaración verdadera defendida con firmeza no necesita que se apoye ni que se enfatice mediante un juramento, el cual, por el contrario, profana, y denigra, y puede fijar en uno el hábito de mentir, exagerar y tergiversar. La costumbre de jurar promueve el lenguaje profano, el temperamento impulsivo y despótico, así como las afirmaciones apresuradas e impacientes. Ya sea en la conversación o en las discusiones, es mejor limitarse a decir «sí, sí» o «no, no» en forma calmada o enfática, según lo requiera la ocasión; es decir, conviene ser moderado, conciso y veraz. Una persona de naturaleza taimada es poco confiable y no se sentirá comprometida, pese a lo que haya declarado; una persona recta, en cambio, es siempre sincera e íntegra, bien sea que esté o no sujeta a la obligación que supone una promesa hecha bajo juramento.

~

«Habéis oído que se dijo: Ojo por ojo y diente por diente. Pues yo os digo que no resistáis al mal; antes bien, al que te abofetee en la mejilla derecha ofrécele también la otra; al que quiera pleitear contigo para quitarte la túnica déjale también el manto; y al que te obligue a andar una milla vete con él dos. A quien te pida da, y no vuelvas la espalda al que desee que le prestes algo» (Mateo 5:38-42).

Referencia paralela:

*«Al que te hiera en una mejilla, preséntale también la otra; y
al que te quite el manto, no le niegues la túnica. A todo el que te
pida, da, y al que tome lo tuyo, no se lo reclames»* (Lucas 6:29-
30, Sermón del Llano).

Al equiparar el castigo con el delito, la ley de Moisés enunciada
como *«ojo por ojo, diente por diente»* tenía el propósito de
servir no sólo como castigo, sino también como una advertencia para
disuadir a otros potenciales delincuentes[15]. Pudo haberse justificado
una interpretación literal de la ley en una época en que las personas,
en palabras de Moisés, *«se han pervertido [...], generación perversa
y tortuosa. [...] no hay inteligencia en ellos. Si fueran sabios, podrían
entenderlo, sabrían vislumbrar su suerte última»*[16]. Las leyes espirituales son eternamente verdaderas, pero su aplicación, tal como queda
registrada en los criterios y procedimientos de justicia que rigen una
sociedad, puede requerir en las diferentes regiones y épocas que se
modifiquen en mayor o menor medida de acuerdo con el entorno en
que se promulgan. Si bien ningún sistema social puede sobrevivir sin
un código de justicia sistemático que limite la acción de los delincuentes y que mantenga la dignidad humana en un nivel elevado, las leyes
prestan su mejor servicio cuando protegen al inocente y alientan a los
culpables a reformarse.

La ley del «ojo por ojo» sirve únicamente para que el castigo
tenga el valor de una venganza. No enseña a actuar correctamente a
los malhechores e incluso puede hacer que éstos sientan aún más odio.
Tomar venganza no detiene la recurrencia de un acto malévolo; en
realidad, es más probable que fomente malos pensamientos y nuevos
actos de represalia.

En consecuencia, Jesús se refiere una vez más (como en el caso del
principio de no matar) al ideal de no ejercer violencia *(ahimsa)* contra
ningún ser humano —ya sea en pensamiento, palabra u obra—. Este
ideal exige liberarse del deseo de venganza y no resistir el mal por
métodos malignos. Jesús aconseja a los hombres vencer el mal con
la virtud infinitamente poderosa del perdón y del amor. En sentido
figurado, se refiere al hecho de presentar la otra mejilla para ilustrar
la influencia de la bondad sobre el comportamiento hostil. Si uno

---

[15] Éxodo 21:24, Levítico 24:20, Deuteronomio 19:21.

[16] Deuteronomio 32:5, 28-29.

descarga su ira con una bofetada y recibe otra a cambio, esta conducta sólo aumenta la ira y el deseo de propinar golpes aún más fuertes, ¡y tal vez un puntapié o una bala! En contraposición, una respuesta calmada resulta sumamente descon- *Cómo aplicar el* certante y desarma al oponente. Es muy probable *principio de la no* que la ira física de quien nos ataca se extinga al *violencia (ahimsa)* descargar su resentimiento mediante un segundo golpe. La ira aumenta con la ira, tal como el fuego se alimenta con el fuego; pero así como el fuego se extingue con el agua, también la ira cede ante la benevolencia[17].

Aquellas personas que, gracias a la inmunidad que les confieren la calma y el amor, pueden resistir el odio de un hermano encolerizado evitan que se introduzca en ellas el virus de las emociones perturbadoras.

El ideal de no tomar represalias no justifica entregarse mansamente ante la maldad o aprobar de forma tácita el mal. Presentar la otra mejilla no tiene como fin debilitarnos mental o moralmente, ni hacer que soportemos una relación personal abusiva o violenta; más bien tiene el propósito de infundirnos la fortaleza del autocontrol, la cual se obtiene al vencer el impulso de actuar bajo la influencia del deseo de venganza. Es fácil tomar represalias; se requiere, en cambio, una gran fortaleza mental para no devolver el golpe. Es preciso poseer un carácter espiritual fuerte y principios muy elevados para resistir el mal por medio de la virtud. Si no fuera así, parecería ridículo permitir que nos asestaran un segundo golpe después de haber recibido un fuerte puñetazo. Aun cuando el agresor no lo admita, se sentirá internamente conquistado por una persona que se comporta con nobleza y sabrá en su corazón que esa persona tenía la razón.

Si bien es mejor tener la valentía de luchar contra un enemigo que «perdonarlo» y huir atemorizado, enfrentarse valerosamente con amor a un hermano equivocado demuestra que se posee una poderosa fuerza espiritual: el transformador poder curativo del amor divino. Una persona que se ha perfeccionado en la no violencia no permite que nadie le arrebate su paz interior. Cuando, a través del ejemplo espiritual y de la firme determinación, ella es capaz de conservar su modélica personalidad a pesar de todo cuanto amenace con robarle la calma, se convierte a los ojos de los demás en un sobresaliente ejemplo de la verdad.

---

[17] «*Respuesta amable aplaca la ira, palabra hiriente enciende la cólera*» (*Proverbios* 15:1).

Es difícil dar amor cuando se nos agrede. El mejor modo de hacerlo, en tanto se toman las medidas que dicta el sentido común para remediar la situación, es orar a Dios pidiéndole que transforme el corazón de aquel que nos ataca. Nunca le pidas a Dios que castigue a alguien. Es sorprendente ver cómo la oración sincera cambia la actitud de un antagonista. Si esa persona se muestra arrepentida, significa que quien le brindó amor ha ganado su corazón.

Se solía considerar necios a los primeros cristianos porque resistían sin violencia a la tiranía romana; pero el reino de las enseñanzas de Jesús perduró y prosperó, en tanto que el imperio romano declinó hasta caer en el olvido.

Las personas de elevada espiritualidad no sienten haber perdido algo importante cuando se desprenden de alguna de sus posesiones materiales, cualquiera que sea la razón —ya sea por motivos judiciales o porque las hayan dado a quienes las necesitan—. Su sincera generosidad de espíritu las mueve a dar con prodigalidad. Una persona espiritual contempla a Dios no sólo en su propio cuerpo, sino también en el de los demás. En su unidad con Dios, se ve a sí misma como el Ser presente en todos y encuentra igual gozo cuando cubre con su «manto» su propio cuerpo como cuando se lo quita para cubrir cualquiera de sus otros cuerpos. Todo aquello que una persona de naturaleza divina hace por los demás, ella siente que lo hace por sí misma y con desapego, sólo que en otro cuerpo —tal como cuando uno se quita un anillo de un dedo para colocárselo en otro.

La generosidad y la compasión hacia todos son cualidades del alma

Desprenderse del «manto» y de la «túnica» puede parecer un consejo poco práctico en el mundo moderno. Ciertamente, hay que usar el discernimiento. Sólo los santos o las personas que viven en condiciones ideales se encuentran en la mejor situación para practicar la renuncia total a sus propias necesidades materiales. Uno no está espiritualmente obligado a entregarle su casa a un inescrupuloso estafador; por el contrario, tiene el deber de demandar legítima justicia para defenderse de quienes le tratan injustamente.

Sería absurdo ofrecerle a un ladrón o a un extorsionador más de lo que exija, o que la víctima le sugiriese al secuestrador, que la ha alejado sesenta kilómetros de su casa, que estaría dispuesta a alejarse sesenta kilómetros más. El ideal espiritual que expresan estas palabras de Jesús es que debemos ser desinteresadamente pródigos y generosos y estar dispuestos a hacer cualquier esfuerzo adicional por ayudar a los demás.

Se debe practicar la cualidad de dar todo lo posible a cuantos sean dignos de ayuda, sin que esto le ocasione penurias forzosas al que da o a quienes dependen de él. No se debe «robar a Pedro para pagarle a Pablo». Hacer pasar hambre a nuestra familia con el objeto de convertirnos en filántropos no es un comportamiento espiritual. Mahatma Gandhi convenció a su familia de las virtudes del sacrificio y después donó todas sus posesiones sin conservar siquiera algunos bonos o acciones con los cuales asegurar el bienestar material de su esposa y de sus hijos. Tal acción es loable si el sacrificio se realiza con el acuerdo voluntario de todas las personas involucradas. Gandhi tenía una misión que cumplir, y la cumpliría mejor si se identificaba tanto material como espiritualmente con las masas oprimidas.

Desarrollar una compasión práctica por aquellos que sufren necesidades disipa las tinieblas de la separación que se interponen entre las almas y, al mismo tiempo, constituye la luz mediante la cual podemos ver que todos los corazones están unidos por el único hilo dorado del amor divino. Dios palpita en todos los corazones, sufre en los que se hallan afligidos y se regocija en aquellos que están sanos.

Ese mismo espíritu de desprendimiento debe acompañar el acto de compartir los bienes propios con quienes vayan a ser nuestros deudores. Dar a los que lo necesitan es una muestra de compasión, pero no se debe anular esa virtud disgustándonos si ese dinero no se nos devuelve. Es mejor no prestar en absoluto que enfadarse o comportarse de forma desagradable en el caso de que el deudor no pueda devolver lo que debe. Un consejo práctico sería prestar solamente aquello de lo que se puede prescindir y olvidarse del asunto. Las personas responsables devolverán lo que adeudan cuando y como les sea posible; por otro lado, quienes carecen de honradez no pagarán sus deudas aunque estén en condiciones de hacerlo.

Prestar dinero con la seguridad de que el favor será devuelto o de que se recibirá el beneficio de un interés favorable se considera un simple negocio. En cambio, prestarle a alguien que lo necesita y que posiblemente no está en condiciones de devolverlo —es decir, ayudar a los demás sin esperar una recompensa material, dar algo sin la expectativa de conseguir algo mejor a cambio— es una expresión de divinidad. Aquellos que al dar de sus bienes materiales suponen que obtendrán una retribución reciben únicamente objetos o ventajas materiales transitorias. Quienes, por el contrario, dan con generosidad, sólo por la satisfacción de procurar bienestar a los demás, reciben lo que han prestado más un dividendo de amor divino.

Nada hay de malo en esperar que nos devuelvan aquello que hemos prestado a los demás, no sólo para atender nuestras propias necesidades, sino para volver a compartirlo con otras personas. Pero no debemos reclamar aquellas cosas de las que podemos prescindir, y que hemos entregado a otros para su uso, simplemente para hacer valer nuestros derechos como propietarios. Aferrarse a las posesiones muestra mezquindad de corazón. Es un engaño creer que los objetos materiales nos pertenecen de manera exclusiva y a perpetuidad. El ser humano no posee nada en esta tierra; sólo se le ha concedido el uso de las cosas que forman parte de la abundancia cósmica. A la hora de la muerte hemos de abandonarlo todo. Rockefeller y Henry Ford no pudieron llevarse al cielo ni un solo dólar de sus cuantiosas fortunas. Si, como resultado de sus buenas acciones, una persona ha tenido la fortuna de merecer un generoso préstamo de dinero, propiedades y posesiones de parte de Dios, esa persona debe adoptar el noble ideal de ayudar con toda prodigalidad a otros hijos de Dios.

Por lo tanto, éste es el espíritu del consejo de Jesús: «Da algo, dentro de tus posibilidades, a quienquiera que te lo pida. Al ejercitar en todo momento esa cualidad del alma que es la compasión, tu corazón se expandirá hasta volverse semejante al corazón de Dios, quien lo hace todo por todos. Cultiva la noción de que cuanto posees le pertenece a Dios y que, como tal, es un bien común que debe ser utilizado en servicio de todos sus hijos. Cuando Dios observa que empleas generosamente aquello que Él te ha concedido, Él te da aún más, para que tu pródiga capacidad de compartir pueda expandirse como una extensión de su propia Mano benefactora».

∾

«Habéis oído que se dijo: Amarás a tu prójimo y odiarás a tu enemigo. Pues yo os digo: Amad a vuestros enemigos y rogad por los que os persigan, para que seáis hijos de vuestro Padre celestial, que hace salir su sol sobre malos y buenos, y llover sobre justos e injustos» (Mateo 5:43-45).

Referencia paralela:

«Pero a vosotros que me escucháis os digo: Amad a vuestros enemigos, haced bien a los que os odien, bendecid a los que os maldigan, rogad por los que os difamen. [...]
»Más bien, amad a vuestros enemigos; haced el bien y prestad sin esperar nada a cambio. Entonces obtendréis una gran recompensa y seréis hijos del Altísimo, porque él es bueno con los desagradecidos y los perversos» (Lucas 6:27-28, 35, Sermón del Llano).

El amor y el perdón forman el núcleo de las enseñanzas de Cristo. Lejos de constituir simplemente un noble ideal, el principio del amor es, en verdad, la manifestación de Dios dentro de su creación. El universo perdura por el juego que se establece entre el bien y el mal. El efecto del mal —el engaño— es dividir, oscurecer y provocar desarmonía. El amor es el poder de atracción del Espíritu que une y armoniza. La fuerza vibratoria del amor de Dios, que puede ser dirigida de manera consciente por el hombre, neutraliza el poder del mal. El odio, la ira y la actitud vengativa son la progenie de la fuerza del mal y, por consiguiente, sirven para reforzar las vibraciones malignas.

El ideal crístico de amar y perdonar tanto a los amigos como a los enemigos

Milenios de resistir el mal por medio de las represalias, que se cobran en la misma moneda del daño recibido, no han conseguido erradicar del corazón de los hombres el flagelo de la enemistad. Dios podría destruir en un instante a quienes llevan a cabo el mal, pero utiliza el amor para atraer a sus criaturas de regreso hacia Él. Con estas simples palabras, *«Amad a vuestros enemigos»*, Jesús alentó a los seres humanos a cooperar con Dios en su divino plan de redención: amar al prójimo y tener asimismo para nuestros enemigos un sitio en el seno de nuestro amor. El sabio contempla, dentro de la circunferencia de su amor cósmico, una galaxia de amigos y también a quienes se consideran sus enemigos. Buenos o malos, todos los hombres son por igual hijos de Dios.

Aquellos que, bajo la influencia de la pasión, piensan en los demás con hostilidad, olvidan que todos los seres humanos están hechos a imagen de Dios y que son hermanos. El odio y la ira nublan la imagen divina en las personas vengativas, y el engaño les hace perder la conciencia de su divinidad interior. ¿Por qué devolver odio con odio, imitando así la vileza de la ignorancia? Se debe cultivar la conciencia de la justicia y del amor aprendiendo a separar la imagen de Dios, presente en el alma de una persona, del mal que se expresa a través del ego. Así como el sutil éter vibratorio se encuentra presente tanto en los sitios oscuros como bajo la luz del sol, debemos aprender a reconocer a Dios en aquellos que nos aman y también en aquellos que nos odian. Ver a Dios por igual en amigos y enemigos es un testimonio de nuestra propia realización espiritual.

Aquel que expande su amor hasta incluir tanto a amigos como a enemigos contempla finalmente la presencia del Único Amor en todas partes —en las flores, en los animales y, sobre todo, en las almas de los hijos humanos de Dios—. A fin de poder contemplar la omnipresencia de Dios, el devoto debe verle no sólo a través de los portales abiertos de la amistad, sino que debe rasgar la oscura cortina del odio y contemplar, incluso en el corazón de los enemigos, la hasta entonces oculta presencia divina.

No es necesario frecuentar la compañía de nuestros enemigos. Muchas veces es preferible amarlos desde cierta distancia, salvo que, mediante gestos de bondad en la relación, nuestro amor pueda hacer que se opere un cambio en esas personas. Si uno entra en contacto con sus enemigos, ha de recordar que es su deber espiritual hacerlo con amor, porque Dios está presente en ellos tratando de enderezar la tortuosidad de sus corazones.

Si uno habla amorosamente, como una forma de diplomacia con el fin de convencer a un enemigo, pero abriga enemistad en su corazón, esa insinceridad no surtirá efecto por mucho tiempo. El corazón humano es intuitivo; y no es fácil engañar a esa percepción intuitiva. El corazón debe abandonar por completo toda clase de odio, porque la mala voluntad —por muy hábilmente que se la controle en forma externa— viaja por el éter hasta el corazón de la persona hacia la cual va dirigida. Pensar con amor mientras se habla amorosamente pacificará y transformará, sin duda alguna, a nuestros enemigos, aun cuando ellos no lo reconozcan ni lo admitan de inmediato. El amor es un agente purificador divino y un método de efectos perdurables para conquistar a nuestros enemigos. El odio puede reprimir y dominar transitoriamente a un enemigo, pero éste continuará siéndolo. El veneno del odio aumenta con el odio, y sólo se puede contrarrestar y neutralizar por medio del antídoto del amor.

Las personas que se comportan con animadversión hierven de ira y de odio, y así consumen su paz interior. Quien responde con hostilidad a tales personas incinera su propia ecuanimidad interna, la paz que le brinda a su vida entera una protección absoluta contra la devastación causada por las aflicciones humanas. Así pues, odiar a alguien redunda en perjuicio de nuestros propios intereses.

Sin manifestar ni albergar sentimientos de malicia ni de sarcasmo, una persona que ha sido víctima de una ofensa debería simplemente decir desde su interior: «Te perdono». Se trata de una experiencia profundamente curativa e inspiradora. Esta expresión mental de amor viaja también a través del éter hasta el corazón de quien ha procedido incorrectamente. Es uno de los modos más efectivos de transformar a un enemigo. Odiar a un enemigo equivale a fortalecerlo, en tanto que la bondad debilitará su antagonismo hasta que finalmente le sea posible comprender su error.

Por eso, Jesús dice: «*Bendecid a los que os maldigan*» —es decir, desea el bien a quienes te deseen el mal—. Si cada vez que alguien le desea el mal a una persona, dicha persona respondiera deseándole el bien a cambio, el agresor no podría mantener durante mucho tiempo su actitud negativa hacia aquel que le expresa buena voluntad. Es frecuente creer que tomar represalias puede detener las maldiciones impregnadas de odio; pero incluso si el enemigo se encuentra débil y exteriormente intimidado, su odio crecerá aún más, y esperará la oportunidad para hacerlo estallar. Una maldición en respuesta a otra maldición no frenará el odio de un enemigo; sin embargo, amar y bendecir a quienes maliciosamente nos desprecien colocará ante ellos un buen ejemplo que puede servir para modificar su actitud hostil.

La acción es más elocuente que las palabras. Por eso Jesús dijo: «*Haced bien a los que os odien*». No sólo hay que amar mentalmente a los detractores, sino, en verdad, hacerles el bien. Despojados de cualquier actitud de superioridad, los gestos sinceros de buena voluntad son recordatorios de la relación de hermandad divina que constituye el principio unificador inherente a todos los seres humanos.

Dios es siempre misericordioso simplemente porque Él considera a todas las almas como sus criaturas y no impone exigencias condicionales a cambio. Asimismo, los hijos de Dios deberían esforzarse por actuar mutuamente de modo divino, sin motivos ulteriores. Ése fue el consejo de Jesús: «Ayudad a todos, y sentiréis la satisfacción de dar aliento a los demás; ayudad a todos, porque Dios es vuestro Padre y todos son vuestros parientes. Amad y ayudad incluso a vuestros enemigos con esa actitud de divina hermandad. Y vuestra sabiduría será grande, porque el divino amor de Dios crecerá en vosotros; y de ese modo sabréis que no sois mortales con limitaciones, sino hijos del Altísimo».

Incluso si no hay manera de acercarse a aquellos que nos odian y hacerles el bien mediante un gesto tangible, siempre es posible seguir el consejo de Jesús: «Rogad por los que os ultrajen y os persigan». Debes orar al omnipresente Dios para que los bendiga y los libere del odio. Si no logramos disipar el odio de los enemigos por medio del ejemplo y de la amorosa bondad, Dios sí puede hacerlo, porque su omnipresencia mora en sus corazones y mentes. Al orar por los antagonistas, uno no sólo utiliza su propia actitud amorosa, sino que la refuerza con el poder de Dios para sanar a quienes se hallan aquejados por el error. Si tu oración es sincera y poderosa, Dios se sentirá movido a ayudar en la transformación de tus enemigos, siempre que la intervención de su gracia sea la mejor opción para todos los involucrados.

Si nuestra plegaria para cambiar la actitud de un enemigo no es respondida, entonces el suplicante debe saber que el deseo de Dios es que él supere la prueba del amor incondicional sufriendo incluso la persecución a causa de las mentiras, de las habladurías llenas de odio y de las acciones malvadas de su antagonista. A su debido tiempo, Dios podrá remediar —y así lo hará— todas las situaciones inarmoniosas. Debemos continuar orando a Dios para que nuestros enemigos sean perdonados y librados de sufrir los que, de lo contrario, serían los inevitables resultados de sus acciones malvadas. Ése es el modo divino de orar. Dios reconoce la nobleza espiritual que significa el hacer esfuerzos por rescatar hermanos que han caído en el abismo de un comportamiento malintencionado, y recompensa con sabiduría y amor divino a aquellas almas que responden con entendimiento y acciones crísticas a esos hermanos errados.

Quienquiera que desee conocer a Dios debe aprender a amar por igual, tal como Él lo hace, a sus hijos virtuosos y a sus hijos pecadores. El Padre Celestial toca con su amor a la puerta de los corazones, tanto de los virtuosos como de los perversos. Con los oídos de la sabiduría, el hombre virtuoso oye el llamado de Dios y abre ansiosamente las puertas de la devoción a fin de que Dios pueda entrar; en cambio, las personas perversas son insensibles a la Divina Visitación debido a que su conciencia se encuentra acallada por el error. El infinito amor de Dios, sin dejarse intimidar, continúa de todos modos llamando hasta que llegue ese maravilloso momento de la evolución del alma en que finalmente se abran las puertas cerradas de la mente. Por lo general, con el tiempo las personas relegan al olvido a quienes se han vuelto indiferentes u hostiles hacia ellas; Dios, en cambio, en su «persecución sin prisa, imperturbable» jamás cesa de llamar a sus hijos distanciados, que le han olvidado[18].

Aquellos que aman a sus enemigos son amados ciertamente por el Padre Celestial y se vuelven semejantes a Él, porque Dios «*hace salir su sol sobre malos y buenos, y llover sobre justos e injustos*». De modo similar, Bhagavan Krishna expresó: «Es un yogui supremo (unido a Dios) aquel que contempla en forma ecuánime a [...] amigos, enemigos, [...] virtuosos e impíos»[19].

Del mismo modo en que Dios otorga su amor a todos sus hijos, sea cual sea su mérito, así también, «*para que seáis hijos de vuestro Padre celestial*», los verdaderos hijos de Dios abren sus corazones hacia todos sus hermanos humanos. Aun cuando la luz de la misericordia de Dios brilla por igual sobre buenos y malos, y la lluvia de sus benéficos poderes se vierte tanto sobre los justos como sobre los injustos, eso no significa que los buenos y los malos estén en condiciones de reflejar en igual medida la infinita gracia de Dios. El carbón no puede reflejar la misma cantidad de luz solar que el diamante. De modo similar, las mentalidades oscuras no reflejan a Dios como lo hacen aquellas

---

[18] «Le huía noche y día
a través de los arcos de los años,
y le huía a porfía
por entre los tortuosos aledaños
de mi alma, y me cubría
con la niebla del llanto
o con la carcajada, como un manto.
He escalado esperanzas,
me he hundido en el abismo deleznable,
para huir de los Pasos que me alcanzan:
persecución sin prisa, imperturbable,
inminencia prevista y sin contraste.
Los oigo resonar... y aún más fuerte
una Voz que me advierte:
"Todo te deja, porque me dejaste"».
         Francis Thompson, *El lebrel del cielo*.
         (Versión en español de Carlos A. Sáez).

     Paramahansa Yogananda citaba con frecuencia este amado poema. Puede solicitarse a *Self-Realization Fellowship* una grabación [en inglés] del poema con la voz de Paramahansa Yogananda.

[19] *God Talks With Arjuna: The Bhagavad Gita* VI:9. (Véase *El Yoga del Bhagavad Guita*).

que son virtuosas. Sin embargo, Dios no deja desvalidos a sus hijos injustos por causa de su mal proceder, sino que proporciona a esos desobedientes hijos la misma medida de amor y oportunidades con el objeto de que puedan tener la posibilidad de recobrar su olvidada imagen divina. El hijo desobediente necesita tener acceso a la luz de Dios, ya que vive en la oscuridad que él mismo ha creado. Dios se siente preocupado y ansioso por su hijo malvado, mas éste no puede utilizar los regalos espirituales de su Padre a no ser que modifique su actitud rebelde. El hijo pródigo debe redimirse recorriendo arrepentido su camino de regreso a Dios; en cambio, el hijo bueno, que camina envuelto en la luz de Dios, ya se encuentra allí.

～

> «*Porque si amáis a los que os aman, ¿qué recompensa vais a tener? ¿No hacen eso mismo también los publicanos? Y si no saludáis más que a vuestros hermanos, ¿qué hacéis de particular? ¿No hacen eso mismo también los paganos? Vosotros, pues, sed perfectos como es perfecto vuestro Padre del cielo*» (*Mateo* 5:46-48).

Referencia paralela:

> «*Si amáis a los que os aman, ¿qué mérito tenéis? También los pecadores aman a los que les aman. Si hacéis bien a los que os lo hacen a vosotros, ¿qué mérito tenéis? ¡También los pecadores hacen otro tanto! Si prestáis a aquellos de quienes esperáis recibir, ¿qué mérito tenéis? También los pecadores prestan a los pecadores para recibir lo correspondiente. [...]*
> »*Sed compasivos como vuestro Padre es compasivo*» (*Lucas* 6:32-34, 36, Sermón del Llano)

Incluso los seres humanos comunes y corrientes responden normalmente con amor cuando reciben amor y, como una muestra de natural cortesía, saludan cuando alguien los saluda. Pero es preciso que los hijos de Dios hagan aún más: que expresen en cada matiz de su comportamiento las cualidades perfectas del alma que les han sido otorgadas por su Padre Perfecto. Así como Dios es benigno y servicial con todos —aun con sus hijos malvados—, se espera que sus hijos buenos, a fin de conocer y sentir la naturaleza del Padre, sean misericordiosos y compasivos como su Padre lo es.

Cuando los mortales dan en la misma medida aquello que reciben, se comportan como mortales; pero cuando por la magnanimidad pura de su alma prodigan amor a cambio de odio, y bondad a cambio de maldad, expresan su innata divinidad. Al brindarles amor en silencio y hablarles amorosamente a través de los susurros de su conciencia, Dios ayuda a los seres humanos en su lento pero seguro paso hacia la emancipación. Cuanto más responden los mortales engañados por el ego a esta gracia que generosamente se les otorga, más demuestran el mandamiento de Cristo: «*Vosotros, pues, sed perfectos como es perfecto vuestro Padre del cielo*».

El Padrenuestro:
Jesús enseña a sus seguidores
cómo orar

El Sermón del Monte, parte III

———◦•◦———

«Entra en tu aposento»: la práctica de técnicas para lograr
el silencio interior del recogimiento mental

❖

Cómo alcanzar la concentración y la devoción necesarias
para que nuestra oración sea efectiva

❖

El Padrenuestro: una interpretación espiritual

❖

Sufrimiento y penitencia: conceptos distorsionados
de la espiritualidad

❖

El ojo único mediante el cual se pueden contemplar
el cuerpo del hombre y el cosmos colmados de la luz de Dios

———◦•◦———

*«El Padrenuestro expresa una comprensión universal de cómo es
posible satisfacer las necesidades del cuerpo, de la mente y del alma a
través de la relación del hombre con Dios».*

«Cuidad de no practicar vuestra justicia delante de los hombres para que os vean; en tal caso no tendréis recompensa de vuestro Padre que está en los cielos. Así que, cuando hagas limosna, no lo vayas trompeteando por delante como hacen los hipócritas en las sinagogas y por las calles, con el fin de ser honrados por los hombres; os aseguro que con eso ya reciben su paga. Tú, en cambio, cuando hagas limosna, que no sepa tu mano izquierda lo que hace tu derecha. Así tu limosna quedará en secreto, y tu Padre, que ve en lo secreto, te recompensará.

»Cuando oréis, no seáis como los hipócritas, que gustan de orar en las sinagogas y en las esquinas de las plazas, bien plantados, para que los vea la gente. Os aseguro que con eso ya reciben su paga. Tú, en cambio, cuando vayas a orar, entra en tu aposento y, después de cerrar la puerta, ora a tu Padre, que está allí, en lo secreto; y tu Padre, que ve en lo secreto, te recompensará.

»Ahora bien, cuando oréis, no charléis mucho [no uséis vanas repeticiones], como los paganos, que se figuran que por su palabrería van a ser escuchados. No seáis como ellos, porque vuestro Padre sabe lo que necesitáis antes de pedírselo.

»Vosotros, pues, orad así:

»Padre nuestro que estás en los cielos, santificado sea tu Nombre; venga tu Reino; hágase tu Voluntad, así en la tierra como en el cielo.

»Nuestro pan cotidiano dánosle hoy; y perdónanos nuestras deudas, así como nosotros hemos perdonado a nuestros deudores; y no nos dejes caer en tentación, mas líbranos del mal.

»Que si vosotros perdonáis a los hombres sus ofensas, os perdonará también a vosotros vuestro Padre celestial; pero si no perdonáis a los hombres, tampoco vuestro Padre perdonará vuestras ofensas.

»Cuando ayunéis, no pongáis cara triste, como los hipócritas, que desfiguran su rostro para que la gente vea que ayunan. Os aseguro que con eso ya reciben su paga. Tú, en cambio, cuando ayunes, perfuma tu cabeza y lava tu cara, para que tu ayuno sea visto, no por la gente, sino por tu Padre que está allí, en lo secreto; y tu Padre, que ve en lo secreto, te recompensará.

»No os amontonéis tesoros en la tierra, donde hay polilla y herrumbre que corroen, y ladrones que socavan y roban. Amontonaos más bien tesoros en el cielo, donde no hay polilla ni herrumbre que corroan, ni ladrones que socaven y roben; porque donde esté tu tesoro, allí estará también tu corazón.

»El ojo es la lámpara del cuerpo. Si tu ojo es único, todo tu cuerpo estará iluminado*; pero si tu ojo está malo, todo tu cuerpo estará a oscuras. Y, si la luz que hay en ti es oscuridad, ¡qué oscuridad habrá!».

Mateo 6:1-23

El Padrenuestro:
Jesús enseña a sus seguidores
cómo orar

El Sermón del Monte, parte III

«Cuidad de no practicar vuestra justicia delante de los hombres para que os vean; en tal caso no tendréis recompensa de vuestro Padre que está en los cielos. Así que, cuando hagas limosna, no lo vayas trompeteando por delante como hacen los hipócritas en las sinagogas y por las calles, con el fin de ser honrados por los hombres; os aseguro que con eso ya reciben su paga. Tú, en cambio, cuando hagas limosna, que no sepa tu mano izquierda lo que hace tu derecha. Así tu limosna quedará en secreto, y tu Padre, que ve en lo secreto, te recompensará» (*Mateo* 6:1-4).

Así como Dios se envuelve humildemente en el mayor de los secretos y en el anonimato al otorgar su incesante munificencia —la luz del sol, el aire, los alimentos, la vida, el amor, la sabiduría—, también sus hijos deben aprender de Él a ejercitar el misericordioso arte de dar de manera desinteresada y silenciosa. Los seres humanos, atados al egoísmo que los mantiene confinados al cuerpo, necesitan trascender la conciencia del «yo, mí, mío» hasta transformarla en un amor divino que incluya a todos los seres humanos. Ésa es una lección primordial que es preciso aprender en esta escuela de la vida mortal. Dar limosna es una expresión material de la expansión de nuestros sentimientos hacia los demás. Sin embargo, el acto de dar debe tener motivos puros. En esta serie de versículos, Jesús censura el uso de la caridad —o de cualquier otro acto religioso— para incrementar el orgullo personal. En el *Bhagavad Guita* se instruye al hombre en el arte de dar, haciendo una distinción entre las dádivas que expanden la conciencia del dador y aquellas que sólo alimentan su vanidad[1].

La caridad que expande la conciencia, en contraposición a aquella que alimenta la vanidad

La persona espiritualmente degradada, desprovista de humildad, lleva a cabo ostentosos ritos religiosos con el objeto de impresionar a los demás. Los hipócritas, que fingen religiosidad para recibir honores y atención por parte de los hombres, desarrollan el mal hábito de utilizar los ritos religiosos para obtener alabanzas mundanas en vez del reconocimiento divino. Los elogios recibidos por realizar obras dignas de mérito deben servir como incentivo para llevar a cabo obras espirituales aún mayores. El amor por la alabanza como fin en sí mismo hace que la mente se desvíe de Dios y se centre en gratificar al ego.

Quienes dan limosna ostentosamente se engañan a sí mismos, porque desarrollan un falso sentido de superioridad que surge de la ignorancia —el engreimiento de la propiedad personal—. Sin embargo, ningún ser humano posee nada en verdad. Durante el breve lapso en que el hombre es huésped de esta tierra de Dios, se le permite emplear las cosas —en mayor o menor medida según lo dicte su karma, pero siempre en concordancia con la generosidad del cielo—. Las acciones que él mismo haya iniciado haciendo uso de su libre albedrío, en esta encarnación y en las pasadas, le facultan para ganar su lugar en la vida; pero él nada podría obtener si Dios no se anticipara a las necesidades del ser humano y estructurara la creación de acuerdo con ellas. El hombre logra las maravillas que proclama como propias gracias al

---

[1] «La dádiva pura o sáttvica es la que se hace por amor a la rectitud, sin esperar retribución alguna, y que se concede a quien lo merece, en el momento y lugar apropiados. Se considera rajásica [una característica que fomenta la conciencia mundana] la dádiva que se ofrece con renuencia, o con el propósito de recibir algo a cambio o de lograr algún mérito. La dádiva tamásica [degradante] es aquella que se da con desdén o sin buena voluntad, a quien no la merece, en el lugar y momento inadecuados» (*God Talks With Arjuna: The Bhagavad Gita* XVII:20-22. Véase *El Yoga del Bhagavad Guita*).

uso de los dones de la inteligencia, la capacidad creativa y el poder de la voluntad que Dios le ha concedido. En última instancia, todas las cosas son regalos de Dios, aunque Él haya dispuesto que el hombre deba trabajar a fin de conseguirlas, de manera que mediante sus esfuerzos por actuar correctamente pueda acelerar su progreso.

La evolución de cualquier ser humano, incluso del más dinámico en el plano material, es insignificante mientras permanezca atado a sus intereses personales. El egoísmo lleva a las personas a vivir como almejas, con el alma apretadamente encerrada dentro de un cuerpo y de una personalidad. Algunas personas se encuentran tan limitadas a su forma física y a las sensaciones de su cuerpo que apenas son conscientes —si acaso lo son— de los sentimientos de sus semejantes. El inegoísmo y la generosidad nos permiten conocer el alma de los demás y las inquietudes de su conciencia. Servir a otras personas —al identificarnos con sus necesidades como si se tratara de las propias y proveer todo lo que podamos en lo que respecta a sus necesidades materiales, ayuda psicológica o desarrollo espiritual— es un modo maravilloso de expandir y unir nuestra conciencia con la vida y el corazón de nuestros semejantes.

Al dar ayuda a otras personas, el devoto debe sentir que está sirviendo al Señor que mora en el templo corporal de los demás. Toda la munificencia que Dios ha derramado sobre él debe compartirla con los hijos necesitados del Señor, a manera de ofrenda al Padre de todos. Así, servirá a Dios como el Ser expandido en los seres de los demás.

El dador silencioso, que en secreto entrega regalos a sus hermanos, es el que recibe la recompensa celestial de sentir la omnipresencia de Dios en otros corazones. Quien ofrezca dádivas o palabras de sabiduría a otros y se jacte de tal acto destruye la santidad de su acción caritativa. Vanagloriarse diciendo: «Yo di...» o «Yo ayudé a redimir...» no es santidad sino santurronería. El que pregona su «piedad» tal vez reciba una recompensa material al ganar algunos admiradores carentes de discernimiento y unos cuantos seguidores, pero la glorificación de uno mismo mantiene alejados a los amigos sabios y a Aquel que posee toda la sabiduría —Dios—. La Ley Celestial no concede a los jactanciosos la recompensa de la revelación de Dios; el ego charlatán no puede oír la verdad en forma alguna.

Dado que su deseo es obtener publicidad, los jactanciosos cosechan algunos beneficios por el bien que sus regalos hacen a otras personas. El jactancioso es, al menos, mejor que el avaro. Sin embargo, los dadores vanidosos permanecen dentro de los límites del egotismo, satisfechos con su efímera recompensa: el aplauso insincero de los hombres. Al proceder de ese modo, se privan de la recompensa del cielo: la bienaventurada expansión de su ser en los corazones de los demás. Por el contrario, los regalos prodigados con callada humildad unen gozosamente el corazón del dador con los corazones de los beneficiados y con la omnipresencia del espíritu de Dios.

El Señor es el filántropo supremo: no sólo otorga todas las cosas a sus hijos mortales, sino que incluso se ha entregado a Sí Mismo a sus hijos buenos. Los hijos liberados de Dios, que son uno con el Dador Infinito, también ofrecen cuanto poseen para hacer feliz a Dios en los cuerpos de los demás. Todos deberían seguir ese ejemplo: compartir cada día su bondad y por lo menos una parte de su buena fortuna terrenal con los necesitados que lo merezcan y, a una escala mayor, apoyar causas valiosas y divinas que beneficien a mucha gente.

La mayoría de las personas están dispuestas a ofrecer consejos y comprensión, pero cuando es el momento de compartir con los demás el dinero arduamente ganado se sienten impulsadas a comportarse con mezquindad y mantienen la billetera bien cerrada y creen únicamente en la felicidad familiar —«nosotros cuatro y nadie más»—. Una persona que dispone de recursos y está preocupada por la posibilidad de perder cien mil dólares en el mercado de valores tal vez no se detenga a pensar en aquellos que poco o nada tienen. Otros jamás vacilan cuando se trata de comprar un yate o un lujoso automóvil nuevo, pero se comportan de manera miserable si se les pide una aportación para una causa legítima que necesita de ayuda. Es entonces cuando economizan y se sienten virtuosos al donar una pequeña suma simbólica.

Así como uno se obsequia con los mejores regalos sin buscar publicidad, con amor y gozo, sin remordimientos y con total naturalidad, así también debería regalar a los demás: sin ostentación alguna. Al dar libre y silenciosamente a otras personas, uno comprueba que la divina ley de la abundancia opera secretamente en su vida. Cuando el apego por Dios es mayor que el apego por las posesiones que Él nos ha concedido, se abre en forma automática un canal a través del cual fluye su abundancia.

Al dar a los demás con la mano derecha, es decir, con la actitud correcta, no se debe permitir que la mano izquierda —el egoísmo— sea consciente de ello. Quienes se consideran generosos benefactores no se pueden comparar con aquellos que dan con tanta prodigalidad que ni siquiera son conscientes de su propia benevolencia. Si nos preocupamos por el bienestar de los demás tanto como lo hacemos por nosotros mismos, el Espíritu nos lo recompensará con la percepción de la Omnipresencia —el amor y la bienaventuranza omnipresentes de Dios, que Él derrama abierta y profusamente en nuestro corazón.

~

«Cuando oréis, no seáis como los hipócritas, que gustan de orar en las sinagogas y en las esquinas de las plazas, bien plantados, para que los vea la gente. Os aseguro que con eso ya reciben su paga. Tú, en cambio, cuando vayas a orar, entra en tu aposento y, después de cerrar la puerta, ora a tu Padre, que está allí, en lo secreto; y tu Padre, que ve en lo secreto, te recompensará» (Mateo 6:5-6).

L a oración auténtica es una expresión del alma, un impulso que proviene del alma. Es el anhelo por Dios que surge en el interior del ser humano y que se le expresa al Señor de manera ardiente y silenciosa. Las palabras pronunciadas en voz alta son maravillosas siempre que la atención se enfoque en Dios y que tales palabras sean un llamado a Dios procedente del intenso deseo que el alma siente por Él. Pero si una invocación se convierte meramente en parte de una ceremonia religiosa y se lleva a cabo de modo mecánico —es decir, concentrándose más en la forma de la religión que en su espíritu—, a Dios no le agrada mucho esa clase de oración.

La oración que conmueve el corazón de Dios

Quien ora en voz alta tiende a caer en la hipocresía si su atención se enfoca en el efecto de la pulida entonación de su voz sobre sus nervios auditivos —si las palabras se pronuncian para causar un cierto efecto y atraer e impresionar a los demás—. Ésta es la tendencia de muchas personas que, en otros sentidos, son sinceramente espirituales: hacen una exhibición de su amor por Dios en vez de esforzarse por conmover sólo el corazón del Señor. A no ser que simultáneamente se acreciente la intensidad del fervor y del amor por Dios, la práctica de orar en voz alta con el objeto de ser escuchados puede llegar a corromper la espiritualidad de quien pronuncia las plegarias. Por maravillosa que sea la realización espiritual en el recogimiento interior, al exteriorizarse pierde parte de su intensidad.

Cuando la oración de un devoto, expresada con palabras satu-radas de amor por Dios, brota desde lo profundo de su ser, habrá personas a su alrededor que disfruten conscientemente del contacto que él establece con Dios y se contagien de ese amor por Él. Pero si el devoto no tiene la fortaleza suficiente, quienes están en su presencia pueden robarle ese amor. Primero, comienzan a alabar a quien parece tan fervoroso; y si él se siente adulado y piensa que el haber inspirado a otros significa que es un ser muy elevado, entonces se debilita —su amor le es arrebatado del corazón y la vanidad toma su lugar.

Hay momentos en que no puedo orar en forma audible, ni si-quiera en susurro, porque cuando nos invade un profundo sentimiento de amor por Dios no es posible pronunciar palabra alguna. Ese amor se halla oculto en el interior de nuestro ser; es una comunión interior que silenciosamente rinde tributo al Espíritu. Como un fuego sagrado, ese amor hace arder la oscuridad que rodea el alma, y en esa luz se contempla el poder del Espíritu.

Jesús reprende a aquellos cuya oración no es una sincera ofrenda de su corazón a Dios, sino un despliegue público de devoción que tiene por objeto crear una reputación de santidad. Esas personas son hipócritas, porque sus motivaciones egoístas no coinciden con sus ac-ciones piadosas. Es censurable y pecaminoso usar a Dios y la oración para asegurarse la devoción de otros mediante el engaño. Al inspirar a gente simple y confiada a pensar en la bondad, tales personas tal vez cosechen la recompensa del poder terrenal y la devoción de seguido-res ciegos; pero Dios, que observa el corazón y jamás responde a las oraciones falsas, se mantiene alejado. Los hipócritas que hacen gala de su espiritualidad con el propósito de obtener prestigio temporal son necios, porque pierden su derecho a la eterna y supremamente reden-tora bienaventuranza de Dios, que es la recompensa que obtienen los corazones sinceros en su romance íntimo con la Divinidad.

En la mayoría de los lugares de adoración se practica la oración en voz alta. Ésta proporciona cierta inspiración y devoción, pero en tanto mantenga la atención de los fieles enfocada en el exterior resulta ineficaz para alcanzar la verdadera comunión con Dios. La oración pública, la oración de los fieles de una congregación, debe comple-mentarse con las oraciones profundas y secretas, colmadas del amor del alma, que se ofrecen en la quietud del recogimiento.

El salón despierta la idea de reunirse con otras personas; la bi-blioteca inspira el deseo de leer; y el dormitorio invita al sueño. Con el mismo criterio, todos deberían disponer de una habitación o un rincón separado por un biombo o una cortina, o un vestidor bien ventilado, a fin de utilizarlo exclusivamente para la meditación silenciosa. Los hogares tradicionales de la India cuentan siempre con un altar de este tipo para el culto cotidiano. Tener un altar en el hogar es muy efectivo para fomentar la espiritualidad, ya que, a diferencia de los lugares públicos de adoración, se convierte en un espacio personalizado y, además, se encuentra accesible para acoger las expresiones devocionales espontáneas que puedan surgir a lo largo del día. En la India, a los niños no se les obliga a frecuentar el altar, sino que se les inspira a hacerlo mediante el ejemplo de sus padres. En estos templos hogareños, las familias aprenden a hallar la paz del alma oculta tras el velo del silencio. Allí practican la introspección y se recargan con el poder interior del alma a través de las plegarias y la meditación; en comunión divina, se sintonizan con la sabiduría discernidora por medio de la cual podrán gobernar sus vidas de acuerdo con los dictados de la conciencia y del juicio correcto. Las oraciones íntimas y profundas hacen aflorar en ellos el entendimiento de que la paz y el servicio a los ideales divinos son la meta de la vida y que sin ellos ninguna adquisición material puede asegurar la felicidad.

Es preciso que la religión moderna redescubra y enfatice la búsqueda individual de Dios, el método de cultivar el amor divino en recogimiento. A fin de llevar a cabo esta práctica es importante conocer las técnicas científicas espirituales para comulgar en verdad con el Señor en el silencio interior del recogimiento mental. Por lo general, incluso aquellos que se recluyen físicamente con el objeto de practicar la oración y la devoción están tan acosados por sus pensamientos inquietos que no consiguen entrar en el santuario de la comunión concentrada que se encuentra en sus almas, donde es posible practicar la verdadera adoración.

«Entra en tu aposento»: la práctica de técnicas para lograr el silencio interior del recogimiento mental

Quienes oran sin conocer el arte científico del recogimiento interior se quejan a menudo de que Dios no responde a sus súplicas. Estos devotos se pueden comparar con aquellas personas que van a su oficina y le piden a un amigo que las llame por teléfono, pero después mantienen en todo momento la línea ocupada, haciendo y recibiendo llamadas. ¡Por más que el amigo procure llamarlas, en cada ocasión se lo impide la señal de «ocupado»!

La mente del hombre común se mantiene incontrolablemente

activa con los mensajes provenientes de los cinco sentidos —vista, oído, olfato, gusto y tacto— y con los que él envía como respuesta hacia los nervios motores. La verdadera concentración, ya sea en la oración o en Dios o en cualquier otra cosa, resultará imposible en tanto la mente se halle distraída por la actividad exterior. La mayoría de las personas experimentan la cesación del tumulto sensorial sólo cuando se encuentran en el estado de sueño, en que la mente aquieta automáticamente el flujo de la energía vital que activa los nervios sensoriales y los motores. La ciencia de la meditación yóguica enseña técnicas mediante las cuales se puede controlar la energía vital en forma consciente, lo cual permite desconectar la mente a voluntad de la invasión de los sentidos. Esta práctica no produce un estado de olvido inconsciente, sino que de manera gozosa transfiere la identificación que el devoto posee con la falsa realidad del cuerpo y del mundo sensorial hacia la verdad de su propio ser: el alma celestial, hecha a imagen de Dios. En ese silencio del recogimiento interior en que la divina filiación del alma ya no se derrocha en la conciencia externa —pródiga en distracciones—, la oración verdadera y la divina comunión con el Padre Celestial no sólo son posibles, sino dinámicamente efectivas[2].

Dios escucha todas las oraciones, pero sus hijos no siempre oyen su respuesta. En las diversas épocas, los que lograron comulgar con Dios fueron aquellos que pudieron entrar en el silencio interior[3]. Por

---

[2] La ciencia del *Kriya Yoga* incluye estas técnicas, las cuales se enseñan en las *Lecciones de Self-Realization Fellowship*.

[3] El Señor Krishna se refirió al requisito del recogimiento interior de la conciencia con estas palabras: «Cuando, a semejanza de la tortuga que retrae sus extremidades, el yogui es capaz de retirar por completo los sentidos de los objetos de la percepción, su sabiduría se vuelve inmutable» (*God Talks With Arjuna: The Bhagavad Gita* II:58. Véase *El Yoga del Bhagavad Guita*).

Quienes encuentran el camino hacia la verdadera percepción de la Divinidad saben que es universal —ya sea que lo denominen «yoga» o que utilicen alguna otra terminología—. La iluminada Santa Teresa de Ávila empleaba una metáfora idéntica para enseñarles a las monjas el modo de entrar en el «castillo interior» a fin de comulgar con Cristo: «Para buscar a Dios en lo interior (que se halla mejor y más a nuestro provecho que en las criaturas, como dice San Agustín que le halló después de haberle buscado en muchas partes), es gran ayuda cuando Dios hace esta merced [el recogimiento consciente]. Y no penséis que es por el entendimiento adquirido, procurando pensar dentro de sí a Dios, ni por la imaginación, imaginándole en sí. Bueno es esto y excelente manera de meditación, porque se funda sobre verdad, que lo es estar Dios dentro de nosotros mismos [...]. Mas lo que digo es en diferente manera, y que algunas veces, antes que se comienza a pensar en Dios, ya esta gente está en el castillo [...]. Siéntese notablemente un encogimiento suave a lo interior, como verá quien pasa por

eso Jesús enseñó: «*Tú, en cambio, cuando vayas a orar, entra en tu aposento* (recoge tu mente en el silencio interior) *y, después de cerrar la puerta* (la puerta de los sentidos), *ora a tu Padre, que está allí, en lo secreto* (en la trascendente conciencia divina interior); *y tu Padre, que ve en lo secreto, te recompensará* (te bendecirá con el siempre renovado Gozo de su Ser)».

En todo cuanto emprende, el ser humano pretende satisfacer su anhelo de amor y de gozo. La motivación que se oculta tras las acciones dañinas que realiza, incluso en el caso del peor de los pecadores, es la expectativa de hallar algo que le conduzca a la felicidad. Dios es esa felicidad. Pero el anhelo por Dios queda ahogado en un impulso por abandonarse a los placeres de los sentidos. Cuando la compulsión sensorial desaparece, automáticamente aparece el anhelo por Dios.

Las sensaciones que brotan a raudales a través de los nervios sensoriales mantienen la mente saturada con miríadas de bulliciosos pensamientos, y por eso toda la atención se orienta hacia los sentidos. Sin embargo, la voz de Dios es el silencio. Únicamente cuando cesan los pensamientos inquietos se puede oír la voz de Dios que se comunica a través del silencio de la intuición. Es así como Dios se expresa. Cuando el devoto permanece en silencio, cesa el silencio de Dios. Para aquellos devotos cuya conciencia se encuentra unida interiormente al Señor, resulta innecesaria una respuesta audible de Él, ya que los pensamientos intuitivos y las visiones verdaderas constituyen su voz. Estos pensamientos y visiones no son el resultado de la estimulación de los sentidos, sino el fruto de combinar el silencio del devoto y la silente voz de Dios.

Dios ha estado todo el tiempo junto a sus hijos en la tierra, hablándoles; pero su silenciosa voz ha sido ahogada por el estruendo de los pensamientos de los hombres: «Siempre me has amado, pero no oí Tu voz». Él siempre ha estado cerca; es la conciencia del hombre la que ha permanecido errante y lejos de Él.

A pesar de la indiferencia del ser humano y de su búsqueda de la gratificación de los sentidos, Dios todavía sigue ofreciéndonos su amor y siempre lo hará. Para comprobarlo, uno debe retirar sus pensamientos de las sensaciones y permanecer en silencioso recogimiento. Acallar los pensamientos significa ponerlos en sintonía con Dios. Es entonces cuando comienza la verdadera oración.

---

ello, que yo no lo sé aclarar mejor. Paréceme que he leído que como un erizo o tortuga, cuando se retiran hacia sí; y debíalo de entender bien quien lo escribió» (Santa Teresa de Ávila, *El castillo interior*, moradas cuartas, capítulo 3).

Cuando el devoto se encuentre en sintonía con Dios, oirá la voz divina que le dice: «Te he amado a través del tiempo, te amo ahora y te amaré hasta que regreses a tu Hogar. Bien sea que lo sepas o no, por siempre te amaré».

Él nos habla silenciosamente pidiéndonos que regresemos al Hogar.

~

«Ahora bien, cuando oréis, no charléis mucho [no uséis vanas repeticiones], como los paganos, que se figuran que por su palabrería van a ser escuchados. No seáis como ellos, porque vuestro Padre sabe lo que necesitáis antes de pedírselo» (Mateo 6:7-8).

Repetir «Mi Señor, te amo» incontables veces, con sinceridad y hondo sentimiento, de manera que con cada nueva repetición el devoto profundice en su conciencia divina y su amor a Dios, es un método seguro para comulgar con Dios por medio de la oración. «No uséis vanas repeticiones» significa que no se debe orar en voz alta o mental repitiendo «Dios, Dios, Dios» mientras en el trasfondo de la mente se piensa en otra cosa —un viaje de vacaciones, una suntuosa cena o el modo de ganar más dinero—. Esto es tomar el nombre de Dios en vano[4], porque Él jamás se manifestará mientras sepa que otros deseos tienen prioridad en el corazón y en la mente del devoto.

Cómo alcanzar la concentración y la devoción necesarias para que nuestra oración sea efectiva

«*Paganos*» es una referencia a las personas que se encuentran absortas en su cuerpo y cuya conciencia está enfocada en el exterior, en comunión con los «dioses» de las distracciones sensoriales, en vez de hallarse recogida en devota adoración a Dios «*en espíritu y verdad*». Sus oraciones son una simple práctica física que consiste en repetir como loros o cantar el nombre de Dios sin que un ápice de sus pensamientos esté verdaderamente centrado en Él. Tales oraciones son apenas mejores que las vocalizaciones automáticas de una cotorra que ha aprendido a repetir el nombre de Dios. Si un joven llevara una grabación en la que se repitiese la frase «te amo» y la utilizara para expresar su sentimiento a su bienamada, ésta sin duda le diría: «Mi querido amigo, en vano tratas de convencerme de tu amor; ¡no eres sincero!».

---

4 «*No pronunciarás el nombre de Yahvé, tu Dios, en falso [en vano]*» (*Éxodo* 20:7).

Una de mis tías utilizaba un rosario de cuentas para ayudarse en la repetición constante de sus oraciones; dondequiera que iba, sus dedos recorrían esas cuentas. Después de cuarenta años de rezar así, un día me confió que el Señor jamás le había respondido. Aunque sus «plegarias» se hubiesen contado por millones, su atención se hallaba centrada en cualquier otra cosa menos en Dios. Me alegré de tener la oportunidad de iniciarla en *Kriya Yoga* y en el verdadero arte de la comunión divina.

Al Señor, que conoce los pensamientos más íntimos del devoto, no se le puede engañar con oraciones que se repitan de manera mecánica, por muy elaboradas que sean. Es preferible ofrecer una sola oración sencilla, nacida del corazón —en forma profunda e intensa y con entendimiento de su significado— que una profusión de plegarias repetidas sin pensar. Las invocaciones que utilizan fórmulas preestablecidas y que se repiten con la mente ausente dan lugar a la hipocresía y gratifican el ego con un sentimiento de piedad que, en realidad, es poco efectivo espiritualmente. Esperar una intervención divina «a petición» en respuesta a plegarias formuladas sin pensar y desprovistas de sentimiento denota una actitud supersticiosa y poco científica.

Aunque Dios no responde del modo esperado cuando se le ofrecen tales oraciones verborreicas que se repiten ciegamente, Él no puede permanecer distante o hacer caso omiso del devoto verdadero que ora con sinceridad, con fe y con la determinación de no desistir jamás. En otro pasaje del Nuevo Testamento se encuentra esta enseñanza de Jesús: «*Orad constantemente*»[5]. La oración constante supone una repetición que no es vana ni mecánica, sino que está espiritualizada mediante una devoción siempre creciente, concentrada y sincera. El devoto que mantiene su mente en Dios en forma continua, que intensifica la concentración de los pensamientos de su plegaria y que sujeta incesantemente las riendas de su atención —sin importar cuántas veces ésta se desvíe— establecerá con toda certeza contacto con la Divinidad. En este sentido, el *Guita* enseña: «Fija en Mí tu mente y sé mi devoto; en adoración incesante, inclínate con reverencia ante Mí. Habiéndote así unido a Mí como la Meta Suprema, tú serás Mío»[6].

Las oraciones que se repiten una o muchas veces con sentimiento, ya sea oral o mentalmente, atraen una respuesta manifiesta de Dios. Al pronunciar la palabra «Dios» con fervor e incrementar la concentración

---

[5] *I Tesalonicenses* 5:17.

[6] *God Talks With Arjuna: The Bhagavad Gita* IX:34. (Véase *El Yoga del Bhagavad Guita*).

El Sermón del Monte

Viendo a la muchedumbre, subió al monte y se sentó. Sus discípulos se le acercaron. Entonces, tomando la palabra, les enseñaba [...].

«Vosotros, pues, orad así:

»Padre nuestro que estás en los cielos, santificado sea tu Nombre [...]».

Mateo 5:1-2; 6:9

Jesús vino a la tierra con el propósito de recordarle al hombre que el Señor es el Padre Celestial de todos y, también, para mostrarles a sus hijos el camino de regreso a Él. El modo efectivo de orar, según enseñó Jesús, consiste en desterrar la falta de confianza en uno mismo y hablarle a Dios con gozosa expectación, como quien se dirige a una madre o a un padre abnegados. El Señor siente por cada ser humano un amor incondicional y eterno, que sobrepasa incluso el más dulce de los cuidados de una madre o de un padre humanos. Esta cualidad se halla implícita en la enseñanza de Jesús de orar al «Padre nuestro» —un Padre que cuida personalmente de cada uno de sus hijos.

Paramahansa Yogananda

Pintura: Carl Bloch

y la devoción con cada repetición de su nombre, la mente se sumerge cada vez más en el océano de su presencia hasta que se alcanzan las insondables profundidades de la paz divina y del gozo extático, los cuales son una prueba infalible de que las oraciones han conmovido a Dios.

La plegaria saturada de devoción es un modo maravilloso de abrirse a las abundantes bendiciones que fluyen de Dios y constituye una manera de establecer el necesario vínculo entre la vida del hombre y la Fuente Infinita de toda gracia. Sin embargo, cuando la mente deambula orientada hacia el exterior, se requiere un período prolongado para lograr que la oración sea efectiva. Por esa razón se puede obtener un efecto mayor con la práctica de una hora de *Kriya Yoga* que con veinticuatro horas de plegaria común. Aquellos que practican con profundidad la técnica de *Kriya Yoga,* aunque sólo sea por un breve período, y que permanecen sentados meditando durante largo tiempo en la quietud que se obtiene, comprueban que la fuerza de su oración aumenta su poder dos, tres, o cien veces. Cuando se entra en el templo del silencio interior para adorar a Dios ante su altar, orando e invocando su divina presencia, Él acude rápidamente. El momento más efectivo para la oración es cuando la conciencia se retira de la superficie sensorial del cuerpo y de todo cuanto lo rodea, y se centra en los altares cerebroespinales de percepción del alma.

Jesús describió como «vanos» los ruegos de los «paganos» que se encuentran apegados al cuerpo y separados de la Esencia de Dios que mora en su interior. El hombre común se ha enredado tanto en la ley finita de causa y efecto que no es sencillo para él romper los lazos kármicos que sus actos generan. Dios no contraviene arbitrariamente el ordenado funcionamiento de su universo. El ser humano debe esforzarse para armonizar su vida y sus acciones con las leyes de Dios; de ese modo, creará nuevos efectos favorables que neutralizarán los errores del pasado. Sin embargo, el devoto que —mediante el amor puro, la fe y el conocimiento divino que se originan en la meditación— restablece su conciencia de unidad con el Padre Infinito trasciende la finitud y sus leyes y recibe de manera instantánea la gracia de Dios, el efecto confortador de su amor incondicional. Así pues, recuperar la auténtica naturaleza de nuestra alma —la de ser hijos de Dios— es la forma suprema de lograr que se cumplan nuestras oraciones. Al acercarse al Señor, no como un pordiosero mortal, sino como un amante hijo divino, el devoto sabe que todo cuanto el Padre posee también a él le pertenece.

Los devotos que aman a Dios profundamente, sabiendo que Él es su amoroso Padre, jamás sienten que deban mendigar para satisfacer sus necesidades cotidianas, porque Él les proporcionará aquello que necesiten sin siquiera pedirlo. Dios no desea que sus hijos acudan a Él como mendigos. Las plegarias hechas con actitud mendicante expresan dudas con respecto al derecho divino de nacimiento que nos corresponde como herederos del infinito reino de Dios. Un mendigo obtiene la parte que le pertenece como mendigo; un hijo, en cambio, tiene derecho a su parte como heredero. Ése es el estado de conciencia con el que hay que acercarse al Padre Celestial: Él está en todo momento dispuesto para proveer, siempre que sus hijos se apresten a recibir, al haber comprendido plenamente su inmortal filiación divina.

～

«Vosotros, pues, orad así:

»Padre nuestro que estás en los cielos, santificado sea tu Nombre; venga tu Reino; hágase tu Voluntad, así en la tierra como en el cielo.

»Nuestro pan cotidiano dánosle hoy; y perdónanos nuestras deudas, así como nosotros hemos perdonado a nuestros deudores; y no nos dejes caer en tentación, mas líbranos del mal» (*Mateo* 6:9-13).

Referencia paralela:

«Estaba Jesús orando en cierto lugar. Cuando terminó, le dijo uno de sus discípulos: "Señor, enséñanos a orar, como enseñó Juan a sus discípulos".

»Él les dijo: "Cuando oréis, decid:

»"Padre, santificado sea tu Nombre, venga tu Reino, danos cada día nuestro pan cotidiano, y perdónanos nuestros pecados, porque también nosotros perdonamos a todo el que nos debe, y no nos dejes caer en tentación"» (*Lucas* 11:1-4)[7].

---

[7] El Padrenuestro tal como se enuncia en el Evangelio de San Lucas (y su referencia paralela en *Mateo*) se comenta en el discurso 54 (volumen II). Paramahansa Yogananda ofrece allí un comentario más profundo en el que, para comprender mejor la relación del alma con Dios, explora las profundidades esotéricas de esta plegaria universal. *(Nota del editor)*.

Jesús vino a la tierra con el propósito de recordarle al hombre que el Señor es el Padre Celestial de todos y, también, para mostrarles a sus hijos el camino de regreso a Él. El modo efectivo de orar, según enseñó Jesús, consiste en desterrar la falta de confianza en uno mismo y hablarle a Dios con gozosa expectación, como quien se dirige a una madre o a un padre abnegados. El Señor siente por cada ser humano un amor incondicional y eterno, que sobrepasa incluso el más dulce de los cuidados de una madre o de un padre humanos. Esta cualidad se halla implícita en la enseñanza de Jesús de orar al «Padre nuestro» —un Padre que cuida personalmente de cada uno de sus hijos.

Jesús ofreció un modelo de oración apropiado tanto para las personas mundanas como para las espirituales: aquellos que son sumamente devotos no desean de Dios otra cosa que su amor y el desarrollo espiritual, mientras que las personas de mentalidad materialista buscan la ayuda de Dios para tener éxito y bienestar completos en la vida terrenal, incluyendo un mínimo de logros espirituales.

El Padrenuestro: una interpretación espiritual

El Padrenuestro expresa una comprensión universal de cómo es posible satisfacer las necesidades del cuerpo, de la mente y del alma a través de la relación del hombre con Dios. La sencilla elocuencia y la profundidad espiritual de estas palabras de Jesús me inspiraron a escribir la siguiente percepción interpretativa[8]:

«Cuando ores, dirígete a Dios desde el corazón con toda la atención de tu mente y, del modo que te he enseñado, di lo siguiente:

»Conciencia Cósmica que eres nuestro Padre, Fuente de la conciencia de todos los seres humanos, que te hallas presente en la región no vibratoria de la Bienaventuranza Celestial y te ocultas en las profundidades de la Intuición Celestial, santificado sea tu Nombre en la tierra. Que tu santo Nombre —las vibraciones cósmicas emanadas de Ti, presentes en las manifestaciones terrenales— sea consagrado a cultivar la conciencia de Ti y no la conciencia material. Que tu soberana conciencia absoluta irrumpa y se manifieste en la conciencia humana. Que venga tu reino espiritual y sustituya al reino material de la conciencia terrena. Que tu voluntad, guiada por la sabiduría, sea la fuerza que guíe a los seres humanos que se encuentran en la tierra sumidos en la ilusión, tal como siguen tu voluntad los ángeles y las

---

[8] Paramahansaji escribió, además, una versión diferente para su libro sobre oraciones respondidas y textos inspirativos, *Susurros de la Eternidad*, publicado por *Self-Realization Fellowship*.

almas liberadas que están en los celestiales reinos astrales.

»Danos hoy nuestro pan cotidiano, el maná físico, mental y espiritual que alimenta nuestro cuerpo, nuestra mente y nuestra alma: alimento, salud y prosperidad para el cuerpo; eficiencia y poder para la mente; amor, sabiduría y bienaventuranza para el alma.

»Perdona nuestros errores, ¡oh Señor!, y enséñanos a perdonar, de igual modo, los errores de los demás. Así como perdonamos a un hermano que está en deuda con nosotros y olvidamos su deuda, perdónanos también a nosotros, que somos tus hijos, por el pecado de no recordar la deuda que tenemos Contigo —el hecho de que todo te lo debemos a Ti: la salud, la vida y el alma.

»No nos dejes caer en la tentación, ni siquiera con el objeto de poner a prueba nuestro limitado poder espiritual. No nos abandones en el pozo de la tentación donde hemos caído por haber utilizado erróneamente el poder de raciocinio que nos concediste. Mas si es tu voluntad ponernos a prueba cuando ya nos encontremos fortalecidos, entonces, ¡oh Padre!, sé Tú más tentador que la tentación misma. Ayúdanos para que, mediante nuestro propio esfuerzo y merced a tu fuerza espiritual presente en nosotros, podamos liberarnos de todos los males físicos, mentales y espirituales causantes de sufrimiento.

»Enséñanos a comprender que quien gobierna la tierra no son las fuerzas materiales, sino tu reino de poder y de gloria, que perdura por siempre. Nos inclinamos ante Ti al establecer contacto Contigo en la forma de la Sagrada Vibración Cósmica de *Om*, Amén».

En las palabras de Jesús «*santificado sea tu Nombre*» se halla implícito el reconocimiento de que, aun cuando esta tierra proviene de la divina vibración de Dios, todavía ha de ser consagrada por el nombre de la Divinidad —las vibraciones puras y santas— a causa de la maldad de quienes rechazan esta sagrada presencia entre ellos. Dado que la bienaventuranza y la sabiduría de Dios son los únicos poderes soberanos que existen en la trascendencia de la Conciencia Cósmica, con las palabras «*venga tu Reino*» Jesús ora para que estos poderes absolutos de Dios se manifiesten en la conciencia humana, la cual se encuentra sumida en la ilusión desde tiempos inmemoriales. Jesús ora también: «*hágase tu Voluntad, así en la tierra como en el cielo*»; eso expresa que al igual que los ángeles y las almas divinas que moran en los reinos celestiales se encuentran en sintonía con la sabia voluntad de Dios, también aquellos que están en la tierra deberían dejarse guiar deliberadamente por la sabiduría de Dios, en vez de seguir el razonamiento de su ego confinado en el engaño.

«*Nuestro pan cotidiano dánosle hoy*»: tal vez parezca algo de poca importancia incluir una súplica por el pan cuando se ora al Todopoderoso; sin embargo, en aquel tiempo había mucha pobreza entre las masas, y a menudo tenían poco que comer. Jesús sabía que realmente no era posible esperar que la gente prestara atención a un mensaje que no resolviera también sus preocupaciones mundanas —una persona con el estómago vacío tiene pocos incentivos para esforzarse por alcanzar la unión con Dios.

En todo caso, Jesús se refería al sustento completo del cuerpo, de la mente y del alma, y no únicamente al pan físico. Él señaló: «*No sólo de pan vive el hombre, sino de toda palabra que sale de la boca de Dios*»[9]. El hombre no puede vivir sólo por medios materiales. A cada momento de su existencia depende de la fuerza vital que emana de la creativa Vibración Cósmica de Dios —su «palabra»— y de la sabiduría y la bienaventuranza inherentes a la omnipresente Conciencia Crística que sostiene la conciencia humana. Cuanto mayor sea su sintonía con esta vitalidad y sabiduría divinas, en mayor medida le será posible lograr la satisfacción de sus necesidades físicas, emocionales, mentales y espirituales. Así pues, la primera oración del hombre debe estar orientada a adquirir el pan espiritual del contacto con la Bienaventuranza, la Sabiduría y el Amor de Dios, que constituyen los únicos alimentos del alma; luego ha de obtener eficiencia para la mente, a fin de que le sea posible alcanzar metas valiosas; y por último, la prosperidad material suficiente para satisfacer sus necesidades físicas.

«*No nos dejes caer en tentación, mas líbranos del mal*»: con estas palabras, Jesús casi parece adjudicarle a Dios la responsabilidad de que el hombre se halle inmerso en la tentación al haber sido conducido deliberadamente por su Padre Celestial hacia esa difícil situación. En cierta forma, esto es verdad. Dios es el creador del engaño o ilusión, de modo que, en ese sentido, podría decirse que Él actúa como un tentador. No obstante, sería erróneo pensar que Dios, con toda su sabiduría, pretenda conducir a los mortales —tan carentes de dicha sabiduría— a la tentación sólo para observar cómo responden a ella. Eso no sería justo. Dios no es un amigo bromista que se dedica a

Una oración para desarrollar el autocontrol, dominar la tentación y vencer el engaño

---

[9] Véase el discurso 8.

tentar al ser humano con un mundo de incesantes seducciones que podrían hacerle daño. El bien y el mal son luces y sombras que crean el contraste necesario para producir la película cinematográfica cósmica de Dios. La blanca pureza de la bondad resalta sus virtudes contra el fondo oscuro del mal. La dualidad del engaño de *maya* somete a prueba a los hijos de Dios con el objeto de que desarrollen la sabiduría necesaria para distinguir entre el bien y el mal, para que ejerciten la voluntad mediante la cual puedan superar todas las pruebas y liberarse, de ese modo, del juego del gato y el ratón planteado por la tentación de Satanás.

El Señor podría fácilmente anular la influencia de la tentación satánica, pero con ello le negaría al hombre su libre albedrío y lo convertiría en una marioneta. Lo fascinante del drama de la creación de Dios es ver si por ventura sus hijos le eligen a Él en vez de preferir el atractivo de su espectáculo cósmico —no porque Él los haya obligado de modo alguno, sino sólo porque han decidido por propia voluntad responder a su amor—. Él desea que los seres humanos —sus reflejos mortales— disfruten del grandioso drama que se representa en este cinematógrafo cósmico mientras recuerdan, en todo momento, su innata divinidad. Para demostrar esa divina naturaleza, el hombre debe superar con éxito pruebas y tentaciones. Ellas le enseñarán al veleidoso ser humano a sacar a la luz la oculta identidad divina de su alma y a manifestarla en todas las circunstancias de la vida. El Señor sabe que finalmente sus hijos harán valer el poder del Espíritu que mora en su interior para derrotar al poder de la tentación.

Por consiguiente, cuando Jesús oró «*no nos dejes caer en tentación*», no era su propósito culpar al Señor de ser causante de los sufrimientos del hombre. Más bien, él expresaba la necesidad de que el ser humano suplique la ayuda de Dios para vencer los inevitables engaños de la vida. «No nos abandones en el pozo de la tentación donde hemos caído por haber utilizado erróneamente el poder de raciocinio que nos concediste». El hombre se precipita hacia el abismo del mal cuando no utiliza de manera correcta las facultades de libre albedrío que Dios le ha concedido. Haciendo uso de la ilusión cósmica, Satanás atrapa a los incautos, y se vale de la ignorancia para socavarles la razón y la voluntad. De ese modo logra con éxito obstaculizar los planes de Dios. Por ello, Jesús oró al Padre Celestial pidiéndole que librara a todas las almas de la nefasta fascinación que ejerce el engaño cósmico.

Dice la Biblia: «*Creó, pues, Dios al ser humano a imagen suya*»[10]. Sin embargo, cuando uno se mira al espejo, ¡ve cualquier cosa menos a Dios! Cada noche, al desprenderse el hombre de su conciencia corporal durante el sueño, se convierte en un dios; y cada día elige ser un diablo. ¿Qué puede hacer el Padre al respecto? Cuando el ser humano se viste con el ropaje mortal, debería recordar su divinidad y de ninguna manera atribuir a su alma las debilidades inherentes a la mortalidad. Así lo enseñan las escrituras de la India. Al despertar por la mañana, debes grabar en tu conciencia lo siguiente: «Acabo de salir del Espíritu. Soy Espíritu ahora y seré Espíritu por siempre». Pero, cuando uno tiene dolor de cabeza, rápidamente olvida su sublime condición divina y siente que es, en verdad, un ser mortal. Si el hombre recordara en todo momento su verdadero Ser, sería libre de nuevo. Es sencillo, pero cierto. La repetición constante de afirmaciones; el frecuentar la compañía de personas sabias; el estudio de las escrituras; y, sobre todo, la práctica de la meditación —por medio de la cual el sueño consciente de las limitaciones mortales se disuelve por completo en la percepción supraconsciente del alma— es la vía por la cual el devoto perseverante llegará al conocimiento de que es un dios. La comunión divina restablece en el hombre su Ser original. Él experimenta entonces la completa satisfacción en la bondad de su alma y comprende que anhelar los tentadores ofrecimientos de los sentidos haría eclipsar, para su inmensa congoja, el incomparable gozo divino.

El autocontrol es el amo de la tentación. Cuando el hombre se comporta como las criaturas menos evolucionadas, tal conducta no habla bien de la raza humana. Incluso las bestias, guiadas por el instinto, actúan más sabiamente. Sólo en compañía de los seres humanos, los animales aprenden a vivir en forma antinatural. No existe mal en éstos, porque sus acciones no están motivadas por el libre albedrío capaz de discernir. En cambio, el hombre se halla espiritualmente obligado a elegir entre el bien y el mal, a tomar decisiones que pueden ser beneficiosas o perjudiciales; y a menos que desarrolle el autocontrol, actuará guiado por la insensatez —incluso en contra de su buen juicio— cuando una tentación le acose.

Hay muchas personas que aprenden a proceder con autocontrol sólo después de haberse quemado en las seductoras llamas del nocivo libertinaje. Conviene más evitar las lecciones dolorosas, y para

---

[10] *Génesis* 1:27.

eso es preciso observar las consecuencias que otros padecen, obedecer las enseñanzas espirituales y hacer uso del sabio discernimiento. En ausencia de autocontrol con discernimiento, la refinada belleza de la virtud queda eclipsada por el vistoso oropel de los sentidos.

Quien afirme que la tentación no es seductora miente. Por causa de la tentación, el hombre se mete ciegamente en problemas debido a la hipnótica atracción que el mal ejerce sobre él. Nadie se entregaría al vicio si éste no le proporcionara placer. El drogadicto, el alcohólico, el adicto al sexo y el que come sin medida dan rienda suelta a sus hábitos porque los disfrutan, pero a costa de aniquilar lentamente su felicidad y destruirse a sí mismos.

La tentación es la influencia indebida que ejercen sobre los sentidos ciertas cosas o acciones atractivas que, aunque se consideren inocuas, no lo son. Es el deseo de disfrutar de un momento de placer sin tomar en cuenta sus futuros efectos adversos.

Las monedas falsas carecen de valor, pero resulta difícil diferenciarlas de las que son genuinas. De la misma forma, se necesita discernimiento para reconocer la diferencia entre el placer procedente de los vicios —atractivos pero despreciables— y la felicidad verdadera, que posee el inestimable valor de la virtud. La oración sincera a Dios para pedir su ayuda en el uso correcto del raciocinio y de la voluntad debilita el desconcertante efecto del engaño cósmico y evita que uno elija entre el bien y el mal de manera incorrecta. Los santos definen como mal todo aquello que, por agradable que parezca, perturba el contacto con Dios y la expresión de las cualidades del alma, los cuales proporcionan la verdadera felicidad.

Una vez que se paladea el gozo de la comunión con Dios, éste se vuelve más tentador que todas las tentaciones mundanas. Si el hombre se deja tentar por ese placer genuino, la atracción de los sentidos comienza a menguar. Siempre he orado: «Señor, ¿por qué no te muestras desde el principio mismo para evitar el sufrimiento que causa la búsqueda de placer en las acciones perjudiciales?». Puesto que experimentar a Dios constituye el deleite supremo, sólo cuando el hombre no cuenta con tal experiencia como punto de comparación, la tentación del mal ejerce poder sobre él. ¿Acaso alguien comería queso podrido si pudiera comer queso de buena calidad? ¿Elegiría alguien el sufrimiento en vez del gozo? No. El hombre cede ante la tentación debido al engaño de que ésta le aportará felicidad. Los delincuentes creen que obtendrán felicidad del producto de sus robos, pero descubren que no hay delito sin castigo, que el delito no compensa. Con el mismo criterio, tampoco compensa sucumbir a las tentaciones de los sentidos.

Las percepciones sensoriales son naturales y necesarias para la existencia física consciente del ser humano; sin embargo, las acciones sensuales provenientes de las percepciones no gobernadas por el discernimiento son las implacables depredadoras de su felicidad y bienestar. Los sentidos de la vista, el olfato y el oído pueden, por lo general, verse sometidos a esfuerzos excesivos sin que ello ocasione efectos adversos significativos. Pocas personas son tan insensatas como para forzar la vista en tal medida que les cause ceguera. Nadie aspira por tanto tiempo el aroma de las flores o de los perfumes como para que ello le provoque la muerte. A menos que el volumen del sonido sea excesivo, nadie ensordece por oír continuamente buena música. Sin embargo, el sentido de la vista puede ser acosado por ciertas atracciones que traen como consecuencia juicios erróneos y sufrimiento. El sentido del oído puede engañar a las personas de voluntad débil si son receptivas a los dulces sonidos de la adulación o a las ásperas vibraciones que incitan a la ira. El sentido del olfato puede soportar muchos abusos sin tomar represalias, pero es un poderoso medio para estimular la memoria, los impulsos de los hábitos y la excitación sexual.

Cuando se somete el sentido del gusto o el del tacto a exigencias excesivas, pueden desencadenarse terribles consecuencias. Cuán fácil es, cuando uno satisface el paladar, comer demasiado o elegir alimentos poco saludables, lo cual ocasiona enfermedades y precipita la muerte. Cuán fácil es, cuando uno se encuentra esclavizado por los deseos de la carne, sucumbir a las tentaciones físicas y a las desmesuras que dan lugar a la mala salud, al hastío, al ostracismo social o al fracaso matrimonial, es decir, a todo tipo de consecuencias nefastas. Dios creó el Gozo infinito para atraer al hombre hacia su verdadera naturaleza espiritual, el alma. Con el objeto de mantener al hombre obsesivamente apegado a su existencia mortal, Satanás creó el placer sexual carnal que, junto con el instinto de autopreservación, es el impulso más poderoso en el ser humano.

El uso incorrecto de la ley natural de procreación se puede superar, mas no a través de una represión hipócrita, sino únicamente por medio de la moderación, en el caso del matrimonio; haciendo uso del autocontrol y de la abstinencia, en el caso de quienes no están casados; y a través del gozoso contacto con Dios en la meditación. Cuando el gozo de Dios —que se percibe en la meditación al aquietar los pensamientos y el aliento— permanece de manera constante en el alma, las tentaciones físicas ceden de forma natural debido al contraste que se establece con el estado superior de conciencia de la Bienaventuranza divina.

Así pues, es apropiado que el devoto ore a Dios de este modo: «No coloques ante mis impulsos de debilidad las tentaciones de tu *maya* cósmica». Las engañosas tentaciones sensoriales son como semillas, y los impulsos de una mente débil constituyen su terreno favorito. Cuando las semillas de la tentación caen en una mente fértil, comienzan a crecer. Si, por el contrario, se «tuestan» por acción de la sabiduría y por la comprensión de que Dios es la única realidad, los deseos materiales latentes pierden su irresistible poder.

El ser humano se halla rodeado de fascinantes tentaciones que atraen su interés y nublan su razón. Nadie está a salvo de ceder a las malas influencias en un momento de debilidad, hasta que se cauterizan todos los deseos y hábitos del pasado que se encuentran grabados en las células cerebrales. La influencia de estos hábitos e impulsos es muy poderosa. Cuando el hombre se somete a ellos, renuncia a su libre albedrío y a su buen juicio; por lo tanto, es preciso que él se niegue a ser sojuzgado.

Hasta que el ser humano no se libera de las compulsiones, no puede confiar en sí mismo. Se comporta como un autómata: sus tendencias innatas latentes despiertan al actuar bajo la influencia a distancia que ejerce sobre él su entorno inmediato y las compañías que frecuenta. Es verdad que una persona puede volverse buena o mala por su propia decisión, pero en la mayoría de los casos su comportamiento y sus hábitos son atribuibles a causas prenatales o a las consecuencias ocultas de acciones postnatales.

Las escrituras hindúes enseñan que es difícil escapar de los efectos provenientes de los errores físicos, mentales, morales o espirituales cometidos en esta vida o en vidas pasadas. Los resultados de las buenas y malas acciones se almacenan en las mentes supraconsciente y subconsciente, donde permanecen como tendencias en estado de semilla, *samskaras*, prontas a germinar cuando llegue la oportunidad favorable.

Por eso, es preciso que el hombre le pida al Hacedor de la ilusión cósmica que le proteja de las tentaciones: «No nos conduzcas a lugares ni a situaciones en que nuestros impulsos kármicos coincidan con las tentaciones de los males del mundo. Condúcenos a la gozosa experiencia del contacto Contigo». La luz de una vela se pierde bajo la luz del sol; la llama titilante de los placeres sensoriales desaparece ante el flamígero resplandor del éxtasis. «¡Oh Señor!, no permitas que nos deslumbre la proximidad de la luz de las tentaciones sensoriales, al grado de no poder ver tu divino fulgor silenciosamente diseminado por el universo entero».

Aun cuando Dios permite las relatividades de *maya* como necesarias para la existencia de la creación, le corresponde al hombre decidir si tomará partido por las tentaciones del mal o por la tentación superior de la presencia de Dios. Cada persona debe librar sus propias batallas en la guerra entre su raciocinio y los impulsos de los sentidos para saber quién es el ganador. Ceder insensatamente ante las fuerzas de la tentación implica perder la soberanía sobre el reino de su propia vida. Los santos son pecadores que jamás se dieron por vencidos. Nunca cesaron de rechazar las tentaciones del mundo mientras continuaban dejándose seducir por el gozo superior de Dios. «Te comparé a Ti con la tentación y te encontré más tentador que la tentación misma». Uno debe saber, con plena convicción de su corazón, que ama a Dios más que a las tentaciones; entonces hallará al Señor.

Las personas comunes no pueden ver, excepto de manera objetiva, la feroz resistencia que opone Satanás a la atracción magnética de la bondad y de Dios. Es sabido que el diablo se ha manifestado en forma física para tentar a los grandes santos que se encontraban cerca de la liberación; pero esta fuerza consciente sabe que no precisa de tal despliegue teatral para atrapar al hombre común o al devoto que se está esforzando, pues en estos casos, por lo general, basta con pequeñas y sutiles tentaciones. Aquel que trata de evitar las tentaciones comprueba que se producen súbitas «coincidencias» en las que ciertas personas y oportunidades parecen surgir de la nada para desviarlo del sendero de autocontrol que ha resuelto seguir.

Por cada bondad y por cada virtud, Satanás tiene un conjunto equivalente de agentes antagonistas. Dios creó el perdón; Satanás creó la venganza. Dios creó la calma, la valentía, la generosidad, el espíritu de hermandad, la paz, el amor, la comprensión, la sabiduría y la felicidad. Para contrarrestar cada una de estas virtudes, Satanás creó su opuesto psicológico: la inquietud, el temor, la avaricia, el egoísmo individual y material, la guerra y el odio; la ira, la venganza y los celos en vez de la comprensión; la ignorancia en vez de la sabiduría; y el sufrimiento para destruir la felicidad. La conciencia, que es la voz de Dios, siempre guía al hombre hacia aquello que es correcto. La tentación, que es la voz de Satanás, lo impulsa hacia el mal.

La existencia de esta hueste de males es la razón por la cual Jesús oró «*Venga tu Reino*»: a fin de que el hombre pudiese usar su independencia para actuar correctamente y de ese modo sustituir la anarquía del mal por el reino de Dios. Cuando perfecciona su vida, al llevar a efecto los designios divinos para anular los planes malignos de Satanás, el ser humano ayuda a crear el cielo de Dios a partir de las imperfecciones terrenales de Satanás. El poder de Satanás es pasajero; el reino de Dios —su reino de poder y de gloria— es eterno.

~

«Que si vosotros perdonáis a los hombres sus ofensas, os perdonará también a vosotros vuestro Padre celestial; pero si no perdonáis a los hombres, tampoco vuestro Padre perdonará vuestras ofensas» (Mateo 6:14-15)[11].

El Padre Divino perdona pacientemente a todos los malos actores de su drama cósmico y, al final, después de que ellos hayan mejorado su comportamiento, Él los recibe en su bienaventuranza. Cuando el hombre expresa su Ser superior y también perdona a los demás las malas acciones que hayan cometido contra él, purifica su corazón de los cáusticos sentimientos negativos. Sin este perdón no puede producirse la curación de las heridas. Aun cuando tenga el poder de tomar represalias y pese a que, de modo adecuado y en el momento propicio, se encuentre obligado a resistir el mal o a no cooperar con éste, el hombre debe abstenerse de abrigar sentimientos de venganza. Es necesario hacer cuanto uno pueda para evitar o detener el mal, pero estas acciones no deben estar motivadas por el deseo de venganza. Es función de la Ley Divina imponer el justo castigo a malhechores y enemigos[12].

Cuando se reciben alabanzas y bondad de parte de los demás, es fácil sonreír y responder cálidamente; pero cuando se recibe una ofensa es la ocasión en que se pone a prueba nuestra naturaleza espiritual. Ése es el momento de practicar el perdón. No basta con decir:

---

[11] Véanse también los versículos paralelos en *Marcos* 11:25-26, en el discurso 35 (volumen II).

[12] *«No os toméis la justicia por vuestra mano [...], pues dice la Escritura: 'Mía es la venganza; Yo daré el pago merecido', dice el Señor» (Romanos 12:19).*

«¡Oh!, no me importa que me abofetees» mientras internamente hierven los pensamientos vengativos. Lo que importa es lo que se siente; si bien no debemos convertirnos en un felpudo, lo que cuenta es el control interior. Ser un maestro es saber que Dios está presente en todos y es perdonar a aquellos que, engañados, actúan en forma incorrecta, y a través de los cuales Dios está intentando expresarse, aun cuando todavía sea infructuosamente.

«Se debe perdonar todo agravio —afirma el *Mahabharata*—. Se ha dicho que la continuación de la especie se debe a la capacidad de perdonar del ser humano. El perdón es sagrado; gracias al perdón, el universo se mantiene cohesionado. El perdón es la fuerza del poderoso; el perdón es sacrificio; el perdón es sosiego para la mente. El perdón y la dulzura son las cualidades de quien es dueño de sí mismo y representan la virtud eterna».

~

«Cuando ayunéis, no pongáis cara triste, como los hipócritas, que desfiguran su rostro para que la gente vea que ayunan. Os aseguro que con eso ya reciben su paga. Tú, en cambio, cuando ayunes, perfuma tu cabeza y lava tu cara, para que tu ayuno sea visto, no por la gente, sino por tu Padre que está allí, en lo secreto; y tu Padre, que ve en lo secreto, te recompensará» (*Mateo 6:16-18*).

El ayuno es una práctica que ha sido utilizada por los devotos de todas las religiones desde tiempos antiguos como un medio efectivo para acercarse a Dios. Es una forma de austeridad que ayuda a vencer la obstinación del cuerpo y de la mente y a someterlos al control de la voluntad con el objeto de recibir el espíritu de Dios[13].

Sufrimiento y penitencia: conceptos distorsionados de la espiritualidad

Jesús, sin embargo, señaló la hipocresía de aquellos que ayunan o que practican otras austeridades no con el propósito de acercarse a Dios, sino para impresionar a los demás con las privaciones que son capaces de soportar. Estas personas suponen que el sufrimiento es un requisito para alcanzar la trascendencia y creen que las penitencias

---

[13] Véase el discurso 8.

autoimpuestas son una prueba de su elevación, y a través de ambos —el sufrimiento y la penitencia— procuran acelerar su ascensión, si no en la realidad, al menos a los ojos de los demás.

Tales conceptos distorsionados acerca de la espiritualidad son una de las razones por las que muchas personas dudan en emprender seriamente la búsqueda de Dios, ya que creen que requerirán llevar una vida de mortificado penitente. Pero están muy alejados de la verdad. Conocer a Dios es conocer el Gozo mismo. Los verdaderos devotos jamás son melancólicos ni taciturnos; ellos saben que al estar alegres complacen al Señor. Cuanto mayor es la felicidad del devoto, mayor es su sintonía divina. «Con el pensamiento absorto en Mí, con todo el ser entregado a Mí, iluminándose mutuamente, proclamando por siempre mi nombre, mis devotos se hallan satisfechos y gozosos»[14].

Mi gurudeva, Swami Sri Yukteswar, no dudaba en corregir a los discípulos que acudían a la ermita con el semblante triste, como si estuviesen asistiendo a un funeral. «Para encontrar al Señor no es necesario "desfigurarse el rostro" —solía decir, citando al Señor Jesús—. Recuerda que el encuentro con Dios significa el entierro de todos los pesares».

≈

«No os amontonéis tesoros en la tierra, donde hay polilla y herrumbre que corroen, y ladrones que socavan y roban. Amontonaos más bien tesoros en el cielo, donde no hay polilla ni herrumbre que corroan, ni ladrones que socaven y roben; porque donde esté tu tesoro, allí estará también tu corazón» (Mateo 6:19-21)[15].

Necio es el hombre que centra todos sus esfuerzos y su atención en la acumulación de prosperidad material o salud física, que son perecederas, y no dedica tiempo alguno a obtener el Tesoro Eterno. El dinero, el prestigio, los placeres de los sentidos y los lujos materiales le serán arrebatados, ya sea por la corrupción de la naturaleza, por las adversidades del karma o por ese irrefrenable ladrón que es la muerte.

---

[14] *God Talks With Arjuna: The Bhagavad Gita* X:9. (Véase *El Yoga del Bhagavad Guita*).

[15] Véase el comentario sobre la versión de San Lucas de estos versículos (*Lucas* 12:32-34), en el discurso 56 (volumen II).

Al atravesar los portales de la tumba, cuando pierda todo aquello que más ha atesorado, grande será su aflicción porque ni siquiera podrá permanecer en la gloria del cielo, sino que se verá arrastrado nuevamente a este plano mortal para comenzar una vez más la lucha por satisfacer sus deseos inconclusos.

«Amontonaos más bien tesoros en el cielo»

El corto lapso que el ser humano pasa en esta tierra lo dedica a pensar y planear el modo de obtener aquello que desea; cuando satisface uno de sus deseos, comienza a buscar algo más. Como un perro atado a un carro que lleva delante de él una salchicha colgada de un palo, el hombre arrastra la carga cada vez más pesada de su vida como un esclavo de sus anhelos, siempre pensando: «Seré feliz cuando obtenga esto, o esto otro». ¿Cuándo llegará ese día? ¡Sé feliz ahora, en este mismo instante! Tan pronto como el pensamiento de Dios se introduzca en tu mente, afiánzalo con devoción, fortalécelo y anímalo, subordinando a éste todos los demás deseos. Jesús renunció a todo porque él contaba con esa prosperidad inmortal en Dios que ninguna circunstancia terrenal podía corromper ni ladrón alguno robar.

Es nuestro perfeccionamiento en la espiritualidad lo que proporciona felicidad verdadera en esta vida y en el más allá. ¿Qué otra cosa podía tener Jesús en mente cuando exhortó a la gente a amontonar tesoros en el cielo siendo virtuosos en la tierra?

Uno podría llegar a poseer el mundo entero en esta vida, pero si no tiene a Dios, no tiene felicidad, ni paz, ni nada que posea verdadero valor. Cuando abandone las costas de esta tierra, no tendrá nada que pueda llevar consigo a la vida del más allá. Pero aquel que haya encontrado a Dios como resultado de su esfuerzo supremo en la meditación, incluso si ha sacrificado todas las cosas materiales y es pobre a los ojos del mundo, posee un tesoro que es eterno. Cuando su breve estancia en la tierra haya concluido, partirá con un imperecedero y divino tesoro de bienaventuranza sin fin, de la cual podrá disfrutar por toda la eternidad.

~

«El ojo es la lámpara del cuerpo. Si tu ojo es único, todo tu cuerpo estará iluminado*; pero si tu ojo está malo, todo tu cuerpo estará a oscuras. Y, si la luz que hay en ti es oscuridad, ¡qué oscuridad habrá!» (Mateo 6:22-23).

Referencia paralela:

«*Nadie enciende una lámpara y la pone en un sitio oculto o debajo del celemín, sino en el candelero, para que los que entren vean el resplandor*[16]. *Tu ojo es la lámpara de tu cuerpo. Cuando tu ojo es único, todo tu cuerpo estará iluminado; pero cuando está malo, también tu cuerpo estará a oscuras**. *Mira, pues, que la luz que hay en ti no sea oscuridad. Pues si tu cuerpo está enteramente iluminado, sin parte alguna oscura, estará tan enteramente iluminado como cuando la lámpara te ilumina con su resplandor*» (*Lucas* 11:33-36).

La luz que revela a Dios dentro del cuerpo es el ojo único ubicado en el entrecejo, que puede verse durante la meditación profunda y constituye la puerta de acceso a la presencia de Dios. Cuando el devoto es capaz de percibir a través del ojo espiritual, ve su cuerpo entero, así como su cuerpo cósmico, colmado de la luz de Dios que emana de la vibración cósmica.

Al fijar la visión de ambos ojos en el entrecejo en el estado meditativo de concentración interior, se logra enfocar la energía óptica positiva y negativa de los ojos derecho e izquierdo y unir estas corrientes de energía en el ojo único de luz divina[17]. El hombre ignorante y materialista nada sabe acerca de esta luz, pero quienquiera que haya practicado la meditación, aunque sea sólo un poco, puede verla ocasionalmente. Cuando el devoto se encuentra más avanzado, contempla dicha luz a voluntad, con los ojos abiertos o cerrados, a la luz del día o en la oscuridad. Aquellos devotos que han alcanzado un alto grado de desarrollo la contemplan durante tanto tiempo como lo deseen y, cuando su conciencia puede penetrar en ella, logran alcanzar los estados supremos de realización trascendente.

El ojo único mediante el cual se pueden contemplar el cuerpo del hombre y el cosmos colmados de la luz de Dios

Por el contrario, cuando la mirada y la mente del ser humano se alejan de Dios, concentrándose en motivaciones negativas y acciones materialistas, su vida se llena de la oscuridad de la ignorancia causada por la engañosa ilusión, la indiferencia espiritual y los hábitos

---

[16] Este versículo tiene su paralelo en *Mateo* 5:15 y se comenta en el discurso 26.

[17] Véanse los discursos 3, 6 y 10.

causantes de sufrimiento. La sabiduría y la luz cósmica interiores permanecen ocultas. ¡«*Qué oscuridad habrá*» en el hombre materialista que poco o nada conoce de la divina realidad y acepta, con alegría o resentimiento, cualquier ofrenda que la ilusión ponga en su camino! Vivir en tan malsana ignorancia no constituye una vida propia de la conciencia del alma encarnada.

El hombre que ha elevado su nivel espiritual —cuyo cuerpo y mente se encuentran iluminados interiormente por la luz y la sabiduría astrales, y en quien las sombras de la oscuridad física y mental se han disipado, siéndole posible contemplar el cosmos entero colmado de la luz, la sabiduría y el gozo de Dios—, aquel en quien la luz de la realización del Ser se halla plenamente manifestada, experimenta un gozo indescriptible y recibe la incesante guía de la sabiduría divina.

«Buscad primero el Reino de Dios y su justicia»

El Sermón del Monte, parte IV

El mensaje cardinal de Jesús para los seres humanos
y las naciones del mundo

❖

¿Es necesario renunciar a las posesiones para encontrar el reino de Dios?

❖

Cómo aplicar la doctrina de Cristo a las condiciones de la vida moderna

❖

La actitud espiritual hacia las necesidades materiales del cuerpo

❖

La forma acertada de buscar el reino de Dios:
la ciencia yóguica de la meditación

❖

El camino enseñado por Cristo para alcanzar la felicidad: busca a Dios
en tu interior y lleva una vida material simple

❖

Pon a Dios en primer lugar en tu vida cotidiana

«Buscad primero a Dios, porque hallar al Señor es abrir la puerta a todos sus dones: salud, poder, suficiencia financiera y sabiduría. Dios no es un avaro [...]. El hombre sólo debe aprender a recibir».

«Nadie puede servir a dos señores, porque aborrecerá a uno y amará al otro; o bien se dedicará a uno y despreciará al otro. No podéis servir a Dios y al dinero [a Mammón].

»Por eso os digo: No andéis preocupados por vuestra vida, pensando qué comeréis, ni por vuestro cuerpo, discurriendo con qué os vestiréis. ¿No vale más la vida que el alimento, y el cuerpo más que el vestido? Mirad las aves del cielo: no siembran, ni cosechan, ni recogen en graneros, pero vuestro Padre celestial las alimenta. ¿No valéis vosotros más que ellas? Por lo demás, ¿quién de vosotros puede, por más que se preocupe, añadir un solo codo a la medida de su vida? Y del vestido, ¿por qué preocuparos? Observad los lirios del campo, cómo crecen; no se fatigan, ni hilan. Pero yo os digo que ni Salomón, en todo su esplendor, se vistió como uno de ellos. Pues si Dios viste así a la hierba del campo, que hoy es y mañana se echa al horno, ¿no lo hará mucho más con vosotros, hombres de poca fe? No andéis, pues, preocupados diciendo: ¿Qué vamos a comer?, ¿qué vamos a beber?, ¿con qué vamos a vestirnos?, pues por todas esas cosas se afanan los paganos. Vuestro Padre celestial ya sabe que tenéis necesidad de todo eso[1]. Buscad primero el Reino de Dios y su justicia, y todas esas cosas se os darán por añadidura. Así que no os preocupéis del mañana, pues el mañana se preocupará de sí mismo: cada día tiene bastante con su propio mal».

Mateo 6:24-34[2]

---

[1] En este contexto, «paganos» significa «personas mundanas». Compárese con *Lucas 12:30*: «*Pues por todas esas cosas se afanan los paganos del mundo. Vuestro Padre ya sabe que tenéis necesidad de eso*».

[2] Estas palabras de Jesús se encuentran también registradas en el Evangelio según San Lucas 12:22-31 y se comentan en ese contexto en el discurso 56 (volumen II).

«Buscad primero el Reino de Dios y su justicia»

El Sermón del Monte, parte IV

Nadie puede servir con igual devoción a dos ideales contradictorios. Quien rinde culto entusiasta a la materia y al placer olvidará a Dios; pero aquel que se encuentra absorto en la bienaventuranza de Dios no tendrá anhelo por las gratificaciones materiales. La realidad y la ilusión —Dios y Mammón[3]— son dos ideales que se contraponen. Quien «se dedica a uno» —el que está apegado a la riqueza de los dones materiales— «desprecia al otro», es decir, aborrece los requisitos para buscar a Dios, pues teme sufrir la pérdida de los placeres que tanto atesora.

De ningún modo Jesús aconsejó desatender la adquisición de cuanto se precisa para cubrir las necesidades materiales, sino que se manifestó en contra de prestarle al cuerpo toda la atención del alma, como si el cuerpo fuese el único propósito de la existencia. Él aseveró que el Dador de la Vida merece el principal pensamiento del hombre, no la indiferencia que concede prioridad a las necesidades y a los deseos materiales y que deja al Señor completamente en el olvido. Dios es el Creador y Dueño de todos los bienes de la naturaleza, de los cuales el ser humano obtiene el alimento, la vestimenta, el dinero, las propiedades, la salud y la vitalidad. Es Él quien prodiga al hombre

---

3 *Mammón* es un término arameo que significa «riqueza».

todas estas cosas que le permiten mantener su vida en la tierra.

El mensaje cardinal de Jesús para todos los seres humanos y las naciones del mundo es que debemos buscar primero el reino de Dios porque es el camino más seguro hacia la felicidad perdurable, tanto en el plano individual como en el social y el nacional. Las perecederas posesiones materiales no incluyen la inmortalidad ni la eterna bienaventuranza del reino de Dios; sin embargo, el imperecedero reino divino contiene todo lo bueno que existe en el mundo. Poseer a Dios es poseer el universo. Al tirar de una oreja, toda la cabeza se viene con ella. Cuando por medio de la devoción atraemos a Dios a nuestra vida, automáticamente nos son dadas por añadidura la eterna prosperidad de la inmortalidad, y de la sabiduría, y de las siempre renovadas bendiciones de Dios.

El mensaje cardinal de Jesús para los seres humanos y las naciones del mundo

De manera semejante, en el *Bhagavad Guita*, el Señor proclama: «A quienes meditan en Mí, considerándome lo más amado, y se mantienen siempre unidos a Mí a través de su adoración incesante, Yo compenso sus deficiencias y hago permanentes sus logros»[4].

El ser humano no debería buscar primero las posesiones y luego a Dios, porque es probable que pierda a Dios. La mente es como un papel secante: cuando se embebe de deseos materiales impuros, se satura y no puede absorber la Esencia Divina pura. El insensato materialista se acostumbra a trabajar sólo para obtener objetos perecederos que le proporcionen placer. Debido al hábito esclavizante de su mente, no le es posible concentrar ni siquiera parte de su atención en la búsqueda de Dios. Los sabios no desperdician sus energías en adquirir aquello que imperativamente habrán de abandonar a la hora de la muerte. Quienes logran alcanzar el reino de Dios y pueden manifestar la justicia divina obtienen el gozo eternamente renovado y la experiencia de la inmortalidad, no sólo en esta vida, sino para toda la eternidad; y por añadidura, la satisfacción de todas sus necesidades materiales. ¡Ningún hombre de negocios sensato rechazaría semejante oferta!

Con sus palabras «*No andéis preocupados por vuestra vida*», Jesús no quiso decir que se deban desatender imprudentemente los principios de una vida saludable y exitosa. Más bien enseñaba que se precisa la vida eterna, la Palabra de Dios, y no sólo el alimento físico de la «carne», para sustentar la vida humana. También explicaba que

---

[4] *God Talks With Arjuna: The Bhagavad Gita* IX:22. (Véase *El Yoga del Bhagavad Guita*).

el cuerpo fue creado con el propósito de expresar la sabiduría del alma y no sólo para engalanarlo con vestidos y brindarle comodidades. ¿Por qué, entonces, concentrar toda la energía en preocuparse por satisfacer las necesidades materiales cuando la vida misma proviene de Dios, recibe de Él su sustento y desea expresar la innata gloria del Señor?

Jesús alienta el despertar espiritual con analogías simples y atrayentes; por ejemplo: «*Mirad las aves del cielo...*». Sus vidas no tienen la complicación de los deseos o los anhelos innecesarios. Aun cuando ellas no han acumulado bienes ni riquezas en el banco, Dios las alimenta mediante la abundancia de la naturaleza. Un hijo de Dios —que es más importante que los gorriones y los cuervos— recibirá también los cuidados del Padre Celestial, siempre que desarrolle una fe absoluta en Dios y que le considere como la vida que anima su vida y como la Fuente Divina de toda abundancia.

La arrogancia del hombre en lo que respecta a su autosuficiencia contradice el deseo que abriga de ser más poderoso que sus limitaciones mortales. El ser humano no puede por medio de un simple pensamiento o deseo «*añadir un solo codo a la medida de su vida*». Es posible hacer que las leyes de Dios operen en beneficio del hombre, pero tan sólo Dios mismo y aquellos devotos que son uno con Él pueden trascender dichas leyes.

El ser humano recibe su sustento directamente de Dios y de la abundancia de la naturaleza, e indirectamente a través de su capacidad adquisitiva y sus esfuerzos físicos. Ni aun poniendo todo su empeño puede el hombre mantenerse por sí mismo sin la ayuda de Dios, que es el Hacedor de la Vida y el Creador de la luz del sol, de los granos, del agua y del aire que sostienen la vida humana. Pero debido a que el ser humano ha de hacer su parte para usar aquello que Dios le ha otorgado, pronto olvida la Mano Divina que actúa en forma directa sobre su existencia. El hombre no puede *fabricar* el grano, aunque para propagarlo aplique las leyes de Dios; tampoco puede ordenarle al poder de la digestión que asimile los alimentos, ni a la fuerza vital que transforme las sustancias químicas de los granos en tejidos celulares. Aun así, el ser humano es tan solícito con las necesidades de su cuerpo que lo engalana y procura satisfacer cada uno de sus caprichos, y rara vez toma en cuenta —si es que alguna vez lo hace— que si en esa forma física no estuviera presente la Divinidad, él apenas estaría adornando un simple trozo de tierra.

«*Observad los lirios del campo*», cómo Dios los atavía con etérea fragancia y belleza, sin que ellos hagan el esfuerzo consciente de hilar sus vestiduras de pétalos ni se afanen febrilmente por sustentarse y mejorar su aspecto. «*Ni Salomón, en todo su esplendor*», con todos sus poderes terrenales y elegantes ropajes reales, logró lucir tan agraciado y lleno de divinidad como los sencillos lirios vestidos por Dios. El Creador, que tiene poder sobre todas las cosas —grandes y pequeñas—, sin duda vestirá al hombre con el poder del magnetismo divino para atraer a voluntad aquello que necesite, cuando el ser humano, hecho a imagen de Dios, corrija su falta de fe en los poderes inmortales que residen en su interior por ser descendiente directo de Dios. Es el engaño el que le hace dudar que Dios velará por él.

«*Hombres de poca fe*», ved cómo Dios viste con verde atuendo los efímeros pastos, que pronto se marchitarán bajo el sol abrasador o se usarán como combustible en los hornos. Todas las cosas de esta tierra son evanescentes y tienen el fin de servir bien a su propósito. El hombre, ataviado por Dios con una singular forma psicofísica, es demasiado importante para que desperdicie su vida preocupándose sólo por los asuntos temporales, para luego ser arrojado al fuego de la ignorancia y del sufrimiento.

En lo que respecta a cubrir las necesidades imperativas de la vida, «*vuestro Padre celestial ya sabe que tenéis necesidad de todo eso*». Él espera que aquel que le busca lleve a cabo acciones útiles y prescritas por el deber, pero no del mismo modo que el materialista, que tiene el ojo y la energía enfocados en el lucro egoísta y en los placeres sensuales. «*Buscad primero el Reino de Dios y su justicia*» significa concentrarse en la Vida Eterna, la fuente de toda vida, y expresar la gloria de esa inmortalidad en todas las interacciones del ser humano con el mundo.

También los grandes científicos y los grandes escritores atienden las necesidades de la vida, pero sus mentes permanecen absortas sobre todo en los temas en que se han especializado. De modo similar, como Jesús mismo demostró, el hombre divino mantiene su cuerpo como un hogar transitorio del alma inmortal y cumple con todas las responsabilidades que Dios le ha encomendado, pero su conciencia permanece firmemente centrada en Dios. El hombre común piensa sólo en la comida, en las posesiones y en el placer; éstos son los únicos fines que persigue. Bajo la cortina de humo de la materialidad, ha ocultado a Dios por completo de su percepción, se ha separado de la vigorizante

Fuente de la vida, ha extinguido su felicidad y ha dejado marchitar los divinos gozos inherentes al alma, que son los que en verdad pueden satisfacerle. El camino seguro a la felicidad consiste en adquirir todo lo necesario mientras la mente descansa primordialmente en Dios. Olvidar a Dios y perseguir la satisfacción de «necesidades» que consideramos imprescindibles pero que no lo son conduce con certeza al sufrimiento.

Por mucho que haya obtenido, el hombre mundano jamás disfruta por completo de su situación. Y dado que nunca se halla satisfecho, siempre busca algo más o teme perder lo que posee. Las naciones occidentales, que se encuentran en la cima del desarrollo industrial, atiborradas de materialidad, no han logrado crear una sociedad libre de la depresión y el descontento. Las casas, el dinero y los automóviles tal vez sean necesarios para la vida moderna; pero si el hombre no le dedica también cierto tiempo a Dios y a la meditación, el plan de su vida carecerá del catalizador necesario para producir la verdadera felicidad. A no ser que uno busque el reino de Dios y establezca dentro de sí la justicia, la paz, el gozo y la sabiduría de ese reino, los contrastes entre el placer y el dolor de su vida fomentarán el descontento interior, el desequilibrio y las deficiencias físicas y espirituales.

La civilización de la India, a diferencia de la occidental, se concentró completamente en la religión y en la búsqueda de Dios en detrimento de su vida material; y por ello, a pesar de su espiritualidad, sufrió pobreza, hambre, enfermedades y siglos de dominación extranjera. La antigua doctrina de la renunciación total es extremista; si las multitudes abandonaran sus obligaciones, entonces las comunidades, las ciudades y las sociedades enteras se convertirían en madrigueras de la enfermedad y de la pobreza.

¿Es necesario renunciar a las posesiones para encontrar el reino de Dios?

El renunciamiento ideal no requiere la ausencia total de posesiones —como es el caso de los errantes *sadhus*— ni que uno viva en retiro en una cueva de la montaña. Significa abandonar los pequeños placeres ilusorios para disfrutar del gozo supremo del Espíritu. Aunque el devoto renuncie al mundo y sus tentaciones y viva en un lugar remoto y solitario, es posible que no halle a Dios; el motivo es que los deseos de muchas encarnaciones, que le han perseguido muy de cerca a través de los tiempos, continuarán acompañando al ermitaño. Pocos son aquellos que pueden permanecer en comunión con Dios de forma continua. Cuando uno no está meditando, es preferible mantener la mente ocupada con tareas útiles antes que permanecer ocioso.

Por medio de la práctica es posible mantener la mayor parte de la mente en Dios en tanto las manos y la atención externa se encuentran ocupadas llevando a cabo deberes materiales útiles y disfrutando de las numerosas cosas materiales concebidas por Dios para entretenimiento de sus hijos, las cuales expresan la bondad divina en la creación. Para las multitudes, ésa es ciertamente la mejor manera de vivir, el camino medio ejemplificado en la vida del yogui: vivir en el mundo para Dios, en vez de convertirse en monje (el elevado sendero de consagración idóneo sólo para una minoría) o entregarse, en el extremo opuesto, a una vida de desenfreno como la de los sibaritas[5].

En el contexto de estos versículos, Jesús se dirigía sobre todo a sus discípulos para exhortarlos a establecer para la humanidad un ejemplo de cómo vivir para Dios y no para el cuerpo y su reino mundano. Este elevado nivel de renunciación, de completo desprendimiento, con la fe puesta en Dios como el Único Proveedor, es el ideal que muchos devotos han abrazado a lo largo de las épocas como respuesta natural a su sincero anhelo espiritual. Aunque Jesús aconsejaba a sus discípulos el renunciamiento en sentido literal, su intención era que el espíritu de sus palabras se aplicara a la vida de todos los creyentes: busca primero a Dios. Los emisarios de Dios hablan necesariamente en términos absolutos porque conocen la inclinación de la naturaleza humana a elegir y a adaptar a sus propios objetivos y receptividad aquello que seleccionan de los abundantes libros de las escrituras. Si hay hombres que no pueden aspirar a la máxima aplicación de la verdad, entonces, tal como es la intención de los profetas, esas verdades absolutas sirven, al menos, como una guía apropiada para que el ser humano las adopte bajo una norma menos exigente. No hay nada que le impida a las personas, sea cual sea su situación o vocación en la vida, obtener el máximo beneficio de las palabras de Cristo: buscar afanosamente a Dios, cuidar el instrumento corporal del alma a fin de que pueda utilizarse para expresar la justicia de Dios y aportar algún bien a los demás, teniendo presente en todo momento que su benefactor es Dios, el Dador Divino.

En el *Bhagavad Guita* se enseña: «El estado libre de actividad [de

---

[5] Los ideales de Jesús acerca de la renunciación interior y exterior se tratan en el discurso 49 (volumen II).

unidad con el Espíritu trascendente] no se logra simplemente evitando las acciones. Nadie que huya del trabajo alcanza la perfección». «Es un verdadero renunciante y también un verdadero yogui aquel que ejecuta las acciones prescritas y las acciones espirituales sin desear sus frutos [...]. Quien no ha renunciado al motivo egoísta no puede ser un yogui»[6]. Un hombre de Dios trabaja de manera diligente, realizando los deberes prescritos con el objeto de complacer al Señor y compartir los frutos de dichas acciones con los hijos de Dios; sus esfuerzos no están motivados por los deseos egoístas ni por la influencia del engañoso mal.

Dios envía las almas de los seres humanos a la tierra con el fin de que laboren para Él de un modo digno que sea de utilidad en su drama cósmico. Por eso, quienes trabajan para el ego y para los deseos de éste permanecen embrollados en una red llena de deseos ocasionados por el engaño y continúan atrapados en ella durante encarnaciones. El sabio cumple con las obligaciones de su vida mortal, pues éstas son un deber divino, ya que Dios le ha proporcionado un cuerpo que cuidar, con todas las responsabilidades que conlleva. Un hombre de tal naturaleza es libre. Aquel que perjudica su bienestar al descuidar el cuerpo y sus necesidades peca contra las leyes divinas de la creación; pero también se aparta de Dios el que sirve solícitamente a su cuerpo para complacer su vanidad y sus deseos mortales.

Es Dios quien viste con toda elegancia las bellezas florales del jardín de la naturaleza; ellas no precisan esforzarse para obtener un salario con el cual comprar la luz del sol, el aire y las necesarias sustancias químicas del suelo. A diferencia de ello, en la civilización moderna el hombre debe pagar los alimentos, la vestimenta y el techo —incluso el agua que bebe—. Si bien Dios ha provisto los elementos básicos que se re-

Cómo aplicar la doctrina de Cristo a las condiciones de la vida moderna

quieren para la vida, el hombre no podría valerse de ellos sin aplicar el pensamiento inteligente y sin desplegar esfuerzos por adquirir esos bienes y adaptarlos a sus propósitos. En Oriente, en la época en que Jesús enseñó, la gente vivía en forma mucho más sencilla y, por lo tanto, tenía menos requerimientos básicos de los cuales preocuparse; un hombre espiritual, dedicado al renunciamiento, podía alimentarse y vestirse sin demasiados esfuerzos, gracias a la caridad o a la ayuda

---

[6] *God Talks With Arjuna: The Bhagavad Gita* III:4, VI:1-2. (Véase *El Yoga del Bhagavad Guita*).

familiar. En la actualidad, las condiciones de vida han cambiado; la civilización es más individualista y egoísta; tanto el hombre activo como el renunciante deben esforzarse por proveer lo necesario para su existencia, y ambos precisan dedicar un tiempo considerable a pensar en cómo mantenerse.

¿Es entonces imposible aplicar a la vida moderna la doctrina de Cristo expuesta anteriormente? No. En todas las eras, aquellos que han pensado que la prosperidad depende tan sólo del esfuerzo y de la habilidad del hombre se hallan bajo el influjo de un poderoso engaño. La historia muestra que en toda época y lugar los individuos más inteligentes y acaudalados, que han dedicado todos sus pensamientos, sus esfuerzos y su talento a la adquisición del éxito material, de tiempo en tiempo se sumergen en el fango de la pobreza por un simple decreto del destino. Las guerras, las depresiones económicas, las empresas malogradas, la anarquía política, los desastres naturales pueden en un instante alterar el sino de los afortunados. Pero aquel que mantiene la mente concentrada de manera primordial en el Todopoderoso —Dador de todas las cosas— jamás permanecerá desamparado (a menos que se deba a una prueba pasajera ocasionada por su karma personal) ni siquiera en la peor de las situaciones que pudiera presentarse.

Es acertado esforzarse para obtener ventajas financieras y materiales, siempre que se recuerde a Dios como el Dador y a condición de que la buena fortuna acumulada se convierta en un medio para brindar servicio e inspiración a los demás tanto como a uno mismo. Aquellos que por herencia son acaudalados y no necesitan trabajar para su subsistencia bien podrían emplear su tiempo libre para cultivar la vida espiritual: a través de la meditación, con el objeto de alcanzar la comunión con Dios; mediante las buenas obras que ayuden a las personas y a la humanidad en su conjunto; y, en general, elevando el nivel de su conciencia a fin de expresar la virtud divina. Desafortunadamente, los ricos que sólo ofrendan a Dios una genuflexión simbólica no comprenden cuán pobres son en el aspecto espiritual. Aquellos que se deleitan dedicando su tiempo a los desenfrenos desperdician, en la más insegura de las felicidades y de manera insensata, esa oportunidad única. Es una pobre inversión de los favorables frutos del buen karma que quienes tienen cubiertas las necesidades de la vida —como es el caso de la mayoría de las personas de las naciones materialmente avanzadas de Occidente— piensen primero en el desayuno, en el almuerzo y en la cena, y en cuánto dinero ganar a fin de adquirir ropa más cara, una mejor casa y divertirse, pero releguen a Dios a un segundo plano, asistiendo de vez en cuando a un oficio religioso el domingo por la mañana. Estar siempre atentos a los regalos de Dios en vez de hallarse absortos en el Dador es un inmenso error.

La actitud espiritual hacia las necesidades materiales del cuerpo

Si la vida entera de una persona se basa en el bienestar del pequeño cuerpo y en mimarlo, ¿cómo puede conocer la felicidad divina? ¿Por qué prestar tanta atención a algo que deberá ser desechado de un momento a otro? Estar ocupados noche y día con el cuerpo es un mal hábito; es una ilusión a través de la cual uno se apega cada vez más a la existencia física.

El peor hábito del hombre consiste en imaginar que es un cuerpo mortal; ese pensamiento, que ocupa el primer lugar en su mente, lo mantiene alejado de Dios más que ninguna otra cosa. Muchos santos consideran que su cuerpo es simplemente un útil animal que se encuentra bajo su cuidado. San Francisco de Asís solía referirse a su cuerpo como «el Hermano Asno». Uno debe cuidarlo, pero no inquietarse demasiado por él. Cuando un discípulo del *ashram* se comportaba de manera muy severa con su cuerpo, mi gurú, Sri Yukteswarji, le decía enigmáticamente: «Por qué no le das un hueso al perro». Está bien que el cuerpo coma un poco y duerma un poco, pero cuanta más atención se le preste, más exigencias impondrá. Uno debe cumplir sus obligaciones para con el cuerpo y luego olvidarse de él. Recuerda: somos hijos de Dios, no somos el cuerpo.

Durante semanas y meses sin interrupción, los santos pueden permanecer apenas conscientes de su cuerpo, pero sí son conscientes de Dios en todo momento. En el nectarino sustento que proviene del éxtasis con Dios se encuentran la vida y la salud. Jesús no contaba con todas las comodidades higiénicas de la vida moderna; él mantenía su conciencia libre de tales imperativos.

Sin comportarse de modo insensato e imprudente, el ser humano debería aprender a confiar más en la mente. Eso no significa que haya de convertirse en un fanático, sino más bien que debe ejercitar en mayor medida ese maravilloso poder que Dios le ha dado. El poder de la mente permite que Dios pueda satisfacer nuestras necesidades en forma directa. El poder de la mente y la fe van de la mano. Aquel que posee la firme convicción de que el poder de Dios tiene la capacidad de sanar puede valerse más fácilmente de la curación mental y espiritual. La persona que cree necesitar los cuidados de un médico debe tener fe en el poder de Dios que actúa a través de la medicina. Quienes sólo creen en los métodos materiales de curación y sustento comprueban después de un tiempo que su voluntad se ha paralizado. Por el contrario, los que confían más en la mente descubren que en ella reside el infinito poder de Dios. Ese poder es puro, potente, ilimitado e instantáneo.

En tanto la mente acepte la sensación de hambre y las demandas de las demás funciones fisiológicas, no se puede afirmar que todo es ilusión y hacer caso omiso de las necesidades físicas. ¿No es preferible entonces ingerir alimentos que sean benéficos para el cuerpo en vez de aquellos que son perjudiciales? Si uno pudiera vivir sólo de la energía cósmica, la elección de los alimentos carecería de importancia. Pero mientras el cuerpo continúe siendo afectado por aquello con que se alimenta, ¿por qué no obedece el hombre las leyes divinas, con lo cual disminuiría la probabilidad de enfermar y le ahorraría a Dios el trabajo de sanarlo? No existe pecado alguno en esta forma de proceder. Simplemente, no hay que dedicarle tanta atención al alimento y a las comodidades que eso nos impida estar conscientes de Dios.

Mientras uno no se halle libre de todos los efectos de la ley de la dualidad, *maya,* la materia existirá como algo más que una mera ilusión de la mente. He ahí lo práctico del yoga: aporta los medios para experimentar que el cuerpo y la mente son, en verdad, un sueño de Dios y que únicamente es Él quien cuida y mantiene esa manifestación de su conciencia divina.

El hombre común está obsesionado con las limitaciones de su cuerpo físico y con las aflicciones que padece: enfermedades, sufrimiento, pesares y dolor. Pero en el interior del cuerpo se encuentran los centros sutiles de la conciencia espiritual, con sus inefables poderes y la percepción del Ser divino. Cuando en la meditación la mente sigue la corriente de la conciencia interna, el devoto entra en el celestial «reino de Dios» que existe más allá de las manifestaciones físicas. Por eso Jesús dijo: «*Sabedlo bien, el Reino de Dios está dentro de vosotros*»*[7]. En el fervoroso recogimiento interior, la persona que medita experimenta la comunión verdadera con Dios, al percibir en verdad la presencia divina en forma de luz, sabiduría, amor o bienaventuranza.

El deseo constante de salud y prosperidad, cuyo cumplimiento

---

[7] *Lucas* 17:21. (Véase el discurso 61, en el volumen III).

constituye el centro de atención de tantos movimientos religiosos modernos, es el camino hacia la esclavitud. Busca primero a Dios, y encuentra luego la salud y la prosperidad a través de Él. Cuando un alma, en vez de buscar lo material y convertirse en un mendigo mortal —que recibe únicamente la exigua limosna del pordiosero—, busca primero retornar al reino de la conciencia de Dios y se convierte una vez más en un verdadero hijo de Dios, recibe sin pedirlo la porción celestial de su herencia divina.

Por supuesto, no es suficiente la simple creencia ciega en el reino de Dios, ni bastan las plegarias pronunciadas con tibieza o unas cuantas buenas obras. Tampoco una vida entera de búsqueda del reino divino sin recibirlo dará como resultado la recompensa de bendiciones prometidas por Jesús. La forma acertada de buscar es a través de la divina ciencia del yoga que permite entrar en el reino de Dios que mora en nuestro interior, es decir, a través de la técnica para comulgar con

La forma acertada de buscar el reino de Dios: la ciencia yóguica de la meditación

Dios en la cual se han especializado los sabios de la India. Cuando se ha experimentado en verdad la comunión extática con el Señor, el devoto sabe que al obtener el Reino Celestial todas las cosas están a su alcance. Jesús logró esa percepción suprema y pudo decir: «*Yo y el Padre somos uno*». Fue así como alimentó a cinco mil personas con dos peces y cinco hogazas de pan, y pudo volver a crear su cuerpo después de la muerte —hazañas que ningún científico ha podido todavía igualar—. Jesús ponía a Dios en primer lugar; por eso tenía poder sobre la vida y la muerte, sobre el destino y todas las circunstancias.

Los esfuerzos que el ser humano realiza en el plano mortal están ligados a la ley de causa y efecto; no puede obtener más de lo que merece. Posiblemente se esfuerce toda la vida por convertirse en millonario; pero tal vez nunca lo consiga porque el logro de las metas terrenales está colmado de limitaciones y obstrucciones, tanto kármicas como ambientales. Pero el devoto que se acerca primero a Dios es capaz de superar las limitaciones. Ningún ser humano podrá jamás cumplir sus múltiples deseos haciendo uso del método mortal de mendigar a la Providencia aquello que desea; pero si alcanza primero su unidad con Dios, el hombre puede recibir todo cuanto necesita con un sentimiento de completa satisfacción. Ni siquiera será preciso que ore, suplique o ruegue, porque, como hijo de Dios que ha alcanzado la unión con Él, tendrá todo aquello que su Padre posee. ¿No es mejor, entonces, saber mediante la visualización y las afirmaciones, y sobre todo a través de la experiencia nacida del contacto divino en la meditación, que uno ya cuenta con la salud, la sabiduría y la abundancia perfectas, en vez de intentar alcanzar el éxito suplicando por satisfacer las necesidades de la vida?

Lo maravilloso de la relación del hombre con su Padre Celestial es que ni siquiera debe obtener a Dios: ya lo posee. Tan pronto como descorra el velo de *maya*, instantáneamente sabrá que Dios está con él.

Cada ser mortal tiene en su corazón un inmenso anhelo de felicidad, amor, paz, gozo, dominio sobre la vida e inmortalidad. Al advertir en la engañosa materia la naturaleza ilusoria de estos anhelos y los problemas a los que se enfrenta en la vida por perseguirlos, ¿cómo puede alguien ambicionar otra cosa que no sea Dios? Ese deseo por medio del cual uno se acerca al sendero espiritual es el que debe satisfacerse. El Ser que existe en cada hombre le pertenece a Dios. Y mientras que el ser humano no exprese su divinidad interior y se torne como Aquel a cuya imagen fue creado, su existencia estará plagada de un sinfín de dolores y decepciones. ¿Por qué no recordar el consejo de Jesús de buscar primero el reino de la felicidad suprema? De esa manera, ya no será necesario sufrir desagradables sorpresas durante toda la vida. En forma similar, los maestros de la India dicen: «Al volverse uno con el Ser Supremo se destruyen todas las raíces del sufrimiento». En eso consiste la verdadera libertad.

El camino enseñado por Cristo para alcanzar la felicidad: busca a Dios en tu interior y lleva una vida material simple

En tanto Dios le dé la vida al hombre, éste tiene la obligación de dedicarle a Él algo de ese tiempo. Llegará el momento en que tu tiempo se habrá cumplido; procura no tener que mirarlo con tristeza por haberlo malgastado. Permanece con Dios; haz tuya esa perenne felicidad verdadera. No desperdicies las doradas oportunidades espirituales buscando el oropel del resplandor material. ¿Dónde encontrarás el tiempo para Dios si lo derrochas preocupándote constantemente por satisfacer aquellas necesidades del cuerpo que yo he denominado «necesidades innecesarias»? Simplifica tu vida; y el tiempo que hayas ahorrado, empléalo para meditar, para comulgar con Dios; realizarás así un verdadero progreso en la adquisición de las «necesidades necesarias» de paz y felicidad.

Una vida verdaderamente crística debe consistir, en primer lugar, en la búsqueda del bienestar que proviene de la meditación y, también, en llevar una vida material simple mientras se atienden las actividades prescritas por el deber. Una vida material compleja sólo complace a los ojos y a la obsesión del ego por ostentar un rango social, pero pocos comprenden el alto precio que se paga por esas comodidades materiales. La esclavitud económica, el nerviosismo, las preocupaciones empresariales, la competencia desleal, la discordia, la falta de libertad, la enfermedad, el sufrimiento, la vejez y la muerte son la cosecha de una existencia centrada sólo en lo material. Mucho es lo que se pierde cuando no se dispone de tiempo para apreciar la belleza, la naturaleza y las numerosas expresiones de Dios en la vida.

Me resulta repulsivo que alguien argumente que la felicidad material es superior a la celestial, o que la atención que ha de darse a Dios puede esperar. Tal racionalización es producto del engaño. Es necesario fijar en la mente el pensamiento de que la prioridad más elevada es conocer a Dios y, en consecuencia, gobernar la vida de acuerdo con los principios divinos. Cuando uno pueda, por medio de la meditación y de la comunión con Dios, llevar consigo un cielo interior portátil, sabrá cómo conducir su vida correctamente. Una vez que la mente deje de fluctuar y permanezca firmemente unida a Dios —no antes—, cualquier cosa que el devoto haga estará bien. Jesús sabía que cuando una persona se entrega a los deberes de una vida material, Dios huye por la puerta trasera de la conciencia. De ahí el consejo de Jesús consistente en fortalecer primero la conciencia espiritual de modo que ninguna obligación del mundo aparte la mente de Dios.

El sendero espiritual puede presentar dificultades hasta que el devoto alcanza la meta final; pero lo mismo ocurre con el camino que labra para sí el hombre materialista. En realidad, el camino de éste es mucho más difícil. Salvo que uno haya alcanzado la unión con Dios, todavía se encuentra sujeto al engaño, en medio de dos factores que se contraponen: por un lado, el amor a los placeres materiales de la vida; por el otro, el amor a Dios. El amor a la vida material está ligado a los sufrimientos y a la muerte. Cuando uno es joven no comprende este hecho, ya que se halla totalmente absorto en una pasión desenfrenada por descubrir nuevas experiencias. Pero a medida que el proceso de envejecimiento de la maquinaria del cuerpo comienza a cobrar su tributo —la vista empieza a enturbiarse, la voz ya no transmite vibraciones resonantes, las articulaciones comienzan a crujir y los efectos corrosivos de la enfermedad hacen que sea necesaria la constante reparación del cuerpo—, la persona entonces reflexiona: «Bueno, la vida no es un paseo gratis como yo creía».

Hablando en términos relativos, existe muy poca felicidad en este mundo; en general, sólo hay fragmentos de placer pasajero. No es mi intención trazar un cuadro sombrío, sino alentar a quienes esperan algo más de la vida a que fortalezcan espiritualmente su ser interior en tal medida que les sirva como un baluarte divino contra los embates del dolor y del sufrimiento.

En tanto la mente continúe deambulando de modo errático entre los incentivos espirituales y las tentaciones mundanas, ese camino será inútil para alcanzar la felicidad espiritual. Quienes desean las cosas del mundo y depositan su fe en lo transitorio son como marionetas que danzan suspendidas de las cuerdas de sus impulsos y de su karma y que, en el momento menos pensado, se llevará la muerte. La felicidad divina es más fácil de obtener porque no depende de las inconstantes dádivas de la vida, ya que es eterna. Ninguna comparación con aquellos que poseen riquezas puede hacer sentir pobre a quien es rico en espíritu, pues éste sabe que es el más acaudalado de los ricos en el reino de Dios y su justicia interior.

Un maestro es aquel que comprende dónde reside su mayor beneficio; vive las palabras de Cristo referentes a que hemos venido a la tierra no para sumergirnos en la vida material, sino para alcanzar a Dios. Los engañosos ofrecimientos del mundo son únicamente una prueba que nos pone Dios, una experiencia de aprendizaje para sacar a luz la divinidad del alma. No es el destino del hombre permanecer en la ilusión, que le hipnotiza con su claroscuro y le hace pensar que es impráctico buscar a Dios o que no hay tiempo para hacerlo debido a las urgentes demandas impuestas por el deseo de alcanzar otras metas. Supongamos que Dios dijera: «No latiré en tu corazón; tengo cosas más importantes que hacer». ¿Qué sería del hombre? ¿Por qué desperdiciar el tiempo, cuando de un momento a otro uno puede ser arrancado del cuerpo? Mientras los demás duermen, permanece comulgando con Dios en meditación; y durante el día, trabaja para Él llevando a cabo todas tus obligaciones con el pensamiento centrado en Él. Si el deseo por el Señor se halla presente, podrás encontrar tiempo para estar con Él.

El cuerpo y la mente son los preciosos instrumentos del alma; deben mantenerse fuertes y en buenas condiciones para que colaboren en los esfuerzos del devoto por encontrar a Dios. Sin embargo, debemos recordar en todo momento que existe un gozo superior oculto tras las experiencias sensoriales del cuerpo. Aquel que está despertando a la espiritualidad debe utilizar su vida para comprender esta verdad, que es el principio rector que ha forjado santos en todas las religiones.

El hombre no ha venido al mundo por su propia voluntad, ni por sus propios medios, ni para lograr sus propios fines; por eso, cuando trabaja en pos de sus deseos materiales y propósitos egoístas, éstos siempre le conducen a la desilusión. Una persona quiere una casa lujosa, pero luego se enferma y no puede disfrutarla. Otra, cansada de las tensiones nerviosas, busca la tranquilidad y la soledad de una residencia en un lugar apartado, pero luego comienza a sentirse solitaria allí, importunada por deseos que sólo la vida en la ciudad puede satisfacerle. Es mejor entregarle todos los deseos a Dios; y como exhortó Jesús: «Buscad primero a Dios [...]». Procura sentirte satisfecho con aquello que Dios te dé y mantente ocupado en todo momento en ser bueno y hacer el bien.

Ésta es la solución para que todas las personas, y no sólo aquellas de mentalidad espiritual, lleven una existencia verdaderamente plena; porque sólo Dios y «su justicia» es la única Fuente de todos los seductores destellos de felicidad verdadera. Esta verdad constituye la base de todos los mandamientos que enseñó Jesús: «Vosotros que sois sabios, vosotros que reflexionáis, buscad primero a Dios, porque hallar al Señor es abrir la puerta a todos sus dones: salud, poder, suficiencia financiera y sabiduría. Dios no es un avaro que de manera deliberada les niega a sus hijos todo cuanto Él es y posee. El hombre sólo debe aprender a recibir».

A Dios le complace que sus hijos le busquen, y se siente dolido cuando huyen de Él para jugar con las baratijas terrenales, como niños malcriados que olvidan al Dador. Un hijo virtuoso busca al Dador a conciencia para ofrecerle su corazón amoroso y agradecido. Sean cuales fueren las dificultades, el devoto persiste con sinceridad, teniendo presente el hecho de que debe conocer a Dios y oír de Él mismo —sin acallar su propio raciocinio discernidor— cuál es el propósito de la vida. Cuando esa constancia caracteriza la conciencia del devoto, Dios se presenta ante él, mas no antes.

Dios sufre en muchas almas debido a que éstas se hallan separadas de Él. Si bien todos los mortales alcanzarán la salvación —nadie se perderá—, hay personas que tal vez ya se encuentran cerca de la liberación, en tanto que otras todavía se impondrán a sí mismas nuevas e incontables encarnaciones. Quienes deseen demorarse se demorarán.

Pero aquellos que anhelen su redención no encontrarán obstáculo que sea invencible. Es preciso sublimar los deseos y comprobar por uno mismo que Dios es la felicidad suprema. El buscador espiritual debe estar convencido por completo de esta verdad. Optar por el camino más largo hacia Dios —o sea, buscar primero la satisfacción de los deseos— es una forma insensata de pensar. Pero el devoto que medita profundamente cada día, sumergiendo su conciencia en la devoción y en el anhelo por Dios, y que dedica tiempo a Dios por la noche si durante el día se halla demasiado ocupado, y que entrega por entero su corazón y su alma a la búsqueda de Dios, ése con toda certeza encontrará a Dios.

Durante el ajetreo del día, el verdadero buscador de Dios es-piritualiza todas las acciones con el pensamiento fijo en el Señor, y

Pon a Dios en primer lugar en tu vida cotidiana

aprende a mantener la mayor parte del tiempo su mente en el centro crístico, el centro *Kutastha* del yogui, y advierte que el Cristo Infinito derrama so-bre su conciencia una oleada tras otra de sereno gozo celestial. «Al que está atento a Mí, a ése le prodigo mi atención. Él nunca me pierde de vista, y Yo jamás le pierdo de vista a él. Él me contempla a través de las oquedades del espacio, y Yo le observo a través de los poros del cielo»[8]. Cuando el amante espiritual concentra su mente en Dios, comprueba que, desde lo invisible, desde lo oculto de los cielos, una Presencia perceptible comienza a hablarle. Es posible conversar con Dios. Su voz se puede escuchar en forma de palabras, así como también a través del sentimiento intuitivo, si el devoto le ama con suficiente intensidad y rehúsa darse por vencido. El anhelo de obtener la respuesta divina debe inundar por entero su corazón.

Cuando se presentan los problemas o la infelicidad, el recurso más elevado que existe es pensar constantemente en Dios. Así como la aguja magnética siempre señala al norte, con independencia de cuál sea la posición en que se coloque la brújula, así debe estar la mente dirigida a Dios, sean cuales sean las condiciones que prevalezcan en cada momento. Existe un Dios de amor y compasión que se introduce silenciosamente en la conciencia y al que sólo se puede ver a través de la luz siempre creciente de la devoción. Ten fe en el Señor; Él se

---

[8] «Aquel que me ve en todas partes y contempla todo en Mí, nunca me pierde de vista, y Yo jamás le pierdo de vista a él» *(God Talks With Arjuna: The Bhagavad Gita* VI:30. Véase *El Yoga del Bhagavad Guita).*

encuentra siempre presente. Ninguna de las maravillas de la creación sería posible sin su omnipresente inteligencia. Esa divina inteligencia es la prueba de la presencia de Dios, su sello distintivo, que se manifiesta en el árbol, en la flor, en los cielos, en la luna, en la rutina de las estaciones, en la capacidad del sistema corporal para sustentar la vida. ¿Cómo es posible observar el funcionamiento del universo inteligente y dudar de la existencia de Dios?

Sin embargo, nadie puede hallar a Dios si no siente un amor constante por Él en el corazón. Para sentir ese amor por Dios es preciso ponerlo en práctica. Resulta improductivo analizar y agrandar los propios defectos y las dificultades. Basta sólo con decirle a Dios: «Señor, Tú eres el Divino Sanador de todos los males; me entrego a tu protección. No sólo eres mi médico, sino también mi compasiva madre, mi sabio padre, mi Dios Creador. No puedes abandonarme, pues me has hecho tu hijo. Bueno o malo, soy tu amante hijo. Permanece siempre conmigo». Nada hay más grande que el amor de Dios. Si un devoto ha encontrado ese amor, su tarea en la escuela de la vida ha terminado. Hasta entonces, no hay que desperdiciar el valioso tiempo. Medita a diario con profundidad, y trabaja para Dios realizando todas tus actividades como ofrendas para Él.

Jamás te des por vencido. Al testimonio del Señor Jesús, humildemente sumo el mío: en toda mi vida jamás he visto que Dios no satisficiera mis necesidades o que no concediese mis deseos. En ocasiones me hace creer que no responderá, pero de pronto descubro que mis aspiraciones se han cumplido —incluso en mayor medida de lo que pude haber esperado—. Eso no significa que Dios vaya a concedernos aquello por lo que oramos si sólo permanecemos sentados, sin hacer nada, aguardando a que se manifieste lo que hemos pedido. Él espera que hagamos la parte que nos corresponde; Él hace que nos esforcemos —algunas veces con grandes dificultades— a fin de crear las condiciones y oportunidades adecuadas para la consecución de lo que anhelamos. Entonces, merced a la Gracia Divina, se manifiesta su respuesta a nuestras oraciones legítimas. No es que yo desee recibir «cosas» de Dios, sino tan sólo saber que Él se encuentra a mi lado. Yo le he dicho: «No te pido cosas, pero cuando veo lo que me concedes, Tú que conoces mi corazón y mis necesidades, me regocijo con ese regalo porque sé que detrás de él se encuentra tu mano».

Solía pedirle a Dios cosas que precisaba para la obra que Él me ha encomendado, pero he comprobado que ahora ya no necesito pedir.

Basta simplemente con que lo piense, y su mano ya se encuentra allí. Sólo pido su gracia: «Entrégate a mí». Al comienzo, el devoto advertirá que Dios guarda silencio, pues ésta es la oración que Él más difícilmente satisfará: «Si me entrego a Mí Mismo, no me quedará nada». Cuando Dios se entrega al devoto, ya lo ha dado todo —su siempre existente, siempre consciente y eternamente renovado Gozo, Amor y Sabiduría—: la unidad con el Espíritu en que el misterio de la vida se desvela. Cuando el devoto despierta del Sueño Cósmico, la dualidad de la multiplicidad se desvanece en la Indivisible Unidad. Con la plena percepción de que todas las cosas le pertenecen a Dios —que todas ellas forman parte de su divina conciencia onírica— llega también el cumplimiento supremo de las palabras de Jesús que afirman que, teniendo a Dios, todo aquello que uno necesita para desempeñar su papel en el drama cósmico «le será dado por añadidura».

Dios concede ese estado de divina unidad únicamente cuando está convencido de que el devoto no desea ninguna otra cosa. En tanto exista en el corazón algún deseo —aunque sólo sea uno— de otra cosa que no sea Dios, entonces, aun cuando Él se encuentre junto al devoto, no se le manifestará por completo. Mientras espera con paciencia que haya espacio en el corazón del devoto para entregarse a él, Dios continúa concediéndole amorosamente sus oraciones simples y legítimas: «Señor, pese a que debo satisfacer algunos deseos materiales para poder seguir adelante como ser mortal, aun así, en mi corazón sólo estás Tú. Como hijo tuyo que soy, ¡oh Señor!, no abrigo deseos, porque ya te tengo a Ti, y como Tú lo posees todo, me has legado esa divina herencia». Cuando el devoto le busca con esa devoción y vive en forma virtuosa, no puede fracasar en su búsqueda de Dios.

Jesús luego señala, a modo de resumen: «*Así que no os preocupéis del mañana, pues el mañana se preocupará de sí mismo: cada día tiene bastante con su propio mal*». Si el devoto vive con Dios cada día, Aquel que guía el destino del mundo y también la vida de sus hijos planificará el mañana del buscador divino de acuerdo con los actos que haya realizado en el día de hoy. Es difícil deshacerse del mal de la ilusión material para dejar así de acumular las semillas de los deseos y de los apegos por las volubles promesas del mañana, pero es preciso hacerlo en algún momento. ¿Por qué no comenzar ahora?

Edificar la casa de la vida sobre la roca de la sabiduría

El Sermón del Monte, parte V (conclusión)

El ideal de no juzgar en contraposición al deber de decir la verdad

❖

Los peligros espirituales y psicológicos del chismorreo

❖

No critiques mentalmente a los demás;
practica una saludable autocrítica

❖

La seguridad de que Dios responde al devoto sincero y perseverante

❖

La verdad espiritual implícita en la «Regla de oro»

❖

Una advertencia a las crédulas víctimas
de maestros espirituales no capacitados

❖

Cómo anclar nuestra vida en la inquebrantable seguridad
del contacto con Dios

«Los auténticos seguidores de Cristo son aquellos que, a través de la meditación y del éxtasis, aceptan en su propia conciencia la cósmica y omnipresente sabiduría de Jesucristo y su bienaventuranza».

«**N**o juzguéis, para no ser juzgados. Porque seréis juzgados con el juicio con que juzguéis, y seréis medidos con la medida con que midáis. ¿Cómo eres capaz de mirar la brizna que hay en el ojo de tu hermano, y no reparas en la viga que hay en tu ojo? ¿O cómo vas a decir a tu hermano: "Deja que te saque la brizna del ojo", teniendo la viga en el tuyo? Hipócrita, saca primero la viga de tu ojo, y entonces podrás ver para sacar la brizna del ojo de tu hermano.

»No deis a los perros lo que es santo, ni echéis vuestras perlas delante de los puercos, no sea que las pisoteen con sus patas, y después, volviéndose, os despedacen.

»Pedid y se os dará; buscad y hallaréis; llamad y se os abrirá. Porque todo el que pide recibe; el que busca, halla; y al que llama, se le abrirá. ¿Acaso alguno de vosotros le da una piedra a su hijo cuando le pide pan?; ¿o le da una culebra cuando le pide un pez? Pues si vosotros, que sois malos, sabéis dar cosas buenas a vuestros hijos, ¡cuánto más vuestro Padre que está en los cielos dará cosas buenas a los que se las pidan!

»Por tanto, todo cuanto queráis que os hagan los hombres, hacédselo también vosotros a ellos. En esto consisten la Ley y los Profetas.

»Entrad por la entrada estrecha, porque ancha es la entrada y espacioso el camino que lleva a la perdición; y son muchos los que entran por ella. En cambio, ¡qué estrecha la entrada y qué angosto el camino que lleva a la Vida! Y pocos son los que lo encuentran.

»Guardaos de los falsos profetas, que vienen a vosotros con disfraces de ovejas, pero por dentro son lobos rapaces. Por sus frutos los conoceréis. ¿Acaso se recogen uvas de los espinos o higos de los abrojos? Así, todo árbol bueno da frutos buenos, pero el árbol malo da frutos malos. Un árbol bueno no puede producir frutos malos, ni un árbol malo producirlos buenos. Todo árbol que no da buen fruto es cortado y arrojado al fuego. Así que por sus frutos los reconoceréis.

»No todo el que me diga: "Señor, Señor" entrará en el Reino de los Cielos, sino el que haga la voluntad de mi Padre que está en los cielos. Muchos me dirán aquel Día: "Señor, Señor, ¿no profetizamos en tu nombre, y en tu nombre expulsamos demonios, y en tu nombre hicimos muchos milagros?". Pero entonces les declararé: "¡Jamás os conocí; apartaos de mí, malhechores!".

»Así pues, todo el que oiga estas palabras mías y las ponga en práctica se parecerá al hombre prudente que edificó su casa sobre roca: cayó la lluvia, vinieron los torrentes, soplaron los vientos y embistieron contra aquella casa, pero no se derrumbó, porque estaba cimentada sobre roca. Pero todo el que oiga estas palabras mías y no las ponga en práctica se parecerá al hombre insensato que edificó su casa sobre arena: cayó la lluvia, vinieron los torrentes, soplaron los vientos e irrumpieron contra aquella casa, que se derrumbó, y su ruina fue estrepitosa».

Cuando Jesús acabó estos discursos, la gente se quedó asombrada de su doctrina, porque les enseñaba como quien tiene autoridad, y no como sus escribas.

Cuando bajó del monte, fue siguiéndole una gran muchedumbre.

Mateo 7:1–8:1

Edificar la casa de la vida sobre la roca de la sabiduría

El Sermón del Monte, parte V (conclusión)
(Incluye referencias extraídas del Sermón del Llano)

«No *juzguéis, para no ser juzgados. Porque seréis juzgados con el juicio con que juzguéis, y seréis medidos con la medida con que midáis. ¿Cómo eres capaz de mirar la brizna que hay en el ojo de tu hermano, y no reparas en la viga que hay en tu ojo? ¿O cómo vas a decir a tu hermano: "Deja que te saque la brizna del ojo", teniendo la viga en el tuyo? Hipócrita, saca primero la viga de tu ojo, y entonces podrás ver para sacar la brizna del ojo de tu hermano»* (Mateo 7:1-5)[1].

Referencia paralela:

«No *juzguéis y no seréis juzgados; no condenéis y no seréis condenados; perdonad y seréis perdonados. Dad y se os dará: una medida buena, apretada, remecida, rebosante pondrán en el halda de vuestros vestidos. Porque seréis medidos con la medida con que midáis»* (Lucas 6:37-38, Sermón del Llano).

---

[1] Los versículos 3 a 5 aparecen también en *Lucas* 6:41-42, en un contexto un poco diferente; se comentan en ese contexto en el discurso 33 (volumen II).

Quien emite un juicio atraerá ese mismo juicio. En este pasaje, Jesús enuncia el mecanismo de causa y efecto de la ley kármica como una especie de amenaza moral dirigida

a aquellos que revelan sin misericordia las faltas de los demás, pues sus propias faltas también serán expuestas a la luz de un severo escrutinio. Con el mismo espíritu con que uno juzga a los demás, la

Las consecuencias kármicas de juzgar sin compasión

ley divina juzga al censor; la motivación, tanto como la acción misma, es parte integrante de la ecuación de causa y efecto.

Dios no imparte castigo ni da recompensa como un acto de venganza o de especial favoritismo; los resultados buenos o malos son consecuencia de las acciones buenas o malas que se hayan realizado. Dado que ni siquiera Dios juzga las acciones de los seres humanos, pues ha delegado esa función en la imparcial ley del karma, ¿con qué derecho pretenden hacerlo los hombres de mentalidad estrecha? Aquellos que ya han sido juzgados y sentenciados automáticamente por la ley kármica debido a sus acciones equivocadas no necesitan que nadie más los critique o condene. Quien hace uso incorrecto de su libre albedrío y se expone a los efectos kármicos negativos no necesita críticas sino compasión. A Dios le complace contemplar que una persona espiritualmente afortunada procura rescatar a un hermano menos favorecido que sufre por hallarse en las garras de los efectos de las malas acciones. Cuando ve que un alma ayuda a otra a salir de los embrollos del karma causante de sufrimiento, Él otorga sus bendiciones y su misericordioso perdón, merced a lo cual el alma compasiva se libera de muchos de los efectos de su propio mal karma.

Debido a la operación de la misma ley cósmica, juzgar a otros con crueldad atrae sobre uno las críticas maliciosas de los demás. Si se arremete contra las debilidades de otras personas, la ley divina misteriosamente hará públicas las propias faltas. Aquel que se sienta tentado a difamar a otra persona debería primero preguntarse: «¿Acaso estoy yo libre de error?». No juzgues a los demás; júzgate y refórmate tú primero.

La crueldad en el lenguaje y en el comportamiento tiene su origen en los pensamientos crueles. Si uno es despiadado todo el tiempo, eso significa que su mente abriga malos pensamientos. De acuerdo con la ley psicológica de los hábitos, cuanto más espacio mental se les proporcione a los pensamientos maliciosos, más se habituará uno a ser malvado, y provocará y hará enfadar a los demás con su comportamiento desaprensivo y, en consecuencia, atraerá sobre sí actitudes negativas por parte de otras personas. Por ello, es sumamente pernicioso e indeseable albergar pensamientos de crítica acerca de los demás, sean cuales fueren las circunstancias, pues tal fealdad interna podría convertirse en un hábito inflexible de maldad. Quien se erige en crítico crónico de los demás se comporta como un necio, ya que sólo atrae la discordia desde todas partes. En verdad es sabio quien sabe cuándo es correcto hablar y cuándo es preferible permanecer en silencio.

Existen muchos conceptos erróneos acerca del ideal de no juzgar a los demás cuando se contrapone al deber de decir la verdad; para comprender esta cuestión se requiere discernimiento. En cierta ocasión, tras dar yo una conferencia en el Trinity Auditorium de Los Ángeles (California), una persona se acercó y me dijo que, mientras me dirigía al público, mi asistente había abandonado su puesto en la mesa de venta de libros para ir en busca de un refresco. Reprendí al chismoso por su despreciable actitud delatora.

El ideal de no juzgar en contraposición al deber de decir la verdad

Por otra parte, supongamos que alguien le confía a un amigo: «Voy a soltar una serpiente de cascabel en la habitación de Juan. ¡No se lo digas!». ¿No sería acaso el deber del amigo advertirle a Juan acerca del peligro? Quienes permiten que las serpientes humanas cometan sus fechorías se vuelven como ellas.

«No juzguéis, para no ser juzgados» no significa que si uno pasa por alto los delitos de los demás, sus propios actos ilícitos les serán perdonados. Es contrario a la ley del hombre ocultar el conocimiento de los delitos graves de otras personas, tales como el robo o el asesinato. El que así procede es responsable de ayudar a los delincuentes a evadir su castigo.

Asimismo, las palabras *«no condenéis y no seréis condenados»* no significan que al hacer caso omiso de las faltas ajenas, uno se libera de algún modo de la sentencia kármica que le corresponde. Lo que Jesús quiso decir es que quien es compasivo con sus semejantes atraerá la compasión de los demás y la de Dios. Si Juan procura ayudar a Judas a librarse del sufrimiento resultante de sus malas acciones del pasado, prestándole socorro y guiándole por el sendero de la virtud, entonces, de acuerdo con la ley del karma, Juan atraerá a una o más almas avanzadas que le ayudarán, a su vez, a no tener que soportar la carga completa de su propia deuda kármica.

«Porque seréis juzgados con el juicio con que juzguéis». «El juicio con que juzguéis» significa que el juicio que uno emita puede ser de diferentes tipos: bondadoso o cruel, generoso o egoísta, sabio o equivocado. La ley de causa y efecto, tal como la expone Jesús en estos versículos, dictamina que si uno suele juzgar a los demás con bondad y motivado por ayudar en forma desinteresada, recibe a cambio el mismo tratamiento por parte de la Verdad, que secreta y prudentemente decide el resultado final en cada situación. Así pues, la ley divina es en apariencia benévola o cruel al juzgar las faltas de una persona de acuerdo con el grado en que ésta haya sido bondadosa o cruel al evaluar los defectos del prójimo.

Las palabras de Jesús no quieren decir que sea inapropiado utilizar la crítica constructiva para advertir a una persona ingenua o algo inmoral de que las malas acciones continuadas entrañan el peligro de convertirse en hábitos. Es correcto ayudar a un hermano para evitarle caer dolorosamente en la misma zanja del error en la que uno mismo ha caído. Advertir a los demás acerca de los peligros del mal basándose en la amarga experiencia propia es positivo si se hace en privado y con el único deseo de salvarlos del inminente sufrimiento. Criticar a los demás es ya bastante duro para quienes reciben la crítica, sin necesidad de que además se les hiera —sin propósito benéfico alguno— mediante la divulgación de sus faltas, el chismorreo o la provocación maliciosa. Aquellos que se erigen en críticos o en soplones no tienen derecho a exponer públicamente las faltas de los demás; es un pecado contra Dios, quien reside tanto en el templo de los que han caído en el error como en los virtuosos. La persona que ha caído debe recibir ayuda por medio de sabios consejos —si los solicita—, o mediante el buen ejemplo de quien ha triunfado sobre sus flaquezas. Y si quien ha caído manifiesta una actitud totalmente beligerante, se le ha de dejar en paz, a fin de que halle su propio remedio espiritual. En ningún caso debe uno señalar en público las faltas de los demás —y tampoco en privado si las personas aludidas no son receptivas a tal ayuda, a menos que sea realmente nuestro deber.

En una familia, es responsabilidad de los padres guiar y corregir el comportamiento de sus hijos, pero no hay necesidad alguna de criticarlos frente a los demás miembros del hogar. De modo semejante, a quienes acuden al gurú preceptor para solicitarle que les ayude a perfeccionarse, él les habla generalmente con franqueza, pero en privado; y quienes forman parte de su familia espiritual aceptan la corrección impartida por el maestro con la misma actitud de amor y respeto que éste les muestra. Así como una madre humana desea que sus hijos actúen con pureza y rectitud al relacionarse con los demás, así también la Madre Divina quiere que sus devotos sean espiritualmente puros y que se mantengan limpios de rasgos indeseables. Si no se extirpan de la naturaleza individual los celos, la susceptibilidad, la crueldad y el egoísmo, éstos se infectan como forúnculos y atraen a las moscas de las críticas mordaces por parte de los demás. Es preferible que esta operación psicológica se realice en el hogar o que la lleve a cabo el gurú en el *ashram*, con bondad y amor, teniendo en mente el mayor beneficio del «paciente».

La forma correcta de corregir a los demás y de ayudarlos a reformarse

Incluso en el caso de que el castigo se justifique, debe ser administrado a los pecadores silenciosamente y de modo que los aliente a hacer el esfuerzo de reformarse. Los jueces de los tribunales castigan a los delincuentes en beneficio de toda la sociedad y también por el propio bien de quienes han delinquido, a fin de que no cometan nuevos o peores delitos. El propósito de emitir un juicio debe ser únicamente curativo y jamás ha de dar lugar al resarcimiento vengativo que proviene de la ira. Castigar a quienes actúan mal sólo para satisfacer la ira, herirlos con descaro, ponerlos en ridículo o con cualquier otro propósito innoble es un acto perverso.

Condenar a alguien de manera cruel le hace a uno olvidar que el pecador no es sino un hijo de Dios que ha caído en el error y cuya divinidad se encuentra temporalmente eclipsada por la ignorancia. No se debe llamar a nadie «pecador», y nadie debe considerarse como tal. Odia el pecado, pero no al pecador. Aquellos que critican deberían tratar a los que caen en el error de la misma forma en que ellos mismos esperan ser tratados a causa de sus propios errores pecaminosos. Quienes han errado no necesitan puntapiés de desprecio, sino que se les tienda una mano firme pero amorosa. No tiene sentido frotar la sal de la crítica mordaz sobre las heridas abiertas del carácter de los demás. A quienes hayan caído en el error ofréceles el bálsamo sanador del consejo compasivo apropiado y el apoyo necesario para cualquier esfuerzo que realicen con el fin de reformarse. Brinda amor a todos, ya que es la única panacea que puede redimir al mundo; ésta es la urgente llamada de Cristo.

Cuando uno, en vez de condenar a los demás, procura ayudarlos con amor, las leyes de Dios, que son fuerzas conscientes, tratarán entonces del mismo modo a esa persona compasiva. «*Seréis medidos con la medida con que midáis*». Aquellos que perdonan a quienes les han hecho daño atraen el perdón. Quien con el corazón lleno de bondad brinde ayuda mental y material a otros comprobará que el mismo género de ayuda volverá hacia él. Ésta es la ley de la acción aplicada a los corazones humanos: todo aquello que uno siente por los demás vibra en el éter y atrae, en la misma medida, una retribución de compasión y bondad. Quien dé poco amor recibirá poco amor; el benefactor generoso verá regresar a él la plenitud del amor, ya sea en el presente o en el futuro —a pesar de que las apariencias indiquen lo contrario—. Incluso si las buenas acciones que uno ha realizado no reciben el elogio de los contemporáneos, la ley de la acción asegura indefectiblemente que serán reconocidas por Dios en esta vida o en el más allá. Las buenas acciones que se almacenan en la mente son como los buenos tesoros: aunque permanezcan sin usar, nunca pierden su valor. La recompensa kármica se encuentra disponible para que el alma la utilice cuando surja la necesidad o la oportunidad de hacerlo.

Al exhortar a los hombres a renunciar al mezquino hábito de criticar, Jesús se pronunciaba principalmente contra el juicio santurrón que se emite respecto de las debilidades humanas —en particular, acerca de la inmoralidad sexual, la cual frecuentemente atrapa a personas que son virtuosas en los demás aspectos e incluso tienen la voluntad y la intención de seguir los preceptos de la rectitud moral—. La naturaleza físicamente imperiosa de la fuerza sexual en el ser humano es el resultado no sólo de la herencia metafísica de los caídos Adán y Eva, sino también de los malos hábitos prenatales de vidas pasadas, que tienden a influir sobre los factores hereditarios en la formación de los hábitos postnatales de una persona. Por eso a veces los niños nacen inevitablemente con apetitos sobreestimulados. También debe culparse a la influencia degenerativa de las malas compañías y del entorno negativo, sobre todo en esta época permisiva en la cual abunda la lascivia en las novelas, en la publicidad y en las actividades de esparcimiento.

Algunas personas normalmente saludables abrigan en general poco deseo sexual, o ninguno, debido a sus hábitos morales de vidas pasadas; pero eso no los convierte necesariamente en santos, porque tal vez en otros sentidos su corazón alberga maldad o insinceridad. Y a la inversa, algunas personas que son muy buenas en los demás aspectos luchan noche y día contra los impulsos del sexo que provienen del mal karma de vidas pasadas o de la inflamación o irritación de los nervios de la zona genital, lo cual puede deberse a la acumulación de toxinas en el organismo. Tales personas deben consultar a un médico, seguir una dieta saludable y practicar el control de la fuerza vital mediante la técnica impartida por un gurú auténtico que haya dominado todas las pasiones en su interior y que pueda enseñar el arte del control por medio de la sublimación.

El hombre que puede oponer su fuerza de voluntad contra el impulso sexual y ganar esa batalla, y logra convencer a la mente de que la paz y la virilidad moral del poder transformador del autocontrol son mucho más valiosos que la gratificación sexual, es un heroico conquistador de su ser inferior. En cambio, es posible que el hombre que es moralmente puro sólo porque no ha estado expuesto a la tentación abrigue debilidades y sucumba a ellas cuando una incitación repentina despierte sus instintos sexuales adormecidos. Una vez estimulado por el pensamiento o por la acción, el sexo se convierte en el hábito mortal más esclavizante y en el deseo sensual más difícil de controlar, regular y subyugar.

Jesús sabía que algunas personas inmorales, aun cuando mentalmente se encuentren deseosas de librarse de su apetito carnal, son muy débiles en lo que respecta a resistir las tentaciones de la carne. Él los ayudaba por medio de la sabiduría y del amor, y enseñaba que no se deben aumentar los problemas de tales personas mediante las críticas despiadadas y la condena.

La persecución, el chismorreo, las imposiciones y los tabúes no remedian los errores morales. La hipocresía sería mucho menor en el mundo si desde la niñez se enseñara a los pequeños a no perseguir verbalmente a los demás y, en cambio, se les proporcionasen ciertos recursos morales —como los métodos del autocontrol, del recto vivir

Los peligros espirituales y psicológicos del chismorreo

y de la higiene adecuada— antes de que se conviertan en víctimas del mal a causa de las malas compañías y de las influencias mundanas.

Chismorrear acerca de las debilidades morales ajenas es un perverso delito espiritual que engendra hipocresía en la vida social e individual. ¡Cuán incisivamente expuso Jesús esta verdad cuando dijo: «*Aquel de vosotros que esté sin pecado, que le arroje la primera piedra*»[2]! Quien mantiene

---

[2] *Juan* 8:7. (Véase el discurso 35, en el volumen II).

la mente ocupada con un pecaminoso interés en las debilidades morales de los demás, en realidad, despierta y estimula en sí mismo sus instintos inferiores prenatales adormecidos.

El chismorreo, incluso entre amigos bienintencionados, nunca tiene un efecto favorable sobre la persona aludida, ya que esos comentarios la alteran, la encolerizan, la hunden en la desesperación y en la vergüenza, y fortalecen su comportamiento obstinado. Existe un adagio que dice: «El que ha perdido una oreja pasa por un lado de la aldea mostrando a la gente su oreja sana y esconde la que ha perdido. Pero el que ha perdido ambas orejas va por el medio de la aldea porque no puede ocultarle a nadie su rostro desfigurado». Toda persona cuyas faltas morales son indebidamente expuestas se desespera y se vuelve desvergonzada, como el hombre que perdió ambas orejas; alardea de una actitud irresponsable y no hace esfuerzo alguno por mejorar. Al perder el prestigio como resultado de las habladurías acerca de sus faltas, pierde también el deseo y el incentivo de reformarse. (Existen, por supuesto, casos infrecuentes en que el simple temor de quedar al descubierto y ser objeto de difamación pública hace que algunas personas se comporten bien).

Las pequeñas debilidades de una persona, una vez se han hecho públicas, tienden a crecer en notoriedad —si no en los hechos— en forma proporcional a la atención que se les preste. Las mentes mundanas son enfermizas; se sienten encantadas con el sensacionalismo y a menudo distorsionan los hechos o exageran lo dicho por los demás, o lo repiten fuera de contexto, sin mostrar una consideración comprensiva de las circunstancias pertinentes. Un defecto psicológico común en la mayoría de los seres humanos es la costumbre de repetir la información negativa acerca de las faltas de los demás, sin haberle dado primero a la persona acusada la oportunidad de desmentir tales imputaciones.

Nunca te dejes involucrar en embrollos psicológicos. Cuando alguien se acercaba a mi maestro para confiarle alguna revelación supuestamente escandalosa, él solía decir: «Si es algo que no pueda repetir a los demás, no deseo escucharlo». Si alguien tiene algo que recriminarle a otra persona o cree conocer algún secreto acerca de ella, debe exponérselo directamente o permanecer en silencio, en vez de permitir que la afición al chismorreo o el incontrolado hábito de la locuacidad indiscriminada le lleve a difamar al supuesto pecador.

El chismorreo parece actuar como un tónico estimulante. Quienes gustan de esta excitación deberían satisfacer esa afición anunciando en voz alta todos los pecados personales que ellos mismos han cometido. ¡No podrían tolerar semejante confesión ni por un minuto! Aquel que no puede soportar tal escrutinio no debería de ningún modo regocijarse denunciando a los demás. Revelar las debilidades morales de los demás y llevarlos a un estado de inútil desconcierto no es el camino de los sabios.

El sensacionalismo inescrupuloso es típico de muchos periódicos occidentales; ésta es una actitud mezquina, ya que la intención no es curar la inmoralidad, sino más bien propagar escándalos. Los periodistas y las publicaciones que alimentan el paladar viciado de los lectores ávidos de chismorreo «aderezando» chismes o «sazonando» sus crónicas para vender más ejemplares cometen un delito espiritual.

La crítica mental es una perversa gemela de la crítica verbal. Hervir por dentro en pensamientos de crítica es completamente absurdo, pues crea vibraciones perturbadoras que alteran la propia paz interior y deja en el ambiente una emanación sutilmente desagradable que afecta a las personas que rodean al difamador. Es preferible depurar la mente de tal negatividad. Poseer una actitud crítica permanente es un lamentable abuso de las facultades de inteligencia y discernimiento que Dios ha concedido al hombre. El sabio mantiene la neutralidad y no permite que los pensamientos mordaces distorsionen sus percepciones de la verdad.

No critiques mentalmente a los demás; practica una saludable autocrítica

Criticar al prójimo con una actitud de intolerancia o recrearse con sus faltas es provocar el juicio de Dios: «A la luz de mi sabiduría, ningún mortal es perfecto; y si Yo debiera juzgar de acuerdo con las normas humanas del criticismo, todo aquel que respira mi aire de *maya* sería considerado deficiente».

Dijo Jesús: «*¿Cómo eres capaz de mirar la brizna que hay en el ojo de tu hermano, y no reparas en la viga que hay en tu ojo?*». La tarea del hombre sobre la tierra consiste en hacer todo lo posible para erradicar de su conciencia la tentación original heredada de Adán y Eva. Es un error tanto psicológico como metafísico desperdiciar el tiempo señalando la basura mental de los demás, en vez de limpiar la que se encuentra en la mansión de la propia alma. El presunto reformador del comportamiento ajeno debe vivir sabiamente antes de poder discernir con precisión el modo de implantar sabiduría en la vida de quienes tienen la tendencia a cometer actos indebidos.

Las personas propensas a la crítica carecen de humildad y, por lo tanto, no soportan ser criticadas. Aquellos que se erigen en jueces de los demás olvidan, muy a su conveniencia, examinar sus propias debilidades internas. Suponen que son buenos porque agrandan las faltas de los demás a fin de disminuir la magnitud de las suyas. Es un engaño ocultarse detrás de una cortina de humo tan absurda. La insinceridad y la hipocresía echan a perder el carácter de quien no se interesa en vencer sus propias debilidades y, sin embargo, profesa odio por tales flaquezas. El que se solaza en destrozar a aquellos que poseen las mismas imperfecciones de personalidad que él mismo es un sádico y un cobarde que oculta sus propios defectos tras la actitud de desprecio que se encuentra en su propensión a criticar.

Resulta irónico el hecho de que esas personas inescrupulosas que se deleitan en castigar a los demás por sus faltas tienen, por lo general, esas mismas faltas. Lo que más les disgusta ver en otras personas pueden hallarlo en muchas ocasiones pululando dentro de su propio ser. Dado que son incapaces de analizarse a sí mismas con sinceridad sin que les invadan devastadores sentimientos de culpa, encuentran satisfacción en atacar a otros; el objetivo es aliviar su frustración y ocultar maliciosamente, a veces incluso de sí mismos, sus propios rasgos censurables. Hay personas irascibles que no soportan la ira en otras; y las hay que siendo codiciosas no pueden tolerar la codicia ajena. Algunos no saben comportarse en público y, sin embargo, desdeñan la falta de decoro de las personas carentes de refinamiento. Se debe renunciar al derecho moral de reprender a los demás por las mismas imperfecciones que lo acosan a uno. Es inútil que un mentiroso reprenda a otro mentiroso o que un inmoral obstinado se dedique a juzgar a quienes son inmorales.

El que pretenda corregir las manifestaciones de ignorancia de los demás debería, con igual celo, extirpar toda ignorancia de su propio ser. Cuando uno ha adquirido sabiduría está en mejores condiciones de percibir cómo erradicar la ignorancia de la vida de aquellos a quienes se desea ayudar. La acción y el ejemplo son más elocuentes que las palabras. Por eso Jesús dijo: «*Saca primero la viga de tu ojo, y entonces podrás ver para sacar la brizna del ojo de tu hermano*».

El ejemplo que evidenció Jesús fue que uno debe cambiarse a sí mismo. Tal como expresó un santo de la India: «Se buscan reformadores: no de los demás, sino de sí mismos»[3]. A medida que uno cambia, quienes se encuentran a su alrededor cambian también. Los saludables efectos de esta ley pueden observarse en las vidas transformadas y transformadoras de todos los grandes maestros.

Practicar el hábito de analizar a la gente es espiritualmente improductivo y además convierte a quien critica en un compañero indeseable. Es preferible, como enseñó Jesús, volverse como niños pequeños: inocentes, calmados y dotados de humilde sinceridad[4]. Aquel que sólo disecciona y analiza mentalmente las propiedades botánicas de una flor pierde la oportunidad de apreciar con plenitud su belleza. En cambio, el que se concentra en lo bella que es y deja que su sentimiento intuitivo responda a la esencia pura de dicha flor disfruta plenamente del encanto de ésta.

Hay ocasiones, por supuesto, en que es prudente e incluso necesario utilizar el discernimiento para conocer el carácter de una persona antes de entablar una relación cercana o de intercambio —ya sea personal o de negocios y ciertamente antes de entregar nuestra confianza a quien declara ser un gurú o un maestro espiritual[5]—. Por lo demás, uno debería simplemente apreciar los jardines de las florecientes buenas cualidades de las almas humanas y dejar el cuidado de las desagradables malezas egoístas y de las plantas marchitas a quienes son responsables de tales campos —a menos que uno sea un jardinero espiritual capacitado y debidamente designado.

Un análisis efectivo de aquellos con quienes nos relacionamos requiere claridad de visión aunada a cierta percepción intuitiva. Es probable que las personas de naturaleza emocional, carentes del contrapeso de la sabiduría, tengan la predisposición a prejuzgar debido a la influencia de sus poco confiables sentimientos, que les impiden realizar una evaluación objetiva. Las personas de tipo intelectual son por igual susceptibles de hacer una evaluación errónea, porque someten a su hipersensible racionalización imaginaria cada matiz del comportamiento. En consecuencia, muchas veces atribuyen significados incorrectos a los motivos y acciones de los demás. Tales personas deberían

---

[3] Swami Ram Tirtha (1873-1906), famoso orador y poeta. Paramahansa Yogananda incluyó un arreglo musical de su poema «Marching Light» en su libro *Cosmic Chants* (publicado por *Self-Realization Fellowship*).

[4] *«Y dijo: "Os aseguro que si no cambiáis y os hacéis como los niños, no entraréis en el Reino de los Cielos"»* (*Mateo* 18:3). (Véase el discurso 47, en el volumen II).

[5] Véanse las páginas 635 ss.: *«Guardaos de los falsos profetas [...]»*.

equilibrar el raciocinio con la empatía y comprender que la vida de cada ser humano es difícil y compleja, y merece tanta comprensión como la propia. Es un rasgo de la naturaleza humana el otorgar amplias concesiones a los errores y defectos propios. Definitivamente, se debería brindar a los demás esa misma tolerancia y comprensión.

Uno no debe abrirse indiscriminadamente hasta el punto de que cualquier persona, o todo el mundo, pueda criticar su comportamiento o carácter. No deben tenerse muy en cuenta —o incluso han de ignorarse completamente— las opiniones de quienes no están capacitados para criticar, sobre todo las de aquellos que critican sin razón y que condenan con el fin de crear discordia o por el simple placer perverso de criticar. Existen dos maneras de desactivar las críticas inmerecidas: mostrar una absoluta indiferencia o mostrar una indiferencia amorosa. La última actitud es preferible. Si se adolece de la falta atribuida, sea cual sea el origen de la acusación, no es preciso que uno anuncie o confirme ostensiblemente su falta. Más bien debe erradicarla calladamente de su interior. Si la acusación es falsa, debe negarla con firmeza, sin discutir ni encolerizarse o perturbarse. No hay necesidad de dar a conocer a los demás las imperfecciones personales o los errores del pasado, excepto a alguien que se encuentre capacitado para brindar ayuda en caso de que se requiera intervención externa. La privacidad psicológica de nuestros pensamientos es un privilegio que Dios nos ha otorgado. ¿Por qué facilitar la «munición» que podría caer en manos de personas inescrupulosas que disfrutan al utilizar incorrectamente esa clase de información?

Ocultar de los demás las imperfecciones propias que no dañan a nadie más sino a uno mismo no es hipocresía, siempre que uno se esté esforzando sincera y firmemente por erradicarlas para así salvarse de la crucifixión de la condena y de la impotencia espiritual. ¡Cuántos jóvenes se habrían convertido en mejores adultos si la sociedad no los hubiese obligado a ser hipócritas como un medio para salir adelante! Los hipócritas disfrutan de los beneficios que obtienen al hacerse pasar por personas virtuosas, cuando no lo son. Tales personas no sienten arrepentimiento y jamás procuran reformarse. Aman los elogios que reciben engañando a los demás mediante una falsa apariencia.

Sólo quienes son sinceros, bondadosos, sabios y gozan de un perfecto equilibrio están capacitados para evaluar las virtudes y defectos de los demás. No obstante, sólo la Verdad y Dios —la Infalible Omnisciencia— pueden juzgar con equidad absoluta. El juicio del hombre es condicional. Dios, que se halla libre de las pasiones humanas, es el Único Juez Imparcial que puede evaluar lo que es justo. En su compasión, Él jamás critica a nadie abiertamente: sólo lo hace en forma silenciosa, a través de la conciencia del ser humano. La voz de una conciencia que no ha sido acallada es más elocuente que las palabras y más penetrante que los sermones de los reformadores humanos. Dios critica a sus hijos errados a través de su raciocinio, a través de su sentido de juicio moral —que es instintivo—, y confirma su dictamen a través de la conciencia de cada hombre.

La introspección es un maravilloso espejo en el que uno puede juzgarse a sí mismo. Y aún más precisa que la percepción en ese espejo es la imagen de uno que se refleja en el espejo de la mente de un hombre sabio o en el espejo del propio gurú. En la India, los maestros asumen la responsabilidad de guiar a un discípulo únicamente si esa persona está dispuesta a someterse a la disciplina requerida para su transformación espiritual. Verse a la luz de la sabiduría de un maestro y esforzarse por estar a la altura de sus preceptos e ideales es de supremo beneficio para el discípulo. Aquel que se corrija a sí mismo de acuerdo con esa clarividente evaluación comprobará que desarrolla un atractivo magnético y que se vuelve muy influyente y, más importante aún, que se torna grato a los ojos de Dios. Fue este espejo impecable el que Jesús colocó ante sus discípulos. Las sabias palabras de Jesús expresaban la perfección de las cualidades del alma y sirvieron como criterio para que los discípulos pudieran evaluar su propio reflejo. El ejemplo divino de Jesús sirvió de estímulo a las aspiraciones de los discípulos de convertirse en esa perfecta imagen del alma.

La capacidad de soportar las críticas es una señal de grandeza espiritual. Es signo de debilidad permitir que el resentimiento domine la vida anímica cuando se recibe una crítica. Quien es capaz de soportar con humildad los dardos de las críticas, sean justas o injustas, y de hacer continuos esfuerzos por mejorar las propias actitudes y el comportamiento cuando estas críticas son justificadas, se convertirá en un santo.

≈

«No deis a los perros lo que es santo, ni echéis vuestras perlas delante de los puercos, no sea que las pisoteen con sus patas, y después, volviéndose, os despedacen» (Mateo 7:6).

os consejos espirituales resultan inútiles si se dirigen a perso-nas desagradecidas que responden de mala manera, en forma cínica y burlona, a sus posibles benefactores. Al igual que los puercos pisotearían de modo insensato las perlas que se les echaran, así también las personas que están profundamente hundidas en el fango de la mundanalidad son insensibles a las gemas de sabiduría provenientes de los santos que hablan de la inapreciable felicidad que surge de una existencia regida por el autocontrol. Asimismo, los intentos que uno realice por reformar con sermones provechosos a las personas de mentalidad inferior y confirmadamente malvadas, o a aquellas que tienen una postura mental intransigente, se habrán de enfrentar con mucha probabilidad a las burlas e incluso a tentativas de hostilidad difamatoria. El consejo de Jesús significa que se ha de conceder a la sabiduría el valor que se le otorga a un bien espiritualmente precioso; no se debe hacer ostentación de ella ni utilizarla como medio de coerción. De modo similar, en el *Bhagavad Guita* el Señor hace la siguiente exhortación: «Jamás confíes estas verdades a quien carezca de autocontrol o devoción, ni a quien no preste ningún servicio o no desee escuchar, ni a quien hable mal de Mí»[6]. Aquellos que están atrapados en el error o que carecen de entendimiento no tienen deseos ni intención de reformarse; sólo se mofan de los principios elevados y ridiculizan a quienes los exponen.

Es mejor permanecer alejados de las personas malvadas y mantener una actitud reservada si uno se halla ante personas no receptivas. Cuando golpean la mano que se extiende para ayudar, hay que retirarla por un tiempo hasta que el receptor esté preparado para aceptarla. Cuando se brinda sinceridad y ésta no es apreciada o es blanco de insultos, se están echando «perlas» inútilmente. Los sabios reservan su tesoro espiritual para beneficio de aquellos que son receptivos.

~

«Pedid y se os dará; buscad y hallaréis; llamad y se os abrirá. Porque todo el que pide recibe; el que busca, halla; y al que llama, se le abrirá. ¿Acaso alguno de vosotros le da una piedra a su hijo cuando le pide pan?; ¿o le da una culebra cuando le pide un pez? Pues si vosotros, que sois malos, sabéis dar cosas buenas

---

[6] *God Talks With Arjuna: The Bhagavad Gita* XVIII:67. (Véase *El Yoga del Bhagavad Guita*).

a vuestros hijos, ¡cuánto más vuestro Padre que está en los cielos
dará cosas buenas a los que se las pidan!» (Mateo 7:7-11).

Referencia paralela:

> «*Les dijo también: "Imaginaos que uno de vosotros tiene un*
> *amigo y acude a él a medianoche, diciéndole: 'Amigo, préstame*
> *tres panes, porque ha llegado de viaje a mi casa un amigo mío y*
> *no tengo qué ofrecerle', y el otro, desde dentro, le responde: 'No*
> *me molestes. La puerta ya está cerrada, y mis hijos y yo estamos*
> *acostados. No puedo levantarme a dártelos'. Os aseguro que si*
> *no se levanta a dárselos por ser su amigo, se levantará para que*
> *deje de molestarle, y le dará cuanto necesite.*
> » *"Yo os digo: Pedid y se os dará; buscad y hallaréis; llamad*
> *y se os abrirá. Porque todo el que pide, recibe; el que busca,*
> *halla; y al que llama, le abrirán. ¿Qué padre hay entre vosotros*
> *que le da una culebra a su hijo cuando le pide un pez?; ¿o le da*
> *un escorpión cuando le pide un huevo? Pues si vosotros, aun*
> *siendo malos, sabéis dar cosas buenas a vuestros hijos, ¡cuánto*
> *más el Padre del cielo dará el Espíritu Santo a los que se lo pi-*
> *dan!"» (Lucas 11:5-13).*

El devoto que con persistencia le pide a Dios que le haga receptivo a la verdad divina, la recibirá de su Padre Omnisciente. Si busca a Dios con perseverancia durante la meditación, finalmente le hallará detrás de la oscuridad de los ojos cerrados, Si el devoto llama con suplicante urgencia a las puertas del silencio que conducen a Dios, éstas le serán abiertas y su conciencia entrará en la región celestial de la bienaventurada comunión divina. Cada devoto que con celo inque-

La seguridad de que Dios responde al devoto sincero y perseverante

brantable pida alcanzar la unión con Dios recibirá infaliblemente tal iluminación.

Todos los hijos pródigos de Dios, habiéndose alejado de la bienaventuranza del contacto divino para vagabundear por los barrios bajos de la distracción material, regresarán algún día a Dios por el portal interno de la paz meditativa y entrarán una vez más en el bendito hogar interior. Todo hijo de Dios que se encuentre perdido en la jungla de los deseos materiales, pero que busque incansablemente el modo de salir de ella, hallará el camino de regreso a la Mansión

Celestial de Dios. Aquel que llama en forma continua a las puertas de la presencia de Dios con el palpitar de su genuina devoción comprobará con certeza que Dios le recibe. La devoción incesante es la fuerza capaz de abrir los portales del corazón de Dios para que el devoto pueda entrar.

Si alguno de los hijos humanos de Dios le pide al Padre Celestial el pan de la vida eterna, Él no le entregará la roca de la ignorancia material. Si el devoto le pide a Dios el alimento de la sabiduría, Dios no le dará la serpiente del engaño. Si el devoto le pide a Dios el divino maná y la plenitud de la bienaventuranza divina, Él no le dará el escorpión de la inquietud y del sufrimiento mental.

Si incluso los seres humanos sumidos en el engaño saben cómo regalar «cosas buenas» a sus hijos, y los amigos diligentemente les ofrecen aquello que poseen a sus amigos necesitados, ¡en qué mayor medida el Padre Celestial, que es el receptáculo de toda bondad, proporcionará a sus hijos humanos el regalo supremo del conocimiento que permite comulgar con su Vibración Cósmica creativa, el «Espíritu Santo», el cual manifiesta todos los poderes y la infinita inteligencia de Dios! El Padre Celestial otorga no sólo este poder vibratorio y sabiduría suprema a aquellos hijos que se lo reclaman, sino que también se entrega a Sí Mismo al devoto cuyo anhelo por Él no se mitiga con ningún ofrecimiento menor.

Los seres humanos no obtienen muchas de las cosas por las que oran porque no saben cómo pedírselas a Dios. Aquel que *primero* hace contacto con Dios mediante la práctica de la meditación y después le pide ayuda para cubrir sus necesidades materiales legítimas o para obtener la gracia espiritual comprobará que sus oraciones son respondidas. La búsqueda debe ser sincera y no hay que dejarse desanimar por los reveses hasta obtener aquello que el corazón desea. A quien busque a Dios mismo y llame mentalmente con sus amorosas exigencias a las puertas del silencio interior —y que en meditación espere con paciencia en la oscuridad de los ojos cerrados, golpeando persistentemente con el fervor entusiasta y la devoción de su alma—, sin duda alguna Dios le abrirá las puertas para admitirle en su infinito Reino de Plenitud.

En estos versículos, Jesús hace referencia a la seguridad de obtener la respuesta amorosa de Dios. A ningún corazón sincero le será negado aquello que le «pida» al Señor, ni se le impedirá que le «busque» a Él y su tesoro de sabiduría, ni se le prohibirá que «llame» a las puertas de la Presencia Divina —oculta tras las perladas murallas del cielo— a través de las cuales se entra gracias al silencio interior de la meditación profunda.

~

«Por tanto, todo cuanto queráis que os hagan los hombres, hacédselo también vosotros a ellos. En esto consisten la Ley y los Profetas» (*Mateo* 7:12).

Referencia paralela:

«Y tratad a los hombres como queréis que ellos os traten» (*Lucas* 6:31, Sermón del Llano).

L o que uno desee ver en los demás debe manifestarlo primero en uno mismo, porque todo aquello que proviene de la propia conciencia y se origina en las propias acciones retorna a nosotros de manera semejante. La bondad que uno espera recibir de los demás debe comenzar con la bondad que se ofrece a los demás. Uno jamás debe comportarse de un modo que consideraría aborrecible si alguien se condujera de la misma manera con él[7]. Quienes deseen recibir amabilidad y comprensión y un trato sincero, honorable y amoroso deben iniciar tal respuesta mostrando esa misma conducta hacia los demás. La Ley Divina y los profetas se conducen del modo más noble posible con

---

[7] Esta «Regla de oro» es el fundamento de las enseñanzas espirituales de las grandes religiones del mundo.

En la escritura hindú *Mahabharata* (Anusasana Parva 113.8) se afirma: «Uno no debe comportarse con los demás de una forma que sea desagradable para sí mismo. Ésta es la esencia de la moralidad. Todas las demás actividades se deben al deseo egoísta».

En las *Analectas de Confucio* (15.13): «Tsekung preguntó: "¿Hay una palabra que sirva como principio de conducta en la vida?". Confucio respondió: "Es la palabra *shu*, 'reciprocidad': no hagas a otros lo que no quieras que te hagan a ti"».

En el *Talmud* judío (Shabbat 31ᵃ): «Lo que para ti es odioso, no lo hagas a tu prójimo. En esto consiste toda la Ley; todo lo demás es mero comentario».

En el texto budista *Tripitaka Udana-varga* 5:18: «No trates a otros de maneras que tú mismo encontrarías hirientes».

Y en las máximas del profeta Mahoma *(Los cuarenta Hadices de An-Nawawi):* «Ninguno de vosotros cree verdaderamente hasta que desea para su hermano lo que desea para sí mismo». *(Nota del editor).*

el propósito de que la humanidad, a su vez, aprenda a actuar siempre con nobleza. Dios jamás se conduce de manera irascible, malévola o vengativa, ni siquiera con aquellos que tienen un temperamento problemático; quienes se sienten castigados por Él, en realidad se han dañado a sí mismos por causa de sus propios pensamientos rencorosos y de sus acciones erróneas. La infinita voz de Dios es silenciosa y, sin embargo, Él siempre susurra suave y amorosamente en nuestra conciencia: «¡Hijo mío, despierta! ¡Abandona tu mal proceder!». Así pues, incluso en la relación que existe entre el hombre y su Hacedor, Dios prodiga a sus hijos un inmenso amor para que puedan abandonar el mal comportamiento y aprender a retribuir el amor de su Padre desde la plenitud de sus propios corazones.

La verdad espiritual implícita en la «Regla de oro»

~

«Entrad por la entrada estrecha, porque ancha es la entrada y espacioso el camino que lleva a la perdición; y son muchos los que entran por ella. En cambio, ¡qué estrecha la entrada y qué angosto el camino que lleva a la Vida! Y pocos son los que lo encuentran» (Mateo 7:13-14)[8].

La entrada al engaño es ancha y se abre hacia el espacioso camino del mal. Muchos son los necios que alegremente atraviesan la entrada de los impulsos ignorantes y se hallan en el camino de las malas acciones. Es fácil ejercer el mal, de igual modo que no se requiere esfuerzo alguno para rodar colina abajo; pero cada mala acción que uno repite le hace avanzar un poco más por el ancho camino del mal que transitan las irreflexivas masas.

La interpretación externa e interna de la «entrada estrecha» y el «camino angosto»

La «espaciosidad» del camino del mal representa la ilimitada potencialidad del ser humano para cometer acciones indebidas. La imprudente muchedumbre, seducida por las tentaciones y atraída por impulsos inicuos, entra por la cómoda puerta del mal y sigue el ancho camino de las malas acciones, codo a codo con las falsas promesas de rápida gratificación procedentes de

---

8 Compárese con la referencia paralela que aparece en *Lucas* 13:24, en el discurso 57 (volumen III).

tales acciones. Sin embargo, a medida que los pecadores se afanan en su locura, encuentran que el camino del mal desemboca abruptamente en un precipicio por el que caen en el valle del sufrimiento.

La estrecha entrada de la bondad, con su restrictiva singularidad, no es tan fácil de atravesar, y el camino al que lleva es angosto y arduo como lo es escalar una colina. Pocos son los que eligen este difícil sendero —(«la entrada») de las inclinaciones virtuosas y («el camino») de las rectas acciones— que conduce a la vida eterna. La virtud que nace de las aspiraciones espirituales —aunque en apariencia difícil de alcanzar y poco atractiva en un comienzo y desechada por las mentalidades mundanas— conduce, sin embargo, a quienes persisten en transitar el singular camino de la bondad a un reino de esplendor jamás imaginado y de eterna bienaventuranza.

Jesús exhortó al hombre para que adoptase con firmeza el camino de la virtud y de la moralidad, un rumbo que todos los seres humanos deben seguir a fin de evolucionar espiritualmente. Él reiteró esa exhortación en los presentes versículos, pero se dirigió además a sus discípulos cercanos empleando una velada metáfora. La «entrada estrecha» y el «camino angosto» son también una referencia a la entrada del sutil centro astral situado en la base de la espina dorsal, que se abre hacia el estrecho y extremadamente delicado camino astral de la columna vertebral, a través del cual ascienden la vida y la conciencia hacia los centros cerebroespinales más elevados de la percepción espiritual: el único camino que conduce a la experiencia de Dios y a la unión con Él[9].

A la inversa, cuando la vida y la conciencia descienden por este canal espinal y se dispersan hacia el exterior por la ancha entrada de las engañosas percepciones sensoriales, para dirigirse a la conciencia del cuerpo y su amplia gama de acciones y apegos materiales, este camino «*lleva a la perdición*»: el olvido de la innata naturaleza divina del hombre[10].

---

[9] Véase el discurso 6.

[10] «*Morabas en Edén, en el jardín de Dios* (el paraíso interior de la percepción divina). [...] *Estabas en el monte santo de Dios* (en el pináculo de la conciencia trascendente, en el centro espiritual más elevado, situado en el cerebro), *caminabas entre piedras de fuego* (los *chakras* espinales o dinamos astrales de fuerza vital). *Tu conducta fue perfecta desde el día de tu creación, hasta el día en que se halló en ti iniquidad.*

»*Por la amplitud de tu comercio* (el comercio de los sentidos con el mundo material) *te llenaste de violencia, y pecaste. Y Yo te degradé del monte de Dios; te eliminé, querubín protector, de en medio de las piedras de fuego*» (*Ezequiel* 28:13-16).

~

«Guardaos de los falsos profetas, que vienen a vosotros con
disfraces de ovejas, pero por dentro son lobos rapaces. Por sus
frutos los conoceréis. ¿Acaso se recogen uvas de los espinos o
higos de los abrojos? Así, todo árbol bueno da frutos buenos,
pero el árbol malo da frutos malos. Un árbol bueno no puede
producir frutos malos, ni un árbol malo producirlos buenos.
Todo árbol que no da buen fruto es cortado y arrojado al fuego.
Así que por sus frutos los reconoceréis» (Mateo 7:15-20).

Con incisivas metáforas, Jesús advierte a las personas crédulas y
ansiosas de creer todo aquello que se les ofrezca como ventajoso que se cuiden de los supuestos maestros que explotan la religión como medio para conseguir un lucrativo séquito de seguidores mansos como borregos. Los que simulan ser espirituales cometen el peor de los pecados contra Dios, pues utilizan al Amo del Universo para conseguir un beneficio personal o monetario. Jesús describe a tales maestros como «lobos rapaces» del mal, vestidos con los «disfraces de ovejas» de la humildad y la espiritualidad fingidas. Los méritos de un maestro no pueden juzgarse con exactitud por la apariencia externa de su comportamiento superficial. Cualquier hombre que vista un hábito religioso puede parecer santo, pero no puede ocultar un corazón malévolo, el cual finalmente quedará al descubierto al manifestarse en acciones malvadas en el trato cotidiano con los demás. Así como las uvas no se recolectan de los espinos ni los higos de los abrojos, tampoco puede cosecharse bondad de un simulador malvado, por astuto que sea su disfraz de religiosidad. Es posible engañar a las personas faltas de entendimiento, pero no a Dios ni a la ley kármica.

Una advertencia a las crédulas víctimas de maestros espirituales no capacitados

Se podría argumentar que es posible recoger un bello loto de un estanque fangoso, o saborear dulces preparados por una persona pobre que subsiste alimentándose únicamente de arroz, o que se puede extraer algún beneficio de la lectura de un buen libro escrito por un mal hombre. Pero es una verdad ineludible el hecho de que, en asuntos espirituales, si se aspira a alcanzar la suprema realización y la unión con Dios, de nada sirve tener como pastor a un «falso profeta». El devoto necesita seguir el sendero hollado por alguien que conozca a

Dios, y que Dios haya elegido para ese devoto. Un falso profeta jamás será un gurú designado por Dios, pese al ingenio con que detente ese título. Un falso profeta es alguien que conoce a fondo su hipocresía y su debilidad moral y que, no obstante, con objeto de favorecer sus propios intereses —ya sean financieros o relacionados con la gratificación de su ego—, aparenta bondad a fin de atraer y retener a aquellos que le siguen ciegamente.

Un verdadero gurú no conducirá a sus seguidores a semejante mal ni los guiará por caminos equivocados. Es posible reconocerlo por su humildad, su rectitud y su sintonía con Dios, la cual se evidencia por su capacidad de entrar en los elevados estados de comunión divina de la supraconciencia, la conciencia crística y la conciencia cósmica. Las características de un verdadero gurú que puede entrar en estos estados a voluntad son las siguientes: sus ojos permanecen quietos y sin parpadear cuando así lo desea; gracias a la práctica del yoga, el ritmo de su corazón y de su respiración es lento, sin necesidad de retener por la fuerza el aliento en los pulmones; su mente se mantiene en calma sin que deba efectuar esfuerzo alguno. Si una persona parpadea continuamente, sus pulmones se comportan todo el tiempo como un fuelle y su mente se halla siempre inquieta como una mariposa y, sin embargo, declara que se encuentra en el estado de conciencia cósmica, tal afirmación es risible. Así como un hombre que está corriendo no puede fingir que se halla durmiendo, así también la persona cuyos ojos, respiración y mente se encuentran constantemente inquietos no puede convencer a quien posee discernimiento de que se halla en estado de conciencia cósmica. Del mismo modo en que el sueño se manifiesta en el cuerpo mediante ciertos cambios fisiológicos, de igual manera los músculos, los ojos, el corazón y la respiración se aquietan durante los elevados estados de comunión con Dios. Incluso en el estado más elevado sin trance, el *nirvikalpa samadhi,* pueden producirse a voluntad estas condiciones de total recogimiento interior. El gurú auténtico es un maestro, no de los demás, sino de sí mismo.

Con el transcurso del tiempo, todos los falsos profetas quedan al descubierto, son cercenados por el hacha de la crítica sabia y justa, y acaban arrojados al fuego del olvido. Por los frutos de las acciones de un maestro, que emanan del árbol de sus pensamientos internos, el devoto dotado de discernimiento capta la diferencia que existe entre un buen profeta o gurú y uno falso. El gurú auténtico puede instruir a unas pocas personas o a muchas, pero en cualquier caso toda su atención está centrada en elevar a sus discípulos a una estatura semejante a la de Cristo o Krishna.

Un gran profeta o salvador es aquel que viene a la tierra como un mensajero especial para responder a una necesidad específica de la humanidad y que aspira, por consiguiente, a reformar a una parte del género humano o a influir sobre el mundo entero. Quienquiera que en su fuero interno sepa que sólo es un corrupto y que haga, sin embargo, una colosal proclama afirmando que es un profeta o un protegido de Dios es un tremendo hipócrita y un pecador contra Dios. Al condenar a los falsos profetas y el mal que hacen, Jesús no censuraba a las personas sinceras y humildes que, a la vez que se esfuerzan por superar algunas debilidades internas, procuran ayudar espiritualmente a otros. Su severa advertencia estaba dirigida a aquellos que hacen falsas afirmaciones espirituales acerca de sí mismos y que predican una doctrina falsa y egoísta.

≈

«No todo el que me diga: "Señor, Señor" entrará en el Reino de los Cielos, sino el que haga la voluntad de mi Padre que está en los cielos. Muchos me dirán aquel Día: "Señor, Señor, ¿no profetizamos en tu nombre, y en tu nombre expulsamos demonios, y en tu nombre hicimos muchos milagros?". Pero entonces les declararé: "¡Jamás os conocí; apartaos de mí, malhechores!"»
(*Mateo* 7:21-23).

Atención, supuestos seguidores de Cristo: no es suficiente con alabar el nombre de Jesús diciendo «Señor, Señor» en la conversación y en la prédica. Creer en la divinidad de Jesús no asegura por sí solo la entrada al reino de Dios. Aquellos cristianos que se dedican simplemente a concurrir a los oficios de la iglesia y a escuchar con la mente ausente los sermones e himnos dominicales alcanzan esa clase de cielo interior que

El culto externo y la mera creencia en Jesús no bastan para alcanzar la salvación

otorga un cierto grado de paz y de fe, la respuesta a algunas oraciones y un poco de satisfacción espiritual —mas sólo eso y nada más—. Los auténticos seguidores de Cristo son aquellos que, a través de la meditación y del éxtasis, aceptan en su propia conciencia la cósmica y omnipresente sabiduría de Jesucristo y su bienaventuranza. Éste es el significado de «*el que haga la voluntad de mi Padre que está en los cielos* (la región de la Bienaventuranza Celestial)».

En la meditación diaria y profunda, el devoto verdadero desanda sus caprichosos pasos desde la tierra de los engañosos placeres sensuales y de los apegos materiales y regresa hacia su hogar en la Bienaventuranza Cósmica de Dios. Aquel que experimenta la unidad con Dios en el éxtasis de la meditación retiene esa divina sintonía; así sabe cómo comportarse correctamente durante su paso por la tierra y cómo actuar en este plano de acuerdo con la voluntad de Dios.

En el momento de la muerte, se produce un repaso instantáneo de nuestra vida. La conciencia del alma rememora sus tentativas en pos de la virtud y procura, de ese modo, ganar el reconocimiento de la liberadora Conciencia Crística. Pero si prevalecen los pecados y los deseos mentales, ese ser es rechazado y arrojado de nuevo a la rueda giratoria de las encarnaciones terrenales. A modo de ejemplo, Jesús cita de manera especial las reprensibles acciones de los «falsos profetas». Cualesquiera que sean las presuntas buenas obras que uno realice en el sagrado nombre de Dios o de sus divinos emisarios, resultan ignominiosas si fueron motivadas por impulsos egoístas, por afirmaciones fraudulentas o por la hipocresía de aparentar lo que no se es. A los que hacen fortunas vendiendo el nombre de Dios, o que han expulsado demonios malignos de otras personas sólo momentáneamente en un rapto de imaginación emocional, o que de forma parecida han realizado «milagros» espirituales —sólo de acuerdo con su engañada apreciación—, no los reconocerá el Cristo Infinito ni se les concederá la entrada al Reino Eterno.

Las personas sinceras que se dan por satisfechas con una espiritualidad y adoración mecánicas —de orden emocional o teológico— no deberían dar por sentado que por ello alcanzarán la salvación. Alabar verbalmente al Señor sin experimentar en verdad su correspondiente respuesta o estudiar teología sin lograr la percepción de Dios tienen poco valor a los ojos del Señor. Los principios que gobiernan la vida divina son tan exactos como los de cualquier otra rama de la ciencia en la creación de Dios. Los devotos que deseen ser verdaderos cristianos —seres crísticos—, antes que meros miembros de la feligresía cristiana, deben conocer y sentir en todo momento y de manera real la presencia del Cristo Omnipresente, deben comulgar con Él en éxtasis y ser guiados por su Infinita Sabiduría; y han de saber que Él es y siempre será. Si Dios y Jesús han existido alguna vez, Ellos existen ahora y existirán por siempre. Si Ellos son eternamente existentes, son conocibles —las barreras entre el cielo y la tierra no rigen en su Omnipresencia—. La verdad de su Eterna Existencia y Eterna Presencia debe comprobarse en la vida y en la experiencia personal de cada devoto que forma parte de su divina congregación de amantes de la Verdad.

∽

«Así pues, todo el que oiga estas palabras mías y las ponga en práctica se parecerá al hombre prudente que edificó su casa sobre roca: cayó la lluvia, vinieron los torrentes, soplaron los vientos y embistieron contra aquella casa, pero no se derrumbó, porque estaba cimentada sobre roca. Pero todo el que oiga estas palabras mías y no las ponga en práctica se parecerá al hombre insensato que edificó su casa sobre arena: cayó la lluvia, vinieron los torrentes, soplaron los vientos e irrumpieron contra aquella casa, que se derrumbó, y su ruina fue estrepitosa» (Mateo 7:24-27).

Referencia paralela:

«¿Por qué me decís "Señor, Señor" y no hacéis lo que digo?
»Voy a explicaros a quién se parece todo el que viene a mí, escucha mis palabras y las pone en práctica. Se parece a un hombre que, al edificar una casa, cavó profundamente y puso los cimientos sobre roca. Al sobrevenir una inundación, rompió el torrente contra aquella casa, pero no pudo destruirla por estar bien edificada. Pero el que las ha escuchado y no las ha puesto en práctica se parece a un hombre que edificó una casa sobre tierra, sin cimientos, contra la que rompió el torrente: la casa se desplomó al instante y su ruina fue estrepitosa» (Lucas 6:46-49, Sermón del Llano)[11].

---

[11] En el *Bhagavad Guita*, el Señor formula una advertencia similar: «Aquellos seres que, colmados de devoción, practican incesantemente mis preceptos, sin criticarlos, también se liberan de todo karma. Pero debes saber que aquellos que censuran mis enseñanzas y no viven conforme a ellas —completamente engañados con respecto al significado de la auténtica sabiduría y carentes de entendimiento— están condenados a la perdición» *(God Talks With Arjuna: The Bhagavad Gita* III:31-32. Véase *El Yoga del Bhagavad Guita).*

Jesús señaló: «¿Y por qué me llamáis "Señor" si no conocéis mi unidad con la Inteligencia Crística —el Señor de toda la creación— ni el modo en que mi omnipresente Ser se manifiesta en la creación y en vuestra conciencia? Puesto que me llamáis "Cristo" pero no sentís mi presencia en vuestra conciencia, no conducís

Cómo anclar nuestra vida en la inquebrantable seguridad del contacto con Dios

vuestra vida en la forma en que os digo ni tampoco como mi conciencia os lo indica mediante sus vibraciones crísticas que sustentan la supraconciencia del alma, que es vuestro verdadero Ser. Cuando podáis percibir mi conciencia mediante el despertar de vuestra supraconciencia, seguiréis entonces los dictados de la recta sabiduría que os transmito a través de vuestra percepción interior, mas no antes, cuando todavía hacéis caso de las incitaciones del engaño».

El devoto que abandona la imperiosa influencia de la materia y de las sensaciones y busca al Cristo oculto en el templo de la supraconciencia escucha las vibraciones silenciosas de ese Cristo Infinito; entonces, el sistema nervioso de ese devoto —con la mediación de los instrumentos sensoriales, cinéticos, emocionales y racionales— responderá y actuará automáticamente de acuerdo con las percepciones de las divinas tendencias internas. Ese devoto, en su estado de alma, no edifica su casa de la conciencia sobre las arenas movedizas de los placeres terrenales, sino que, con el zapapico de la meditación y de la comunión con Dios, cava profundamente hasta alcanzar la roca firme de la sabiduría intuitiva, y construye su casa de bienaventuranza sobre la imperecedera roca eterna de la Conciencia Cósmica de Dios. Cuando la lluvia de las difíciles pruebas espirituales o el torrente de los múltiples acontecimientos dolorosos o el poderoso viento de la muerte amenazan con vehemencia e impetuosidad, la casa del hombre prudente, edificada sobre la percepción cósmica intuitiva y la bienaventuranza, permanece firme sobre sus cimientos. La sabiduría y la bienaventuranza adquiridas a través de la meditación se convierten en la morada permanente de la conciencia, una morada que ni siquiera la tan temida muerte puede destruir. El devoto cuya conciencia no descansa sobre el frágil cimiento de los deseos materiales no será arrastrado hacia el infortunio de nuevas encarnaciones. La conciencia que se construye sobre la roca de la conciencia de Dios no perderá su contacto divino ni en la vida ni en la muerte, sino que habitará por siempre en la bendita inmortalidad.

Sin embargo, aquel que únicamente alaba en forma simbólica al

Cristo que habita en Jesús, que no escucha la voz de la conciencia interna superior ni las sabias percepciones intuitivas de dicha conciencia y que no actúa de acuerdo con tales ennoblecedoras inspiraciones es un hombre que ha edificado su conciencia sobre el precario cimiento de los hábitos terrenales. Cuando le invadan las tentaciones, su casa de autocontrol se derrumbará y será arrasada por la marea de la ignorancia, de manera que su refugio temporal de disciplina espiritual quedará devastado.

Quienquiera que lleve una vida imprudente modelada de acuerdo con los dictados de sus impulsivos deseos y hábitos, y que trate de hallar seguridad en el éxito financiero y en los placeres sensoriales, perderá su felicidad cuando sobrevengan las pruebas de la vida[12]. Al igual que una casa edificada sobre inestable arena, la felicidad terrenal no puede prevalecer sobre la lluvia, los torrentes y los vientos de la enfermedad física y de los problemas mentales, los vuelcos de la fortuna o la tormenta final de la muerte. Necio es el hombre que vive sólo para la felicidad terrenal, porque en el momento de la muerte todo aquello que amó y que consideró por siempre suyo le será arrebatado.

En el *Bhagavad Guita* se enseña que ni siquiera el más horrendo de los sufrimientos puede destruir la ecuanimidad del hombre sabio. Habiendo establecido los cimientos de su felicidad no en los placeres temporales de la vida, sino en Dios, tal como se percibe en la meditación, permanece imperturbable aun en medio del estrépito de mundos que se derrumban. Su gozo es, a la vez, inalterable y eterno[13].

---

[12] «Aquel que ignora los mandamientos de las escrituras y se guía por sus propios deseos insensatos no encuentra la felicidad, ni la perfección, ni la Meta Infinita. Por consiguiente, acógete a la guía de las escrituras para determinar qué deberías hacer y qué deberías evitar. Cumple alegremente con tus deberes en el mundo apoyándote siempre en la comprensión intuitiva de los preceptos que se exponen en las sagradas escrituras» (*God Talks With Arjuna: The Bhagavad Gita* XVI:23-24. Véase *El Yoga del Bhagavad Guita*).

[13] «Aquellos que poseen una ecuanimidad inalterable han superado, incluso en este mundo, las relatividades de la existencia (nacimiento y muerte, placer y dolor). De ese modo, están entronizados en el Espíritu —en verdad, el inmaculado Espíritu, que se halla en perfecto equilibrio.

»El conocedor del Espíritu, inmerso en el Ser Supremo, dotado de discernimiento imperturbable y libre de la ilusión, no se siente jubiloso por las experiencias placenteras ni abatido ante las experiencias desagradables.

»Indiferente a la atracción del mundo sensorial, el yogui experimenta el gozo eternamente renovado del Ser. Manteniendo su alma absorta en la unión con el Espíritu, tal devoto alcanza la bienaventuranza imperecedera. [...]

»Sólo aquel yogui que posee la Bienaventuranza interior, que descansa en el Fundamento interior y que es uno con la Luz interior logra unificarse con el Espíritu (después

~

«*Cuando Jesús acabó estos discursos, la gente se quedó asombrada de su doctrina, porque les enseñaba como quien tiene autoridad, y no como sus escribas.*

»*Cuando bajó del monte, fue siguiéndole una gran muchedumbre*» (*Mateo 7:28–8:1*).

---

de liberarse del karma relacionado con los cuerpos físico, astral y causal). Él alcanza la libertad absoluta en el Espíritu (incluso mientras reside en el cuerpo)» *(God Talks With Arjuna: The Bhagavad Gita* V:19-21, 24. Véase *El Yoga del Bhagavad Guita).*

RESEÑA DEL AUTOR

Paramahansa Yogananda, cuyo nombre de familia era Mukunda Lal Ghosh, nació el 5 de enero de 1893 en Gorakhpur, ciudad del norte de la India situada cerca del Himalaya. Desde su más tierna infancia fue evidente que su vida estaba destinada a cumplir un propósito divino. Quienes le conocieron más íntimamente recuerdan que, incluso desde niño, él poseía un extraordinario conocimiento y experiencia en el campo espiritual. De joven dirigió sus pasos hacia muchos de los santos y filósofos de la India, con la esperanza de encontrar un maestro iluminado que le guiase en su búsqueda espiritual.

En 1910, a la edad de 17 años, encontró por fin al reverenciado sabio de la India Swami Sri Yukteswar y se hizo su discípulo. En la ermita de este gran maestro pasó la mayor parte de los diez años siguientes, recibiendo su estricta pero amorosa disciplina espiritual. En 1915, después de haberse graduado en la Universidad de Calcuta, su gurú le confirió los votos de monje en la antigua y venerable «Orden de los Swamis» de la India, recibiendo el nombre de Yogananda (que significa bienaventuranza, *ananda,* mediante la unión divina, *yoga*).

En 1917, Sri Yogananda inició la obra a la que consagraría su vida entera, con la fundación de una escuela para niños cuyo programa educativo —basado en sus principios de «el arte de vivir»— integraba los métodos educativos modernos con la disciplina del yoga y la enseñanza de principios espirituales. Tres años más tarde, fue invitado, como representante de la India, a un Congreso Internacional de Religiosos Liberales celebrado en Boston (Estados Unidos). Su conferencia en el Congreso, sobre el tema «La ciencia de la religión» recibió una entusiasta acogida. En los años siguientes, dio conferencias y clases en la costa oriental de Estados Unidos, y en 1924 emprendió una gira por este país, dando conferencias en las numerosas ciudades que visitó. Para las decenas de miles de occidentales que asistieron a sus conferencias durante la siguiente década, sus discursos acerca de la unidad entre «las enseñanzas originales de Jesucristo y el Yoga original que enseñó Bhagavan Krishna» eran una revelación. El 28 de enero de 1925, el diario *Los Angeles Times* informaba: «El Philarmonic Auditorium muestra el extraordinario espectáculo de miles de personas [...] que, una hora antes del comienzo de la conferencia anunciada, han sido informadas de que no podrán entrar, pues la sala con 3.000 asientos ya se encuentra repleta. La atracción es Swami

Yogananda: un hindú que invade Estados Unidos para traer a Dios al seno de la comunidad cristiana, predicando la esencia de la doctrina cristiana».

Posteriormente, ese mismo año, Sri Yogananda estableció en Los Ángeles la sede internacional de *Self-Realization Fellowship,* la sociedad que había fundado en 1920 con el fin de diseminar sus enseñanzas y perpetuar la obra que había comenzado.

«Paramahansa Yogananda trajo a Occidente no sólo la promesa eterna de la India de que es posible lograr la unión con Dios, sino también un método práctico mediante cuya aplicación los buscadores de la Verdad de cualquier origen social pueden acercarse rápidamente a esa meta —escribió el Dr. Quincy Howe, Jr., profesor de lenguas antiguas en la Universidad de Scripps—. El legado espiritual de la India, valorado originalmente en Occidente sólo en el nivel más eminente y abstracto, se encuentra en la actualidad a disposición, como práctica y experiencia, de cuantos anhelan conocer a Dios, no en el más allá, sino en el aquí y ahora. [...] Yogananda ha puesto al alcance de todas las personas los métodos de contemplación más elevados».

El 1 de diciembre de 1926, el diario *The Cincinnati Enquirer* informaba: «Ayer, en el Hotel Sinton, miles de hombres y mujeres saludaron a Swami Yogananda, pero cientos de personas no pudieron entrar. En esta entusiasta multitud, había literatos, médicos, líderes de moda, clérigos y, de hecho, seguidores provenientes de diversos estratos sociales. El receptivo público, que escuchaba con profunda atención al Swami, le interrumpía continuamente con sus aplausos». Y según lo publicado en el *Washington Post* el 25 de enero de 1927: «Aproximadamente 5.000 personas colmaron el auditorio para escuchar su conferencia inicial [...] en el Washington Auditorium, donde el Swami ha superado todos los récords de interés prolongado».

Después de quince años de enseñar en Occidente, Sri Yogananda regresó a la India en 1935. Allí tuvo lugar la esperada reunión con su gurú, Swami Sri Yukteswar, que le honró con el título religioso más elevado de la India, Paramahansa, el cual se confiere a aquellos que se considera que han alcanzado la unión irrevocable con Dios. Mientras permaneció en su tierra natal, viajó, dio conferencias y se entrevistó con numerosas e ilustres personalidades espirituales, incluyendo a Mahatma Gandhi, quien le solicitó que lo iniciara en *Kriya Yoga.*

Después de regresar a Estados Unidos hacia fines de 1936, Yogananda comenzó a reducir el número de las conferencias públicas que daba por todo el país, con el fin de dedicarse a establecer su obra mundial sobre sólidos cimientos y escribir las obras que llevarían su mensaje a las generaciones futuras. La narración de su vida, *Autobiografía de un yogui*, se publicó en 1946 y fue ampliada considerablemente por él en 1951. El libro, reconocido desde el comienzo como una obra cumbre, ha sido reimpreso por *Self-Realization Fellowship* ininterrumpidamente desde su primera edición, hace más de sesenta años, y ha inspirado a nuevos lectores década tras década.

Paramahansa Yogananda entró en *mahasamadhi* (el abandono definitivo del cuerpo físico en el momento de la muerte realizado de forma voluntaria y consciente por un maestro iluminado) el 7 de marzo de 1952. Su fallecimiento provocó una gran profusión de reverentes expresiones de aprecio por parte de líderes espirituales, dignatarios, periodistas, amigos y discípulos de todo el mundo. Dan Thrapp, ex redactor religioso del diario *Los Angeles Times,* afirmó en 1992: «A lo largo de la historia, pueden encontrarse personas que han venido a este mundo, como Jesús, Buda y otros que poseían inspiración divina y eran capaces de expresar esa inspiración de algún modo. Ellos tenían tal carisma que su influencia se esparcía. Yo creo que Yogananda fue uno de esos personajes. [...] Era un ser inspirado [...] uno de los grandes. Él demostró la manera en que podemos alcanzar una clase de fe pura y verdadera: una fe universal».

En 1977, el gobierno de la India emitió un sello postal conmemorativo en honor del renombrado gurú y le homenajeó con las siguientes palabras: «En la vida de Paramahansa Yogananda, el ideal de amor a Dios y servicio a la humanidad se manifestó en su plenitud. [...] Aunque la mayor parte de su existencia transcurrió fuera de la India, podemos contarle entre nuestros grandes santos. Su obra continúa prosperando y refulgiendo cada vez más, atrayendo hacia la senda espiritual a personas de todas las latitudes».

Eruditos y periodistas se han hecho eco de esta valoración de la influencia que sigue teniendo Sri Yogananda. «Pocos libros han tenido un mayor impacto sobre la teología popular que la *Autobiografía de un yogui* de Paramahansa Yogananda», señala Phyllis Tickle, ex redactor religioso de la revista *Publishers Weekly.* Sus enseñanzas «dejaron una huella imborrable en el camino de la espiritualidad de Estados Unidos —escribió el Dr. Robert S. Ellwood, ex decano de la Facultad de Estudios Religiosos en la Universidad del Sur de California—. Yogananda, un ser extraordinario, profundo, dulce, poético, extático y embelesado con la vida cósmica, se ha convertido en una notabilidad que ha transformado el curso de la vida religiosa en Estados Unidos».

La obra espiritual y humanitaria que inició Paramahansa Yogananda continúa hoy en día bajo la dirección de Sri Mrinalini Mata, una de sus más cercanas discípulas y su sucesora como actual presidenta de *Self-Realization Fellowship/Yogoda Satsanga Society of India*[1]. Además de la publicación de las conferencias, escritos y charlas informales de Paramahansaji (entre los cuales se incluyen sus *Lecciones de Self-Realization Fellowship,* una serie completa de lecciones que se estudian en el hogar), la sociedad orienta a los miembros en su práctica de las enseñanzas de Sri Yogananda; supervisa las actividades de los templos, retiros y centros de meditación con que cuenta en todo el mundo, así como también las comunidades monásticas de monjes y monjas de *Self-Realization Fellowship;* y coordina, además, el funcionamiento del «Círculo mundial de oraciones», cuya finalidad es ayudar a quienes tienen necesidad de curación física, mental o espiritual, y contribuir a que exista mayor armonía entre todas las naciones.

---

[1] En la India, la obra de Paramahansa Yogananda se conoce como *Yogoda Satsanga Society.*

PARAMAHANSA YOGANANDA: UN YOGUI EN LA VIDA Y EN LA MUERTE

Paramahansa Yogananda entró en *mahasamadhi* (el abandono definitivo del cuerpo físico realizado en forma voluntaria y consciente por un yogui) el 7 de marzo de 1952, en Los Ángeles (California), luego de haber concluido su discurso en un banquete ofrecido en honor de S. E. Binay R. Sen, Embajador de la India.

El gran maestro universal demostró, tanto en la vida como en la muerte, el valor del yoga (conjunto de técnicas científicas utilizadas para alcanzar la comunión con Dios). Semanas después de su deceso, su rostro inmutable resplandecía con el divino fulgor de la incorruptibilidad.

El señor Harry T. Lowe, director del cementerio de Forest Lawn Memorial-Park de Glendale (en el cual reposa provisionalmente el cuerpo del gran maestro), remitió a *Self-Realization Fellowship* una carta certificada ante notario, de la cual se han extractado los párrafos siguientes:

«La ausencia de cualquier signo visible de descomposición en el cuerpo de Paramahansa Yogananda constituye el caso más extraordinario de nuestra experiencia. [...] Incluso veinte días después de su fallecimiento, no se apreciaba en su cuerpo desintegración física alguna. [...] Ningún indicio de moho se observaba en su piel, ni existía desecación visible en sus tejidos. Este estado de perfecta conservación de un cuerpo es, hasta donde podemos colegir de acuerdo con los anales del cementerio, un caso sin precedentes. [...] Cuando se recibió el cuerpo de Yogananda en el cementerio, nuestro personal esperaba observar, a través de la cubierta de vidrio del féretro, las manifestaciones habituales de la descomposición física progresiva. Pero nuestro asombro fue creciendo a medida que transcurrieron los días sin que se produjera ningún cambio visible en el cuerpo bajo observación. El cuerpo de Yogananda se encontraba aparentemente en un estado de extraordinaria inmutabilidad. [...]

»Nunca emanó de él olor alguno a descomposición. [...] El aspecto físico de Yogananda instantes antes de que se colocara en su lugar la cubierta de bronce de su féretro, el 27 de marzo, era exactamente igual al que presentaba el 7 del mismo mes, la noche de su deceso; se veía tan fresco e incorrupto como entonces. No existía razón alguna para afirmar, el 27 de marzo, que su cuerpo hubiera sufrido la más mínima desintegración aparente. Debido a estos motivos, manifestamos nuevamente que el caso de Paramahansa Yogananda es único en nuestra experiencia».

METAS E IDEALES
de
Self-Realization Fellowship

Según los estableció su fundador, Paramahansa Yogananda
Presidenta: Sri Mrinalini Mata

Divulgar en todas las naciones el conocimiento de técnicas científicas definidas, mediante cuya aplicación el hombre puede alcanzar una experiencia personal y directa de Dios.

Enseñar a los hombres que el propósito de la vida humana consiste en expandir, a través del esfuerzo personal, nuestras limitadas conciencias mortales, hasta que éstas lleguen a identificarse con la Conciencia Divina. Establecer con este objetivo templos de *Self-Realization Fellowship* en todo el mundo, destinados a la comunión con Dios y a estimular a los hombres a erigir templos individuales al Señor, tanto en sus hogares como en sus propios corazones.

Revelar la completa armonía, la unidad básica existente entre las enseñanzas del cristianismo y las del yoga, tal como fueran expresadas originalmente por Jesucristo y por Bhagavan Krishna respectivamente; y demostrar que las verdades contenidas en dichas enseñanzas constituyen los fundamentos científicos comunes a toda religión verdadera.

Destacar la única autopista divina en la cual convergen finalmente las sendas de todas las creencias religiosas verdaderas: la gran vía de la práctica diaria, científica y devocional de la meditación en Dios.

Liberar a la humanidad del triple sufrimiento que la agobia: las enfermedades físicas, las desarmonías mentales y la ignorancia espiritual.

Fomentar la práctica de la «simplicidad en el vivir y nobleza en el pensar»; y difundir un espíritu de confraternidad entre todos los pueblos, a través de la enseñanza del eterno principio que los une: su común filiación divina.

Demostrar la superioridad de la mente sobre el cuerpo y del alma sobre la mente.

Dominar el mal con el bien, el sufrimiento con el gozo, la crueldad con la bondad y la ignorancia con la sabiduría.

Armonizar la ciencia y la religión, a través de la comprensión de la unidad existente entre los principios básicos de ambas.

Promover el entendimiento cultural y espiritual entre Oriente y Occidente, estimulando el mutuo intercambio de las más nobles cualidades de ambos.

Servir a la humanidad, considerándola como nuestro propio Ser universal.

AUTOBIOGRAFÍA DE UN YOGUI
Paramahansa Yogananda

Seleccionada como uno de los 100 mejores libros espirituales del siglo XX, esta célebre obra autobiográfica presenta un fascinante retrato de una de las figuras espirituales más ilustres de nuestro tiempo. Con cautivadora sinceridad, elocuencia y buen humor, Paramahansa Yogananda narra la inspirativa historia de su vida: las experiencias de su extraordinaria infancia; los encuentros que mantuvo con numerosos santos y sabios durante la búsqueda que emprendió en su juventud, a través de toda la India, en pos de un maestro iluminado; los diez años de entrenamiento que recibió en la ermita de un venerado maestro de yoga, así como también los treinta años en los que vivió y enseñó en Estados Unidos. Además, relata las ocasiones en que se reunió con Mahatma Gandhi, Rabindranath Tagore, Lutero Burbank, Teresa Neumann (la santa católica estigmatizada) y otras renombradas personalidades espirituales tanto de Oriente como de Occidente.

Autobiografía de un yogui no es sólo el relato hermosamente escrito de una vida excepcional, sino también una introducción profunda a la milenaria ciencia del yoga y su tradición inmemorial de la práctica de la meditación. El autor expone claramente las leyes sutiles, aunque bien definidas, que rigen tanto los sucesos comunes de la vida cotidiana como los acontecimientos extraordinarios que generalmente se consideran milagros. La subyugante historia de su vida constituye el trasfondo que permite apreciar y absorber de inolvidable manera los más hondos misterios de la existencia humana.

El libro (en su edición original en inglés) fue publicado por primera vez en 1946 y ampliado en 1951 con el material que agregó Paramahansa Yogananda. Desde entonces, *Self-Realization Fellowship* lo ha reimpreso sin interrupción. Ampliamente reconocida como una obra clásica de la literatura espiritual moderna, *Autobiografía de un yogui* ha sido traducida a muchos idiomas y se emplea como libro de texto y de consulta en un gran número de universidades. Este *bestseller* permanente ha sido acogido con entusiasmo por millones de lectores en el mundo entero.

* * *

«Un relato excepcional». —*The New York Times*

«Un estudio fascinante expuesto con claridad». —*Newsweek*

«Nunca antes se había escrito, ya sea en inglés u otra lengua europea, algo semejante a esta exposición del Yoga». —*Columbia University Press*

«Una auténtica revelación [...] podría ayudar a la humanidad a alcanzar una mejor comprensión de sí misma [...] autobiografía en su máxima expresión [...] escrita con delicioso ingenio e irresistible sinceridad [...] tan fascinante como una novela». —*News-Sentinel,* Fort Wayne (Indiana)

«Una de las obras más importantes sobre el yoga y la filosofía espiritual de Oriente. [...] Un clásico en su género». —*Cuerpomente* (España)

OTRAS OBRAS DE PARAMAHANSA YOGANANDA

Los libros mencionados a continuación se pueden adquirir
en diversas librerías o solicitar a:
Self-Realization Fellowship
3880 San Rafael Avenue • Los Angeles, California 90065-3219, EE.UU.
Tel.: (323) 225-2471 • Fax: (323) 225-5088
www.yogananda-srf.org

El Yoga de Jesús: Claves para comprender las enseñanzas ocultas de los Evangelios
Este conciso libro, compuesto por una selección de textos provenientes de una obra profusamente elogiada de Paramahansa Yogananda y publicada en tres volúmenes, *La Segunda Venida de Cristo*, confirma que Jesús —al igual que los antiguos sabios y maestros de Oriente— no sólo conocía los fundamentos del yoga, sino que enseñó a sus discípulos esta ciencia universal cuya finalidad es alcanzar la unión con Dios. Sri Yogananda muestra que el mensaje de Jesús no promueve las divisiones sectarias; se trata más bien de un sendero unificador por medio del cual los buscadores de todas las religiones tienen la posibilidad de entrar en el reino de Dios.

El Yoga del Bhagavad Guita: Una introducción a la ciencia universal de la unión con Dios originaria de la India
Este libro, una recopilación de textos seleccionados de la traducción y comentario del *Bhagavad Guita* (*God Talks With Arjuna* [Dios habla con Arjuna]) que realizó Paramahansa Yogananda —una exhaustiva obra muy elogiada por la crítica—, brinda a los buscadores de la verdad una introducción ideal a las eternas y universales enseñanzas del *Guita*. Por vez primera (en español) se presenta la secuencia completa e ininterrumpida de la traducción original (del sánscrito al inglés) que del *Bhagavad Guita* realizó Paramahansa Yogananda.

La búsqueda eterna
El volumen I de la antología de charlas y ensayos de Paramahansa Yogananda contiene 57 artículos que cubren numerosos aspectos de sus enseñanzas sobre «el arte de vivir». Explora aspectos poco conocidos y rara vez explicados de temas como la meditación, la vida después de la muerte, la naturaleza de la creación, la salud y la curación, los poderes ilimitados de la mente humana y la eterna búsqueda humana que sólo en Dios encuentra su plena satisfacción.

El Amante Cósmico
Constituye el volumen II de la antología de charlas y ensayos de Paramahansa Yogananda. Entre su amplia variedad de temas, se incluyen los siguientes: *Cómo cultivar el amor divino; Cómo armonizar los métodos físicos, mentales y espirituales de curación; Un mundo sin fronteras; Cómo controlar tu destino; El arte yóguico de superar la conciencia mortal y la muerte; El Amante Cósmico; Cómo encontrar el gozo en la vida.*

El viaje a la iluminación
El volumen III de la antología de charlas y ensayos de Paramahansa Yogananda presenta una combinación única de sabiduría, compasión, guía práctica y aliento en docenas de temas fascinantes, por ejemplo: *Cómo acelerar la evolución humana; Cómo manifestar juventud eterna; y Cómo percibir a Dios en la vida diaria.*

Donde brilla la luz: *Sabiduría e inspiración para afrontar los desafíos de la vida*
Gemas de sabiduría ordenadas por temas; una extraordinaria guía que los lectores podrán consultar rápidamente para obtener un tranquilizador sentido de orientación en momentos de incertidumbre o de crisis, o para lograr una renovada conciencia del siempre presente poder de Dios, al que podemos recurrir en nuestra vida diaria.

Vive sin miedo: *Despierta la fuerza interior de tu alma*
Paramahansa Yogananda nos enseña el camino para romper los grilletes del temor y nos revela el modo de vencer nuestros propios impedimentos psicológicos. *Vive sin miedo* es un testimonio de la transformación interior que podemos lograr si sólo abrigamos fe en la divinidad de nuestro verdadero ser: el alma.

Por qué Dios permite el mal y cómo superarlo
Paramahansa Yogananda ofrece fortaleza y solaz para afrontar los períodos de adversidad al esclarecer los misterios de la *lila* o drama de Dios. A través de este libro, el lector llegará a comprender el motivo por el cual la naturaleza de la creación es dual —la interacción divina entre el bien y el mal— y recibirá orientación sobre la forma de superar las más desafiantes circunstancias.

Triunfar en la vida
En este libro extraordinario, Paramahansa Yogananda nos muestra cómo alcanzar las metas superiores de la vida al manifestar el ilimitado potencial que se halla en nuestro interior. Él nos ofrece consejos prácticos para lograr el éxito, describe métodos definidos para crear felicidad perdurable y nos explica cómo podemos sobreponernos a la negatividad y la inercia al poner en acción el poder dinámico de nuestra voluntad.

Susurros de la Eternidad
Selección de oraciones y de las experiencias espirituales que Paramahansa Yogananda alcanzaba en elevados estados de conciencia durante la meditación. Expresadas con ritmo majestuoso y extraordinaria belleza poética, sus palabras revelan la inagotable variedad de la naturaleza de Dios y la infinita dulzura con la que Él responde a aquellos que le buscan.

La ciencia de la religión
En cada ser humano —escribe Paramahansa Yogananda— existe un íntimo e ineludible deseo: superar el sufrimiento y alcanzar la felicidad imperecedera. En esta obra, él explica cómo es posible satisfacer estos anhelos, examinando la efectividad relativa de las diferentes vías que conducen a dicha meta.

La paz interior: *El arte de ser calmadamente activo y activamente calmado*
Una guía práctica e inspiradora que ha sido recopilada de las charlas y escritos de Paramahansa Yogananda, la cual nos muestra cómo podemos permanecer «activamente calmados» al crear la paz interior mediante la meditación, y a estar «calmadamente activos» al concentrarnos en la serenidad y gozo de nuestra naturaleza esencial, a la vez que vivimos una vida dinámica, plena de satisfacciones y espiritualmente equilibrada.

En el santuario del alma: *Cómo orar para obtener la respuesta divina*
Esta recopilación de textos, extraídos de las obras de Paramahansa Yogananda, constituye un inspirador compañero, pleno de devoción, que nos revela cómo hacer de la oración una fuente diaria de amor, fortaleza y consejo.

Cómo conversar con Dios
Al explicar ambos aspectos de la naturaleza de Dios: el trascendente, como Espíritu universal; y el íntimo y personal, como Padre, Madre, Amigo y Amante de todos, Paramahansa Yogananda señala cuán cerca de cada uno de nosotros está el Señor y cómo podemos persuadirle a «romper su silencio» y respondernos de un modo tangible.

Meditaciones metafísicas
Más de 300 meditaciones, oraciones y afirmaciones que elevan el espíritu y pueden ser aplicadas para desarrollar e incrementar la salud y la vitalidad, la creatividad, la confianza en nosotros mismos y la calma, además de ayudarnos a vivir más plenamente en la conciencia de la gozosa presencia de Dios.

Afirmaciones científicas para la curación
Paramahansa Yogananda presenta en esta obra una profunda explicación de la ciencia de las afirmaciones, exponiendo con claridad por qué las afirmaciones surten efecto y cómo utilizar el poder de la palabra y del pensamiento, no sólo para lograr la curación sino también para realizar los cambios deseados en cada aspecto de nuestra vida. El libro incluye además una amplia variedad de afirmaciones.

Máximas de Paramahansa Yogananda
Selección de máximas y sabios consejos que reflejan la sinceridad y amor que Paramahansa Yogananda expresaba al responder a cuantos acudían a solicitar su guía. Las anécdotas que aparecen en este libro —relatadas por sus discípulos más próximos— proporcionan al lector la oportunidad de participar, en cierto modo, en las situaciones que ellos vivieron con el Maestro.

La ley del éxito
Explica los principios dinámicos que nos permiten alcanzar nuestras metas en la vida y compendia las leyes universales que conducen al éxito y la realización, tanto en el ámbito personal y profesional como en el espiritual.

Dos ranas en apuros: Un cuento sobre el valor y la esperanza
Una encantadora parábola basada en una antigua fábula narrada por Paramahansa Yogananda. Este cuento deleitará tanto a niños como adultos con su cautivante relato y con su trasfondo de sabiduría universal, que nos muestra que nada es imposible cuando recurrimos a la fortaleza interior con la que Dios nos ha dotado.

GRABACIONES CON LA VOZ DE PARAMAHANSA YOGANANDA
(Sólo en inglés)

- *Awake in the Cosmic Dream*
- *Be a Smile Millionaire*
- *Beholding the One in All*
- *Follow the Path of Christ, Krishna, and the Masters*
- *In the Glory of the Spirit*
- *One Life Versus Reincarnation*

- *Removing All Sorrow and Suffering*
- *Self-Realization: The Inner and the Outer Path*
- *Songs of My Heart*
- *The Great Light of God*
- *To Make Heaven on Earth*

OTRAS PUBLICACIONES
DE SELF-REALIZATION FELLOWSHIP

La ciencia sagrada Swami Sri Yukteswar

El gozo que buscas está en tu interior: Consejos para elevar el nivel espiritual de la vida diaria Sri Daya Mata

Sólo amor: Cómo llevar una vida espiritual en un mundo cambiante Sri Daya Mata

La intuición: Guía del alma para tomar decisiones acertadas Sri Daya Mata

En la quietud del corazón Sri Daya Mata

Mejda: La familia, niñez y juventud de Paramahansa Yogananda Sananda Lal Ghosh

El matrimonio espiritual Hermano Anandamoy

FOLLETO INFORMATIVO GRATUITO:
Un mundo de posibilidades jamás soñadas

Las técnicas científicas de meditación que enseñó Paramahansa Yogananda —entre las que se incluye el *Kriya Yoga*—, así como su guía sobre la manera de llevar una vida espiritual equilibrada, se describen en las *Lecciones de Self-Realization Fellowship*. Si desea recibir mayor información al respecto, sírvase solicitar el folleto gratuito *Un mundo de posibilidades jamás soñadas*.

Contamos con un catálogo de las publicaciones y grabaciones de audio y vídeo realizadas por Self-Realization Fellowship, que se encuentra a disposición de quienes lo soliciten.

RECURSOS ADICIONALES RELACIONADOS CON LA CIENCIA DEL KRIYA YOGA QUE ENSEÑÓ PARAMAHANSA YOGANANDA

Self-Realization Fellowship se halla consagrada a ayudar desinteresadamente a los buscadores de la verdad en el mundo entero. Si desea información acerca de los ciclos de conferencias y clases que se imparten a lo largo del año, los oficios inspirativos y de meditación que se celebran en nuestros templos y centros alrededor del mundo, el calendario de retiros y otras actividades, le invitamos a visitar nuestro sitio web o ponerse en contacto con nuestra sede internacional:

www.yogananda-srf.org

Self-Realization Fellowship
3880 San Rafael Avenue
Los Angeles, CA 90065
(323) 225-2471

LAS LECCIONES
DE SELF-REALIZATION FELLOWSHIP

Guía e instrucciones personales de Paramahansa Yogananda
sobre las técnicas yóguicas de meditación
y los principios de la vida espiritual

Si se siente atraído hacia las verdades espirituales descritas en *La Segunda Venida de Cristo*, le invitamos a suscribirse a las *Lecciones de Self-Realization Fellowship*.

Paramahansa Yogananda creó esta serie de lecciones, aptas para su estudio en el hogar, con el fin de brindar a los buscadores sinceros la oportunidad de aprender y practicar las antiguas técnicas yóguicas de meditación presentadas en este libro —incluida la ciencia del *Kriya Yoga*—. Las *Lecciones* ofrecen también los prácticos consejos de Paramahansa Yogananda para lograr un equilibrado bienestar físico, mental y espiritual.

Las *Lecciones de Self-Realization Fellowship* están disponibles mediante una cuota simbólica (destinada a cubrir los gastos de impresión y de envío). A todos los estudiantes se les brinda, de forma gratuita, orientación personal sobre sus prácticas, por parte de monjes y monjas de *Self-Realization Fellowship*.

Para más información...

Hallará una explicación detallada acerca de las *Lecciones de Self-Realization Fellowship* en el folleto gratuito *Un mundo de posibilidades jamás soñadas*. Si desea recibir un ejemplar de dicho folleto y una solicitud de suscripción a las *Lecciones*, le sugerimos visitar nuestro sitio web o ponerse en contacto con nuestra sede internacional.

GLOSARIO

(Las siguientes definiciones sucintas se suministran como referencia práctica para el lector que no se encuentre familiarizado con los términos sánscritos y la filosofía del yoga descritos en las enseñanzas de Paramahansa Yogananda. Al consultar el Índice alfabético, en el volumen III, se podrán ubicar en el texto explicaciones más detalladas de los conceptos principales).

alma: Espíritu individualizado. El alma es la naturaleza verdadera e inmortal del ser humano y de todas las formas de vida; se encuentra sólo temporalmente cubierta por las vestimentas de los cuerpos causal, astral y físico. La naturaleza del alma es el Espíritu: Gozo siempre existente, siempre consciente y eternamente renovado.

Apara-Prakriti: (véase *Prakriti*).

Arjuna: el discípulo excelso a quien Bhagavan Krishna entregó el mensaje inmortal del *Bhagavad Guita;* uno de los cinco príncipes pandavas y figura central en la gran epopeya hindú, el *Mahabharata.*

ashram: una ermita espiritual; a menudo, un monasterio.

astral (cuerpo): el cuerpo sutil del ser humano hecho de luz, prana o vitatrones; la segunda de las tres envolturas que revisten sucesivamente al alma: el cuerpo causal, el cuerpo astral y el cuerpo físico. La energía del cuerpo astral vitaliza al cuerpo físico, así como la electricidad ilumina una bombilla. El cuerpo astral consta de 19 elementos: inteligencia, ego, sentimiento y mente (conciencia sensorial); cinco instrumentos de conocimiento (las facultades sensoriales que operan dentro de los órganos físicos de la vista, el oído, el olfato, el gusto y el tacto); cinco instrumentos de acción (las facultades ejecutivas dentro de los instrumentos físicos de procreación, excreción, habla, locomoción y ejercicio de la habilidad manual); y cinco instrumentos de la fuerza vital, que realizan las funciones de circulación, metabolismo, asimilación, cristalización y eliminación.

astral (luz): la luz sutil que emana de los vitatrones (véase *prana*); la esencia estructural del mundo astral. A través de la omnicomprensiva percepción intuitiva del alma, los devotos que alcanzan profundos estados de concentración en la meditación pueden percibir la luz astral, especialmente como el ojo espiritual.

astral (mundo): la esfera sutil de la creación del Señor, un universo de luz y color compuesto de fuerzas más sutiles que las atómicas, es decir, por vibraciones de la energía vital o vitatrones (véase *prana*). Cada ser, cada objeto, cada vibración en el plano material tiene un equivalente astral, pues la «maqueta» del universo material yace en el universo astral (cielo). Cuando tiene lugar la muerte física, el alma humana, revestida de un cuerpo astral de luz, asciende a uno de los planos astrales, superior o inferior, según sus méritos, para continuar su evolución espiritual en la mayor libertad de ese reino sutil. Allí permanece por un tiempo, kármicamente predeterminado, hasta su nuevo nacimiento en un cuerpo físico.

avatar: del sánscrito *avatara,* cuyas raíces son *ava,* «abajo», y *tri,* «pasar». Las almas que alcanzan la unión con el Espíritu y después retornan a la tierra para ayudar a la humanidad se denominan avatares o encarnaciones divinas.

avidya: literalmente, «no conocimiento», ignorancia; la manifestación de *maya,* la ilusión cósmica [o engaño cósmico] en el ser humano. Esencialmente, *avidya* es la ignorancia del hombre con respecto a su naturaleza divina y a la realidad única: el Espíritu.

Babaji: (véase *Mahavatar Babaji*).

Bhagavad Guita: «El canto (o la canción) del Señor». Antigua escritura de la India, cuyos dieciocho capítulos forman parte del sexto libro *(Bhishma Parva)* del poema épico *Mahabharata* y consisten en un diálogo entre el avatar Bhagavan Krishna y su discípulo Arjuna, en vísperas de la histórica batalla de Kurukshetra. El *Guita* es un profundo tratado sobre la ciencia del yoga (la unión con Dios); sus eternas enseñanzas conducen a la felicidad y al éxito en la vida diaria. El *Guita* es tanto un hecho histórico como una alegoría: una disertación espiritual sobre la batalla que se libra en el interior del ser humano, entre sus buenas y sus malas tendencias. Dependiendo del contexto, Krishna simboliza al gurú, al alma, o a Dios, mientras que Arjuna representa al devoto que aspira a conocer a Dios. Respecto a esta escritura universal, Mahatma Gandhi escribió: «Quienes mediten en el *Guita* cosecharán cada día un renovado gozo y una nueva comprensión. No existe, en verdad, un solo conflicto espiritual que el *Guita* no pueda resolver».

Cabe señalar aquí que las citas del *Bhagavad Guita* que aparecen en este libro proceden de la traducción del sánscrito al inglés que realizó Paramahansa Yogananda. La obra que comprende esa traducción completa se titula *God Talks With Arjuna: The Bhagavad Gita—Royal Science of God-Realization* (publicada por *Self-Realization Fellowship*).

Bhagavan Krishna: un avatar que fue rey en la antigua India muchos siglos antes de la era cristiana. En las escrituras hindúes, uno de los significados atribuidos a la palabra *Krishna* es «Espíritu omnisciente». Así pues, *Krishna* —al igual que el término *Cristo*— es un título espiritual que denota la estatura divina del avatar, su unidad con Dios. El título *Bhagavan* significa «Señor». En su temprana juventud, Krishna vivió como un pastor de vacas que deleitaba a sus compañeros con la música de su flauta. En el desempeño de este papel, a menudo se considera que Krishna representa al alma que toca la flauta de la meditación para guiar a todos los pensamientos descarriados de vuelta al redil de la omnisciencia.

Bhakti Yoga: la vía espiritual para llegar a Dios que enfatiza el amor, con una entrega total, como el medio más importante para alcanzar la comunión y la unión con Dios. (Véase *yoga*).

Brahma-Vishnu-Shiva: tres aspectos de la inmanencia de Dios en la creación; representan la función trina de la Inteligencia Crística *(Tat)* que guía las actividades de creación, preservación y disolución de la Naturaleza Cósmica. (Véase *Trinidad*).

Brahman (Brahma): Espíritu Absoluto. En ocasiones, Brahman aparece escrito en sánscrito como *Brahma,* con una *a* corta al final, pero el significado es el mismo: el Espíritu o Dios Padre, y no el concepto limitado de «Brahma el Creador» (que se pronuncia con una *ā* larga al final, *Brahmā*) perteneciente a la tríada Brahma-Vishnu-Shiva. (Véase *Brahma-Vishnu-Shiva*).

bulbo raquídeo: esta estructura situada en la base del cerebro (en el extremo superior de la médula espinal) es el principal punto de entrada de la fuerza vital (prana) en el cuerpo. Constituye el asiento del sexto centro cerebroespinal, cuya función es recibir y dirigir el flujo entrante de energía cósmica. La fuerza vital se almacena en el séptimo centro *(sahasrara)*, ubicado en la parte superior del cerebro, y desde ese reservorio se distribuye a todas las partes del cuerpo. El centro sutil localizado a nivel del bulbo raquídeo es el interruptor principal que controla la entrada, almacenamiento y distribución de la fuerza vital.

casta: en su concepción original, no era una condición hereditaria sino una clasificación basada en las aptitudes naturales del ser humano. Éste ha de pasar, en su proceso evolutivo, por cuatro etapas distintas, que los antiguos sabios hindúes denominaron *Sudra, Vaisya, Kshatriya* y *Brahmin.* El *Sudra* está interesado primordialmente en satisfacer sus necesidades y deseos corporales; el trabajo físico es el que mejor se adapta a este estado de desarrollo. El *Vaisya* ambiciona tanto el lucro mundano como la satisfacción de los sentidos; tiene mayor capacidad creativa que el *Sudra* y busca ocupaciones tales como las de granjero, hombre de negocios, artista, o cualquier otra en la que su energía mental encuentre satisfacción. El *Kshatriya*, después de haber satisfecho a lo largo de muchas vidas los deseos propios de los estados de *Sudra* y *Vaisya,* comienza a buscar el significado de la vida; trata, por lo tanto, de superar sus malos hábitos, controlar sus sentidos y hacer lo que es correcto. Las ocupaciones de los *Kshatriyas* son las de nobles gobernantes, estadistas y guerreros. El *Brahmin* ha conquistado su naturaleza inferior, tiene una afinidad natural por las actividades espirituales y, puesto que conoce a Dios, es capaz de enseñar y ayudar a otros a liberarse.

causal (cuerpo): el hombre, en su condición de alma, es esencialmente un ser revestido de un cuerpo causal. Su cuerpo causal es una idea matriz de los cuerpos astral y físico. El cuerpo causal está compuesto de 35 elementos ideacionales que corresponden a los 19 elementos del cuerpo astral más los 16 elementos materiales básicos del cuerpo físico.

causal (mundo): tras el mundo físico de la materia (átomos, protones, electrones) y el sutil mundo astral de luminosa energía vital (vitatrones), se encuentra el mundo causal, o ideacional, del pensamiento (ideatrones). Después de que el ser humano ha evolucionado lo suficiente para trascender los universos físico y astral, pasa a residir en el universo causal. En la conciencia de los seres causales, los universos físico y astral se reducen a su esencia: pensamiento. Todo lo que el hombre físico pueda hacer en la imaginación, el hombre causal puede hacerlo en realidad, siendo la única limitación el pensamiento mismo. Finalmente, el ser humano se desprende de la última envoltura del alma —su cuerpo causal— para unirse con el Espíritu omnipresente, más allá de todos los reinos vibratorios.

centro crístico: el *Kutastha* o *ajna chakra,* situado a nivel del entrecejo y conectado directamente por polaridad con el bulbo raquídeo; centro de la voluntad y de la concentración, así como de la Conciencia Crística; asiento del ojo espiritual.

chakras: en el yoga, los siete centros ocultos de vida y conciencia situados en la espina dorsal y en el cerebro, que vitalizan a los cuerpos físico y astral del ser humano. Estos centros son llamados *chakras* («ruedas») porque la energía concentrada en cada uno de ellos es similar al cubo de una rueda del cual parten rayos de luz y energía vitales. Enumerados en orden ascendente, estos *chakras* son los siguientes: *muladhara* (el centro coccígeo, ubicado en la base de la espina dorsal), *svadhisthana* (el centro sacro, unos cinco centímetros por encima del *muladhara*), *manipura* (el centro lumbar, en el área opuesta al ombligo), *anahata* (el centro dorsal, en el área opuesta al corazón), *vishuddha* (el centro cervical, en la base del cuello), *ajna* (tradicionalmente localizado a nivel del entrecejo y, en realidad, directamente conectado por polaridad con el bulbo raquídeo; véase también *bulbo raquídeo* y *ojo espiritual*) y *sahasrara* (en la parte superior del cerebro).

Los siete centros son salidas o «puertas disimuladas», divinamente planificadas, atravesando las cuales el alma ha descendido al cuerpo y, a través de las cuales, deberá pasar nuevamente cuando ascienda mediante un proceso de meditación. El alma escapa hacia la Conciencia Cósmica subiendo siete peldaños sucesivos. En su ascensión consciente a través de los siete centros cerebroespinales abiertos o «despiertos», el alma viaja por la autopista que conduce al Infinito: la verdadera senda que el alma sigue en sentido inverso, para volver a unirse con Dios.

Generalmente, los tratados de yoga consideran *chakras* sólo a los seis centros inferiores, y se refieren por separado al *sahasrara* como el séptimo centro. A los siete centros, sin embargo, a menudo se les llama «lotos» (flores de loto), cuyos pétalos se abren —es decir, se vuelven hacia arriba— en el despertar espiritual, a medida que la vida y la conciencia ascienden por la espina dorsal.

chitta: sentimiento intuitivo; el agregado de conciencia al cual son inherentes *ahamkara* (ego), *buddhi* (intelecto) y *manas* (mente o conciencia sensorial).

Conciencia Cósmica: el Absoluto; el Espíritu trascendental que existe más allá de la creación; Dios Padre. También el estado de meditación denominado *samadhi*, en el que se experimenta la unión con Dios tanto más allá de la creación vibratoria como dentro de ella. (Véase *Trinidad*).

Conciencia Crística: la conciencia de Dios proyectada en forma inmanente en la creación entera. En las escrituras cristianas se le llama «el hijo unigénito», el único y puro reflejo de Dios Padre en la creación. En las escrituras hindúes se le denomina *Kutastha Chaitanya* o *Tat*, la conciencia universal, o inteligencia cósmica, del Espíritu presente en toda la creación. (Los términos «Conciencia Crística» e «Inteligencia Crística» son sinónimos, como también lo son «Cristo Cósmico» y «Cristo Infinito»). Es la conciencia universal, la unión con Dios, manifestada por Jesús, Krishna y otros avatares. Los grandes santos y los yoguis la conocen como *samadhi*, el estado de meditación en el cual la conciencia se identifica con la inteligencia divina existente en cada partícula de la creación; ellos sienten el universo entero como su propio cuerpo. (Véase *Trinidad*).

Conciencia de Krishna: Conciencia Crística; *Kutastha Chaitanya*. (Véase *Conciencia Crística*).

conciencia, estados de: en la conciencia mortal, el ser humano experimenta tres estados de conciencia: vigilia, sueño onírico y sueño profundo; pero no es consciente de su alma, la supraconciencia, ni tiene la experiencia personal de Dios. El hombre crístico, en cambio, sí tiene esta experiencia. De igual modo que el hombre mortal es consciente de todo su cuerpo, el hombre crístico es consciente de todo el universo y lo siente como su propio cuerpo. Más allá del estado de conciencia crística está la conciencia cósmica: la experiencia de la unidad con Dios tanto en su conciencia absoluta —más allá de la creación vibratoria— como en su omnipresencia manifestada en los mundos fenoménicos.

Cristo: el título honorífico de Jesús: Jesús el Cristo. Este término también denota la inteligencia universal de Dios inmanente en la creación (a la cual se hace referencia, en algunas ocasiones, como el Cristo Cósmico o el

Cristo Infinito) o se emplea en relación con los grandes maestros que han alcanzado la unidad con esa Conciencia Divina. (El vocablo griego *Christos* significa «ungido», al igual que la palabra hebrea *Messiah*). (Véase también *Conciencia Crística* y *Kutastha Chaitanya*).

dharma: los principios eternos de justicia que sustentan toda la creación; el deber inherente al ser humano de vivir en armonía con estos principios. (Véase también *Sanatana Dharma*).

diksha: iniciación espiritual; de la raíz verbal sánscrita *diksh*, «consagrarse». (Véase también *discípulo* y *Kriya Yoga*).

discípulo: aspirante espiritual que acude a un gurú para que él le lleve hasta Dios y, con este fin, establece una relación espiritual eterna con el gurú. En *Self-Realization Fellowship*, la relación gurú-discípulo se establece mediante la *diksha*, es decir, la iniciación en *Kriya Yoga*. (Véase también *gurú* y *Kriya Yoga*).

egoísmo: el ego es el principio denominado *ahamkara* (literalmente «yo hago») y es la causa básica de la dualidad o la separación aparente entre el hombre y su Creador. *Ahamkara* somete al ser humano al dominio de *maya*, bajo el cual el sujeto (ego) aparece falsamente como objeto; las criaturas imaginan que son las creadoras. Al eliminar la conciencia del ego, el ser humano despierta a su divina identidad, su unidad con la Vida Única: Dios.

Ejercicios Energéticos: Al igual que un pez está rodeado de agua, el ser humano está rodeado de energía cósmica. Los Ejercicios Energéticos, creados por Paramahansa Yogananda y enseñados en las *Lecciones de Self-Realization Fellowship*, capacitan al ser humano para recargar su cuerpo con esta energía cósmica o prana universal.

elementos (cinco): la Vibración Cósmica, *Om*, estructura toda la creación material —incluido el cuerpo físico humano— por medio de la manifestación de cinco *tattvas* (elementos): tierra, agua, fuego, aire y éter. Éstas son fuerzas estructurales, de naturaleza inteligente y vibratoria. Sin el elemento tierra, no existiría el estado de materia sólida; sin el elemento agua, no existiría el estado líquido; sin el elemento aire, no existiría el estado gaseoso; sin el elemento fuego, no habría calor; y sin el elemento éter, no existiría el sutil trasfondo necesario para proyectar la película del cosmos. En el cuerpo, el prana (la energía cósmica vibratoria) entra a través del bulbo raquídeo y luego se divide en las cinco corrientes elementales mediante la acción de los cinco *chakras* inferiores, es decir, los centros coccígeo (tierra), sacro (agua), lumbar (fuego), dorsal (aire) y cervical (éter). La denominación sánscrita de estos elementos es *prithivi, ap, tej, prana* y *akasha*, respectivamente.

energía cósmica: (véase *prana*).

Espíritu Santo: la sagrada Vibración Cósmica Inteligente que Dios proyecta para estructurar y sostener la creación a partir de su propia Esencia vibratoria. Constituye, por lo tanto, la Santa Presencia de Dios, su Palabra, omnipresente en el universo y en toda forma, el vehículo del perfecto reflejo universal de Dios o Conciencia Crística. El Paráclito, el Confortador, la Madre Naturaleza Cósmica, Prakriti. (Véase *Om* y *Trinidad*).

éter: la palabra sánscrita *akasa*, traducida generalmente como «éter» o «espacio», se refiere de manera específica al elemento vibratorio más sutil que existe en el mundo material. (Véase *elementos*). El término deriva de *a*, «hacia», y *kasha*, «ser visible, aparecer». *Akasha* es el sutil «trasfondo» sobre el cual se torna perceptible el universo material. «El espacio confiere dimensión a los objetos, mientras que el éter separa las imágenes —explicó Paramahansa Yogananda—. El espacio saturado de éter constituye la línea divisoria entre el cielo, o el mundo astral, y la tierra. Todas las fuerzas más sutiles que Dios ha creado están compuestas de luz, o formas hechas de pensamiento, y simplemente se hallan ocultas en el fondo de una vibración particular que se manifiesta como éter».

evangelios: la palabra «evangelio» (del latín «evangelĭum», y éste del griego «euangélion») significa literalmente «buena nueva».

Según los historiadores, en los años que siguieron inmediatamente a la ascensión de Jesús, los relatos sobre su vida se difundían más que nada de boca en boca; las diferentes comunidades que integraban el creciente movimiento cristiano tenían variadas recopilaciones de narraciones y dichos. Si bien la crucifixión y resurrección de Jesús ocurrieron en el año 30 d. C., el primero de los cuatro evangelios canónicos (la mayoría de los eruditos creen que fue el de Marcos) no se escribió sino hasta casi cuarenta años después. (Los cristianos primitivos consideraban las escrituras judías como sus libros sagrados; y, puesto que muchos esperaban el inminente regreso de Jesús a la tierra, aparentemente no sentían la necesidad de contar con más escrituras. Aun cuando las primeras epístolas o cartas pastorales del apóstol Pablo fueron escritas alrededor del año 50 o 52, ningún relato sistemático sobre la vida y enseñanzas de Jesús se había escrito hasta que apareció la narración de Marcos, aproximadamente en el año 70).

Los historiadores generalmente concuerdan en que tanto Mateo como Lucas se basaron en los escritos de Marcos; y ambos, además, podían consultar material de otras fuentes. Los eruditos atribuyen diferencias adicionales en el contenido y el énfasis de los cuatro evangelios (que se escribieron en distintos períodos entre los años 70 y 90 d. C.) a los sucesos y preocupaciones particulares que debían confrontar las comunidades cristianas independientes —algunas de ellas de origen judío, y otras, gentil— esparcidas en diversas regiones del Imperio Romano oriental a medida que el movimiento evolucionó en forma gradual desde sus raíces judías hasta transformarse en una religión totalmente independiente. (Se cree que el

Evangelio de Tomás, también citado en esta obra, fue compilado durante el mismo período que los cuatro evangelios canónicos, es decir, unas pocas décadas después de la ascensión de Jesús).

Con respecto a los autores de los cuatro evangelios que constituyen el Nuevo Testamento, Mateo y Juan, por supuesto, son los nombres de dos de los doce discípulos originales de Jesús. Marcos, según Papías, obispo de Hierápolis en Asia Menor (c. 130), era el asistente e «intérprete» de Pedro, discípulo de Jesús; y escribió lo que le escuchó a Pedro relatar acerca de las palabras y hechos de Jesús. En versiones surgidas al comienzo del cristianismo, se señala que Lucas era el compañero de viajes de Pablo, quien había conocido personalmente a Pedro, Juan y Santiago, hermano de Jesús. Para una perspectiva general acerca de lo que los historiadores conocen sobre la autoría de los Evangelios, véase *Three Gospels* [Tres Evangelios] (Simon and Schuster, Nueva York, 1997), del profesor Reynolds Price de la Universidad Duke.

fuerza vital: (véase *prana*).

Guiana Yoga: el sendero que conduce a la unión con Dios, mediante la transmutación de la capacidad discernidora del intelecto en la sabiduría omnisciente del alma.

gunas: los tres atributos de la Naturaleza: *tamas, rajas* y *sattva* —obstrucción, actividad y expansión, o masa, energía e inteligencia, respectivamente—. En el ser humano, las tres *gunas* se expresan como ignorancia o inercia, actividad o esfuerzo, y sabiduría.

gurú: maestro espiritual. Aunque la palabra *gurú* con frecuencia se usa en forma incorrecta, para designar a un mero profesor o instructor de cualquier tema, un verdadero gurú es un maestro divinamente iluminado que ha superado toda limitación y realizado su identidad con el Espíritu omnipresente. Tal maestro está singularmente capacitado para guiar a otros en su viaje interior hacia la realización divina.

Cuando un devoto está preparado para buscar a Dios con determinación, el Señor le envía un gurú. Mediante la sabiduría, inteligencia, realización espiritual y enseñanzas de este maestro, Dios guía al discípulo. El discípulo que sigue las enseñanzas y la disciplina del maestro podrá satisfacer el deseo de su alma de recibir el maná de la presencia de Dios. Un verdadero gurú, a quien Dios le ha encomendado ayudar a los buscadores espirituales sinceros, en respuesta al profundo anhelo de sus almas, no es un instructor común: es un vehículo humano, cuyo cuerpo, palabra, mente y espiritualidad Dios utiliza como un canal para atraer a las almas perdidas y guiarlas de regreso a su hogar de inmortalidad. Un gurú es una encarnación viviente de la verdad contenida en las escrituras; es un agente de salvación designado por Dios en respuesta a la exigencia del devoto de que le libere de la esclavitud de la materia.

«El cultivar la compañía del gurú —escribió Swami Sri Yukteswar en *La ciencia sagrada*— es no sólo encontrarse en su presencia física (ya que esto es a veces imposible), sino que significa principalmente mantenerle en nuestros corazones y sintonizarnos e identificarnos con él en principio». (Véase *maestro*).

Gurudeva: «maestro divino». Término sánscrito que denota respeto y se usa habitualmente para dirigirse o referirse al propio preceptor espiritual; a veces se traduce como «maestro».

Gurús de *Self-Realization Fellowship:* los Gurús de *Self-Realization Fellowship (Yogoda Satsanga Society of India)* son Jesucristo, Bhagavan Krishna y una sucesión de excelsos maestros de la era contemporánea: Mahavatar Babaji, Lahiri Mahasaya, Swami Sri Yukteswar y Paramahansa Yogananda. Demostrar la armonía y la unidad esencial que existe entre las enseñanzas de Jesucristo y los preceptos del yoga enseñados por Bhagavan Krishna constituye parte integrante de la labor encomendada a SRF. A través de sus sublimes enseñanzas y de su divina mediación, todos estos Gurús contribuyen al cumplimiento de la misión de *Self-Realization Fellowship* de ofrecer a toda la humanidad una ciencia espiritual práctica para alcanzar la unión con Dios.

Se denomina *guru-parampara* al traspaso del manto espiritual del gurú al discípulo que ha sido designado para continuar la sucesión espiritual del gurú. Así pues, la sucesión directa de gurús a la que perteneció Paramahansa Yogananda está formada por Mahavatar Babaji, Lahiri Mahasaya y Swami Sri Yukteswar.

Antes de su fallecimiento, Paramahansaji expresó que era el deseo de la Divinidad que él fuese el último en la sucesión de Gurús de *Self-Realization Fellowship*. Ningún discípulo o líder de su sociedad asumirá jamás el título de gurú. «Cuando me haya ido —dijo él—, las enseñanzas serán el gurú. [...] Por medio de las enseñanzas, estarás en sintonía conmigo y con los Gurús que me han enviado».

Al preguntársele sobre la sucesión en la presidencia de *Self-Realization Fellowship/Yogoda Satsanga Society of India,* él manifestó: «Al frente de esta sociedad siempre habrá hombres y mujeres de realización. Dios y los Gurús ya saben quiénes son; ellos servirán como mi sucesor espiritual y representante a cargo de todos los asuntos espirituales y administrativos».

hinduismo: (véase *Sanatana Dharma*).

ilusión cósmica [o engaño cósmico]: (véase *maya*).

intuición: facultad omnisciente del alma, que permite al ser humano obtener una percepción directa de la verdad sin la mediación de los sentidos.

ji: sufijo que agregado a los nombres y títulos en la India denota respeto, como por ejemplo: Gandhiji, Paramahansaji, Guruji.

karma: los efectos de la acciones realizadas en el pasado, ya sea en esta vida o en vidas anteriores; del sánscrito *kri*, «hacer». La ley del karma —según se expone en las escrituras hindúes— equilibra la relación entre la acción y la reacción, la causa y el efecto, la siembra y la cosecha. En el curso de la justicia natural, todo ser humano —a través de sus propios pensamientos y acciones— se convierte en el arquitecto de su propio destino. Cualesquiera que sean las energías que, sabia o insensatamente, una persona haya puesto en movimiento, éstas habrán de retornar a ella como su punto de partida, cual un círculo que debe completarse inexorablemente. La comprensión del karma, como la ley de la justicia, ayuda a liberar la mente humana de todo resentimiento contra Dios o contra los demás. Cada persona lleva consigo su propio karma, encarnación tras encarnación, hasta que la deuda se salda o es trascendida espiritualmente. (Véase *reencarnación*).

Las acciones acumuladas de los seres humanos dentro de las comunidades, las naciones o el mundo entero, constituyen el karma colectivo, que produce efectos locales o de largo alcance, de acuerdo con el grado y la preponderancia del bien o del mal. Los pensamientos y las acciones de cada individuo, por lo tanto, contribuyen al bien o al mal del mundo y sus habitantes.

Karma Yoga: sendero que conduce a Dios por medio de la acción y el servicio realizados con desapego. Mediante el servicio desinteresado, la ofrenda a Dios de los frutos de las propias acciones y el considerarle como el único Hacedor, el devoto se libera del ego y conoce a Dios. (Véase *yoga*).

Krishna: (véase *Bhagavan Krishna*).

Kriya Yoga: sagrada ciencia espiritual que nació en la India hace milenios; comprende ciertas técnicas de meditación cuya práctica regular conduce a la realización de Dios. Como ha explicado Paramahansa Yogananda, la raíz sánscrita de *kriya* es *kri*, que significa «hacer, actuar y reaccionar»; esa misma raíz se encuentra en la palabra *karma*, el principio natural de causa y efecto. Así pues, *Kriya Yoga* significa «unión (yoga) con el Infinito mediante cierta acción o rito *(kriya)*». El *Kriya Yoga* —un tipo de *Raja Yoga* (el «rey» de los sistemas del yoga o sistema «completo»)— ha sido ensalzado por Krishna en el *Bhagavad Guita* y Patanjali en los *Yoga Sutras*. La ciencia del *Kriya Yoga* fue restablecida en esta era por Mahavatar Babaji y constituye la *diksha* (iniciación espiritual) impartida por los Gurús de *Self-Realization Fellowship*. Desde el *mahasamadhi* de Paramahansa Yogananda, la *diksha* es conferida por la persona asignada como su representante espiritual, el presidente de *Self-Realization Fellowship/Yogoda Satsanga Society of India* (o alguien designado por el presidente). Para recibir la *diksha*, los miembros de *Self-Realization Fellowship* deben cumplir con ciertos requisitos espirituales preliminares. Quien ha recibido esta *diksha* es un *Kriya yogui* o *Kriyaban*. (Véase también *gurú* y *discípulo*).

665

kundalini: la poderosa corriente de energía vital creativa alojada en un sutil conducto enrollado que se encuentra en la base de la espina dorsal. Durante el estado ordinario de vigilia, la fuerza vital del cuerpo circula desde el cerebro en sentido descendente a lo largo de la columna vertebral y hacia fuera, a través de este conducto enrollado *(kundalini),* vitalizando el cuerpo físico y anudando a la forma mortal los cuerpos astral y causal, así como el alma que habita en su interior. En los estados más elevados de conciencia, que son el objetivo de la meditación, la energía *kundalini* se revierte de manera que circule nuevamente en sentido ascendente a lo largo de la espina dorsal para despertar las facultades espirituales latentes de los centros cerebroespinales *(chakras).* También llamada «fuerza serpentina» por su forma enrollada.

Kutastha Chaitanya: Conciencia Crística. La palabra sánscrita *kutastha* significa «aquello que permanece inalterable»; *chaitanya* significa «conciencia».

Lahiri Mahasaya: *Lahiri* era el nombre de familia de Shyama Charan Lahiri (1828-1895). *Mahasaya,* un título religioso sánscrito, significa «de mente vasta». Lahiri Mahasaya fue discípulo de Mahavatar Babaji y gurú de Swami Sri Yukteswar (el gurú de Paramahansa Yogananda). Fue a Lahiri Mahasaya a quien Babaji reveló la antigua y casi extinguida ciencia del *Kriya Yoga.* Considerado un *Yogavatar* («Encarnación del Yoga»), él fue una de las figuras primordiales del renacimiento del yoga en la India moderna. Lahiri Mahasaya instruyó y bendijo a innumerables buscadores de la verdad que acudieron a él, sin tener en cuenta a qué casta o credo perteneciesen. Fue un maestro semejante a Cristo, dotado de poderes sobrenaturales, pero también fue un hombre de familia con responsabilidades terrenales, que mostró al mundo moderno cómo es posible alcanzar un equilibrio perfecto en la vida al combinar la meditación y el correcto desempeño de los deberes externos. La vida de Lahiri Mahasaya se relata en el libro *Autobiografía de un yogui.*

Lecciones de Self-Realization Fellowship: las enseñanzas de Paramahansa Yogananda, que se envían a estudiantes de todo el mundo en forma de una serie de lecciones, las cuales se encuentran a disposición de quienes buscan sinceramente la verdad. Estas lecciones contienen las técnicas de meditación yoga que enseñó Paramahansa Yogananda e incluyen, para quienes cumplen con ciertos requisitos, la técnica de *Kriya Yoga.*

Madre Divina: el aspecto de Dios que se manifiesta activamente en la creación; la *shakti,* o poder, del Creador trascendente. Otros términos que denotan este aspecto de la Divinidad son *Om, Shakti,* el Espíritu Santo, la Vibración Cósmica Inteligente, la Naturaleza o *Prakriti.* Este concepto también indica el aspecto «personal» de Dios que encarna las cualidades de amor y compasión de una madre.

Las escrituras hindúes enseñan que Dios es a la vez inmanente y trascendente, personal e impersonal. Se le puede buscar ya sea como el Absoluto o como la manifestación de alguna de sus cualidades eternas —el amor, la sabiduría, la bienaventuranza, la luz—; también en la forma de un *ishta* (deidad); o bien como el Padre, la Madre o el Amigo.

maestro: aquel que ha alcanzado el autodominio. También, un término respetuoso para dirigirse al propio gurú.

Paramahansa Yogananda ha señalado: «las características por las que se distingue a un maestro no son de orden físico sino espiritual. [...] La prueba de que alguien es un maestro es proporcionada únicamente por su habilidad para entrar a voluntad en el estado sin aliento *(savikalpa samadhi)* y por el logro de la bienaventuranza inmutable *(nirvikalpa samadhi)*». (Véase *samadhi*).

Paramahansaji afirma además: «Todas las escrituras proclaman que el Señor creó al hombre a su imagen omnipotente. El ejercer control sobre el universo parece algo sobrenatural, pero en realidad tal poder es natural e inherente a quienes alcanzan "el perfecto recuerdo" de su origen divino. Los hombres de realización divina [...] están libres del principio-ego *(ahamkara)* y del surgimiento de deseos personales; las acciones de los verdaderos maestros se encuentran, sin esfuerzo alguno, en armonía con *rita*, la rectitud natural. En las palabras de Emerson, todos los grandes seres se convierten "no sólo en seres virtuosos, sino en la Virtud misma; se cumple así el propósito de la creación, y Dios queda complacido"».

mahasamadhi: del sánscrito *maha*, «grande», y *samadhi*. La última meditación, o comunión consciente con Dios, durante la cual un maestro que ha alcanzado la perfección se funde con el *Om* cósmico y abandona el cuerpo físico. Un maestro invariablemente conoce de antemano el momento que Dios ha señalado para que abandone su morada corporal. (Véase *samadhi*).

Mahavatar Babaji: el inmortal *mahavatar* («gran avatar») que, en 1861, confirió la iniciación en *Kriya Yoga* a Lahiri Mahasaya, restituyendo así al mundo la antigua técnica de salvación. Perennemente joven, Babaji ha vivido durante siglos en el Himalaya, otorgando una constante bendición al mundo. Su misión ha sido ayudar a los profetas a llevar a cabo las labores específicas que se les han encomendado. Se le han conferido numerosos títulos que indican su elevada estatura espiritual; sin embargo, el *mahavatar* ha adoptado generalmente el sencillo nombre de Babaji, que procede del sánscrito *baba*, «padre», y *ji*, un sufijo que denota respeto. En *Autobiografía de un yogui* se puede encontrar más información sobre su vida y su misión espiritual. (Véase *avatar*).

mal: la fuerza satánica que encubre a la omnipresencia divina en la creación, manifestándose como desarmonías en el ser humano y en la naturaleza. También es un término general aplicado a cualquier cosa que esté en oposición con la ley divina (véase *dharma*) y que, por consiguiente, induzca al ser humano a perder la conciencia de su unidad esencial con Dios y le impida alcanzar la realización divina.

Mantra Yoga: comunión divina alcanzada mediante la repetición, concentrada y devocional, de los sonidos de las palabras raíz que tienen una potencia vibratoria espiritualmente beneficiosa. (Véase *yoga*).

maya: el poder de engañar inherente a la estructura de la creación, en virtud del cual el Uno adopta la apariencia de muchos. *Maya,* el principio, denota relatividad, contraste, dualidad, inversión, estados opuestos; es el «Satanás» (literalmente, «el adversario» en hebreo) de los profetas del Antiguo Testamento, y el «demonio» que Cristo describió pintorescamente como un «homicida» y un «mentiroso», porque *«no hay verdad en él»* (*Juan* 8:44).

Paramahansa Yogananda ha escrito: «La palabra sánscrita *maya* significa "la medidora"; es el poder mágico existente en la creación, mediante el cual lo Inmensurable e Indivisible parece contener limitaciones y divisiones. *Maya* es la Naturaleza misma —los mundos fenoménicos en constante flujo y transición—, la antítesis de la Divinidad Inmutable.

»En el plan y juego *(lila)* de Dios, la única función de Satanás o *maya* es el tratar de alejar al hombre del Espíritu y de la Realidad, empujándole hacia la materia y la irrealidad. "[...] el diablo ha pecado desde el principio, y el Hijo de Dios se manifestó para deshacer las obras del diablo" (*I Juan* 3:8). La manifestación de la Conciencia Crística dentro del hombre mismo destruye sin esfuerzo alguno los engaños u "obras del diablo".

»*Maya* es el velo de la transitoriedad presente en la Naturaleza: el perpetuo devenir de la creación. Cada hombre debe levantar este velo para ver, tras él, al Creador, el Ser Inmutable, la Realidad eterna».

meditación: en sentido general, concentración interior cuyo objetivo es percibir a Dios. La auténtica meditación, *dhyana,* consiste en experimentar conscientemente a Dios mediante la percepción intuitiva. Este estado se alcanza solamente después de que el devoto ha logrado una concentración firme mediante la cual desconecta su atención de los sentidos y no es perturbado por impresiones sensoriales provenientes del mundo externo. *Dhyana* es la séptima etapa del Óctuple Sendero del Yoga descrito por Patanjali; la octava etapa es *samadhi,* la comunión o unión con Dios. (Véase *Patanjali*).

mente supraconsciente: la facultad omnisciente del alma de percibir la verdad directamente; intuición.

ojo espiritual: el ojo único de la intuición y de la percepción omnipresente, ubicado en el centro *(ajna chakra)* crístico *(Kutastha),* a nivel del entrecejo. El devoto que medita profundamente contempla el ojo espiritual como un anillo de luz dorada que circunda a una esfera de color azul opalescente, en cuyo centro se encuentra una estrella blanca de cinco puntas. Microcósmicamente, estas formas y colores representan, respectivamente: el reino vibratorio de la creación (la Naturaleza Cósmica, el Espíritu Santo), el Hijo o la inteligencia de Dios en la creación (la Conciencia Crística) y el Espíritu sin vibración, más allá de toda la creación vibratoria (Dios el Padre).

El ojo espiritual es la puerta de acceso a los estados supremos de conciencia divina. En la meditación profunda, a medida que la conciencia del devoto se adentra en el ojo espiritual y en los tres reinos allí compendiados, experimenta sucesivamente los siguientes estados: la supraconciencia, es decir, el siempre renovado gozo de la realización del alma, y la unión con Dios como *Om* o Espíritu Santo; la conciencia crística, la unión con la inteligencia universal de Dios presente en toda la creación; y la conciencia cósmica, la unión con la omnipresencia de Dios que se encuentra tanto más allá de la manifestación vibratoria como dentro de ella. (Véase también *conciencia, estados de; supraconciencia;* y *Conciencia Crística*).

Explicando un pasaje de Ezequiel (43:1-2), Paramahansa Yogananda ha escrito: «A través del ojo divino ubicado en la frente («el oriente»), el yogui remonta su conciencia hasta la omnipresencia, escuchando la Palabra u *Om,* el divino sonido de "aguas caudalosas": las vibraciones de luz que constituyen la única realidad de la creación». En palabras de Ezequiel: *«Me condujo luego hacia el pórtico que miraba a oriente. En aquel momento la gloria del Dios de Israel llegaba por la parte de oriente; emitía un ruido como de aguas caudalosas, y la tierra resplandecía de su gloria».*

Jesús también se refirió al ojo espiritual: *«Cuando tu ojo es único, todo tu cuerpo estará iluminado [...]*. Mira, pues, que la luz que hay en ti no sea oscuridad»* (*Lucas* 11:34-35).

Om (Aum): la palabra raíz sánscrita, o sonido primordial, que simboliza aquel aspecto de la Divinidad que crea y sostiene todas las cosas; la Vibración Cósmica. El *Om* de los Vedas se convirtió en el sagrado *Hum* de los tibetanos; en el *Amín* de los musulmanes; y en el *Amén* de los egipcios, griegos, romanos, judíos y cristianos. Las grandes religiones del mundo afirman que todo lo creado se origina en la energía vibratoria cósmica del *Om* o Amén, la Palabra (el Verbo) o el Espíritu Santo. *«En el principio existía la Palabra, la Palabra estaba junto a Dios, y la Palabra era Dios. [...] Todo se hizo por ella [la Palabra u Om], y sin ella nada se hizo»* (*Juan* 1:1, 3).

En hebreo, *Amén* significa *seguro, fiel. «Así habla el Amén, el Testigo fiel y veraz, el Principio de la creación de Dios»* (*Apocalipsis* 3:14). Así como la vibración de un motor produce cierto sonido, así el omnipresente sonido de *Om* da fiel testimonio de la actividad del «Motor Cósmico» que sustenta la vida, y cada partícula de la creación, mediante la energía vibratoria. En las *Lecciones de Self-Realization Fellowship,* Paramahansa Yogananda enseña ciertas técnicas de meditación cuya práctica aporta la experiencia directa de Dios, manifestado como el *Om* o Espíritu Santo. Esa gozosa comunión con el divino Poder invisible (*«el Paráclito [el Confortador], el Espíritu Santo», Juan* 14:26) es la verdadera base científica de la oración.

Orden monástica de *Self-Realization Fellowship:* Paramahansa Yogananda escribió lo siguiente (en su comentario sobre la estrofa VI:1 del *Bhagavad Guita*): «Para quienes se hallan en el mismo sendero que yo he seguido y se sienten también atraídos hacia la renunciación completa con el fin de buscar y servir a Dios mediante los ideales yóguicos de la meditación y de las acciones prescritas por el deber, he perpetuado en la orden monástica de *Self-Realization Fellowship/Yogoda Satsanga Society of India* la sucesión de *sannyas* de la Orden de Shankara, en la cual ingresé cuando recibí de mi Gurú los sagrados votos de un swami. La obra organizativa que Dios, mi Gurú y mis Paramgurús han emprendido a través de mí no es llevada a cabo por empleados seculares, sino por aquellos que han dedicado su vida a los más elevados objetivos de renunciación y amor a Dios».

Los monjes y monjas de la Orden residen en los *ashram* de la sociedad y sirven a la obra mundial de Paramahansa Yogananda de muy diversas maneras, entre las que se incluyen: llevar a cabo oficios en los templos de *Self-Realization Fellowship,* así como retiros, clases y otras tareas espirituales y ministeriales; guiar por correspondencia a miles de estudiantes de estas enseñanzas cada mes; y administrar las variadas actividades de beneficencia que desarrolla la sociedad.

paramahansa: título espiritual que designa a un maestro. Sólo un verdadero gurú puede conferir este título a un discípulo idóneo. *Paramahansa* significa literalmente «cisne supremo»; en las escrituras hindúes, el cisne o *hansa* simboliza el discernimiento espiritual. Swami Sri Yukteswar le otorgó dicho título a su amado discípulo Yogananda en 1935.

Patanjali: famoso exponente del yoga; un sabio de la antigüedad cuyos *Yoga Sutras* compendian los principios del sendero del yoga, dividiéndolo en ocho pasos: 1) las proscripciones morales *(yama);* 2) las observancias correctas *(niyama);* 3) la postura de meditación *(asana);* 4) el control de la fuerza vital *(pranayama);* 5) el recogimiento interior de la mente *(pratyahara);* 6) la concentración *(dharana);* 7) la meditación *(dhyana);* y 8) la unión con Dios *(samadhi).*

Prakriti: Naturaleza Cósmica; en general, el inteligente y creativo poder vibratorio proyectado desde el Espíritu, que se objetiva y se convierte en la manifestación trina (causal, astral y física) del universo y del microcosmos del ser humano.

Específicamente, Maha Prakriti es la Creativa e Indiferenciada Inteligencia primordial de Dios, la Madre Naturaleza Creativa o el Espíritu Santo, que a través de la Vibración Cósmica de su propio Ser hace surgir toda la creación. Para-Prakriti (Naturaleza Pura) y Apara-Prakriti (Naturaleza Impura) guardan correlación con la terminología cristiana de Espíritu Santo y Satanás: respectivamente, el poder creativo que expresa la inmanencia de la Presencia vibratoria de Dios en la creación, y el oscuro poder de la ilusión cósmica que oculta la Omnipresencia Divina.

prana: chispas de energía inteligente, más sutiles que la energía atómica, que constituyen la vida; en las escrituras hindúes reciben la designación colectiva de *prana*, término que Paramahansa Yogananda tradujo como «vitatrones». En esencia, son pensamientos condensados de Dios, sustancia del mundo astral y principio vital del cosmos físico. En el mundo físico hay dos tipos de prana: 1) la energía vibratoria cósmica omnipresente en el universo, que estructura y sostiene todo cuanto existe; 2) el prana específico o la energía que satura y sustenta cada cuerpo humano a través de cinco corrientes o funciones. La corriente *Prana* realiza la función de cristalización; la corriente *Vyana*, la de circulación; *Samana*, la de asimilación; *Udana*, la del metabolismo; y *Apana*, la de eliminación.

pranayama: control consciente del prana (la vibración creadora o energía que activa y sostiene la vida en el cuerpo). La ciencia yoga del *pranayama* es la vía directa que permite desconectar conscientemente la mente de las funciones vitales y percepciones sensoriales que atan al hombre a la conciencia corporal. El *pranayama* libera así la conciencia del ser humano para que pueda comulgar con Dios. Todas las técnicas científicas que conducen a la unión del alma con el Espíritu pueden clasificarse como yoga, y el *pranayama* es el mejor método yóguico para alcanzar esta unión divina.

Raja Yoga: el sendero «regio», o más elevado, que conduce a la unión con Dios. Enseña la meditación científica como el método supremo para alcanzar la realización divina, e incluye los aspectos esenciales y más elevados de todas las demás formas de yoga. Las enseñanzas de *Raja Yoga* de *Self-Realization Fellowship* proporcionan un esquema de vida que conduce al perfecto desarrollo del cuerpo, de la mente y del alma, basado en la meditación denominada *Kriya Yoga.* (Véase *yoga*).

Rajarsi Janakananda (James J. Lynn): amado discípulo de Paramahansa Yogananda y su primer sucesor como presidente y líder espiritual de *Self-Realization Fellowship/Yogoda Satsanga Society of India* hasta su fallecimiento el 20 de febrero de 1955. El Sr. Lynn recibió de Paramahansaji la iniciación en *Kriya Yoga* por primera vez en 1932. Su progreso espiritual fue tan rápido que el Gurú amorosamente lo llamaba «San Lynn», hasta que le confirió el título monástico de Rajarsi Janakananda en 1951.

realización del Ser *(Self):* Paramahansa Yogananda definió la realización del Ser de la siguiente manera: «La realización del Ser consiste en saber —física, mental y espiritualmente— que somos uno con la omnipresencia de Dios; que no necesitamos orar para que ésta venga a nosotros, que no solamente estamos próximos a ella en todo momento, sino que la omnipresencia de Dios es nuestra propia omnipresencia, y nuestro ser es y será invariablemente siempre parte de la Divinidad. Lo único que necesitamos hacer es tomar mayor conciencia de ello».

reencarnación: doctrina según la cual los seres humanos se ven forzados por la ley de la evolución a encarnar una y otra vez en vidas progresivamente superiores; la evolución es retardada por las acciones y los deseos errados, y acelerada por los esfuerzos espirituales, hasta que finalmente se alcanza la realización del Ser y la unión con Dios. Habiendo así trascendido las limitaciones e imperfecciones de la conciencia mortal, el alma se libera para siempre de la necesidad compulsiva de reencarnar. *«Al vencedor le pondré de columna en el Santuario de mi Dios, y ya no saldrá de allí»* (*Apocalipsis* 3:12).

respiración: «El aflujo de innumerables corrientes cósmicas al ser humano mediante la respiración produce inquietud en su mente —ha escrito Paramahansa Yogananda—. De este modo, la respiración le liga a los efímeros mundos fenoménicos. Para escapar de los pesares de la transitoriedad y entrar en el bienaventurado reino de la Realidad, el yogui aprende a calmar el aliento por medio de la meditación científica».

rishis: seres excelsos que manifiestan la sabiduría divina; especialmente, los sabios iluminados de la antigua India a quienes les fueron revelados intuitivamente los Vedas.

sadhana: sendero de disciplina espiritual. Las instrucciones y prácticas específicas de meditación que el gurú prescribe a sus discípulos, quienes al seguirlas fielmente alcanzarán al final la realización divina.

samadhi: el peldaño más elevado del Óctuple Sendero del Yoga, tal como fue expuesto por el sabio Patanjali. El *samadhi* se alcanza cuando la persona que medita, el proceso de la meditación (por el cual la mente se retira de los sentidos, mediante el recogimiento interior) y el objeto de la meditación (Dios) se vuelven Uno. Paramahansa Yogananda ha explicado que «en los estados iniciales de la comunión con Dios *(savikalpa samadhi)* la conciencia del devoto se funde con el Espíritu Cósmico; su fuerza vital se retira del cuerpo, el cual aparenta estar "muerto", inmóvil y rígido. El yogui es completamente consciente del estado de animación suspendida en el que permanece su cuerpo. Sin embargo, a medida que progresa hacia estados espirituales más elevados *(nirvikalpa samadhi)*, comulga con Dios sin que exista inmovilidad en su cuerpo y en su estado ordinario de vigilia, e incluso en medio de las apremiantes exigencias de los deberes mundanos». Ambos estados se caracterizan por la unión con la siempre nueva bienaventuranza del Espíritu, pero el estado de *nirvikalpa* lo experimentan sólo los maestros altamente avanzados.

Sanatana Dharma: literalmente «religión eterna». Nombre dado a las enseñanzas védicas en conjunto, las cuales fueron conocidas como hinduismo
después de que los griegos denominaran *indos* o *hindúes* a las gentes que
vivían a orillas del río Indo. (Véase *dharma*).

Satanás: literalmente, en hebreo, «el adversario». Satanás es la fuerza universal, consciente e independiente, que mantiene a todo y a todos engañados
con la conciencia no espiritual de finitud y de separación de Dios. Para
lograr este resultado, Satanás utiliza las armas de *maya* (ilusión cósmica)
y *avidya* (ilusión individual, ignorancia). (Véase *maya*).

Sat-Chit-Ananda: término sánscrito para designar a Dios que expresa la naturaleza esencial del Espíritu como eterno Ser o Verdad *(Sat),* conciencia
infinita *(Chit)* y siempre renovada Dicha *(Ananda).*

Sat-Tat-Om: Sat, la Verdad, el Absoluto, la Bienaventuranza; *Tat,* la inteligencia o conciencia universal; *Om,* la vibración cósmica inteligente y
creadora, la palabra-símbolo de Dios. (Véase *Om* y *Trinidad*).

Self: (véase *Ser*).

Self-realization: (véase *realización del Ser*).

Self-Realization: modo abreviado de referirse a *Self-Realization Fellowship,* la sociedad fundada por Paramahansa Yogananda, el cual usaba él
a menudo en charlas informales, diciendo por ejemplo «las enseñanzas
de *Self-Realization*», «el sendero de *Self-Realization*», «la sede central de
Self-Realization en Los Ángeles», etc.

Self-Realization Fellowship: la sociedad religiosa internacional, no sectaria,
fundada por Paramahansa Yogananda en Estados Unidos en 1920 (y como
Yogoda Satsanga Society of India en 1917), con la finalidad de difundir
a través del mundo los principios espirituales y técnicas de meditación
del *Kriya Yoga,* y fomentar un mayor entendimiento de la única Verdad
subyacente a todas las religiones entre las personas de todas las razas,
culturas y creencias. (Véase también «Metas e ideales de *Self-Realization
Fellowship*», p. 648).

Paramahansa Yogananda ha explicado que el nombre de *Self-Realization Fellowship* significa «confraternidad con Dios a través de la realización del Ser, y amistad con todas las almas que buscan la verdad».

Desde su sede internacional en Los Ángeles (California), la sociedad
publica las conferencias, escritos y charlas informales de Paramahansa
Yogananda (así como su completa serie de *Lecciones de Self-Realization
Fellowship,* aptas para el estudio en el hogar, y la revista *Self-Realization,*
que él fundó en 1925); realiza grabaciones de audio y vídeo sobre sus
enseñanzas; supervisa las actividades de los templos, retiros y centros de
meditación de SRF, así como los programas para la juventud y las comunidades monásticas de la Orden de *Self-Realization;* lleva a cabo confe-

rencias y ciclos de clases en diversas ciudades del mundo; y coordina el funcionamiento del «Círculo mundial de oraciones», una red de grupos e individuos dedicados a orar por las personas necesitadas de ayuda física, mental o espiritual, y por la paz y la armonía del mundo.

Self-Realization Magazine: una revista trimestral publicada por *Self-Realization Fellowship* que ofrece principalmente las charlas y escritos de Paramahansa Yogananda; incluye además otros artículos espirituales, informativos y prácticos, sobre temas de interés actual y de valor perdurable.

Ser *(Self):* con mayúscula, este término denota el *atman* o alma, que se diferencia de la individualidad del ego o de la personalidad. El Ser es el Espíritu individualizado, cuya naturaleza es el gozo siempre existente, siempre consciente, siempre renovado. A través de la meditación, se logra experimentar estas cualidades divinas propias del alma.

Shankara, Swami: citado a veces como *Adi* («el primero») *Shankaracharya* (*Shankara* + *acharya*, «maestro»); el filósofo más ilustre de la India. La época en que vivió es incierta; muchos eruditos la sitúan en el siglo VIII o a principios del siglo IX. Él habló de Dios no como una abstracción negativa, sino como Bienaventuranza siempre nueva y positiva, eterna y omnipresente. Shankara reorganizó la antigua Orden de los Swamis y fundó cuatro grandes *maths* (centros monásticos de educación espiritual), cuyos líderes, en sucesión apostólica, llevan el título de Jagadgurú Sri Shankaracharya. El significado de *Jagadgurú* es «maestro mundial».

siddha: literalmente «aquel que ha tenido éxito». Aquel que ha alcanzado la unión con Dios.

Sonido Cósmico: (véase *Om*).

Sri: título de respeto. Cuando se usa delante del nombre de una persona religiosa, significa «santo» o «venerado».

Sri Yukteswar, Swami: Swami Sri Yukteswar Giri (1855-1936), *Guianavatar*, o «Encarnación de la Sabiduría», de la India; gurú de Paramahansa Yogananda y paramgurú de los miembros *Kriyabanes* de *Self-Realization Fellowship*. Sri Yukteswarji era discípulo de Lahiri Mahasaya. A petición del gurú de Lahiri Mahasaya, Mahavatar Babaji, escribió *The Holy Science (La ciencia sagrada)*, un tratado sobre la unidad básica que existe entre las escrituras cristianas e hindúes, y entrenó a Paramahansa Yogananda para su misión espiritual en el ámbito mundial: la difusión del *Kriya Yoga*. Paramahansaji ha descrito con amor la vida de Sri Yukteswarji en *Autobiografía de un yogui*.

supraconciencia: la eternamente gozosa conciencia del alma omnisciente, pura e intuitiva. El término se usa a veces, en un sentido general, para referirse a los diversos estados de *samadhi* experimentados en la meditación; y, en forma específica, para indicar el estado inicial de *samadhi*, en el cual se trasciende la conciencia del ego y se toma plena conciencia del propio Ser como alma, hecha a imagen de Dios. Siguen después los estados superiores de realización: la conciencia crística y la conciencia cósmica.

swami: miembro de la más antigua orden monástica de la India, que fue reorganizada en el siglo VIII, o a principios del siglo IX, por Swami Shankara. Un swami toma los votos formales de celibato y de renuncia a las ataduras y ambiciones mundanas; se dedica a la meditación y a servir a la humanidad. Existen diez denominaciones clasificatorias dentro de la venerable Orden de los Swamis, como por ejemplo: Giri, Puri, Bharati, Tirtha, Saraswati y otras. Swami Sri Yukteswar y Paramahansa Yogananda pertenecían a la rama *Giri* («montaña»). El término sánscrito *swami* significa «aquel que es uno con el Ser *(Swa)*».

Trinidad: cuando el Espíritu manifiesta la creación, se convierte en la Trinidad: el Padre, el Hijo y el Espíritu Santo, o *Sat, Tat, Om.* El Padre *(Sat)* es Dios como el Creador que existe más allá de la creación (la Conciencia Cósmica). El Hijo *(Tat)* es la omnipresente inteligencia de Dios que se encuentra en toda la creación (la Conciencia Crística o *Kutastha Chaitanya*). El Espíritu Santo *(Om)* es el poder vibratorio de Dios que se objetiva o se convierte en la creación.

En la Eternidad se han sucedido muchos ciclos de creación y disolución cósmica (véase *yuga*). En el momento de producirse la disolución cósmica, la Trinidad y todas las demás relatividades de la creación se funden con el Espíritu Absoluto.

Upanishads: los Upanishads o *Vedanta* (literalmente «el final de los Vedas»), que se encuentran en ciertas partes de los cuatro Vedas, son el compendio esencial que constituye la base doctrinal de la religión hindú.

Vedanta: literalmente «el final de los Vedas»; la filosofía proveniente de los Upanishads, o última porción de los Vedas. Shankara (siglo VIII o principios del IX) fue el principal exponente del Vedanta, que afirma que Dios es la única realidad y que la creación es esencialmente una ilusión o engaño. Como el ser humano es la única criatura capaz de concebir a Dios, el hombre mismo debe ser divino y, por consiguiente, su deber es tomar plena conciencia de su verdadera naturaleza.

Vedas: las cuatro escrituras de los hindúes: *Rig Veda, Sama Veda, Yajur Veda* y *Atharva Veda.* Son esencialmente una literatura compuesta de cantos, rituales y recitaciones para vitalizar y espiritualizar todas las fases de la vida y actividad del ser humano. Entre la vastedad de textos de la India, los Vedas (de la raíz sánscrita *vid,* «conocer») son las únicas escrituras que no se atribuyen a ningún autor. El *Rig Veda* señala un origen celestial a los himnos y nos dice que proceden de «los tiempos antiguos», revestidos con un lenguaje nuevo. Se dice que los cuatro Vedas —revelados divinamente, de una era a otra, a los *rishis* («seres iluminados»)— poseen *nityatva,* «carácter definitivo para toda la eternidad».

Vibración Cósmica Inteligente: (véase *Om*).

vitatrones: (véase *prana*).

yoga: del sánscrito *yuj*, «unión». El sentido más elevado de la palabra *yoga* en la filosofía hindú es la unión del alma individual con el Espíritu mediante métodos científicos de meditación. Dentro del espectro más amplio de la filosofía hindú, el yoga es uno de los seis sistemas ortodoxos: *Vedanta, Mimamsa, Sankhya, Vaisesika, Nyaya* y *Yoga*. Existen también varios métodos de yoga: *Hatha Yoga, Mantra Yoga, Laya Yoga, Karma Yoga, Guiana Yoga, Bhakti Yoga* y *Raja Yoga*. El *Raja Yoga*, el yoga «real» (regio) o completo, es el que enseña *Self-Realization Fellowship* y del cual Bhagavan Krishna habla elogiosamente a su discípulo Arjuna en el *Bhagavad Guita*: «El yogui es superior a los ascetas consagrados a la disciplina corporal, superior incluso a quienes siguen la senda de la sabiduría o la senda de la acción; ¡sé tú, oh Arjuna, un yogui!» (*Bhagavad Guita* VI:46). El sabio Patanjali, máximo exponente del yoga, ha delineado ocho pasos precisos mediante los cuales el *Raja yogui* alcanza el *samadhi*, o unión con Dios. Éstos son: 1) *yama*, la conducta moral; 2) *niyama*, las observancias religiosas; 3) *asana*, la postura correcta; 4) *pranayama*, el control del *prana*, las sutiles corrientes vitales; 5) *pratyahara*, el recogimiento interior, el retiro de los sentidos de los objetos externos; 6) *dharana*, la concentración; 7) *dhyana*, la meditación; y 8) *samadhi*, la experiencia supraconsciente, la unión con Dios.

Yogoda Satsanga Society of India: nombre con el cual se conoce en la India la sociedad fundada por Paramahansa Yogananda. *Yogoda Satsanga* fue fundada por él en 1917. Su sede central, *Yogoda Math*, está situada a la orilla del río Ganges en Dakshineswar, cerca de Calcuta. *Yogoda Satsanga Society* tiene una filial *(math)* en Ranchi, Jharkhand (antes llamado Bihar), y numerosos centros diseminados por toda la India. Además de los centros de meditación de *Yogoda*, la organización cuenta con veintidós instituciones educacionales, las cuales abarcan desde la escuela primaria hasta el nivel universitario. *Yogoda*, una palabra creada por Paramahansa Yogananda, se deriva de *yoga*, «unión, armonía, equilibrio», y *da*, «aquello que confiere». *Satsanga* significa «confraternidad divina» o «confraternidad con la Verdad». Para Occidente, Paramahansaji tradujo este nombre al inglés como *Self-Realization Fellowship*.

yogui: aquel que practica el yoga. Cualquiera que practique una técnica científica para alcanzar la unión divina es un yogui. Puede ser tanto una persona casada como soltera, alguien con responsabilidades mundanas o bien que haya tomado votos religiosos.

yuga: un ciclo o subperíodo de la creación, mencionado en los antiguos textos hindúes. Sri Yukteswar describe en *La ciencia sagrada* un Ciclo Equinoccial de 24.000 años y la posición actual de la humanidad dentro del

mismo. Este ciclo tiene lugar dentro del ciclo universal mucho más prolongado al que se refieren los textos antiguos, tal como fueron calculados
por los antiguos *rishis* y que se indica en el capítulo 16 de *Autobiografía
de un yogui.*

AGRADECIMIENTOS

Las pinturas «La visita de María a Isabel», «El bautismo de Jesús» y «El Sermón del Monte», de Carl Heinrich Bloch, aparecen por cortesía de The Museum of National History on Frederiksborg Castle, Hillerød (Dinamarca).

La pintura «Cristo en el Templo», de Heinrich Hofmann, aparece por cortesía de The Riverside Church, New York; y New York Graphic Society.

El mapa de Palestina en tiempos del Nuevo Testamento incluye material elaborado por Bible Mapper (www.biblemapper.com).

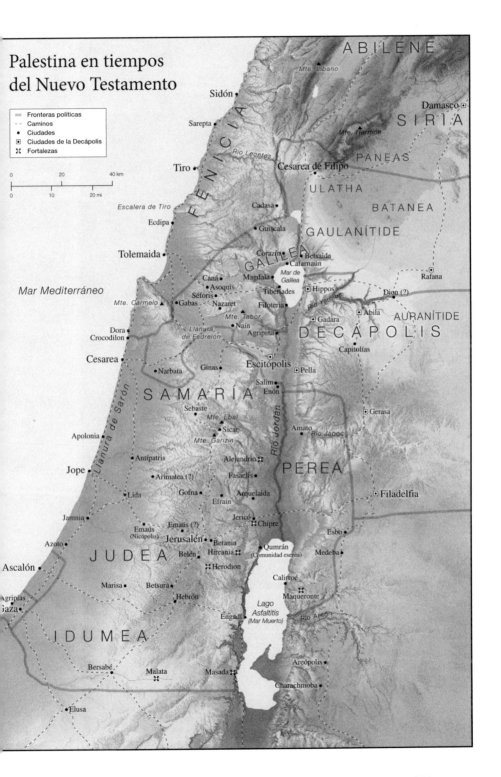

Palestina en tiempos del Nuevo Testamento

Fronteras políticas
Caminos
Ciudades
Ciudades de la Decápolis
Fortalezas

0   20   40 km
0   10   20 mi

Mar Mediterráneo

ABILENE
Mte. Líbano
Sidón
Damasco
Sarepta
SIRIA
Mte. Hermón
FENICIA
Río Leontes
Tiro
PANEAS
Cesarea de Filipo
ULATHA
Escalera de Tiro
Cadasa
BATANEA
Ecdipa
Guiscala
GAULANÍTIDE
Tolemaida
Corazín
Betsaida
Cafarnaún
GALILEA
Caná
Magdala
Mar de Galilea
Rafana
Asoquis
Séforis
Tiberíades
Hippos
Dion (?)
Mte. Carmelo
Gabas
Nazaret
Filoteria
Abila
AURANÍTIDE
Mte. Tabor
Gadara
Dora
Llanura
Naín
DECÁPOLIS
Crocodilon
de Esdrelón
Agripina
Capitolías
Cesarea
Narbata
Ginas
Escitópolis
Pella
Salim
SAMARÍA
Enón
Sebaste
Gerasa
Mte. Ebal
Río Jordán
Sicar
Amato
Río Jaboc
Apolonia
Mte. Garizín
Antípatris
Alejandrio
Jope
Arimatea (?)
Fasaelis
PEREA
Lida
Gofna
Arquelaida
Filadelfia
Efraín
Jamnia
Jericó
Chipre
Emaús
Emaús (?)
Esbo
Azoto
(Nicópolis)
Jerusalén
Betania
Qumrán
Medeba
Ascalón
Belén
Hircania
(Comunidad esenia)
JUDEA
Herodion
Marisa
Betsura
Calirroé
Agripías
Hebrón
Maqueronte
Gaza
Lago
Asfaltitis
Engadí
(Mar Muerto)
Río Arnón
IDUMEA
Areópolis
Bersabé
Malata
Masada
Charachmoba
Elusa

Llanura de Sarón

Índice de los discursos contenidos en los volúmenes I, II y III

Volumen I

Volumen III

Índice de los versículos del Evangelio comentados en este volumen

(Listados según el orden en que aparecen en la Biblia)

685

Índice de los versículos del Evangelio comentados en este volumen

Índice de otros versículos de la Biblia citados en este volumen

Antiguo Testamento

Nuevo Testamento

Índice de las estrofas del *Bhagavad Guita* citadas en este volumen

Espíritu Santo = OM = Maha Pakriti
La Gran Naturaleza; la gran naturaleza
que da origen a toda la creación

Transcendental Consciousness of God the
Father manifested in the Holy Spirit
like the Son - Christ Consciousness
Divine Inteligence present in all the
vibratory creation.